F. Jahn, E. Lucas

Illustrirtes Handbuch der Obstkunde

Zweiter Band: Birnen

F. Jahn, E. Lucas

Illustrirtes Handbuch der Obstkunde
Zweiter Band: Birnen

ISBN/EAN: 9783743304246

Hergestellt in Europa, USA, Kanada, Australien, Japan

Cover: Foto ©Andreas Hilbeck / pixelio.de

Manufactured and distributed by brebook publishing software
(www.brebook.com)

F. Jahn, E. Lucas

Illustrirtes Handbuch der Obstkunde

Illustrirtes
Handbuch der Obstkunde.

Unter

Mitwirkung Mehrerer herausgegeben

von

Medicinalassessor F. Jahn, Institutsvorstand E. Lucas,

und

Superintendent J. G. C. Oberdieck.

Zweiter Band: Birnen.

Mit 263 Beschreibungen und Abbildungen.

Stuttgart.

Verlag von Ebner & Seubert.

1860.

Illustrirtes
Handbuch der Obstkunde.

II.

I.

Einleitende Bemerkungen zur Charakteristik und Unterscheidung der Birne.

Der Birnbaum, Pyrus communis *L.*, gehört in dieselbe XII. Klasse, Icosandria *L.*, und zu den Pomaceen, wie der Apfelbaum.

Er bietet in seinem wilden Zustande schon im Wuchs der Bäume, im Dornigt- oder fast Unbewehrtsein seiner Zweige, auch in den Formen und in der Bezahnung seiner Blätter mehrfache Verschiedenheit dar und es wird auch von den Botanikern schon länger eine Abart mit wolligen oder filzigen Blättern (P. commun. tomentosa *Koch*, P. Achras *Wallr.*) unterschieden. Diese Abweichungen finden wir auch, mehr oder weniger ausgeprägt, an den in unsern Gärten cultivirten Bäumen wieder und es ist wohl kein Zweifel, daß diese sämmtlich ursprünglich nur von dem wilden Baume, resp. diejenigen, deren Blätter wollig sind, von der genannten Abart abstammen und nicht von der Schneebirn, Pyrus nivalis, einer Strauchart mit wolligen, ganzrandigen Blättern, welche von Einigen, z. B. Bechstein und Rößler, als Stammmutter dieser wollblättrigen Arten betrachtet wurde. — Durch Samen-Aussaat können die zahmen Varietäten in's Unendliche vermehrt werden, wie die in Belgien seit einer Reihe von Jahren durch Hardenpont, Van Mons, Esperen, Bivort u. s. w. in so großer Zahl erzogenen neuen Sorten dieß beweisen.

Die Blüthe des Birnbaums unterscheidet sich durch ihre länger gestielte, traubenartige Dolde von der mehr sitzenden, einfacheren des Apfelbaums. Wie die des letzteren hat sie einen fünftheiligen, bleibenden Kelch, 5 Blumenblätter, 18—22 Staubfäden mit rothen Staubbeuteln und 5 schwachwollige Griffel, die aber bis an den Grund der Blüthe frei und unverbunden stehen.

A. Die Frucht.

Unterschied zwischen Birne und Apfel.

Die Birne ist, dem Apfel gegenüber, eine gestielte Apfelfrucht mit 5 geschlossenen, im Querschnitt abgerundeten, häutigen, weichen Bälgen, welche zweisamig sind*). Das Fleisch ist körnig. Die Frucht ist mit einer körnigen, glatten Schale bedeckt und hat gegen den Apfel in der Regel ein größeres specifisches Gewicht.

a. Aeußere Merkmale.

Gestalt.

Auch schon äußerlich ist die Birne durch ihre eigenthümliche, nach dem Stiele zu verlängerte Gestalt, was man eben birnförmig nennt, vom Apfel unterschieden. Nur wenige Birnen machen hiervon eine Ausnahme, sind rundlich und gleichen dann den Aepfeln. Der Form nach, welche noch verschiedenartiger als bei den Aepfeln ist, unterscheidet man:

1) plattrund oder käseförmig, 2) rundlich, 3) kreiselförmig**), 4) eirund, 5) eiförmig, 6) kegelförmig, 7) birn-

*) Dieses, wie bei den Aepfeln, nach Hrn. Geheime-Rath von Flotow in Monatsschrift für Pom. I. S. 121 2c., so wie noch weiter Folgendes nach dessen sehr belehrenden und gründlichen Mittheilungen „Ueber die inneren Eigenschaften der Kernobstfrüchte" in Monatsschrift II. S. 314 und III. S. 33 et sequ.

**) Bei dieser Form folgte man Downing S. 330. Manger nahm die Kreiselform ungefähr ebenso an. — Dittrich u. A. dagegen haben darunter um den Kelch mehr plattabgerundete, wenn nicht sogar eingedrückte Birnen verstanden, was im Vergleich der von ihnen gelieferten Früchtebeschreibungen zu berücksichtigen ist. Doch schien der Begriff einer Feststellung zu bedürfen.

zur Charakteristik und Unterscheidung der Birne.

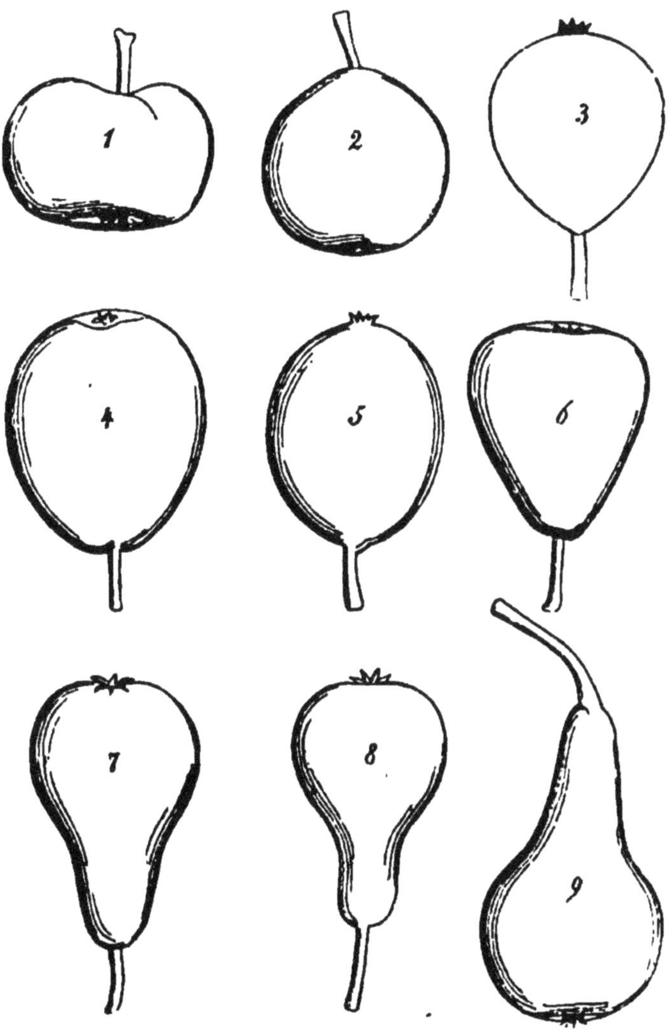

förmig, 8) perlförmig, 9) flaschenförmig, wie nebenstehend gezeichnet*).

Mit apfelförmig bezeichnet man oft kurzweg, wenn die Frucht, wie Fig. 1, am Kelche und Stiele vertieft ist — bergamottförmig, Birnen von rundlicher Gestalt — russeletförmig, russeletartig, sonnenwärts braunröthliche Birnen, die sich der Kegelform am meisten nähern.

Ueber mehrere in Betracht zu ziehende äußere Merkmale, wie über Wölbung und Bauch der Frucht, über deren Größe, Rost und Färbung, die bei den Birnen weniger auffällig, als bei den Aepfeln wechselt und bei denen es so durchaus und intensiv rothgefärbte, wie unter den letzteren, niemals gibt, weßhalb auch von Grund- und Deckfarbe nicht wohl bei ihnen gesprochen werden kann, ist in der Einleitung zu den Aepfeln das Nöthige gegeben. Nur Folgendes wäre noch zu berücksichtigen:

Kelch. Der Kelch findet sich bei den Birnen öfters unvollständig, bisweilen fehlend, d. h. seine Blätter sind nicht immer sämmtlich ausgebildet und vorhanden oder er ist ganz blattlos. In vielen Fällen findet er sich vertrocknet und hornartig. Oft ist er jedoch auch noch grün oder sogar fleischig, indem er mit der Frucht einigermaßen fortwächst. Seine Blätter schlagen sich bisweilen nach Außen um und legen sich auf der Frucht nieder, und er heißt dann sternförmig.

Kelchröhre. Die Kelchröhre ist bei den Birnen bei Weitem nicht so ausgebildet, als bei den Aepfeln. — Die Trichtermündung derselben ist meist halbkugelförmig und die Röhre meist so fein, daß sie bloß die Stempel umfaßt und öfters nur als ein schwarzer, meist mit Steinchen umgebener Strich erscheint. Wenn aber hieran auch schon Manches angeknüpft werden kann, so gibt doch die Länge und Weite der Röhre keine sicheren Anhaltspunkte, weil beides bei Ueppigkeit des Wuchses veränderlich ist (v. Flotow). — Auch die

*) Birnen, die diese Form besitzen oder sich ihr nähern, sind: 1) Rothe Bergamotte, 2) Rothe und Graue Dechantsbirn, 3) Katzenkopf, 4) Winter-Dechantsbirn und Liegels Winterbutterbirn, 5) Sommer-Eierbirn, 6) Colmar van Mons, 7) Römische Schmalzbirn, 8) Stuttgarter Gaishirtle, 9) Bosc's Flaschenbirn.

früheren Autoren haben die Beschaffenheit der Kelchröhre bei den Birnen selten erwähnt.

Ebenso ist die Einsenkung, in welcher der Kelch steht, bei den Birnen meist geringer als bei den Aepfeln und fehlt in vielen Fällen ganz; so daß der Kelch oben auf der gewölbten Spitze oder, wie es mehrfach vorkömmt, zur Seite gedreht, d. h. schief steht. Sehr selten finden sich wirkliche Rippen oder Kanten um die Einsenkung herum, doch ist der Kelch öfters mit feinen Falten oder Beulen (Fleischperlen genannt) umgeben. Die Ausdrücke in den folgenden Beschreibungen: Kelch obenauf, flach, schief, seicht-, weit-, eng-eingesenkt, in Falten, zwischen Beulen u. s. w. werden hiernach verständlich sein.

Der Stiel ist bei den Birnen von verschiedener Stärke und Länge. Oft ist er holzig, oft auch fleischig, von Farbe grün, gelb oder braun, bisweilen mit warzigen Punkten oder auch selbst mit kleinen Knospen besetzt. Meist steht er auf der Spitze der Frucht, bisweilen wie eingedrückt, oft aber auch in einer mehr oder weniger tiefen und engen Höhle, öfters neben einem Höcker und hierdurch verschoben oder schief. Bisweilen geht er ohne äußerlich sichtbare Einschnürung oder Absatz in das Fleisch über.

Die Schale der Birnen ist meist glatt, öfters aber auch rauh durch vorhandenen Rost. Sie ist nie so geschmeidig oder selbst fettig, wie die Schale vieler Aepfel, besonders mancher Calvillen, doch zeigen einige, wie Graf Canal und die Forellenbirn, wenigstens etwas davon. Häufig ist sie jedoch uneben, wie die Schale der Citronen, selbst bisweilen entfernt chagrinartig mit Erhabenheiten versehen, was von körnigen Concretionen, die im Fleische und dicht unter der Oberhaut abgelagert sind, herrührt. Sie ist dick oder dünn und läßt sich bisweilen wie die der Pfirschen abziehen. Oefters finden sich auf ihr schwarze Rostflecken, meist in Folge übler naßkalter Witterung, die mitunter tief eindringen oder doch das darunter liegende Fleisch holzig und unschmackhaft machen. Ihr häufiges Erscheinen ist immer ein Zeichen der Empfindlichkeit der Sorte, die sich dann entweder nicht wohl für die Gegend eignet, oder anderen Boden und geschützteren Standort verlangt. — Warzen, wie sie gewisse Aepfel, z. B. der Borsdorfer, oft zeigen, findet man bei den Birnen nie.

Geruch. Der *Geruch* der Birnen ist kaum bei irgend einer Sorte so stark, als bei den Aepfeln, und nur in Masse zusammengehäuft, empfindet man den, manchen Arten eigenthümlichen Geruch, der in der Regel fein moschusartig, müskirt, ist.

b. Innere Merkmale.

Kernhaus. Das *Kernhaus* der Birnen ist schon durch die verschiedene Beschaffenheit der *äußeren Hülle* um dasselbe von dem der Aepfel unterschieden, welche bei letzteren durch die vom Stiele ausgehenden Gefäßbündel gebildet wird. (Siehe Einleitung zu den Aepfeln S. 9. Fig. k.) An der Stelle der letztern umgeben, eine zweite Fleischschichte wie bei den Aepfeln einschließend, kleine oder größere *steinartige Concretionen* in geringerer oder größerer Anzahl die *Samenkapsel* der Birnen und bilden so eine im Querschnitt abgerundet fünfeckige oder rundliche, im Längsdurchschnitt a) *eiförmige*, oder b) *kreiselförmige* oder auch *rundliche*, selten *herzförmige Figur*, wie nebenstehend. Die körnige Ablagerung nimmt ihren Anfang vom Stiele und endigt oben unter dem Kelche*). In der Regel steht das Kernhaus hoch oben nach dem Kelche zu und die Kelchröhre ist deßhalb auch kurz oder gänzlich fehlend. Dagegen ragen die Holzbündel des Stieles weiter in die Frucht hinein und lassen, sich in der Mitte losreißend, bisweilen unterhalb des Kernhauses im Innern der Frucht eine *kleine Oeffnung*, wie bei der Forellenbirn.

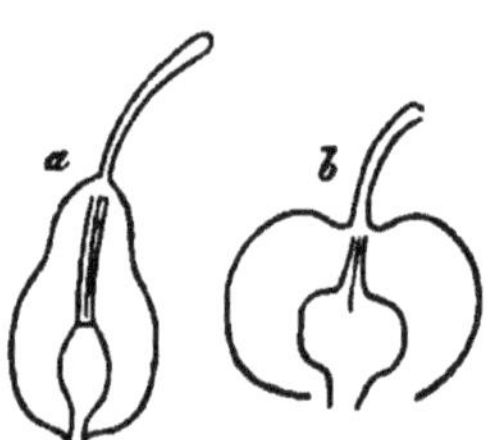

Samenfächer oder Kammern. Die *Samenbehältnisse* sind nach der Achse zu *selten geöffnet*, dagegen ist die Achse selbst meist *etwas hohl, oft stark*, wie bei der Herbstsylvester, Marquise, Schönsten Winterbirn u. s. w. Die *Fächer* der Samencapsel sind weichhäutige Bälge oder Schläuche, denen die pergamentartige Hülle, wie bei

*) Zu ihrer Versinnlichung wird auf die unten folgenden mehrfachen Durchschnittszeichnungen der Birnen verwiesen.

den Aepfeln, gänzlich fehlt; ihre Form ist a) eirund, oder b) muschelförmig (die Seite nach der Achse zu gerade), oder c) flügelförmig, wie der obere Flügel mancher kleinen Schmetterlinge, oder d) beutelförmig. Sie sind meist mit einem tutenförmigen Anhängsel nach der Achse zu versehen und stehen in der Birne mit der Spitze nach dem Stiele zu gekehrt. In Betreff der Größe des Kernhauses und der Fächer gilt, was bereits in der Einleitung zu den Aepfeln S. 11 gesagt ist.

Der Kerne sind in der Regel in jedem Samenbehältnisse zwei, doch bleibt bei gewissen Sorten oft einer oder beide unausgebildet, besonders in großen Früchten. Sie sind gehörig reif kastanienbraun, schwarzbraun oder schwarz, meist länger als die der Aepfel, stärker zugespitzt, größer oder kleiner, und auf der einen Seite etwas platt. Bei manchen Sorten sind sie mit einem kleinen knotenförmigen Höcker seitwärts am Kopfende versehen, der wahrscheinlich dem tutenförmigen Anhängsel des Schlauchs entspricht und als constantes Merkmal für die betreffenden Sorten mehr noch als die übrigen Eigenschaften der Kerne in Betracht gezogen zu werden verdient.

Diel und Andere haben auf diese von v. Flotow beobachtete Beschaffenheit des Kernhauses und der Samenfächer (von Diel auch Kammern genannt) meist nicht so genau Rücksicht genommen und nicht überall die Form, sondern gewöhnlich bloß die Größe des Kernhauses und die Geräumigkeit der Kammern, auch ob die Achse voll ist, angegeben. — Auch zu den nächstfolgenden Beschreibungen kann oft nur das früher Niedergeschriebene benützt werden, doch werden wir diese Verhältnisse künftighin immer schärfer in's Auge fassen.

Das Fleisch der Birnen hat gegen das der Aepfel kleinere, mehr zusammengedrängte Zellen, die außer dem zuckerigen Saft auch holzige oder feste Absonderungen enthalten. Dieselben sind in dem ganzen Zellgewebe des Birnfleisches ziemlich regelmäßig vertheilt und bilden die sogenannten Steine. Diese Concretionen erscheinen unter dem Microscop, besonders im jugendlichen Zustande, wie krystallinisch. Alle Birnen enthalten davon mehr oder weniger, und sie sind regelmäßig dicht unter der Schale zu treffen, doch zahlreicher und ungleich stärker im Umkreise des Kernhauses, von der Einfügungsstelle des Stiels an bis unter den Kelch, indem sie das sich in der Birne fortsetzende und sich um das Kernhaus herum spaltende Holzfaserbündel des Stiels bis zu dessen Wiedervereinigung unter dem Kelche begleiten oder ersetzen. Auch bilden sie sich besonders zahlreich an solchen Stellen der Birne, die auf irgend eine Weise Druck litten oder verletzt wurden, sowie bei gewissen Sorten, wenn sie auf Quitte veredelt werden, oder in unpassendem Boden stehen.

Im Zusammenhange oder in der Dichtigkeit des Fleisches ist eine noch etwas größere Verschiedenheit als bei den Aepfeln bemerklich, und deutlich kann man wenigstens 3 oder 4, nach Diel noch mehrere Abstufungen desselben unterscheiden. Man liebt aber keinesweges an ihnen das Feste, Abknackende, wie bei den Aepfeln (Peppings und gewisse Reinetten), sondern es stehen die Birnen mit weichem Fleische, was im Munde geräuschlos zergeht, obenan und man theilt sie im Allgemeinen, je nachdem das Fleisch völlig weich (butterhaftschmelzend, ganz schmelzend, völlig schmelzend) oder noch etwas Zusammenhang hat, schmelzend, halbschmelzend, oder etwas rauschend ist, oder je nachdem es hart und brüchig oder abknackend sich verhält, in Butterbirnen, Schmalzbirnen und Kochbirnen ein, obgleich diese letzteren nicht allein Kochbirnen, sondern oft auch noch zum Rohgenuß geeignete Früchte in sich schließen. — Schmieriges oder schleimiges Fleisch, was Diel noch unterscheidet, wird von Anderen wenig mehr erwähnt und möchte Diel überhaupt nur den geringsten Grad des Schmelzendseins damit ausgedrückt haben.

Zu bemerken ist, daß auf die Beschaffenheit des Fleisches Klima, Jahreswitterung und Boden merklich Einfluß äußern und manche Sorten unter in sofern ungünstigen Bedingungen den ihnen eigentlich zukommenden Grad der Weichheit des Fleisches, überhaupt die an ihnen gerühmten guten Eigenschaften nicht erlangen.

Die Farbe des Fleisches der Birnen ist in der Regel weiß, oft aber auch gelblich- oder grünlich-weiß, dann aber auch bisweilen röthlich, röthlich marmorirt oder mit röthlichen Adern durchzogen, selten carmoisinroth, wie bei der Blutbirne. Dicht unter der Schale oder zunächst derselben ist die Färbung meist mehr ausgeprägt als in der Umgebung des Kernhauses, bisweilen aber auch umgekehrt. Clima und Jahreswitterung bewirken auch hier Abweichungen, und eine Birne mit grünlichem Fleische, hat in einem andern bessern Jahre oft weißes und selbst gelbliches Fleisch; sie bildete sich also im ersten Falle nicht hinlänglich aus.

Die Birnen werden nicht, wie es oft bei den Aepfeln vorkommt, unter der Schale stippicht, aber sie werden oft schnell teig und gewisse Sorten vorher auch mehligt. Ersteres, jedenfalls ein gelinder Grad der geistigen Gährung, hat in dem großen Gehalt der Birnen an Zucker- und Pflanzenschleim seinen Grund. Beim Mehligtwerden verliert die Frucht den Geschmack und das Fleisch nimmt eine mehligtkörnige Beschaffenheit an, ohne daß sich wirklich Stärkemehl in demselben bildet. — Auch beim Teigwerden geht der gewürzte und eigenthümliche Geschmack jederzeit verloren; trifft es zu schnell ein, so ist es immer ein Fehler der betreffenden Birne, doch sind ihm die meisten Sommerbirnen unterworfen, was in der Wärme der Jahreszeit seine Erklärung findet.

Geschmack und Gewürz.

Bei den Birnen muß der Geschmack, wenn er gut sein soll, stets eine gehörige Menge von Zucker oder Süßigkeit wahrnehmen lassen und als Gewürz steht das Müskirte oder Bisamartige oben an. Früchte, die dieß vorzugsweise darbieten, werden Muskatellerbirnen genannt und es gibt Sorten, bei denen dasselbe so stark hervortritt, daß sie dadurch für den reichlichen Genuß fast zuwider werden. Wie es scheint, bildet sich dieß Gewürz in manchen Früchten nicht überall vollkommen aus, hauptsächlich in den mehr nördlichen Climaten, denn an mehreren der von Diel beschriebenen Muskatellerbirnen konnten Andere es nicht recht finden. Ueberhaupt aber hat Diel wahrscheinlich, wo er den Geschmack als muskatellernd bezeichnet, öfters mehr an die feine Säure des Muskatellerweins gedacht und so ist man denn auch dahin gelangt, das Müskirte im Geruch von dem Muskatellernden im Geschmack zu unterscheiden, so daß also eine Birne müskirt riechen, aber doch keinen Muskatellergeschmack besitzen kann.

Andere Birnen zeigen besonders stark einen Zimmtgeschmack; so mehrere Russelets, noch andere erinnern darin an den Geruch der Rosen, woher man sie Rosenbirnen genannt hat, und die belgischen Pomologen wollen selbst hier und da einen Ananas- und Bittermandelgeschmack zur Geltung bringen. — Diejenigen Birnen sind wohl die besten, welche mit etwas feinem Gewürz und einer hinlänglichen Menge von Zucker eine feine, unmerkliche Säure vereinigen, so Beurré gris, Capiaumont, Winter-Melisbirn u. s. w. Andere geben dagegen denen mit schon stärker vortretender Säure, wie St. Germain, Erzherzog Carls Winterbirn, und wer den Zucker nicht liebt, gibt selbst der doch etwas matt und wässerig schmeckenden Langen weißen Dechantsbirn den Vorzug.

Reifzeit und Dauer. Die Reifzeit ist für die meisten Sorten bestimmt und charakteristisch, aber es bedingt die Jahreswitterung, der Standort und selbst das Alter des Baumes mitunter Abweichungen. Bemerkenswerth ist es ferner, daß von den belgischen Sorten mehrere in Deutschland früher, als von ihnen angegeben wird, zeitigen und so aus Winterbirnen, Herbstbirnen werden. Doch sollen neuerzogene Früchte in der Reife in der ersten Zeit immer noch variiren, bis der Baum mehr zur Ruhe gekommen ist. — Im Allgemeinen können die Birnen nach ihrer Reifzeit schon in drei große Gruppen gebracht werden, nemlich in Sommer-, Herbst- und Winterbirnen, was ziemlich selbstverständlich ist, aber doch noch einige Erläuterungen erfordert.

Unter Sommerbirnen werden schon nach Diel solche verstanden, die von Johannis an bis Ende September reifen und meist vom Baume herab zu genießen sind, obgleich in diesem eßbaren Zustande einige Sorten noch weiße Kerne haben. — Die eigentliche Reife gibt sich durch Gelbwerden und schwaches Welken um den Stiel herum zu erkennen. Man darf aber nicht bei allen Sorten hierauf warten, denn mitunter sind sie dann schon mehligt oder teig und ihr guter Geschmack ist dann verloren. Um die Früchte länger zu erhalten, muß man sie einige Tage vor dem Eintritt der Reife abnehmen und auf dem Lager nachreifen lassen.

Die Herbstbirnen zeitigen in den gewöhnlichen Jahren erst auf dem Lager und dauern vom October durch den November hindurch. Man nimmt sie auch etwas früher ab, im Allgemeinen um Michaelis oder etwas später. Auf die richtige Brechzeit muß man bei allen Tafelbirnen wohl Acht haben, auch lieber, weil nicht alle Früchte eines Baumes gleichzeitig reifen, mehrmals pflücken, indem manche sehr empfindlich darin sind und auch nur einige Tage zu früh gebrochen, zusammenwelken, anstatt im richtigen Zeitpunkt abgenommen, delicat und schmelzend zu werden. Bei zu langem Hängen dagegen tritt das Schmelzendwerden auch nicht recht ein oder es geht zu schnell vorüber, indem die Früchte alsbald teig werden. — Manche von den Herbstbirnen erhalten sich, kühl aufbewahrt, auch länger und selbst bis Weihnachten. — Die Reife selbst wird an der Veränderung der Farbe und durch die, durch einen leichten Fingerdruck bemerkbare weiche Beschaffenheit des Fleisches erkannt.

Die Winterbirnen dürfen vor Mitte bis Ende October nicht vom Baume genommen werden. Mit Diel rechnet man zu ihnen alle von Ende November an zeitigende Birnen. Sie sind ebenso verschieden in der längeren oder kürzeren Dauer als die Herbstbirnen, erfordern aber eine sorgfältigere Aufbewahrung in einem kühlen, doch nicht zu trockenen Raum, weil sie sonst leicht welken, was immer, wenn es zu stark wird, ein Fehler der betreffenden Frucht, doch dahin zu deuten ist, daß dieselbe unter den obwaltenden örtlichen Verhältnissen ihre richtige innere Ausbildung nicht erlangt und wohl ein wärmeres Clima erfordert.

Im Nutzen und in ihrer ökonomischen Anwendung steht Nutzungswerth zwar die Birne dem Apfel nach und es wird letzterem auch bei Anpflanzungen in der Zahl der anzupflanzenden Bäume der Vorzug gegeben. Es geschieht dieß auch schon deßhalb, weil die Birnen dem größeren Theile nach ziemlich zu gleicher Zeit, im September und October, reifen und sich in der Reife nicht lange halten, so daß sie schnell verbraucht werden müssen. Doch gibt es Gegenden, wo Mostbirnen, was gerade oft Früchte mit herbem, zusammenziehendem Fleische sind, die den besten Most geben, fleißig und fast in demselben Verhältniß wie die Aepfel gepflanzt werden. Der sonstige Gebrauch der Birnen zum Kochen und Welken, zum Birnhonig, der zum Ersatz des Zuckers an viele Speisen dient, und der geringsten Sorten selbst zum Essig, ist bekannt und Weiteres aus Lucas' Obstbenutzung, Stuttgart 1856 zu ersehen. — Vielfach ist das Streben der neuern Zeit auf die Erziehung guter Compotbirnen für den Winter gerichtet und es werden auch die feineren Birnen mit ihrem schmelzenden, saftigen, süßen Fleische zum Nachtisch auf Tafeln mehr als die Aepfel gesucht und theurer als letztere bezahlt.

Wie bei den Aepfeln werden in dem Folgenden Tafelfrüchte mit *, Früchte I. Ranges mit ** bezeichnet und den besonders schätzenswerthen wird noch ein ! zugefügt. Die sich nebenbei zur Wirthschaft eignenden erhalten dazu ein †, die besonders gut oder nur allein zur Wirthschaft dienenden ††. Mostbirnen werden mit M., Kochbirnen mit K. bezeichnet. — S., H., W. = Sommer, Herbst, Winter.

B. Der Baum.

Wuchs und Baumkrone.

Der Wuchs des Birnbaums ist mehr oder weniger zur Pyramidenform geneigt, in den meisten Fällen noch stärker als diese auf S. 18, Fig. 8 der Einleitung zu den Aepfeln angedeutet ist. Er treibt deßhalb auch Pfahlwurzeln, die senkrecht und tief in die Erde bringen, weil sie mit dem vertical und hochaufstrebenden Gipfel und mit den besonders in der Jugend meist anliegend und spitzwinkelig abstehenden Aesten das Gleichgewicht halten müssen. Doch gibt es viele Sorten, an deren Bäumen die Aeste später überhängen, so Beurré blanc, Holzfarbige Butterbirn, oder an welchen sie gleich anfangs mehr abstehend wachsen, so Sparbirn, Gute Graue, und besonders der Katzenkopf, der seine Aeste im Alter einer Eiche ähnlich trägt. Andere, z. B. Beurré gris, Marie Luise Duqu., machen sich auch durch ihren unregelmäßigen, sperrhaften Wuchs mit meist niederhängenden Zweigen, wodurch die Krone buschig wird, sehr kenntlich. (Van Mons gab, wegen des stets gekrümmten Wuchses des jungen Holzes, einem seiner Sämlinge den Namen Arbre courbé.)

Ebenso bezeichnend, wie der eigenthümliche Wuchs des Baums für gewisse Sorten, ist auch, ob dieser, besonders in seiner

Jugend, Dornen treibt oder später dornenähnliche Fruchtspieße macht, wie Grüne Hoyerswerder, ob das Fruchtholz gedrängt und dichtquirlich um den Ast, oder ob es in mehr oder weniger langen Fruchtruthen und einzeln vertheilt an den Zweigen steht.

Ein recht gutes Unterscheidungsmittel für viele Sorten sind ferner die Sommerzweige. Ihre oft sehr verschiedene Farbe, die Punkte an denselben, die Stellung der daran befindlichen Knospen, ob sie angedrückt oder abstehend vom Zweige, spitz oder rundlich sind, ob der Zweig von Knospe zu Knospe knieförmig gebogen (stufig), oder an der Spitze verdickt oder oben mit Blüthenknospen besetzt ist: diese Zustände sind für viele Sorten charakteristisch und verdienen dann in den Beschreibungen Erwähnung*). Sommerzweige.

Noch ein Baumtheil, der Beachtung verdient, sind die Blüthenknospen, welche sich im Laufe des Sommers und Herbstes schon bilden. Sie sind bei manchen Sorten von eigenthümlicher Gestalt: meist sind sie kegelförmig; doch auch eirund mit mäßiger Spitze. Bisweilen ist die Kegelform langgezogen, fast walzenförmig, wie bei der Sommerrobine, Wildling von Motte. Die Spitze ist bisweilen lang und scharf, so bei Burchardts Butterbirn und Augustbirn, oder kurz und stumpf, so wie bei der Holzfarbigen Butterbirn. Mitunter ist die Gestalt auch fast rundlich und dann meist ohne Spitze, so Jaminette, Große Britannische Sommerbirn, Neue späte Winterdechantsbirn, 2c. — Je nach den einzelnen Sorten ist die Blumenknospe glatt und glänzend, von Farbe licht- oder dunkelbraun, oft mit einem weißlichen Anflug (wie silberhäutig), oder sie ist durch ihr Wolligtsein ausgezeichnet, wie bei der Sommermundnetzbirn, Damenbirn, Herbstpomeranzenbirn. Bisweilen klaffen die sonst fest anschließenden Deckblätter und sie erscheinen schuppig, doch scheint dieser Charakter nicht beständig zu sein. — Das in solcher Hinsicht Wahrgenommene, wie es vom Verfasser dies. Einl. in seinen Beschreibungen niedergelegt ist, gibt schon Anhaltspunkte für viele Sorten, doch sind die Beobachtungen immer noch länger fortzusetzen, weil sich Blüthenknospen.

*) Dagegen dürfte die von Diel in der Einleitung Heft I. S. 20 besprochene Verschiedenheit der Sorten, an den Sommertrieben einfache Blätter oder zugleich Fruchtspieße oder auch Blätteraugen zu treiben, meist nur in der verschiedenen Triebigkeit der Bäume ihren Grund haben.

die Form der Blüthenknospen je nach ihrem Alter anders gestaltet, und zu ihrer völligen Ausbildung mehrere Jahre gehören, die manche Sorte wegen der dazwischen gefallenen Zerstörung des ganzen Tragholzes durch kalte Winter wahrscheinlich noch nicht erreicht hatte.

Blätter. Auch die Blätter der Birnbäume sind je nach der betreffenden Sorte verschieden. Bald sind sie dunkler, bald heller grün, bald stärker, bald schwächer glänzend. Sie sind auch mehr oder weniger stark geadert, von Gewebe dünn, papierartig, oder dick und steif, fast lederartig. Oft stehen sie am Stiele flach ausgebreitet, noch öfters aber sind sie gegen die Spitze hin mehr oder weniger (fast sichelförmig) nach unten gekrümmt. Ferner sind die beiden Blattseiten oft schwächer oder stärker (schiffförmig) nach aufwärts gerichtet, oder am Rande wellenförmig gebogen; die Spitze ist bisweilen halbspiralförmig zur Seite oder mit der unteren Fläche nach oben gedreht. — Noch wesentlicher unterscheiden sie sich aber durch ihre verschiedene Form, durch ihr Wolligt- oder Glattsein, auch durch die vorhandene oder mangelnde Bezahnung.

Durch die abweichende Gestalt der Blätter machen sich die meisten Birnsorten sehr kenntlich und man kann an ihnen besonders die folgenden 6 Hauptformen unterscheiden:

a) Rundlich. Fig. 1. Beispiele: Träubles-Birn, Rousselet Decoster. — Oft ist das Blatt am Stiele herzförmig ausgeschnitten: Wildling von Einsiedel, Lange gelbe Winterbirn. Oder das Blatt ist etwas mehr in die Länge gezogen, wodurch es sich der Form b nähert: Pfundbirn (von Metzger), Meininger Wasserbirn.

b) Eirund. Fig. 2. (Größte Breite liegt im ersten Drittel oder in der ersten Hälfte nach dem Stiele zu.) Beispiele: Sommerambrette, Edle Sommerbirn, Bosc's Flaschenbirn, Wurzer. — Oft ist es etwas herzförmig: Sommer-Eierbirn, Junkerbirn. — In diese Abtheilung werden alle Sorten gehören, deren Blätter Diel als herzförmig und langeiförmig geschildert hat.

c) Eiförmig. Fig. 3. (Größte Breite liegt in der Mitte.) Beispiele: Forellenbirn, Kronprinz Ferdinand, Napoleons Butterbirn. — Etwas mehr länglich: Heyers Zuckerbirn, St. Germain.

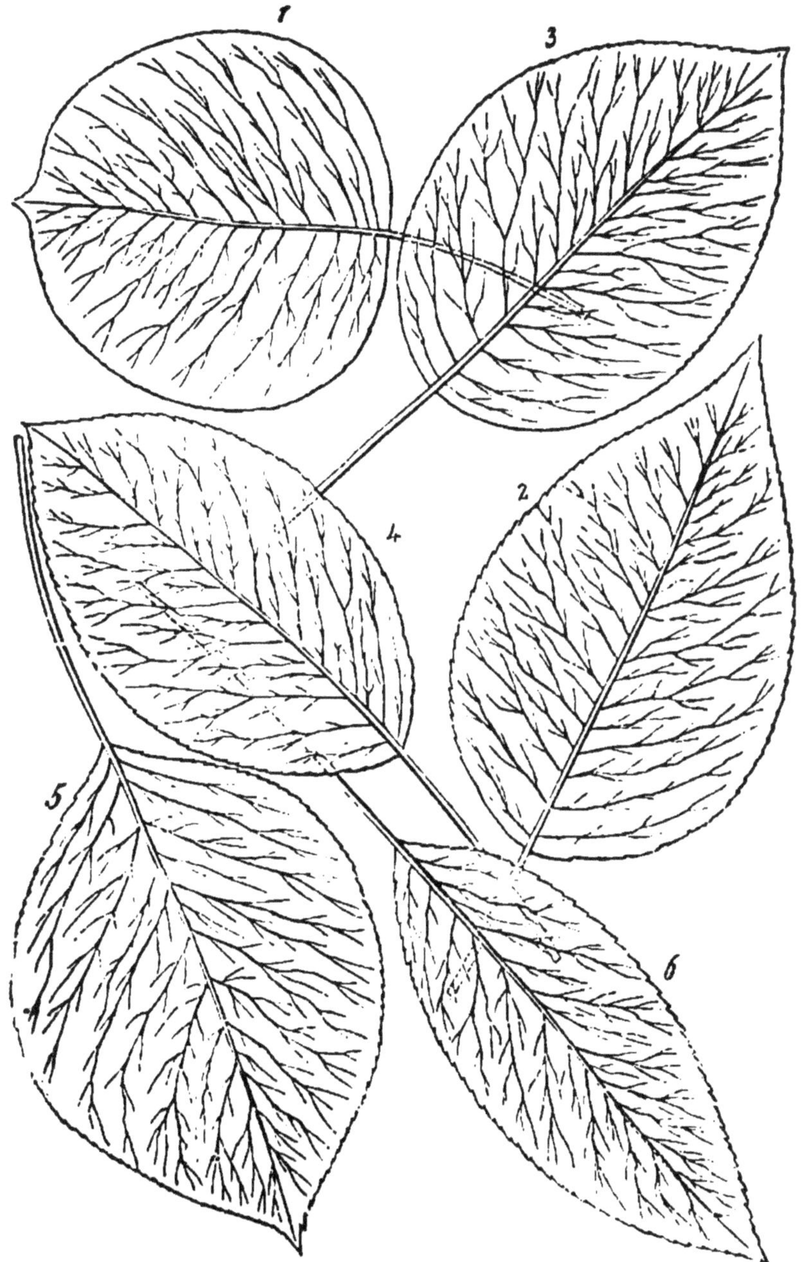
1
3
2
4
5
6

— (Diese Form c kommt am meisten bei den Birnen vor, nächst ihr die folgende.)

d) Elliptisch. Fig. 4. (Nach dem Stiele zu nicht abgerundet, sondern etwas winkelig. — Vergl. Bischoffs Handbuch der bot. Terminologie und Systemk. Nürnberg 1830. Es ist darin auch der Begriff von eirund, ovatum, gegen eiförmig, ovale, deutlich gegeben.) Beispiele: Beurré blanc, Graue Dechantsbirn, Regentin.

e) Breitelliptisch. Fig. 5. (Gegen die vorigen breiter, meist auch nach dem Stiele zu stärker, gleichsam keilförmig zugespitzt. — Von den rundlichen Blättern Fig. 1 sind sie durch den keilförmigen Ansatz am Stiele unterschieden, von den lanzettförmigen Fig. 6 durch größere Breite.) Beispiele: Sparbirn, Edle Mönchsbirn, Diels Butterbirn. — Annähernd: Kutscherbirn, Hardenponts späte Winterbutterbirn.

f) Lanzettförmig. Fig. 6. (Meist mehr als zwei Mal so lang, als breit, oder durch starke Zuspitzung nach dem Stiele zu ausgezeichnet.) Beispiele: Colomas Herbstbutterbirn, Colomas Winterbutterbirn, Grüne Hoyerswerder. — Etwas breiter: Nikitauer grüne Apothekerbirn, Winterdorn. (Man kann letztere breitlanzettförmig nennen; sie bilden den Uebergang zu der vorigen Abtheilung.)

Zur genauen Bezeichnung der Gestalt der Blätter besonders von den drei ersten Formen müßte man immer sagen: rundlich zugespitzt, eirund zugespitzt, eiförmig zugespitzt. Doch kommt die Blattspitze hier nicht und hauptsächlich nur die Form des Blattes nach dem Stiele zu in Betracht. — Das Blatt ist übrigens, wie hier zugleich mitbemerkt werden kann, je nach den einzelnen Sorten kurz-, lang-, scharf-, oder auch sanftgespitzt, und die Spitze selbst entweder langgezogen und auslaufend (Fig. 2 und 6), oder sie tritt etwas aus dem Blatte hervor (Fig. 1 und etwa Fig. 5), was Diel „aufgesetzt, halbaufgesetzt" genannt hat. — Das Auffällige ist bei den betreffenden Arten besonders zu schildern.

Es muß jedoch hier sogleich darauf hingewiesen werden, daß nicht etwa sämmtliche Blätter eines und desselben Baumes einerlei Gestalt besitzen, sondern es kommen darauf gleichzeitig stets mehrere vor. So sind z. B. in den meisten Fällen schon die Blätter der

Sommerzweige wieder anders, als die des Tragholzes beschaffen, aber letztere zeigen die constantere Form, jedoch sind auch diese nicht von einerlei Gestalt, sondern gewöhnlich finden sich unter den 5—8, die künftige Fruchtknospe rosettenartig umgebenden Blättern 3 oder 4, die größer als die übrigen sind und welche (als die ältesten und ausgebildetsten) als die der betreffenden Art zukommende Form betrachtet werden können. Neben ihnen kommen zugleich noch Blätter von anderer Form vor, bei den Arten mit rundlichen Blättern zugleich noch eirunde, oft auch eiförmige und es sind hauptsächlich nur die kürzergestielten rund, aber es fällt doch gerade diese letztere Form besonders auf und man kann sie als den Blatttypus betrachten. Ebenso verhält es sich bei den Bäumen der andern Formen; diejenigen mit eirunden Blättern haben nebenbei oft eiförmige, die der letztgenannten Form oft sehr viel elliptische, und die elliptischen gehen oft in die Lanzettform über, doch tritt bei Betrachtung eines ganzen Baumes eine bestimmte Gestalt an der Mehrzahl der Blätter immer hervor. Die Sorten mit breitelliptischen Blättern bilden die schwierigste Classe, doch ist die Form der Blätter, z. B. von Diel's Butterbirn mit ihren stark nach dem Stiele zu verschmälerten Blättern, sehr interessant. Sie ist aber nicht immer sogleich zu finden; so sind bei der als Beispiel noch genannten Sparbirn und Edlen Mönchsbirn immer zugleich noch rundliche, eiförmige und elliptische Blätter vorhanden und es zeigt nur ein Theil die breitelliptische Form, die aber dann gerade am meisten in die Augen fällt und wodurch sich die Sorte kenntlich macht.

Ferner ist bemerklich zu machen, daß je nach der Triebigkeit des Baums mehrfach Abweichungen in der Form der Blätter wahrzunehmen sind. So nimmt z. B. Erzherzog Carls Winterbirn, welche an älteren Bäumen rundliche Blätter hat, an den in der Baumschule stehenden, noch rasch treibenden Bäumen die eirunde Blattform an, Calebasse Bosc dagegen, deren Blätter eirund sind, zeigt eiförmige, wenn der Baum nicht kräftig vegetirt, und es wird überhaupt in den betreffenden Angaben von der Blattform einer und der andern Sorte, wie sie den Beschreibungen hinzugefügt sind, später eine Correction nöthig sein, weil zu den Beobachtungen nicht ein ganzer Baum, sondern oft nur ein schwachvegetirender Probezweig gedient hat. Indessen werden die bekannteren, länger beobachteten Sorten richtig festgestellt sein, nur möge man sich bei einer Beurtheilung weniger an junge, starktriebige, im Schnitt gehaltene Bäume, sondern an die mehr zur Ruhe gekommenen älteren Standbäume halten. — Wenn nun aber auch die angegebenen Abweichungen der somit versuchten Classification der Birnen nach den angegebenen Blattformen vorerst noch Schwierigkeiten entgegenstellen, so dürften diese doch zuletzt durch fortgesetzte Beobachtungen zu beseitigen sein. Die Angabe der Form und Beschaffenheit der Blätter u. s. w. bei jeder Sorte wird übrigens immerhin nützen, denn man kann sich bei aufmerksamer Betrachtung daran gewöhnen, eine ziemliche Menge von Arten bloß an der ihnen eigenthümlichen Vegetation und Blattform zu erkennen.

Nächst der Form der Blätter ist nemlich auch die Wolle an denselben als eines der besten und gewisse Sorten besonders charakterisirendes Merkmal stets zu berücksichtigen, allein es sind nur diejenigen als wollig zu betrachten, bei welchen der genannte Ueberzug von Ende Juli an noch sicher zu erkennen ist. Denn es treiben im Frühling sehr viele Arten mit wolligen oder filzigen Blättern aus den Knospen aus, die den wolligen Ueberzug später wieder verlieren, und es behält ihn nur etwa der sechste Theil der sämmtlichen Sorten. Womöglich ist dabei mit anzugeben, ob die Wolle auf beiden Blattflächen oder nur unterhalb, besonders am Blattsaume und an der Mittelrippe vorhanden ist, auch ob nicht mehrfach glatte Blätter, wie es fast immer der Fall ist, dazwischen vorkommen. Sorten, an deren Bäumen bloß einzelne wollige Blätter gefunden werden, wie es öfters schon in Folge von unvollkommener Ausbildung besonders in schlechten Sommern vorkommt, sind nicht als wollig zu bezeichnen.

Das Gezahnt- oder Ganzrandigsein der Blätter ist ebenfalls ein ziemlich constantes Merkmal bei den meisten Sorten. Bei denen mit ganzrandigen Blättern kommen gewöhnlich nebenbei auch Blätter vor, die an ihrer Spitze, doch aber auch nur meist verloren gezahnt sind. Um die erwähnte Beschaffenheit überhaupt sicher zu erkennen, muß man das Blatt auf seiner untern Fläche betrachten, wo die auf erstem Blick sich darstellenden Zähne oft nur als kleine buchtige Einbiegungen erscheinen. Gezahnt ist das

Blatt, wenn wenigstens von seiner Mitte an Einschnitte an seinem Rande sichtbar sind. — Diese Einschnitte werden im Allgemeinen Zähne genannt. Wenn diese letzteren jedoch stark nach vorne gerichtet sind und eine von der Spitze des Zahns aus nach der Mittelrippe des Blatts gezogene Linie den Zahn selbst nicht mehr trifft, so wird das Blatt als gesägt bezeichnet. Es ist dieses bei den Apfel- und Birnblättern meistens der Fall, weßhalb der letzterwähnte Ausdruck in den Beschreibungen am meisten wird gebraucht werden. — Auch nach Linné, resp. Willd. Editio IV, hat Pyrus communis „folia ovata serrata."

Die Blüthe des Birnbaums entwickelt sich in der Regel 8—14 Tage früher als die Apfelblüthen und es findet nicht ein so großer Unterschied, wie bei den verschiedenen Apfelsorten Statt, daß man die Birnen in Früh- und Spätblühende unterscheiden möchte. Die Farbe der Blumenblätter ist weiß, bei gewissen Sorten aber röthlich überlaufen, besonders vor dem Aufbrechen. Auch bemerkt man Unterschiede in der Größe und Form und in dem Geöffnetsein der Blumenblätter, je nach den einzelnen Arten. Einige Birnen, wie Frühe Schweizerbergamotte und Gelbgraue Rosenbirn, blühen öfters halbgefüllt, indem sich ein Theil der Staubfäden in Blumenblätter verwandelt. Bei mehreren erscheint, besonders wenn die erste Blüthe fehlschlägt, gegen Johannis eine zweite, so bei Marie Luise, Sommermundnetzbirn u. s. w., und es gibt sogar eine Art, die vorzugsweise sich so verhält und deßhalb auch „Zwei Mal tragende Birn" genannt wird. Jedoch erlangt diese zweite Frucht in den meisten Fällen nicht die gehörige Ausbildung und Brauchbarkeit. Blüthe.

Die Fruchtbarkeit des Birnbaums ist in der Regel groß und es zeichnen sich darin, was die feineren Sorten betrifft, die aus den neueren Samenzuchten in Belgien hervorgegangenen vor den älteren französischen Birnen meist vortheilhaft aus. Doch haben sich ihre Bäume immer noch wenig an das deutsche Klima gewöhnt; in den kälteren Gegenden sind sie meist nicht recht dauerhaft und unterliegen bald einem oder dem andern harten Winter, wie es bei den älteren Sorten, St. Germain, Beurré gris, Beurré blanc etc. doch schon weniger der Fall ist. Man muß sie meistens niederstämmig als Pyramiden oder an Spalieren erziehen Fruchtbarkeit und Dauer.

und fortwährend im Schnitt halten, damit sie ihre Lebenskraft nicht vor der Zeit erschöpfen. Doch sind es nicht gerade nur Sorten, die aus den systematisch betriebenen Kernsaaten des Herrn van Mons hervorgingen, welche sich so verhalten und von welchen er, aber auch, wie es scheint, seine Nachfolger, geneigt sind anzunehmen, daß an ihnen die Tragbarkeit vermehrt, aber die Lebenskraft vermindert werde. — Indessen werden die Bäume der meisten Sorten in den milderen Gegenden von Deutschland sich schon dauerhafter als unter den hiesigen Verhältnissen bezeigen, wo zwar die Sommer nicht weniger schön und warm, wie anderwärts unter gleichem Breitegrade sind, wo aber die Kälte im Winter bisweilen hohe Grade erreicht, indem das Thermometer öfters unter 20° R. herabsinkt, und der Temperaturwechsel im Nachwinter zu stark ist, so daß zärtlichere Obstsorten bei freiem Stande es gewöhnlich nicht lange aushalten*). Jahn.

II.

Systeme, auf die bei der Beschreibung der einzelnen Birnensorten hingewiesen ist.

A. Das Diel'sche System. (Diel. Erstes Heft, Birnen. S. 25.)

Es besteht aus 6 Classen, hat in jeder Classe 3 Ordnungen und in jeder Ordnung 3 Geschlechter in folgender Weise:

I. Classe.

Butterhaftschmelzende, sehr geschmackvolle Birnen, die sich im Kauen geräuschlos auflösen. — NB. Enthält die eigentlichen köstlichen Tafelfrüchte.

II. Classe.

Saftreiche geschmackvolle Birnen, deren Fleisch im Kauen etwas oder ziemlich rauschend ist, sich aber doch ganz auflöst. — NB. Enthält ebenfalls köstliche oder doch vortreffliche Tafelbirnen.

*) Wie Herr Superintendent Oberdieck hierzu bemerkt, ist es in seiner Gegend in solcher Hinsicht schon anders. Die betreffenden zum Theil schon von Diel beschriebenen Sorten überstehen die dortigen Winter gut und liefern auch allermeist hochstämmig schon vollkommene und schmackhafte Früchte, doch werden die letzteren auch dort auf Pyramide noch besser.

III. Classe.

Saftreiche oder doch saftig geschmackvolle Birnen, deren Fleisch im Kauen abknackt — Poires cassantes — und sich nicht, oder nicht ganz auflöst. — NB. Enthält theils Tafelfrüchte, theils auch nur vortreffliche Früchte für die Oekonomie.

IV. Classe.

Hinreichend saftige Birnen, mit markigtem oder etwas schmierig schleimigem Fleische, jedoch gewürzhaft und im Munde schmelzend, aber ohne erhabenen Geschmack. — NB. Man könnte diese ganze Classe die Schmeerbirnen nennen. Sie enthält mehr Früchte für die Oekonomie, als zum feinen rohen Genuß.

V. Classe.

Birnen mit saftigem oder trockenem Fleische, von Geschmack aber fade. — NB. Enthält bloß Früchte für die Oekonomie.

VI. Classe.

Birnen mit hartem, rübenartigem Fleische, zum rohen Genuß unbrauchbar. — NB. Enthält die besten Kochbirnen für den Winter.

Die Ordnungen beziehen sich auf das Verhältniß der Höhe der Frucht zu ihrer Breite, und lauten:

1. Ordnung.

Der Durchmesser der Breite ist größer, als der der Höhe. — NB. Nicht selten wird man zwar bei dieser Ordnung einzelne Birnen von der nemlichen Sorte finden, die in die zweite Ordnung gehörten, aber der größere Theil derselben bestimmt sie hieher.

2. Ordnung.

Der Durchmesser der Höhe und Breite ist gleich, oder die Höhe beträgt nie über $1/4''$ mehr als die Breite bei den Hauptformen der Frucht.

3. Ordnung.

Der Durchmesser der Höhe ist schon in die Augen fallend größer, als derjenige der Breite, und muß wenigstens immer $3/4''$ länger sein.

Die 3 Geschlechter in jeder Ordnung werden durch die Reifzeit gebildet und sonach in jeder Ordnung a) Sommerbirnen, b) Herbstbirnen und c) Winterbirnen unterschieden (deren Begriff oben S. 10 und 11 schon entwickelt ist).

In seinen Beschreibungen gibt Diel bei jeder einzelnen Frucht den Rang an, welcher derselben zukommt, und zwar stellt er die besten Früchte in den allerersten Rang. Früchte vom ersten Rang sind zwar auch Tafelfrüchte, doch schon weniger gut. Früchte vom zweiten Rang und auch vom dritten sind Wirthschaftsfrüchte und kein eigentliches Tafelobst, wenn auch mehrere darunter zum rohen Genuß noch geeignet sind.

Den Ueberfluß der vierten bis sechsten Classe mag Diel späterhin selbst gefühlt haben, denn er hat in den früheren Heften seines Werkes selbst nur wenig, in den zuletzt erschienenen Bändchen keinen Gebrauch mehr davon gemacht und auch wir werden, wie Liegel (dessen system. Anl., Wien 1825), bei Hinweisung auf das Diel'sche System von den erwähnten letzten 3 Classen Umgang nehmen und in die III. Classe alle Früchte mit festem, nicht schmelzendem oder unlöslichem Fleische einreihen.

B. System von Lucas.

(Luc., die Kernobstf. Württemb. Stuttg. 1854, S. 12.)

Alle Birnen zerfallen zunächst in zwei Hauptgruppen:

A. Tafelbirnen (alle Birnen, die zum Rohgenuß sehr gut sind und welche Diel als schmelzend oder halbschmelzend bezeichnet).

B. Wirthschaftsbirnen (alle, die zum Rohgenuß nicht oder nur ziemlich geeignet sind und deren Werth in ihrer Verwendbarkeit für den Haushalt, zum Dörren und zu Most besteht).

Jede dieser Gruppen wird nach der Reifzeit eingetheilt in

a) Sommerbirnen, b) Herbstbirnen, c) Winterbirnen. — Sommerbirnen (Diel's I. Geschlecht) reifen von Juni bis Ende September; Herbstbirnen (Diel's II. Geschlecht) zeitigen von Anfang Oktober an und haben bis Mitte November ihren wahren Reifpunkt erlangt. Winterbirnen (Diel's III. Geschlecht) sind die von Mitte November an ihre volle Reife erlangenden Birnsorten. (In den letzten beiden Abtheilungen ist also einiger Unterschied gegen Diel.)

Diese drei Abtheilungen spaltet Lucas wieder nach der Form in 1) Längliche und 2) Rundliche Birnen. — Länglich ist, wo der Länge-Durchmesser den der Breite übertrifft (Diel's Ordnung III.). Rundlich, beide Durchmesser sind gleich oder der Breite-Durchmesser ist größer als der Länge-Durchmesser. (Diel's Ordnung I. und II.)

Hierdurch erhält man, wie die folgende Uebersicht lehrt, 12 Classen. Die 6 ersten Classen, die Tafelbirnen, werden je in 2 Ordnungen, nemlich 1) Zartfleischige und 2) Mürbfleischige unterschieden. Zartfleischige sind die butterhaftschmelzenden, mürbfleischige die nicht vollkommen schmelzenden und gewöhnlich auch weniger saftreichen Birnen.

Die 6 Classen des Wirthschaftsobstes zerfallen in 1) Hartfleischige (mit ziemlich oder wirklich festem, rübenartigem Fleische), 2) Herbfleischige (mit zusammenziehendem herben Safte, nur zum Kochen und zur Mostbereitung taugliche Früchte). — Jede Ordnung hat noch 2 Unterordnungen und zwar je nach der Beschaffenheit des Kelches, ob dieser 1) blättrig und vollkommen oder 2) hornartig und unvollständig ist. — Durch folgende Darstellung wird das Ganze noch deutlicher werden.

Uebersicht der Classification nach Lucas.

Classe I. Längliche Sommer-Tafelbirnen.
„ II. Rundliche „ „
„ III. Längliche Herbst-Tafelbirnen.
„ IV. Rundliche „ „
„ V. Längliche Winter-Tafelbirnen.
„ VI. Rundliche „ „

Jede dieser 6 Classen zerfällt wieder in 2 Ordnungen: 1) Zartfleischige, 2) Mürbfleischige Birnen. Jede dieser Ordnungen hat 2 Unterordnungen:

a) mit blättrigem vollkommenem Kelch,
b) mit hornartigem unvollkommenem Kelch.

Classe VII. Längliche Sommer-Wirthschaftsbirnen.
„ VIII. Rundliche „ „
„ IX. Längliche Herbst-Wirthschaftsbirnen.
„ X. Rundliche „ „
„ XI. Längliche Winter-Wirthschaftsbirnen.
„ XII. Rundliche „ „

Jede dieser 6 Classen zerfällt in 2 Ordnungen: 1) Hartfleischige, 2) Herbfleischige Birnen. Jede dieser Ordnungen hat 2 Unterordnungen:

a) mit blättrigem vollkommenem Kelch,
b) mit hornartigem unvollkommenem Kelch.

C. System von Jahn.

Dieser nimmt zur Eintheilung die Vegetation der Bäume und stellt nach den von ihm unterschiedenen 6 Blattformen, wie sie vorne S. 14 geschildert sind, ebensoviel Classen auf. Es haben also die Birnen in seiner

Classe I. Bäume mit rundlichen Blättern.
„ II. „ „ eirunden „
„ III. „ „ eiförmigen „
„ IV. „ „ elliptischen „
„ V. „ „ breitelliptischen „
„ VI. „ „ lanzettförmigen „

Zur weiteren Trennung der so gebildeten Classen benutzt Jahn die Reifzeit der Früchte und gewinnt so, indem er die letzteren nach Sommer-, Herbst- und Winterbirnen unterscheidet und sich dabei an die von Diel gegebene Erklärung des Begriffs hält, für jede Classe 3 Ordnungen, welche durch die beigefügten kleinen deutschen Ziffern ausgedrückt werden. — Es genügt hiernach die kurze Auseinandersetzung, wenn es in dem Folgenden z. B. bei der Birne Nro. 1, bei der Kleinen Muskateller heißt: II, 1. Jahn, daß der Baum derselben eirunde Blätter hat und die Birne eine Sommerfrucht ist, oder bei

Nro. 3 der Grünen Magdalene: III, 1. Jahn, daß deren Baum eiförmige Blätter besitzt und die Birne ebenfalls im Sommer reift u. s. w.

Jahn hält dafür, daß späterhin, wenn immer noch mehrere Arten nach ihrer Blattform festgestellt sind, eine Classification, bei welcher man die Gestalt der Früchte voransetzt und nach Beschaffenheit des Fleisches Familien bildet, die dann weiter nach ihren Blattformen unterschieden werden, sich des meisten Beifalls erfreuen dürfte. Denn man wird bemerken, daß die Form der Blätter in keiner Beziehung zu der Form oder zu dem Fleische und zu dem Geschmacke der Früchte steht, so daß also die einzelnen Arten der bereits theilweise schon von Diel, und den Autoren vor ihm, unterschiedenen Gruppen von Bergamotten, Pomeranzenbirnen, Russelets u. s. w. bei der obigen Eintheilung in den verschiedenen Classen sich vertheilt finden. In der besprochenen Weise würden sie aber wieder zu Familien vereinigt werden können.

Die im vorliegenden Handbuch befolgte Aufzählung der Sorten nach der Reifzeit erschien dem ursprünglichen Plane angemessen, nach welchem keinem Systeme der Vorzug gegeben werden sollte. Dittrich hat in seinem Handbuch bei den Birnen dieselbe Anordnung befolgt und es sind auch die meisten größeren deutschen und auswärtigen Obstverzeichnisse in gleicher Weise eingerichtet.

Von Abkürzungen, die in Beschreibungen gebraucht wurden, bedürfen vielleicht folgende noch der Umschreibung: Alb. de Pom. = Album de Pomologie par A. Bivort. 4 Bde. Brüssel 1847—51. — Allg. t. G. M. = Allgemein teutsches Gartenmagazin. — Ann. de Pom. = Annales de Pomologie etc. 5 Bde. Brüssel 1853--57. — Biv. = Bivort. — L. oder Lieg. = Herr Apotheker Dr. Liegel. — Lyon. Ber. = Bericht über die Versammlung französischer Pomologen in Lyon von Behrens in Monatsschr. IV. S. 121. — Naumb. Ber. = Bericht über die Naumburger Ausstellung von Prof. Dr. Carl Koch, Berlin 1854. — Gothaer Ber. = Bericht über die Ausstellung in Gotha, von demselben. Berlin 1858. — Mon. oder Monatsschr. = Pomolog. Monatsschrift von Oberdieck und Lucas. — O. oder Oberd. = Hr. Superintendent Oberdieck. — T. O. G. = Sicklers teutscher Obstgärtner. — Zinks Pom. pict. = Pomarium pictum, enthält viele vom Hofmaler Sänger in Meiningen 1739 und folg. Jahre gemalte Früchte aus des Cons.-Raths Zinks Gärten das.

No. 1. Kleine Muskateller. III, 2. 1. Diel; II, 2 a (b). Luc.; II, 1. Jahn.

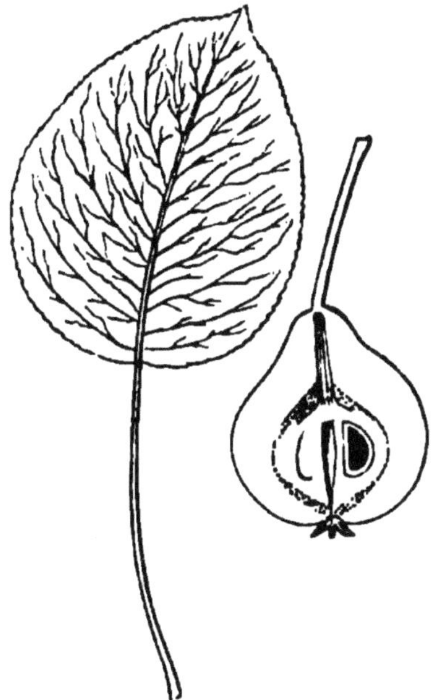

Kleine Muskateller. Diel. † S.

Heimath und Vorkommen: Diese nur wegen ihrer Frühreife interessante, kleine Birne findet sich bei den ältesten, auch deutschen Pomologen und ist auch in der Gegend von Meiningen schon lange bekannt.

Literatur und Synonyme: Diel beschreibt sie im VIII. Heft S. 149 als Kleine Muskatellerbirne. Sieben in's Maul. Petit Muscat. Sept en gueule. Duhamel III. t. 1. Im T. O. G. I. S. 60. Taf. 5 ist sie als Kleine Muskatellerbirn beschrieben und abgebildet. Auch hat sie Christ im Hbwb. S. 197 und Dittr. Bd. I. S. 525 in der vollständigen Pomolog. von 1809 Nro. 103.

Gestalt: die Birne ist höchstens 1″ groß, öfters noch kleiner, kreiselförmig, nach dem Stiele zu kegelförmig oder schwach birnförmig.

Kelch: offen, blättrig oder auch hornartig und zuweilen ganz fehlend, meist flachstehend.

Stiel: bis $1^1/_2$″ lang, obenauf, mit etwas Fleischringeln.

Schale: gelblichgrün, später hellgelb, mit erdartiger Röthe, mit feinen Punkten und etwas Rost.

Fleisch: gelblich weiß, körnigt, abknackend, von süßem starken Muskatellergeschmack.

Kernhaus: ziemlich groß, schwachhohlachsig, Fächer geräumig, meist mit zwei unvollkommenen und halbweißen Kernen.

Reife und Nutzung: fast Anfang Juli, in Meiningen gewöhnlich Mitte Juli, doch bisweilen je nach der gerade herrschenden Witterung auch später, so war sie 1858 den 24. Juli mit der Abbons-Birn und Grünen Magdalene zu gleicher Zeit reif. Sonst ist es die frühste von allen mir zur Zeit bekannten Sorten.

Eigenschaften des Baumes: derselbe wächst stark und ist gesund, trägt seine Aeste einzelnstehend und ziemlich wagrecht, sie sind aber dicht mit Quirholz besetzt und er trägt überhaupt büschelweise. Im Alter werden die Zweige gewöhnlich etwas grindig. — Blätter eirund, an ältern Bäumen fast rundlich, kurz gespitzt, 1¾″ breit, fast 2″ lang, meist etwas herzförmig, glatt, nur hie und da am Rande etwas wollig, fein-stumpf-gesägt, ziemlich dunkelgrün, doch nur mattglänzend, schwach schifförmig, die Spitze etwas zurückgebogen. — Blüthenknospen ziemlich groß, kegelförmig, stumpfgespitzt, dunkelbraun. — Sommerzweige olivengrün, gegenüber geröthet mit zahlreichen feinen weißgelben warzigen Punkten.

J.

No. 2. Frühe Gaishirtlebirn. II, 3. 1. Diel; I, 2 b. Luc.; II, 1. Jahn.

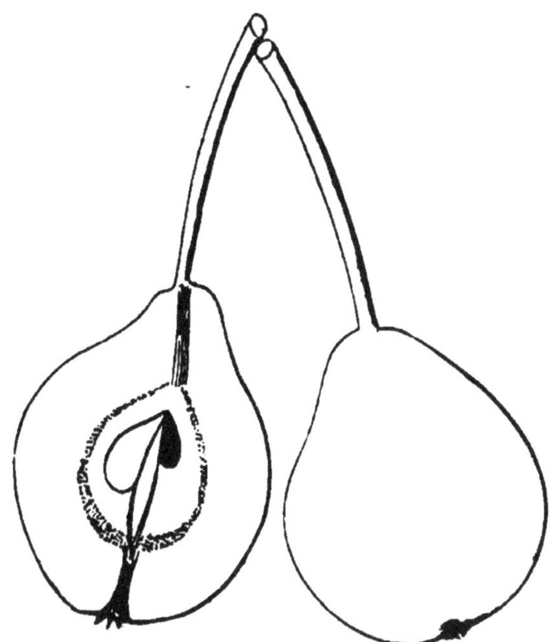

Frühe Gaishirtlebirn. Lucas. * † S.

Heimath und Vorkommen: Findet sich ziemlich häufig auf den Baumgütern im Neckarthal und wird als einträgliche gute Marktfrucht gerne dort gepflanzt.

Literatur: Lucas Kernobstſ. S. 155.

Geſtalt: eiförmig, nach dem Stiele zu kegelförmig oder ſchwach birnförmig, oder, wie Lucas meint, überhaupt rouſſeletförmig, 1 1/2″ breit, 1 3/4″ lang.

Kelch: unvollkommen, hornartig, flach. Stiel 1 1/2″ lang, etwas gebogen, meiſt obenauf, wie eingeſteckt.

Schale: gelblichgrün, ſpäter citronengelb, ſonnenwärts mit dünnem ſtreifigen trüben Roth und zahlreichen feinen, grauen, im Roth rothumringelten, Punkten und bald größeren bald kleineren Roſtflecken.

Fleiſch: weiß, körnig, ziemlich ſaftreich, halbſchmelzend, von angenehm gewürztem Zuckergeſchmack.

Kernhaus: ziemlich groß, hohlachsig, mit ziemlich großen Fächern und meist vollkommenen, doch wenigen Kernen.

Reife und Nutzung: Ende Juli zugleich mit der Abbonsbirn oder 8 Tage früher. Ist bei Lucas die frühste Birn. — Gegen die Wahre Gaishirtenbirn, der sie äußerlich ähnlich sieht, hat die hier vorliegende einen längeren Stiel, einen hornartigen Kelch und frühere Reife, auch ist das Fleisch in der Güte geringer.

Eigenschaften des Baumes: derselbe treibt lange, schlanke, gebogene Aeste, bildet eine unordentliche, eirunde Krone und ist sehr fruchtbar. — Die Blätter, die mir Lucas gütigst mit der Zeichnung sandte, sind schön eirund mit sanft auslaufender Spitze, 1½" breit, 2½" lang, nach dem Stiele zu ganzrandig, die vordere, größere Hälfte aber ist fein-, ziemlich scharf-gesägt, glatt. Hie und da scheinen die Blätter am Stiele etwas herzförmig ausgeschnitten zu sein. Der Blattstiel ist dünn, 1¼" lang.

J.

No. 3. Grüne Magdalene. II, 2 (3). 1. Diel; I, 1 a. Luc.; III, 1. Jahn.

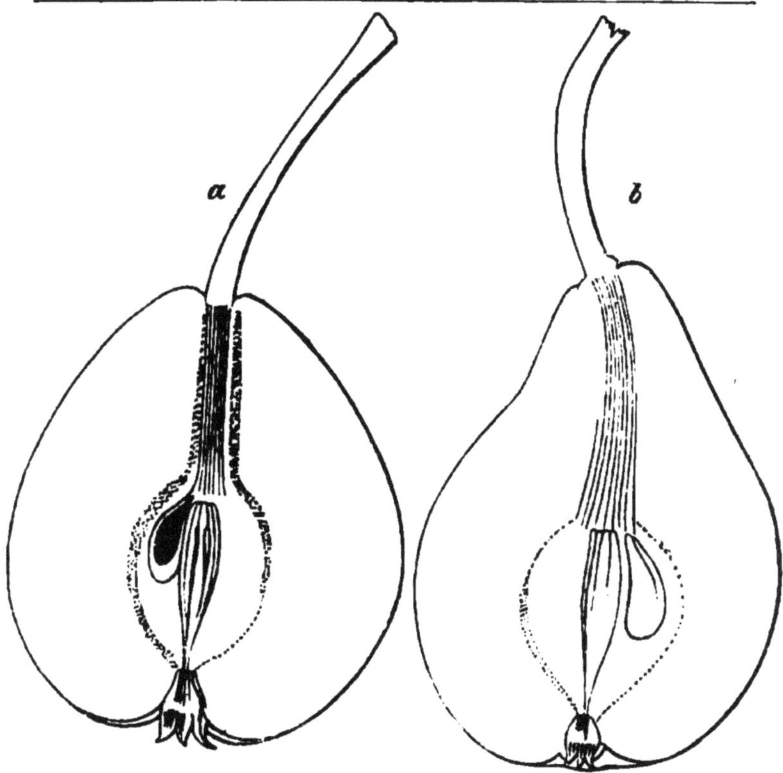

Grüne Magdalene. Diel. ** † S.

Heimath und Vorkommen: Diel erhielt sie aus der Pariser Carthause als Poire Madeleine. Sie ist aber bereits vielfach, jedoch auch unter anderen Namen in Deutschland verbreitet.

Literatur und Synonyme: Diel III. S. 22 die Grüne Sommer-Magdalene. — Christ Hdwb. S. 192. T. O. G. I. S. 182. Taf. 10, doch wohl die richtige, sie bleibt nur in ungedeihlichen Jahren klein und baut sich kürzer. Heißt im Württembergischen vielfach Glasbirn, geht anderwärts auch als Grüne Margarethenbirn und als Große frühe Jakobibirn. — In Frankreich und Belgien kennt man sie auch als Citron des Carmes, und es existirt wohl überhaupt keine andere Sorte des letzteren Namens, obgleich Diel (N. Kernobstsl. IV. S. 200) dem widerspricht. — Auch Oberd., Mon. II. S. 180 und v. Flotow Mon. IV. S. 333 und die früheren Autoren halten die Carmeliter Citronenbirn für nicht verschieden. Knoop nennt schon die Magdalene nebenbei auch Impératrice und Franche Kaiserin. — Kaiserin und Citron musqué nennt sie ebenso noch Christ. Nach dem Lyon. Ver. sind Petite Magdeleine und St. Jean Syn. der Citron de Carmes, nach dem

Lond. Catal. auch noch Rose Angle Early. — Nach Oberd. hat Diel die Magdalene auch als Deutsche langstielige Weißbirn wahrscheinlich nochmals beschrieben. Mon. III. S. 167.

Gestalt: veränderlich, wie oben a zeigt, eirund, oder wie b, nach dem Stiele zu etwas verlängert und mehr birnförmig. — Etwas unter oder über 2″ breit und bis $2^3/_4$″ hoch.

Kelch: grünblättrig, etwas wollig, offen, seicht, meist in Falten.

Stiel: grün oder braun, gewöhnlich schwach vertieft.

Schale: hell- oder gelblichgrün, mit dunkeler grün-, sonnenwärts selten röthlich umkreisten Punkten, und zuweilen etwas Rost.

Fleisch: gelblichweiß, fein, saftig, mehr oder weniger schmelzend, von erhabenem, fein säuerlich-süßem (nach Diel Muskateller-) Geschmack, auch riecht die Frucht in der Reife angenehm.

Kernhaus: stark hohlachsig, kleinkammrig, mit meist unvollkommenen Kernen.

Reife und Nutzung: Ende Juli oder Anfang August, auch bisweilen schon Mitte Juli. Wegen ihrer frühen Reife recht schätzenswerth.

Eigenschaften des Baumes: derselbe wächst in der Jugend kräftig mit dicht mit Quirholz besetzten, zerstreutstehenden, Aesten und ist reichlich tragbar. Er ist aber gegen hohe Kältegrade empfindlich und verlangt geschützten Stand. — Sommerzweige grünlich rothbraun, oft stark dunkelviolettroth, grau- oder schmutzigweiß punktirt. — Blätter länglich eiförmig, bei starkem Triebe auch eirund, bisweilen am Stiele keilförmig, sanftgespitzt, glatt, regelmäßig fein scharf gesägt, am Rande etwas wellenförmig, wahrhaft schiffförmig (besonders da die Spitze des Blattes etwas aufgerichtet steht), dunkelgrün mattglänzend, meist an den aufgerichteten Stielen wagrecht stehend. Stiel dünn, bis $1^1/_4$″ lang, Blatt deßhalb im Winde leicht beweglich. — Blüthenknospen eirund, stumpfspitz, gelbbraun, meist etwas braunwollig.

Von dieser Birne gibt es eine bandartig gestreifte Abart, die Citron des Carmes panaché. Sie soll später beschrieben werden.

NB. Die Abbildung wurde aus Mon. III. S. 360 entnommen und auch die von Herrn v. Flotow S. 335 gegebene Beschreibung benutzt.

J.

No. 4. Säuerliche Margarethenb. III, 2 (3). 1. Dl.; I (III), 2 b. Luc.; II, 1. J.

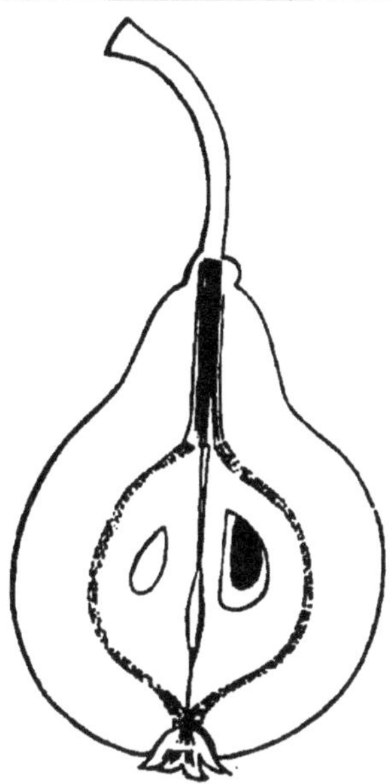

Säuerliche Margarethenbirn. Diel. * † S.

Heimath und Vorkommen: Diel benannte eine im von Stein'schen Garten zu Nassau aufgefundene Sorte so nach ihrem säuerlichen Geschmack. (Diel Heft V. S. 146.) — Ich fand die vorliegende Birne als Margarethenbirn in einem hiesigen Garten und möchte sie nach ihrem Geschmack für diese Diel'sche Sorte halten, oder sie kann wenigstens die letztere, die, wie es scheint, verloren gegangen ist, als eine bessere Frucht ersetzen.

Gestalt: Diel beschreibt sie als rund eiförmig, aber auch sehr oft länglich kegelförmig, um den Kelch plattrund, nach dem Stiele zu ohne Einbiegung, bald kurz abgestumpft, bald aber auch kegelförmig mit wenig oder mit abgestumpfter Spitze; klein, 1½" breit und nur etwas weniger hoch, doch nicht selten ½" länger. — Von dieser Angabe weicht meine Sorte nur durch ihre nicht ganz plattrunde Form und durch eine geringe Einbiegung nach dem Stiele zu ab.

Kelch: klein, etwas hartschalig, halboffen (bei der vorliegenden ganz offen), flach (ohne alle wahre Einsenkung nach Diel), mit etwas Falten oder Perlchen.

Stiel: holzig (doch grün), 1 bis 1¼" lang, obenauf oder wie eingesteckt, mit einigen Fleischringeln.

Schale: glatt und ziemlich glänzend, gelblich hellgrün, selten mit etwas erdartiger Röthe (an der vorliegenden fast nie), und mit kaum bemerkbaren Punkten (die sich der Beschreibung nach auch nur auf der Sonnenseite durch röthliche Umkreisung deutlich machen), doch öfters mit etwas verlorenem Rost.

Fleisch: mattweiß, körnigt, um's Kernhaus bisweilen feinsteinigt, abknackend, saftvoll, etwas säuerlich (nach Diel fast etwas herbe und einschneidend), doch immer noch von angenehmem süßsäuerlichen, wenn auch nur schwachgewürzten Geschmack.

Kernhaus: schwachhohlachsig, Kammern enge, mit kleinen, vollkommenen schwarzen oder noch halbweißen Kernen.

Reife und Nutzung: Ende Juli oder Anfang August, je nach den Sommern auch bisweilen etwas später. — Ist immer noch eine zum Rohessen brauchbare und wegen ihrer Frühreife der Fortpflanzung werthe Frucht.

Eigenschaften des Baumes: er ist gesund, wird aber nur mittelgroß, ist reichlich und fast alljährlich tragbar, also auch in letzterer Beziehung ganz geeignet. — Blätter eirund, mit meist etwas langgezogener Spitze, 1¾" breit, 2½" lang, glatt, ganzrandig oder nur an der Spitze gesägt, mehrfach wellenförmig am Rande gebogen. — Blüthenknospen etwas länglich kegelförmig, ziemlich scharf und stechendspitz, oft etwas gelblich wollig. — Sommerzweige röthlich gelbbraun, gegenüber mit Grün gemischt, schwach fein weißgrau punktirt.

J.

No. 5. **Edle Sommerbirn.** II, 3. 1. Diel; I, 2 b. Luc.; II, 1. Jahn.

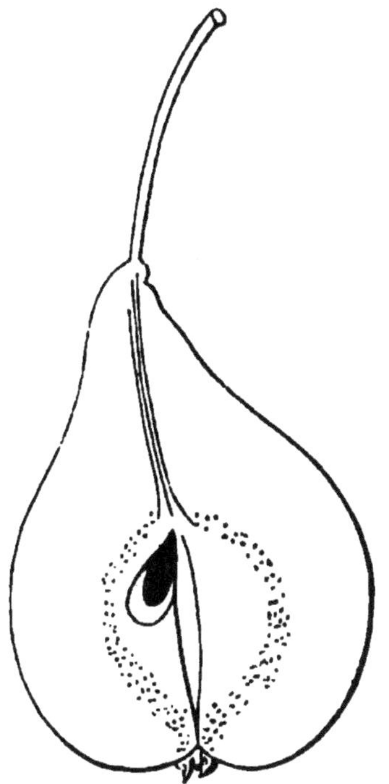

Edle Sommerbirn. Liegel. * † S.

Heimath und Vorkommen: Liegel erhielt sie von Herrn Donauer, k. k. Lieutenant in Coburg, 1846 unter dem Namen Poire noble d'été.

Literatur: Liegel beschrieb sie in seinen neuen Obstsorten S. 83. — Vergl. auch Oberd. in Mon. I. S. 82. — Oberd. erhielt sie brieflicher Mittheilung zu Folge bereits auch als Frühe volltragende Englische Sommerbirn.

Gestalt: der Beschreibung nach fast mittelgroß, spitzkegelförmig, an dem ⅔ nach oben liegenden Bauch flach abgerundet, nach dem Stiele zu stark eingebogen und mit langer Spitze endigend. — Nach der von Lucas gelieferten Zeichnung, wie sie oben vorliegt, baut sich die Birne auch schön länglich birnförmig, und mißt so in der Breite fast 1½", und in der Länge 2¼". — Liegel gibt die Größe auf 2½" und die Dicke 1" 10''' an.

Kelch: meist blattlos, offen und ziemlich tief, seicht eingesenkt.

Stiel: lang, mißt über 1″, oft fast 1½″, obenauf.

Schale: fein und dünn, schön hellgelb mit grauen Punkten, oft mit leichtem Anflug von Röthe und von dünnem Rost.

Fleisch: weiß, etwas gröblich, mürbe, im Kauen rauschend, fast schmelzend, saftig, von sehr lieblichem, nach Oberdieck merklich gezuckerten Geschmack.

Kernhaus: groß mit kleinen vollkommenen Kernen.

Reife und Nutzung: sie zeitigt im ersten Drittel des August und hält sich 14 Tage, wird dann langsam teig. Liegel bezeichnet sie als I. Ranges wegen Schönheit und guten Geschmacks, obgleich sie kein ganz schmelzendes Fleisch hat. Sie komme in Größe, Farbe, Form und Reife der Hannoverischen Jakobibirn nahe. — Auch Oberd. beschreibt sie als sehr schätzbar.

Eigenschaften des Baumes: Liegel gibt darüber nichts an, doch wächst ein junger Baum in meinem Garten kräftig und ziemlich stark, er lieferte aber noch keine Früchte. Die Zweige bekam ich von Liegel. Die Blätter sind hienach (auch wie sie Herr Lucas der Zeichnung beilegte) eirund mit auslaufender oder halb aufgesetzter Spitze, ziemlich breit, 2¼″ breit, 3¼″ lang, oft etwas herzförmig, glatt, fein- und scharfgesägt, doch oft auch undeutlich gesägt und ganzrandig, die Spitze ist meist etwas seitwärts gebogen. — Blüthenknospen ziemlich groß, kegelförmig, fast stechendspitz. — Sommerzweige mit meist verdickter Endspitze, grünlichgelbbraun, sonnenwärts röthlich angelaufen mit feinen weißgelben Punkten.

J.

No. 6. **Grüne Hoyerswerder.** I, 3. 1. Diel; I, 1 b. Luc.; VI, 1. Jahn.

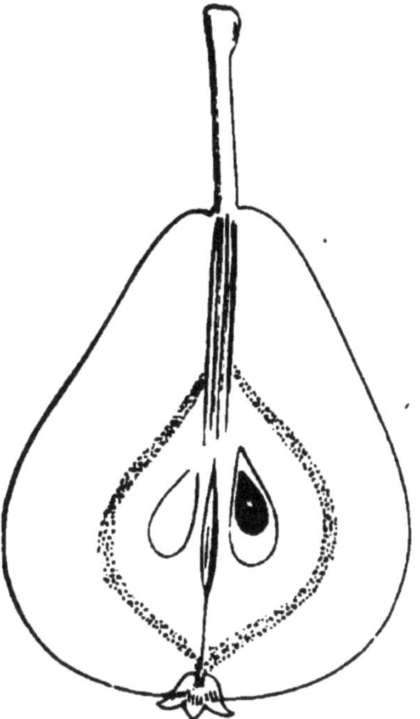

Grüne Hoyerswerder. Diel. ** †† 1 S.

Heimath und Vorkommen: Wurde wahrscheinlich in Hoyerswerda in der Niederlausitz aus Samen erzogen. Hat sich in Deutschland ziemlich bekannt gemacht und ist beliebt.

Literatur und Synonyme: Diel beschrieb sie als Grüne Hoyerswerder, Grüne Hoyerswerder Zuckerbirn im Heft IV. S. 24, darnach Dittrich I. S. 540. Doch gab eigentlich Christ zuerst Nachricht von ihr. — Oberd. erhielt sie von Urbaneck, als von van Mons abstammend, wahrscheinlich durch Reiserverwechslung als Incommunicable (Monatsschr. I. S. 81) und schließt in seiner Anl. S. 354 neben ihrem Namen als Synonym „Benadine" ein, weil Pastor Benade in Hoyerswerda sie zuerst hatte.

Gestalt: ziemlich kegelförmig, doch auch eirund, um den Kelch schön abgeflacht, nach dem Stiele zu auf einer Seite etwas eingebogen und stumpfspitz, 2" breit, $2^1/_2$" lang, in manchen Stücken der Grünen Herbstzuckerbirn ähnlich.

Kelch: klein, oft fehlend, offen, in enger und schwacher, auf einer Seite oft niedrigerer Einsenkung.

Stiel: nicht stark, 1/2'' lang, etwas vertieft, oft neben einem Fleischwulst.

Schale: glatt, dünn, schön grasgrün, ohne Röthe, auf der Sonnenseite nur hie und da schwach orangegelb, mit charakteristischen, starken, hellbraunen, dunkelgrün umkreisten Punkten und meist etwas Rost um Kelch und Stiel.

Fleisch: mattweiß, feinkörnigt, in schlechtem Boden etwas steinigt um's Kernhaus, doch saftreich, butterhaft, von süßweinartigem, etwas müskirtem, erhabenem Bergamottgeschmack.

Kernhaus: verhältnißmäßig, schwachhohlachsig, mit meist vollkommenen Kernen.

Reife und Nutzung: Mitte August, hier in Meiningen oft Anfang September, 14 Tage. Zu jedem Gebrauche zu empfehlen.

Eigenschaften des Baumes: derselbe wächst lebhaft und stark, geht hoch in die Luft, doch stehen seine Zweige etwas einzeln. Ist an seinem gedrängt und quirlichtstehenden, dornähnlichen Fruchtholze und an seinen langen schmalen Blättern kenntlich. Kommt auch bei uns hochstämmig gut fort, und ist abwechselnd sehr fruchtbar, weßhalb er zur allgemeinen Anpflanzung ganz geeignet ist. — Blätter lanzettförmig, mit meist langer und scharfer, auslaufender Spitze, 1—1 1/4'' breit, 2 3/4—3'' lang, glatt, feingesägt, schiffförmig und sichelförmig, auch am Rande etwas wellenförmig, oft mit feinen schwärzlichen Borsten an den Zähnen der Blätter. — Blüthenknospen länglich kegelförmig, sanftgespitzt. — Sommerzweige oft nach der Spitze hin verdickt und stufig, mit stark abstehenden Knospen, gelblich grünbraun, gegenüber bräunlich grün, feiner und gröber röthlich- oder gelblichweiß punktirt.

J.

No. 7. **Damenbirn.** II, 2. 1. Diel; I, 2 a. Luc.; III, 1. Jahn.

Damenbirn. Dittrich. * † S.

Heimath und Vorkommen: Alte französische Birne, die schon Quintinye als Chère à Dame gehabt hat. Findet sich hie und da in deutschen Gärten und Baumschulen. In hiesiger Gegend ist sie noch aus früherer Zeit vorhanden.

Literatur und Synonyme: Dittrich I. S. 538 schreibt La Chair à Dame. Auch nennen sie Einige Frauenfleischbirn. Mayer in pom. franc. S. 259. t. LXX. dagegen schreibt Chère à Dame und leitet mit Menage Chère vom Spanischen „Cara“ „Gesicht“ ab, obgleich doch „Cher, Chère lieb oder theuer“ gewiß ungleich näher liegt. — Christ Hdwb. S. 170 hat sie als Damenbirn, La Cher à Dame, mit den Syn. Chair-à-Dames, Chère aux Dames, Chère-Adame, Chèradame, Cher Adame, Poire d'Adame, Poire de Madame de Madère, Chair de fille, Cher à fille, denen man aus dem T. O. G. XI. S. 271. t. 13 (wo sie recht schön abgebildet ist) noch die Syn. Cornemuse Milan ronde und als in Thüringen gebrauchte Namen Fürstenbirn, Böspenbirn (Wespenbirn) zugesellen kann. — Knoop I. t. 5 hat als Damenbirn eine lange, ganz birnförmige, ziemlich stark geröthete, also nicht die Duhamel'sche Frucht.

Gestalt: rundlich, nach dem Stiele zu kurzkegelförmig, oder auch etwas kreiselförmig, 2¼″ breit, 2½″ lang; Mayer hat sie, wie alle seine Früchte ungewöhnlich groß sind, fast 2¾″ breit und fast 3″ lang abgebildet.

Kelch: kurzblättrig, offen, geräumig, meist aber flach eingesenkt.

Stiel: kurz, dick, holzig, obenauf, fast stets mit starken Fleischringeln, die sich noch an ihn anlegen, umgeben.

Schale: etwas dick, grünlich gelb, später gelb, an der Sonnenseite schön carminroth, hie und da mit verlorenem Rost und häufigen grünen und graugelben Punkten.

Fleisch: weiß, brüchig, später halbschmelzend, von angenehmem süßen, nach Sickler etwas calmusähnlichen Geschmack.

Kernhaus: schmal, um's Kernhaus etwas steinigt, Kammern enge und schmal, mit wenig vollkommenen Kernen.

Reife und Nutzung: Mitte August, hier oft Ende August und bisweilen Anfang September, 14 Tage, selten 4 Wochen, wie Sickler angibt, der sie zuerst genauer beschrieb. — Ist zum rohen Genuß recht angenehm und wegen ihres schönen Aeußern als Marktfrucht sehr gesucht.

Eigenschaften des Baumes: derselbe wird mittelstark, wächst in der Jugend sehr kräftig, auch pyramidal, doch hängen die langen Aeste späterhin über. Er ist ziemlich fruchtbar und kenntlich vor Vielen durch seine starkwolligen Blätter und gelbbraunen, starkpunktirten Zweige. — **Blätter länglich eiförmig**, an sehr triebigen Bäumen auch länglich eirund mit meist etwas vortretender Endspitze, groß, $2^1/_4$—$2^1/_2$" breit, 4" lang, oft auch etwas lanzettförmig, sehr auffällig wollig, meist ganzrandig, am Rande wellenförmig gebogen. — **Blüthenknospen** sehr groß, kurzkegelförmig, fast rundlich, stumpfspitz, lichtbraun, gelbwollig mit weißlichem Anflug, vor dem Entfalten im Frühling in der Sonne glänzend goldgelb. — **Sommerzweige** fast gänzlich wollig, gerade, stark, oft nach der Spitze hin verdickt und hier oft eine Blüthe tragend, abgerieben grünlichbraun, gegenüber röthlichbraun, mit oft sehr großen länglichen weißlichgelben Punkten.

J.

No. 8. **Sommer-Eierbirn.** II, 3. 1. Diel; I, 2 b. Luc.; II, 1. Jahn.

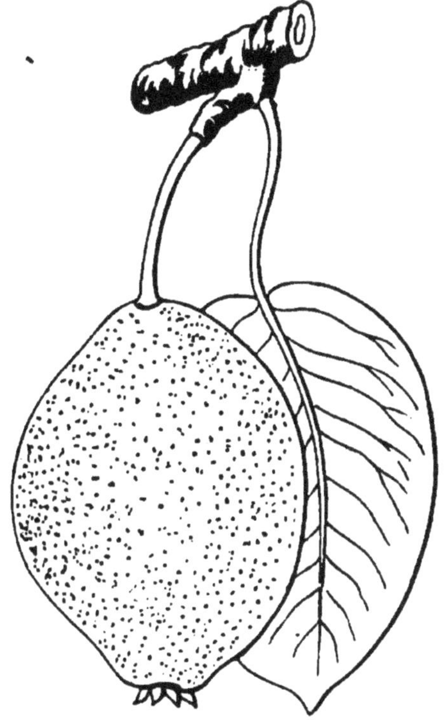

Sommer-Eierbirn. Diel. * †† ! S.

Heimath und Vorkommen: Deutsche Frucht, die auch Beste Birne genannt wird und früher besonders in der Wetterau und um Frankfurt, auch im Elsaß am meisten gebaut wurde, jetzt aber fast überall ziemlich verbreitet ist.

Literatur und Synonyme: War den Franzosen nicht bekannt, oder wenigstens von dem, was in Frankreich damals als Poire d'oeuf ging, nach Diel verschieden. (Dessen Heft I. S. 188.) — Mayer (Pomon. franc. Nro. 30. t. XXIV.) nennt sie Colmart d'été, Straßburger beste Birn, Würzburger Sommercitronenbirn. — Als Pyrum ovatum hatte sie schon Joh. Bauhin. Dittrich fügt ebenfalls Colmar d'été ihrem Namen hinzu und Oberd. schreibt mir, daß eine Colmar d'été, die er aus Belgien habe, das wollige Blatt der vorliegenden zeige. — Duhamel III. S. 34 Poire d'oeuf. — Im T. O. G. (VI. 32. t. 19) ist sie recht schön abgebildet. — In Württemb. wird sie auch Saurüssel genannt. (Luc. S. 157.)

Gestalt: eiförmig oder noch mehr elliptisch mit etwas vorgeschobenem Kelche, 2″ breit und stark 2½″ hoch, mittelbauchig, nach

Oben und Unten ziemlich gleich abnehmend, doch nach dem Kelche zu etwas mehr abgestumpft.

Kelch: klein, halb offen, obenauf zwischen kleinen Fleischwärzchen.

Stiel: stark, bis 1½" lang, meist krummgebogen, obenauf oder in einem kleinen Grübchen.

Schale: etwas rauh und stark, gelblich grün, später etwas mehr gelb, mit röthlichem Anflug und sehr zahlreichen grauen Punkten, auch feinen Rostanflügen, besonders um den Kelch.

Fleisch: mattweiß, saftig (überreif schmierig), schmelzend, doch im Kauen etwas rauschend, von eigenthümlich zuckerartigem, mit feiner Säure vermischtem Muskatellergeschmack.

Kernhaus: etwas enge, vielkernig, Kerne vollkommen, schwarz.

Reife und Nutzung: Mitte bis Ende August oder Anfang September. Etwas früher abgenommen ist sie drei Wochen haltbar.

Eigenschaften des Baumes: derselbe wächst gut, wird groß und ist recht fruchtbar. Eignet sich deßhalb zu allgemeiner Anpflanzung, doch verlangt er milden Boden, sonst bleibt die Frucht klein und steinigt. — Ist an seiner düsteren Belaubung kenntlich, indem die Blätter wie mit Mehl bestäubt erscheinen. — Blätter eirund mit etwas vortretender Endspitze, oft herzförmig, oft auch eiförmig, 1½—1¾" breit, bis 2½" lang, oben und unten wollig, ganzrandig oder undeutlich- und immer sehr feingesägt, oft etwas wellenförmig, die Spitze meist halbspiralförmig zur Seite gebogen. — Blüthenknospen dick, kurzkegelförmig, stumpfspitz, kastanienbraun, bisweilen etwas wollig. — Sommerzweige etwas stufig, wollig, abgerieben, rehbraun, gegenüber gelbbraun mit vielen gelblichen warzigen Punkten.

J.

No. 9. **Theodore.** II, 2 (3). 1. Diel; I, 2 a. Luc.; II, 1. Jahn.

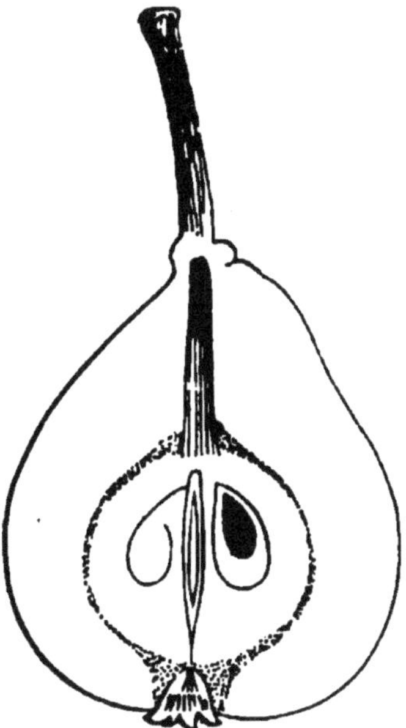

Theodore. Dittrich. * † S.

Heimath und Vorkommen: Ich erhielt sie aus zweiter Hand von Dittrich und cultivire sie schon gegen 10 Jahre.

Literatur und Synonyme: Dittrich hat sie Bd. I. S. 565 und schildert sie nach Diels system. Verz. II. Forts. S. 90, wo sie als eine im August reifende, mittelgroße, schöngeformte, schätzbare Tafelbirne mit butterhaft schmelzendem Fleische (was sie aber hier nicht erlangt) unter Nro. 358 kurz beschrieben ist. Die Herkunft gibt Diel nicht an. — Die vorliegende ist verschieden von einer Theodore van Mons, welche, nach Biv. Alb. I. t. 18, van Mons erzogen und nach seinem Sohne, dem Hofgerichtsrathe zu Brüssel, benannt hat. Diese hat spätere Reife, nach dem Album im Oct. und Nov., hier wenigstens im Sept., und auch die Vegetation derselben, wie ich sie von Papeleu in Wetteren empfing, ist verschieden.

Gestalt: eirund, nach dem Stiele zu kegelförmig, oder auch schwach birnförmig, bisweilen mehr länglich als die Abbildung zeigt, selten wird sie an freistehender Pyramide 2″ breit und 2½″ lang, wie Diel ihre Größe angibt.

Kelch: groß und offen, kurzblättrig mit etwas filzigem Anflug. Kelchmündung trichterförmig, bei den hochgebauten Früchten auch mehr rundlich und ballonförmig.

Stiel: nach der Birne zu grün, fleischig, sonst braun, 1 Zoll lang, obenauf mit Fleischringeln.

Schale: glatt, doch etwas uneben, gelbgrün mit erdartiger Röthe, die in voller Reife schönes Carminroth wird, mit grünlichen, im Roth gelblichweißen feinen Punkten.

Fleisch: gelblichweiß, saftreich, halbschmelzend, meist noch etwas rauschend, von angenehmem, säuerlich süßen, schwachgewürzten Geschmack.

Kernhaus: rundlich, durch feine Körnchen angedeutet, mit etwas hohler Achse, Fächer muschelförmig, mit zum Theil noch weißlichen, nicht zu großen Kernen.

Reife und Nutzung: gewöhnlich Ende August, 1858 zum Theil schon den 8. August reif. — Ist immer noch eine frühe und recht brauchbare Markt- und selbst Tafelfrucht, die nur den Fehler der meisten Frühbirnen hat, etwas schnell mehligt und teig zu werden.

Eigenschaften des Baumes: Die damit veredelten Zweige zeigen ein sehr kräftiges, gesundes Wachsthum und sind alljährlich, wenn sonst das Jahr nicht ungünstig ist, mit Früchten behangen. Jedenfalls gedeiht der Baum auch hochstämmig noch gut und bei der Tragbarkeit der Sorte dürfte sie auch zur weiteren Pflanzung zu empfehlen sein. — Blätter eirund mit meist etwas vortretender Endspitze, oft auch eiförmig, wollig, ganzrandig oder nur undeutlich und nach vorne hin gesägt, am Rande etwas wellenförmig, die Spitze meist etwas gekrümmt, 2″ breit, 2¾″ lang. — Blüthenknospen ziemlich groß, kurzkegelförmig, stumpfspitz, dunkelbraun, etwas gelbwollig. — Sommerzweige fast gänzlich feinwollig, meist mit verdickter gelbwolliger Endknospe, grünlichgelb oder graugelb, nach Oben hin olivengrün, mit weißgelben Punkten.

J.

No. 10. **Sommer-Robine.** II, 2. 1. Diel; II, 2 a. Luc.; II, 1. Jahn.

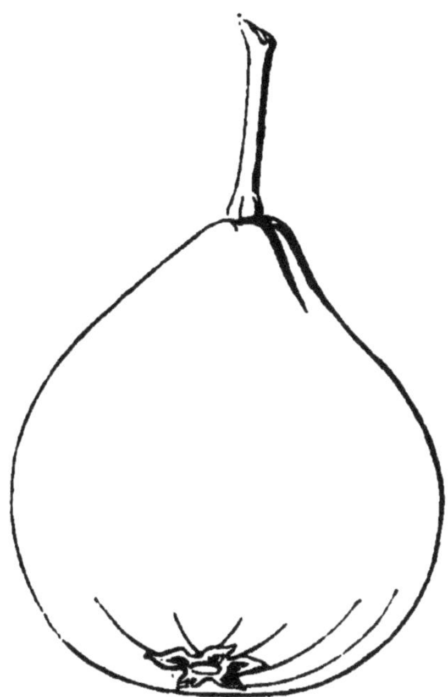

Sommer-Robine. Diel. * ++ S.

Heimath und Vorkommen: Stammt aus Frankreich, war schon Merlet und Quintinye bekannt. Ludwig XIV. soll die Birne geliebt haben. Findet sich nun auch lange schon in deutschen Gärten.

Literatur und Synonyme: Diel II. S. 83 die Sommer-Robine. La Robine — T. O. G. IX. S. 83. t. 4; das Blatt weist auf eine andere Sorte hin; auch Diel zweifelt an der Aechtheit. — Dittr. 1. S. 541. — Christ Hdwb. S. 205. — Oberd. S. 398. — Von ihren vielen Syn. sind wohl die wichtigsten: Robine d'été, d'Averat, Muscat d'Août, Poire royale, Poire de Honville, Robine musquée, Gros Muscat d'été, Royale d'été, R. d'Août, R. musquée, August Muscat Pear, Musk Robine Pear, Königsbirn, Königliche Sommerbirn, Königliche Sommer-Muskateller, Augustmuskateller.

Gestalt: rundlich kreiselförmig, nach unten kurz zugespitzt, klein, 2″ breit und ebenso hoch.

Kelch: offen, oft langgespitzt, meist wenig eingesenkt, zwischen feinen Erhöhungen.

Stiel: stark, etwas fleischig, bis 1¼″ lang, oft neben einem Fleischwulst.

Schale: glatt, hellgrün, später blaßgelb mit Grün, öfters erdartig geröthet und darin mit größern grünlichen Punkten, auch sonst mehr oder weniger punktirt oder hie und da bräunlich gefleckt und um Kelch und Stiel meist etwas berostet.

Fleisch: mattweiß, etwas feinsteinigt, nicht sehr saftreich, auch rauschend, doch auflöslich, bisweilen halbschmelzend, von recht gutem (nach Diel erhabenem), süßem Muskatellergeschmack. Auch riecht die Frucht angenehm.

Kernhaus: klein, mit wenig vollkommenen Kernen.

Reife und Nutzung: Mitte August (oft Anfang September). Wird nicht zu leicht teig. Ist zu allen Zwecken recht gut zu brauchen.

Eigenschaften des Baumes: derselbe wächst gut, mit (wenigstens Anfangs) stark aufrechtstehenden Aesten und ist recht fruchtbar, trägt büschelweise. Nach Diel trägt er die Aeste abstehend und kömmt in jeder Lage und in jeder Form fort. Gedeiht auch auf Quitte und eignet sich zu Hochstämmen. Verdient fleißige Anpflanzung. — Blätter eirund, mit langgezogener, auslaufender Spitze, oft etwas herzförmig, 1″ 4‴ breit, $3^1/_2$″ und mehr lang, oft unterhalb wollig, oben dunkelgrün, glänzend, ganzrandig oder nur verloren gesägt, etwas schiffförmig und die Spitze gekrümmt. Stiel bis $1^3/_4$″ lang. — Blüthenknospen groß, fast walzenförmig, stumpfspitz. — Sommerzweige bräunlich grün oder röthlich grünbraun, sehr fein gelblich oder grau punktirt, treiben im ersten Jahre schon gerne Fruchtspieße.

NB. Die Frucht ist oben in der Größe abgebildet, wie sie am Spalier wächst, auf Hochstamm bleibt sie gewöhnlich etwas kleiner.

J.

No. 11. **Runde Mundnetzbirn.** I, 2. 1. Diel; II, 1 a. Luc.; III, 1. Jahn.

Runde Mundnetzbirn. Sickler. ** ! † S.

Heimath und Vorkommen: Stammt jedenfalls aus Frankreich und wird sie Quintinye schon als Poire du Bouchet gehabt haben. Diel erhielt sie als Beurré blanc d'été, nannte sie aber Sommerdechantsbirn, welchem Namen wir den obigen substituiren, weil in Belgien jetzt als Doyenné d'été, D. de Juillet eine andere Sorte bekannt ist. (Ann. de Pom. I. S. 57.)

Literatur und Synonyme: Diel III, S. 39. — T. O. G. XIV. S. 152. t. 7: Runde Mundnetzbirn, Mouillebouche ronde. — Dittr. I. S. 551. — Oberd. S. 329: Sommerdechantsbirn, Runde Sommermundnetzbirn, Mouillebouche d'été. — Luc. S. 162. — Synonyme: Sommerbergamotte, Weiße Sommerbutterbirn, Comtesse de Lunay, Doyenné d'oré et musqué. — Donauer bekam sie als Colmar Bonnet und als Clara (briefl. Mitth. desselben); von Flotow als Holländische Sommerdechantsbirn von Dittrich, als Franc Real d'été von Booth, als B. de Bordeaux von a. O. (Monatschr. II. S. 247.)

Gestalt: dickbauchig, mehr oder weniger kreiselförmig, doch veränderlich, bisweilen plattrund oder rundlich, nach unten stumpfspitz, oft ungleich, $2^1/_2$" breit und ebenso hoch, oder auf der einen Seite etwas höher.

Kelch: langgespitzt, stark, halboffen, oft ziemlich tief eingesenkt zwischen Falten oder Beulen.

Stiel: stark, bis 1" lang (oft auch sehr kurz), dick, fleischig, grünlich gelbbraun, etwas vertieft oder geradeauf in etwas Fleischbeulen.

Schale: dünn, meist glatt, blaßhellgrün, später gelblichgrün, sonnenwärts bisweilen (gegen Diel) mit etwas bräunlicher Röthe oder mit starken bräunlichen Punkten, auch mit etwas Rost, besonders aber nur um den Kelch.

Fleisch: weiß, wohlriechend, fein, saftvoll, butterhaft, von erhabenem süßsäuerlichen Muskatellergeschmack.

Kernhaus: klein und geschlossen. Kammern enge, glatt, mit wenig vollkommenen Kernen.

Reife und Nutzung: Ende August, hält sich, etwas früh gebrochen, 14 Tage. Reift überhaupt nur nach und nach. Eine der besten Sommerbirnen, auch nach Diel vom allerersten Rang.

Eigenschaften des Baumes: derselbe wächst gemäßigt, wird nicht sehr groß, ist sehr fruchtbar, doch gegen Kälte empfindlich (was Lucas und Oberdieck nicht gerade finden), und habe ich bereits zwei recht schöne Hochstämme auf freiem Stande durch kalte Winter verloren. — Blüht oft zum zweiten Mal, bringt aber nur kleine, unbrauchbare Früchte. — Ist an seinen wolligen Blättern und stark punktirten Sommerzweigen kenntlich. — Am besten Zwerg auf Wildling, da die Sorte auf Quitte nicht gedeiht. Gibt schöne Spaliere und Pyramiden. — Blätter eiförmig, oft herzförmig, länger oder kürzer gespitzt, $1^3/_4$" breit, $2^1/_2$—3" lang, wollig, meist ganzrandig, wellenförmig, etwas sichelförmig gekrümmt. — Blüthenknospen ziemlich groß, kegelförmig, stumpfspitz, gelbbraunwollig. — Sommerzweige wollig, oft stufig und oben verdickt, oft mit einer Blüthenknospe, dunkelolivengrün, gegenüber grünbraun, stark schmutzigweiß punktirt.

NB. Wurde nach einer Spalierfrucht abgebildet, am Hochstamm ist die Form oft weit mehr zusammengedrückt, also mehr rundlich.

J.

No. 12. Stuttgarter Geishirtel. I, 3. 1. Diel; I, 1 a. Luc.; II, 1. Jahn.

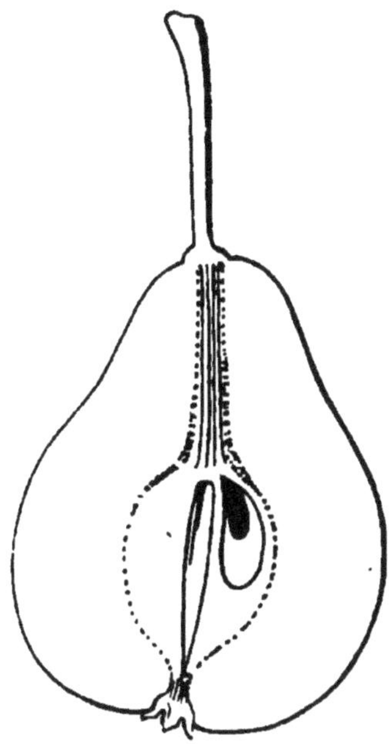

Stuttgarter Geishirtel. Diel. ** : † S.

Heimath und Vorkommen: Ist in einem großen Theil von Württemberg ziemlich verbreitet und soll in der Gegend von Stuttgart von einem Ziegenhirten als Wildling aufgefunden worden sein. — In Meiningen ist sie schon seit mehreren Jahrzehnten bekannt und beliebt.

Literatur und Synonyme: Diel's langstielige Gaishirtenbirne, Langstielige Stuttgarter Russelet (Heft IV. S. 74), war nach Vorrede zum VIII. Heft die Rousseline, die er aber von geringerer Güte fand. Die vorliegende hat er im VI. Hefte S. 36 als Wahre Stuttg. Geishirtel beschrieben. — Christ Hdwb. S. 177; Dittr. I. S. 547; Luc. S. 145. — In Württemberg: Gaishirtle; anderwärts kennt man sie als Stuttgarter Russelet, Rousselet de Stouttgart.

Gestalt: birnförmig oder perlförmig, oben kugelförmig zugerundet, nach unten etwas abgestumpft kegelförmig, klein, $1\frac{5}{8}$—$1\frac{3}{4}$" breit und $2\frac{1}{4}$" hoch.

Kelch: weich, langgespitzt, offen, aufrecht oder sternförmig, meist flachstehend.

Stiel: holzig, kurz, nur bis $\frac{3}{4}$" lang, meist obenauf, wie eingesteckt, am Grunde mit einem Fleischwulste oder feinen Rippchen umgeben.

Schale: zart, fein, glatt, gelblichgrün, später etwas mehr gelblich (überreif hellgelb), an der Sonnenseite meist erdartig blutroth verwaschen, mit bräunlich-rothen und grünen Punkten und mit etwas fein rauhem zimmtfarbenen Rost besonders um den Kelch.

Fleisch: weiß, in's Gelbliche spielend, körnigt, vollsaftig, butterhaft, von erhabenem zuckersüßen zimmtartigen Geschmack.

Kernhaus: geschlossen mit geräumigen Kammern, aber mit wenig vollkommenen kaffeebraunen Kernen.

Reife und Nutzung: Ende August, oft Mitte August nach Luc., in Meiningen oft erst Anfang September, dauert etwa 8 Tage. Ist etwas früher abzunehmen, ehe sie gelblich wird, sonst wird sie schnell teig. — Eine der delicatesten Sommerbirnen, nach Diel vom allerersten Rang.

Eigenschaften des Baumes: derselbe wächst ziemlich lebhaft, schön pyramidal, wird mittelgroß, trägt reichlich, ist aber im Thüringer Clima schon etwas zärtlich und nur für Hausgärten und an geschützten Stellen hochstämmig noch zu empfehlen. Am besten als Zwerg auf Wildling. — Blätter eirund, mit etwas vortretender Spitze, meist 1¾—2″ breit, 2″ 4½—7½‴ lang, oft auch rundlich und herzförmig, auch eiförmig, glatt, nur am Blattsaume hie und da etwas wollig, meist ganzrandig, hie und da wellenförmig, auch schiffförmig und die Spitze ein wenig gekrümmt, ziemlich dunkelgrün und langgestielt. Blattstiel oft 2—2½″ lang. — Blüthenknospen kegelförmig, stumpfspitz, dunkelbraun, oft stark silberhäutig. — Sommerzweige etwas stufig, an der Spitze verdickt, grünlich braun, fast braunroth mit sparsamen gelblich weißen Punkten.

NB. Herr Geh.-Rath von Flotow hat gütigst die Zeichnung zur obigen Abbildung gegeben.

J.

No. 13. **Müskirte Pomeranzenbirn.** III, 1. 1. Diel; II, 2 a. Luc.; III, 1. Jahn.

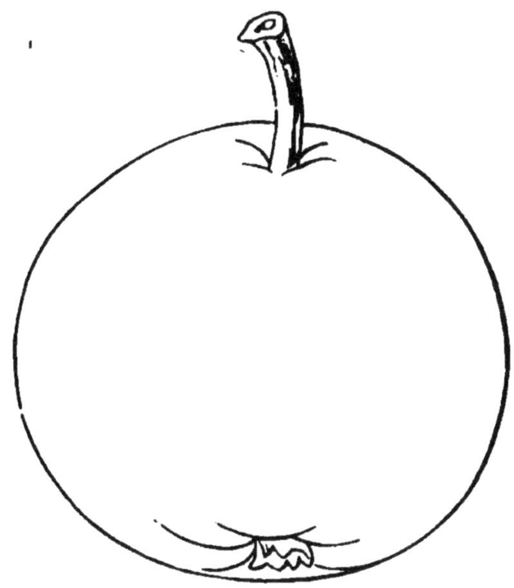

Müskirte Pomeranzenbirn. Diel. * † S.

Heimath und Vorkommen: Eine Orange musqué findet sich nach Diel bei allen französischen Pomologen und in den dortigen Baumschulen. Die Birne ist aber auch in Deutschland bereits ziemlich bekannt und verbreitet, doch scheint der Baum nicht überall gut zu thun.

Literatur: Diel beschrieb sie VI. S. 155 als Große muskirte Pomeranzenbirn. — Christs Hdwb. S. 203. — Dittr. I. S. 546. — T. O. G. II. S. 105. t. 7 nennt sie Muskateller-Orangenbirn. — Oberd. S. 390. — Schon Duhamel III. t. 10 und Knoop I. t. 3 haben eine Orange musqué.

Gestalt: schön plattrund oder bergamottförmig, nach dem Stiele zu nicht immer mit einer Spitze versehen. In schönster Größe $2^3/_4$" breit und nur $2^1/_4$" hoch. (Auf Hochstämmen hingegen ist sie oft merklich kleiner.) In der Rundung oft ungleich.

Kelch: klein und spitz, geschlossen oder halb offen, grün oder gelb, meist geräumig- und tief-eingesenkt, bisweilen in Rippen.

Stiel: holzig, gelblichgrün, meist kaum $^1/_2$" lang, etwas vertieft zwischen Beulen oder wie eingesteckt.

Schale: glatt, feinbeduftet, gelblich hellgrün, später hell

citronengelb mit etwas leichtem erdartigen Roth, oft nur in Streifen und Fleckchen, mit zahlreichen Punkten und zuweilen etwas zimmtfarbigem Rost.

Fleisch: müskirt riechend, schön weiß, abknackend, doch auflöslich, von erhabenem süßweinsäuerlichen muskatellernden Geschmack.

Kernhaus: klein, Kammern enge, mit wenigen hellbraunen Kernen.

Reife und Nutzung: Ende August, muß acht Tage vor der Zeitigung abgenommen und genossen werden, wenn die Punkte in der gelben Farbe noch grün sind. Passirt sehr schnell, hält keine 14 Tage. — Nach Oberdieck ist es die beste unter den Pomeranzenbirnen; auch Diel bezeichnet sie im syst. Verz. I. S. 100 als noch besser, wie die Grüne Pomeranzenbirn.

Eigenschaften des Baumes: derselbe wächst lebhaft, selbst auf Quitte und ist sehr fruchtbar, ist nach den in Meiningen gemachten Erfahrungen aber zärtlich, kommt hochstämmig nicht durch harte Winter, paßt auch nicht in feuchten oder schweren Boden; die Früchte bleiben in ungeeignetem Erdreich klein und werden schwarzfleckig. — Blätter eiförmig mit halb aufgesetzter Spitze, oft etwas herzförmig, 1¾″ breit, bis 2¾″ lang, meist etwas wollig, ganzrandig, oder nur an der Spitze gesägt. — Sommerzweige wie sie Diel beschreibt nach oben weißgrauwollig, trüb grünlich, nach der Spitze orleansfarbig, gegenüber hellgrün, mit ziemlich vielen feinen weißgrauen Punkten.

NB. Die Abbildung geschah nach Mayer Pom. franc. S. 294, doch wurde die von Diel angegebene Größe eingehalten, die für die an Hochstämmen gewachsenen Früchte, wie oben erwähnt, noch viel zu groß ist.

J.

No. 14. Hardenponts frühe Colmar. I, 2 (3). 1. Diel; I, 2 b. Luc.; II, 1. Jahn.

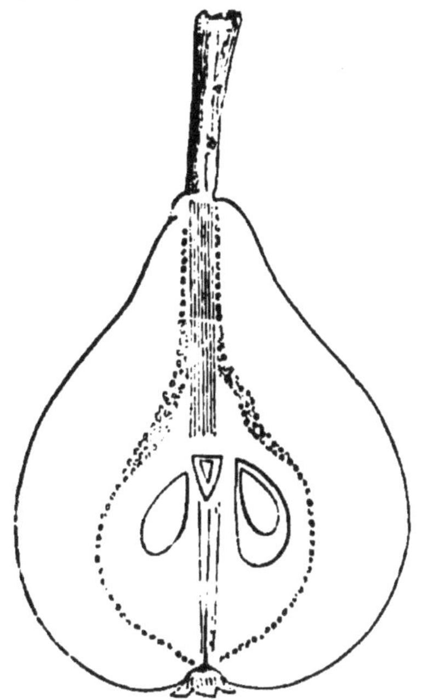

Hardenponts frühe Colmar. Diel. * †† S.

Heimath und Vorkommen: Wurde von Hardenpont in Mons aus Samen erzogen. Van Mons sandte Zweige an Diel mit der Bezeichnung Passe Colmar; par Mr. Hardenpont. Diel wählte dafür im Deutschen den Namen: Hardenponts frühzeitige Colmar, was wir oben abgekürzt haben. — Von der Regentin, welche jetzt allgemein in Belgien Passe Colmar heißt, ist sie durchaus verschieden.

Literatur und Synonyme: Diel beschrieb sie in s. N. K.-O. V. S. 155, daraus hat sie Dittr. I. S. 608. — Oberd. erhielt sie auch von Magister Schröder in Hamburg als Passe Colmar d'Août (dessen Anl. S. 320).

Gestalt: etwas veränderlich, rundlich kreiselförmig oder, wie auf dem Abriß oben, durch eine starke Spitze oft etwas mehr länglich, $2^1/_4$—$2^1/_2$" breit und $2^1/_4$—$2^3/_4$" lang.

Kelch: kurzblättrig, hartschalig, offen, aufrecht, meist ziemlich eingesenkt.

Stiel: dick, fleischig, wie eingesteckt, bis $^1/_2$" lang, bisweilen, wie die Abbildung zeigt, auch etwas länger.

Schale: etwas fein rauh, hellgrün, später schön gelb, angeblich ohne Röthe (doch erzog ich sie schon öfters ziemlich und zwar meist streifig geröthet), aber mit mehr oder weniger feinem hellbraunen Rost und mit zahlreichen lichteren grünlichgelben Punkten (besonders in dem Roth auf der Sonnenseite).

Fleisch: weiß, feinkörnigt, überfließend, angeblich ganz butterhaft schmelzend, von angenehmem feinen erfrischenden Muskatellergeschmack nach Diel, wird gewöhnlich an freier Pyramide wie auch bei Oberdieck nur halbschmelzend und Letzterer will selbst in manchen Jahren etwas Herbes im Geschmack wahrgenommen haben, was mir indessen gerade nicht aufgefallen ist.

Kernhaus: nicht oder nur schwach hohlachsig. Kammern muschelförmig, mit schwarzen spitzen Kernen.

Reife und Nutzung: letztes Drittel des September (Diel), in Meiningen gegen Ende des August, bisweilen wie bei Oberdieck schon Mitte August. — Hält sich nicht lange. — Ist immer noch eine gute, der Vermehrung werthe und auch schöne Frucht.

Eigenschaften des Baumes: derselbe wächst sehr lebhaft mit aufrechten Aesten, wird mittelgroß und beweist sich recht fruchtbar, dürfte sich auch zur Pflanzung als Hochstamm in's Freie eignen. — Blätter eiförmig, meist kurz zugespitzt, 1³/₄" breit, 2³/₄" lang, einzelne breitelliptisch, meist etwas wollig, ganzrandig, hie und da schwachwellenförmig, auch schifförmig, die Spitze etwas umgebogen. Stiel meist etwas wollig, bis 2" lang, ziemlich stark und steif. — Blüthenknospen kegelförmig, sanftgespitzt. — Sommerzweige grünlich graubraun, gegenüber bräunlichgelb, fein weißgrau oder bräunlich punktirt.

NB. Das zur Zeichnung benutzte Exemplar wuchs auf einem freistehenden Probe-Pyramidbaume. Neben diesen länglichen Früchten kommen jederzeit immer auch die mehr rundlichen vor.

J.

No. 15. Die Enghien. II, 3 (2). 1. Diel; I, 2 b. Luc.; IV. 1. Jahn.

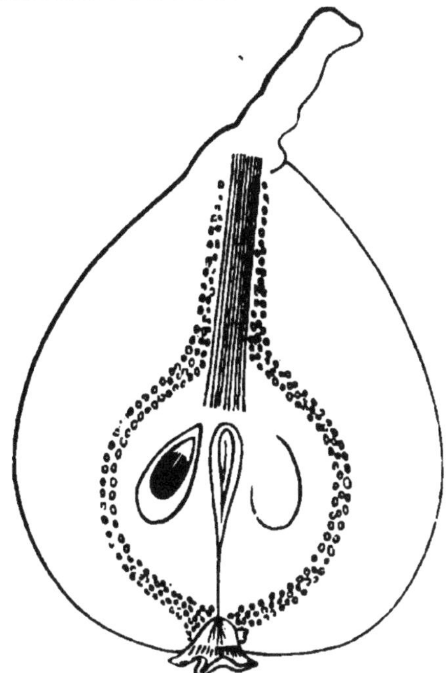

Die Enghien. Diel. * † S.

Heimath und Vorkommen: Stammt von van Mons, der sie als Beurré d'Enghien an Diel sandte. Findet sich mehrfach in deutschen Gärten, zugleich noch als Duquesne's Sommermundnetzbirn. Ob diese, die nach Diel XXI. S. 207 vom Abt Duquesne erzogen, aber später, Ende September, reifend und mehr kreiselförmig sein würde, neben obiger noch existirt, ist fraglich.

Literatur und Synonyme: Diel N. K.-O. III. S. 72; Dittr. I, S. 548; Oberd. S. 334. — Nach Herrn Pfarrer Hörlin soll noch eine andere Enghien existiren, der Bunten Birn ähnlich. Naumb. Ber.* — Oberd. erhielt die Vorliegende auch als Reine Caroline von Dittr., und als B. de Wittemberg von Bödicker, der sie (nach Mon. I. S. 48) auch noch als B. Colmar von anderer Seite her hatte. — In Mayer Pom. franc. ist eine Birne unter dem Namen Dickstiel (Grosse Queue) abgebildet, die Mayer aber nicht für Quintinye's Sorte des Namens, sondern für eine ausgeartete Damenbirn hält, diese Frucht ist der vorliegenden dem Anscheine nach sehr ähnlich. Mayer gibt übrigens an, daß Quintinye den Dickstiel

* Auch sah ich selbst früher eine Enghien bei Bornmüller, die Ende Oktober reifte, eine rein kegelförmige Gestalt und röthlich gefärbtes Fleisch hatte. Es herrscht demnach über beide Früchte einige Unsicherheit.

unter den schlechten Birnen erwähne und beschreibt den seinigen als von trockenem groben, um's Kernhaus herum etwas steinigem und sandigem Fleische, doch habe die Frucht den wohlriechendsten Saft, was einigermaßen auf die vorliegende Sorte paßt.

Gestalt: meist unregelmäßig, oft länglich bauchig kegelförmig, oft auch kürzer gebaut, besonders am Hochstamm, und dann mehr kreiselförmig (vom Hochstamm 2½" breit und auch ebenso hoch. Diel).

Kelch: hartschalig, offen, oft fehlend, meist flach oder seicht.

Stiel: sehr stark, fleischig, oft sehr kurz, selten ¾" lang, ohne Absatz, mit Fleischwülsten.

Schale: glatt, gelbgrün, später hellgelb, selten mit etwas streifiger schwacher Röthe, doch mit vielen braunen Punkten und zuweilen mit etwas Rost.

Fleisch: weiß, körnigt, bisweilen auch etwas steinigt (nach Diel überfließend und ganz schmelzend), bleibt in Meiningen meist rauschend, doch auflöslich, von gutem süßen, schwach zimmtartig gewürzten Geschmack.

Kernhaus: nach Diel klein und geschlossen (ich finde es ziemlich groß und offen), Kammern enge, mit kleinen, eiförmigen zimmtbraunen, öfters noch weißen Kernen.

Reife und Nutzung: Ende August oder Anfang September. Muß einige Tage früher und nach und nach gepflückt und darf nicht recht gelb werden, sonst meist schon mehligt. Läßt sich als Tafelfrucht immer noch brauchen, dient auch zu Compots, doch färbt sie sich im Kochen nicht braun.

Eigenschaften des Baumes: mittelgroß, an seinem gelblichen Holze, was dicht mit Quirholz besetzt ist, und an seinen wolligen Blättern kenntlich. Gibt auf Wildling schöne, sehr fruchtbare Pyramiden. Die reichliche Tragbarkeit empfiehlt die Sorte überhaupt zum Anbau. — Blätter elliptisch, etwas länglich, nach vorne am breitesten, 1½—1¾" breit, mit der oft gut ½" vortretenden Spitze bisweilen 3" lang, auch eiförmig und lanzettförmig, wollig, meist ganzrandig, oder doch nur verloren und vorne gesägt, etwas wellenförmig, oft halb spiralförmig zur Seite gedreht (auch nach Diel „gewunden," von Wolle sagt er nichts). — Blüthenknospen groß, fast walzenförmig, stumpfgespitzt, lichtbraun, oft gelbwollig. — Sommerzweige bisweilen stufig, oft nach Oben verdickt und wollig, mit oft stark abstehenden Knospen, gelblich leder- oder orleansfarbig, fein weißgelb punktirt.

NB. Das zum Umriß gewählte Exemplar wuchs an einer stark im Schnitt gehaltenen Pyramide. — Wird aber auch da oft um ⅛ kleiner.

J.

No. 16. Römische Schmalzbirn. II, 3. 1. Diel; I, 2 b. Luc.; II, 1. Jahn.

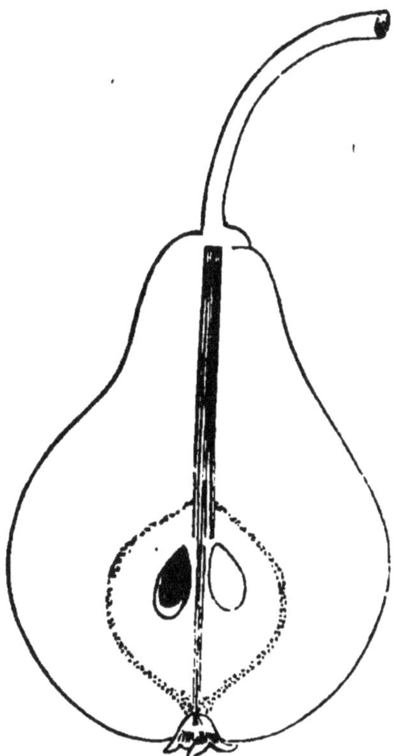

Römische Schmalzbirn. Diel. ** †† ! S.

Heimath und Vorkommen: Diel erhielt sie als Sucré Romain (Beurré Romain) aus Harlem, allein sie wird sicher länger schon in Deutschland unter anderen Namen gepflanzt.

Literatur und Synonyme: Diel II. S. 106. — Dittr. I. S. 553. — Oberd. S. 407. — Wie ich sie von Liegel habe, ist sie von der bei uns vielfach verbreiteten Franzmadame, ebenso oft hier auch Fürstliche Tafelbirn genannt, nicht verschieden. Auch in Württemberg wird die Röm. Schmalzbirn: Tafelbirn, Fürstliche Tafelbirn genannt. Luc. S. 157. — T. O. G. IV. S. 35. t. 3 hat jedenfalls dieselbe Birne als Franzmadame, Poire Madame, doch soll sie schon Mitte August reifen. Sie heißt hiernach auch Windsor Pear und bei Knoop wahrscheinlich Brüsseler Birn, allein Diel XXI. S. 218 beschrieb die letztgenannte Birne getrennt und Oberdieck besitzt sie nach der Vegetation der erhaltenen Zweige auch anders. — Die im T. O. G. XVII. S. 34. t. 2 abgebildete Fürstentafelbirn dagegen sieht mehr der Sparbirn, auch Cuisse Madame genannt, ähnlich, die nach Christ Hdwb. in Holland auch öfters Brüsseler Birn genannt wird. Umgekehrt geht die vorliegende auch oft als Frauenschenkel. — Sehr ähnlich ist ihr die Prinzenbirn, Poire de Prince, in Pom. Francon. und auch bei O. war die Große Sommerprinzenbirn damit identisch, wie bei mir die Paradenbirn von Oberd., wie dieser es schon vermuthete. Auch eine aus Altenburg erhaltene Melanthonsbirn wird dieselbe Sorte sein.

Gestalt: schön birnförmig, mit bald längerer bald kürzerer Spitze, im Mittel 2¼" breit, 3" lang, oft größer, besonders an im Schnitt gehaltenen Bäumen, am Hochstamm auch oft kleiner.

Kelch: ganz offen, sternförmig, meist flach oder seicht.

Stiel: stark, fleischig, 1" lang, obenauf, oft ohne Absatz in die Frucht übergehend.

Schale: glatt, hellgrün, mit bräunlichem Roth, später hellcitronengelb, schwächer oder stärker carminroth geflammt oder gestreift, oft auch um Kelch und Stiel etwas gelbbraun berostet. Beschattete Früchte ohne Roth. Auch mit vielen feinen Punkten.

Fleisch: gelblichweiß, saftvoll, etwas körnigt, im Kauen rauschend, unreif etwas herbe, in voller Reife aber auflöslich und von erhabenem Zuckergeschmack. Auch riecht die Frucht dann fein müskirt.

Kernhaus: sehr klein, Kammern enge mit wenigen vollkommenen, kleinen Kernen.

Reife und Nutzung: Ende August oder Anfang September, bisweilen etwas später. — Reift überhaupt ungleich und verlangt mehrmaliges Pflücken. Dauert, etwas früher abgethan, 14 Tage. Ganz gelb ist sie meist schon mehligt. — Dient zu allen Zwecken, ist eine Paradefrucht für den Obstmarkt.

Eigenschaften des Baumes: derselbe wächst in Baumschulen besonders lebhaft, wird ziemlich groß, mit pyramidaler Krone, die aber durch Grindigwerden und Absterben der Zweige oft später schadhaft wird. Auch die Früchte springen in naßkalten Sommern öfters auf und werden unbrauchbar, in anderen Jahren aber wieder sehr schön. Da jedoch der Baum fleißig trägt, die verlorenen Zweige auch meist wieder durch Wasserreiser ersetzt, so ist seine Pflanzung deßungeachtet zu empfehlen, doch wegen der lockenden Früchte weniger in's Freie, sondern in Gärten mit nicht zu sehr austrocknendem Boden, wo Baum und Früchte sich auch am besten halten. — Blätter eirund mit meist nicht langer, auslaufender Spitze, oft auch eiförmig und etwas herzförmig, 1¾—2" breit, bis 3" lang, ganzrandig oder doch sehr undeutlich gesägt, oft unterhalb oder wenigstens am Blattsaume immer wollig und hieran von Vielen kenntlich, etwas schifförmig, die Spitze ein wenig gekrümmt. — Blüthenknospen ziemlich groß, kegelförmig, stumpfgespitzt. — Sommerzweige etwas flufig, oft an den Knospen gebogen und oben verdickt, grünlich gelbbraun, gegenüber etwas röthlichbraun, mit vielen großen gelbweißen Punkten.

J.

No. 17. Leipziger Rettigbirn. I, 2. 1. Diel; II, 2 a. Luc.; II, 1. Jahn.

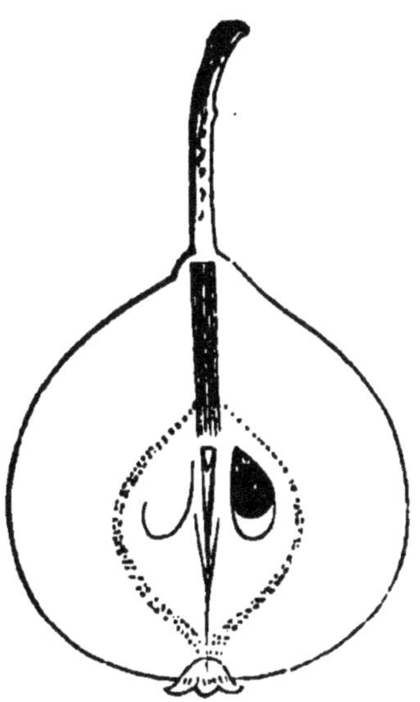

Leipziger Rettigbirn. Diel. * ++ ! S.

Heimath und Vorkommen: Stammt von Düben bei Leipzig. Ist bereits vielfach verbreitet und beliebt.

Literatur und Synonyme: Diel (Heft VI. S. 17) fügt noch „Colditzer Rettigbirn" hinzu. — Dittr. I. S. 564; Christ Hdwb. S. 205. — Nach Dittrich gibt es noch eine andere des Namens, die wahrscheinlich die Christ'sche sei, weil sie dieser als länglich von Form beschreibe. Heißt nach Christ auch „Ritterbirn".

Gestalt: mehr rundlich als plattrund oder bergamottförmig, nach dem Stiele zu etwas mehr als nach dem Kelche zu abnehmend, klein, 1¾" breit und ebenso hoch, bisweilen in den mehr plattgedrückten Früchten ¼" niedriger, oft wegen einer Erhöhung am Stiele auf der einen Seite ungleich.

Kelch: ansehnlich stark, stumpfblättrig, weißgrau und grün, aufrechtstehend, meist flach-, selten und nur bei den platten Früchten etwas tiefer eingesenkt.

Stiel: stark, wie fleischig, doch holzig, ¾—1" lang, orleansfarbig, etwas feinhöckerig, schwach vertieft neben einem Fleischwulste oder obenauf.

Schale: grünlich hellgelb oder gelbgrün, später, doch dann meist schon überreif, hellgelb mit etwas Rost, besonders um Kelch und Stiel, und mit sehr zahlreichen, Anfangs dunkelgrün umringelten hellbräunlichen Punkten.

Fleisch: mattweiß, feinkörnigt, angenehm riechend, sehr saftvoll, butterhaft, etwas markigt, von gewürzhaftem, etwas bergamottartigem Zuckergeschmack.

Kernhaus: ist durch sehr feine Körnchen gebildet, die in ihrer Aneinanderlagerung wie ein grünlicher Strich erscheinen. Es ist verhältnißmäßig, hat geräumige Kammern und meist viele dickbauchige, starke, wenig spitze Kerne.

Reife und Nutzung: Ende August, oft auch erst Mitte September. — Muß bald und im noch gelbgrünen Zustande verbraucht werden. — Wird jedoch nicht zu schnell teig. — Gute Marktfrucht. Diel gibt ihr I. Rang.

Eigenschaften des Baumes: derselbe wächst gut und wird bald hoch und stark; er trägt seine Aeste zerstreut und unregelmäßig und belaubt sich stark, sieht aber mit seinen wolligen Blättern düster aus. — Wegen der grünen unscheinlichen Früchte, die erst kurz vor der Zeitigung genossen werden können, eignet er sich auch zur Pflanzung an Landstraßen, ist überhaupt wegen seiner Dauer und Tragbarkeit zur allgemeinen Anpflanzung, selbst in rauhen Gegenden zu empfehlen. — Blätter eirund mit längerer oder kürzerer, meist auslaufender Spitze, 1¼" breit, 2½" lang, einzelne länger gestielte Blätter auch eiförmig, oben und unten wollig, meist ganzrandig, schiffförmig, nach vorne etwas gekrümmt, oft, besonders an alten Bäumen klein. — Blüthenknospen kegelförmig, stumpfspitz, oft wollig. — Sommerzweige oft noch bis unten oder doch an den Augenträgern wollig, grünlichbraun, gegenüber trübblutroth, gelblich punktirt. Die Endspitze der Sommerzweige ist oft eine Blüthenknospe.

J.

No. 18. Die Gute Graue. I, 2. 1. Diel; I, 1 a. Luc.; II, 1. Jahn.

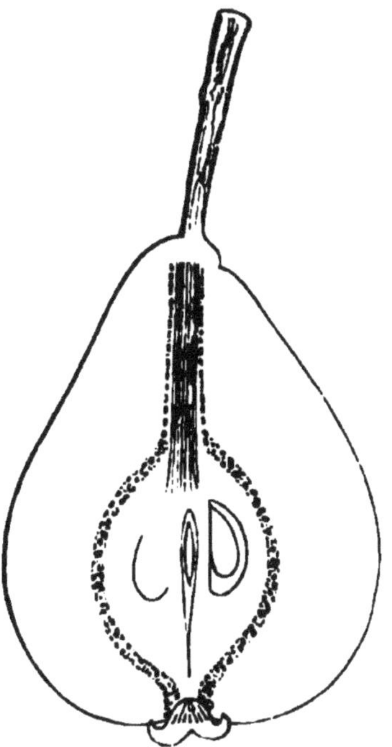

Die Gute Graue. Diel. ** †† ! S.

Heimath und Vorkommen: Diel bekam sie aus der Pariser Carthause als Grise bonne, doch bewies sie sich nicht als die Sorte Duhamels und Merlets, die Diel als Französische gute graue Sommerbirn Heft VII. S. 92 noch beschrieben hat. Sie geht in Deutschland mehrfach unter anderem Namen.

Literatur und Synonyme: Diel III. 63; Dittr. I. S. 572; Oberdieck S. 348 nennt sie, wie Diel nebenbei Graue Sommerbutterbirn (Sommer-Beurré gris); Liegel N.-O. II. S. 48 die Jutje's Birn. — Sie kommt vor als Schöne Gabriele, Wahre schöne Gabriele, Holländische Sommerdechantsbirn (Diels Incomparable), Jutje's Birn (wahrscheinlich die Yat oder Yutte des Lond. Cat.), Fondante Batave und auch die Sommerfrucht Erzherzog Carl (Diel N. K.-O. II. S. 199) stimmt nach Oberdieck damit überein, Mon. I. S. 80. — Nur Kotschy hält die Holländ. S.-Dechantsbirn für verschieden (Pomona 1856 Nro. 21 u. 22), doch wird mit letzterer oftmals Diels Sommerdechantsbirn verwechselt. — Die Gute Graue oder Sommer-Ambrabirn mit den Beinamen Graubirne, Grise bonne, Ambrette d'été, Poire de Forêt in Kraft I. S. 41. t. 91 ist sicher dieselbe Frucht. Cat. Lond. setzt diesen noch Brule bonne hinzu.

Gestalt: kegelförmig-birnförmig, nach unten mehr oder weniger zugespitzt, etwas über $1\frac{1}{2}$—$1\frac{3}{4}$" breit, $2\frac{1}{5}$—$2\frac{1}{4}$" hoch, am Spaliere wohl auch größer.

Kelch: etwas grauwollig, hartschalig, oft auch langgespitzt mit niedergebogenen Blättern, groß und offen, obenauf oder in schwacher Einsenkung, bisweilen mit etwas Beulen.

Stiel: dick, 1—$1\frac{1}{2}$" lang, dunkelbraun, etwas höckerig, meist schief obenauf, wie eingesteckt oder schwach vertieft.

Schale: grasgrün, später gelblichgrün, doch fast gänzlich und stark fühlbar zimmtbraun berostet, zuweilen schwachgeröthet, charakteristisch immer stark weißgrau oder gelbbraun punktirt.

Fleisch: mattweiß, um's Kernhaus körnigt, doch saftvoll, schmelzend oder butterhaft, von erhabenem, mit feiner Säure gemischten süßen Bergamottgeschmack.

Kernhaus: hohlachsig. Kammern länglich, muschelförmig, enge, oft taubkernig.

Reife und Nutzung: Anfang bis Mitte September, oft selbst eine Woche später. — Zu allen Zwecken sehr schätzbar.

Eigenschaften des Baumes: derselbe wächst gut und pyramidal mit später abstehenden Aesten, macht keine dornartigen Fruchtspieße, wie die französische gute graue Sommerbirn, welche diese nach Diel zum Unterschiede besitzen soll. Gedeiht hochstämmig ganz gut und ist abwechselnd recht fruchtbar. Nach Oberdieck will der Baum sogar nicht gerne eingeschlossen stehen und setzt bei nasser und kühler Witterung im Mai am besten an. — Wurde von der Versammlung in Gotha zu vermehrter Anpflanzung empfohlen. — Blätter eirund mit meist auslaufender, ziemlich langer und oft scharfer Spitze, 2" 1''' breit, $2\frac{3}{4}$" lang, meist glatt, feingesägt, etwas schiffförmig, sehr dunkelgrün. — Blüthenknospen kegelförmig, sanftgespitzt, dunkelbraun. — Sommerzweige rothbraun, gegenüber mehr grünlichbraun, röthlich oder auch schmutzigweiß punktirt.

J.

No. 19. Gelbgraue Rosenbirn. II, 1. 1. Diel; II, 2 a. Luc.; III, 1. Jahn.

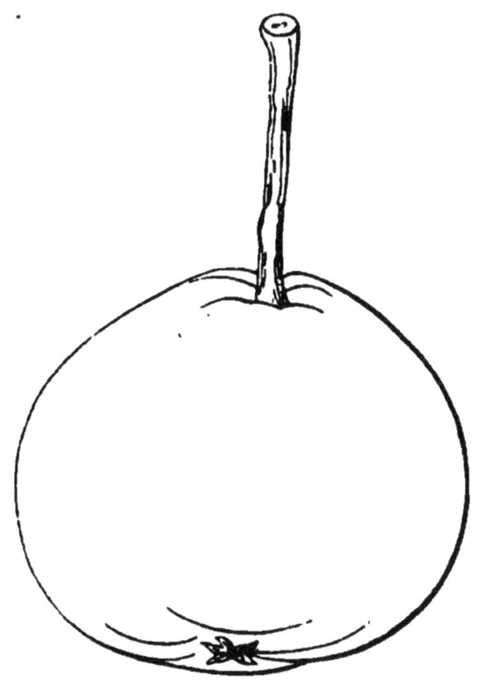

Gelbgraue Rosenbirn. Diel. * † (auch wohl ††) S.

Heimath und Vorkommen: Diel erhielt sie als Poire d'eau rose ou Caillot rosat aus Metz, bemerkt aber, daß besonders der letzte Name, welcher mehr der im August reifenden Duhamels-Rosenbirn zuzukommen scheint, falsch oder die vorliegende schon nach der Vegetation nicht Duhamels Frucht sein könne. Doch vermuthet er, daß es vielleicht Quintinye's Poire rose sein werde, in der Ungewißheit darüber benannte er sie aber nach ihrer Farbe neu.

Literatur: Diel III. S. 3. – Dittr. I. S. 570. — Oberd. S. 399. — Cat. Lond. Caillot rosat d'été, Summer Rose, Epine Rose — reift im August.

Gestalt: platt oder käseförmig, vollkommen bergamottförmig, nach dem Stiele zu stumpfspitz, $2^1/_4$'' breit und nur $2^1/_4$'' hoch (wie die von einem üppig wachsenden jungen Baume gewonnene Frucht sie zeigt). — An älteren Bäumen, besonders am Hochstamm, bleibt sie meist kleiner,

2″ breit, 1¾″ hoch und wird auch nach dem Stiele zu stärker abnehmend, stumpfkegelförmig.

Kelch: ziemlich stark, geschlossen oder halboffen, oft verschoben, flach eingesenkt, umgeben mit flachen Beulen, auch mit Erhabenheiten über die Frucht hin.

Stiel: etwas stark, grün mit gelbbraunen Flecken, 1½″ lang, oft ziemlich vertieft, gewöhnlich mit einigen Falten.

Schale: etwas rauh, gelbgrün, später nur etwas mehr gelblich, oft mit leichter, erdartiger, meist nur flammiger Röthe, dabei besonders auf der Schattenseite stark graugelb berostet und auffällig hellbraun oder weißgrau punktirt. Diese Punkte, der Rostüberzug und der lange Stiel sind das Charakteristische der Frucht.

Fleisch: schön weiß, um's Kernhaus etwas steinigt, doch saftvoll, halbschmelzend, von gutem gezuckerten, wenn auch schwach gewürzten, nach Diel von muskatellerartigem Bergamott-Geschmack.

Kernhaus: breitherzförmig, stark hohlachsig. Kammern enge, mit ziemlich vielen, starken, hellbraunen oder schwärzlichweißen, oft tauben Kernen.

Reife und Nutzung: Anfang bis Mitte September, wird bald teig, doch etwas früher gebrochen, auch länger haltbar.

Eigenschaften des Baumes: derselbe wächst lebhaft und schön, thut auch hochstämmig noch gut; hat nach Prof. Lange in Altenburg ungefähr gleiche Dauer wie der der Petersbirn (Mon. II. S. 359). Er blüht oft halbgefüllt und ist sehr fruchtbar (trägt auch nach Diel büschelweise). — Blätter eiförmig mit auslaufender oder auch mit etwas vortretender Spitze, 1¾″ breit, 2½″ lang, etwas undeutlich wollig, ganzrandig oder nur undeutlich gezahnt, ziemlich langgestielt. — Sommerzweige nach Diel nicht lang, aber stark, fast mit keiner Wolle bedeckt, leberfarbig mit sehr wenigen ganz feinen Punkten.

J.

No. 20. **Frühe Schweizerbergamotte.** I, 2 (3). 1. Diel; II, 1 a. Luc.; III, 1. Jahn.

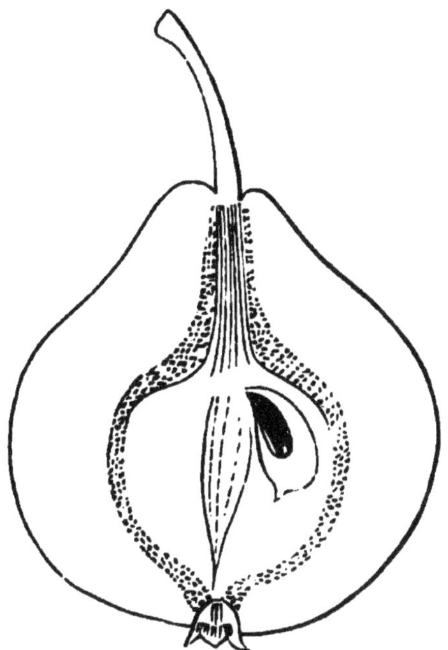

Frühe Schweizerbergamotte. Diel. * † S.

Heimath und Vorkommen: Diel erhielt sie als Bergamotte Suisse hative aus Holland und meint, sie sei aus der später reifenden anderen Schweizerbergamotte durch Samen-Aussaat entstanden. — v. Flotow sieht eine von ihm „Frühe grüne Bergamotte" genannte Birne, die mit Baumanns Poire de Kiensheim, Kiensheimer Wegbirn Aehnlichkeit habe, als die ursprüngliche Birne an.

Literatur und Synonyme: Diel III. S. 10. — Dittr. I. S. 561. — T. O. G. VII. S. 15. t. 2. — Oberd. S. 273. — v. Flotow Mon. III. S. 366. — Luc. S. 160. — Geht auch als Berg. de Hollande panachée, Berg. panachée. — Häufig, wie im T. O. G., wird die Schweizerhose damit verwechselt. — Schmidb. hatte sie als Gestreifte Sommerbergamotte.

Gestalt: kreiselförmig bis birnförmig, nie rein bergamottförmig, 2½" breit und ebenso hoch oder ½" länger.

Kelch: meist stark- und langblättrig, etwas wollig, offen, obenauf oder seicht, oft in etwas Falten.

Stiel: oft lang, bis $2\frac{1}{2}$'', gelb und braunroth, graupunktirt und knospig, schwach vertieft oder obenauf, oft in Beulchen.

Schale: fein, glatt, hell gelblichgrün, gelb und grün gestreift, später citronengelb ohne Streifen (dann schon passirt), selten geröthet, doch mit braungrauen Punkten und öfters etwas Rost, auch mit einem stets vorhandenen Rostfleck an dem Stiele.

Fleisch: weiß, feinkörnig, sehr saftvoll, nach Diel butterhaft, wird höchstens halbschmelzend, von gewürzigem süßweinigen, etwas bergamottartigen Geschmack.

Kernhaus: zwiebelförmig, stark hohlachsig, Fächer geräumig, mit wenig vollkommenen schwarzbraunen Kernen mit Knöpfchen.

Reife und Nutzung: Ende August — Mitte September, dauert, etwas früher abgenommen, bisweilen drei Wochen. Als Tafel- und Wirthschaftsfrucht schätzbar und schön.

Eigenschaften des Baumes: derselbe wächst gut und kräftig, wird aber nur mittelgroß, treibt große, halbgefüllte Blüthen, gibt schöne Pyramiden, gedeiht auch auf Quitte, ist recht tragbar, erfriert aber leicht in kalten Wintern, doch kommt er als Niederstamm gegen andere Sorten noch ziemlich gut im Freien fort. — Nach Luc. leidet die frühe Blüthe oft durch Spätfröste. — Blätter ziemlich groß, eiförmig, sanftgespitzt, meist 2'' breit, 3'' lang, zum Theil auch eirund, oft verloren gesägt, einzelne ganzrandig, mitunter halbwollig. — Blüthenknospen groß, kurzkegelförmig, stumpfspitz, gelbwollig. — Sommerzweige oft oben verdickt und stufig, röthlichgelb, olivengrün und gelb gestreift und schmutzigweiß punktirt. Die Streifen sind auch noch am zweijährigen Holze sichtbar.

Die späte oder „Schweizerbergamotte" (Diel I. S. 45) bezeichnet Diel im syst. Verz. als im Nov. und Dez. reifend, den Baum als noch empfindlicher als den der Herbstbergamotte. Auch Liegel bezeichnete ihn als sehr zärtlich; ich selbst brachte ihn nicht zum Wachsen. Nach Borchers ist er nicht in's Freie, sondern nur an Wände und sehr geschützte Standorte passend (Naumb. Ber. S. 104). Oberd. schildert das Fleisch als gern etwas körnigt und den Geschmack als fade. — Möchte demnach entbehrlich sein.

NB. Die Abbildung ist aus Monatsschr. III. Dezemberheft entnommen.

J.

No. 21. **Große Sommercitronenbirn.** II, 3. 1. Diel; I, 2 b. Luc.; III, 1. Jahn.

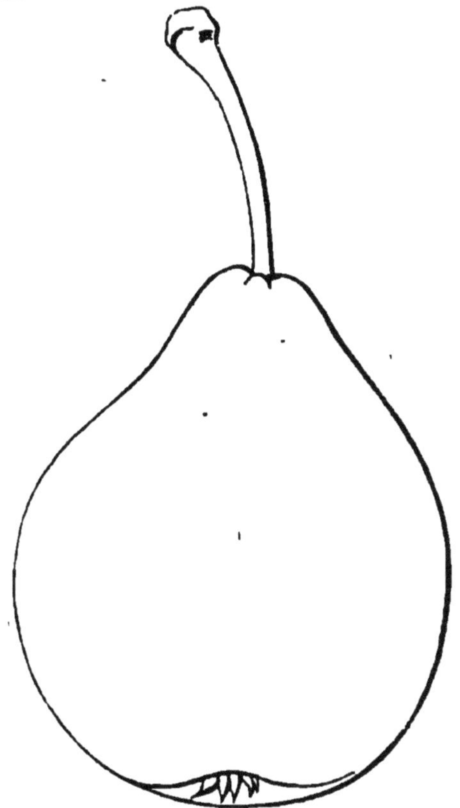

Große Sommercitronenbirn. Sickler. * ✝✝ S.

Heimath und Vorkommen: Findet sich mehrfach auf den Dörfern um Meiningen verbreitet. Dr. und Protonotar Hennig in Wittenberg hat sie zuerst im T. O. G. beschrieben.

Literatur: T. O. G. XX. S. 64. t. 6. — Dittr. I. S. 549.

Gestalt: bauchig eirund, nach dem Stiele zu stumpfkegelförmig oder schwach birnförmig, oft etwas ungleich in der Rundung, ziemlich groß, $2\frac{1}{2}''$ breit und $3-3\frac{1}{4}''$ lang. — Oft baut sie sich auch mehr länglich.

Kelch: meist geschlossen, aufrecht, flach oder etwas eingesenkt, mit einigen feinwolligen Beulchen umgeben.

Stiel: mittelstark, bis $2\frac{1}{4}''$ lang, obenauf, wie eingesteckt, bisweilen wo er auf der Birne aufsitzt, wulstig. Seine Farbe ist hellgrün, theilweise braunröthlich.

Schale: nicht zu stark, glatt, hellgrün, später blaßcitronengelb, selten mit etwas schwachen röthlichen Streifen, doch mit vielen feinen Punkten und etwas Rost, besonders um Kelch und Stiel.

Fleisch: mattweiß, etwas körnigt und um's Kernhaus steinigt, nach Hennig butterhaftschmelzend, ist jedoch nur halbschmelzend oder rauschend, von süßsäuerlichem angenehmen Geschmack.

Kernhaus: länglicheirund, fast eiförmig, nach unten stumpfspitz, mit wenigen braunen Kernen.

Reife und Nutzung: Selten Ende August, meist erst im September, bald früher bald später. Muß abgenommen werden, ehe sie gelb wird, sonst wird sie mehligt und teig und verliert viel von ihrem Werthe. Dient noch zum Rohessen, doch mehr zu Schnitzen und zum Kochen, ist eine wegen ihrer Größe ziemlich gesuchte Marktfrucht.

Eigenschaften des Baumes: derselbe wächst stark und ist gesund, wird groß und macht eine pyramidale Krone, die sich stark belaubt, ist auch sehr tragbar. — Blätter eiförmig, oder länglich eiförmig mit auslaufender oder halbaufgesetzter Spitze, 2'' breit, 3'' lang, auch öfters rundlich und an jungen triebigen Bäumen eirund, ganzrandig oder verloren und undeutlich gesägt, etwas undeutlich wollig, flach, nur wenig nach der Spitze hin gekrümmt, hie und da etwas wellenförmig. — Blüthenknospen kurzkegelförmig, fast rundlich, stumpfspitz, etwas weiß- oder gelbwollig. — Sommerzweige schwachwollig, mit ziemlich abstehenden Knospen, bräunlichgrün mit feinen länglichen hellbraunen oder ockergelben erhabenen Punkten.

J.

No. 22. Sommer=Apothekerbirn. III, 3. 1. Diel; II, 2 b. Luc.; V, 1. Jahn.

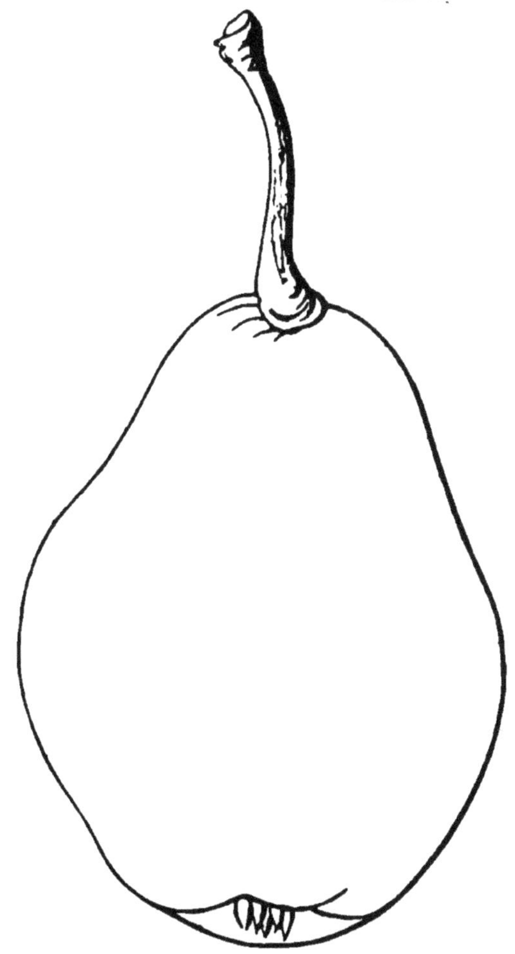

Sommer-Apothekerbirn. Diel * †† S.

Heimath und Vorkommen: Ist wahrscheinlich eine alte deutsche Frucht oder sie ist doch schon sehr lange bei uns bekannt.

Literatur und Synonyme: Diel I. S. 240; danach Dittr. I. S. 583; Christ Hdwb. S. 166; T. O. G. I. S. 287. t. 15; Oberd. S. 266; auch alle übrigen Autoren haben sie. — Ihre Beinamen sind hauptsächlich: Sommer-Gute-Christbirn, Straßburgerbirn, Malvasier-, auch Zuckeratenbirn, Bonchrétien d'été, Gracioli, Graciole d'été, Gratioli de Roma, Safran d'été, Suiker

Kandy Peer, Kanjuweel, Marsepein-Peer, Canele, Kaneel-Peer etc. Oberd. erhielt sie auch als Bosdurghan Armud aus Nikita. In Süd-Tyrol heißt diese Frucht Türkenbirn.

Gestalt: veränderlich, unregelmäßig kreiselförmig oder eiförmig oder, wie Andere meinen, hochbauchig kegelförmig (überhaupt schon nach Diel schwer zu beschreiben), oft beulig und ungleich, meist auf einer Seite niedriger, 2½" breit und 3½" lang.

Kelch: kleinblättrig, halbgeschlossen, meist flach, mit etwas Rippchen oder Beulen.

Stiel: 1¾" lang, stark, obenauf, oft beulig oder schiefstehend.

Schale: in der Reife geschmeidig, goldgelb, hellroth verwachsen und gestreift, mit vielen Punkten und etwas Rost, auch schwärzlichen Flecken.

Fleisch: weiß, grobkörnigt, abknackend und rauschend, auch etwas steinigt, doch saftvoll, von zucker- (oder fast honig-) süßem Geschmack, doch zuweilen mit etwas Herbem. Auch ist die Birne fein müskirt.

Kernhaus: klein. Kammern enge, meist taubkernig.

Reife und Nutzung: Anfang bis Mitte September, drei bis vier Wochen haltbar. Ist zu allen Zwecken sehr gut zu verwenden und gekocht sehr delicat.

Eigenschaften des Baumes: derselbe wächst groß und sperrhaft, ist an seiner dünnen Belaubung und an seinem im Winde, wie die Pappelblätter, zitternden Laube leicht kenntlich. Er ist aber wenig fruchtbar, auch eigensinnig auf Standort und Boden, so daß an nicht geschützten Orten die Früchte aufspringen ꝛc. (Liegel in Mon. II. S. 62). In Hausgärten, besonders zwischen Gebäuden, ist er noch am tragbarsten und aus diesem Grunde empfahl ein Landmann in meiner Nähe seine Anpflanzung überall hin so, daß man ihn selbst zuletzt nur die Bonchretie nannte. — Blätter breitelliptisch, 1¾" breit, fast 3" lang, öfters auch reinelliptisch und eiförmig, glatt, feingesägt, etwas schifförmig und wellenförmig, mit feinen Borsten auf der Mittelrippe. Blattstiel dünn, oft bis 2" lang, meist etwas geröthet. — Blüthenknospen groß, länglichkegelförmig, ziemlich spitz, doch nicht stechend, schwärzlichbraun. — Sommerzweige stufig, etwas düster röthlich, gegenüber grünröthlich, weißgrau punktirt.

NB. Die Abbildung geschah nach Mayer Pom. franc. t. LXXXII, die ganz treffend erschien, nur wird die Frucht am Hochstamm meist weniger groß.

J.

No. 23. **Punktirter Sommerdorn.** I, 3. 1. Diel; I, 1 a. Luc.; IV, 1. Jahn.

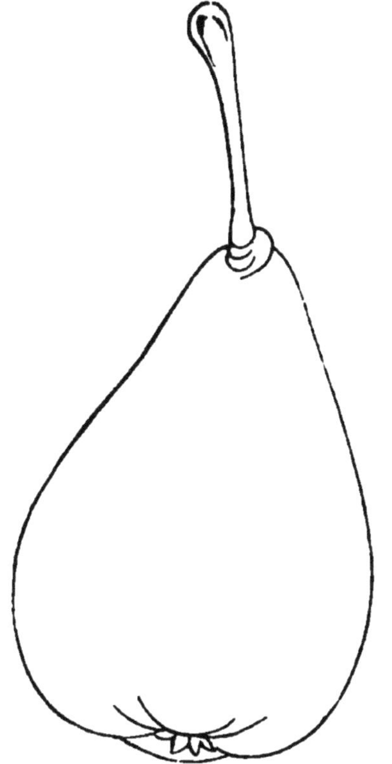

Punktirter Sommerdorn. Diel. ** †† ! S.

Heimath und Vorkommen: Diel erhielt sie als Epine d'Eté 1790 aus Metz; sie ist also wahrscheinlich französischer Abkunft, aber man scheint sie in Frankreich nicht mehr zu kennen. — In Deutschland hat sie sich bereits vielfach bekannt gemacht und wird gerne gepflanzt.

Literatur und Synonyme: Diel beschrieb sie als Punktirter Sommerdorn, L'Epino d'été pointée in Heft III. S. 57; danach Dittr. I. S. 600. — Vergl. ferner Lucas Kernobstſ. S. 147; Oberd. S. 415; v. Flotow in Monatsschr. III. S. 100. — Ich vermuthete Identität mit der in Biv. II. S. 77 beschriebenen und abgebildeten Belle épine Dumas, doch wollte die Vegetation nicht ganz stimmen und Oberdieck schreibt mir, der Baum der Letzteren habe getragen, aber die Frucht sei weniger gut, und später reif, als die vorliegende, auch habe er dieselbe bereits ebenso in Wiesbaden, aus Belgien stammend, gesehen.

Gestalt: länglich kegelförmig, der Langen grünen Herbstbirn ähnlich, nach dem Kelche hin sanft abnehmend abgeplattet, nach dem Stiele zu meist auf einer Seite etwas eingebogen, am Hochstamm mittelgroß, 1³/₄" breit, gut 2¹/₄" lang, am Spaliere größer, 2¹/₄" breit, 3" lang.

Kelch: langgespitzt, offen, sternförmig, meist flach stehend.

Stiel: sehr stark, etwas fleischig, obenauf wie eingesteckt, oft schief neben einer Fleischbeule.

Schale: ziemlich stark, blaßgrün, später schwach hellgelb, bisweilen etwas geröthet, stets mit vielen auffälligen bräunlichgrauen Punkten und etwas Rost, besonders um den Kelch.

Fleisch: schneeweiß, fein, überfließend, butterhaft, von sehr angenehmem süßen muskatellerartigen Geschmack, der Besten Birn ähnlich, besser als der früher reifende Rothe Sommerdorn.

Kernhaus: durch feine Körnchen angedeutet, vollachsig, Kammern sehr groß, mit ziemlich vielen, großen, hellkaffeebraunen Kernen.

Reife und Nutzung: Mitte September, nach Diel, drei Wochen haltbar, wenn etwas vor der Reife gebrochen. — In kälteren Sommern reift sie in Meiningen meist erst Anfang Oktober und hält sich ziemlich den Monat hindurch. — Auch v. Flotow will sie wegen späterer Reife schicklicher „Punktirter Herbstdorn" genannt wissen. — Eine delicate Tafelfrucht.

Eigenschaften des Baumes: derselbe wächst stark, schön pyramidal, wird ziemlich groß, trägt abwechselnd recht reich und paßt selbst noch für freie Pflanzungen. — Mit Recht wurde deßhalb die vermehrte Pflanzung der Sorte von der Versammlung in Gotha empfohlen. — Blätter elliptisch, mit kurzer, etwas vortretender Spitze, meist 1¹/₂" breit, oft 2¹/₂" lang, auch eiförmig, einzelne auch lanzettförmig, am Rande oft etwas feinwollig, sonst glatt, sehr fein- und seichtgesägt, oft ganzrandig, etwas wellenförmig, meist sehr langgestielt, Stiel bis 2¹/₂" lang. — Blüthenknospen länglich kegelförmig, stechendspitz, dunkelbraun. — Sommerzweige an der Spitze verdickt und stufig, mit stark abstehenden Knospen, bräunlichroth, gegenüber olivengrün, weißgrau punktirt.

NB. Die Birne ist oben in der Größe gezeichnet, wie sie im trocknen Sommer 1857 auf einem älteren Hochstamm wuchs. Durch Rückschnitt eines Theils der Zweige erzog ich sie 1858 auf demselben Baume sehr schön und in der für Spalierfrüchte von ihr angegebenen Größe.

J.

No. 24. Amanlis Butterbirn. I, 3. 1. Diel; I, 1 a. Luc.; IV, 1. Jahn.

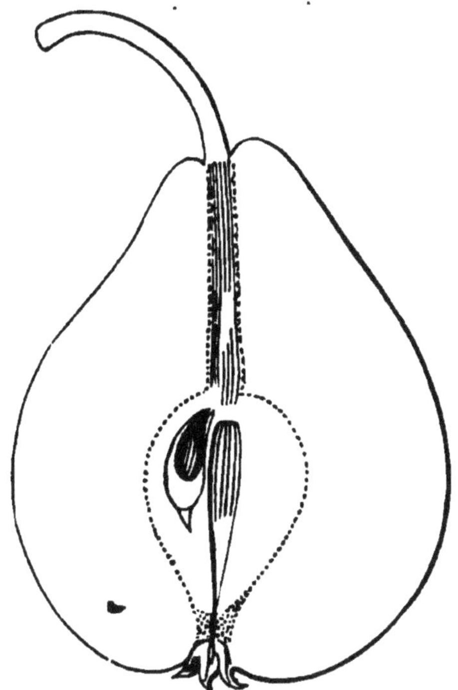

Amanlis Butterbirn. v. Flotow. ** † S.

Heimath und Vorkommen: Nach Bivort erzog sie angeblich van Mons aus Samen und nannte sie früher Wilhelmine und sie ist auch in dessen Catal. descript. mit dem Zusatz par nous S. 42 aufgezählt. Jetzt ist sie allgemein in Belgien als Beurré d'Amanlis bekannt und wie es scheint auch in Deutschland ziemlich verbreitet.

Literatur und Synonyme: ob sie die in Dittr. III. S. 212 kurz beschriebene B. d'Amanlis ist, scheint fraglich, doch trifft die Reifzeit. — Nach Biv. II. S. 115 heißt sie auch „Hubard“ und „Kessoisse“, doch müsse letzteres Wort eigentlich Thiessoisse heißen, weil sie ein alter Advokat mit Namen Thiesse zuerst in Rouen verbreitet habe. — Auf dem Lyon. Congreß kam sie als Duchesse de Brabant, sowie als Poire Delbert (Delbret oder d'Albert) vor. — Diel hat in seinen N. K.-O. V. S. 143 eine von van Mons erhaltene Wilhelmine als klein, im Nov. oder Dez. reifend beschrieben, die Oberdieck mit Chevalier für gleich zu halten geneigt ist und als herb von Geschmack bezeichnet; von dieser ist die vorliegende Frucht sicher verschieden. Ebenso nach v. Flotow auch von Noisette's (Jardin fruit.) im Februar und März reifender Wilhelmine. Doch stimmt sie wohl nach Oberdieck, wie nach v. Flotow, mit Großer Engl. Noisette's Butterbirn (Dittr. III. S. 149) überein. — v. Flotow gab in Mon. III. S. 372 die vorliegend benutzte Beschreibung und Abbildung seiner aus Bollwiller erhaltenen Amanlis (die ich aus Wetteren ebenso besitze); er ist geneigt, an der Identität der Bivort'schen Sorte zu zweifeln, doch weiß man, daß viele Früchte in Deutschland in der Form abändern und nach Bivorts Beschreibung scheint es doch auch nur dieselbe Birne zu sein.

Gestalt und Größe ergeben sich aus der Abbildung, einzelne Früchte sind etwas länger. In Bivort ist sie mehr kegelförmig, oben stärker abgeflacht, 3″ breit und fast 4″ hoch abgebildet, doch wird sie birnförmig, mittelgroß oder groß beschrieben.

Kelch: ziemlich feinblättrig, oft kurz, gelbgrün, etwas wollig, offen, sternförmig.

Stiel: grün, braunpunktirt, schwach vertieft, wie eingedreht.

Schale: glatt, grüngelb, sonnenwärts nur wenig goldgelb oder bräunlich angelaufen, mit vielen feinen, braunen Punkten und Rostflecken, wie die Holzfarbige Butterbirn, und hiedurch zuweilen etwas rauh.

Fleisch: fein, weiß, saftreich, ganz butterhaft und süß, sehr gewürzig und müskirt, doch hängt der Geschmack (wie auch der Rostüberzug) sehr von der Witterung ab.

Kernhaus: ist nur durch feine Körnchen angedeutet, stark hohlachsig, mit meist unvollkommenen Kernen.

Reife und Nutzung: Mitte bis Ende September. Wird schnell teig. Dieß ist ihr hauptsächlichster Fehler, sonst erzog ich sie auch in Meiningen groß und schön, und sie wurde wie bei v. Flotow I. Ranges.

Eigenschaften des Baumes: derselbe treibt ziemlich kräftig und trägt reichlich. — Blätter elliptisch, 1¾″ breit, bis 2¾″ lang, oft breitlanzettförmig, seltener eiförmig, länger oder kürzer gespitzt, fein-, ziemlich scharfgesägt, etwas schiffförmig und mehrfach wellenförmig, glatt, ziemlich dunkelgrün und glänzend.

Von dieser Sorte gibt es eine panaschirte Abart, die Beurré d'Amanlis panaché, deren Frucht nach Biv. gleiche Form und Qualität mit der Stammmutter hat, sie ist nur mehr oder weniger gelb gestreift.

J.

No. 25. Holländische Feigenbirn. I, 3. 1. Diel; I, 1. 1. Luc.; II, 1. Jahn.

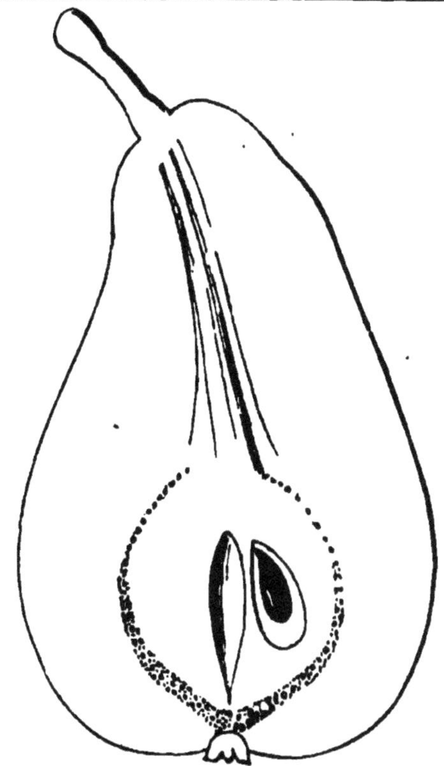

Holländische Feigenbirn. Diel. ** † S.

Heimath und Vorkommen: Diel erhielt diese Frucht aus Harlem als Poire Figue. Sie ist hauptsächlich bis jetzt nur in Norddeutschland verbreitet und geschätzt, gehört aber zu den delikatesten Tafelbirnen und verdient recht häufigen Anbau.

Literatur und Synonyme: Diel N. K.-O. II. S. 180. In Norddeutschland heißt sie an manchen Orten Gurkenbirn, auch Fregattbirn und Hopfenbirn, bei Grafenstein Kaiserinbirn, weil die Kaiserin von Rußland sie besonders liebt und sich jährlich eine Kiste voll senden läßt. Die im Allgem. T. Garten-Magazin 1804 t. 17 abgebildete Glockenbirn ist jedenfalls ein großes Exemplar unserer Frucht. Identisch mit ihr sind a) St. Ghislain, wenigstens die, welche Diel von van Mons erhielt, b) Rougemont, die Diel Catal. 2. Forts. S. 88 aufführt, ohne Angabe des Ursprungs, die auch Jahn und v. Flotow mit obiger identisch fanden; c) die Grüne Flaschenbirn, Diel N. K.-O. II. S. 203, nach dem van Mons'schen Catal. Serie I. Nro. 337 angeblich von ihm erzogen. Letztere Identität bemerkte ich erst 1858, wo ich in Herrenhausen Pyramiden von beiden Sorten volltragend fand und auch die Vegetation meiner Bäume ganz identisch finde.

Gestalt: sehr veränderlich, 2½″ breit und 3—3½″ hoch, meist konisch, in großen Exemplaren auch oft flaschenförmig, oft 4—4½″ hoch, bei 2½″ Breite, nach dem Stiele macht sie meistens nur auf einer Seite eine starke Einbiegung, an der gewöhnlich etwas übergebogenen Spitze bald merklich, bald sehr wenig oder gar nicht abgestumpft. Die Rundung ist oft uneben, und die Oberfläche überhaupt etwas beulig.

Kelch: offen, ziemlich langgespitzt, doch mehr hartschalig, liegt zuweilen etwas auf, sitzt bald etwas stärker, bald nur wenig vertieft, mit einigen flachen Beulen umgeben.

Stiel: dick, oft etwas fleischig, ¾″ lang, gerade, meist wie eingesteckt, und durch eine Wulst der Spitze zur Seite gebogen.

Schale: stark, ziemlich glatt, mattgrün, etwas beduftet, ausgereift grüngelb, sonst kaum etwas gelbgrün mit vielen feinen grünumringelten Rostpunkten, bisweilen mit matter, erdartiger, bräunlicher Röthe. Rostanflüge häufig, Geruch fehlt.

Fleisch: fast weiß, um das Kernhaus ein wenig körnig, bei früherem Pflücken ganz schmelzend, von delikatem, gewürzreichem, durch geringe Säure erhabenem Zuckergeschmacke.

Kernhaus: hohlachsig, Kammern muschelförmig, mit langen, auch oben etwas spitzen, fast schwarzen Kernen.

Reifzeit und Nutzung: Pflückzeit in warmen Jahren hier schon Mitte September, meist gegen Michaelis. Muß wohl 12 Tage vor der Baumreife gebrochen werden, ehe sie auch nur die Spur von Gelbwerden zeigt; zu spät gebrochen wird sie nicht schmelzend, sondern schnell moll und kann nur noch rasch zum Kochen und Welken verwandt werden. Dieß ist sehr zu beachten!

Eigenschaften des Baumes: derselbe wächst stark, macht etwas lichte Krone, ist selbst in magerem Boden gesund und fruchtbar, gedeiht in schwerem ebenso gut, wird groß und alt, wächst für Pyramide auf Wildling fast zu stark. — Sommertriebe etwas stufig, braunröthlich, stark punktirt und nach oben etwas wollig. — Blätter der Sommerzweige nach Diel ansehnlich groß, eiförmig, nach oben langelliptisch, wie bei St. Germain, mit einer starken Spitze, hellgrün, glänzend, undeutlich gezahnt, 2″ breit, 3″ lang*.

Oberdieck.

* Blätter des Fruchtholzes länglich eirund, oft etwas herzförmig, mit der auslaufenden Spitze fast 3½″ lang, etwas wollig, nach Vorne meist feingesägt, einzelne ganzrandig, hie und da etwas schiffförmig und wellenförmig, auch Vorne meist sichelförmig. — Blüthenknospen kurzkegelförmig, sanftgespitzt, kastanienbraun.

J.

No. 26. Englische Sommerbutterbirn. I, 3. 1. Diel; I, 1 b. Luc.; II, 1. Jahn.

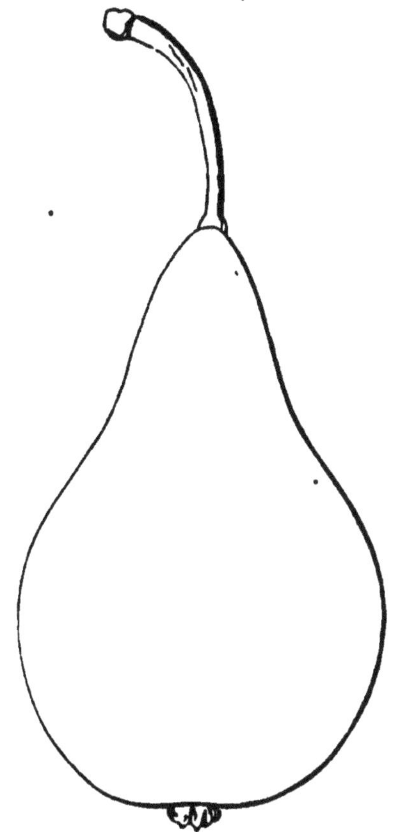

Englische Sommerbutterbirn. Diel. ** † S. H.

Heimath und Vorkommen: Eine Beurré d'Angleterre, wie Diel sie auf französisch nennt, war schon Quintinye und Merlet bekannt. Ob sie wirklich englischer Abkunft ist, bleibt fraglich, da sie in Belgien und Frankreich und auch bei uns sich als Poire d'Amande, Mandelbirn findet.

Literatur und Synonyme: Englische Sommerbutterbirn: Diel VI. S. 44; Dittr. I. S. 594; Oberd. S. 292. — Mandelbirn: Diel N. K.-O. VI. S. 178; Dittr. I. S. 609; Oberd. S. 374. — Aber auch die Je länger je lieber = Hoc langer hoc liever, Schone Vrouw, Hoere Peer, Tysjes

Peer (Diel VII. S. 31) fand man damit überein. Oberd. möchte selbst die Englische Winterbutterbirn, wie sie Diel früher versandte, für identisch halten, Diel habe sie selbst als zweifelhaft bezeichnet; doch habe ich von Liegel eine verschiedene, auch anders vegetirende Sorte d. N. — Weitere Syn. der Beurré d'Angleterre oder d'Amande: Bec d'Oie (auch Bec d'Oiseau), Beurré oder Poire Anglaise, St. François, Poire de Finois Lyon. Bericht; Boter oder Botter-Peer, Gisambert, Zoon Peer, Angleterre des Chartreux, Knoop und Cat. Lond., English Beurré Down.

Gestalt: birnförmig, oder auch etwas mehr eirund, und öfters weniger lang gespitzt, meist 2¼" breit und 3" lang.

Kelch: grüngelb, steif, offen, oft fehlend, seicht oder flach.

Stiel: 1¼" lang, oft länger, meist stark, obenauf, wie eingedrückt.

Schale: etwas fein rauh, hellgrün, später hellgelb, selten etwas erdartig geröthet, doch mehr oder weniger fein hellbraun berostet und stark punktirt.

Fleisch: weiß, fein, sehr saftvoll, butterhaft, von schwach rosigem erhabenen Zuckergeschmack. (Je länger gewachsen, um so saftreicher will man sie finden.)

Kernhaus: klein, muschelförmig, mit mehr oder weniger dickeiförmigen schwarzen Kernen.

Reife und Nutzung: Mitte bis Ende September. Hält nicht lange, etwas früher gebrochen, jedoch 14 Tage (nach Liegel in Mon. I. S. 113 sogar 2 Mon.).

Eigenschaften des Baumes: derselbe wächst stark, macht gewölbte Krone, ist hier gesund und ziemlich tragbar (nach Liegel strotzend tragbar), will nach Diel trockenen, nach Oberdieck warmen, feuchten Boden, wenn die Früchte groß und gut werden sollen. Gedeiht nach L. auch auf Quitte, besser jedoch auf Wildling. Scheint auch hochstämmig bei uns noch gut zu thun. — Blätter eirund, mit mehr oder weniger langer, sanft auslaufender Spitze, meist 1½" breit, 2¼" lang, oft unterhalb etwas wollig, fein-, doch nicht scharfgesägt, meist etwas schifförmig und wellenförmig, auch meist schwachsichelförmig gekrümmt. — Blüthenknospen z. B. kurzkegelförmig, fast stechendspitz, dunkelbraun. — Sommerzweige dunkelolivengrün, gegenüber röthlich, fein weißlich punktirt.

J.

No. 27. **Rousselet von Rheims.** II, 3. 1. Diel; I, 2 a. Luc.; V, 1. Jahn.

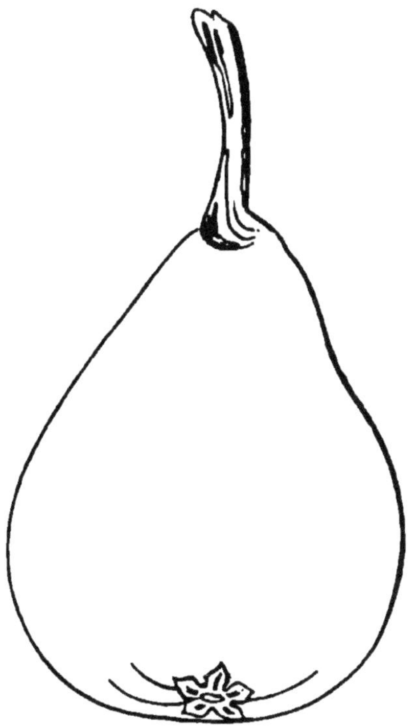

Rousselet von Rheims. Diel. ** ! † S.

Heimath und Vorkommen: alte berühmte französische Tafel- und Wirthschaftsfrucht, die bereits auch in Deutschland gerne gepflanzt wird.

Literatur und Synonyme: Diel I. S. 175 die Rousselet von Rheims (Le Rousselet de Rheims); Dittrich I. S. 598; Christs Hdwb. S. 208; T. O. G. IX. S. 20. t. 2; Oberd. E. 402; Luc. S. 154; Annal. de Pom. I. S. 97. Ist hier als Poire petit Rousselet, Rousselet de Rheims aufgezählt. Beim Lyon. Congreß wurde sie auch Rousselet musqué genannt. In Frankreich geht sie oft unter dem einfachen Namen Le Rousselet; auch Quintinye nannte sie so. — In Süddeutschland kennt man sie als Franzosenbirn.

Gestalt: schön birnförmig oder auch, wie sie oben und in den Annal. abgebildet ist, mehr kegelförmig, 1⅞" breit, 2¼" lang, am Hochstamm gewöhnlich ⅕ kleiner als hier abgebildet, meist auch mehr abgestumpft spitz.

Kelch: meist kurzblättrig, sehr offen, fast aufliegend, flachstehend, bisweilen mit etwas Beulchen, auf welchen er vorgeschoben sitzt.

Stiel: stark, bis 1½" lang, grünlichbraun, oft etwas eingebogen.

Schale: hellgrün, später hellgelb mit Grün, fast zur Hälfte dunkelbräunlich geröthet, mit vielen feinen grauen Punkten, auch etwas Rost.

Fleisch: mattweiß, geruchvoll, rauschend, nicht übrig saftig, körnigt, überreif etwas schmierig, von ganz eigenem gewürzhaften, etwas bisamartigen Geschmack.

Kernhaus: sehr enge, hohlachsig, Kammern klein mit nicht vielen kaffeebraunen Kernen.

Reife und Nutzung: Mitte September, hier oft erst Anfangs Oktober, kaum 14 Tage. Riecht in der Reife stark müskirt. — Ist noch grün abzuthun und will im richtigen Zeitpunkte verbraucht sein, alsdann recht gut*). Stolz der Franzosen nennt sie im Verz. S. 81 noch Diel.

Eigenschaften des Baumes: derselbe wird ziemlich groß, wächst mit etwas zerstreut stehenden Zweigen, trägt auch hier selbst hochstämmig in manchen Jahren reichlich, leidet aber öfters in kalten Wintern und rathe ich, wie übrigens schon Diel, ihn auf Wildling in Pyramidenform zu erziehen. Derselbe ist kenntlich an seinem Laube und an seinem schwarzgrauen Holze. — Die Blätter sind breitelliptisch, nach beiden Enden fast gleich spitz, 1¾" breit, 2¾" lang, auch öfters reinelliptisch und eiförmig, glatt, ziemlich regelmäßig feingesägt, meist flach, doch der Rand oft nach unten gekrümmt, die Spitze etwas umgebogen, meist an den Stielen wagrecht oder gerade aus stehend, auffällig dunkelgrün und glänzend, unten bläulichgrün und hier stark sichtbar feingeadert, etwas steif und lederartig. — Blüthenknospen klein, kurzkegelförmig, stumpfgespitzt mit etwas borstigen Deckblättern, schwarzbraun. — Sommerzweige schwärzlich violett, unten erdfahl oder dunkelgrünbraun, wie mit einem Silberhäutchen überzogen, schmutziggelb punktirt.

J.

*) Wird geschält und getrocknet in feinen Schachteln besonders aus der Gegend von Rheims weithin versendet. Auch selbst mit der Schale getrocknet, gibt sie herrliche Schnitze.

No. 28. Junkerbirn. III, 3. 3. Diel; VII, 1. Luc.; II, 1. Jahn.

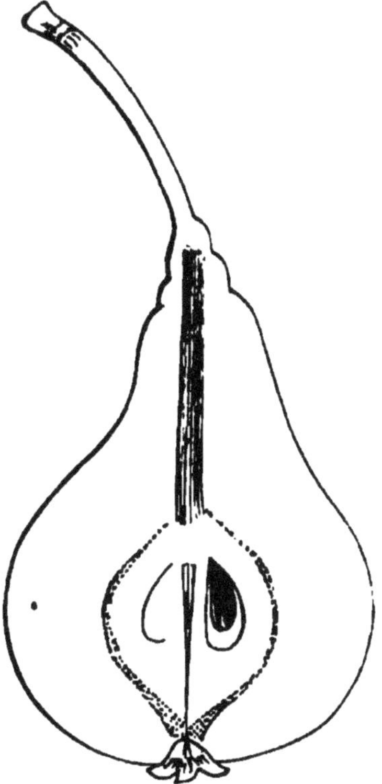

Junkerbirn. Zinl. †† K. S.

Heimath und Vorkommen: Findet sich hier und da noch in Meininger Gärten, wo sie früher häufiger gepflanzt wurde.

Literatur und Synonyme: Ist die Frucht Zinks T. IV. Nro. 40. Er nennt sie Junkerbirn, deutsche Junkerbirn, Poire de Chevalier (doch ist Diels Chevalier nicht damit zu verwechseln), auch zugleich Sommerkönig und als solche ist sie im T. O. G. XVI. S. 22. t. 3 beschrieben, doch läßt sie Sickler mit Unrecht im Aug. reifen. — Mit Diels Großer Sommer-Russelet (IV. S. 93) mit dem Beinamen Sommerkönig will sie nicht ganz stimmen, ebensowenig gleicht sie Mayers Großer Rousselette T. LVI. Nro. 72. — Aehnlich ist die Große Russelet des T. O. G. XII. S. 322. t. 18, doch wird die vorliegende nie so groß. — Hier und da wird die Sommerkönig noch Sommer-Frankfurter, Elsaßer-Birn, Wässerling genannt.

Gestalt: schön länglich birnförmig, doch auch kürzer gebaut und etwas mehr bauchig, mittelgroß, 2—$2^1/_4$'' breit, bis 3'' lang, selten am Hochstamm größer.

Kelch: groß, offen, in schwacher schüsselförmiger Einsenkung, von welcher aus sich oft die eine Seite der Frucht mehr erhebt.

Stiel: $1^1/_2$'' lang, holzig, ziemlich stark, obenauf, in Fleischringeln, meist schief.

Schale: etwas stark, grün, mit bräunlichem Roth, später gelbgrün, mit heller Röthe, dazwischen zuweilen grüne und gelbe Streifen und mit feinen dunkelgrünen Punkten, selten etwas Rost, doch in naßkalten Sommern mit Rissen und schwärzlichen Rostflecken.

Fleisch: gelblichweiß, körnigt, abknackend, fast honigsüß, schwach gewürzt (in unreifem Zustande herbe, im richtigen Zeitpunkte jedoch ganz angenehm).

Kernhaus: klein, länglich rund, nach oben spitz. Kammern enge, mit wenigen vollkommenen länglichen spitzen Kernen.

Reife und Nutzung: Ende September, 8 Tage. — Dient noch zum Rohgenuß, und besonders als Koch- und Schnitzbirn, auch zum Birnhonig.

Eigenschaften des Baumes: derselbe wächst stark und groß, Anfangs pyramidal, doch hängen die Aeste später über. Durch Grindigwerden geht öfters ein Zweig verloren, doch ersetzt ihn der Baum bald wieder und da er sich überhaupt dauerhaft bezeigt, auch ziemlich fleißig trägt, so möchte die Anpflanzung immer noch zu empfehlen sein, um so mehr, als er hochstämmig gut fortkommt. — Blätter eirund, oft herzförmig mit langgezogener, schön auslaufender Spitze, auch eiförmig, die kleineren Blätter auch fast lanzettförmig, oft ungleich in den Blatthälften, glatt, ganzrandig oder nur an der Spitze gesägt, etwas schifförmig, vorne halbspiralförmig, groß, $1^3/_4$—2'' breit, bis $3^1/_4$'' lang, dunkelgrün. — Blüthenknospen länglich kegelförmig, ziemlich spitz, schwarzbraun. — Sommerzweige oft rissig und warzig, gelblichgraubraun, gegenüber röthlichgrau, weißgrau punktirt.

J.

No. 29. **Volltragende Bergamotte.** I, 2. 1. Diel; I, 1 b. Luc.; II, 1. Jahn.

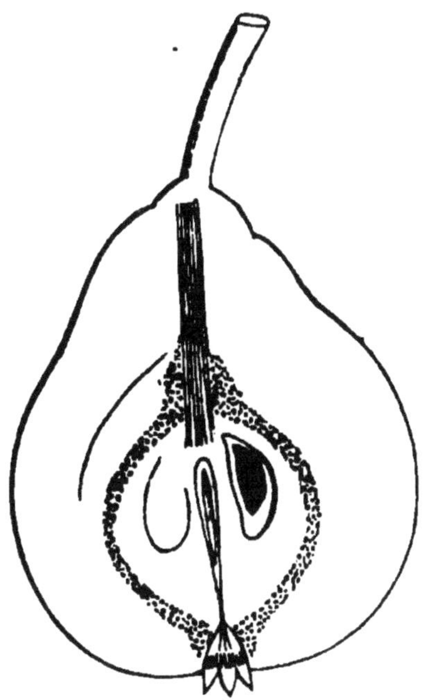

Volltragende Bergamotte. Diel * †† S. H.

Heimath und Vorkommen: kam von van Mons als Bergamotte fertile ohne Angabe des Ursprungs an Diel 1819. Ist aber von der gleichfalls von van Mons an Diel 1816 gesendeten Sinclair, die ein Sämling des ersteren sein soll, den er nach dem Präsidenten der Schottischen Ackerbaugesellschaft benannt hat, nach Oberd. und eigenen Erfahrungen nicht verschieden.

Literatur und Synonyme: Diel N. K.-O. V. S. 131. — Volltragende Sommerbergamotte. Der Kürze wegen wandelten wir diesen Namen in den Obigen um. — Dittr. I. S. 607. — Diel N. K.-O. IV. S. 170. Sinclair. — Oberd. S. 275 und 413. — Lieg. Anw. S. 58 und 59. Nach Oberd. wird auch Harbour de Printemps, wie er sie aus Enghien erhielt, nicht verschieden sein. Doch sei Liegels Harbours frühe Sommerbirn eine andere Sorte (Mon. I. S. 43).

Gestalt: kreiselförmig, kurzzugespitzt, seltener bergamottförmig, mittelgroß, 3'' breit und 3¼'' hoch, am Hochstamm meist etwas kleiner.

Kelch: klein, spitz, hartschalig, offen, ziemlich eingesenkt.

Stiel: stark, fleischig, bis ¾'' lang, obenauf wie eingesteckt, oft mit Fleischringeln.

Schale: glatt, gelbgrün, später hellcitronengelb, ohne wahre Röthe nach Diel, doch hier öfters sanft geröthet, mit vielen bräunlichen, oft recht starken Punkten, wodurch sie bisweilen fast so gesprenkelt wie die Forellenbirn wird, auch mit mehr oder weniger feinem zimmtfarbenen Rost.

Fleisch: schön, weiß, körnigt, bisweilen etwas feinsteinigt, im Kauen rauschend, doch auflöslich, saftvoll, von recht angenehmem süßen Bergamottgeschmack.

Kernhaus: nicht hohlachsig, mit engen Kammern und vielen schwarzen, starken, spitzeiförmigen, vollkommenen Kernen.

Reife und Nutzung: Ende September bis Anfang Oktober, 8, selten 14 Tage. Gute Frucht zu jedem Gebrauch.

Eigenschaften des Baumes: derselbe wächst stark, aufrecht, wird ziemlich groß, trägt bald und reichlich. Thut hier, wenigstens in Gärten, auch hochstämmig gut. — Blätter eirund, mit langgezogener, auslaufender Spitze, auch öfters eiförmig und elliptisch, 1½'' breit, 2½—2¾'' lang, glatt, meist scharfgesägt, schwach schiffförmig und wellenförmig, Spitze etwas sichelförmig und oft spiralförmig gekrümmt. Stiel bis 2¾'' lang. — Blüthenknospen mäßig dick, kegelförmig, sanftgespitzt, bisweilen gelbwollig. — Sommerzweige grünlichgelbbraun, gegenüber hellroth, weißgrau punktirt.

Der Baum dieser Sorte bewies sich fast jährlich wirklich volltragend, und verdient deßhalb recht fleißige Anpflanzung, um so mehr als seine Frucht wohlschmeckend ist und sich jederzeit gut ausbildet.

J.

No. 30. **Ida.** I, 2. 1. Diel; III, 1 b. Luc.; ? Jahn.

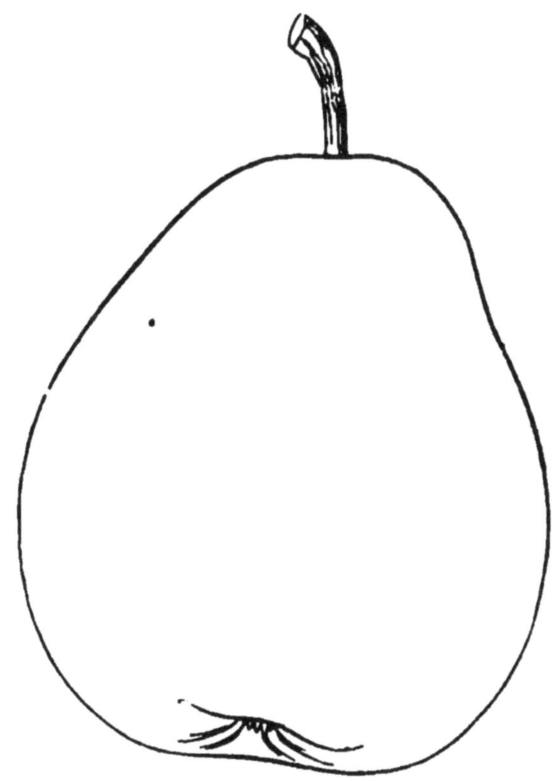

Ida. Müller. ** † H.

Heimath und Vorkommen: In Züllichau von dem Unterzeichneten aus dem Kern der Napoleons Butterbirn erzogen.

Gestalt: der Weißen Herbstbutterbirn ähnlich, 3/4" lang, 2 1/2" breit.

Kelch: sehr klein, offen, feinblättrig, trocken, seicht.

Stiel: dünn, 5/8—1" lang, braun mit einzelnen hellgelben Punkten, etwas vertieft, mit einigen Erhabenheiten oder obenauf, etwas schief.

Schale: stark, rauh, beduftet, hellgrün, später mehr gelblich, oft berostet, besonders um den Stiel, an der Sonnenseite hellschmutzigbraun geröthet, aus dem Roste lackroth durchscheinend, zuweilen bis nach der Kelchwölbung schmal rothgestreift, auf der Schattenseite zahlreich hellbraun punktirt.

Fleisch: weiß, butterhaft, von einem der Weißen Herbstbutterbirn ähnlichen Geschmack.

Kernhaus: hat enge Kammern, meist mit zwei vollkommenen hellbraunen langzugespitzten Kernen.

Reife und Nutzung: von Ende September bis Ende Oktober, in guten Sommern bisweilen früher. Darf nicht zu früh gepflückt werden.

Eigenschaften des Baumes: derselbe wächst lebhaft, später gemäßigt, bildet eine etwas breite pyramidale Krone. Trägt auf drei verschiedenen hochstämmigen Probebäumen jährlich voll, ist nicht empfindlich in der Blüthe, doch besser als Pyramide zu erziehen, da die sehr schweren Früchte, wegen ihres dünnen Stiels, vom Winde leicht abgeworfen werden. — Blatt $2\frac{1}{2}$—3″ lang, schiffförmig, glatt, feingezahnt, langgespitzt. Blattstiel dünn, 1″ lang. — Sommertriebe dunkelbraun, an der Sonnenseite grünlichbraun, mit länglichen grauen Punkten. Augen klein, herzförmig, abstehend, scharfgespitzt. Augenträger sehr erhaben, glatt.

Bemerkungen: Frucht hat in Form, Färbung und Geschmack oft viel Aehnlichkeit mit der Holzfarbigen Butterbirn (Liegels Dechantsbirn), ist aber bei mir stets größer als diese und reift auch früher.

L. Müller.

No. 31. Prinzessin Marianne. I, 3. 2. Diel; III, 1 b. Luc.; II, 2. Jahn.

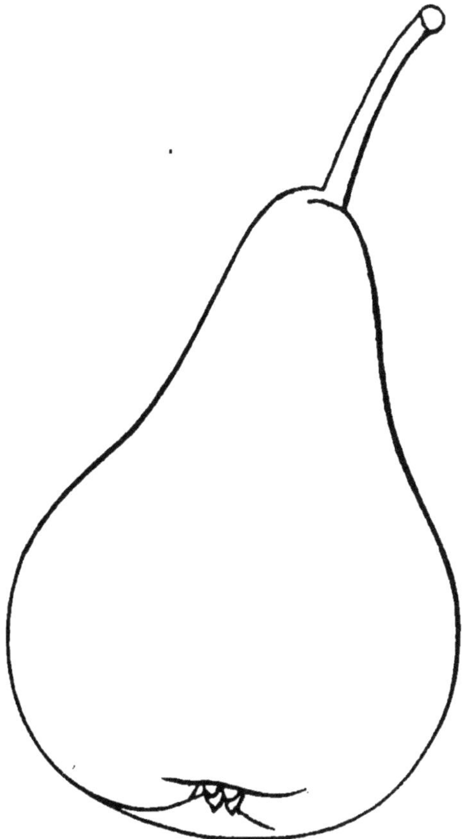

Prinzessin Marianne. Diel. ** ! † H.

Heimath und Vorkommen: Angeblich von van Mons erzogen und nach der 2. Prinzessin Tochter des Königs der Niederlande genannt. — Findet sich aber auch als Calebasse Passe Bose oder Bosc, die nach Bivort wohl schon länger existirt, aber von van Mons ebenfalls und benannt versendet wurde. Kommt aber auch noch vor als Salisbury, unter welchem Namen sie van Mons 1818 gleichzeitig mit der Marianne an Diel gesendet hat. — Doch kam aus Bollwiller an Herrn von Erffa hier vor einigen Jahren eine andere Salisbury (dickbauchig, wie Bonchrétien gestaltet, etwas früher reif, aber in Güte geringer) und muß also diese noch weiter beobachtet werden.

Literatur und Synonyme: Diel N. K.-O. IV. S. 196; Dittr. I. S. 681: Prinzessin Marianne (unter diesem Namen ist sie in Deutschland am meisten bekannt). — Diel N. K.-O. VI. S. 186; Dittr. I. S. 623: Bosc's frühzeitige Flaschenbirn (so nennt man sie meist in Belgien). — Diel N. K.-O. VI. S. 182; Dittr. I. S. 611: Salisbury. — Vrgl. noch Oberd. S. 337, 394, 397, 405; Biv. II. S. 163. — Oberd. fand ferner die Spindelförmige Rehbirn (Diel N. K.-O. V. S. 181) damit identisch und bekam dieselbe Birne von van Mons noch als Clara und wieder als Spence. — Von Metzger besitze ich eine Bosc's frühzeitige Flaschenbirn mit anderer Vegetation, sah aber davon noch keine Frucht.

Gestalt: etwas bauchig birnförmig, oder länglich kreiselförmig, öfters auch schön flaschenförmig, mittelgroß, bisweilen groß, $2\frac{1}{2}$—$2\frac{3}{4}$'' breit, $3\frac{1}{4}$—$3\frac{3}{4}$'' lang.

Kelch: kleinblättrig, kurz, hart, offen, etwas wollig, flach oder zwischen feinen Falten.

Stiel: hellbraun, mit erhabenen helleren Punkten, $\frac{1}{2}$—$1\frac{1}{2}$'' lang, obenauf, wie eingedrückt, oft mit einem Fleischwulst umgeben.

Schale: sehr fein, glatt, stellenweise jedoch fein rauh, gelblichgrün, später hellcitronengelb, mehr oder weniger, oft ringsum fein zimmtfarbig berostet, bisweilen bräunlich geröthet und häufig fein braun oder weißgrau punktirt.

Fleisch: weiß, oder gelblichweiß, sehr fein, butterhaft, überfließend, von zimmtartig gewürztem, fein weinartigem Zuckergeschmack.

Kernhaus: nur sehr fein angedeutet, auch wenig oder nicht hohlachsig. Fächer geräumig mit schönen Kernen.

Reife und Nutzung: Ende Sept., bisweilen erst Mitte Okt., 8 bis 14 Tage vor der Calebasse Bosc reif. — Eine vortreffliche Tafelfrucht.

Eigenschaften des Baumes: derselbe wächst gemäßigt, scheint schon zärtlicher als z. B. Capiaumont, wird nicht groß, gibt auf Wildling schöne Pyramiden, trägt hier reichlich, wenn auch nicht jährlich. Kann wohl als Hochstamm in geschützten Gärten noch gepflanzt werden. Auf Quitte will sie bei mir nicht recht fort, so auch bei Diel (Verz. II. 73), doch gedieh sie darauf bei Schmidberger. — Blätter eirund mit etwas vortretender Spitze, oft ziemlich länglich, vielfach auch eiförmig (besonders an alten nicht triebigen Bäumen), oft etwas herzförmig, glatt, fein-, etwas stumpfgesägt, flach, nur etwas wellenförmig, oft groß, $1\frac{3}{4}$ bis 2'' breit, bisweilen noch über $2\frac{3}{4}$'' lang, dunkelgrün, ziemlich glänzend. — Blüthenknospen ziemlich groß, kurzkegelförmig, ziemlich stechend spitz. — Sommerzweige grünlich gelbbraun, gegenüber röthlichbraun, ochergelb oder weißlich punktirt.

J.

No. 32. Deutsche Nationalbergamotte. I, 1. 2. Diel; IV, 1 b. Luc.; IV, 2. Jahn.

Deutsche Nationalbergamotte. Diel, ** † H.

Heimath und Vorkommen: Nach Christ aus dem Großherzogthum Berg stammend. — Findet sich bereits mehrfach in deutschen Gärten, doch ist sie nicht verschieden (nach eigenen, wie Behrens' und von Flotows Beobachtungen) von der Schönen und Guten, Belle et Bonne, welche Dittrich zuerst entsprechend beschrieb, die aber schon Quintinye und Manger bekannt war.

Literatur und Synonyme: Diel N. K.-O. IV. S. 145; Dittr. I. S. 620; Oberd. S. 270; Christ Hdwb. S. 156. — Belle et Bonne: Dittr. I. S. 621; Christs Hdwb. S. 213 bezeichnet sie irrthümlich als Sommerbirn. — Nach einigen Obstverzeichnissen führt sowohl die Colmar, wie die Schöne von Brüssel und nach Oberd. (Mon. I. S. 46) auch Liegels Winterbutterbirn bei v. Aehrenthal den Beinamen Belle et Bonne. — Heißt auch Birne ohne Kerne, und nach d. Cat. Lond. noch Gracieuse. — Oberdieck erkannte die von ihm benannte Siebenburger Butterbirn als dieselbe Frucht.

Gestalt: groß, bergamottförmig, selten rein käseförmig, sondern nach dem Stiele zu meist etwas stumpfkreiselförmig, $3\frac{1}{4}''$ breit, $3''$ hoch oder noch etwas niedriger, selten ebenso hoch wie breit, oder die öfters ungleich aufgeworfene eine Seite etwas höher.

Kelch: kurzblättrig, halb offen, in geräumiger, meist aber seichter Einsenkung.

Stiel: stark, holzig oder fleischig, bis $1\frac{3}{4}''$ lang, wie eingedrückt oder in Beulen vertieft.

Schale: grüngelb, später lichtcitronengelb mit Grün, bisweilen etwas erdartig geröthet, selten berostet, doch sehr fein punktirt.

Fleisch: weiß, zart, saftvoll, butterhaft, sehr gut, von zuckerartigem Bergamottgeschmack. (Dittrich bezeichnet ihn als hollunderartig und gibt etwas feine Steine um's Kernhaus an, was ich nicht fand.)

Kernhaus: meist gänzlich fehlend, nur strunkartig, mit Fleisch erfüllt. Kerne, wenn vorhanden, klein, schwarz, eiförmig.

Reife und Nutzung: Anfang Oktober, bisweilen später, muß, einmal gereift, schnell verbraucht werden, denn sie wird schnell mehligt und teig. — Sonst eine vortreffliche Tafelfrucht.

Eigenschaften des Baumes: derselbe wächst hier gegen Diel, der die Sorte hochstämmig und dem Landmann empfiehlt, schwach und bezeigt sich nur wenig tragbar. Macht sich aber wahrscheinlich in feuchtem Boden besser. Doch auch nach Herrn Canzlei-Inspector Fromm hier, dessen Vater die National-Bergamotte an Diel sandte, leidet der Baum leicht im Froste und geht bald wieder ein. Wahrscheinlich auf Quitte veredelt noch am fruchtbarsten. — Blätter elliptisch, sanft zugespitzt, oft lanzettförmig, $1\frac{1}{2}$—$1\frac{3}{4}''$ breit, bis $3''$ lang, wollig, ganzrandig, meist flach, bisweilen wellenförmig, etwas dick und steif. — Blüthenknospen kurzkegelförmig, fast rundlich, stumpfspitz, am Grunde oft etwas weißwollig. — Sommerzweige schwachwollig, etwas stufig, grünlichbraun, gegenüber röthlichbraun, fein schmutziggelb punktirt.

J.

Holzfarbige Butterbirn. Diel. ** 1 †† H.

Heimath und Vorkommen: Nach Bivort ist sie eine Samenfrucht von van Mons. Diel erhielt sie von van Mons zwei Mal, a) als Fondante des bois, b) als Verlainé d'été, Sommer-Verlaine, gab sie aber selbst noch c) als Liegels Dechantsbirn aus. Holzfarbige Butterbirn, wie Diel a im Deutschen gab, bezeichnet gut die Farbe der Frucht und ist am besten beizubehalten.

Literatur und Synonyme: a) Diel N. K.-O. V. S. 172. — Dittr. I. S. 628. — Oberd. S. 298. — Biv. I. t. 10. — b) Diel N. K.-O. IV. S. 179. — c) Diel system. Verz. II. S. 89. — Liegel (N. O. II. S. 63) erklärt alle drei für gleich, was auch Andere bereits gefunden hatten. Heißt in Belgien jetzt am meisten Davy und Belle de Flandre, geht aber auch als Fondante Dubois, Fondante de Paris, Beurré Spence, Léon Juleré, Spreuw, Belle Alliance, Flemish Beauty, nach dem Lyon. Ver. auch noch als Beurré de Bourgogne, Beurré St. Amour, Nouvelle gagnée à Heuze, Bosch oder Bosc Peer, B. d'Elberg, B. Foldart. — Von Liegel glaube ich sie auch als Brederode (Diel N. K.-O. V. S. 209) gesehen zu haben.

Gestalt: veränderlich, doch meist eirund, nach dem Kelche zu mehr oder weniger, oft stark (wie Oben) abnehmend und abgeplattet, nach dem Stiele zu meist etwas eingebogen und kegelförmig stumpfspitz, so daß auch sehr oft die Form wie Nro. 30 auf S. 83 herauskömmt.

Kelch: weit offen, aufrecht, bald flach, bald seicht eingesenkt.

Stiel: 1″ lang, dünn oder auch stärker, etwas vertieft oder wie eingesteckt, oft neben einigen Wülsten.

Schale: fein rauh, gelblichgrün, größtentheils ganz zimmtfarbig berostet, an der Sonnenseite oft stark geröthet, im Roth dann auch stark graulich punktirt. Beschatteten Früchten fehlt der Rost bisweilen und sie erscheinen dann einfarbig grün, später mehr gelblich mit kleinen bräunlichen Flecken, so daß man sie in diesem Zustand für eine andere Frucht halten kann.

Fleisch: weiß, sehr saftig, markigt, butterhaft, von fein gewürzhaftem erhabenen Zuckergeschmack.

Kernhaus: geschlossen, hohlachsig, mit langgespitzten hellbraunen, meist vollkommenen Kernen.

Reife und Nutzung: Anfang bis Ende Oktober, 14 Tage, zeitigt nicht auf einmal, und es richtet sich überhaupt dieses nach dem Standort und nach der gerade herrschenden Jahreswitterung. Eine der schätzenswerthesten Früchte wegen Güte und Größe.

Eigenschaften des Baumes: derselbe wächst in der Jugend recht lebhaft mit Anfangs aufwärts strebenden, später jedoch sich neigenden und auseinandergehenden Aesten, die lichtbelaubt sind und thut zur Noth auch noch hochstämmig gut, wenigstens in geschützten Gärten, wohin er auch deßhalb schon gehört, weil seine großen Früchte vom Winde leicht abgeworfen werden. Am besten als Zwerg auf Wildling, weil die Sorte auf Quitte zu kümmern scheint und der Baum überhaupt nur mittelgroß wird. — Blätter elliptisch, 1¼—1¾″ breit, mit der oft stark vortretenden Spitze 3″ lang, auch eiförmig, glatt, feingesägt, nur wenig schifförmig und etwas wellenförmig, doch die Spitze etwas gekrümmt. — Blüthenknospen ziemlich groß und stark, bisweilen fast stechendspitz, schwarzbraun. — Sommerzweige bisweilen etwas stufig, gelblichgrün, gegenüber röthlichbraun, fein hellbraun punktirt.

NB. Die Sorte ist besonders deßhalb sehr schätzbar, weil sie auch am Hochstamm große und schöne Früchte bringt, die sich immer gut ausbilden.

J.

No. 34. **Dechant Dillen.** I, 3. 2. Diel; III, 1 b. Luc.; III, 2. Jahn.

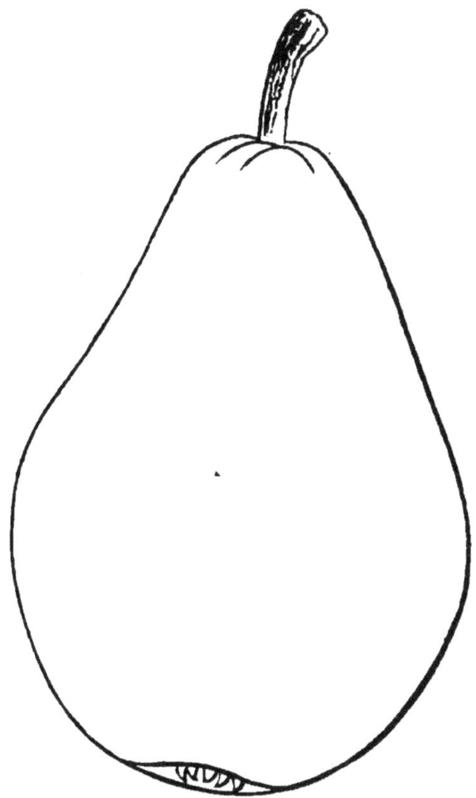

Dechant Dillen. Bivort. ** † H.

Heimath und Vorkommen: Sämling von van Mons. Trug in Belgien 1843 zum ersten Mal. Die Söhne von van Mons benannten die Sorte nach dem Dechanten Dillen, einem ihrer Verwandten, Doyen Dillen. — Darf nicht mit Dillen (Dillens Herbstbirn, Dillen d'automne), welche bereits Diel (N. K.-O. III. S. 76) beschrieb, verwechselt werden.

Literatur: Bivort in den Annal. de Pom. IV. S. 27; v. Biedenf. S. 61; Papeleu 1856/57. (Von diesem bekam ich die Pfropfreiser.)

Gestalt: eiförmig oder eirund, nach unten kegelförmig oder auch etwas birnförmig, in schönster Form und Größe wie ich sie hier erzog und wie sie oben vorliegt $2\frac{1}{2}''$ breit und $3\frac{1}{2}''$ hoch — nach den Ann. oft beulig und rippig und groß oder sehr groß, $4\frac{1}{4}''$ hoch, $3''$ dick.

Kelch: kurzblättrig, trocken, offen, steif, in mäßiger flacher Einsenkung.

Stiel: meist dick, $\frac{1}{2}''$ lang, holzig, gelbbraun, obenauf oder schwach vertieft, bisweilen neben einer Beule schief.

Schale: glatt, hellgrün, später gelblichgrün, der Forellenbirn ähnlich, rothpunktirt, dünn berostet, hie und da mit wirklich zusammenhängenden Rostflecken.

Fleisch: weiß, etwas körnigt, doch saftig, halbschmelzend, fast butterhaft, erhaben süß, mit schwacher, den Dechantsbirnen ähnlicher Säure und etwas alantartigem Gewürz. — (Nach den Ann. ist das Fleisch schwach röthlichweiß, weinigt gezuckert, angenehm und stark parfümirt, an den Geruch der Rosen und Hyacinthen erinnernd.)

Kernhaus: nicht hohlachsig, mit geräumigen Kammern und mittelgroßen länglichen gelbbraunen Kernen.

Reife und Nutzung: Ende Oktober; 1857 schon Anfang Oktober. — In Belgien später, 1855 haben sich die Früchte bis Januar gehalten. (Auf dem Lyon. Congreß bezeichnete man als Reifzeit Oktober und November, die Frucht als gut, ziemlich groß, den Baum als fruchtbar.)

Eigenschaften des Baumes: der Wuchs der Probezweige ist kräftig und sie beweisen auch nach den mehrmals gelieferten Früchten große Fruchtbarkeit. Nach den Annal. baut sich der Baum schön, pyramidal, gedeiht auf Wildling und Quitte und glaubt man auch, daß er sich hochstämmig zur freien Pflanzung eigne. — Verdient demnach auch bei uns Verbreitung. — Blätter länglich eiförmig, mit meist auslaufender Spitze, auch elliptisch, $1\frac{1}{4}$—$1\frac{1}{2}''$ breit, $2\frac{3}{4}$—$3''$ lang, glatt, verloren gesägt, meist ganzrandig, schiffförmig und halb sichelförmig, etwas steif und lederartig. — Blüthenknospen eiförmig, kurzgespitzt. — Sommerzweige röthlich olivengrün, nach Oben noch etwas mehr geröthet, schmutzigweiß punktirt.

J.

No. 35. Die Capiaumont. I, 3. 2. Diel; III, 1 b. Luc.; IV. 2. Jahn.

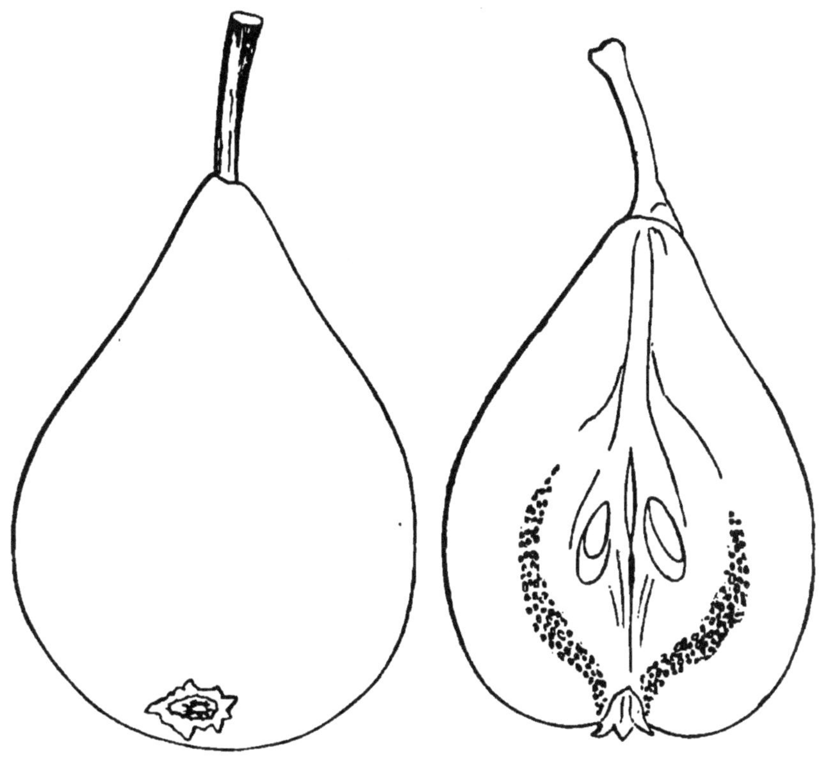

Die Capiaumont. Diel. ** ! † H.

Heimath und Vorkommen: Apotheker Capiaumont in Mons erzog sie aus Samen. Der Baum trug zuerst 1787. Wird als eine der schönsten und besten seit 30—40 Jahren aus Belgien zu uns gelangten Birnen bereits auch in Deutschland vielfach gepflanzt.

Literatur und Synonyme: Diel VIII. S. 54; Capiaumonts Herbstbutterbirn, Beurré de Capiaumont Dittr. I. S. 631; Oberd. S. 287; Biv. II. S. 87. — Wird in Frankreich, wo sie oft sich stark roth färbt, Beurré Aurore genannt. In deutschen Baumschulen geht sie bisweilen als Carthenserin; Diel hat diese (XXI. S. 213) mit dem französischen Beinamen Poire de Chartreux ganz ähnlich, mittelgroß, russeletarig 2c. beschrieben, doch ist in Biv. II. S. 73 als Chartreuse eine ganz andere monströs große Kochbirn beschrieben und abgebildet.

Gestalt: eirund, oben halbkugelförmig, nach unten kegelförmig, mehr oder weniger zugespitzt, $2\frac{1}{2}$" breit, $3\frac{1}{4}$" lang.

Kelch: schön, weit offen, bald aufrecht, bald sternförmig, fast flach.

Stiel: stark, dick, fleischig, 1" lang, obenauf, wie eingesteckt (oft ohne Absatz in die Frucht verlaufend).

Schale: etwas fein rauh, blaßgelb, später citronengelb, doch fast gänzlich zimmtfarbig berostet, oft geröthet, hie und da auch weißlich punktirt.

Fleisch: weiß, fein saftig, butterhaft, von erhabenem weinsäuerlichen Zuckergeschmack.

Kernhaus: ziemlich groß, doch nur von feinen Körnchen umgeben, Kammern klein, eirund, mit vielen langen zugespitzten dunkelbraunen Kernen. Die Achse ist hohl.

Reife und Nutzung: Anfang Oktober, drei Wochen, vortreffliche Frucht, von gleichem oder wegen etwas längerer Dauer noch von größerem Werthe, wie Holzfarbige und Herbstcoloma.

Eigenschaften des Baumes: derselbe wächst kräftig, thut auch hochstämmig ziemlich gut und ist recht tragbar. Doch möchte er in solcher Form mehr für geschützte Gärten sich eignen. Oberd. empfiehlt ihn (Mon. II. S. 178) sogar dem Landmann und auch die Versammlung in Naumburg und Gotha empfahl die Sorte zur vermehrten Pflanzung. — Soll die Quitte nicht gut vertragen. — Blätter elliptisch, oft sehr langgezogen, mit etwas vortretender Spitze, auch lanzettförmig, eiförmig und fast verkehrt eirund (vorne am breitesten), sehr variabel in der Form, ziemlich groß, $1\frac{3}{4}$" breit, $3\frac{1}{4}$" lang, glatt, meist scharfgesägt, etwas schiffförmig, Spitze gekrümmt, lebhaft dunkelgrün und glänzend. — Blüthenknospen mittelgroß, sanftgespitzt, dunkelbraun. — Sommerzweige grünlichbraun, gegenüber röthlich graubraun, röthlichgrau punktirt.

NB. In der Größe, wie die Frucht hier gegeben ist, wächst sie an Hochstämmen und freistehenden Pyramiden. Am Spaliere wird sie oft größer.

J.

No. 36. **Grüne Pfundbirn.** II (III), 3. 2. Diel; IX, 1 a. Luc.; III, 2. Jahn.

Grüne Pfundbirn. Diel. †† K. H.

Heimath und Vorkommen: Diel erhielt sie aus Cöln als Poire de Livre. Sie sei das wahre Seitenstück zur Aarer Pfundbirn, werde aber von dieser an Schönheit und Güte weit übertroffen.

Literatur und Synonyme: Diel N. K.-O. IV. S. 228; Oberd. S. 387. — (Der Name Pfundbirn wird übrigens mehreren anderen großen Birnen beigelegt, so der Kantenbirn (Metzger), dem Katzenkopf, dem Königsgeschenk, hie und da auch der Winterapothekerbirn.) Die Gemeine Pfundbirn, wie ich sie von

Metzger nnd Liegel überein haben werde, hat ebenfalls wollige Blätter, doch sind diese anders geformt, mehr rundlich und sie ist jedenfalls eine andere Frucht. — Die im T. O. G. VII. S. 164. t. 6 beschriebene nnd abgebildete Pfundbirn dagegen sieht dem in unserer Gegend sehr verbreiteten Kleinen Katzenkopf ähnlich und ist ebenfalls von der vorliegenden sicher verschieden.

Gestalt: rundbauchig kegelförmig, bisweilen etwas birnförmig, 3½'' breit, 4½, die birnförmigen bis 5'' hoch.

Kelch: geschlossen, starkblättrig, geräumig und tief eingesenkt.

Stiel: sehr stark, 1¼'' lang, mit Fleischanhang und Beulen.

Schale: glatt, grün, später gelblichgrün, ohne Röthe, nur um den Kelch etwas berostet und ringsum charakteristisch zahlreich, stark, fast sternartig, braun punktirt.

Fleisch: weiß, oft halbschmelzend, körnigt, sonst abknackend, doch auflöslich, von rosenartigem süßen Geschmack nach Diel, bleibt hier zur Zeit nur abknackend, hat etwas viel Steine um's Kernhaus und der zwar süße Geschmack bietet nichts Angenehmes dar — doch ist es gekocht gut.

Kernhaus: groß, hohlachsig, Kammern lang, muschelförmig, mit sehr langen, spitzen, kaffeebraunen, meist tauben Kernen.

Reife und Nutzung: Anfang Oktober, 14 Tage. Ihre wahre Reife ist, wenn die Schale gelblichgrün wird. Fault angeblich gerne und bald, doch hielt sie sich hier bis November. — Dient immer als große gute Koch- und Schnitzbirn, doch ist der Kleine Katzenkopf weit besser. — Auch Diel empfiehlt sie nur für die Oekonomie.

Eigenschaften des Baumes: wächst nach Diel frech und hoch mit hängenden Nebenästen, ist bald und recht fruchtbar. Auch Oberdieck lobt die Tragbarkeit und Gesundheit des Baumes, wenigstens in wärmerer Lage. Ich erzog sie hier an einigen Probeästen zur Zeit nur einige Mal und zwar in der hier abgebildeten Form und Größe, die ungefähr ¾ von dem ihr der Beschreibung nach zukommenden Umfang ausmachen wird. — Blätter eiförmig und länglich eiförmig, bald länger, bald kürzer zugespitzt, 1¾'' breit, 2¾'' lang, unterhalb wollig, meist ganzrandig, wellenförmig, die Spitze entweder nach unten oder zur Seite gekrümmt. — Blüthenknospen zur Zeit klein, kurzkegelförmig, sanftgespitzt, schwärzlichbraun, bisweilen etwas weißwollig. — Sommerzweige meist etwas wollig, röthlichgraubraun, mit vielen, ziemlich großen, schmutziggelben Punkten

No. 37. Rothe Bergamotte. I, 1. 2. Diel; IV. 1 b. Luc.; II, 2. Jahn.

Rothe Bergamotte. Diel. * ++ ! H.

Heimath und Vorkommen: Stammt wahrscheinlich aus Frankreich und war schon Duhamel bekannt, der sie **Bergamotte rouge, Crassane d'été** nannte. Ist bereits vielfach in Deutschland verbreitet, auch in der hiesigen Gegend; sie wird aber bei uns allgemein Herbstbergamotte genannt, weil sie jedenfalls Zink, der hier lebte (nach s. Pom. pict.), als **Bergamotte ronde d'automne** hatte. — Ich selbst wurde erst durch die Ausstellung in Gotha belehrt, daß man sie anderwärts allgemein Rothe Bergamotte nenne.

Literatur und Synonyme: Diel I. S. 34; Dittr. I. S. 624; Oberd. S. 273; Luc. S. 190. — Ob die vorliegende wirklich die Bergamotte rouge der früheren Autoren ist, lasse ich an s. Ort gestellt sein, denn Duhamel und Mayer bildeten eine nach dem Stiele zu stark stumpfkegelförmige und Kraft eine auch röther gefärbte Frucht ab, die ich wohl auch von Liegel als Rothe Bergamotte besitzen werde und welche auch Zink als Bergamotte rouge d'été wird gehabt haben. — Uebrigens wird in hiesiger Gegend auch die Rothe Dechantsbirn häufig Rothe Bergamotte genannt, a. a. Ort heißt die Rothe Bergamotte auch Zwiebelbirn, Käsbergamotte, Berg. Nonpareille, Winterbergamotte. — Oberd. meint, daß Diel den Werth derselben nicht hinreichend gewürdigt habe.

Gestalt: plattrund, kleinere Früchte nach dem Stiele zu etwas stumpfgespitzt, so daß dann auch die Kelchwölbung breiter erscheint, in schöner Größe $2\frac{1}{4}$'' breit, 2'' hoch, oft um $\frac{1}{8}$ oder $\frac{1}{4}$'' kleiner. Am Hochstamm überhaupt oft kleiner, am Spaliere auch größer und wie oben.

Kelch: klein, halb offen oder offen, kurzblättrig, hartschalig aufrecht, mehr oder weniger eingesenkt.

Stiel: kurz, etwas dick, oft ziemlich vertieft, in Beulen.

Schale: fein rauh, etwas stark, trübgrün, später gelbgrün, oft unansehnlich braunroth verwaschen (doch nicht bei Beschattung der Früchte) und zimmtfarbig berostet, auch grau punktirt.

Fleisch: weiß, körnigt, um's Kernhaus auch öfters steinigt, nicht übrig saftreich, doch weich und butterhaft, bisweilen aber nur halbschmelzend, von recht gutem süßen weinartigen Bergamottgeschmack.

Kernhaus: etwas hohlachsig, Kammern muschelförmig, klein mit ziemlich vielen, bisweilen tauben Kernen, die einen Höcker haben.

Reife und Nutzung: Anfang Oktober, oft schon Ende Sept., drei Wochen haltbar. Dient als Tafelfrucht, auch zum Einmachen mit Zucker und zu Compots, wie auch zu Muß.

Eigenschaften des Baumes: derselbe wächst lebhaft, wird groß, ist auch dauerhaft. Belaubt sich stark, weil die Fruchtspieße sehr gedrängt stehen und ist deßhalb auch sehr fruchtbar. Fällt aber wegen seiner wolligen Blätter nicht sehr in's Auge. — Ist hier sehr beliebt und wird auch anderwärts überall hochstämmig gedeihen. Schon Diel empfahl die Sorte dem Landmann. Gedeiht nach ihm und Schmidb. nicht auf Quitte. — Blätter eirund mit meist kurzer, auslaufender Spitze, oft eiförmig, auch herzförmig, meist ziemlich wollig, ganzrandig, flach, nur hie und da etwas wellenförmig, klein, $1\frac{1}{2}''$ breit, $2''$ lang. (Diel erwähnt vom Wolligtsein nichts, doch bezeichnet er die Sommerzweige als wollig und das Laub als düster). Blattstiel dünn, bis $1\frac{1}{2}''$ lang. — Blüthenknospen kurzkegelförmig, fast klein, oft etwas weißwollig. — Sommerzweige meist bis zur Hälfte herab wollig, oft stufig, und oben verdickt, grünlich gelbbraun mit vielen ziemlich großen schmutziggelben Punkten.

NB. Dürfte, nach dem Verhalten in hiesiger Gegend, eine von den wenigen Sorten sein, die man für jede Lage empfehlen kann.

J.

No. 38. **Graue Herbstbutterbirn.** I, 3. 2. Diel; III, 1 b. Luc.; III, 2. Jahn.

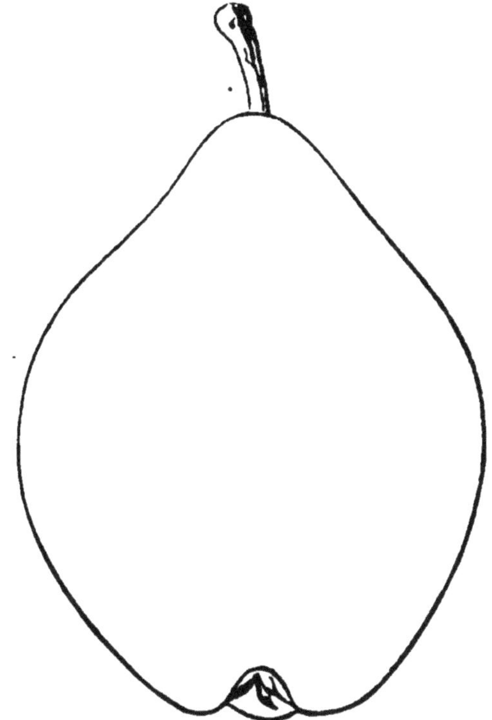

Graue Herbstbutterbirn. Diel. ** ! † H.

Heimath und Vorkommen: Dieser alten, aus Frankreich abstammenden, jetzt allgemein verbreiteten und ebenso gut unter ihrem französischen Namen **Beurré gris** bekannten Frucht wird immer noch von Vielen der Vorrang vor allen übrigen Tafelbirnen eingeräumt.

Literatur und Synonyme: Diel I. S. 139; Dittr. I. S. 627; Christ Hdwb. S. 161; T. O. G. X. S. 29. t. I. — Oberd. S. 295. — Von ihren vielen Beinamen sind die bemerkenswerthesten: Großer Isembart, Grauer Isembart, Eisenbart, Beurré, Beurré d'oré, B. roux, B. du Roi, Isambert le bon, Beurré de Terweranne; nach dem Lyon. Ber. wird sie in Frankreich fälschlich auch Beurré d'Amboise genannt. — Nach dem Cat. Lond. hat sie noch die Beinamen: Beurré Brown, Beurré rouge, Beurré vert, Red Beurré, Badhams, Beurré d'Ambleuse, Golden Beurré, Beurré d'Anjou und ebenfalls Beurré d'Ambolse.

Gestalt: veränderlich, stark bauchig kegelförmig, auch mehr länglich und birnförmig oder auch etwas eiförmig, besonders auf Spalierbäumen, in gewöhnlicher Größe und Form $2^1/_2$'' breit und $3^1/_4$'' lang.

Kelch: klein, offen, flach oder auch tiefer eingesenkt, durch flache Erhabenheiten meist etwas schief. Auch der Bauch ist oft ungleich und uneben.

Stiel: stark, bis 1'' lang, obenauf oder zwischen Höckern und dann meistens schief.

Schale: etwas fein rauh, schön hellgrün, später gelblichgrün, meist röthlichgrau berostet, mit häufigen und starken grauen Punkten, an Zwergbäumen oft auch mit etwas Röthe. — Auf Hochstämmen und in schlechten Sommern oder in feuchtem kalten Boden entstehen schwärzliche Rostflecken und Sprünge, wodurch die Frucht meist unbrauchbar wird.

Fleisch: mattweiß, um's Kernhaus etwas körnigt, überfließend, butterhaft, von erhaben süßem, mit feiner Muskatellersäure gemischtem Geschmack, was die Frucht so erquickend und anziehend macht.

Kernhaus: geschlossen, Kammern geräumig, mit vielen nicht großen, schwarzen, zum Theil tauben Kernen.

Reife und Nutzung: Anfang Okt., bisweilen Ende Sept., 14 Tage. — Zur Verlängerung des Genusses bricht man die Hälfte Mitte Sept. und läßt den Rest von selbst abfallen. — Ist immer eine der allerbesten Tafelfrüchte.

Eigenschaften des Baumes: derselbe wird mittelgroß, ist an seinem sperrhaften Wuchse mit unregelmäßig stehenden und hängenden Zweigen leicht kenntlich, er verlangt aber fruchtbaren, warmen, sandigen Boden, sonst werden die Zweige grindig und es stirbt durch Vertrocknen und Abschnürung der Rinde einer nach dem andern ab. Am besten machen sich Zwerge auf Quitte, worauf die Sorte sehr gut fortkommt und ausnehmend fruchtbar ist. Hochstämmig ist dieselbe in Meiningen nicht zu brauchen und sie verlangt selbst als Zwerg die Wand, aber nach dem Lyon. Ber. wird auch für Frankreich ihre Erziehung am Spalier (Mauer) vorgeschrieben. Im system. Verzeichniß gibt Diel dem Wildling als Unterlage auch für Zwerge den Vorzug. — Auch Liegel erntete an seinen freistehenden Bäumen nur Krispe (Monatsschr. II. S. 116) und fast ebenso spricht sich Oberd. aus (Monatsschr. II. S. 178). — Blätter eiförmig mit zum Theil kurzer, fast fehlender, zum Theil auch längerer, auslaufender oder halbausgesetzter Spitze, oft eirund und rundlich, 2—2¼'' breit, 2¼—3'' lang (kleinere Blätter auch lanzettförmig), glatt, doch hie und da am Saume etwas wollig, meist stumpfgesägt, schiffförmig und wellenförmig, auch eigenthümlich sichelförmig gekrümmt und überhaupt durch Biegungen uneben, so daß sich, wie Diel bemerkt, kein Blatt glatt und ohne Krempe auflegen läßt, sehr dunkelgrün und glänzend, auch stark geadert. — Blüthenknospen groß, kürzer oder länger kegelförmig, sanftgespitzt, oft etwas gelbwollig. — Sommerzweige stufig, röthlichgrün, auf der Sonnenseite schwachviolett oder braunroth mit feinen gelblichen Punkten und etwas silberhäutig.

Von dieser Sorte gibt es eine Abart, deren Frucht mehr (und oft sehr stark) bräunlich oder drachenblutartig, wie Diel meint, geröthet ist, auch etwas mehr braungelben Rost und eben solche Punkte zeigt und welche Diel und Andere als Normännische rothe Herbstbutterbirn, Beurré rouge de la Normandie, Beurré gris rouge, Beurré rouge d'Anjou, Rothe Butterbirn von Anjou, Rothgraue Herbstbutterbirn, Rother Normännischer Isembart unterschieden und benannt haben. Sie ist ebenso veränderlich in der Form, doch wollte man ihren Geschmack noch edler finden. — Ein wesentlicher Unterschied zwischen beiden besteht aber dennoch nicht, auch nach Liegel, Oberdieck und früher Knoop; wahrscheinlich rührt die verschiedene Färbung nur von dem Standort her.

J.

No. 39. Die Herbstsylvester. I, 2 (3). 2. Diel; III (IV), 1 b. Luc.; III, 2. Jahn.

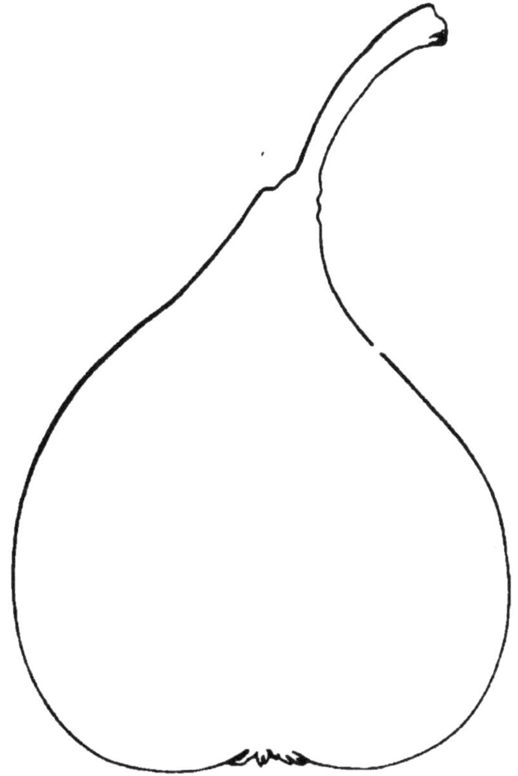

Die Herbstsylvester. Diel. ** ! † H.

Heimath und Vorkommen: Angeblich von van Mons aus Samen erzogen, von ihm, nach einem Sekretär Sylvester, Sylvestre d'hiver genannt. Ist schon in vielen deutschen Gärten gepflanzt, vielfach jedoch als König von Württemberg. — Frédéric de Württemberg wird sie besonders in Belgien genannt. (Biv. I. t. 20.)

Literatur und Synonyme: Diel N. K.-O. I. S. 170. — Dittr. I. S. 649. — Oberd. S. 364 und 432. — Als König von Württemberg hatte sie Schmidberger (dessen Beiträge zu Obstb. IV. S. 149. Dittr. III. S. 131). — Van Mons gab sie unter diesem Namen jedenfalls nochmals aus, denn in Württemberg selbst, in Hohenheim ist sie so vorhanden (Luc. S. 193). — Als Frédéric de Württemberg geht aber auch die B. de Montgeron (Mongeron), Biv. III. S. 159, die ähnlich, aber geringer ist. Beiden gibt man in Belgien als Synon. oft Vermillon d'Espagne hinzu. — Wahrscheinlich ist auch eine schon ältere Birne, die Medaille d'or, wegen ihrer gelben Farbe so benannt, mit der vorliegenden identisch (Ann. de Pom. I. S. 91), und die Herbstsylvester wäre also kein van Mons'scher Sämling.

Gestalt: kreiselförmig, oben platt abgerundet, nach unten mehr oder weniger verlängert kegelförmig, oder auch birnförmig zugespitzt, $2^3/_4$" breit, 3" hoch, öfters auch $3^1/_4$" lang.

Kelch: kurzblättrig, hartschalig, weit offen, meist wenig eingesenkt.

Stiel: stark, fleischig, $^1/_2$—$^3/_4$" lang, meist obenauf wie eingesteckt, mit Fleischringeln.

Schale: glatt, hellgelb, oft mit Grün gemischt, später citronengelb, ohne Röthe, nur zuweilen mit Carmoisinfleckchen (doch bisweilen, wie ich sie hier auf Hochstamm erzog, auch stark trüb carminroth verwaschen) und mit etwas Rost besonders um Kelch und Stiel.

Fleisch: weiß, feinkörnig, überfließend, ganz schmelzend, von erhabenem, gewürzhaftem, etwas fein zimmtartigem Zuckergeschmack, der Colmar ähnlich.

Kernhaus: klein und geschlossen. Kammern sehr enge, meist taubkernig. Achsenhöhle nach v. Flotow sehr erweitert. (Mon. III. S. 44.)

Reife und Nutzung: Anfang bis Mitte Oktober, bisweilen noch vor Michaelis, drei Wochen haltbar, oft bis Mitte November dauernd. Eine der besten und feinsten Tafelbirnen, aller Empfehlung werth. — Schon Diel hatte erkannt, daß es keine Winterbirn war und deßhalb auch neben das Wort Wintersylvester noch „Herbstsylvester" gesetzt. Letztere Benennung ist als die passendere festzuhalten.

Eigenschaften des Baumes: derselbe wächst in der Jugend gut, wird aber nicht groß, ist bald und äußerst fruchtbar. Ist zwar empfindlich gegen Kälte, doch noch etwas weniger als andere feine, für härter gehaltene Sorten. Macht sich als Pyramide auf Wildling am schönsten, da die Sorte auf Quitte schon nach Diel durchaus nicht gedeiht. — Blätter länglich eiförmig mit theils auslaufender, theils halbaufgesetzter Spitze, $1^1/_2$" breit, $2^1/_2$" lang, öfters auch elliptisch, glatt, fein- und stumpfgesägt, bisweilen ganzrandig, etwas wellenförmig, lichtgrün. Stiel bis $1^3/_4$" lang. — Blüthenknospen dick und kurzkegelförmig, sanftgespitzt, gelbbraun, hie und da etwas gelbwollig. — Sommerzweige oft stufig und gekrümmt, an ihrer goldartig glänzend gelben Farbe, ähnlich denen der Roberts Muskateller, sehr kenntlich.

J.

No. 40. Herbstbirn ohne Schale. I, 2. 2. Diel; IV, 1 a. Luc.; IV, 2. Jahn.

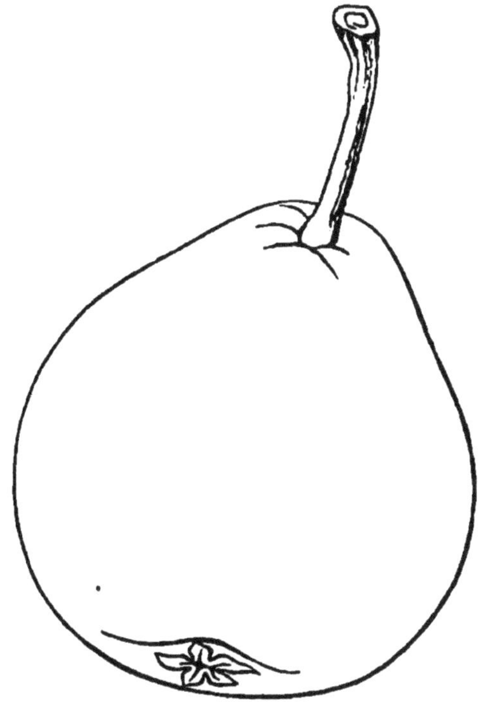

Herbstbirn ohne Schale. Diel. ** † H.

Heimath und Vorkommen: Diel erhielt sie aus dem Haag, sie soll aber nach Knoop aus Savoyen oder aus dem Waldenser Lande stammen, weßhalb sie bei Letzterem auch Waldenser Peer heißt. — Knoop mochte sie schon mit der Lansac für eine und dieselbe Sorte halten, doch ist nach Diel wenigstens Duhamels Lansac anders, diese letztere selbst aber eine etwas problematische Sorte. Die Identität mit der Lansac de Quintinye (nach Diel von der des Duhamel verschieden) möchte ich indessen jetzt mit Oberdieck als ziemlich feststehend annehmen. Die Vegetation beider Sorten ist gleich und ich sah auch beide Früchte nebeneinander. Eine war wie die andere geformt und berostet, beide in Mitte November noch vorhanden und ebenso schwach gewelkt, und auch im Geschmack konnte man keinen Unterschied bemerken.

Literatur und Synonyme: Diel II. S. 35; Dittr. I. S. 633; Oberd. S. 350: Herbstbirn ohne Schale, Poire sans peau d'automne mit den Syn. Marquise d'Item in Flandern, Poire Vandoise in Holland. — Diel VII. S. 15; Dittr. I. S. 694; Christs Hdwb. S. 170; T. O. G. VIII. S. 381; Oberd. S. 350 und 369: Lansac des Quintinye. Als deren Synon. werden angegeben: Dauphine, Lichefrion d'automne, Franchipane d'automne, ferner nach Cat. Lond. auch Satin, Berg. de Bussy. Oberd. hält brieflicher Mittheilung zu Folge auch die Metzger Dickstielige Wintermuskateller für gleich, er hat wenigstens von Diel und Liegel auch nur die Herbstbirn ohne Schale unter dem betreffenden Namen erhalten.

Gestalt: bauchig eirund, nach dem Stiele zu stumpfkegelförmig, $2\frac{1}{2}$" breit und ebenso hoch, zuweilen etwas höher, ähnlich nach Diel der Montigny oder auch der Winterambrette.

Kelch: klein, oft fehlend, flach oder etwas eingesenkt.

Stiel: dünn, bis $1\frac{1}{4}$" lang, obenauf wie eingesteckt, oft neben einem Fleischwulst.

Schale: sehr dünn, so zart wie bei der Weißen Herbstbutterbirn (nach Oberd. jedoch ziemlich stark und der Namen darum nicht recht passend), hellgrün, später etwas mehr gelblichgrün, ohne Röthe, mit feinen und stärkeren grauen Punkten und Fleckchen und mit mehr oder weniger Rost.

Fleisch: mattweiß, feinkörnig, überfließend, butterhaft, von sehr gewürzhaftem zuckerartigen Geschmack, der den der Beurré blanc in Allem übertrifft, nach Oberd. aber für Manchen vielleicht zu stark (muskirt) gewürzt. Mir schien der Geschmack fast sellerieartig, besonders wenn man die Schale mitißt.

Kernhaus: mit sehr feinen Körnchen umgeben, schwach hohlachsig, mit geräumigen Kammern, und meist vollkommenen Kernen.

Reife und Nutzung: Mitte Oktober bis durch November, oft selbst bis Mitte Dezember und bis Weihnachten dauernd.

Eigenschaften des Baumes: derselbe wächst in der Jugend stark, macht viel feines Holz, ist auch darin ähnlich der Beurré blanc, ist aber eigensinnig auf den Standort, will warmen, trockenen Boden. Zu Zwerg auf Wildling. Scheint nach hiesigen Erfahrungen zärtlich und sehr wenig tragbar zu sein. Auch Oberd. klagt über den geringen Ertrag und daß die Früchte bei alledem leicht rissig würden. — Blätter elliptisch mit oft langer, ziemlich scharfer Spitze, $1\frac{1}{2}$" breit, $2\frac{1}{2}$" lang, bei sehr kräftigem Wuchse auch mehr eirund und eiförmig, glatt, etwas stumpfgesägt. (Nach Diel ist das Blatt der Sommerzweige etwas unbeständig, bald oval, bald elliptisch, bald wieder herzförmig.) — Blüthenknospen zur Zeit klein, kurzkegelförmig, fast halbrundlich, dunkelbraun. — Sommerzweige grünlich gelbbraun mit feinen schmutziggelben Punkten. J.

No. 41. Köstliche von Charneu. I, 3. 2. Diel; III, 1 a. Luc.; II, 2. Jahn.

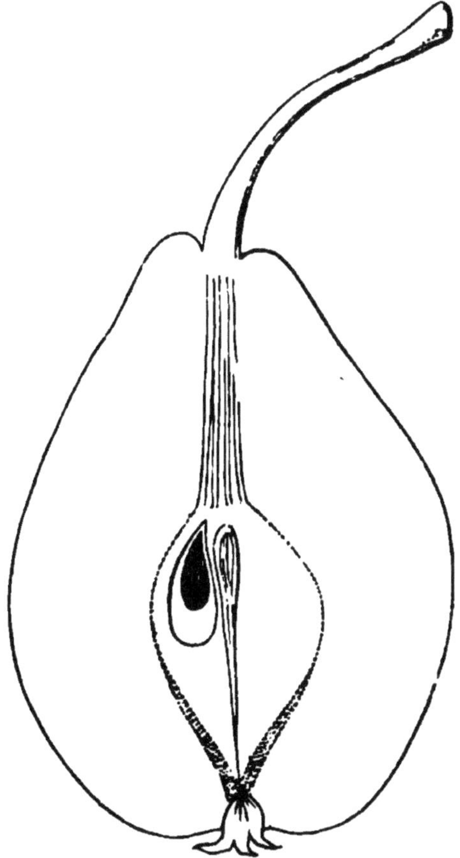

Köstliche von Charneu. Diel. ** † H.

Heimath und Vorkommen: Diel erhielt sie aus Aachen, wo sie in der Nähe aus Samen erzogen worden sein sollte. — Nach de Jonghé dagegen (Mon. I. S. 407 und II. S. 263) hat sie ein Herr Legipont im Dorfe Charneux, Prov. Lüttich, aufgefunden und sie ist deßhalb in Belgien als Poire Legipont am meisten bekannt.

Literatur und Synonyme: Diel N. K.-O. III. S. 113 setzt als französischen Namen La Merveille de Charneu hinzu. — Dittr. I. S. 635. — Oberdieck S. 367. — In Frankreich wird sie nach Lepère Doyenné Robin genannt, Mon. IV. S. 8. — Nach de Jonghé heißt sie in Belgien auch Fondante de Charneux und diese hat nach dem Lyon. Ber. die Synonyme: Beurré ou Fondante des Charneuses, Duc de Brabant (van Mons), Miel de Waterloo. — Wie Oberd. mir schreibt, ist sie von seiner Maria Stuart nicht verschieden.

Gestalt: starkbauchigt, kegelförmig, etwas ähnlich der S.-Apothekerbirn, nur weniger beulig, oft auch einer recht starken Norm. rothen Herbstbutterbirn nach Diel. Diesen Vergleich findet v. Flotow jedoch nicht glücklich und es dürfte ihre Form nach der Abbildung eirund, nach unten etwas birnförmig zu bezeichnen sein. Indessen ist die Form oft wechselnd. — Die Größe gibt Diel 3″ breit und 4½″ lang an; wie oben ist sie 2½″ breit und 3¼″ lang und erreichte bei v. Flotow (Mon. IV. S. 71) 1857 selbst das Gewicht von 16 Loth.

Kelch: langblättrig, zugespitzt, offen, gelblich oder bräunlich, etwas wollig, nicht aufrecht, in etwas faltiger Vertiefung, und man bemerkt auch über die Frucht hin öfters Erhabenheiten, so daß dann der Querdurchschnitt nicht ganz rund ist.

Stiel: grün mit grauen Punkten, meist knospig, öfters kürzer als auf der Zeichnung, obenauf oder schwach vertieft.

Schale: sehr fein, trocken, grünlichgelb, später citronengelb, sonnenwärts bisweilen gelbröthlich, selten etwas streifenartig geröthet, mit vielen starken, grün umkreisten, grauen oder bräunlichen Punkten und nicht selten etwas Rost.

Fleisch: gelblichweiß, sehr fein, butterhaft, sehr saftig und von zuckerig-süßem, erhabenem Geschmack, oder wie ihn Diel schildert, von erhabenem weinartigen gewürzhaften Zuckergeschmack; doch wird die Frucht in manchen Jahren und in ungeeignetem Boden auch nach Oberdieck bisweilen nur halbschmelzend.

Kernhaus: ist nur schwach bezeichnet, schmal und lang, etwas hohlachsig, Fächer geräumig, mit langen spitzen Kernen.

Reife und Nutzung: nach Diel Anfang Oktober, 6 Wochen dauernd, auch bei v. Flotow, nach und nach, im Oktober, doch hält sie sich nicht lange. Hier zeitigt sie oft erst zu Anfang des November und auch de Jonghé gibt Mitte November an. — Ist immer eine vortreffliche Frucht I. Ranges, doch stellt sie de Jonghé in den II. Rang, weil viele mit ihr zeitigende Birnen besser und weniger empfindlich auf den Boden seien. — Wegen ihrer mehrseitig anerkannten Güte wurde ihre Anpflanzung von der Versammlung in Gotha besonders empfohlen.

Eigenschaften des Baumes: wächst zwar in der Jugend auch hier kräftig, bedarf aber zur Vollkommenheit und Güte der Frucht trockenen, nahrhaften Boden und gedeihliche Witterung und ist für rauhe Gegenden, wie auch hiesige Erfahrungen lehren, hochstämmig nicht geeignet. Leidet gewöhnlich stark in kalten Wintern. Scheint auf Quitte nicht zu gedeihen. — Blätter länglich eirund, mit auslaufender Spitze, oft auch eiförmig, 1½—1¾″ breit, 2½″ lang, glatt, meist stumpfgesägt, schwach schiffförmig und etwas sichelförmig., — Blüthenknospen ziemlich groß und stechendspitz. — Sommerzweige grünlichbraun, gegenüber bräunlichgelb, gelblich punktirt.

NB. Zur Abbildung wurde die von Herrn v. Flotow in Mon. II. S. 113 gegebene Zeichnung benutzt, und auch die hinzugefügte Beschreibung oben berücksichtigt.

J.

No. 42. **Lange weiße Dechantsbirn.** I, 3. 2. Diel; III, 1 a. Luc.; III, 2. Jahn.

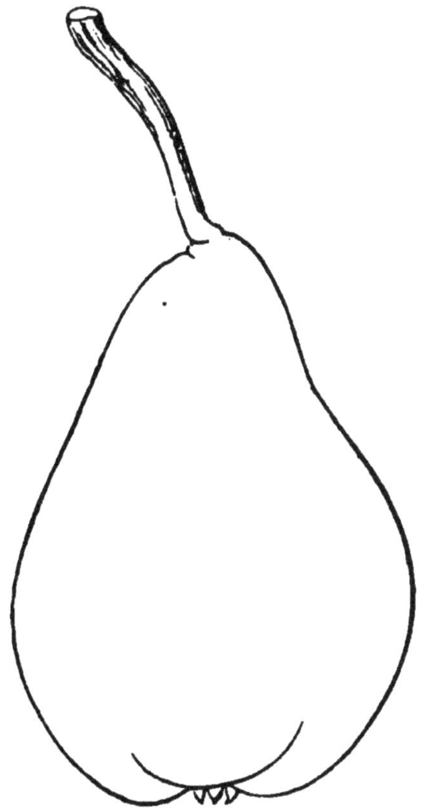

Lange weiße Dechantsbirn. Diel. ** † H.

Heimath und Vorkommen: Diel erhielt sie namenlos durch zweite Hand aus Wetzlar, kannte den wahren Ursprung nicht. Er nannte sie, um ihre Verwandtschaft mit der Beurré blanc anzudeuten, der sie in Allem, nur nicht in der Form nahe stehe.

Literatur und Synonyme: Diel II. S. 57 Lange weiße Dechantsbirn, Le Doyenné blanc longue; Dittr. I. S. 658; Oberd. S. 327. — Eine aus Wetteren erhaltene Beurré St. Nicolas scheint nach einigen Topfbaumfrüchten dieselbe Sorte oder doch nahe verwandt zu sein. Doch ist dieser Name eigentlich ein Syn. der Grünen Herbstzuckerbirn.

Gestalt: birnförmig oder auch mehr kegelförmig, mittelgroß, 2¼—2½" breit, 3—3¼" lang.

Kelch: klein, feinblättrig, oft blattlos, offen, wenig eingesenkt.

Stiel: ziemlich stark, nach der Birne zu oft fleischig, mit etwas Falten, obenauf, bis 1½" lang.

Schale: glatt, etwas fein fettig, grünlichgelb, später blaßcitronengelb, selten blaßgeröthet, dagegen mit sehr vielen feinen Punkten und zuweilen etwas Rost.

Fleisch: sehr fein, weiß, saftvoll, butterhaft, von erhabenem gewürzhaften, feinen Muskatellergeschmack, besser als B. blanc nach Diel. (Mir erscheint der Geschmack zwar gut, doch meist zu arm an Zucker, fein säuerlich gewässert.) — Auch riecht die Frucht etwas müskirt.

Kernhaus: geschlossen. Kammern lang, schmal, vielkernig.

Reife und Nutzung: Oktober, vier Wochen. Ist immer eine gute Tafelfrucht von eigenthümlichem Geschmack, der von Vielen gerade geliebt wird. Doch ist B. blanc gewiß ungleich besser.

Eigenschaften des Baumes: derselbe hat gemäßigtes Wachsthum und allerdings Aehnlichkeit mit dem der B. blanc. Ist sehr fruchtbar. In kaltem schweren Boden gedeiht er aber nicht, bekommt dürre Zweige und die Früchte werden besonders an älteren Bäumen schwarzfleckig und schrumpfen bis zur Unbrauchbarkeit. Am besten Zwerg auf Wildling oder als Hochstamm in Hausgärten mit leichtem, nahrhaftem Boden. Gedeiht jedenfalls auch auf Quitte. — Blätter stark länglich eiförmig, auch oft elliptisch, besonders an alten, nicht triebigen Bäumen, 1¼—1½" breit, 2¾" lang, glatt, fein-, etwas stumpfgesägt, etwas schiffförmig oder wellenförmig, die auslaufende Spitze schwach spiralförmig gekrümmt, lichtgrün mit ziemlich sichtbaren Adern, meist langgestielt. Stiel oft 2½" lang. — Blüthenknospen ziemlich groß, sanftgespitzt, fast gelbbraun. — Sommerzweige oft etwas stufig, mit ziemlich abstehenden Knospen, gelblichgrün, gegenüber grünbraun, fein schmutzigweiß punktirt, zweijähriges Holz schwärzlichgrau.

J.

No. 43. Weiße Herbstbutterbirn. I, 2. 2. Diel; III (IV), 1 b. Luc.; IV, 2. Jahn.

Weiße Herbstbutterbirn. Diel. ** ! † H.

Heimath und Vorkommen: Stammt aus Frankreich, ist aber besonders unter ihrem französischen Namen Beurré blanc überall hin verbreitet, auch bei uns dem gemeinen Manne als „Birneblank" sehr bekannt. Doch pflanzt man sie jetzt weniger als früher.

Literatur und Synonyme: Diel I. S. 58; Dittr. I. S. 637; Oberd. S. 314; Downing 378. — In Oesterreich wird sie vielfach Kaiserbirn genannt; in Frankreich heißt sie meist kurzweg (le) Doyenné, oft auch Doyenné blanc (irrthümlich, sagt d. Lyon. Ver., auch B. blanc), D. picté, St. Michel, De Neige, Du Seigneur, Citron de Septembre, Poire de Limon, Bonne-Ente, Valencia etc. — In Holland: Grote of blanke Doyenné, Witte oder Blanke Beurré etc. — In England: White Beurré, White Autumne Beurré, Doyenné White, Dean's, Snow Pear, Pine Pear, Warwick Bergamot. — In Amerika: Virgalieu, St. Michael, Butter-Pear, Virgaloo oder Bergaloo. — Oberdieck erhielt sie als Pera Spada (so heißt sie wohl in Italien). — Noch viele andere, besonders deutsche Namen sollen am Schlusse des Handbuchs in einem besonderen Verzeichniß der hier nicht angegebenen Syn. folgen.

Gestalt: veränderlich, doch meist eirund oder eiförmig, oben stark abgestumpft, nach dem Stiele zu mehr oder weniger stumpfkegelförmig, mittelgroß oder groß, 2½—3″ breit, 3—3½″ hoch.

Kelch: klein, in einer weiten oder engen, meist wenig tiefen Einsenkung.

Stiel: bis ¾″ lang, ziemlich vertieft zwischen Fleischhöckern oder schwachen Beulen.

Schale: fein, glatt, glänzend, matthellgrün, später blaßcitronengelb, oft etwas sanft geröthet, mit feinen Punkten, etwas Rost, auch häufig wahren Rostflecken.

Fleisch: weiß, saftreich, butterhaft, von zuckerartigem, etwas rosenähnlichem Geschmack. Die Frucht riecht auch in der Reife fein müskirt.

Kernhaus: geschlossen. Kammern geräumig, mit vielen vollkommen schwarzen Kernen.

Reife und Nutzung: Mitte Oktober, 14 Tage bis drei Wochen, wird später teig. Muß abgenommen werden, ehe sie gelb wird.

Eigenschaften des Baumes: derselbe wächst in der Jugend lebhaft, belaubt sich schön, ist an seiner lichten Belaubung und gleichsam zahmen Vegetation kenntlich. Wird mittelgroß, mit Anfangs aufrechten, später mehr hängenden Zweigen. Gibt schöne Pyramiden auf Wildlinge, wie auf Quitte. Auf letzterer wächst die Sorte besonders gut an und hat man sie deßhalb Bon-Ente, gute Pfropfbirn genannt. Auch brachte sie bei Oberdieck im feuchten, sandigen Boden in Sulingen darauf die schönsten Früchte. — Blätter elliptisch, meist etwas länglich, mit auslaufender Spitze, 1½—1¾″ breit, 2½—3″ lang, mitunter eiförmig, auch lanzettförmig und breitlanzettförmig (besonders an starktriebigen Bäumen), glatt, feingesägt, flach, doch etwas nach unten gekrümmt, hellgrün, ziemlich glänzend. Stiel 1½—2″ lang. — Blüthenknospen etwas länglichkegelförmig, sanftspitz. — Sommerzweige grünlich gelbbraun, gegenüber mehr röthlichbraun, fein weißgelb oder grau punktirt.

Anmerkung. Ueber das Nichtmehrgedeihen dieser berühmten Birne (von der es eine gestreifte Varietät gibt, die Doyenné panachée) und zwar über ihr öfteres Schwarzfleckig- und Rissigwerden klagten bereits Mehrere, z. B. Liegel (Mon. II. S. 115), Haffner (Mon. II. S. 326) u. s. w. und auch in der hiesigen Gegend will sie im Freien nicht mehr gutthun. Bald wird das Uebel, was seinen Grund höchst wahrscheinlich in der geringeren Wärme der meisten Sommer der letzten Decennien hatte, zu trockenem und leichten, bald zu kaltem und schweren Boden zugeschrieben. Nach meinen Beobachtungen genießt aber der Baum überall da, wo er noch schöne Früchte bei uns bringt, mehr oder weniger Schutz, entweder an Spalieren, resp. an Wänden oder hochstämmig zwischen Gebäuden und nur unter solcher Bedingung möchte in rauheren Gegenden die Anpflanzung noch zu empfehlen sein. — In Gotha sprachen sich übrigens die Meisten, vielleicht weil der vorausgegangene Sommer günstig auf die Ausbildung der Frucht gewirkt hatte, für die Beibehaltung der früher schon in Naumburg zur Anpflanzung besonders empfohlenen Sorte aus.

J.

No. 44. Lange grüne Herbstbirn. I, 3. 2. Diel; III, 1 a. Luc.; III, 2. Jahn.

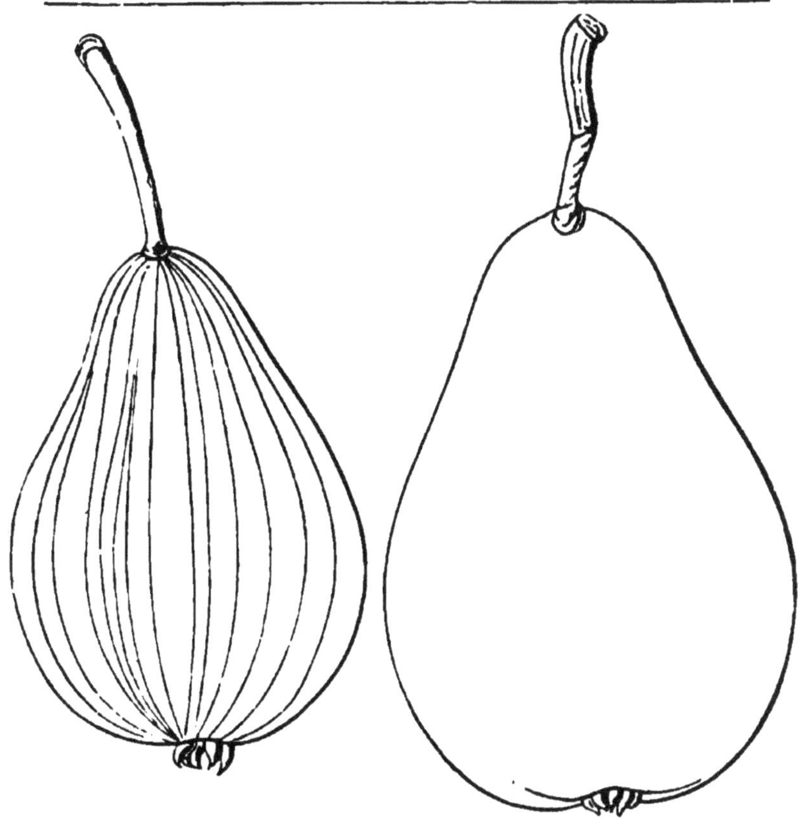

Lange grüne Herbstbirn. Diel ** ! †† H.

Heimath und Vorkommen: Stammt aus Frankreich, war aber auch den älteren deutschen Pomologen schon bekannt. Findet sich jetzt bei uns in vielen Baumschulen und Gärten.

Literatur und Synonyme: Diel I. S. 118: die Lange grüne Herbstbirn, La verte longue, Mouillebouche d'automne. — Duhamel nannte sie auch bloß Mouillebouche. — Weitere Synonymen sind: Mouillebouche ordinaire (Chartause) — Muscat Fleuré, New-Autumn Pear Cat. Lond. — Schmalzbirn, Herbstwasserbirn, Christ Hdwb. S. 195 — Grüne Lange Birn, Mundnetzende Birn Kraft (sieht eher aus wie die Lange grüne Mundnetzbirn Dittr. I. S. 555) — Lange Grünbirn, Wasserbirn Mayer t. XXV. Nr. 32 — Späte Glasbirn, Grüne Melonenbirn, Schmeckerin, Herbstsaftbirn, Mullebusch Lucas S. 174. — Kommt nach Liegel (Mon. II. S. 63) auch vor als Lange grüne Winterbirn, und dasselbe meint Diel mit Bezugnahme auf diese im T. O. G. III. S. 95, doch ist hier nach dem beigegebenen Blatte jedenfalls die Sächsische lange grüne Winterbirn (Diel VII. S. 53) abgebildet und beschrieben. Sickler kannte übrigens die vorliegende, doch war er über sie nicht im Klaren und so ist sie zwei Mal im T. O. G., ein Mal als Lange grüne Rundnetzbirn XVII. S. 229, das andere Mal als Herbst-Rundnetzbirn X. S. 39 enthalten. Vergl. auch Dittr. I. S. 656 und 657.

Gestalt: nach Diel eiförmig, nach dem Stiele zu stumpfkegelförmig, auch bisweilen, wie Dittrich meint, länglich und schön birnförmig ($3^1/_2$, am Spaliere oft 4" lang, $2^1/_4$—$2^1/_2$" breit), wie diese zwei Formen an der Birne oben und an der zugleich beigegebenen Schweizerhose ersichtlich sind.

Kelch: spitzblättrig, aufrecht oder sternförmig, in seichter, etwas beuliger, oft schiefer Einsenkung.

Stiel: bis $1^1/_2$" lang, oben auf der, auf einer Seite oft mehr erhabenen Spitze.

Schale: zart, glatt, etwas geschmeidig, grasgrün, später stellenweise schwach gelblichgrün, selten mit etwas trüber Röthe, dagegen mit häufigen feinen Punkten, öfters auch etwas Rost und in nassen Jahren auch schwärzlichen Rostflecken.

Fleisch: mattweiß, feinkörnig, saftvoll, ganz zerfließend, von gutem, eigenthümlichem, etwas pikant säuerlich-süßen, fein muskirten Geschmack (Diel nennt ihn köstlichen, der Birne eigenen, fein rosenartigen gewürzhaften Geschmack, der sich aber bald im Munde verliere). — Doch tritt derselbe in schlechtem kalten Boden nicht hervor. Auch riecht die Birne etwas fein muskirt.

Kernhaus: geschlossen. Kammern enge, mit wenigen, doch vollkommenen Kernen.

Reife und Nutzung: Mitte Okt., 4 Wochen. Hält sich lange im schmelzenden Zustande, auch ohne zu welken, und wird erst spät weich und teig. — Als Tafelbirn und zu jedem andern Zwecke recht empfehlungswerth.

Eigenschaften des Baumes: derselbe wächst schön pyramidal, ist bald und fast jährlich fruchtbar, gibt auch auf Quitte schöne Pyramiden, ist aber nach hiesigen Erfahrungen doch nicht unempfindlich gegen kalte Winter. — Blätter eiförmig mit auslaufender Spitze, $1^1/_2$—$1^3/_4$" breit, $2^1/_4$—$2^1/_2$" lang, oft ganz stumpfgespitzt, die größten Blätter zum Theil auch eirund, kleinere elliptisch und lanzettförmig, glatt, feingesägt, etwas schiff- und sichelförmig. — Blüthenknospen länglich kegelförmig, spitz, fast stechend, mit klaffenden dunkelbraunen Deckblättern. — Sommerzweige bräunlich olivengrün, etwas silberhäutig, weißgrau punktirt.

Von dieser Sorte gibt es eine panaschirte Abart, die Schweizerhose, Verte longue Suisse ou panachée, Culotte de Suisse, die ebenfalls schon lange bekannt ist. Diel I. S. 126; Christ Hdwb. S. 157; T. O. G. III. S. 99. t. 6. (Die hier abgebildete Lange Schweizerbergamotte ist die Schweizerhose.) Dittr. I. S. 654. — Der Baum besitzt die gleiche Vegetation, seine Sommerzweige sind aber olivengrün und röthlichgelb gestreift, an der Sonnenseite geröthet, etwas warzig gelbgrau oder weißgrau punktirt. Die Früchte sind meist von derselben Form, doch gewöhnlich kleiner und mit breiten helleren und dunkleren Bandstreifen ausgestattet, sonst von gleicher Güte und Reifzeit, oder nach Diel etwas früher. Der Baum scheint aber zärtlicher zu sein und leidet im Froste gewöhnlich mehr als der der Stammmutter.

J.

No. 45. Brüssler Zuckerbirn. I, 3. 2. Diel; III, 1 b. Luc.; III, 2. Jahn.

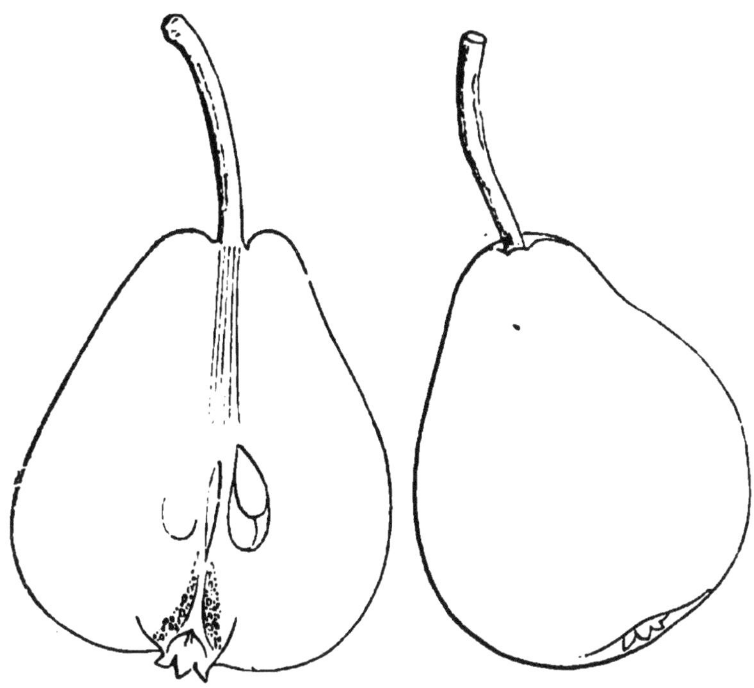

Brüssler Zuckerbirn. Diel. * † H.

Heimath und Vorkommen: Diel bekam sie von van Mons als Verte dans Pomme, verwandelte aber diesen nichtssagenden Namen in den obigen. Scheint bis jetzt in Deutschland wenig Verbreitung gefunden zu haben.

Literatur und Synonyme: Diel N. K.-O. II. S. 213; Dittr. I. S. 646. — An Herrn Lieutenant Donauer in Coburg sandte sie van Mons als Beurré verte, an Oberdieck (dessen Anl. S. 401 und 433) als Rousselet Satin und an von Hartwiß als Frühe Dechantsbirn, denn Oberd. hat sie von diesem als van Mons frühe Dechantsbirn erhalten.

Gestalt: kegelförmig oder auch mehr mittelbauchig und eirund, oft mit etwas verlängerter Endspitze, meist nur mittelgroß, 2" breit und 2½" lang.

Kelch: hartschalig, lang- aber schmalblättrig, offen, mehr oder weniger eingesenkt, oft zwischen Beulen.

Stiel: stark und holzig, meist charakteristisch lang (bis 2″, auch selbst etwas mehr) und gekrümmt, wie eingesteckt obenauf, oder schief neben einem Wulste.

Schale: fein rauh, grünlichgelb, später hochcitronengelb, mit mehr oder weniger zimmtfarbigem Rost und Punkten, ohne alle Röthe.

Fleisch: mattweiß, von Diel bezeichnet als von erhabenem, fein zimmtartigem Zuckergeschmack und ganz schmelzend, ist in manchen Jahren wenig gewürzt und auch öfters etwas steinigt, doch ist es süß und zum rohen Genuß noch angenehm.

Kernhaus: geschlossen. Kammern muschelförmig mit wenigen vollkommenen schwarzbraunen starken Kernen. Kegelförmige Früchte oft ohne Kernhaus.

Reife und Nutzung: Mitte Oktober, nicht lange haltbar, kann immer noch als Tafelfrucht oder in der Wirthschaft verwendet werden.

Eigenschaften des Baumes: derselbe wächst lebhaft, läßt aber bald nach. Baum bleibt klein, hat Aehnlichkeit mit dem der Beurré blanc, scheint aber etwas zärtlicher zu sein. — **Blätter** länglich eiförmig mit oft lang auslaufender Spitze, meist 1¼—1½″ breit, 3″ lang, oft etwas lanzettförmig, glatt, undeutlich und nur vorne gesägt, schiffförmig und wellenförmig, die meist langgezogene Spitze zurückgekrümmt. Stiel meist 1¾″ lang. — **Blüthenknospen** groß, dick, fast stechendspitz. — **Sommerzweige** röthlich gelbbraun oder graurötlich, weißgelb oder rostbraun punktirt.

Bemerkungen. Auch nach Oberdieck wird die Frucht hochstämmig nicht mehr gut und groß und mehr kreiselförmig, bleibt auch grüner. Leichter, etwas feuchter Boden scheint ihr am meisten zuzusagen und am besten macht sie sich auf Quitte. Ebenso will sie Herr Kunstgärtner Reinhardt in Meisdorf nicht besonders loben. (Naumb. Ver.) — Die Sorte ist aber doch immer noch der Pflanzung werth, besonders deßhalb, weil der Baum sehr tragbar ist.

NB. Die Frucht ist hier nach einer Durchschnittszeichnung im Neuen Deutschen Obstcabinet (Jena 1856), nach Früchten von Herrn Garteninspector Sinning in Ballenstedt, und nebenbei zugleich in der Größe und Form gezeichnet, wie sie in guten Jahren auf Hochstamm noch in Meiningen sich ausbildet. Der Stiel ist meist ungleich länger.

J.

No. 46. **Burchardts Butterbirn.** I, 2. 2. Diel; IV, 1 a. Luc.; V, 2. Jahn.

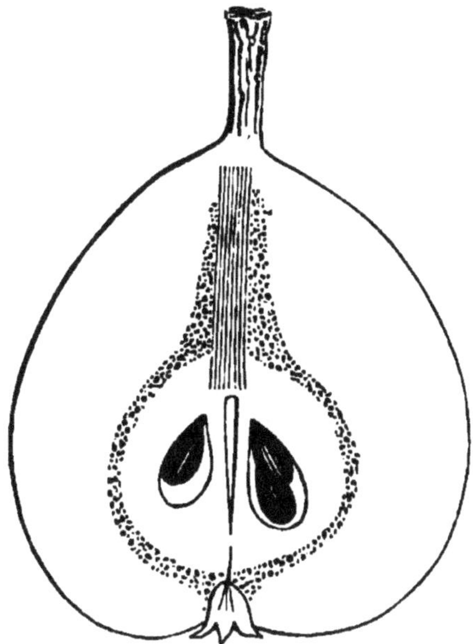

Burchardts Butterbirn. Diel ** † H.

Heimath und Vorkommen: Diel benannte sie nach dem seligen Justizrath Burchardt in Landsberg an der Warthe; die Bezugsquelle derselben gibt er nicht an.

Literatur und Synonyme: Diel beschrieb sie kurz im syst. Verz. II. Forts. S. 89 unter Nr. 355. — Danach Dittr. I. S. 664. — Vergl. auch Oberd. S. 287. Dieser findet sie sehr ähnlich der Colmar Neil (Diel N. K.-O. III. S. 80) und ebenso der Dillens Herbstbirn und zwar so, daß eine die andere ersetzen kann (Mon. I. S. 44) und kann ich diese Aehnlichkeit, wenigstens der Neil, die ich besitze, nur bestätigen. Zur Entscheidung über die wirkliche Identität gehören aber noch weitere Vergleiche. — Von einer andern Burchardts Butterbirn, der man also II. hinzusetzen müßte (in Liegels neuen Obstsorten II. S. 65 beschrieben), ist die vorliegende verschieden. Liegel hat diese von Herrn v. Hartwiß als Burchardts Arembergerin, aber auch noch als Crassanne Steven erhalten und sie würde besser unter einem von diesen letzteren Namen beizubehalten sein.

Gestalt: Diel beschreibt sie als eiförmig, darunter ist aber bei ihm meist eirund zu verstehen. Man kann die Form als eirund, etwas breit oder bauchig, fast kreiselförmig, doch oben stark abgestumpft, unten stumpfspitz bezeichnen. Die Größe gibt Diel auf 2½″ Breite, oft keine 2¾″ Höhe an. Nicht selten sei sie bedeutend größer. (Die hier an einer freistehenden Pyramide erzogenen Früchte hatten sämmtlich die Form der Abbildung, einzelne waren aber noch breitbauchiger, andere auch mehr eiförmig, und so verhielt sich auch meist Colmar Neil.)

Kelch: mäßig groß, offen oder halboffen, aufrecht, etwas weißwollig, ziemlich weit, oft tief eingesenkt.

Stiel: bis $^3/_4$'' lang, holzig, nach unten fleischig, oben braun, sitzt etwas vertieft zwischen Höckern oder verliert sich auch ohne Absatz in die Frucht.

Schale: licht citronengelb, hie und da noch etwas Grün durchschimmernd, meist ohne Röthe, doch fein grün und gelbbraun punktirt, auch häufig mit feinem zersprengten Roste.

Fleisch: gelblichweiß, fein, halbschmelzend oder schmalzartig (nach Diel aber ganz schmelzend) und von fein zimmt- oder calmusartigem Geschmack (Diel bezeichnet ihn als sehr angenehm gewürzhaft, etwas alantartig süß). Von Colmar Neil ist es nach Oberdieck nur durch vermehrte Süßigkeit unterschieden.

Kernhaus: verhältnißmäßig, mit wenigen, oft unvollkommenen Kernen; im Umkreise ist es öfters mit feinem Griese umgeben.

Reife und Nutzung: Mitte bis Ende Okt., bisweilen in warmen Jahren schon Mitte Sept. Hier hat sie sich auch mitunter bis 10. Nov. gehalten. Ist immer noch eine wohlschmeckende Tafelbirn.

Eigenschaften des Baumes: derselbe wächst stark, trägt früh und reich. Nach Oberd. krümmen sich seine Triebe in der Jugend stark hörnerartig und hierin findet er ebenfalls noch eine Verschiedenheit gegen die Neil, die auch bei mir diese Eigenthümlichkeit nicht zeigt, überhaupt auch dauerhafter und gegen Kälte weniger empfindlich zu sein scheint, während mir schon zwei Bäume der Burchardt durch Frost zu Grunde gegangen sind. Doch kann letzteres auch auf Zufall beruhen. — Die Blätter beider Sorten haben sonst gleiche Form, sind breitelliptisch, meist nach dem Stiele zu stark verschmälert, die Spitze ist meist halbaufgesetzt. Sie sind etwa 1$^1/_2$'' breit, 2$^1/_4$—2$^3/_4$'' lang, glatt, nach dem Stiele zu ganzrandig oder undeutlich und stumpfgesägt, nach vorne hin fein-, ziemlich scharfgesägt, flach, Stiel ziemlich dünn und lang, Blätter deßhalb meist überhängend. — Blüthenknospen kegelförmig, fast stechendspitz. — Sommerzweige etwas stufig, glänzend gelbbraun, mit feinen ockergelben Punkten und etwas unebener Schale.

J.

No. 47. Seckels Birn. I, 1. 2. Diel; IV, 1 b. Luc.; V, 2. Jahn.

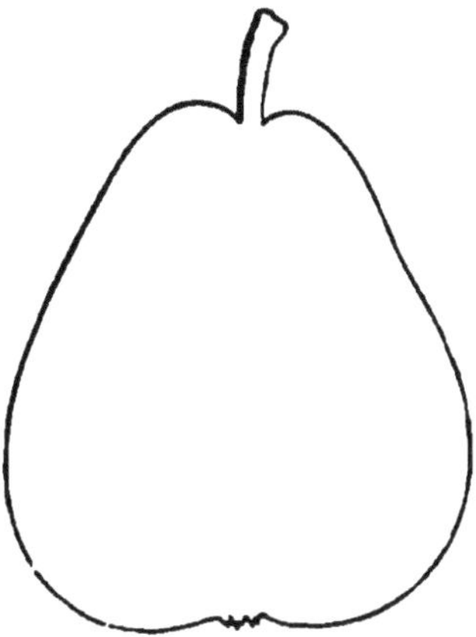

Seckels Birn. v. Flotow. ** ! † H.

Heimath und Vorkommen: Nordamerikanische Birne, wahrscheinlich von einem Mr. Seckel in der Nähe von Philadelphia erzogen. Soll in den Freiheitskriegen die Lieblingsbirne des Generals Moreau gewesen sein.

Literatur und Synonyme: Downing S. 415. — Diel gab Nachricht von ihr in s. N. K.-O. IV. S. XXVI. — Sie wurde jedoch zuerst von v. Flotow im Universalbl. I. von 1837 genauer beschrieben. Danach hat sie Dittr. III. S. 155. — Heißt auch Seckle's Birn, Sickels Birn, Rothbackigte Sickelbirn, Newyorker Rothbacken, The Seckle Pear, The Newyork Red Cheek, The Red-Checked-Seikle und nach d. Lyon. Ber. auch Shakspeare.

Gestalt: eirund oder kegelförmig, mehr oder weniger stumpfgespitzt, der Müskirten Zwiebelbirn in Form und Farbe, oder auch, wie Diel ebenso passend meint, der Russelet von Rheims in Form und Größe ähnlich, nur etwas größer, 2¼″ lang und 2″ breit.

Kelch: offen, kurzblättrig, hornartig, in flacher, glatter Einsenkung, bisweilen mit etwas Beulchen umgeben.

Stiel: ziemlich stark, ¾″ lang, glatt, hellbraun, obenauf, oder auch etwas schiefstehend und schwachvertieft.

Schale: glatt, sehr fein, in voller Reife goldgelb, sonnenwärts schön braunroth verwaschen, mit zahlreichen feinen Punkten und nach beiden Enden hin hellbraun berostet.

Fleisch: gelblichweiß, sehr saftig, butterhaftschmelzend, mitunter, wenigstens in Meiningen, mit etwas feinen Steinchen um's Kernhaus, von süßem, stark zimmtartigem vortrefflichen Gewürzgeschmack, dem der Kleinen Zimmtrusselet sehr ähnlich.

Kernhaus: nicht zu groß, etwas hohlachsig, mit kleinen Fächern und kleinen braunen Kernen.

Reife und Nutzung: Mitte oder Ende Oktober, 8 Tage. — v. Flotow zählt sie auch in neuerer Zeit noch (Mon. II. S. 251) zu den besten und feinsten, dabei gern und reichlich tragenden Tafelfrüchten.

Eigenschaften des Baumes: derselbe treibt auf Wildling schwach, bleibt klein, ist aber gesund und auch nach eigenen Erfahrungen fast jährlich tragbar. — Blätter breitelliptisch mit halbaufgesetzter Spitze, 1¾" breit, 2¼" lang, oft auch elliptisch, glatt, gesägt, meist flach, nur die Spitze etwas gekrümmt, ziemlich dick und steif. Stiel 1¼" lang. Einzelne kurzgestielte Blätter bisweilen mit kleinem ohrförmigen Anhang, da wo das Blatt am Stiele aufsitzt. — Blüthenknospen etwas kurzkegelförmig, stumpfspitz, mit borstigen Deckblättern, gelblichbraun. — Sommerzweige meist nach Oben verdickt, olivengrün, gegenüber rothbraun, ziemlich stark schmutzigweiß punktirt.

Anmerkung. Die obige Umrißzeichnung ist in Ermangelung anderer Abbildung aus Downing entnommen, doch will ich zu bemerken nicht unterlassen, daß ich sie in meinem eigenen Garten an freistehender Pyramide meist etwas größer und besonders um die Kelchwölbung breiter erzogen habe, so daß die Gestalt, wie v. Flotow sie schildert, oft feigenförmig wird.

J.

No. 48. Rothe Dechantsbirn. I, 2. 2. Diel; IV, 1 b. Luc.; II, 2. Jahn.

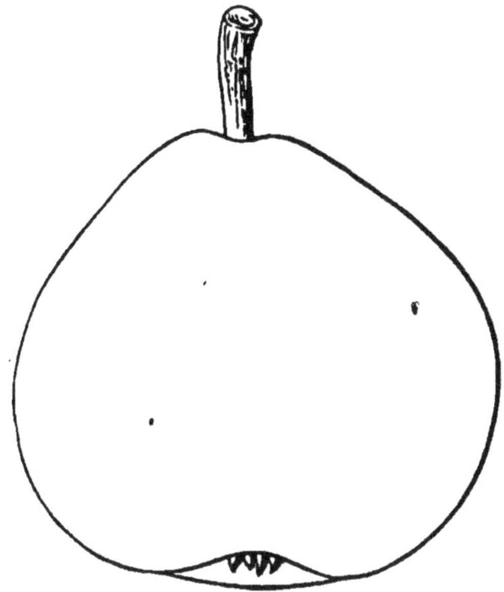

Rothe Dechantsbirn. Diel. ** ! †† H.

Heimath und Vorkommen: Diel erhielt sie aus der Pariser Carthause. Ist bereits vielfach in Deutschland bekannt und geschätzt.

Literatur und Synonyme: Diel II. S. 19 Rothe Herbstbutterbirn, Rothe Dechantsbirn, Le Beurré rouge, Le Doyenné rouge. Dittr. I. S. 638. — Christs Rothe Butterbirn (Hdwb. S. 162) ist wahrscheinlich die Beurré gris rouge, ebenso die Rothe Butterbirn des T. O. G. XI. S. 85. t. 5. — In England wird sie meist Gansells Bergamotte genannt. Deren Synon. sind nach dem Cat. Lond. Brocas Bergamot, Joe's Bergamot, Staunton, Gurle's Beurré, Bonne rouge, Diamant. — Manche, z. B. Luc. S. 192 setzen als Syn. noch Bergamotte d'Angleterre hinzu, doch nach dem Lond. Cat. ist darunter die im Aug. reifende Hamptens Bergamotte zu verstehen. — Wegen ihrer rothen Farbe wird sie irrthümlich auch oft Rothe Bergamotte genannt, doch ist die vorliegende gegen letztere besser. Unter dem Namen Rothe Dechantsbirn scheint sie am meisten in Deutschland bekannt zu sein, weßhalb wir diesen zur Ueberschrift wählten.

Gestalt: der Weißen Herbstbutterbirn ähnlich, doch mehr zusammengedrückt, oft fast plattrund, $2^3/_4$" breit, etwas höher, meist ebenso hoch als breit.

Kelch: offen, ziemlich vertieft, in geräumiger, meist ansehnlicher Einsenkung.

Stiel: stark, bis $^3/_4$'' lang, obenauf, in kleiner Höhle, neben flachen Fleischbeulen.

Schale: etwas rauh, gelblichgrün, später gelb, mit trüber, erdartiger Röthe und charakteristischem feinen zimmtfarbigen Rost, auch braunen, im Roth gelblichgrünen Punkten.

Fleisch: mattweiß, um's Kernhaus etwas steinigt, doch saftvoll, butterhaft, von köstlichem zuckerartigen Geschmack, gewürzhafter als bei der Weißen Herbstbutterbirn, hält das Mittel zwischen dieser und der Grauen Herbstbutterbirn (Diel).

Kernhaus: etwas breit, schwachhohlachsig, Kammern eirund, Kerne sehr breit eirund, stumpfspitz, plattgedrückt, gelbbraun oder schwärzlichbraun.

Reife und Nutzung: Mitte oder Ende Okt., 14 Tage, oft auch 3 Wochen. Eine der schätzenswerthesten Tafelfrüchte, die sich selbst in ungünstigen Sommern meist immer noch vollkommen ausbildet. Wer die Frucht einmal kennt, wird sie immer beizubehalten wünschen.

Eigenschaften des Baumes: mittelgroß, aber gesund und bald volltragend, kommt auch noch in schwerem Boden fort und ist nach Oberd. allein in diesem recht tragbar. — Die Anpflanzung dieser Sorte, welche die Weiße und Graue Butterbirn ersetzen kann, mag angelegentlichst auch vor vielen neuen Birnen empfohlen werden. Kümmert auf Quitte. — Blätter eirund, mit meist nicht langer, auslaufender oder etwas vortretender Spitze, oft fast rundlich, auch öfters herzförmig, die länger gestielten auch eiförmig, meist klein, $1^1/_2$'' breit, 2'' lang, fast immer etwas wollig, ganzrandig, oder doch sehr undeutlich gesägt, auch ist die Oberfläche schwach chagrinartig uneben. — Blüthenknospen ziemlich groß, kurzkegelförmig, spitz, doch nicht stechend, am Grunde oft etwas wollig. — Sommerzweige mitunter stufig und mit verdickter Endknospe, wollig, röthlich gelbbraun mit feinen weißgelben Punkten.

J.

No. 49. **Bosc's Flaschenbirn.** I, 3. 2. Diel; III, 1 b. Luc.; II, 2. Jahn.

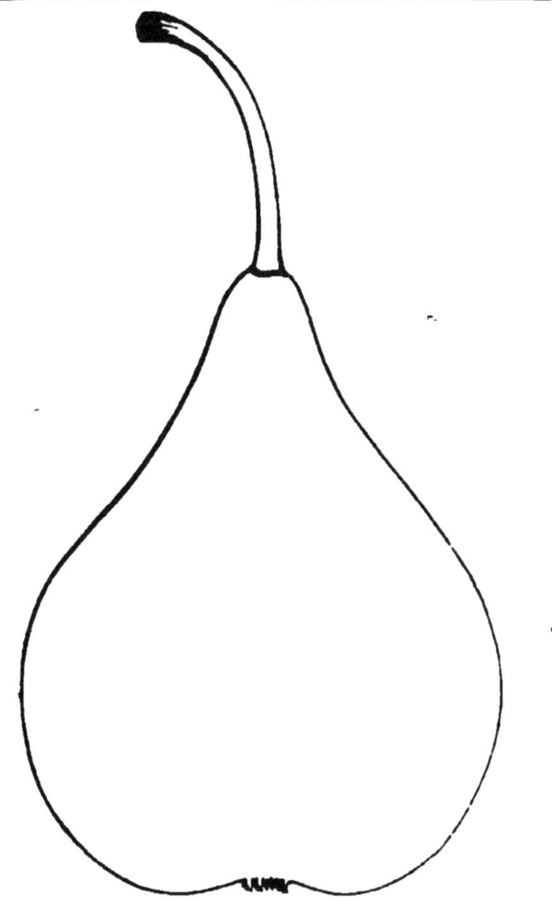

Bosc's Flaschenbirn: Diel. ** ! † H.

Heimath und Vorkommen: Soll ursprünglich Beurré d'Apremont heißen und gar nicht von van Mons erzogen worden sein (Ber. über die Vers. franz. Pomol. in Lyon in Mon. IV. S. 121); van Mons hat sie aber als sein Erzeugniß 1810 an Diel gesendet.

Literatur und Synonyme: Diel, den Namen unrichtig lesend, beschrieb sie (N. K.-O. V. S. 194) als Bose's Flaschenbirn, Calebasse Boso, gab sie aber später mehrfach unrichtig ab und zwar unter dem Namen Kaiser Alexander (Liegel N. O. II. S. 107), weßhalb sie auch unter diesem Namen vorkommt. —

Dir. Alb. II. S. 163 und Ann. de Pom. V. S. 79 haben sie als Beurré Bosc, doch wird sie in Belgien auch jetzt noch oft Calebasse Bosc genannt. — Von der Calebasse Passe Bosc (Prinzeß Marianne), die Bivort irrthümlich Vraie Calebasse Bosc nennt, ist sie besonders durch etwas spätere Reife und vermehrte Größe verschieden. Vergl. noch Oberd. S. 336 und derselbe in Mon. I. S. 49, auch von Flotow in Mon. I. S. 224.

Gestalt: birnförmig, mehr oder weniger stumpfspitz, häufig jedoch auch sehr schön flaschenförmig, in beiden Gestalten der Marie Louise Duq., die ebenfalls oft flaschenförmig wächst und ebenso der Marianne zum Theil ähnlich, nur größer, gewöhnlich 2½″ breit und 3¼—3½″ lang, oft jedoch größer; in den Annalen ist sie 3¼″ breit, 5¼″ lang abgebildet. v. Flotow erzog sie über 16 Loth schwer.

Kelch: kurzblättrig, schwärzlich, offen, seicht, mit etwas Erhabenheiten, die auch hie und da am Bauche bemerklich sind.

Stiel: ziemlich lang, braun, hellbraun punktirt, theils obenauf, theils schwach vertieft.

Schale: sehr fein, hellgrün, später hellgelb, fast durchaus zimmtfarbig berostet und vielfach fein hellbraun punktirt, ohne Röthe. Die Punkte und der Rost machen die Schale fein rauh und die Frucht sieht in voller Reife goldartig oder orangefarbig dadurch aus.

Fleisch: gelblichweiß, butterhaft, sehr saftig, zuckersüß, feingewürzt und sehr angenehm schmeckend (nach Diel ähnlich dem der Beurré gris), doch in warmen Sommern am besten.

Kernhaus: klein, eiförmig oder eirund, durch feine Körnchen bezeichnet, mit starker Achsenhöhle, geräumigen Fächern und schönen Kernen.

Reife und Nutzung: Mitte oder Ende Okt., zuweilen schon Anfang Okt., reift nach und nach, hält sich je nach der Aufbewahrung 11 Tage bis 3 Wochen in der Reife, oft weit in Nov. hinein. — Ist etwa 8—14 Tage nach Prinzeß Marianne und 8 Tage vor Marie Louise reif. Nach Oberd. ist sie schon 20.—24. Sept. zu brechen, weil sie, spät gebrochen, eher teig als schmelzend wird. — Wurde als meist große, schöne und gute Birne auch von der Versammlung in Gotha zur Anpflanzung empfohlen.

Eigenschaften des Baumes: derselbe wächst in der Jugend lebhaft, später gemäßigt mit abstehenden Aesten und schlanken Nebenzweigen, trägt alljährlich, doch auch in Meiningen, wie bei Oberd., nie allzu reichlich, bei v. Flotow jedoch immer mehr als Prinzessin Marianne, die sich dagegen bei mir wieder fruchtbarer bezeigt. Gedeiht auf Quitte, gibt aber selbst hochstämmig nach Liegel (N. O. II. S. 107) noch die besten Früchte, doch möchte die Zwergform mehr anzurathen sein. — Blätter eirund, an nicht kräftigen Bäumen oft auch eiförmig, meist groß, 1¾—2″ breit, 2¾—3″ lang, mit ziemlich starker, meist schön auslaufender Spitze, glatt, ganzrandig oder nur an der Spitze gesägt, schwach schiffförmig oder etwas wellenförmig, etwas steif und lederartig, starkgeadert. Blattstiel oft geröthet. — Blüthenknospen groß, länglich kegelförmig. — Sommerzweige nach Oben verdickt und graubraun, sonst gelblich- oder röthlichbraun, fein schmutzigweiß punktirt.

J.

No. 50. **Die Markgräfin.** I, 3. 2. Diel; III, 2 a. Luc.; VI, 2. Jahn.

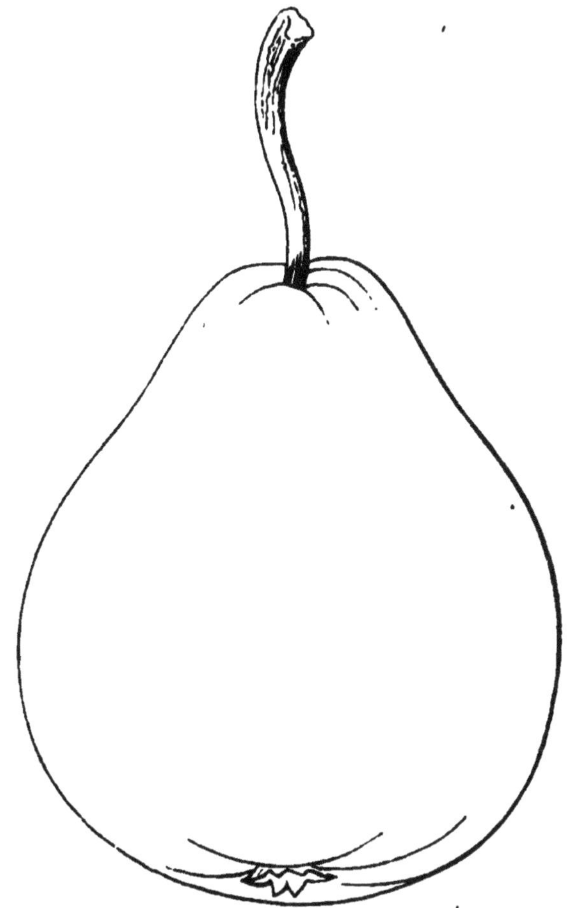

Die Markgräfin. Diel. ** † H.

Heimath und Vorkommen: Eine der ältesten französischen Sorten, die Diel aus der berühmten Carthause zu Paris erhielt. Wurde früher von den Pomologen mehr als jetzt erwähnt und wird auch gegenwärtig nur noch wenig in deutschen Gärten gefunden.

Literatur und Synonyme: Diel I. S. 132 die Markgräfin, La Marquise. — Dittr. I. S. 692. — T. O. G. VII. S. 314. t. 17. Scheint, auch nach dem Blatte, eine andere Sorte zu sein. — Christ Hdwb. S. 193. — Oberd. S. 376. — Luc. S. 177. — Heißt auch Markise, Marquisin, Markgräfliche Birn,

Marchioness Pear, nach Cat. Lond. auch Marquise d'hiver (was daher rührt, daß hie und da Zweifel entstanden, ob diejenigen, die die Reifzeit früher, für den Herbst, angaben, die richtige Sorte hatten).

Gestalt: veränderlich, bauchig birnförmig oder mehr länglich, nach Unten kegelförmig, mit abgestumpfter Spitze, wie ich sie öfters sah, einer großen Langen weißen Dechantsbirn ähnlich, doch mehr bauchig; nach Diel auch der Bonchrétien d'hiver vergleichbar. — Oft etwas beulig.

Kelch: klein, offen, in seichter, etwas geräumiger Senkung.

Stiel: bis $1^{3}/_{4}$" lang, oben auf der stumpfen Spitze, mit einigen Fleischfalten.

Schale: etwas fein rauh, hellgrün, später gelblich, selten geröthet, doch mit etwas Rost um den Kelch und mit vielen feinen grauen oder braunen Punkten.

Fleisch: mattweiß, körnigt um's Kernhaus, saftvoll, butterhaft, von erhabenem zuckerartigen Geschmack, etwas ähnlich dem der Beurré gris (Diel).

Kernhaus: lang= und starkhohlachsig, doch geschlossen, mit geräumigen Kammern und braunen, stark zugespitzten Kernen.

Reife und Nutzung: Anfang Nov., oft bis in und durch Nov., doch auch öfters, wie schon Diel selbst bemerkte, schon Ende Okt. (hier selbst Mitte Okt.; hält sich einmal reif auch nicht lange, doch war der Geschmack sehr angenehm gezuckert und das Fleisch ganz schmelzend, welches Letzteres bei v. Flotow nur selten stattfindet, Mon. III. S. 69). — Oberd. hält die Sorte, weil Diels Butterbirn, die ihr ähnlich, aber besser und weniger körnigt sei, sie ersetze, für entbehrlich. Auch möchte sie bei den vielen jetzt vorhandenen neuern Birnen allerdings nur noch für den Sortensammler Werth besitzen.

Eigenschaften des Baumes: derselbe wächst nach Diel sehr lebhaft und stark und wird ein großer, sehr fruchtbarer Baum, verlangt aber leichten, sehr warmen Boden, gedeiht gut auf Quitte. Er ist kenntlich an seinen schmalen langgestielten flatternden Blättern, doch ist er, wie schon Oberd. und Bödicker fanden, gegen Frost empfindlich; mir selbst starb im letzten kalten Winter ein in schönster Kraft stehender junger Pyramidbaum völlig ab und konnte ich bloß noch einige Zweige retten. — Blätter (wie ich die Sorte von Liegel besitze) sind lanzettförmig oder sehr länglich eiförmig, $1^{1}/_{4}$—$1^{1}/_{2}$" breit, 3" lang, öfters auch etwas eirund, glatt, meist verloren- und stumpfgezahnt, oder auch ganzrandig, meist flach, nur etwas wellenförmig, Stiel dünn und biegsam, oft 2" lang. — Blüthenknospen kurzkegelförmig, fast rundlich stumpfspitz, mittelgroß, gelbbraun. — Sommerzweige, wie sie auch Diel beschreibt, gelblichbraun (orleansfarbig), hie und da vermischt mit Grün, mit nicht häufigen länglichen weißgrauen Punkten.

NB. Die Abbildung ist aus Mayer t. XLII, die auch Diel als sehr schön bezeichnet.

J.

No. 51. Wildling von Motte. I, 2. 2. Diel; IV, 1 b. Luc.; II, 2. Jahn.

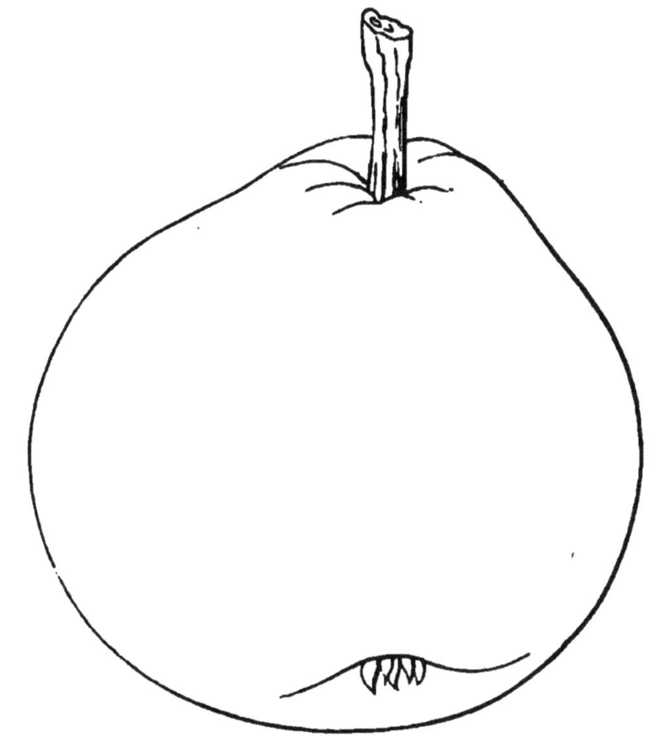

Wildling von Motte. Diel. ** † H.

Heimath und Vorkommen: Alte bekannte französische Sorte, schon Quintinye und Duhamel hatten die Besi de la Motte. — Wurde als Wildling aufgefunden und verdankt wahrscheinlich den Namen ihrem Finder oder Verbreiter. In Deutschland ist sie auch schon länger bekannt und vielfach angepflanzt.

Literatur und Synonyme: Diel I. S. 71; Dittr. I. S. 680; T. O. G. XIII. S. 11. t. I; Oberd. S. 427; Luc. S. 195. Grüne Bergamotte, Graue Bergamotte, Grüne Herbstbergamotte, Grüne Mullebusch in Süddeutschland, Getüpfelte und Große Crasanne in Thüringen, Bergamotte crasanne im Hannoverischen, Bein Armudi, Beurré blanc de Jersey nach d. Lond. Cat.

Gestalt: veränderlich, bald ziemlich rund, der Beurré blanc ähnlich, bald mehr länglich, 3″ breit und ebenso hoch, oft größer, besonders am Zwergbaum; oft in der Rundung ungleich.

Kelch: klein, offen, ziemlich tief eingesenkt, oft mit schwachen Beulen.

Stiel: bis $3/4''$ lang, in kleiner, meist beuliger Höhle.

Schale: etwas rauh, grün, später mehr grünlich hellgelb, ohne wahre Röthe, jedoch mit vielen feineren und gröberen erdgrauen Punkten und mit Rost, besonders um die Kelchwölbung, oft auch mit schwärzlichen Rostflecken, besonders in ungünstigen Sommern und Boden.

Fleisch: grünlichweiß, saftvoll, butterhaft schmelzend, von erhabenem Zuckergeschmack, der aber in schlechten Sommern etwas wässerig und gleichsam wild oder krautartig wird.

Kernhaus: geschlossen, Kammern geräumig, mit vollkommenen oder auch tauben Kernen.

Reife und Nutzung: Mitte Okt., oft Nov. bis Dez. — Bleibt auch bei v. Flotow in ungünstigen Jahren und nicht zusagendem Boden schmierig und saftlos, wird jedoch ein anderes Mal auch selbst hochstämmig sehr gut.

Eigenschaften des Baumes: derselbe wächst besonders in der Jugend lebhaft, läßt aber bald nach; seine Aeste stehen späterhin meist stark ab, machen feine, steife, dornenartige Fruchtspieße und Fruchtruthen, wodurch der Baum einem Wildling ähnlich wird. Wegen seiner verworren wachsenden, leicht grindig werdenden Zweige hat er kein schönes Ansehen, ist auch auf Standort und Boden eigensinnig und dann wenig tragbar (z. B. in meinem schweren Boden sehe ich selten einmal an einem nunmehr 20jährigen Baume eine vollkommene Frucht); am fruchtbarsten scheint er noch auf Quitte veredelt zu sein. — Ueberhaupt scheint der Baum anderwärts ergiebiger zu sein, denn seine Anpflanzung wurde von der Versammlung in Gotha besonders empfohlen. — Blätter eirund, jedoch mit sehr langer auslaufender Spitze, bis 2″ breit, 4″ lang, oft herzförmig, einzelne auch eiförmig und lanzettförmig, glatt, ganzrandig, doch zum Theil noch feingesägt, am Rande etwas wellenförmig und nach Vorne etwas sichelförmig gekrümmt. (Die Blätter der Sommerzweige vergleicht Diel den Blättern der Pfirsiche Belle Chevreuse oder, wie Duhamel sagt, den Blättern der Knackweide. Die Blätter der Fruchtaugen seien größer, langoval.) — Blüthenknospen ziemlich groß, länglich kegelförmig, fast walzenförmig, stumpfgespitzt, hie und da gelbwollig. — Sommerzweige dünn und schlank, oft gekrümmt, auch stufig, dunkel-, etwas bräunlichgrün, schmutzigweiß punktirt, hie und da gelbrostig und rissig.

NB. Die Abbildung ist ebenfalls aus Mayer tab. LI, doch in der Größe, die ihr unter günstigen Umständen an Zwergbäumen zukömmt. Am Hochstamm bleibt sie meist schon ungleich kleiner.

J.

No. 52. Die Vincent. I, 2. 2. Diel; IV (III), 1 b. Luc.; III, 2. Jahn.

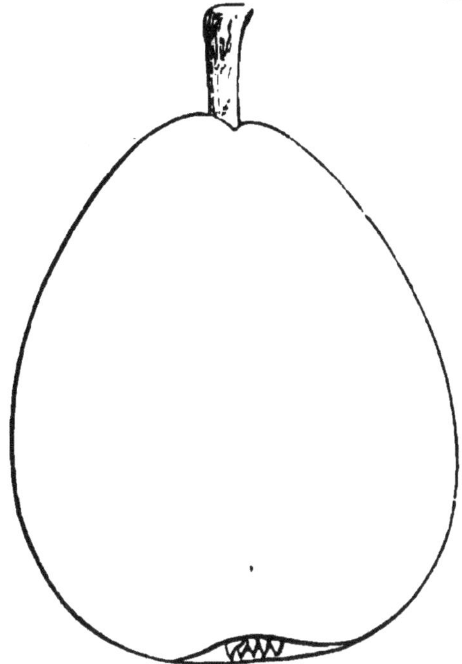

Die Vincent. Diel. ** H.

Heimath und Vorkommen: Diel erhielt sie als Rousselet St. Vincent von van Mons ohne weitere Erklärung des Namens. — Oberd. fand aber, daß sie von der Novemberdechantsbirn, die Diel als Doyenné d'hiver ebenfalls von van Mons ohne weitere Mittheilung erhielt (welchen Namen er, weil sie keine Winterbirn war, in November-Dechantsbirn verwandelte), nicht verschieden sei.

Literatur und Synonyme: Diel N. K.-O. V. S. 147; Dittr. I. S. 671; Oberd. S. 400: Rousselet St. Vincent. — Diel N. K.-O. I. S. 179; Dittr. I. S. 684; Oberd. S. 328: Novemberdechantsbirn.

Gestalt: eirund oder kreiselförmig (wie Diel selbst meint, nicht eigentlich russeletförmig, sondern wie eine recht starke Grüne Herbstzuckerbirn*), 2½" breit und fast eben so hoch oder ¼" höher.

* Doch scheint dieser Vergleich wenig glücklich. — Die Nov.-Dechantsbirn beschreibt er kreiselförmig oder eiförmig, der Beurré blanc oder der Herbstcoloma ähnlich — die Vincent als eiförmig oder abgestumpft conisch. — Die Frucht, wie sie eben vorliegt, ist eigentlich die Novemberdechantsbirn.

Kelch: kurz, hartblättrig, offen, geräumig, doch ziemlich eben eingesenkt.

Stiel: dick, wie fleischig, 1/2" lang, obenauf wie eingedrückt, doch meist etwas vertieft.

Schale: etwas fein rauh, hellgrün, später gelb, ohne Röthe, doch mit mehr oder weniger zusammenhängendem Rost und etwas Punkten, oft auch schwärzlichen Rostflecken.

Fleisch: weiß, fein, saftreich, butterhaft, von erhabenem weinartigen Zuckergeschmack, ähnlich dem der Crasanne nach Diel — zeigt hier meist etwas Steine, ist durch eigenthümliche feine Säure pikant und wenigstens in gewissen Jahren recht gut.

Kernhaus: klein, nicht hohlachsig. Kammern muschelförmig, mit vielen auch oben etwas zugespitzten Kernen.

Reife und Nutzung: Ende Okt., 14 Tage, kaum 3 Wochen.

Eigenschaften des Baumes: derselbe wächst hier zwar zur Zeit gut, doch gemäßigt und scheint zärtlich. Möchte sich wenigstens bei uns nicht, wozu ihn Diel empfiehlt, zur Hochstammform eignen. Gedeiht jedoch nach Diel auch auf Quitte und bringt darauf vollkommene Früchte. — Blätter länglich eiförmig mit kurz auslaufender Spitze, oft länglich eirund, etwas herzförmig (vielleicht mehr zu den eirunden zu stellen), 1 1/4—1 1/2" breit und 2 1/2" lang, glatt, feingesägt, etwas schiffförmig und halb sichelförmig, sehr dunkelgrün, mäßig glänzend. — Blüthenknospen zur Zeit klein, kurzkegelförmig, ziemlich spitz. — Sommerzweige grünlichgelb, gegenüber bräunlichgrün, feingelblich punktirt.

Anmerkung. Die von Oberdieck vermuthungsweise ausgesprochene Identität der obigen beiden Sorten kann ich nur bestätigen. Die Nov.-Dechantsbirn habe ich aus zweiter Hand von Liegel, die Vincent von Dittrich, beide sind nicht von einander zu unterscheiden und besitzen auch dieselbe Vegetation. Eine wie die andere hat auch die schwärzlichen Rostflecken, die die Frucht in schlechten Jahren fast unbrauchbar machen. — Oberd. und v. Flotow äußern sich ebenfalls nicht günstig über die Sorte. Bei Oberd. wird der Baum leicht grindig und der Geschmack ist in schlechten Sommern einschneidend. Nach v. Flotow besitzt die Frucht die gleichen Fehler und guten Eigenschaften wie Beurré blanc und hat vor dieser keine Vorzüge (Mon. II. S. 227). — Ist deßhalb wohl nur für den Sortensammler von Werth, doch wird sie bei gehörigem Schutz überall noch gedeihen. Da Nov.-Dechantsbirn oder vielmehr, da Doyenné d'hiver zur Verwechslung mit der W.-Dechantsbirn Veranlassung geben kann, so wird man sie am besten unter dem obigen einfachen Namen behalten.

J.

No. 53. **Paradiesbirn.** III, 3. 2. Diel; III, 2 a. Luc.; III, 2. Jahn.

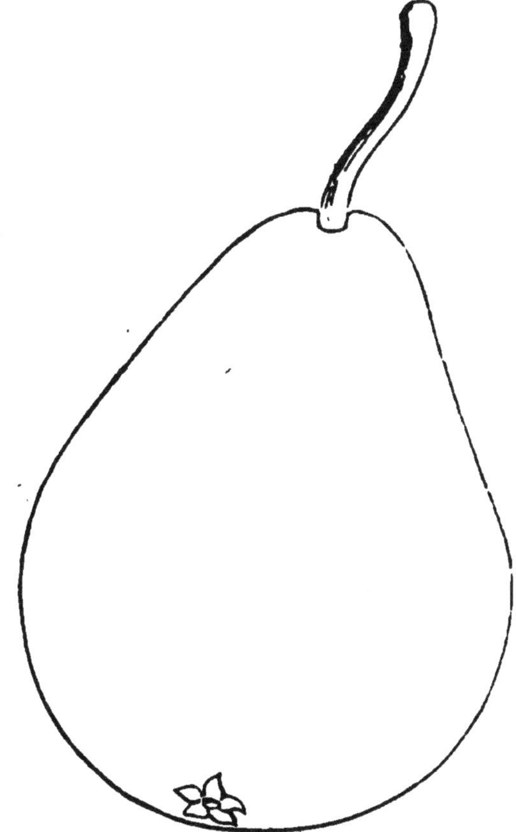

Paradiesbirn. Sickler. * †† H.

Heimath und Vorkommen: Jedenfalls deutschen Ursprungs; wurde früher hier häufig gepflanzt, ist aber durch die neueren Birnen theilweise verdrängt worden.

Literatur und Synonyme: T. O. G. VIII. S. 91. t. 5 (nur etwas zu dick). — Christ Hdwb. S. 200. — Von der Paradenbirn (Bellegarde) in Dittr. I. S. 605, wie ich sie von Oberd. der von Liegel erhaltenen Römischen Schmalzbirn gleich habe, ist sie verschieden, doch scheint die Rheinische Paradiesbirn im T. O. G. XVI. S. 19. t. 2, wie auch Sickler meint, dieselbe Sorte zu sein. — Auch die Virgouleuse und Colmar werden hie und da Paradiesbirn genannt.

Gestalt: bauchig kegelförmig, oft etwas birnförmig, oben abgerundet, bis 3″ lang, etwas über 2″ breit.

Kelch: großblättrig, sternförmig, offen, meist flach, obenauf.

Stiel: 1″ lang, dick, holzig, wie eingesteckt, oft etwas seitwärts.

Schale: glatt, grüngelb, später citronengelb, mit blassem, doch oft recht schönem, bisweilen streifigem Roth und mit feinen bräunlichen und grünbraunen Punkten, bisweilen auch Rostflecken.

Fleisch: weißgelb und brüchig, um's Kernhaus steinigt, Anfangs nicht sehr saftreich und herbe, in voller Reife jedoch recht saftvoll und halbschmelzend, von einem fast honigsüßen, schwach muskatellerartigen, guten Geschmack.

Kernhaus: groß und breitkammerig, mit vollkommenen Kernen.

Reife und Nutzung: Ende Okt., 14 Tage, kühl aufbewahrt aber auch bis Weihnachten haltbar. Dient auch recht gut zum Kochen und Schnitzen.

Eigenschaften des Baumes: derselbe wird in Gärten groß und stark, mit aufrechten, doch später hängenden Aesten. Diese werden oft grindig und sterben ab, allein sie verjüngen sich durch Wasserreiser, wodurch freilich die Form des Baumes unregelmäßig und sperrhaft wird. Ist deßungeachtet eine für rauhere Gegenden geeignete Sorte, die gut durch die Winter kömmt und auch noch hochstämmig gepflanzt werden kann, und abwechselnd recht tragbar ist. — Blätter eiförmig, sanft zugespitzt, oft etwas herzförmig, auch eirund, 1¾—2″ breit, 2½ bis fast 2¾″ lang, kurzgespitzt, unten oft etwas wollig, nur nach Vorne deutlich gezahnt, etwas wellenförmig, Spitze meist nach Unten gekrümmt, ziemlich dunkelgrün, doch mattglänzend. — Blüthenknospen ziemlich groß und spitz, schwarzbraun mit klaffenden Deckblättern, etwas silberhäutig. — Sommerzweige olivengrün, gegenüber braunroth, vielfach länglich weißgelb punktirt.

NB. Das abgebildete Exemplar ist vom Hochstamm genommen.

J.

No. 54. Aarer Pfundbirn. II, 3. 2. Diel; III, 2 b. Luc.; II, 2. Jahn.

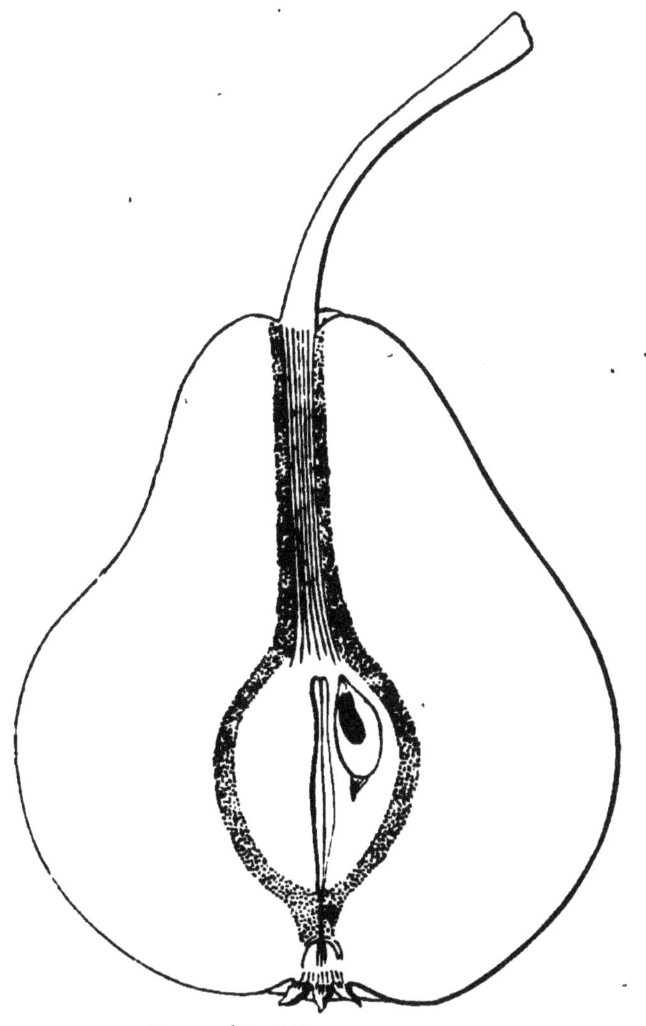

Aarer Pfundbirn. Diel. * †† H.

Heimath und Vorkommen: Fand sich im Aarthale im Herzogthum Nassau, welches seiner Fruchtbarkeit wegen früher die Goldne Grafschaft hieß. Woher die Birne eigentlich stammt, hat Diel nicht erfahren. Scheint im übrigen Deutschland noch wenig verbreitet.

Literatur und Synonyme: Diel N. K.-O. IV. S. 223; Dittr. I. S. 667; Oberd. S. 387. — Nach Letzterem hat Diel die Sorte früher als Nassauer Pfundbirn versandt.

Gestalt: birn- oder flaschenförmig, meist sehr regelmäßig und schön, groß, oft sehr groß, bis 36 Loth schwer, 3½" breit und 4¼" lang.

Kelch: kurzblättrig, hartschalig, ziemlich offen, wenig eingesenkt oder flach.

Stiel: ziemlich stark, holzig, 2½" lang, obenauf, wie eingesteckt, mit Fleischanhang oder mit einem Wulste.

Schale: sehr glatt, grünlichgelb, später mehr hellgelb, meist blutartig hellroth verwaschen und hellbraun punktirt.

Fleisch: weiß, saftvoll, markicht, halbschmelzend, von angenehmem zuckersüßen, starken Muskatellergeschmack nach Diel — hier meist etwas rauschend, auch öfters feinsteinigt, doch von gutem, hinlänglich süßem und gewürztem, wenn auch nicht gerade muskatellerndem Geschmack.

Kernhaus: klein, stark, hohlachsig, Kammern lang, mit wenigen langen, spitzen, kaffeebraunen Kernen.

Reife und Nutzung: Ende Okt., 14 Tage. — Diel sagt im Verz.: „Vom Landmann zum rohen Genuß sehr geschätzt." — Kann aber nach meinen Erfahrungen auch noch als Tafelfrucht dienen und findet als große, schöne Frucht überall Anklang. Ist gleichsam eine doppelt- oder noch mehr vergrößerte Römische Schmalzbirn in der Form.

Eigenschaften des Baumes: derselbe wächst auch hier kräftig und aufrecht, doch mit einzelnstehenden, dicht mit Fruchtholz besetzten Zweigen, bewies sich auch gegen Kälte dauerhaft, ist deßhalb zur Hochstammform geeignet. Trägt zwar erst etwas spät, doch dann fast jährlich und ziemlich reichlich. — Blätter eirund mit etwas vortretender Spitze, auch öfters eiförmig, zuweilen herzförmig, glatt, undeutlich und verloren gesägt, oft ganzrandig, mehrfach wellenförmig, groß, oft sehr groß, 2¼" breit, 3¼" lang, ziemlich dick und steif. — Stiel stark und lang, bis 2", oft schwach geröthet. — Blüthenknospen dick, kurzkegelförmig, bisweilen fast stechendspitz, dunkelbraun. — Sommerzweige kurz, oben stufig, mit verdickter Endknospe, gelbbraun, gegenüber hellröthlich, fein weißlich punktirt.

NB. Herr Geheimerath v. Flotow in Dresden war so gütig die obige Zeichnung zu geben. Er bemerkte dazu, daß die Frucht öfters viel größer werde.

J.

No. 55. Die Oken. I, 2 (1). 2. Diel; IV, 1 (2) b. Luc.; III, 2. Jahn.

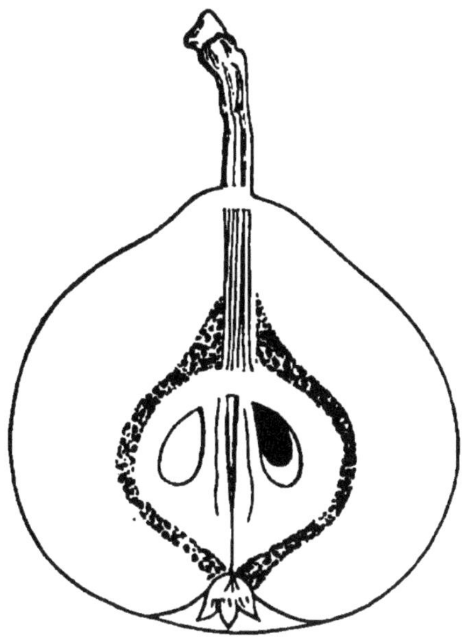

Die Oken. Diel. * † H.

Heimath und Vorkommen: Wahrscheinlich von van Mons erzogen; wurde wenigstens von ihm nach dem berühmten Naturforscher, Prof. Oken, benannt.

Literatur und Synonyme: Diel N. K.-O. IV. S. 162. — Dittr. I. S. 688. — Oberd. S. 385. — v. Flotow in Mon. II. S. 251 und IV. S. 139. — Diel erkannte schon, daß die ihm von van Mons als Oken d'hiver gesendete Birne keine Winterfrucht war.

Gestalt: plattrund mit kurzer Stielspitze, auch an unbeschnittenen Bäumen noch ziemlich mittelgroß, 2³/₈ bis 2¹/₂" breit und ebenso hoch oder ¹/₄" niedriger. Am Spaliere jedenfalls größer.

Kelch: hartschalig, kurzblättrig, ziemlich offen, in geräumiger, fast ebener Einsenkung.

Stiel: stark, 1'' lang, obenauf, wie eingesteckt.

Schale: glatt, etwas stark, gelblichgrün, später hellgelb, meist etwas erdartig geröthet und hierdurch goldartig gelb, auch mit mehr oder weniger braunem Rost und undeutlichen Punkten.

Fleisch: weiß, nach Diel sehr fein, überfließend, ganz zerschmelzend, von angenehmem süßweinsäuerlichen Zuckergeschmack, ähnlich dem der Beurré gris, bleibt hier doch meist körnigt oder griesigt und halbschmelzend, aber der Geschmack ist gut, sogar recht angenehm.

Kernhaus: klein, geschlossen. Kammern enge, mit kleinen, kaffeebraunen Kernen.

Reife und Nutzung: Anfang Nov., in Meiningen Ende Okt., 14 Tage. Für Tafel und Wirthschaft gleich brauchbar. — Auch von Flotow lobt sie als bergamottartig gewürzige, wenn auch nicht ganz butterhafte Herbstbirn, wie Oberd. als schätzenswerthe Herbsttafelbirn.

Eigenschaften des Baumes: der Wuchs der damit veredelten Zweige eines Halbhochstammes ist hier kräftig und stark aufwärts strebend, auch bezeigen sie sich recht tragbar, weßhalb diese, wenn auch, wie Herr Reinhardt meint (Naumb. Ber.), zu ihrer Zeit von vielen andern übertroffene Sorte, doch immer beizubehalten sein möchte. Baut sich jedenfalls als Pyramide auf Wildling am schönsten. — Blätter länglich eiförmig mit meist auslaufender Spitze, $1^3/_4$'' breit, bis 3'' lang, wollig, meist verloren und stumpf- oder nur an der Spitze gesägt, oft ganzrandig, schwach schifförmig, etwas wellenförmig, Spitze oft zurück- oder seitwärts gebogen. Adern deutlich sichtbar. — Blüthenknospen kurzkegelförmig, fast stechendspitz, mit borstigen Deckblättern. — Sommerzweige etwas wollig, an der Spitze verdickt, bräunlichgrün oder grünbraun, gelblich punktirt.

J.

No. 56. **Graue Dechantsbirn.** I, 2. 2. Diel; IV, 1 b. Luc.; IV, 2. Jahn.

Graue Dechantsbirn. Diel. ** † H.

Heimath und Vorkommen: War schon Duhamel bekannt, ist wahrscheinlich eine französische Frucht, die jetzt in Belgien viel gepflanzt wird. In Deutschland ist sie, wie es scheint, weniger verbreitet.

Literatur und Synonyme: Diel I. S. 65: Graue Dechantsbirn, Doyenné gris: Dittr. I. S. 647; Oberd. S. 326. — **Synonyme:** Doyenné roux (Ann. de Pom. I. S. 77), ferner: Doyenné Crotté, galeux, jaune, St. Michel gris, Neige gris (Lyon. Ber.) — Identisch sind jedenfalls Beurré d'oré, Vergoldete weiße Butterbirn (Dittr. I. S. 648), auch eine Doyenné rose, wie ich sie von Herrn Oberförster Schmidt sah. — Im Hannoverischen heißt sie Beurré brun. — Die ebenfalls lange für übereinstimmend gehaltene Passatutti (Diel I. S. 210) will Herr A. Mallardi anders besitzen (Mon. III. S. 209), und Oberd. schreibt mir, daß schon die von ihm erhaltenen Pfropfzweige die Verschiedenheit zu erkennen geben.

Gestalt: Der Beurré blanc ähnlich, eirund oder kreiselförmig, oben abgeplattet, unten kegelförmig stumpfspitz, oft so hoch wie breit, bisweilen auch durch Erhabenheiten ungleich in der Rundung, 2¼—2¾" breit und 2¾—3" hoch.

Kelch: geschlossen, meist in etwas flacher und ebener Einsenkung.

Stiel: bis ¾" lang, in ziemlich tiefer und enger Höhle.

Schale: fein, dünn, glatt, mattgelb, doch fast gänzlich zimmtfarbig berostet, an der Sonnenseite oft trüb geröthet, hierdurch fast röthlich goldgelb und mit starken Punkten, auch hie und da etwas schwärzlichen Rostflecken.

Fleisch: weiß, oft etwas körnigt, saftvoll, butterig, von rosigem, fein müskirtem Zuckergeschmack.

Kernhaus: geschlossen. Kammern geräumig, mit vollkommenen schwarzbraunen Kernen.

Reife und Nutzung: Anf. Nov., oft Ende Okt., 14 Tage. Recht gut, nur leider von kurzer Dauer.

Eigenschaften des Baumes: derselbe zeigt sich hier schwachwüchsig, wird auch nach Diel nicht groß, hat Aehnlichkeit mit dem von B. blanc. Gibt auf Wildling schöne Pyramiden, gedeiht jedoch, wie es scheint, auch auf Quitte, will aber guten, nicht trockenen Boden und warmen Stand, ist dann auch recht tragbar. Gegen höhere Kältegrade ist der Baum empfindlich. — Blätter elliptisch, mehr oder weniger lang zugespitzt, 1½—1¾" breit, bis 2¾" lang, oft fast lanzettförmig, oft auch eiförmig, glatt, gesägt, etwas schifförmig, langgestielt. — Blüthenknospen etwas länglich kegelförmig, stumpfspitz. — Sommerzweige grünlichgelbbraun, gegenüber fast röthlichgelb, fein schmutzigweiß punktirt.

NB. Die Zeichnung ist nach einer am freistehenden Pyramidbaum erzogenen Frucht.

J.

No. 57. **Grüne Herbstzuckerbirn.** I, 2 (3). 2. Diel; IV, 1 a. Luc.; III, 2. Jahn.

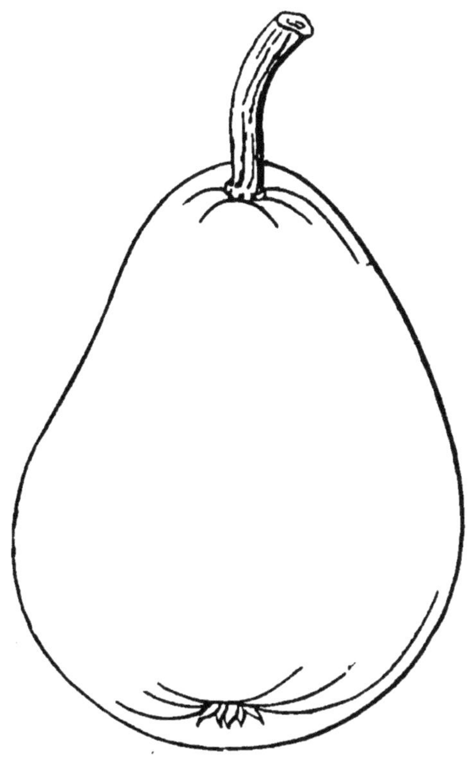

Grüne Herbstzuckerbirn. Diel. ** † H.

Heimath und Vorkommen: Alte französische Sorte, die bereits auch in Deutschland schon ziemlich verbreitet ist.

Literatur und Synonyme: Diel I. S. 87 die Grüne Herbstzuckerbirn, Le Sucré verd oder wie Quintinye und Duhamel schrieben „vert." — Merlet nannte sie bloß Le Sucré. Knoop hat als Syn. Herfst- oder Octobers Suiker Peer, St. Nicolas Peer, Brederoo, Groene Suiker Peer (auch Blanquet d'automne, was aber nach Diel jedenfalls falsch ist). — Heißt im Württembergischen Grüne Zuckerbirn, Grüne Bergamotte Luc. S. 189. — Cat. Lond. hat auch noch Green Sugar. — Dittr. I. S. 213. Oberd. S. 434.

Gestalt: eirund oder eiförmig, nach dem Stiele zu stumpf kegelförmig, oft ziemlich lang, wie Diel angibt 5" lang und nur $2^1/_2$" breit;

sehr oft sah ich sie aber auch kürzer gebaut, als sie oben gezeichnet ist, an freien Standbäumen meist auch etwas kleiner.

Kelch: offen, sternförmig, in geräumiger, seichter, oft durch Erhabenheiten schiefer Einsenkung.

Stiel: bis 1½" lang, obenauf oder schwach vertieft, auch durch Falten auf die Seite gedrückt, am Grunde oft fleischig.

Schale: etwas stark, aber geschmeidig, matt hellgrün, auch später nur wenig gelblicher, ohne Röthe, doch mit vielen feinen Punkten und etwas Rost, besonders um den Kelch.

Fleisch: gelblichweiß, etwas steinigt um's Kernhaus, saftvoll, butterhaft, von erhabenem zuckersüßen Geschmack, den Diel als fein melonenartig bezeichnet.

Kernhaus: geschlossen, hohlachsig, Kammern enge, doch vielkernig. Von der Kelchröhre sieht man die Blüthenstempel als schwarzen Faden bis an's Kernhaus herabgehen.

Reife und Nutzung: Anfang November, oft Ende Oktober, kühl aufbewahrt bis Dezember. — Recht angenehme Frucht für die Tafel und zu allen andern Zwecken.

Eigenschaften des Baumes: derselbe wächst in der Jugend gut, wird aber nur mittelgroß, ist recht tragbar, setzt büschelweise an, verlangt jedoch warmen, lockern Boden und guten, nicht brennenden Stand, gedeiht auch vortrefflich auf Quitte. — Leider leidet der Baum, besonders in nicht geeignetem Boden, am Grinde der Zweige, und in harten Wintern durch Kälte, so daß ganze Aeste absterben und es schwer hält, schöne Zwergbäume von ihm zu erziehen. — Blätter eiförmig und länglich eiförmig mit aufgesetzter kleiner Spitze, 1¾" breit, 2½" lang, öfters lanzettförmig, glatt, meist fein- und stumpfgesägt, oft undeutlich gesägt, flach, nur die Spitze etwas zurückgebogen, Stiel oft bis 2¼" lang. (Diel beschreibt das Blatt der Sommerzweige als wahrhaft groß, langoval, gegen den Stiel schief eingesenkt, so daß es im Auflegen eine starke Krempe macht — also sichelförmig — und stark rückwärts gebogen, seicht- und stumpfgezähnt, 4" lang, 2" breit, sonst von der beschriebenen Form.) — Blüthenknospen zur Zeit klein, kegelförmig, etwas stumpfgespitzt, kastanienbraun. — Sommerzweige oft gegen die Spitze hin verdickt, grünlichbraun, vielfach fein weißlich, etwas warzig punktirt. J.

No. 58. Napoleons Butterbirn. I, 3. 2. Diel; III, 1 b. Luc.; III, 2. Jahn.

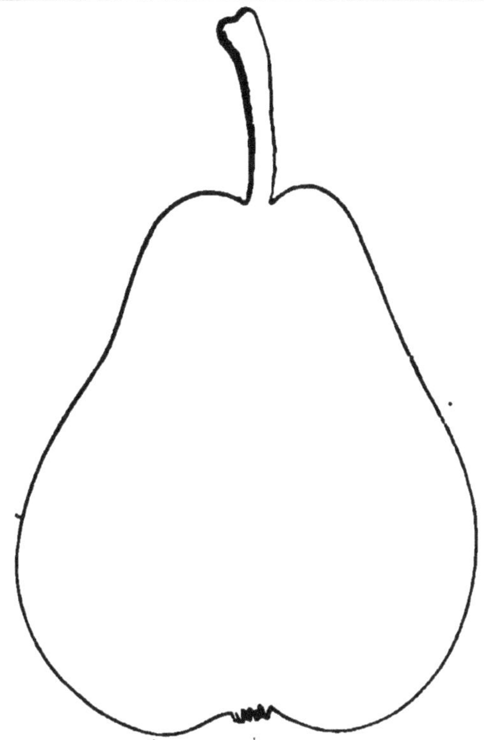

Napoleons Butterbirn. Diel. ** 1 † H.

Heimath und Vorkommen: Der Weinschenk Liard in Mons erzog sie und bekam dafür eine Medaille. Ist bereits in Deutschland vielfach gepflanzt und als eine der besten Birnen bekannt.

Literatur und Synonyme: Diel VIII. S. 60: Napoleons Butterbirn, Beurré Napoléon; Dittr. I. S. 677; Oberd. S. 303; Luc. S. 184. — In Belgien heißt sie allgemein Bonchrétien Napoléon (Biv. I. t. 18, Ann. de Pom. III. S. 27); ihre vielen übrigen französischen Namen sind: Poire Napoléon, P. Liard, P. Medaille, P. l'Empereur, Captif de St. Hélène, Bonaparte, Gloire de l'Empereur, Charles d'Autriche, Charles X, Belle Canaise, Poire Melon, auch nach de Jonghé Mabille und nach dem Lyon. Ver. noch Dumont-Dumortier. — Die Große grüne Mailänderin, Milan Grand, Grote Milan (Diel N. K.-O. V. S. 185) fand Oberd. damit identisch.

Gestalt: stark bauchig, nach unten stumpfkegelförmig oder birnförmig, oft wie die Sommer- oder W.-Apothekerbirn beulig und durch Erhabenheiten uneben, am Spaliere 3½—3¾" hoch und 2¾" breit, an freistehenden Pyramiden und Hochstämmen aber auch kleiner, wie der Umriß zeigt.

Kelch: oft unvollkommen, halb geschlossen, bald seicht, bald tief und eng eingesenkt, meist zwischen Beulen.

Stiel: sehr stark, holzig, doch wie fleischig, 3/4" lang, obenauf wie eingedrückt, oder zwischen Beulen vertieft.

Schale: glatt, fast glänzend, grün, später gelbgrün, ohne Röthe, doch mit vielen feinen braunen Punkten.

Fleisch: mattweiß, überfließend, von solcher Saftfülle, daß man die Frucht zu trinken glaubt, von einem der Colmar ähnlichen erhabenen Zuckergeschmack.

Kernhaus: nicht groß, stark hohlachsig. Kammern enge, mit wenigen oft unvollkommenen Kernen.

Reife und Nutzung: Ende Okt. bis in den Nov., oft bis Dezember. — Welkt nicht. — Eine der delicatesten Tafelfrüchte, die andere gleichzeitig reifende Sorten entbehrlich macht. In ihr ist Zucker, Gewürz und Säure auf's Angenehmste gemischt.

Eigenschaften des Baumes: derselbe wächst gemäßigt, ist aber gesund, außerordentlich fruchtbar (gleichsam die Wintergoldparmäne unter den Birnen). Bringt oft noch eine zweite Blüthe, aus der aber keine vollkommene Frucht wächst. Leidet leider öfters in kalten Wintern und wird darum nicht alt, ersetzt aber durch baldige und fast jährliche Tragbarkeit seinen vorzeitigen Verlust. Am besten als freistehende Pyramide auf Wildling veredelt; gedeiht aber auch auf Quitte. Kann angelegentlichst empfohlen werden, wie dieses auch von der Versammlung in Gotha und Naumburg geschehen ist. Hochstämmig mag man den Baum aber nur in geschützte Gärten (Hausgärten) pflanzen. — Blätter eiförmig mit meist etwas vortretender Spitze, auch rundlich, eirund und breitelliptisch, oft kurz-, oft langgespitzt, 2 1/4—2 3/4" breit, 2 3/4—3 1/2" lang, glatt, besonders an der Spitze deutlich-, etwas grobgesägt, bisweilen ganzrandig, dunkelgrün und glänzend, flach, nur hie und da etwas wellenförmig. — Blüthenknospen etwas kurzkegelförmig, meist stechendspitz, Deckblätter etwas borstig. — Sommerzweige bisweilen stufig und kantig, hellolivengrün mit schmutzigweißen Punkten.

J.

No. 59. **Marie Louise.** I, 3. 2. Diel; III, 1 a. Luc.; III, 2. Jahn.

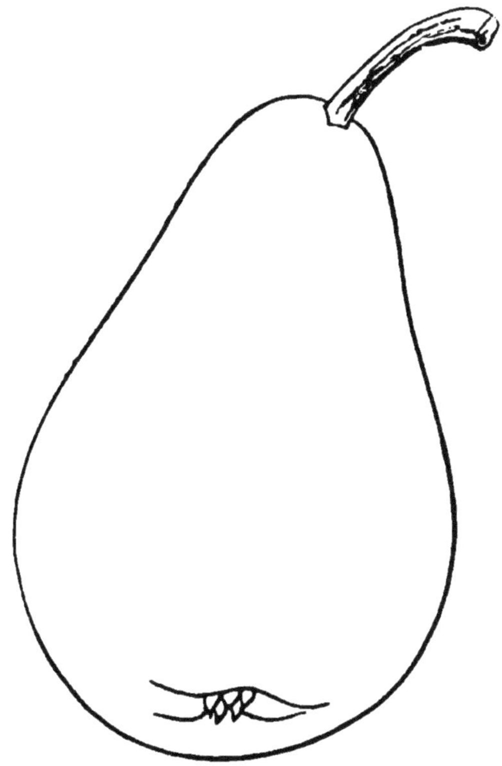

Marie Louise. v. Flotow. ** ! † H.

Heimath und Vorkommen: Abt Duquesne in Mons erzog sie 1809 aus Samen, weßhalb sie auch am meisten „Marie Louise, Duquesne“ geschrieben wird. Scheint weder in Belgien noch in Deutschland so verbreitet und bekannt, als sie es verdient. Biv. Alb. hat sie nicht; erst im V. Bande der Ann. S. 33 ist sie von Bivort beschrieben, aber auffälliger Weise mit der van Mons'schen neuen Marie Louise verwechselt.

Literatur und Synonyme: es gibt drei oder selbst vier Marie Luisen. 1) die vorliegende alte Duq. mit den Syn. Forme de Marie L., Marie Chrétienne, Braddicks Field Standart (Bradd. Feldhochstamm), Prinzesse de Parma, Cat. Lond. Sie ist im Allg. T. G.-M. I. St. II. 1825 und in

Dittr. III. S. 158, in letzterem noch v. Flotow beschrieben. Mit ihr stimmt Oberdiecks v. Humboldts Butterbirn und jene Calebasse Bosc, die er von Burchardt erhielt, auch seine Auguste überein und er bekam sie auch noch als Berg. de Soubalt und Beurré St. Hubert aus Enghien. (Oberd. S. 313 und 316 und Mon. I. S. 47.) 2) Marie L. nouvelle oder nova, von van Mons erzogen, von Poiteau Poire de Donkelaar genannt. Geht auch als M. L. van Mons und M. L. Delcourt (Lyon. Ber.). Sie hat eirunde wollige ganzrandige Blätter. 3) Marie Louise the Second, mehr bekannt unter dem Namen Comte de Lamy (Downing und Cat. Lond.). Nach Papeleu hat sie Leon Leclerc erzogen, sie unterscheidet sich durch lanzettförmige glatte Blätter. 4) Marie L. d'Uccle, von Gambier aus der van Mons'schen M. L. erzogen (Papeleu).

Gestalt: eiförmig oder länglich kegelförmig, oft etwas birnförmig, mehr oder weniger stumpfspitz, in einzelnen Exemplaren auch flaschenförmig, mittelgroß oder groß, 2—$2^1/_2$" breit und $2^3/_4$—$3^3/_4$" oder etwas mehr lang. Wog bei v. Flotow 1857 bis 16 Loth.

Kelch: offen, langblättrig, braungelb, ziemlich flach.

Stiel: ziemlich stark, bisweilen 2" lang, gelbbraun, obenauf zwischen etwas Beulen.

Schale: fein, glatt, blaßgrün, später citronengelb, selten mit etwas Röthe, jedoch mit rostfarbigen Punkten, und mit mehr oder weniger etwas rauhem Rost, besonders um Kelch und Stiel.

Fleisch: weiß, zart, butterhaft, vollsaftig, von köstlichem gewürzhaft-süßweinigtem Geschmack.

Kernhaus: klein, etwas hohlachsig, Kammern enge mit dütenförmigem Anhang. Kerne häufig unvollkommen, länglichspitz, schwarz.

Reife und Nutzung: Ende Oktober und November, selten bis Dezember haltbar. Eine der delikatesten Birnen, ganz würdig, der Napoleons Butterbirn zur Seite zu stehen.

Eigenschaften des Baumes: derselbe wächst gemäßigt, wird auch nicht stark und nur mittelgroß, macht verworrene hängende Zweige mit fast dornenähnlichen Fruchtspießen, an denen sich die großen, oft langen Früchte fast wunderlich ausnehmen. Trägt ziemlich reichlich, blüht oft zum zweiten Mal, gehört aber wohl immer zu den zärtlicheren Sorten und wird deßhalb am besten als Zwerg auf Wildling zu pflanzen sein. — Blätter länglich eiförmig, mit meist kurzer, halbaufgesetzter Spitze, $1^1/_2$" breit, $2^1/_2$" lang, nach vorne am breitesten, am Stiele oft sehr schmal, glatt, meist nur an der Spitze undeutlich und stumpf gesägt, auch ganzrandig, ziemlich dunkelgrün, doch mattglänzend, steif und lederartig. — Blüthenknospen länglich-kegelförmig, ziemlich stechendspitz. — Sommerzweige grünbraun, gegenüber röthlichbraun, gelblich punktirt.

NB. Das abgebildete Exemplar wurde an freistehender Pyramide erzogen.

J.

No. 60. **Blumenbachs Butterbirn.** I, 3. 2. Diel; III, 1 a. Luc.; III, 2. Jahn.

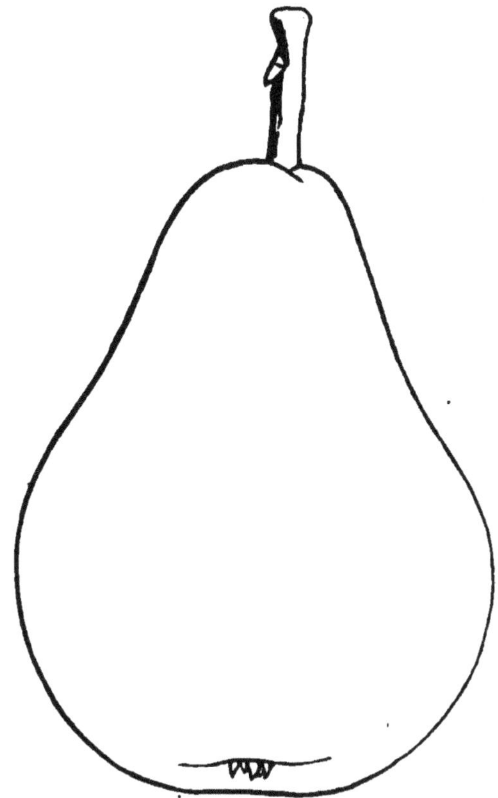

Blumenbachs Butterbirn. Oberdieck. ** ! † H.

Heimath und Vorkommen: Oberdieck erhielt die Pfropfreiser namenlos von van Mons und benannte die Frucht nach seinem ehemaligen akademischen Lehrer, Hofrath Blumenbach in Göttingen. Herr Behrens in Travemünde fand aber, daß sie von der von Esperen 1820 erzogenen Soldat Laboureur nicht verschieden und dieses der ältere Name sei. Sie ist bereits als Blumenbach mehrfach bei uns verbreitet, weßhalb ich sie unter dieser Benennung aufzählen zu dürfen geglaubt habe.

Literatur und Synonyme: Oberd. S. 284. — Biv. I. t. 43. — Ann. de Pom. III. S. 31. (Soldat Lab. ist hiernach in Frankreich lange Zeit mit Orpheline d'Enghien [Aremberg] verwechselt worden.) — Dochn. S. 117 hat Soldat Laboureur in Soldatenbirn umgewandelt. — Eine Bergamotte Soldat, die es noch gibt, ist anders, reist nach Behrens im März und April.

Gestalt: birnförmig, oft dickbauchig, etwas glockenförmig und beulig, mittelgroß, $2^1/_4$—$2^1/_2$" breit, 3—$3^1/_4$" hoch.

Kelch: offen, meist klein, flachvertieft, mit flachen Beulen.

Stiel: 1—$1^1/_4$" lang, holzig, wie eingesteckt, durch einen Wulst oft zur Seite gedrückt.

Schale: fein rauh, gelblichgrün, später gelb, höchstens goldartig, mit mehr oder weniger Rost, besonders um Kelch und Stiel, auch mit häufigen Punkten.

Fleisch: gelblichweiß, fein, schmelzend, butterhaft, von zimmtartigem, etwas weinigtem Zuckergeschmack.

Kernhaus: geschlossen, Kammern enge, mit vollkommenen hellbraunen, eiförmigen, langspitzen Kernen.

Reife und Nutzung: Nov., 4 Wochen. Vortreffliche Frucht, die ich zuerst von Oberdieck selbst sah, und welche damals auch im Verein für Pomologie und Gartenbau in Meiningen allgemeinen Beifall fand.

Eigenschaften des Baumes: Nach Oberdieck wächst er rasch, bildet aber doch auf Wildlingen früh- und reichtragende Pyramiden, auch empfiehlt er seine Anpflanzung dem Landmann. Ebenso wird in Biv. und in den Ann. bemerkt, daß sich der Baum hochstämmig und in's Freie, in die Baumstücke eigne, allein es wird hervorgehoben, daß der Boden nicht schwer oder kalt und feucht sein dürfe, worauf also auch bei uns Rücksicht zu nehmen ist. — In meinem etwas schweren Boden zeigt sowohl die Blumenbach, wie Soldat Laboureur, nur schwaches Wachsthum. Auch die Früchte der letzteren*), obgleich von vortrefflichem Geschmack, bleiben an einem freistehenden, halbstämmigen Probebaume sehr oft klein und unansehnlich. Doch sah ich die Blumenbach von Oberdieck ziemlich in derselben Form und Größe, wie sie hier nach Biv. Album abgebildet ist. — Deren Blätter sind länglich eiförmig, sanft gespitzt, $1^1/_4$" breit, $2^1/_2$" bis fast 3" lang, auch eirund, glatt, fein- und scharfgesägt, etwas schifförmig, ein wenig steif und lederartig. Stiel oft $2^1/_2$" lang. — Blüthenknospen ziemlich scharf gespitzt. — Sommerzweige etwas stufig und nach oben verdickt, grünlichgelbbraun, gegenüber röthlichbraun, weißgelb punktirt.

J.

*) Die ich von Herrn Hofrath Dr. Balling in Kissingen empfing und welche fast verschieden von der von Oberdieck erhaltenen Blumenbach zu sein scheint.

No. 61. Die Crasanne. I, 2. 2. Diel; IV, 1 b. Luc.; III, 2. Jahn.

Die Crasanne. Diel. ** † H.

Heimath und Vorkommen: Ist eine ursprünglich französische Birne, die indessen auch in Deutschland bereits lange bekannt ist. Der Name Crasanne wird von écraser — breitdrücken — abgeleitet.

Literatur und Synonyme: Diel I. S. 51: Die Crasanne, La Bergamotte Crasanne. Christs Hdwb. S. 154; Dittr. I. S. 676; T. O. G. VII. S. 158 t. 7 (sehr unähnlich nach Diel); Oberd. S. 270; Luc. S. 197. — Synon.: Crasanne oder Crésanne, Beurré plat Cat. Lond. — Zum Unterschied von der Rothen Bergamotte, welche bei Duhamel Crasanne d'été heißt, wird sie in Catalogen Crasanne d'automne genannt; auch schreiben Mayer und Kraft Bergamotte „Krasanne“ und Letzterer nennt sie auch Platte Butterbirn. Metzger S. 159 führt noch Kaiserbirn, Langstielige Bergamotte, Graue Crasanne, Klotzbirn, Französischer Rattenschwanz, Rattenschwanz, Haasenbirn, Winter-Bergamotte, Pfingst- und Narrenbirn als Namen an, unter denen er sie gefunden. — Dittr. schlägt zur Unterscheidung von der Bësi de la Motte, die oft als Getüpfelte Crasanne geht, für die vorliegende den Namen „Platte Crasanne" vor.

Gestalt: abgestumpft- oder zusammengedrückt-kreiselförmig, um den Kelch plattrund, nach dem Stiele zu stark abnehmend stumpfspitz, dabei in der Rundung oft ungleich und verschoben, 3—3 1/4" breit und auf der höchsten Seite ebenso hoch, bisweilen etwas niedriger, als breit.

Kelch: klein, offen, seicht, doch öfters auch tiefer eingesenkt, zwischen flachen Erhabenheiten.

Stiel: charakteristisch lang, bis 2 1/2", oft krummgebogen und unten etwas fleischig, obenauf oder seicht vertieft, neben etwas Beulen.

Schale: etwas fein rauh, blaß hellgrün, später ein wenig mehr gelblich, ohne Röthe, mit vielen grauen Punkten und mit feinen hellgrauen, bisweilen sonnenwärts etwas röthlichen Rostanflügen.

Fleisch: mattweiß, butterhaft, saftreich, von delikatem, durch feinste Muskatellersäure erhabenem Geschmack.

Kernhaus: geschlossen, Kammern geräumig, mit ziemlich vielen langgespitzten, hellbraunen, vollkommenen Kernen.

Reife und Nutzung: Ende Oktober oder Anfang November, oft bis in den Dezember. Welkt endlich etwas und wird nach Quintinye nie teig, was Diel bestätigt; doch verliert sie zuletzt den Geschmack.

Eigenschaften des Baumes: derselbe wächst gut, selbst noch als Hochstamm (doch erzog ich im Freien auf diesem immer nur einzelne, nie die richtige Größe erlangende Früchte, allein sie waren immer noch von vortrefflichem Geschmack), gedeiht aber auch auf Quitte und ist hierauf am tragbarsten; will aber warmen, fetten, etwas feuchten Boden. — Nach Lucas bringt der Baum hochstämmig in dortiger Gegend selbst 1200 Fuß über der Meeresfläche noch reichliche Ernten. — Doch empfahl man bei dem Lyoner Congreß auch nur die Erziehung am Spalier. — Der Baum ist nach Diel kenntlich an seinem hellgrünen, fast flach liegenden, leicht zitternden Laube. — Seine Blätter sind meist etwas breit eiförmig, 1 3/4—2" breit, 2—2 3/4" lang, auch eirund und etwas herzförmig, glatt, einzelne unterhalb sehr undeutlich wollig, sehr verloren und undeutlich gesägt, oft ganzrandig, mit schwärzlichen Borsten auf der Mittelrippe, mehr licht- als dunkelgrün, auch nicht sehr glänzend. — Blüthenknospen kurzkegelförmig, fast rundlich, stumpfspitz, schwärzlichbraun. — Sommerzweige licht gelbbraun, gegenüber mehr grünlichgelb, mit feinen gelblichweißen Punkten.

NB. Die Zeichnung wurde aus Maiers Pom. Franconica t. XXXIV. entlehnt, doch nur die Größe eingehalten, in welcher ich sie in Meiningen in schönster Ausbildung an Zwergbäumen gesehen habe.

J.

No. 62. **Grumkower Butterbirn.** I, 3. 2. Diel; III, 1 a. Luc.; III, 2. Jahn.

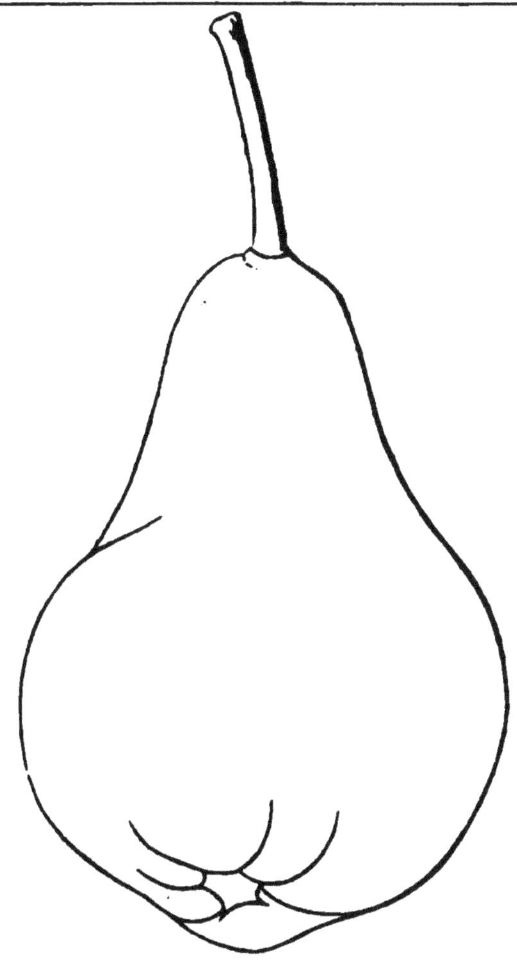

Grumkower Butterbirn. Diel. ** † H., bisweilen W.

Heimath und Vorkommen: Fand sich auf dem Bauerngute Grumkow bei Rügenwalde in Hinterpommern. Hat sich bereits ziemlich in ganz Deutschland bekannt gemacht.

Literatur und Synonyme: Diel V. S. 68: Grumkower Winterbirn. — Da sie aber keine rechte Winterbirn ist, so haben wir den obigen Namen gewählt. — Dittr. I. S. 703. — Oberd. S. 431. — Luc. S. 173. — v. Flotow im Naumb. Ber. und in Mon. IV. S. 71.

Gestalt: birnförmig, ziemlich bauchig, doch meist unregelmäßig, oft beulig und fast eckig, mitunter auch langkegelförmig, meist groß, $2^1/_2$" breit und $3^3/_4$" lang.

Kelch: öfters unvollkommen, sternförmig, meist seicht, mit etwas Rippen oder mit fortlaufenden Beulen.

Stiel: stark, bis $1^1/_2$" lang, obenauf, mit Fleischfortsatz.

Schale: glatt, etwas stark, blaßgrün, später grünlich hellgelb, bisweilen mit düsterem erdigen Blutroth, später Ziegelroth leicht verwaschen, mit vielen charakteristisch-starken Punkten, auch zuweilen mit schwärzlichen Rostflecken (über die Herr Pastor Löwe in Carmzow bei Prenzlau brieflicher Mittheilung zu Folge ebenfalls klagt).

Fleisch: weiß, etwas steinigt um's Kernhaus, saftvoll, butterhaft, von eigenthümlichem, angenehmem, säuerlich-süßem, erquickendem Geschmack.

Kernhaus: klein, geschlossen. Kammern enge, häufig mit tauben Kernen.

Reife und Nutzung: Mitte bis Ende November, 14 Tage; wird bald teig. (Nach Lucas Monatsschr. I. S. 42 hält sie sich, Ende September gebrochen, bis November, oft bis Mitte Dezember.) Will aber, worauf Diel hinweist und was auch Burchardt mir brieflich mittheilte, im richtigen Zeitpunkte genossen sein, um sie richtig zu würdigen.

Eigenschaften des Baumes: derselbe wird nur mittelgroß, ist bald und ungemein tragbar, verlangt aber etwas feuchten Boden, sonst ist die Tragbarkeit gering. Wie Andere so hielt auch ich die Sorte früher zur allgemeineren Anpflanzung für geeignet — wozu sie auch von der Versammlung in Naumburg und Gotha empfohlen ist — allein nach den Erfahrungen aus dem letzten kalten Winter möchte ich den Hochstamm nur noch für geschützte Gärten und im Allgemeinen die Zwergerziehung anrathen. — Blätter mehr oder weniger länglich eiförmig mit meist auslaufender Spitze, $1^1/_2$" breit, $2^1/_4$" lang, oft breiter und mehr rundlich, besonders die unteren Blätter der Sommerzweige, auch lanzettförmig, glatt, fein-, etwas stumpfgesägt, oft verloren gesägt und ganzrandig, etwas wellenförmig und schwach schiffförmig. Meist langgestielt. — Sommerzweige grünlich gelbbraun, gegenüber geröthet, fein gelblichweiß punktirt.

J.

No. 63. Kaiser Alexander. I, 3. 2. Diel; III, 1 a. Luc.; III, 2. Jahn.

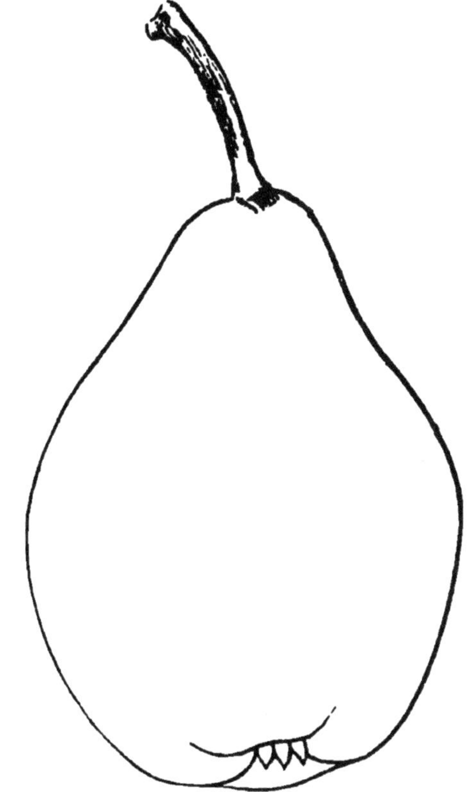

Kaiser Alexander. Diel. * † H. (meist K. W.)

Heimath und Vorkommen: Wurde von Bouvier in Jodoigne erzogen und nach dem Kaiser von Rußland Beurré Alexandre genannt. Sie muß wohl in ihrer Heimath bessere Eigenschaften erlangen, denn nach ihrem hiesigen Verhalten (an freistehenden Bäumen) muß man sich wundern, daß zu dieser Widmung keine bessere Frucht benützt worden ist.

Literatur: Diel N. K.-O. I. S. 204; Dittr. I. S. 697; Oberd. S. 359. — Luc. S. 184. — Wurde von Diel oft unrichtig abgegeben, so daß nun an ihrer Statt häufig Bosc's Flaschenbirn (s. d.) geht. — Ich erhielt die richtige Sorte noch aus Dittrichs Hand, später auch wieder von Lucas.

Gestalt: eirund oder eiförmig, bisweilen auch fast länglich-kreiselförmig, um den Kelch etwas beulig (wie sie auch im erwähnten Bändchen von Diel auf dem Titelkupfer zu sehen ist), und mit unregelmäßigen Erhabenheiten, wie bei der Hermannsbirn.

Kelch: starkblättrig, langgespitzt, aufrecht, fast offen, ziemlich tief eingesenkt.

Stiel: stark, fleischig, 3/4" lang, meist obenauf oder schwach vertieft.

Schale: glatt, hellgrün, später gelblichgrün, bisweilen mit etwas bräunlicher Röthe, mit vielen feinen braunen Punkten und mehr oder weniger zersprengtem Rost.

Fleisch: mattweiß, körnigt, angeblich nach Diel überfließend, butterhaft, von erhabenem, fein gewürzhaftem Zuckergeschmack. Wird hier nur in guten Sommern schmelzend und der Geschmack ist ziemlich matt, gleichwie auch das Fleisch um's Kernhaus herum sehr viel Steine zeigt.

Kernhaus: hohlachsig, Kammern muschelförmig, geräumig, mit wenigen vollkommenen, an beiden Enden spitzen Kernen.

Reife und Nutzung: Mitte November, 14 Tage (nach Diel allerersten Ranges), am besten zu genießen, wenn die grüne Schale gelblich wird. — Hier erzogene Früchte liegen oft durch den Dezember hindurch, aber der weiche Zustand tritt nur selten und nach guten Sommern ein; in den meisten Fällen ist die Frucht nur noch als Kochbirne für November und Dezember zu gebrauchen.

Eigenschaften des Baumes: derselbe wird ziemlich groß und stark, hält unsere Winter auch besser als manche andere neue Sorte aus, und ist sehr fruchtbar, wenigstens in manchen Jahren, doch ist die Anpflanzung nicht Jedermann zu empfehlen, wem nicht etwa mit späteren Compotfrüchten gedient ist. — Vielleicht macht sich dieselbe aber anderwärts und besonders am Spalier besser. — Blätter länglich eiförmig, mit meist auslaufender kurzer Spitze, 1 1/2—1 3/4" breit, 2 3/4" lang, glatt, oft etwas stumpfgesägt, hie und da etwas wellenförmig, sonst flach, oft mit kurzen schwärzlichen Borsten auf der Mittelrippe und an den Zähnen der Blätter, Stiel bis 2 1/2" lang. (Nach Diel sind die Fruchtblätter länglich herzförmig, größer als die eiförmigen Blätter der Sommerzweige, länger gestielt und die Bezahnung ist kaum angedeutet. Vielleicht bringt dieß der üppige Wuchs eines jungen Baumes mit sich, doch fast scheint es, als ob Diel damals schon die Calebasse Bosc vor sich gehabt habe.) — Blüthenknospen groß, kegelförmig, stumpfspitz, lichtbraun, mitunter etwas gelbwollig. — Sommerzweige gelblich grünbraun, mit feinen ochergelben Punkten.

NB. Das abgebildete Exemplar wurde an freistehender Pyramide erzogen. Alle Früchte erlangen diese Größe nicht.

J.

No. 64. Napoleons Schmalzb. II, 3. 2 (3). Diel; III (V), 1 a. Luc.; VI, 2(3). Jahn.

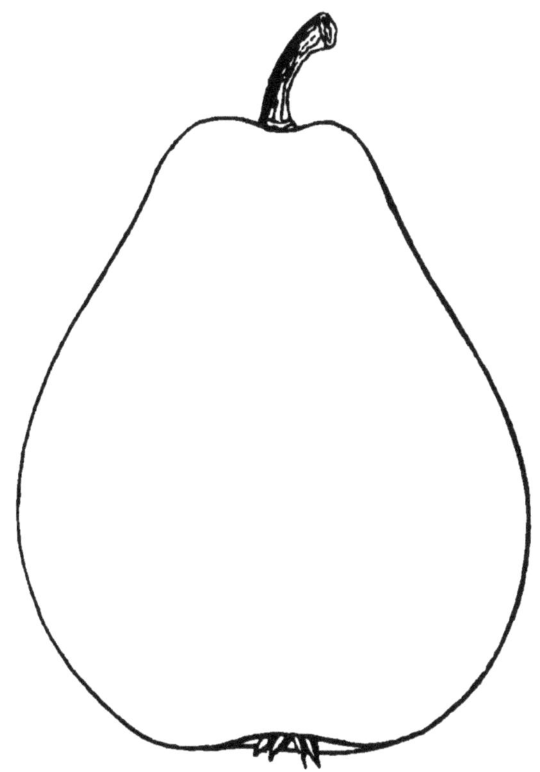

Napoleons Schmalzbirn. Dochnahl. * † W.

Heimath und Vorkommen: Ein Sämling von van Mons, den er, nach einer ihm vorgekommenen Aehnlichkeit des Holzes mit dem der Napoleons Butterbirn, Bois Napoléon genannt hat, wie Bivort mittheilt. Dieser habe nichts an dem Namen ändern mögen, um die Zahl der Synonyme nicht zu vermehren, auch weil sie einmal unter dem erwähnten Namen in Belgien bekannt sei.

Literatur und Synonyme: Bivort I. t. 46. — Dochnahl in s. Führer S. 65 hat sie Napoleons Schmalzbirn genannt. Für Beibehaltung dieses Namens im Deutschen dürften die gleichen von Bivort angegebenen Gründe sprechen.

Gestalt: unregelmäßig birnförmig, oft eiförmig, an beiden Enden abgestumpft, groß, 3³/₄" hoch, 3¹/₄" breit.

Kelch: aufrechtstehend, offen mit grauen, etwas wolligen Blättern, in schwacher, rundlicher Einsenkung.

Stiel: dick, holzig, ³/₄" lang, schwach vertieft neben kleinen Höckern.

Schale: glatt, grasgrün, später mehr gelblichgrün, röthlichbraun gefleckt und gestreift, dunkelgrün punktirt, auch schwarzfleckig und um den Stiel berostet.

Fleisch: weiß, ziemlich fein, schmelzend, halbbuttrig, saftig, süß und angenehm gewürzt. In manchen Jahren etwas steinigt um's Kernhaus.

Reife und Nutzung: November, bisweilen Oktober, einen Monat haltbar.

Eigenschaften des Baumes: derselbe wächst sehr lebhaft und ist gesund, und deßhalb und wegen großer Fruchtbarkeit für Baumgärten zu empfehlen. — Blätter, wie ich die Sorte aus Wetteren habe, ziemlich schmal lanzettförmig mit nicht zu langer, auslaufender Spitze, meist 1¹/₄" breit, 2³/₄" lang, glatt, gesägt. (Die ganze Vegetation ist der der Colomas Herbstbutterbirn ähnlich, für die ich sie auch, bis sie mehrmals getragen, halten möchte.) — Blüthenknospen kegelförmig, sanftgespitzt, kastanienbraun. — Sommerzweige etwas stufig, grünlich rothbraun, gegenüber gelblich grünbraun mit wenigen gelbweißen Punkten.

Bemerkungen. Auch die (von mir an einer freistehenden Pyramide erzogene) Frucht, deren Beschreibung oben aus dem Album von Bivort entnommen ist, gleicht sehr der Herbstcoloma, hat auch deren dünnberostete glatte Schale und feinen Punkte. Sie wird aber ungleich später, Ende Nov. oder Anfang des Dez. reif. Das äußerlich grünlich-, innen mehr gelbgefärbte Fleisch hat zwar etwas feine Steinchen und ist nur halbschmelzend, in guten Jahren aber butterigt und auch sonst von angenehmem weinigtgezuckerten schwachgewürzten Geschmack. Schwarze Flecken auf der Schale sah ich seither nicht. — Die Sorte möchte immer als große schöne Frucht, deren Baum auch gut wächst und Tragbarkeit beweist, zur Fortpflanzung bei uns zu empfehlen sein.

NB. Die Birne wurde in der Größe, die sie in Meiningen erlangte, abgebildet.

J.

No. 65. **Hellmanns Melonenbirn.** I, 2. 2 (3). Dl.; IV (VI), 1 a. Lnc.; III, 2 (3). J.

Hellmanns Melonenbirn. Jahn. ** † H. W.

Heimath und Vorkommen: Herr Regierungs-Director Hellmann in Meiningen cultivirt sie seit länger, und schon sein Schwiegervater daselbst, Herr Landschulen-Inspector Keyßer, hat sie früher unter dem Namen Melonenbirn gehabt.

Literatur und Synonyme: von der Westphälischen Melonenbirn die ich vor einigen Jahren von Oberdieck erhielt, scheint die vorliegende zur Zeit in der Vegetation verschieden. Auch nach der Abbildung derselben im T. O. G. XX. S. 120. t. 13 möchte sie eine andere sein. Doch bezeichnet Sickler die Form als veränderlich, und der Baum bringe auch ganz stumpfspitze Früchte. — Ich halte aber doch für gut, ihr den obigen Namen zu lassen, bis ich von der Westph. Melonenbirn Früchte gesehen. — Nach brieflicher Mittheilung glaubt Oberd. die vorliegende Frucht als Doppelte Bergamotte von Lübeck und auch anderwärts her bekommen zu haben. Sie dürfte demnach einen anderen älteren Namen führen.

Gestalt: rundlich oder etwas länglich rund, oben mehr als unten abgeplattet (zur Zeit nie so eirund, als die Westphälische Melonenbirn im T. O. G.), groß, 3" breit und kaum 1''' niedriger.

Kelch: kurzblättrig, halboffen, in etwas enger, schwach vertiefter Einsenkung.

Stiel: bis 3/4" lang, stark, holzig, ziemlich vertieft in enger Höhle.

Schale: dick, durch kleine Vertiefungen uneben, dunkelgrün, später an vielen Stellen lichtcitronengelb durchschimmernd, mit verlorenem gelbbraunen Rost, besonders um Kelch und Stiel, und mit gröberen und feineren dunkelgrünen Punkten — einer Melone in Form und Färbung etwas ähnlich, doch düster aussehend.

Fleisch: gelblichweiß, sehr saftig, butterhaft, recht angenehm süßweinigt, schwach muskatellerartig gewürzt, doch mit etwas feinen Steinchen um's Kernhaus.

Kernhaus: ziemlich groß, Kammern geräumig, vielsamig.

Reife und Nutzung: November, oft früher, oft bis Dezember, hält sich etwa 3 Wochen in der Reife und macht sich durch ihre Größe und eigenthümliche Form als Tafelfrucht angenehm.

Eigenschaften des Baumes: derselbe wächst in der Jugend stark, wird auch ziemlich groß, gedeiht noch hochstämmig und trägt reichlich. Wegen der Schwere der Früchte möchte aber doch die Zwergerziehung zu empfehlen sein. — Blätter etwas länglich eiförmig, sanft zugespitzt, einzelne eirund (wie die der Westphälischen Melonenbirn), dann auch oft (wie diese im T. O. G.) herzförmig, glatt, sehr feingesägt, meist flach, nur hie und da etwas wellenförmig, 1 3/4—2" breit, 2 1/2—2 3/4" lang. — Blüthenknospen groß, kurzkegelförmig, sanftgespitzt, an der Spitze oft etwas gelbwollig. — Sommerzweige oben etwas wollig und verdickt, dunkelolivengrün, fein schmutzigweiß punktirt.

NB. Das abgebildete Exemplar wuchs an einem freistehenden Halbstamm. — Von der in Christs Hdwb. S. 194 nach Knoop beschriebenen (Holländischen) Melonenbirn, einer beinahe birnförmigen, oft schiefen und ungleichen, 1 3/4" dicken und 2 5/8" langen, grünlichgelben, dunkelbraun gefleckten, im August oder Anfang September reifen Frucht mit derbem und körnigtem Fleische und hinreichendem und wässrigem Safte von gutem Geschmack, doch ohne Parfüm, ist die vorliegende sicher verschieden.

J.

No. 66. Herzogin von Angouleme. I, 3. 2 (3). Dl.; III (V), 1 a. Luc.; III, 2 (3). J.

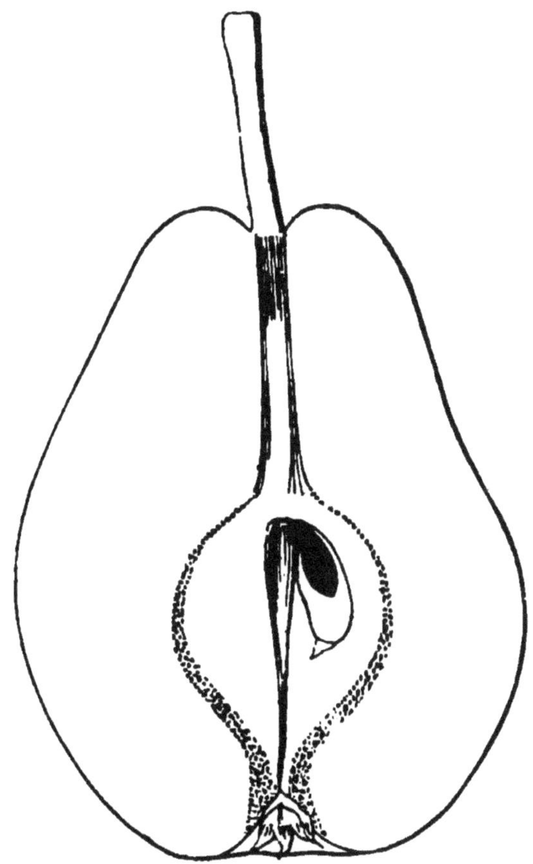

Herzogin von Angouleme. v. Flotow. ** H. W.

Heimath und Vorkommen: Nach Biv. I. (t. 21) hätte sie wahrscheinlich der Blumenschulbesitzer Audusson in Angers aus Samen erzogen. Nach Bavay dagegen (Ann. de Pom. I. S. 21) wurde sie auf der Domaine Des Éparonals bei Chateau neuf (Maine et Loire) von Audusson gefunden und von ihm zuerst als Poire des Éparonals, später nach eingeholter Erlaubniß als Duchesse d'Angoulême verbreitet.

Literatur und Synonyme: außer den erwähnten führt sie noch die Namen: Duchesse und Poire de Vézenas und es beschrieb sie bereits Dittr. im III. Bande S. 164 nach dem Pomolog. Magazin, Poiteau u. s. w., auch hat sie Luc. S. 209. — In neuerer Zeit hat sie v. Flotow in Mon. III. S. 374 beschrieben, welche Beschreibung, sowie die dazu gegebene Abbildung vorliegend benutzt worden ist.

Gestalt: wie sie v. Flotow mehrfach bereits erzog und die Durchschnittszeichnung nachweist, ist sie nach Unten etwas birnförmig. Bivort schildert sie jedoch als stumpfkreiselförmig, fast so breit als hoch, doch ist sie nach der Abbildung mehr abgestumpft kegelförmig, 3¼" breit und 3¾" hoch. In den Ann. ist sie ziemlich ebenso, nur ungleich größer, 4¾" breit und 5¼" hoch abgebildet. Auch v. Flotow erzog sie mitunter 1 Pfund schwer. Sie ist dabei oft beulig und ungleich in der Rundung, doch meist nur an jugendlichen Bäumen, wo sie sich auch öfters nach Oben und Unten kegelförmig baut, wie sie Noisette beschreibt.

Kelch: grüngelb, feingespitzt, wenig wollig, offen, eingesenkt, in etwas Falten. Kelchhöhle kurz- und stumpfkegelförmig, braun, mit kurzer, feiner, mit vielen Körnchen umgebener Röhre.

Stiel: nach der Frucht zu grün, bisweilen fleischig, am andern Ende braun.

Schale: etwas stark, glatt und trocken, grünlichgelb, später schön blaßcitronengelb, ohne Röthe, doch vielfach fein braunpunktirt, auch mit Rostflecken und Figuren.

Fleisch: sehr weiß und fein, in schlechten Jahren aber grobkörnig, butterhaft, sehr saftig, von süßem angenehmen, der D. blanc ähnlichem, zimmtartig gewürztem Geschmack, der aber sehr von der Witterung abhängt und durch den üppigen Wuchs des Baumes in der Jugend beeinträchtigt wird, so daß nur ältere Bäume die besten Früchte liefern. — Aus diesem Grunde wird von Mehreren, selbst in Belgien, die Birne, die nach v. Flotow in guten Jahren in den I. Rang gehört, nur in den II. Rang gestellt und das Fleisch als halbfein und halbschmelzend bezeichnet.

Kernhaus: ist nur fein angedeutet, verhältnißmäßig, schwachhohlachsig, mit geräumigen Fächern mit Anhängseln.

Reife und Nutzung: gewöhnlich November, doch bisweilen in den Dezember dauernd — nach den belgischen Schriften soll sie im Okt. und Nov. reifen. Zu verspeisen, sowie sie anfängt gelb zu werden. — Von dieser Sorte sollen aus einer belgischen Baumschule auf ein Mal 10,000 Stämmchen zweijähriger Veredlung nach Amerika versandt worden sein, was doch wohl auf die Vorzüge dieser Frucht schließen läßt.

Eigenschaften des Baumes: derselbe wächst lebhaft und schön, scheint auch gesund und dauerhaft, doch bewies er, vielleicht wegen des Standortes, zur Zeit wenig Tragbarkeit. — Blätter (wie ich die Sorte von Herrn Hofrath Balling in Kissingen habe, die aber noch nicht trug) eiförmig mit etwas vortretender Spitze, groß, 2" breit, bis 2¾" lang, öfters auch elliptisch und herzförmig, glatt, ganzrandig oder nur nach Vorne gesägt. — Blüthenknospen nach Bivort länglich, zugespitzt, schuppig, braunschattirt, röthlich oder weißlich wollig, oft zu 4—5 an der Spitze des Sommerzweigs. — Sommerzweige etwas stufig, haselnußfarben, fein schmutzigweiß, etwas warzig punktirt, der zweite Trieb wollig, violettroth.

Von dieser Sorte gibt es bereits eine gestreifte Abart, die Duchesse d'Angoulême panachée mit rothen Trieben und panaschirten Blättern; die Frucht wird als gestreift (also wahrscheinlich nicht bandstreifig), übrigens der Muttersorte gleich geschildert.

J.

No. 67. **Forellenbirn.** I, 3. 2 (3). Diel; III (V), 1 b. Luc.; III, 2 (3). Jahn.

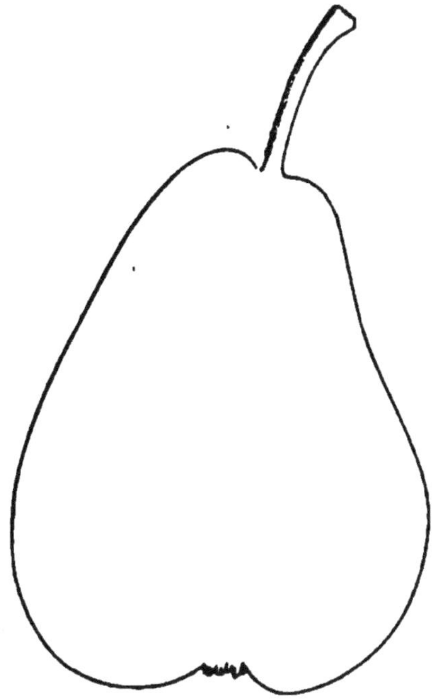

Forellenbirn. Diel. ** ! † H. W.

Heimath und Vorkommen: Stammt vom Stiftsamtmann Büttner in Halle, ist wahrscheinlich eine deutsche Nationalfrucht, in Sachsen erzogen. Ist jetzt vielfach verbreitet. Kann sich in Güte und Schönheit mit jeder andern ausländischen neuen Frucht messen.

Literatur und Synonyme: Diel V. S. 51. — Christ Hdwb. S. 174. — T. O. G. XX. S. 167. t. 16 (auch hier recht schön in ihren zwei Formen abgebildet). — Dittr. I. S. 705. — Oberd. S. 339 u. s. w. — Cat. Lond. Poire Truité, Forelle. Geht auch bereits in Belgien und Frankreich als Truité, Forel.

Gestalt: sie wechselt in zwei Formen, ist überhaupt ziemlich veränderlich, auch in der Größe. Auf Zwerg wird sie bisweilen 3½, fast 4" lang und 2¼—2½" breit, am Hochstamm bleibt sie kleiner.

Kelch: klein, hartschalig, bald eng und seicht, bald tiefer eingesenkt, mit oft zu drei stehenden Erhabenheiten.

Stiel: bis 1¼" lang, meist etwas vertieft, wie eingesteckt.

Schale: glatt, hellgrün, später etwas geschmeidig, citronengelb mit glänzendem Braunroth, später Zinnober- oder Carminroth, doch fehlt dieß meist bei beschatteten Früchten, und mit zahlreichen grauen Punkten und braunrothen Rostflecken, welche beide mit rothen Kreischen umgeben sind, woher der Name.

Fleisch: weiß, fein, saftreich, butterhaft, von erhabenem süßweinsäuerlichen, etwas alant- oder melonenähnlichem Geschmack.

Kernhaus: sitzt hoch oben, ist klein, Kammern eiförmig, mit wenig vollkommenen Kernen. Zwischen Kelch und Stiel findet sich nach v. Flotow durch das Losreißen des Kernhauses eine unregelmäßige Oeffnung (M. III. S. 44).

Reife und Nutzung: Anfang November bis Januar. Sehr schätzbare, gute Frucht, die sich in Güte, Schönheit und längerer Dauer in der Reife mit allen von auswärts uns zugebrachten Birnen messen kann.

Eigenschaften des Baumes: derselbe wächst sehr lebhaft, geht hoch, wird in geschützten Gärten auch ziemlich stark und in letzteren ist er auch als Hochstamm recht tragbar und bringt große Früchte. In's Freie taugt er bei uns hochstämmig nicht, die Früchte bleiben klein und unansehnlich. Ist dann am besten als Zwergbaum auf Quitte zu pflanzen, worauf die Sorte (nach d. Obstbaumfreund Nro. 15 von 1838) gut gedeiht, denn auf Wildlinge veredelt wächst sie zu stark und ist durch das Messer nicht zu bändigen, scheint das Beschneiden nach Oberdieck (Mon. II. S. 181) auch nicht zu vertragen*). — Blätter eiförmig mit meist ziemlich vortretender Spitze, 1¾" breit, 2½—2¾" lang, oft schmäler, oft auch breiter und länger, mitunter herzförmig, wollig, verloren gesägt, oft ganzrandig, wellenförmig, Spitze meist zurückgekrümmt. — Blüthenknospen dick, groß, kurzkegelförmig, dunkelbraun, hie und da gelbwollig. — Sommerzweige meist etwas wollig, violett dunkelroth, mit sehr wenigen feinen schmutzigweißen Punkten.

J.

*) Sie litt nemlich beschnitten am Verdorren der Zweigspitzen, was aufzuhören schien, als das Messer nicht mehr angewandt wurde. Sie wächst aber auch nach dem Beschneiden in's Unendliche fort, ohne Früchte anzusetzen, und schon dieserhalb möchte es gut sein, sie mit dem Messer zu verschonen.

No. 68. Königsgeschenk von Neapel. III, 3. 3 (2). Dl.; XI (IX), 1 b. L.; IV, 3 (2). J.

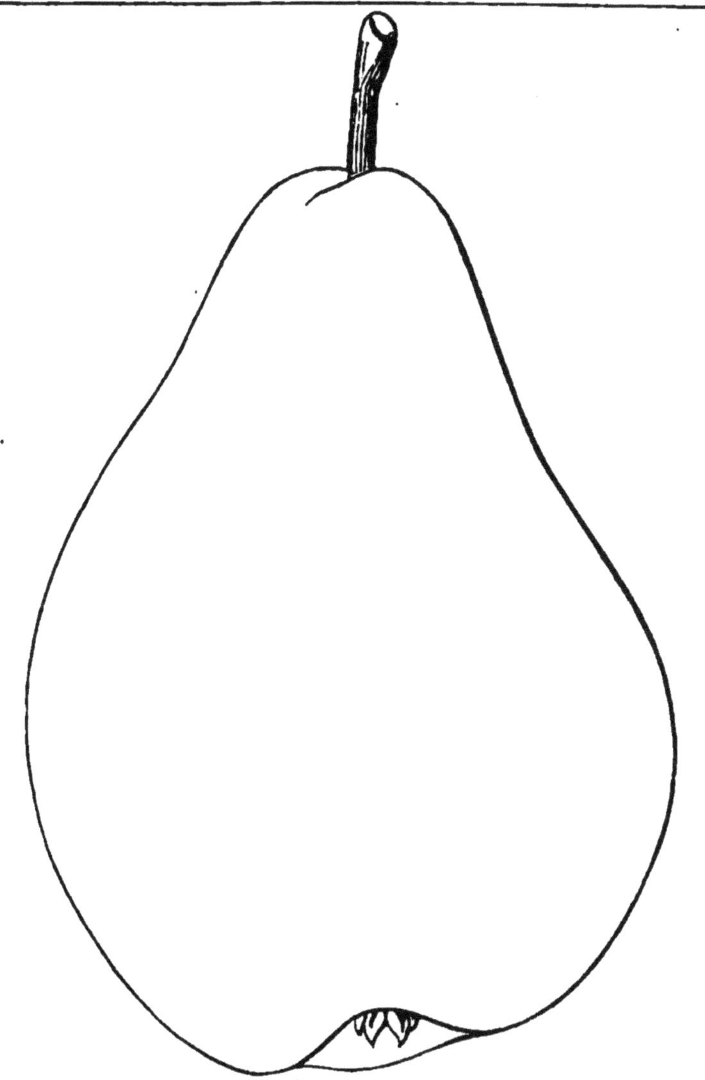

Königsgeschenk von Neapel. Diel. † W., meist K. H. W.

Heimath und Vorkommen: Der König von Neapel sandte sie an Herzog Carl von Württemberg als Gegengeschenk für weiße Hirsche zu Ende des vorigen Jahrhunderts, woher der Name rührt.

Literatur und Synonyme: Diel I. S. 277: Königsgeschenk von Neapel, Présent royal de Naples; Dittr. I. S. 768; Christ Hdwb. S. 188: Königbirne von Neapel; T. O. G. XIV. S. 230. t. 12. De Livre, Gros Rateau gris, Rateau gris, Kronbirn Cat. Lond. S. 143. — In franz. und belg. Catal. wird als Syn. angegeben: Beau Présent d'Artois, allein wie ich diese von Papeleu habe, ist sie verschieden, groß, sehr schön, Ende Okt. reif und fast völlig schmelzend, der Baum hat glatte Blätter. — Heißt in manchen Gegenden auch Pfund-, Kaiser-, Kappes-, Frauen-, Fäßli- und W.-Kronbirn. — Im Hofgarten in Meiningen war sie früher als Norman-Zimbeck angepflanzt. — Oft wird der ähnlich gefärbte, doch mehr rund geformte Große Mogul (Grand Monarque) damit verwechselt; oft auch besonders in Norddeutschen Baumschulen die vorliegende als Deutsche Muskateller abgegeben.

Gestalt: kreiselförmig, meist jedoch länglich und mehr birnförmig, sehr groß, eine der allergrößten späten Birnen, 4" breit und 4½" hoch, birnförmige 5½" hoch, bisweilen 38—40 Loth wiegend.

Kelch: ziemlich glatt, aufrecht, offen, mehr oder weniger eingesenkt.

Stiel: mäßig stark, 1½—2" lang, schwach vertieft, bisweilen neben einer Beule.

Schale: glatt, hellgrün, etwas beduftet, nach und nach gelblich, doch noch vermischt mit Grün, öfters bräunlich geröthet, später carminroth, mit vielen starken bräunlichen Punkten und mitunter Rostanflügen.

Fleisch: mattweiß, etwas feinsteinigt, abknackend, von süßem, aber gewürzlosen Geschmack.

Kernhaus: enge und geschlossen, mit ziemlich viel vollkommenen, langen, schmalen, zimmtfarbenen Kernen.

Reife und Nutzung: die Reife wird für März angegeben, allein selten hält sie so lange. Wird gewöhnlich im Nov. innen teig und schrumpft äußerlich zum Zeichen, daß sie nicht gehörig ausreifte. Kann aber immer als Kochbirn von Ende Okt. durch Nov. hindurch dienen, und obgleich Diel sagt, daß es andere und bessere Kochbirnen gäbe und die Frucht keinen Rehbock, geschweige einen weißen Hirsch werth sei (Verz.), so ist sie zu dem bezeichneten Zwecke doch immerhin gut zu brauchen und gefällt als große schöne Frucht, auch als Tafelaufsatz Jedermann.

Eigenschaften des Baumes: derselbe wächst bei uns noch hochstämmig, wird groß und stark und trägt fast jährlich, doch nie sehr reichlich, er wird aber am besten als Zwergbaum auf Quitte veredelt erzogen und trägt in solcher Form nach Diel gern. Der Baum ist an seiner düsteren Belaubung und an seinen wolligen ganzrandigen, in verschiedener Weise gedrehten Blättern kenntlich. — Blätter elliptisch, ziemlich länglich, mit meist langer, auslaufender Spitze, 1½—1¾" breit, 2½—3" lang, am Sommerzweige auch eirund und herzförmig, kleinere Blätter oft auch lanzettförmig, wollig, undeutlich und nur an der Spitze gesägt, meist ganzrandig, wellenförmig, Spitze seitwärts und das Blatt überhaupt in verschiedener Weise gekrümmt. — Blüthenknospen groß, kurzkegelförmig, ziemlich stechendspitz. — Sommerzweige oben und an den Knospen wollig, grünlichgelbbraun, gegenüber röthlichbraun, weißgelb punktirt.

J.

No. 69. **Fürstenzeller Winterbergam.** I, 2. 3 (2). D I.; VI (IV), 1 b. L.; III, 3 (2). J.

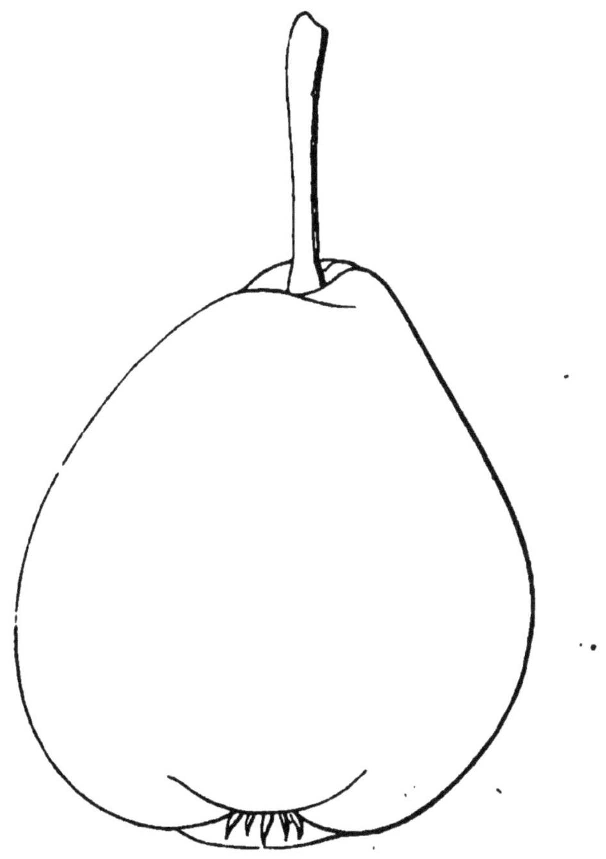

Fürstenzeller Winterbergamotte. Liegel. * † H. W.

Heimath und Vorkommen: Liegel erhielt sie aus dem Kloster Fürstenzell in Baiern 1823, konnte in Diels Schriften den Namen nicht auffinden, auch sah er dieselbe Birne unter den vielen von ihm cultivirten nicht; er nannte sie Fürstenzeller große Winterbergamotte.

Literatur: Liegels N. O. II. S. 53.

Gestalt: stark abgestutzt, kurzkegelförmig, in der Rundung uneben, etwas beulig, bisweilen rippenartig, 2" 8''' hoch, 2" 7''' breit.

Kelch: offen, meist unvollkommen, in charakteristisch tiefer und weiter, schüsselförmiger Einsenkung, oft mit Erhabenheiten.

Stiel: dick, sehr lang, bis 1½", ziemlich vertieft zwischen Fleischbeulen, wovon eine oft stark erhaben ist.

Schale: glatt, hellgrün, später gelb, mit schwachröthlichem Anflug, auch rostfarbenen Punkten und Flecken, besonders um den Kelch.

Fleisch: weiß, sehr saftreich, butterhaft, von sehr edlem, parfümirtem Geschmack.

Kernhaus: sehr klein, oft vertrocknet und nur einen kleinen braunen Fleck bildend, auch fast ohne Kerne, was charakteristisch ist.

Reife und Nutzung: Oktober bis Dezember. Welkt nicht.

Eigenschaften des Baumes: derselbe ist sehr fruchtbar, mittelgroß, treibt auf Quitte nicht sonderlich, bringt aber hochstämmig auf Wildling in geschützter Lage noch große, gute Früchte. Doch besser Zwerg auf Wildling. — Blätter eiförmig mit halbaufgesetzter oder auch auslaufender Spitze, 1½—1¾" breit, 2¼—2½" lang, glatt, fein- und scharfgesägt, etwas schifförmig, die Spitze ein wenig zurückgekrümmt. — Blüthenknospen zur Zeit kurzkegelförmig, fast rundlich, stumpfspitz. — Sommerzweige bräunlichgelb oder gelblichbraun mit feinen gelblichen Punkten, etwas silberhäutig.

Anmerkung. Die vorstehende Frucht habe ich zur Zeit nicht selbst erzogen, sie ist nach einem von Herrn Dr. Liegel vor einigen Jahren gesendeten Exemplare abgebildet. Die Birne war damals im Nov. reif, butterhaft und recht wohlschmeckend. — v. Flotow erzog sie nach Mon. IV. S. 138 ebenfalls im Nov. reif, und zwar 16 Loth schwer, fand aber ihre Güte nur mittelmäßig. — Doch lobt sie Haffner in Cadolzburg (Mon. II. S. 326) als schmelzend, groß und gut, auch rühmt er besonders die Tragbarkeit des Baumes, weßhalb die Sorte doch wohl immer weiterer Verbreitung werth ist.

J.

No. 70. **Diels Butterbirn.** I, 3. 3. Diel; V, 1 a. Luc.; V, 3. Jahn.

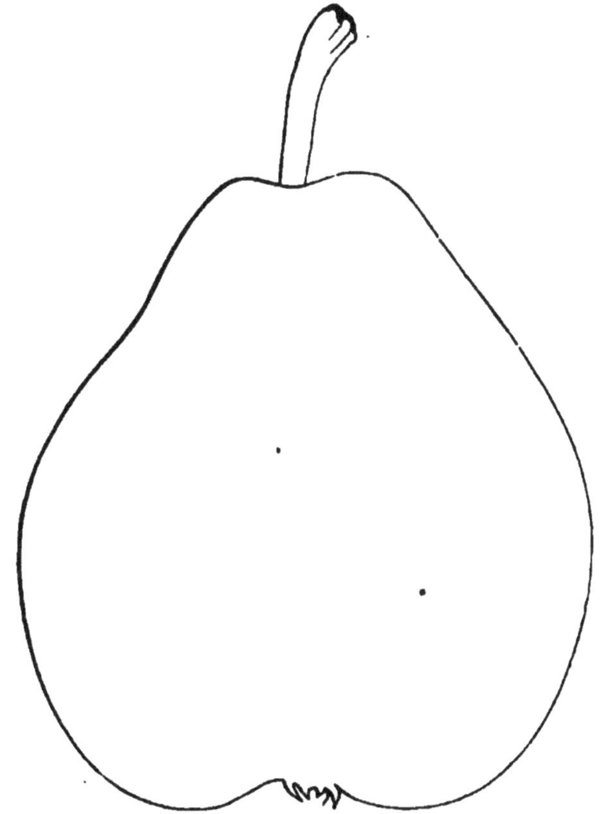

Diels Butterbirn. (van Mons) Diel. ** ! † W.

Heimath und Vorkommen: Nach Diel (VIII. S. 70) erzog sie van Mons und nannte sie Beurré Diel. Nach Biv. (Alb. I. Taf. 24) dagegen fand Meuris den Mutterbaum zu Trois-Tours (Dry-Doren) bei Vilvorde.

Literatur und Synonyme: findet sich als Beurré incomparable, B. magnifique, B. royal, B. de Trois-Tours, Poire Melon, P. Melon de Knoop, Dorothée, Graciole d'hiver, auch als Fourcroy, obgleich van Mons den letzteren Namen einem andern Sämling gab. (Lyon. Ber. und Mon. I. S. 116. — Diel XXI. S. 302.) — Als St. Augustus erhielt ich sie von Donauer und glaube sie bei der Ausstellung in Gotha auch als Duc d'Aumale gesehen zu haben. — Die Riesenbutterbirn ist ihr ebenfalls höchst ähnlich (Oberd. Anl.

S. 291), doch wird sie bei v. Flotow nie so butterhaft (Mon. II. S. 246.) — Nicht verschieden wird aber die Ustroner Pfundbirn, angeblich ein Sämling von ihr, sein. (Naumb. Ber. und Brief von Oberd.)

Gestalt: dickbauchig-eirund oder eiförmig, nach unten etwas birnförmig, doch stark abgestumpft spitz, selbst auf Hochstamm ansehnlich groß, 3" breit und 4" lang, auf einer Seite oft höher, bisweilen durch Erhabenheiten ungleich.

Kelch: ziemlich stark, geschlossen, aufrecht, bleibt lange grün, ziemlich eingesenkt, mit mehr oder weniger Beulen umgeben.

Stiel: stark und holzig, bis $1\frac{1}{2}$" lang, oft in trichterförmiger Höhle.

Schale: zart, hellgrün, später mehr gelb, selten etwas erdartig geröthet, doch mit zahlreichen Punkten, die charakteristisch sind, und meist mit etwas Rost.

Fleisch: weiß, um's Kernhaus körnigt, butterhaft, von erhabenem gewürzhaften Zuckergeschmack. Nimmt aber in feuchtem Boden zuweilen etwas Herbes an und wird auch, worüber Oberdieck und Liegel klagen, mitunter nur halbschmelzend oder bleibt etwas rauschend, worüber ich mich jedoch zur Zeit nicht beschweren kann.

Kernhaus: sehr klein, Kammern enge, selten mit einigen vollkommenen Kernen.

Reife und Nutzung: November, Dezember, oft schon Ende Oktober, doch hält sie sich bisweilen bis Januar und Bivort will sie nach langem Hängen am Baume bei kühler Aufbewahrung selbst bis März erhalten haben. Sehr schätzbar wegen Größe und guten Geschmacks.

Eigenschaften des Baumes: derselbe wächst auch als Hochstamm noch ziemlich gut und trägt fleißig, ist aber in solcher Form doch nur an geschützte Plätze zu pflanzen und im Allgemeinen mehr die Erziehung als Niederstamm auf Quitte oder Wildling anzurathen. Liegel sagt (in Monatsschr. I. S. 117): „Wer in seinem Garten nur für einen einzigen Baum Platz hat, soll diesen pflanzen." — **Blätter** breitelliptisch mit mehr oder weniger vortretender Spitze, $1\frac{3}{4}$—2" breit, bis $2\frac{3}{4}$" lang, glatt, feingesägt, flach, an den langen Stielen meist überhängend, etwas lichtgrün, ziemlich dick und steif. (Diel bezeichnet die Form der Blätter als rund-eiförmig oder breitherzförmig, den Lindenblättern ähnlich, die der Blüthenaugen als sehr elliptisch rc.) — **Sommerzweige** meist etwas stufig, gelbbraun, nach oben hin etwas schwärzlich, lichter gelbbraun wie warzig punktirt.

J.

No. 71. Die Regentin. I, 3. 3. Diel; V, 1 b. Luc.; IV, 3. Jahn.

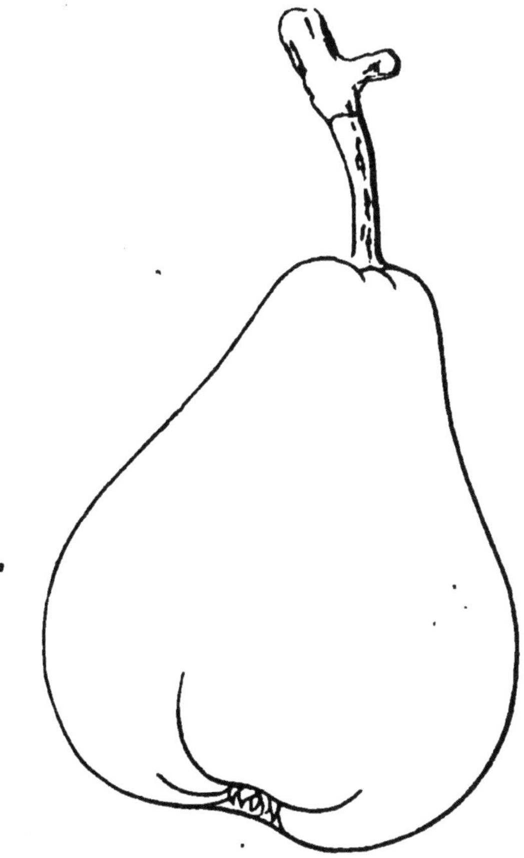

Die Regentin. Diel. ** ! † W.

Heimath und Vorkommen: Sämling von Hardenpont, seit 1758 bekannt. Kommt in deutschen Gärten unter sehr verschiedenen Namen vor.

Literatur und Synonyme: In Belgien, England und Frankreich kennt man sie meist als Passe Colmar. (Ann. de Pom. II. S. 31; Biv. II. S. 41.) Bei uns geht sie vielfach als Preuls Colmar (richtiger Precels Colmar), Dornige Colmar, Hochfeine Colmar, König von Baiern (Diel N. K.-O. I. S. 187 nnd 192; Liegel N. O. II. S. 76, Dittr. I. S. 720), ferner als Argenson (Diel N. K.-O. V. S. 168), und Fondante de Pariselle (richtiger Paniselle, de Jonghé in Mon. I. S. 409). Weitere Benennungen und Syn. nach den belgischen

Autoren und dem Lond. Catal. sind: La Souveraine, Souverain d'hiver, Colmar Souverain, Ananas d'hiver, Impératrice, Pucelle Condésienne, Passe Colmar ordinaire, P. C. gris, P. C. d'oré, P. C. nouveau, C. d'Hardenpont, Fondante de Mons, Présent de Malines, Marotte sucrée jaune, Gambier, Cellite Chapmanns. Auch Dittrichs Butterbirn (Liegel N. O. II. S. 64) und Rostfarbige Butterbirn, Beurré bronzé (Diel N. K.-O. V. S. 119) haben in Frucht und Vegetation viel Aehnlichkeit (Oberd. Anl. S. 283).

Gestalt: dickbauchig oder rundlich kegelförmig, auch kegelförmig-birnförmig mit oft etwas längerer, meist schiefer Spitze, in Form nach Liegel der alten Colmar ähnlich, doch von ihr durch die längere Spitze und den stark nach oben gestellten Bauch unterschieden, mittelgroß oder groß, $2^1/_2$" hoch, 2" 1''' breit, am Spaliere meist größer (in den Ann. ist sie $3^1/_4$" breit, $4^1/_4$" hoch als Spalierfrucht abgebildet).

Kelch: blättrig offen, seicht und flach eingesenkt, meist mit etwas Beulen.

Stiel: 1" 2''' lang, ziemlich dick, stark rostig, meist schief neben einem Fleischwulste, doch auch öfters ohne Absatz in die Frucht verlaufend.

Schale: grün, später gelblichgrün, mit rauhem, oft zusammenhängendem Rost und Punkten, auch öfters schwärzlichen Flecken und Eisenmalen.

Fleisch: mattweiß, sehr saftig, körnigt, butterhaft, von gewürzhaftem, fein weinartigem, delikatem Zuckergeschmack (Oberd.).

Kernhaus: sehr klein, bisweilen hohlachsig, kleinkammerig, selten mit einigen vollkommenen Kernen.

Reife und Nutzung: meist Ende Dezember, bisweilen schon November, hält jedoch ohne zu welken auch bis Februar. Ist eine der schätzenswerthesten Winterbirnen, und wurde deßhalb von der Versammlung in Gotha zu vermehrter Anpflanzung empfohlen.

Eigenschaften des Baumes: derselbe wächst gemäßigt und bleibt meist klein, scheint gegen Kälte empfindlich. Zur Zwergerziehung auf Wildling am meisten zu empfehlen. Gedeiht aber (nach Liegel) auch noch hochstämmig in geschützter Lage. Scheint auf Quitte nicht fortzukommen. — Blätter elliptisch, oft in vorderer Hälfte am breitesten, meist $1^1/_2$" breit, je nach der mehr oder weniger langen, etwas vortretenden Spitze $2^1/_4$—$2^1/_2$" lang, einzelne auch eiförmig und lanzettförmig, etwas klein, glatt, meist nur verloren und gegen die Spitze hin gesägt, meist flach, etwas steif und lederartig, lang gestielt. — Sommerzweige oft stufig, hellgelb oder glänzend lederfarbig, gelbbraun punktirt.

NB. Die vorliegende Frucht ist an freistehender Pyramide erzogen.

J.

No. 72. Engl. lange grüne Winterb. I, 3. 3. Diel; V, 1 a. Luc.; III, 3. Jahn.

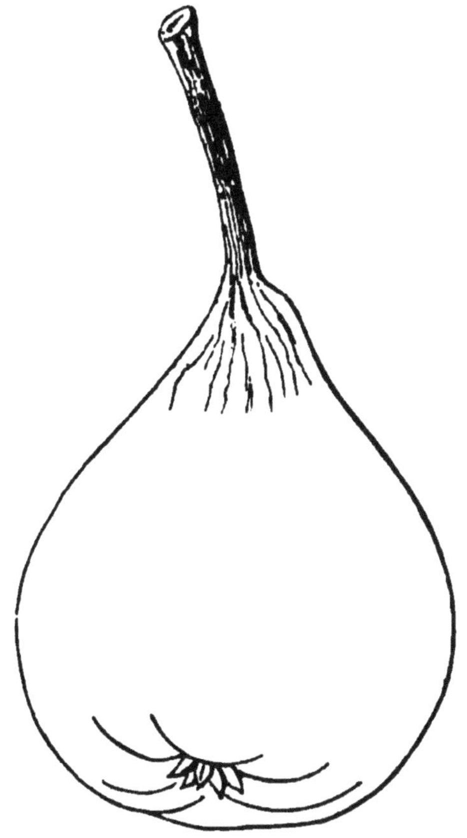

Englische lange grüne Winterbirn. Diel. ** † W.

Heimath und Vorkommen: Diel erhielt sie als Green beurré aus der Baumschule von Loddiges bei London, und benannte sie nach ihrer Aehnlichkeit mit Verte longue. Ueber ihren Ursprung, ob sie wirklich eine englische Frucht ist, wußte er nichts anzugeben. Im Catal. Lond. findet man sie nicht.

Literatur: Diel V. S. 70; Dittr. I. S. 725; Oberd. S. 429; Luc. S. 202.

Gestalt: länglich kegelförmig, seltener birnförmig, ähnlich der Langen grünen Herbstbirn, doch nach dem Stiele zu mehr zugespitzt und hier mit einer sehr wenig oder gar nicht abgestumpften Spitze endigend. In schönster Größe und Form $2^1/_4$" breit, 3" lang, oft in der Rundung ungleich.

Kelch: hartschalig, ziemlich langgespitzt, weit offen, sternförmig, obenauf oder seicht.

Stiel: stark, in seinem Anfang fleischig, ist oft nur die Fortsetzung der kegelförmigen Birnspitze, oder sitzt in etwas Falten, die beim Zeitigen der Birne zuerst welken, auf der etwas abgestumpften Spitze obenauf, $1-1^1/_2$" lang.

Schale: glatt, hellgrün, später grünlich hellgelb, hie und da hellcitronengelb, ohne Röthe, doch mit vielen feinen, oft undeutlichen Punkten, auch öfters mit kleinen bräunlichschwarzen Rostflecken und ein wenig verlorenem Rost um Kelch und Stiel.

Fleisch: weiß, fein, sehr saftreich, ganz auflöslich (wobei die Schale wie Leder zurückbleibt), von sehr vortrefflichem, fein muskatellerartigem Zuckergeschmack (ich bemerkte mir ihn als angenehm säuerlich-süß, dem der St. Germain ähnlich). Die Frucht riecht, wenn sie nicht welkt, angenehm müskirt.

Kernhaus: geschlossen, Kammern muschelförmig, geräumig, mit wenigen, aber großen, langen und spitzen Kernen.

Reife und Nutzung: Ende November, ein Theil hält sich bis Januar. — Bei der von Herrn Dr. Liegel nach Meiningen gesendeten Birne trat die Reife Mitte November ein und sie war bis dahin schon ziemlich gewelkt, worüber sich indessen auch Oberdieck beklagt, daß nemlich das Welken selbst bei spätgebrochenen Früchten immer eintrete und möchte er der Sorte den von Diel und im Cataloge des Großen Gartens zu Dresden beigelegten Werth nicht zuerkennen.

Eigenschaften des Baumes: derselbe wächst stark, belaubt sich gut, hat fast pyramidalen Wuchs und ist bald und jährlich tragbar. Gedeiht vortrefflich hochstämmig und liefert die schönsten Früchte. — Blätter der Sommerzweige länglich eiförmig mit schön auslaufender Spitze, 3" lang, $1^3/_4$" breit, glatt, hellgrün, mattglänzend, mehr oder weniger gezahnt, flach. — Sommertriebe düster olivengrün mit vielen starken weißgrauen, sehr in's Auge fallenden Punkten und starken kegelförmigen scharf- und stechendspitzen starkabstehenden Knospen.

NB. Die Abbildung geschah nach der von Herrn Dr. Liegel gesendeten Frucht und es wurden, da ich die Sorte zur Zeit nicht selbst besitze, bezüglich der Blattform Diels Angaben berücksichtigt.

J.

No. 73. Hardenponts Winterbutterb. I, 3. 3. Diel; V, 1 a. Luc.; III, 3. Jahn.

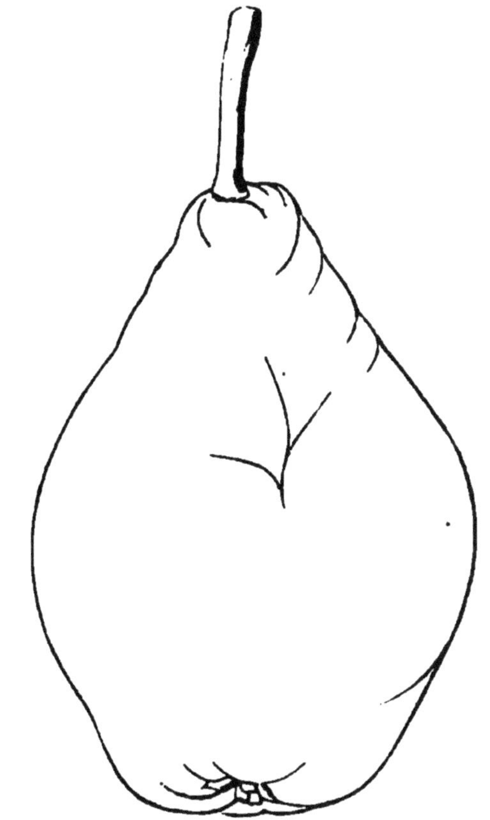

Hardenponts Winterbutterbirn. Diel. ** ! † W.

Heimath und Vorkommen: Vom Rath Hardenpont in Mons erzogen, seit 1759 in Belgien bekannt. Ist jetzt in vielen deutschen Gärten zugleich unter dem Namen Kronprinz Ferdinand von Oesterreich, wie Diel sie nochmals (als eine ihm aus Frankreich durch Lenné in Coblenz zugegangene neue Sorte) benannt hat, zu finden.

Literatur und Synonyme: Diel VIII. S. 40: Hardenponts Winterbutterbirn, Hardenpont d'hiver. — Dessen N. K.-O. I. S. 217: Kronprinz F. — Dittr. I. S. 711 und 750. — Biv. I. t. 8. — Ann. de Pom. II. t. 7. — Oberd. S. 263, 296 und 367. — Liegel N. O. II. S. 108. — Luc. S. 200. — Heißt in Belgien hauptsächlich Beurré d'Hardenpont, in England und

Frankreich Glou Morceau, fälschlich oft auch B. d'Aremberg. Kommt noch vor als Goulou Morceau, B. de Cambron oder de Chambron, Fondante jaune superbe et d'hiver, B. Kent, B. Lombard, B. d'hiver nouvelle et des Belges, Bonchrétien fondante und nach Cat. Lond. auch als B. Duval, Linden d'automne, Colmar d'hiver, Roi de Württemberg, — in Darmstadt als Schinkenbirn. — Ferner ist Amalia von Brabant (Metzger S. 241), wie ich sie von M. selbst habe, auch nach Oberd., damit identisch.

Gestalt: kreiselförmig oder auch länglich eiförmig und bauchig birnförmig, überhaupt veränderlich, oft stark beulig und uneben, der Sommerapothekerbirn oder einer länglichen Chaumontel ähnlich, 3" breit und $3^1/_2$—$3^3/_4$" lang; am Hochstamm $2^1/_2$" breit und doch oft $3^1/_2$" lang.

Kelch: kurzblättrig, meist offen, mehr oder weniger zwischen Beulen eingesenkt.

Stiel: stark, wie fleischig, doch holzig, kurz, selten 1" lang, in beuliger Grube.

Schale: etwas stark, nie glänzend, sondern matt hellgrün, später hellcitronengelb ohne Röthe, mit zahlreichen, sehr feinen Punkten, selten mit etwas Rost.

Fleisch: weiß, überfließend, butterhaft, von köstlichem weinartigen starken Zuckergeschmack.

Kernhaus: nicht groß, hohlachsig, Kammern muschelförmig, ziemlich geräumig, mit meist wenigen langen starken Kernen.

Reife und Nutzung: November bis Januar, bisweilen März. Eine der allerbesten Birnen.

Eigenschaften des Baumes: derselbe wächst auf Wildling nicht groß, bringt darauf die vollkommensten Früchte, gedeiht auch auf Quitte, verlangt dann aber besonders guten, nahrhaften Boden und überhaupt warmen Stand. Ist aber schon weit zärtlicher als Capiaumont und Herbstcoloma, wie der letzte kalte Winter hier gelehrt hat, und trägt auch etwas sparsam. Darf aber deßungeachtet in keinem Garten mit gutem Obste fehlen. Das zwei- und dreijährige Holz zeichnet sich durch seinen eigenthümlichen bleifarbenen Schimmer aus. — Blätter eiförmig mit meist etwas vortretender Spitze, kleinere oft auch elliptisch, bisweilen etwas herzförmig, $1^3/_4$" breit, $2^1/_2$" lang, im vorderen Drittel am breitesten, glatt, ziemlich scharfgesägt, doch mit niedergedrückten Zähnen, schwach wellenförmig, Spitze zurückgebogen, dunkelgrün, stark geadert, auf der Mittelrippe schwarzborstig. — Blüthenknospen kurzkegelförmig, spitz, nicht stechend. — Sommerzweige bisweilen stufig, gelbgrünlichbraun, etwas silberhäutig, fein schmutziggelb punktirt.

NB. Die abgebildete Frucht ist an freistehender Pyramide erzogen. — Die Sorte wurde wegen der Vortrefflichkeit der Frucht von der Versammlung in Naumburg und Gotha zur Anpflanzung besonders empfohlen, doch ist der Baum hier wenigstens durchaus nicht hochstämmig für freie Pflanzungen zu brauchen.

J.

No. 74. Liegels Winterbutterbirn. I, 3. 3. Diel; V, 1 a. Luc.; VI, 3. Jahn.

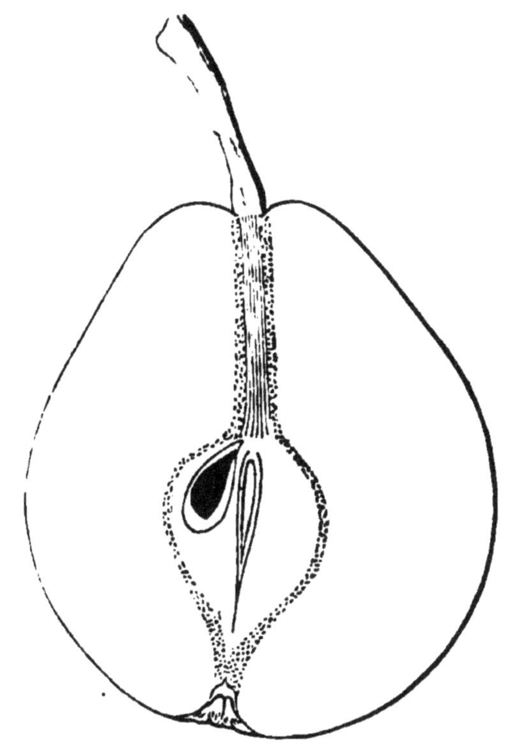

Liegels Winterbutterbirn. Liegel. ** : † W.

Heimath und Vorkommen: Der Ursprung wird von drei Seiten beansprucht: 1) will sie Pfarrer Langecker in Buschitz aus Samen erzogen haben (Lieg. Anw. S. 85), 2) sei sie in Kopertsch (ebenfalls in Böhmen) zufällig aus Samen 1782 aufgewachsen (Cl. Rodt in Monatsschr. II. S. 64), 3) soll sie vom Grafen Coloma erzeugt sein, und kam so als Suprême Coloma von van Mons an Diel (Diel N. K.-O. III. S. 131). Ist wahrscheinlich von Böhmen aus nach Belgien erst gelangt, wenn nicht etwa anzunehmen ist, daß aus mehrfacher Kernsaat eine und dieselbe Birne hervorging.

Literatur und Synonyme: Oberd. S. 301, derselbe in Mon. I. S. 46; v. Flotow ibid. IV. S. 140; Dittr. I. S. 735 und 759; Luc. S. 202. — Findet sich hiernach als Kopertsche fürstliche Tafelbirn, Winterhuberin, Weinhuberin, Graf Sternbergs Winterbutterbirn oder Wintertafelbirn, Postelbergerbirn, Fürst Schwarzenberg, Bischoff Milde, Poire unique musquée, Herzogin Caroline Amalia. Diel nannte sie Coloma's köstliche Winterbirn.

Gestalt: eirund, oben etwas abgeflacht, nach Unten stark abnehmend stumpfspitz, mit etwas flachen Erhabenheiten über den Bauch hin, mäßig groß, 2½" breit, 3—3¼" lang, oft kürzer.

Kelch: feingespitzt, sternförmig, wenig eingesenkt.

Stiel: stark, fleischig, bis 1¼" lang, obenauf, wie eingesteckt.

Schale: glatt, grasgrün, später gelblichgrün, marmorirt mit Grün, mit häufigen braunen Punkten und bisweilen etwas Rost.

Fleisch: mattweiß, feinkörnig, butterhaft, von zimmtartigem vortrefflichen Zuckergeschmack. Oberd. bezeichnet ihn als delikaten, schwach weinigen, merklich alant- oder calmusartigen Zuckergeschmack.

Kernhaus: groß, oft nur vierkammerig, Kammern geräumig, muschelförmig, Kerne sehr lang und an beiden Enden spitz, zimmtfarbig.

Reife und Nutzung: Dezember, oft schon November, doch meist gut bis Januar haltbar. Kann Ende September, in kalten Sommern Mitte Oktober geerntet werden, ohne zu welken. — Ist eine der am meisten zu empfehlenden Winterbirnen. Kömmt in großen Transporten aus Böhmen auf den Berliner Markt, wo sie als Wintermuskateller verkauft wird (v. Pochhammer, Monatsschr. I. S. 115).

Eigenschaften des Baumes: derselbe wächst in allen Formen, auch auf der Quitte gut und gibt auf dieser schon nach Diel die schönsten Pyramiden. Ist auch gegen höhere Kältegrade weniger empfindlich und in der Baumschule zeichnen sich schon die jungen Bäume durch rasches und gesundes Wachsthum aus. Wurde deßhalb mit Recht von der Versammlung in Gotha zu vermehrter Anpflanzung empfohlen. Möchte man für sie den Namen Liegels Winterbutterbirn beibehalten und mit dieser schätzenswerthen und dauerhaften Sorte den Namen des so verdienten Herrn Dr. Liegel ehren! — Blätter lanzettförmig, mäßig zugespitzt, meist gut 1¼" breit, bis 2¾" lang, oft im vorderen Drittel am breitesten, bisweilen elliptisch, glatt, feingesägt, schiffförmig, dunkelgrün und glänzend, beim Austreiben im Frühling braun gefärbt. — Blüthenknospen länglich kegelförmig, fast walzenförmig, ziemlich spitz. — Sommerzweige grünlich gelbbraun, gegenüber etwas röthlich, sehr fein gelbweiß punktirt.

NB. Die Abbildung verdanke ich der Güte des Herrn Geh.-R. v. Flotow in Dresden.

J.

No. 75. Die Chaumontel. I, 3. 3. Diel; V, 1 b. Luc.; III, 3. Jahn.

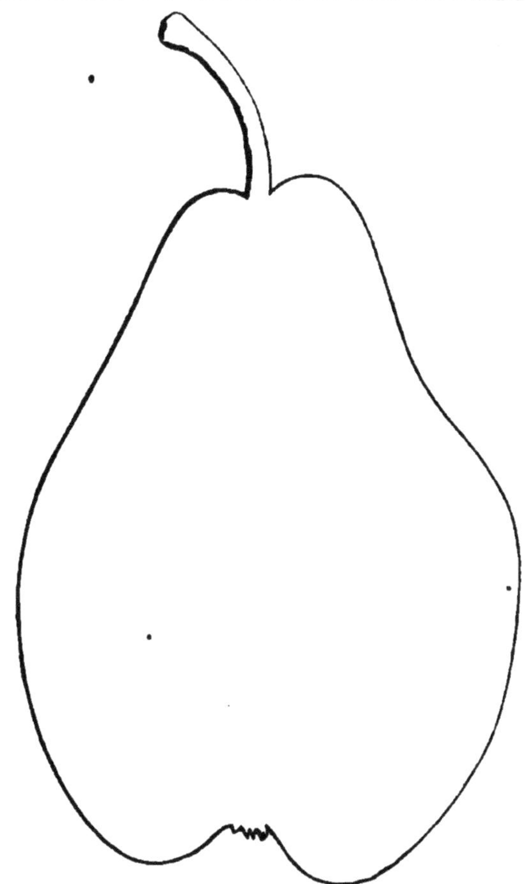

Die Chaumontel. Diel. *, selten **, oft nur K. W.

Heimath und Vorkommen: Wurde von Merlet auf dem Dorfe Chaumontel als Wildling aufgefunden. Sie wurde früher fleißiger als jetzt, wo sie durch die neueren Birnen verdrängt ist, gepflanzt.

Literatur und Synonyme: Diel II. S. 62: Wildling von Chaumontel, Besi de Chaumontel. — Dittr. I. S. 62; Christ Hdwb. S. 165; Oberd. S. 315; Biv. II. S. 133. — Heißt auch Winterbutterbirn, Beurré d'hiver. — van Mons sandte sie als Reine des Pays-bas, Königin der Niederlande, an Herrn Donauer, und ich glaubte längere Zeit, daß die Rothe Confesselsbirn (T. O. G. III. S. 28. t. 3), die ihr ganz ähnlich ist, eine und dieselbe Sorte sei.

Doch wollen die HH. v. Türk in Potsdam und Oberd. diese früher, im Nov., zeitigend, und besser im Geschmack, auch schmelzend gefunden haben.

Gestalt: lang und dickbauchig, birnförmig oder auch mittelbauchig, wie eiförmig, nach beiden Enden, doch nach dem Kelche zu stumpfer zugespitzt, oft uneben und ungleich, um den Kelch fast calvillartig gerippt, $2^3/_4$—3" breit, $3^1/_2$—4" lang.

Kelch: meist unvollkommen, halboffen, in mehr oder weniger tiefer, oft verschobener Einsenkung.

Stiel: stark, bis 1" lang, obenauf, mit Falten, oft seitwärts neben einem Höcker.

Schale: etwas rauh, gelblichgrün, später schön goldgelb, doch meist röthlich oder zimmtfarben berostet, an der Sonnenseite erdartig geröthet oder auch glatt, dann ohne Rost, aber zimmtfarbig punktirt.

Fleisch: gelblichweiß, fein, etwas steinigt um's Kernhaus (in guten Jahren am Spaliere und in leichtem Boden butterhaft und von gutem, der Beurré gris ähnlichem Geschmack nach Diel, nach Bivort halbfein, halbbutterigt, schmelzend, von gezuckertem, eigenthümlich gewürztem, angenehmem Geschmack), bleibt bei uns auf freiem Stande in den meisten Fällen rübenartig und wird auch am Spaliere gewöhnlich nur halbschmelzend, doch ist die Birne im ersten Falle immer noch als große gute Winterkochbirne zu brauchen.

Kernhaus: klein und geschlossen, Kammern enge, mit ziemlich vielen hellbraunen Kernen.

Reife und Nutzung: Dezember bis Februar, 14 Tage, welkt aber gerne bei zu langer Aufbewahrung.

Eigenschaften des Baumes: derselbe wächst auch als Hochstamm in geschlossenen Gärten noch ziemlich gut, macht etwas hängende Zweige, trägt aber erst spät und überhaupt nicht oft. Auf Quitte soll die Sorte langsam wachsen. In Belgien gibt man ihr allgemein das Spalier; um so viel nöthiger ist dieß bei uns, wenn wir die Frucht in ihrer richtigen Güte genießen wollen. — Blätter eiförmig oder länglicheiförmig mit kurzauslaufender Spitze, $1^3/_4$" breit, $2^1/_4$—$2^3/_4$" lang, öfters auch breitelliptisch, glatt, besonders nach der Spitze hin ziemlich scharf gesägt, etwas schiffförmig und sichelförmig, auffallend dunkelgrün, wenig glänzend, bei schlechter Witterung leicht schwarzfleckig werdend. — Blüthenknospen stumpfspitz, die unteren Deckblätter borstigspitz, fast schwarzbraun. — Sommerzweige an den Knospen etwas kantig und öfters etwas stufig, rothbraun, weißlichgelb punktirt.

Von dieser Birne gibt es eine Abart mit panaschirter Frucht und etwas rötherem, leicht gestreiftem jungen Holze, die gleiche Eigenschaften besitzt, aber noch mehr das Spalier als die gewöhnliche verlangt.

J.

No. 76. Späte Hardenpont. I, 3. 3. Diel; V, 1 b. Luc.; V, 3. Jahn.

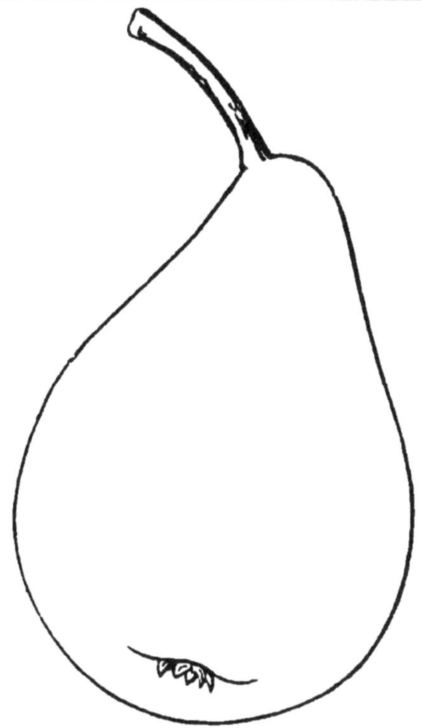

Späte Hardenpont. Diel. ** † W.

Heimath und Vorkommen: Wurde ebenfalls vom Rath Hardenpont in Mons erzogen und 1762 hätte sie zuerst Frucht getragen. Nach Andern, und besonders nach Poiteau, soll sie jedoch, wie die Annales de Pomol. mittheilen, im Dorfe Rance im Hennegau aufgefunden worden sein.

Literatur und Synonyme: Diel VIII. S. 87: Hardenponts späte Winterbutterbirn, Hardenpont de Printemps; Dittr. I. S. 737; Oberd. S. 297; Liegel N. D. S. 66; Biv. II. S. 37; Ann. de Pom. III. S. 45. — In letzteren ist sie als Beurré oder Bonchrétien de Rance ou de Rans mit den Syn. Beurré de Noirchain, Beurré d'hiver, Hardenpont de Printemps, Beurré Bonchrétien aufgezählt. Bivort weist im Album noch darauf hin, daß sie irrthümlich auch Beurré épine genannt werde; eine Sorte des Namens, die er besitze, sei völlig verschieden. Im Lyon. Ber. wird noch Beurré de Flandres als Beinamen angegeben. — In Gotha sah ich von Herrn Borchers in Herrenhausen eine Beurré Paridans, die der vorliegenden sehr ähnlich war, aber mehr Röthe hatte. — Bonchrétien wird sie nach der oft beuligen Gestalt genannt; daß „Ranzige

Butterbirn," wie sie hie und da genannt wird, unrichtig ist, geht aus Obigem hervor. Mit den kürzesten Worten haben wir sie oben als „Späte Hardenpont" aufgezählt. — Daß es auch noch eine andere Noirchain gibt, die man demnach Sommer-Noirchain nennen muß, dürfte hier sogleich zu erwähnen sein.

Gestalt: lang stumpfkegelförmig, einer vollkommen gebildeten Markgräfin nach Diel ähnlich, 3" breit und 3 1/2" hoch. In den Annal., wo sie 3 1/4" breit, 4 3/4" hoch abgebildet ist, wird ihre Gestalt sehr veränderlich, bald als fläschenförmig, bald rundlich oder wie ein Faß, bald auch wieder beulig, wie eine Bonchrétien beschrieben.

Kelch: hartschalig, offen, in seichter oder tieferer Einsenkung.

Stiel: oft sehr lang, bis 1 1/2", holzig, obenauf oder vertieft zwischen Höckern.

Schale: stark, etwas fein rauh, grün, später gelblichgrün, mit etwas bräunlicher Röthe, mit feinen grauen Punkten, Rostflecken und Figuren, die oft die ganze Schale überziehen.

Fleisch: mattweiß, sehr saftig, gröblich, schmelzend, von etwas weinsäuerlich süßem Geschmack nach Liegel (etwas körnigt, zerfließend, von erhabenem zuckerartigen Weingeschmack, fast wie Normännische rothe Herbstbutterbirn nach Diel), ist hier zwar bisweilen nur halbschmelzend und etwas feinsteinigt, doch ist der Geschmack pikant säuerlich-süß und angenehm.

Kernhaus: sehr klein, Kammern enge, mit oft unvollkommnen Kernen.

Reife und Nutzung: November, Dezember, 1858 hatte ich sie in Meiningen noch im April. Gehört, wie auch Liegel meint, zwar nicht zu den allerbesten Früchten, ist aber immer noch eine gute und wegen der langen Dauer schätzenswerthe Frucht, die ich auch schon einigemal früher von dem verstorbenen Bornmüller in Suhl aus einer noch höheren Lage als hier völlig gut ausgebildet und wohlschmeckend gesehen habe. Uebrigens soll sie auch in Belgien selten ganz gut werden, indem Jahreswitterung und Boden merklich Einfluß auf sie üben und sie wird also am besten immer am Spalier zu erziehen sein.

Eigenschaften des Baumes: derselbe wächst in der Jugend lebhaft, wird aber nur mittelstark, macht nicht viel Aeste mit lichter Belaubung, beweist sich aber auch hier sehr fruchtbar, weit mehr als der seiner Namensschwester, der Hardenponts Winterbutterbirn (Kronprinz F.) — Die Blätter sind breitelliptisch, etwa 1 1/2" breit, 2 3/4" lang, glatt, verloren- oder nur an der Spitze gesägt, oft ganzrandig (den Blättern der Regentin ähnlich, nur breiter und größer und besonders an den im Schnitt gehaltenen Bäumen am Grunde stärker keilförmig), ziemlich dick und steif, dunkelgrün. Stiel oft über 2" lang. — Blüthenknospen ziemlich groß, kegelförmig, kurzgespitzt, fast stechend. — Sommerzweige etwas grauwollig, grünlichgelb oder lederfarben, gegenüber röthlich, fein weißgrau punktirt.

J.

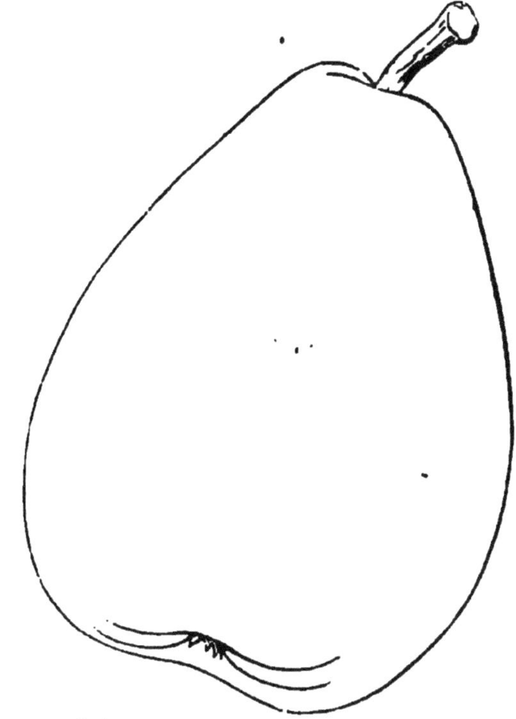

Winterdechantsbirn. Diel. ** ! † W.

Heimath und Vorkommen: Wurde nach Bivort wahrscheinlich in einem Klostergarten in Löwen 1825 aufgefunden. Heißt daher auch jetzt noch in Belgien Pastorale, obgleich unter dem Namen dort nebenbei noch eine andere geringere Birne bekannt ist. Findet sich jetzt, durch van Mons und Andere unter ganz verschiedenen Namen verbreitet, in allen Ländern.

Literatur und Synonyme: Diel beschrieb sie drei Mal: als Grüne Winter-Herrnbirn, Seigneur d'hiver N. K.-O. I. S. 174, als Winterdechantsbirn, Doyenné de Printemps N. K.-O. V. S. 177 (wir wählten diesen Namen als den in Deutschland bekanntesten zur Ueberschrift), und als Lauers englische Osterbutterbirn, Beurré de Pâques de Lauer N. K.-O. VI. S. 166. — Kommt aber noch vor als Hildesheimer Winterbergamotte Liegels N. O. II. S. 75, Frühlingsbutterbirn, Beurré de Printemps ibid. S. 111, Pfingstbergamotte, Berg. de Pentecôte Biv. I. t. 26, Sylvange d'hiver, Poire ou Berg. Sylvange Dittr. III. S. 211, Philippe d'hiver, Doyenné d'hiver, Angleterre d'hiver, Poire Anglaise, Beurré Easter (so heißt sie meist in England), van Mons' Frühlingsbutterbirn, Canning, Pastorale de Louvain, Past. d'hiver, Doy. d'hiver vrai et ancien, Berg. Crasanne d'hiver Biv. und versch. Cat. — Dorothée royale, Poire Fourcroy, Merveille de la Nature, Poire du Pâtre Lyon. Ber. — Beurré Roupé, B. d'hiver de Bruxelles, B. de Pâques, Bezi Chaumontel très gros, Chaumontel très gros, Philippe de Pâque, Doyenné d'hiver nouveau Cat. Lond.

Gestalt: eirund oder eiförmig, selten etwas birnförmig, bisweilen kegel- oder walzenförmig, ziemlich groß, $2^3/_4$" breit, $3^1/_2$" lang, am Spalier auch größer.

Kelch: hartschalig, bisweilen auch mehr blättrig, am Grunde etwas wollig, halboffen, ziemlich eingesenkt, meist zwischen Beulen.

Stiel: stark, wie fleischig, doch holzig, braun, bis 1" lang, etwas vertieft neben einem Fleischwulst.

Schale: glatt, etwas stark, hellgrün, später mehr gelbgrün, oft schwach geröthet, wenn auch nur durch gedrängt stehende Punkte, die zahlreich vorhanden und braun sind, auch etwas berostet.

Fleisch: gelblichweiß, um's Kernhaus etwas körnigt und steinigt, doch saftig, butterhaft, von recht gutem muskatellerartigen Zuckergeschmack (Diel vergleicht ihn dem der Verte longue).

Kernhaus: klein und geschlossen, Kammern enge, mit wenig vollkommenen hellbraunen Kernen.

Reife und Nutzung: Dezember, doch je nach dem Standort bisweilen schon im November, meist Januar bis März (deßhalb für verschiedene Sorte gehalten). Will lange hängen, im Winter kühl, nicht feucht liegen, sonst faulen viele Früchte vor Eintritt der Reife*).

Eigenschaften des Baumes: derselbe, sehr lebhaft wachsend und fruchtbar, kommt zwar noch auf Quitte fort, zeigt aber darauf schwachen Trieb, gedeiht noch besser auf Hagedorn, am besten auf Wildling zur Pyramide erzogen. Hochstämmig paßt er bei uns nur in geschützte Hausgärten. Doch mag er in milderen Gegenden besser gutthun. In Gotha wurde die vermehrte Anpflanzung der Sorte empfohlen. — Blätter meist länglich eiförmig, die schönsten Blätter stets eiförmig, $1^1/_2$" breit, $2^3/_4$" lang, vorne am breitesten, oft auch elliptisch und lanzettförmig, glatt, fein-, etwas stumpfgesägt, schiffförmig und nach der Spitze hin zurückgekrümmt. — Blüthenknospen groß, kurzkegelförmig, meist stumpfspitz, schwarzbraun mit oft klaffenden Deckblättern, die sich bisweilen tütenartig verlängern. — Sommerzweige oft stufig, grüngelb mit erdartigem Roth und vielen schmutzigweißen Punkten. J.

*) Auf dem Lyon. Congreß schrieb man zu ihr nieder: Spät zu pflücken. Geschieht dieß aber zu spät, so reift sie im Januar; Anfangs Oktober gepflückt, hält sie sich jedoch bis Mai.

No. 78. Neue Winterdechantsbirn. I, 2. 3. Diel; VI, 2 a. Luc.; III, 3. Jahn.

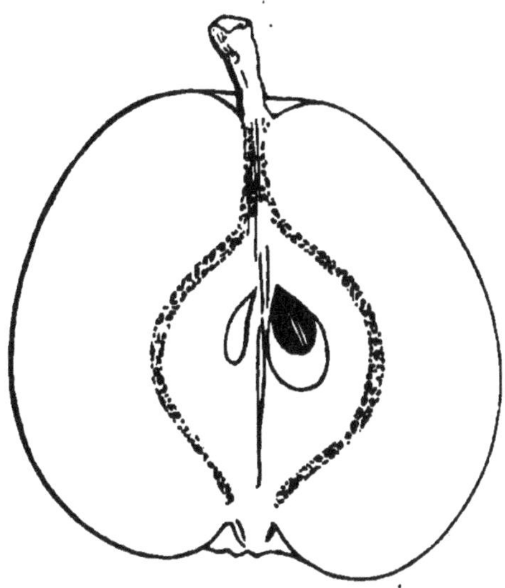

Neue Winterdechantsbirn. Diel. * †, oft nur K. W.

Heimath und Vorkommen: Diese von Herrn van Mons erzogene Frucht kommt auch bei uns in allerlei Boden gut fort; der Baum wird früh und reichlich tragbar, doch wird die Frucht nur in Süddeutschland schmelzend und bedarf selbst da wohl die Wand oder Pyramide. Nördlicher wird sie nur an Wänden halbschmelzend, bleibt aber hochstämmig, wenn sie bis gegen Ende Oktober sitzt, eine gute Winter-Kochfrucht.

Literatur und Synonyme: der ihr von van Mons gegebene Namen Nouvelle Pentecôte, Neue Pfingstbirn paßt bei uns, wie schon Diel bemerkt, der sie Neue späte Winterdechantsbirn genannt und in seinen N. K.-O. V. S. 151 beschrieben hat, insoferne nicht, als sie in Süddeutschland sich selten bis Ostern hält, nördlicher auch nicht lange nach Ostern. Muß auch in Belgien sich nicht besondere Gunst erworben haben, oder ist dort verloren gegangen, da sie sich in den neueren belgischen Verzeichnissen nicht findet.

Gestalt: dickbauchig, zwischen Kegel- und Kreiselform. Große Früchte ähneln einer Weißen Herbstbutterbirn. 2¼—2½" breit und hoch. Bauch meist etwas nach dem Kelch hin, nach dem sie so abnimmt, daß sie noch aufsteht, nach dem Stiele bildet sie ohne Einbiegung eine abgestumpfte Kreiselspitze.

Kelch: kurzblättrig, hartschalig, offen, in geräumiger, fast flacher Senkung, von welcher aus breite, flache Erhabenheiten über die Frucht hin fortlaufen.

Stiel: stark, holzig, 1/2" lang, in einer kleinen Grube.

Schale: stark, hellgrün, später citronengelb, bisweilen mit erdartigem Roth leicht verwaschen, doch meist ohne alle Röthe. Punkte zahlreich, fein, rostfarben.

Fleisch: mattweiß; Diel nennt es fein, butterhaft schmelzend, ganz zerfließend, von angenehmem, gewürzhaftem, fein zimmtartigem Zuckergeschmack. Dieser Geschmack zeigt sich auch nördlicher, doch hat er, da ihm alle Säure fehlt, nichts Erfrischendes, selbst wenn die Frucht halbschmelzend ist; hochstämmig erzogen ist das Fleisch etwas feinkörnig, um's Kernhaus selbst feinsteinig. Spät gebrochen welkt die Frucht nicht.

Kernhaus: hat schmale, hohle Achse. Kammern geräumig, muschelförmig, Kerne zahlreich, kaffeebraun, stark, ziemlich eiförmig.

Eigenschaften des Baumes: derselbe, welcher nach Diel auch auf Quitte gut gedeiht, wächst schön pyramidal, bildet schöne Pyramiden und setzt viel kurzes, früh und gern tragendes Fruchtholz an, das meist schon in der Baumschule trägt. Die Sommertriebe haben häufig Blätteraugen, sind gelblichgrün, oft durch ein über sie laufendes Braun mehr olivenfarben oder röthlichgrün (Diel sagt: erdfarbig roth, gegenüber röthlichgrün, vielleicht von Pyramide auf Quitte?) und grünlich, stark punktirt. — Das Blatt des Sommertriebes ist langeiförmig, ziemlich schiffförmig aufwärts und etwas rückwärts gebogen, glatt, glänzendgrün, am Rande fein- und stumpfspitz gezahnt. — Die Blätter der Blüthenknospen sind theils langeiförmig, einzelne selbst etwas herzförmig, meistens aber langoval, die größte Breite ziemlich in der Mitte, mit auslaufender Spitze, 1 1/2" breit und 2 1/2 bis gegen 3" lang. Augen klein, fast anliegend, Augenträger wenig vorstehend.

Oberdieck.

Ich hatte mir die Blätter als länglich eiförmig, bisweilen länglich eirund, hie und da etwas herzförmig angemerkt, die Blüthenknospen als klein, kurzkegelförmig, fast rundlich, stumpfgespitzt. Auch nach Liegel N. D. S. 110 und v. Flotow in Monatsschr. II. S. 251 wird die Frucht selten und nur an einer heißen Wand gut, sie gibt aber in diesem unausgereiften Zustande nach Letzterem immer noch lange haltbare, vortreffliche Compotfrüchte, was sich nach ihrem süßen und angenehmen Geschmack schon denken läßt.

J.

No. 79. **Rouse Lench.** II (III), 2. 8. Diel; V, 2 b. Luc.; III, 3. Jahn.

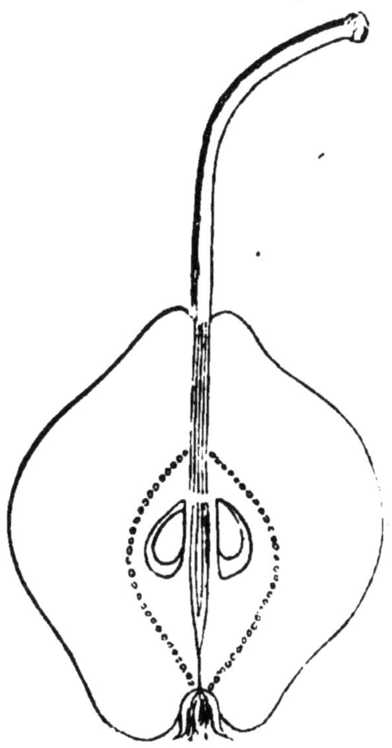

Rouse Lench. Lond. Cat. * W.

Heimath und Vorkommen: Ich erhielt sie von Herrn Superintendent Oberd. ohne weitere Notiz.

Literatur und Synonyme: Nur der Lond. Cat. gibt über sie einige Auskunft. Sie ist daselbst als groß, länglich, blaßgrün, Butterbirne II. Rangs, für Jan. und Febr., der Baum für freie Pflanzung geeignet und als reichlich tragbar beschrieben.

Gestalt: kreiselförmig, oben und unten abgestutzt, nach beiden Enden hin etwas eingebogen und fast gleichförmig abnehmend, 2″ breit und $2^1/_4$'' hoch. Die Früchte hatten sämmtlich diese Form, doch waren einige noch etwas größer und länger.

Kelch: hornartig, offen, aufrecht, in enger, tiefer Einsenkung zwischen Beulen.

Stiel: dünn, bis $1^3/_4$'' lang, grün, doch holzig, in kleiner Höhle vertieft.

Schale: dick, etwas rauh und uneben, blaßgrün mit feinen dunkler grünen Punkten, später trübgelb, mehr oder weniger licht-graubraun berostet, ohne Röthe.

Fleisch: gelblichweiß, zart und mürbe, doch zur Zeit nicht schmelzend, aber von gutem, gezuckert gewürzten, durch feine Säure gehobenen Geschmack.

Kernhaus: ziemlich groß, Kammern muschelförmig, mit vielen großen Kernen.

Reife und Nutzung: hält sich lange, war im März noch wohl erhalten und nicht gewelkt. Kann wegen ihres mürben Fleisches und guten Geschmacks immer noch als Tafelbirn gelten. Wird wahrscheinlich am Spaliere auch schmelzend.

Eigenschaften des Baumes: nach dem Wuchse der Probezweige ist dieser kräftig und gesund und nach den zweimal schon gelieferten Ernten ist er auch recht tragbar. — Blätter länglich eiförmig mit auslaufender, meist scharfer Spitze, die größeren auch eirund, die kleineren lanzettförmig, gut $1^3/_4$'' breit, mit der langgezogenen Spitze $3^1/_4$'' lang, fein-, etwas stumpfgesägt, mehrfach wellenförmig, Spitze zurückgekrümmt, ziemlich dunkelgrün und glänzend.

J.

No. 80. **Bergamotte von Parthenay.** III (IV), 2. 3. Diel; XII, 2 a. Luc.; III. 3. J.

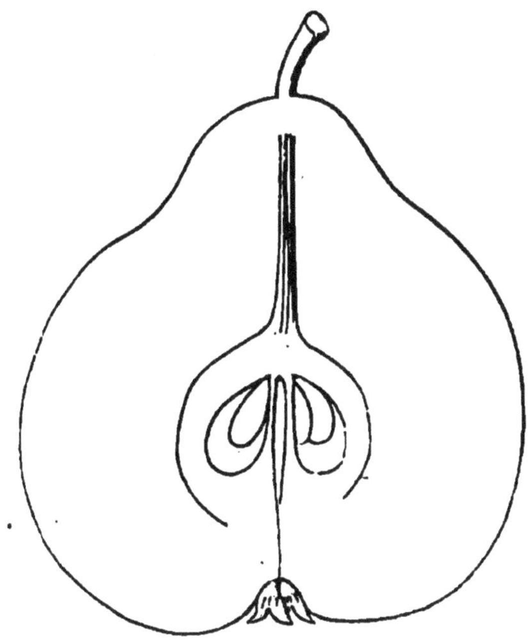

Bergamotte von Parthenay. Liron d'Airolles. † K. W.

Heimath und Vorkommen: Wurde von einem Kaufmann, Namens Poirault zu Parthenay (Deux-Sèvres), aus Samen gezogen weßhalb die Birne nebenbei auch Poire de Poirault heißt.

Literatur: Man findet Nachricht von ihr im Catal. von Vilvorde (sie wird hier als halbschmelzend, aber von schlechter Qualität bezeichnet, ohne Angabe des von ihr weiter zu machenden Gebrauchs), ferner in Papeleu's Verzeichniß; auch in von Biedenfeld S. 112. Die ausführlichste Nachricht gibt Liron d'Airolles in 5. Lieferung S. 32.

Gestalt: rundbauchig, nach dem Stiele zu stumpfkegelförmig, $2^3/_4$" breit und eben so hoch, wie das Verhältniß der Höhe zur Breite auch im Vilvorder Catalog angegeben ist.

Kelch: großblättrig, offen.

Stiel: wie Vorlage zeigt, kurz.

Schale: dunkelgrün, mit Rostpunkten, die fein und nicht fühlbar sind.

Fleisch: grünlichweiß, Mitte März noch hart und fest, auch der Beschreibung nach brüchig, ist zusammenziehend säuerlich von Geschmack, deßhalb roh, wie es scheint, ungenießbar.

Kernhaus: verhältnißmäßig klein, doch mit ziemlich großen Fächern und vielen Kernen. Die Achse ist hohl.

Reife und Nutzung: dauert lange, die Reife wird von Liron im April angegeben. Dient jedoch nur als Kochbirne und als solcher wird ihr erster Rang beigelegt. — Dürfte wegen der langen Dauer in solcher Hinsicht auch für uns Werth besitzen.

Eigenschaften des Baumes: derselbe wird als mittelstark, fruchtbar, für Pyramide und Spaliere geeignet, bezeichnet. In der Vendée und in les Deux-Sèvres werde derselbe im freien Felde gepflanzt. — Die Blätter sind (wie ich die Sorte von Papeleu in Wetteren besitze) eiförmig mit meist auslaufender Spitze, 1¾" breit, 2¾" lang, einzelne auch eirund, verloren und stumpfgesägt, auch ganzrandig, glatt, bisweilen unterhalb wollig. — Blüthenknospen zur Zeit groß, kegelförmig, etwas kurzgespitzt, hellbraun. — Sommerzweige röthlich grünbraun, grauweiß punktirt.

NB. Die Zeichnung gab Herr Garteninspector Lucas, der die Frucht in Prag sah, auch wurden die von ihm niedergeschriebenen sonstigen Bemerkungen benutzt.

J.

No. 81. **Die Aurate.** III, 2. 1. Diel; II, 2 a. Luc.; I, 1. Jahn.

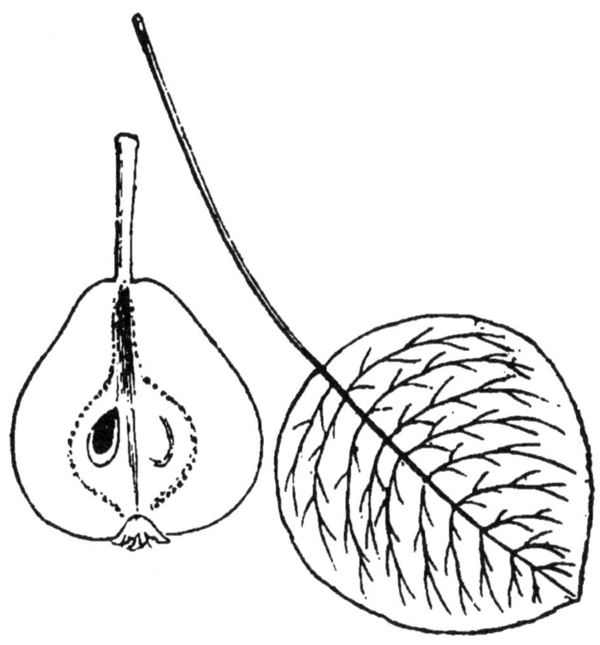

Die Aurate. Diel (Duhamel). * † S.

Heimath und Vorkommen: Diel erhielt sie aus der Pariser Carthause und beschrieb sie als **Aurate, Kleine rothe Sommermuskateller**, weil er das französische l'Aurato unter welchem er sie empfing, nicht mit Goldbirne übersetzt haben wollte, indem es mehr von Aurora abstamme und Merlet, wo nicht diese, doch eine sehr ähnliche Birne Aurore d'eté nenne. Sie wird in der Rheingegend, besonders um Mainz und Coblenz, viel gebaut und verdient auch bei der Tragbarkeit des Baumes trotz ihrer geringen Größe Empfehlung.

Literatur und Synonyme: Diel IV, S. 146. Duhamel III, S. 8, tab. III l'Aurate; Dittrich I, 528; Oberd. S. 269; Christ Handwb. S. 179. — Nach Diel ist es wahrscheinlich die Aurore ou Fontarabie d'eté, Poire d'or hative des Merlet und Vroege Suikerey des Knoop. Dessen Goldbirne, Poire d'or ist es dagegen sicher nicht. — Synon. sind noch: Aurate, Poire d'or d'eté,

Goud Peer (Christ); Goldbirne, Frühe Muskateller (in Süddeutschland); Muscat de Nancy (Catal. Lond). — Im deutschen Obstcabinet Jena 1855, ist sie zu länglich gezeichnet. — Liegel hat in seinen N. O. II. S. 94 eine nach ihrer Vegetation von der vorliegenden verschiedene Goldbirne beschrieben.

Gestalt: abgestumpft kreiselförmig, nach dem Stiele zu meist etwas birnförmig, mit abgestumpfter oft sehr kurzer Spitze, 1¼" breit und ebenso hoch, oder ein wenig höher.

Kelch: groß, grau- oder schwarzblättrig, weit offen, sternförmig, in schüsselförmiger, ziemlich tiefer Einsenkung.

Stiel: gelbgrün, kaum 1" lang, ziemlich stark, obenauf in Fleischringeln oder neben einem Höcker schwach vertieft.

Schale: glatt, blaß hellgrün, später hellcitronengelb, an der Sonnenseite mit lichter, etwas erdartiger Röthe leichtverwaschen, oft nur wenig sichtbar und besonders im Roth fein punktirt.

Fleisch: gelblich weiß, abknackend oder rauschend, geruchvoll, auflöslich und von angenehmem süßen Muskatellergeschmack nach Diel, was richtiger heißt: von angenehmem muskirten Zuckergeschmack.

Kernhaus: schwach hohlachsig, Kammern, klein und muschelförmig, mit selbst noch in der Ueberreife nur halb oder ganz weißen Kernen. Die Körnchen ums Kernhaus sind klein und wenig bemerklich.

Reife und Nutzung: die Birne reift nach Diel Mitte Juli, in Meiningen jedoch, wie bei Oberdieck, Ende Juli oder Anfang August und ist, etwas früher gebrochen, 14 Tage haltbar. — Sie empfiehlt sich besonders wegen ihrer Frühreife und wegen der großen Tragbarkeit des Baumes, und schmeckt am besten, wenn sie am Baume fast auszeitigt, wo sie sich aber dann kaum einige Tage hält. In Güte und Größe wird sie von der öfters gleichzeitig reifenden Gelben Frühbirn (Abbonsbirn) übertroffen, auch zeitigt sie öfters erst mit der Grünen Magdalene.

Eigenschaften des Baumes: derselbe wächst auf Wildling sehr lebhaft, wird stark und hoch, bildet eine vielbelaubte Krone und trägt bald und reichlich, er erfordert aber warmen Boden, sonst wird die Frucht schlecht. — Blätter rundlich oder eirund, oft herzförmig mit halbaufgesetzter oder auslaufender Spitze, 1¾" breit, 2 bis 2¼" lang, oft auch eiförmig, glatt, nur hie und da am Rande etwas wollig, ganzrandig oder verloren gesägt, oft langgestielt. — Blüthenknospen kegelförmig, sanftgespitzt, kastanienbraun. — Sommerzweige röthlich olivengrün, mit vielen feinen, schmutziggelben Punkten, nach oben hin bräunlich geröthet.

Nachschrift. Die Frucht zeitigte 1859 theilweise am 25. Juli, unmittelbar nach der Kleinen Muskateller, gleichzeitig mit der Gelben Frühbirne, und es fing auch bereits die Grüne Magdalene an zu reifen. Von der Kleinen Muskateller unterscheidet sie sich besonders durch den tiefer eingesenkten Kelch, durch etwas stärkere Einbiegung nach dem Stiele zu, was aber an den größer gewachsenen Früchten, von denen oben eine abgebildet ist, weniger hervortritt, und durch vermehrte Größe. Die Färbung ist sonst ziemlich gleich.

J.

No. 82. **Kleine Blankette.** III. 3. 1. Diel; I, 2 a. Luc.; III. 1. Jahn.

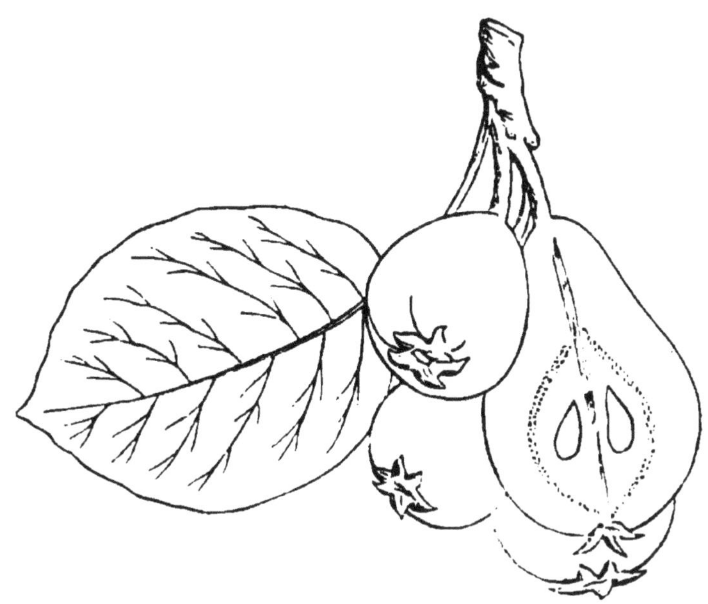

Kleine Blankette. Diel (Duhamel). † S.

Heimath und Vorkommen: ist eine alte französische Sorte, die so ziemlich alle Schriftsteller haben und auch in den deutschen Gärten hie und da vorkömmt.

Literatur und Synonyme: Diel beschreibt sie Heft IV, S. 174 als Perlförmige franz. Weißbirn, Kleine Blankette, Le petit Blanquet, Poire à la Perle. — Christ im Hdwb. S. 139 nennt sie nebenbei die Perlenförmige Birne und Jacobsbirn, St. Jacobs-Peer. In Süddeutschland heißt sie nach Luc. S. 153. Schnabelbirn. — Merlet nannte sie noch Perle de Cire, Châteaubriant und Petit Pairmain d'eté. — Petite Musette, Petite musquée barrois Mayers und auch dessen Petit Blanquet à Troches ist nach Diel wahrscheinlich dieselbe Frucht. — Vergl. ferner Oberd. S. 425. Duhamel III, S. 16. tab. VI und Mayer Pom. Franc. III. Nr. 69. tab. LV. S. 238.

Gestalt: birnförmig oder perlförmig, also oft auch nach dem Stiele zu ungleich mehr als auf der Zeichnung eingebogen, in schönster Ausbildung 1¼" breit und etwas über 1½, bisweilen 1¾" lang, vom Ansehen ungemein schön, wie in Wachs bossirt.

Kelch: ganz offen, sternförmig, obenauf.

Stiel: gelbgrün, öfters fleischig, $^1/_4$—$^1/_2$" lang obenauf oder schief neben einem Fleischwulst.

Schale: glatt, nicht fettig, glänzend, weißlich hellgelb, mitunter noch mit etwas Grün, selten mit etwas blasser Röthe, und hie und da mit einigen punktartigen Fleckchen.

Fleisch: weiß, körnigt, abknackend, überreif, halbschmelzend, von angenehm süßem, etwas müskirten Geschmack. Auch riecht die Birne schwach müskirt.

Kernhaus: sehr klein nach Diel, hat wenigstens enge Kammern, mit kleinen weißlichen meist tauben Kernen.

Reife und Nutzung: selten Ende Juli, gewöhnlich Anfangs August bis zur Mitte selbst Ende dieses Monats. — Dient mehr zur Zierde als zum wirklichen Genuß, denn das Fleisch bleibt ziemlich rübenartig und fade, und es ist überhaupt die Frucht zu klein. Am schönsten macht sich die Sorte als Topfbaum, weil sie reichlich trägt, und ein solches mit Früchten beladenes Bäumchen wegen der Schönheit recht lieblich aussieht.

Eigenschaften des Baumes: dieser wird nur mittelgroß, wächst auch in Meiningen schwach, woran nach Diel seine große Fruchtbarkeit Schuld ist. (Diel empfiehlt seine reichliche Anpflanzung und sagt, daß sie auch bei einer Menge von nur 40 Sorten nicht fehlen solle.) — Die Blätter sind eiförmig, bald schmäler, bald breiter $1^1/_2$—$1^3/_4$" breit, mit der oft $^1/_4$" vortretenden Spitze bis $2^3/_4$" lang, oft auch eirund und herzförmig, glatt, ganzrandig, oder doch sehr verloren gesägt, am Rande wellenförmig, die Spitze nach unten zurückgekrümmt. Stiel bis 2" lang. — Blüthenknospen etwas länglich, kegelförmig, sanft gespitzt, kastanienbraun, am Grunde silberhäutig. — Sommerzweige kurz, etwas stufig, gelbbraun, nach oben graulich beduftet, mit sehr feinen schmutzigweißen oder gelben Punkten.

J.

Anmerkung. In der Nähe von Herrenberg in Württemberg findet man beträchtlich große Bäume dieser Sorte, die gewöhnlich sehr reich tragen und sowohl für den Obstmarkt als zum Ganzdörren (Hutzeln) besonders bei dem Landmann hier sehr beliebt ist. Ed. Lucas.

No. 83. H. Jacobsbirn. III, 3. (oft 2.) 1. Diel; VII, 1. a. Lucas; III, 1. Jahn.

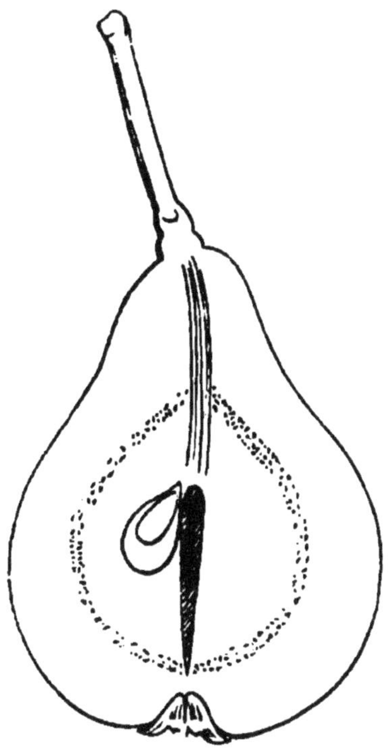

Hannoversche Jacobsbirn. Oberdieck. * †† S.

Heimath und Vorkommen: scheint bisher nur im Hannoverschen sich zu finden, wo ich sie von Lüneburg bis Göttingen in irgend größeren Gärten fast immer antraf, geschätzt von jedem Eigenthümer als früheste Haushaltsfrucht und gute Marktfrucht. Im Uebrigen wird sie nur vorkommen, wohin ich Reiser sandte.

Literatur und Synonyme: findet sich nur in meiner „Anleitung" p. 355 charakterisirt. In pomologischen Werken kam mir nichts ihr Aehnliches vor. Nur entfernte Aehnlichkeit hat Knoops Schöne Cornelia, Moye Neeltje, S. 74, Taf. 1, ist aber zu dickbauchig und gibt er ihr mildes Fleisch und lieblichen Geschmack. Mit der Böhmischen frühen Jacobsbirn muß sie nicht verwechselt werden.

Gestalt: ziemlich birnförmig, 2" breit, 2³/₄ bis selbst 3" hoch; doch erlangt sie diese Form nur im hinreichend frischen, guten Boden; im trockenen, wenn auch (wie in meinem jetzigen Garten) schweren

Boden bleibt sie weit kürzer, 1¾" breit und 2" hoch. Bauch bei langen Früchten mehr nach dem Stiele hin, bei kürzeren fast in der Mitte; nach dem Kelche zu eiförmig gerundet; nach dem Stiele, besonders bei langen Früchten, eingebogen, mit schöner, nur wenig abgestumpfter, oft fast in den Stiel auslaufender Spitze. Bauch schön rund und eben.

Kelch: offen, in seiner Vollkommenheit etwas aufliegend, doch meist verstümmelt, oft hornartig, flach oder fast oben aufsitzend.

Stiel: stark, 1—1½" lang, bald gerade, bald sanft gekrümmt, wie eingesteckt, oder die Spitze geht halb in ihn über.

Schale: vom Baume matt und etwas unansehnlich grün, in der Reife schön gelb, Freihängende Früchte auf der Sonnenseite, mit schwacher bräunlicher Röthe, die nach den Seiten hin oder bei weniger besonnten Früchten oft etwas streifig ist, in der Reife sehr freundlich, und lachend schön. Punkte zahlreich, in der Röthe gelbgrün. Rostanflüge nicht häufig; Geruch schwach.

Fleisch: mattweiß, fein, um das Kernhaus kaum etwas körnig, in voller Reife mehlig; bei zeitig genug gebrochenen, etwas gelbenden Früchten, mürbe, fast schmalzartig, hinreichend saftreich, von reinem, doch etwas matten Zuckergeschmacke.

Kernhaus: geschlossen, mit hohler Achse. Kerne meist unvollkommen und bei der Reife der Frucht noch halb weiß. Kelchröhre breiter kurzer Kegel.

Reifzeit und Nutzung: Ende Juli und Anfangs August, zugleich mit der Gelben Frühbirn; darf am Baume nicht gelb werden. Ist die früheste, mir bis jetzt bekannte Haushaltsfrucht, die nicht zu klein ist und wirklichen Werth hat, und zum Kochen und Welken recht brauchbar. Man kann sie gut 2 Wochen lang nutzen.

Eigenschaften des Baumes: Der Baum wächst schon in der Baumschule rasch. kommt in allerlei Boden (allzu sterilen ausgenommen, wo er leicht spitzentrocken wird), gut fort, geht mit den Hauptästen schön in die Luft, belaubt sich reich und liefert früh und fast jährlich recht reiche Erndten. Sommertriebe stark, ziemlich schlank, olivenfarbig, ins Ledergelbe übergehend, ohne Wolle, oft mit leichtem Silberhäutchen belegt, und ziemlich reich, röthlichgrau punktirt. Blatt der Sommerzweige langoval oder langeiförmig, ziemlich flach ausgebreitet, mit der Spitze rückwärts gekrümmt, 2" breit, 3" lang, dunkelgrün, glänzend, glatt, mit schöner, fast auslaufender Spitze und nur fein gezahnt. An den Fruchtaugen sind die Blätter rundlich eiförmig, 2½—2" breit und etwas länger: die länger gestielten länglich eiförmig (Jahn), oft 1½" breit und stark 3" lang, alle gleichfalls fein gezahnt. Afterblätter pfriemenförmig, Laubaugen, sowie die starken Fruchtaugen konisch und spitz, stehen etwas ab. Augenträger ziemlich vorstehend.

Oberdieck.

No. 84. Die Straußmuskateller. III, 2. 1. Diel; II. 2. a Luc.; III, 1. Jahn.

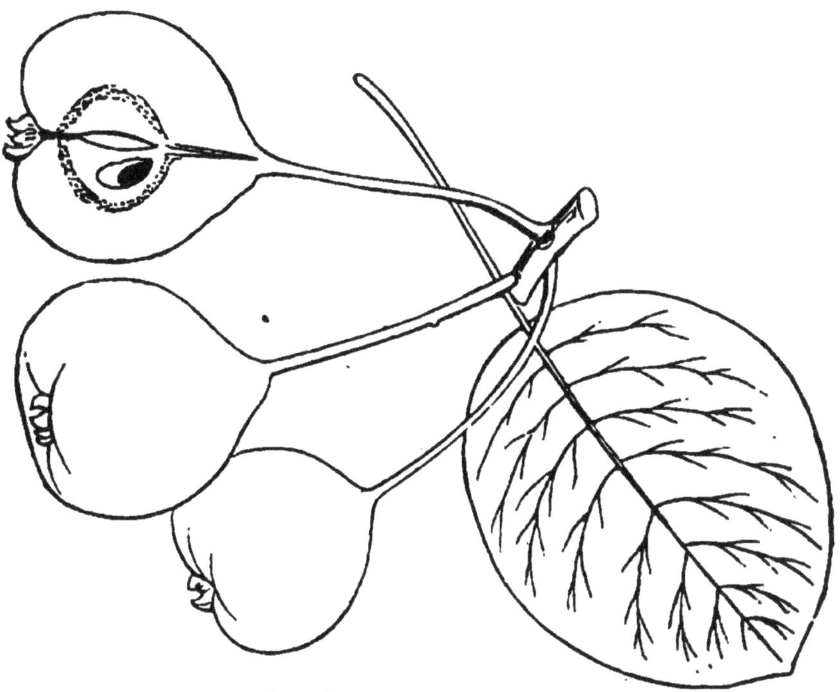

Die Straußmuskateller. † S.
Kleine gelbe Straußmuskateller. Diel.

Heimath und Vorkommen: wahrscheinlich französischen Ursprungs. Diel erhielt sie unter dem französischen Namen Petit Muscat à Trochet aus Trier, und nannte sie Kleine gelbe Straußmuskateller.

Literatur und Synonyme: Diel beschrieb sie im V. Hefte, S. 151; danach Dittr. I. S. 531. — Vergl. ferner Oberd. S. 382.

Gestalt: rundlich kreiselförmig, um den Kelch schön abgerundet, nach dem Stiele zu mit einer kurzen Spitze, die sich fast immer in den Stiel verliert, endigend, klein, nach Diels Verzeichniß sehr klein, 1 bis $1\frac{1}{4}''$ breit und ebenso hoch. In Form und Größe der Kleinen Muskateller (Sieben ein Maul voll) ähnlich, doch nimmt sie keine Röthe an.

Kelch: stark und langblättrig, halb offen, flach, wie straußförmig, aufrecht, zuweilen mit etwas Perlchen oder kleinen Beulen.

Stiel: 1—1$^{3}/_{4}$" lang, nach der Birne zu fleischig, hellgrün, obenauf.

Schale: dünn, gelblich grün, später hellgelb mit etwas Grün, auf der Sonnenseite selten mit etwas röthlichen Punkten, doch mitunter mit etwas Rostfleckchen.

Fleisch: gelblich weiß, körnigt, saftvoll, im Kauen abknackend und von einem süßen, etwas müskirten Geschmack und Geruch.

Kernhaus: groß, hat eine hohle Achse. Die Kammern sind geräumig und enthalten viele vollkommene Kerne.

Reife und Nutzung: Anfangs bis $^{1}/_{3}$ August, in Württemberg 1858 d. 14. August. Hält sich nur kurze Zeit gut. Hat weniger ökonomischen Werth, sondern dient als Merkwürdigkeit, weil sie ihre Früchte in Sträußen, oft 5—6 auf einen Fruchtkuchen bringt, woher sie auch den Namen hat.

Eigenschaften des Baumes: dieser wächst hoch, wird groß, geht mit seinen starken Aesten gut in die Luft, belaubt sich schön und liefert bald reichliche Erndten. Kömmt auch auf der Quitte fort. — Blätter eiförmig, mit kurzer, auslaufender Spitze, glatt, ganzrandig oder undeutlich und nur nach der Spitze hin gesägt, 2" breit, 2$^{1}/_{4}$" lang. — Die Blätter der Sommerzweige beschreibt Diel als ansehnlich groß, schön herzförmig, etwas schifförmig, mit langer, starker, auslaufender Spitze, 3$^{1}/_{2}$" lang, 2$^{3}/_{4}$" breit, stark und lederartig, sehr schön und fein geadert, am Rande, besonders aber erst nach der Spitze hin mit schönen, oft starken, stumpfspitzigen Zähnen besetzt. — Die Sommertriebe als sehr dick und lang, gelblich hellgrün, auf der Sonnenseite trüb, erdfarbig roth, mit sehr vielen weißgrauen Punkten besetzt.

J.

No. 85. **Die Wespenbirne.** III, 2. 1 Diel; II, 2. a. Luc.; II, 1. Jahn.

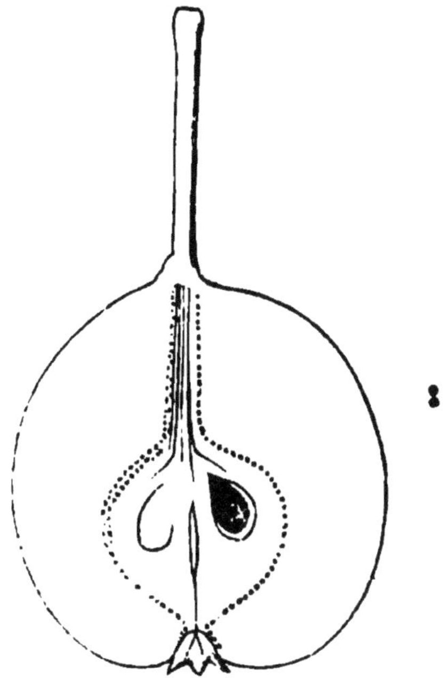

Die Wespenbirne. Diel (Duhamel). † S.

Heimath und Vorkommen: ihre Heimath ist Frankreich, und sie war wenigstens früher dort vielseitig verbreitet. Man findet sie aber aus Diels Hand bereits auch mehrfach in deutschen Gärten.

Literatur und Synonyme: Diel beschrieb sie im H. III, S. 148 und Duhamel III, S. 23 als Le Bourdon musqué. Ihre Synonyme sind Gros Muscat rond,. Knoop, Musked Drone-Pear, Miller, die Müskirte Burdiner Birn, Mayer. Derselbe leitete das Bourdon von Burdo, dem Knopf eines Pilgerstabs ab, und so hat sie auch Kraft tab. 79, Fig. 2 als Pilgerbirn. Christ Hdwb. S. 220 gibt noch Gros Muscat hatif hinzu. — Vergl. auch Oberd. S. 426.

Gestalt: kreiselförmig, die größte Breite über der Mitte nach dem Kelch hin, um welchen sich die Frucht kugelförmig abrundet. Nach dem Stiel schnell abnehmend, endigt sie meistens mit einer abgestumpften Spitze. An Hochstämmen mißt die Frucht 2" Breite und eben so viel in der Höhe.

Kelch: offen, lang gespitzt, lederartig, mit seinen Ausschnitten in die Höhe stehend, sitzt in einer geräumigen, ebenen Einsenkung.

Stiel: 1¼—1½ Zoll lang, stark, von matter Farbe, mit einem olivenfarbigen Häutchen bedeckt, auf der Kreiselspitze obenauf sitzend. Oefters ist derselbe von beulenartigen Falten umgeben.

Schale: glatt, hellgrün, erst bei vollster Zeitigung gelblich grün. Der größte Theil der Früchte ist vollkommen einfarbig, daher leichte Anflüge von flammenartiger Röthe zu den Ausnahmen gehören.

Fleisch: grobkörnigt, mattweiß, saftvoll, abknackend, von einem süßen, feinen Muskatellergeschmack.

Kernhaus: hohlachsig. Die engen Kammern enthalten viele schwarze, vollkommene Kerne.

Reife und Nutzung: die Frucht muß im Anfange des August vor der völligen Reife abgenommen werden, sonst hält sie sich nur wenige Tage. — Wegen Frühzeitigkeit nur als Marktfrucht zu empfehlen.

Eigenschaften des Baumes: Wuchs überaus lebhaft, pyramidenförmig, mit schöner Belaubung, frühzeitig und sehr fruchtbar. Die langen, nicht starken Sommertriebe sind deutlich an jedem Auge eingebogen, ohne Silberhäutchen, nicht mit Wolle belegt, von Farbe röthlich, orleansfarbig, mit weißgrauen Punkten besetzt. Das stark geaderte, schiffförmig gebogene, lang eiförmige (deshalb jedenfalls eirunde J.) Blatt, hat eine kurze, scharfe Spitze, ist meistens glattrandig und nur nach vorne mit etwas bemerkbaren Zähnchen besetzt. Der 1 — 1¼ Zoll lange Blattstiel hat zum öftern pfriemenförmige Afterblätter, welche mitunter auch ganz fehlen. Augen abstehend, großfußig.

Schmidt.

No. 86. Die Sparbirn. I, 3. 1. Diel; I, 1 b. Luc.; V, 1. Jahn.

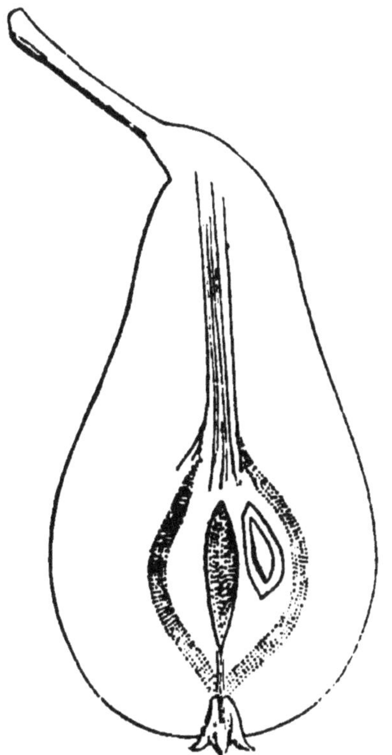

Die Sparbirn. Diel (Duhamel). ** † S.

Heimath und Vorkommen: stammt aus Frankreich, ist dort und in Deutschland mehrfach auch unter dem Namen Cuisse Madame, Frauenschenkel bekannt und verbreitet. Duhamel III, S. 17, tab. VII kannte sie unter den 3 Namen Epargne, Beau Present und St. Samson.

Literatur und Synonyme: Diel beschrieb sie zweimal, Heft II, S. 50 als Sparbirn und Heft IV, S. 118 als Frauenschenkel. — Ebenso T. O. G. VIII, S. 15, Taf. 1 und XIII, S. 217, Taf. 11. In beiden Formen etwas zu bunt. Im Jenaer Obstcabinet v. 1855 ist sie am Kopfe etwas zu breit abgebildet und die darin II. Sect. 7. Lief. v. 1857 abgebildete Kaiserbirn dürfte auch nur die Sparbirn sein. — Ann. de Pom. I, S. 115, geben als ihre franz. Namen: Epargne ou Present d'eté, Cuisse Madame, C. M. la grosse, St. Samson, Jargonelle des Anglais, denen nach den Lyon. Ver. noch Grosse Magdeleine, Chopine, Beurré de Paris, Cueillet de la table des princes hinzuzufügen sind. — Sie heißt bei Kraft I, tab. 77 schon Schatzbirn (wird auch jetzt noch hie und da so genannt) und nebenbei Samsonsbirn, bei Zink auch Große Frühbirn, in Württemberg nach Lucas allgemein Franzmadame und Christ (Hdwb. S. 214) gibt Brüsseler Birn und Poire Madame hinzu, welche letzteren 3 Namen aber wohl mehr noch anderen Birnen zukommen. — Als Frauenschenkel kennt man in Meiningen eine andere ähnliche, aber einfarbige weiße, doch weniger gute Frucht, die später beschrieben werden soll.

Gestalt: langbirnförmig oder bauchigkegelförmig, um den Kelch bisweilen stark abnehmend stumpfspitzig, nach dem Stiele zu vorher etwas seicht eingebogen, und dann lang kegelförmig zugespitzt, 3¾—4" lang und 2½" breit.

Kelch: kurz- aber spitzblättrig, die Blätter oft wie zerrissen, weit geöffnet, flach stehend, zuweilen mit etwas Beulchen.

Stiel: sehr stark, nach der Birne zu fleischig, bräunlich grün, 1½" lang (oft noch länger), obenauf.

Schale: glatt, etwas geschmeidig, hellgrün, später grünlich citronengelb, meist mit trübem streifigen Roth, bisweilen nur als leichter Anflug und mit rostfarbigen Punkten und Flecken, besonders um den Kelch.

Fleisch: mattweiß (meist mit etwas Steinchen ums Kernhaus), saftreich, butterhaft, von sehr süßem, durch feine Säure erhabenen muskatellerartigen Geschmack. Nimmt bisweilen in feuchterem oder kaltgründigen Boden nach Oberdieck einige Herbigkeit an, wovon auch Knoop (I, S. 102) und Mayer (Pom. Franc.) sprechen, die ich gerade nicht zur Zeit bemerkt habe.

Kernhaus: enge mit mehr oder weniger hohler Achse; Kammern klein, meist taubkernig.

Reife und Nutzung: selten Ende Juli oder Anfangs August, gewöhnlich Mitte August, in kühlen Sommern auch etwas später. Riecht fein müskirt. Muß etwas früher gepflückt werden. — Ist immer eine recht schätzenswerthe frühe Tafelfrucht, die auch auf den Märkten guten Abgang findet.

Eigenschaften des Baumes: derselbe wächst stark mit abstehenden hängenden Zweigen und starken, oft sehr gekrümmten Sommertrieben, will warmen, trockenen Boden, trägt bald, doch, worüber auch Oberdieck klagt, auch hier nie sehr reich. Eignet sich zu Hochstamm, doch leidet der Baum bisweilen in harten Wintern. Diel bezeichnet ihn (syst. Verz.) als häßlich zu Pyramidform, was ich gerade nicht finde, wenn auch die Zweige etwas sparrig wachsen. — Blätter breitelliptisch, auch elliptisch und rundlich, bisweilen unterhalb wollig, mehr oder weniger gesägt, hie und da ganzrandig, etwas wellenförmig, sehr dunkelgrün und glänzend, groß, 2¼" breit, 2¾" lang, langgestielt, Blätter deshalb im Winde leicht beweglich (kenntlich nach Diel an ihrem pappelähnlichen Zittern). — Blüthenknospen groß, dick, kegelförmig, stumpfspitz, braunröthlich, oft etwas wollig. — Sommerzweige gelbröthlich, sonnenwärts braunroth, gelb und grauweiß punktirt.

Anmerkung: Wie Diel bemerkt, eigne sich der Baum auf Quitte veredelt sehr gut ans Spalier und werde auf solcher Unterlage bald und sehr fruchtbar, bringe auch so bessere Früchte, wie auf Hochstamm — worüber ich selbst keine Erfahrung habe. Die Spalierbäume müßten aber stets auf 3 Augen beschnitten werden, sonst kämen die Leitzweige zu häufig.

J.

No. 87. Die Nina. I. 2. 1. Diel; I, 1. a. Luc.; II, 1. Jahn.

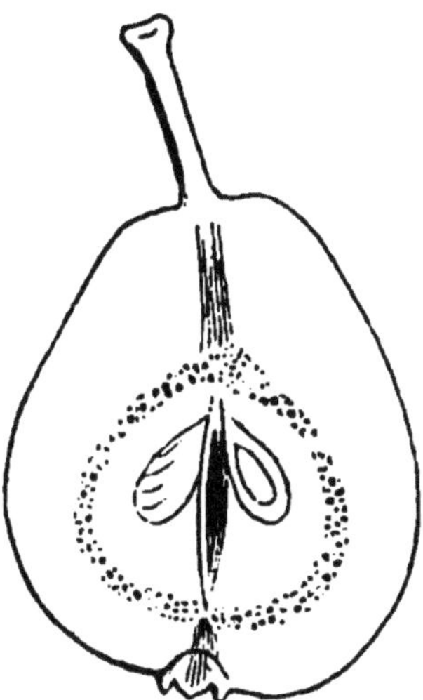

Die Nina. Oberdieck. ** E.

Heimath, Vorkommen und Literatur: diese Birn fand sich unter den ohne Namen von Herrn van Mons mir 1838 zugesandten Sorten; ich habe sie nur erst in meiner „Anleitung" ꝛc. p. 384 kurz charakterisirt. Sie findet sich in Herrnhausen unter dem Namen Beurré d'Jelles, ohne Nachricht, woher sie dorthin gekommen ist, und wird auch dort als frühe Tafelbirn geschätzt. In van Mons Cataloge und auch in jetzigen belgischen Catalogen finde ich eine Birn des Namens nicht, auch nicht im Cat. Lond., doch ist im letzteren p. 129 eine Beurré d'Yelle, mit Verweisung auf Beurré Diel (auch ich erhielt diese aus Enghien als Beurré d'Yel ou Royal), und Beurré Bosc enthalten. Da der Name d'Jelles im Deutschen schlecht auszusprechen ist, so möchte ich vorschlagen, sie vorerst unter obigem, eine kleine Lieblingsfrucht andeutenden Namen zu behalten.

Gestalt: meist abgestumpft conisch, klein, 1⅔" breit, 2" hoch; kleinere Exemplare oft so hoch als breit; Bauch merklich mehr nach dem Kelche hin, um den sie sich sanft, oft auch etwas rasch rundet und meistens gut aufstehen kann. Nach dem Stiele macht sie nur schwache, oft keine Einbiegungen und kurze, dicke, abgestumpfte Spitze; die Hälfte der Frucht oft ungleich, der Bauch jedoch meist schön rund und eben.

Kelch: offen, ziemlich langgespitzt, oft verstümmelt, aufrecht, in weiter, flacher, fast ebener Senkung, oft fast obenauf.

Stiel: ¾—1" lang, stark, holzig, theils gerade, theils etwas gekrümmt, in enger, flacher Höhle, etwas zur Seite gebogen.

Schale: ziemlich stark, fein, rauh, vom Baume hellgrasgrün, später hellgelb oder nur grüngelb, charakteristisch durch feine unter der Schale liegende Körnchen wie uneben, auch um den größern Theil der Kelchfläche, oft bis zur Hälfte des Bauches, stark zimmtfarbig berostet, doch plötzlich wie abgeschnitten, so daß sich an der Stielspitze der Rostüberzug nur in Anflügen noch findet; nebenbei auch auf der Sonnenseite mit blutartiger Röthe, die in der Reife freundlicher wird.

Fleisch: fein, mattweiß, um das Kernhaus etwas körnig, überhaupt von Ansehen etwas körnig, was man jedoch beim Genusse wenig merkt, sehr saftreich, ganz schmelzend, von süßem, schwach weinigen, etwas rosenartigen, sehr angenehmen Geschmacke.

Kernhaus: geschlossen, mit kleiner hohler Achse. Es schließt sich mit seiner körnigen Umgebung mehr, als es oben auf dem Holzschnitte wiedergegeben ist, dem Kelche an. Kerne bräunlich, oft auch noch weiß, spitz eiförmig; Kelchröhre geht breit etwas herab.

Reifzeit und Nutzung: Mitte August, oft Anfangs August, als Tafelfrucht sehr schätzbar, wenn sie auch an Gewürz von später reifenden Birnen z. B. von der etwas nach ihr reifenden Sparbirn übertroffen wird. Paßt besonders für die Bodenarten, in denen die Sparbirn wenig trägt oder etwas herbe wird.

Eigenschaften des Baumes: dieser scheint bei früher und reicher Fruchtbarkeit nicht groß zu werden, gibt aber schöne Pyramiden und lieferte mir hier im schweren Boden schon zweimal eben so gute Früchte wie früher im leichten Nienburger und Herrnhäuser Boden. **Sommertriebe** nur wenig stufig, nach oben fein wollig, braunroth, mit ziemlich vielen, theils starken, röthlich grauen Punkten. **Blatt** fast flach ausgebreitet, 2¾" lang, 1½" breit, bald langeiförmig, bald elliptisch, zuweilen auch nach vorne etwas breiter, als nach dem Stiele, mit feiner aufgesetzter Spitze und nur sehr fein oder nicht gezahnt. Es bricht im Frühling wollig aus und behält im Sommer immer noch etwas Wolle, besonders an den Rippen. Afterblätter pfriemenförmig. Augen herzförmig, ziemlich stark abstehend, auf flach gerippten Augenträgern.

Oberdieck.

Nachtrag. Die von Hrn. Oberdieck mir gesendeten Blätter haben die hier geschilderte Form; die **Fruchtblätter** eines bereits wieder eingegangenen Probezweigs aus Oberdiecks Reisern hatte ich mir **eirund**, oft etwas herzförmig, mit halbaufgesetzter Spitze, glatt, meist ganzrandig oder nur undeutlich und stumpfgesägt, 1—1½" breit, bis 2½" lang — die Blüthenknospen kegelförmig, stumpfgespitzt, schwärzlichbraun notirt. **Jahn.**

No. 88. Die Klevenow'sche Birne. I, 3. 1. Diel; I. 1. b. Luc.; II. 1. Jahn.

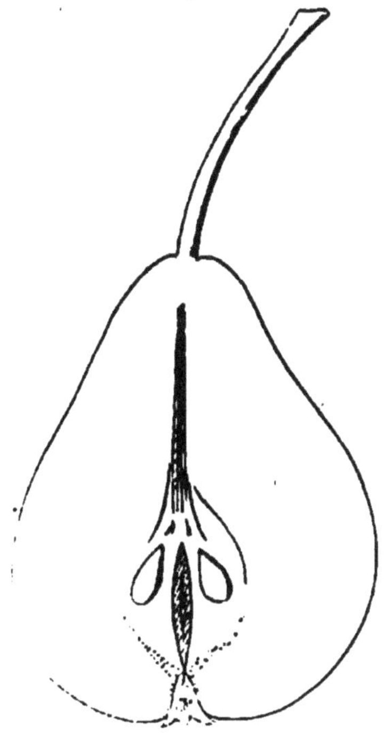

Die Klevenow'sche Birne. Müschen. * † S.

Heimath und Vorkommen: stammt aus dem Dorfe Klevenow in Neuvorpommern. Besonders in der genannten Provinz, so wie im angrenzenden Mecklenburg und an der Ostseeküste wird sie viel gebaut.

Literatur und Synonyme: Müschen's Beschreibung von Obstsorten. — Dittr. I, No. 384. Letzterer führt sie nur dem Namen nach an.

Gestalt: schön birnförmig, 2⅛" lang, 1½—1¾" Zoll breit. Der Bauch befindet sich etwas oberhalb der Mitte nach dem Kelche hin, um welchen sich die Frucht so zuwölbt, daß sie nur mühsam noch aufstehen kann.

Kelch: offen und hartschalig.

Stiel: holzig, 1½" lang, gebogen, steht stets etwas seitwärts wie eingesteckt.

Schale: zart, mattgrün, bei der Zeitigung gelblich schillernd, mit vielen feinen grünen Punkten übersäet. Besonnte Früchte nehmen eine geringe bräunliche Röthe an, welche indeß nie zusammengedrängt erscheint, vielmehr nur streifenartig genannt werden kann.

Fleisch: gelblich weiß, überaus saftreich, butterhaft oder schmelzend, zuckersüß, von einem eigenthümlich angenehmen, gewürzhaften Geschmack.

Kernhaus: hohlachsig, länglich-kreiselförmig, doch nur durch feine Körnchen angedeutet. Die engen Kammern enthalten vollkommene schwarzbraune Kerne.

Reife und Nutzung: die Birne reift Mitte August und hält sich, etwas früher vom Baum genommen, gegen drei Wochen. Als Tafelfrucht sehr gesucht, wird sie in ihrem Heimathslande wegen vielen Zuckerstoffes auch häufig zum Einmachen verwandt.

Eigenschaften des Baumes: derselbe wächst lebhaft und gesund, wird groß und sehr fruchtbar. Belaubung licht. Die Sommertriebe sind olivengrün gefärbt, nur nach oben mit einem Silberhäutchen belegt und mit vielen feinen, braunröthlichen Punkten besetzt. Blatt oval, mit lang auslaufender scharfer Spitze, fast glattrandig oder nur sehr matt gebogt-gezahnt. Augen stark, sehr abstehend, stechend spitz, auf stark gerippten Trägern, stehen in großer Entfernung von einander. — Der 1" lange Blattstiel hat keine Afterblätter.

Schmidt.

Nachschrift: Mit dieser recht guten, pikant süßen, wenn auch ihrem etwas düstern Aeußern nach wenig versprechenden Augustbirn hat mich bereits Hr. Medic.-Rath Dr. Löper in Neubrandenburg bekannt gemacht; die gesendeten Früchte waren aber nur etwa ²/₃ so groß, als die Birne oben gezeichnet ist. — Die beigegebenen Blätter des Fruchtholzes sind länglich eirund (wäre die Spitze nicht so lang auslaufend, so würde ich sie selbst eiförmig nennen), meist glatt, ganzrandig, im Ganzen klein, 1¼" breit, und etwas über 2" lang. Blattstiel dünn, 1½" lang, zum Theil etwas feinwollig.

Jahn.

No. 89. **Deutsche Augustbirne.** II, 2. 1. Diel; II, 2 b. Luc.; V, 1. Jahn.

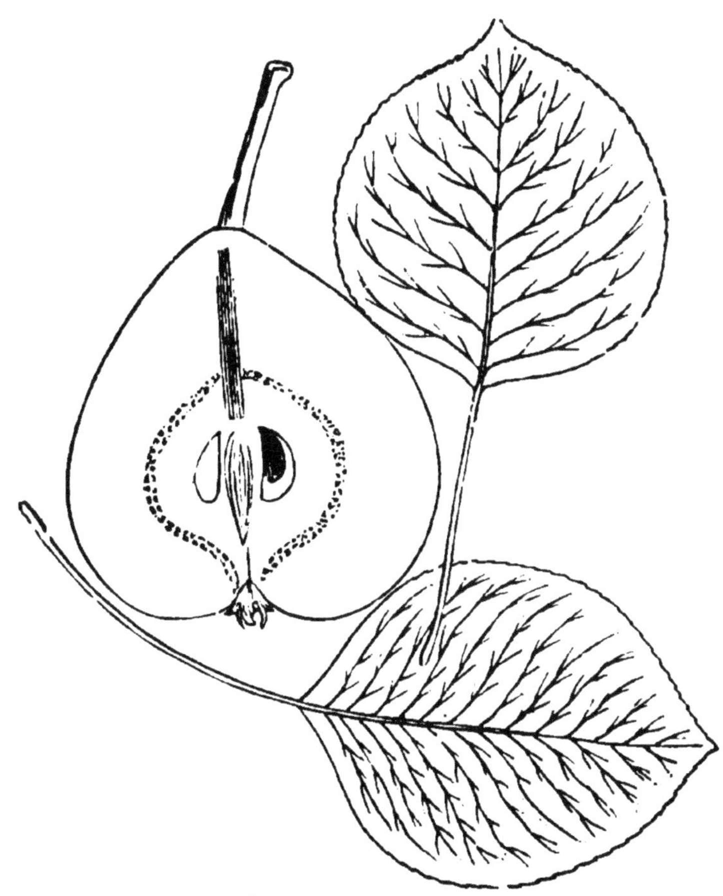

Deutsche Augustbirne. Zink * †† S.

Heimath und Vorkommen: der Augustbirnen gibt es viele; fast jede Gegend hat ihre eigne; in der Umgegend von Meiningen ist die vorliegende sehr häufig verbreitet und beliebt, und sie verdient auch vielen anderen Sorten wegen der Gesundheit und Tragbarkeit des Baumes vorgezogen zu werden.

Literatur und Synonyme: Zink beschrieb sie schon S. 27, bildete sie aber Taf. I. Nro. 10 ganz unkenntlich ab. Auch Sickler im T.O.G. XII. S. 208 hat sie beschrieben und abgebildet, doch ist sie in der ihr beigelegten Form ebensowenig zu erkennen, auch zu stark geröthet und nur das Blatt, obgleich dessen Spitze viel zu lang gedehnt ist, weist durch den keilförmigen Ansatz am Stiele darauf hin, daß man, worauf dann die beschriebene Beschaffenheit des Fleisches und der Geschmack noch hinzeigt, dieselbe Birne vor sich hat. — In den Verhandlungen des Vereins für Pom. und Gart. in Meiningen II. Heft S. 90 gab ich bereits einige Nachricht von dieser Augustbirne. Zink nannte sie nebenbei Poire d'Août; nach Sickler heißt sie beim gemeinen Manne Austbirne, wird auch oft mit der Langen Sommerzuckerbirne und Jungfernbirne verwechselt.

Gestalt: kreiselförmig, ziemlich breitbauchig, bisweilen etwas eirund, 2" breit und ebenso hoch, selten etwas höher.

Kelch: geschlossen oder halboffen, feinblättrig, oft fehlend oder unvollkommen, in schöner, seichter, schüsselförmiger Einsenkung.

Stiel: gelbbraun, 1—1½" lang, obenauf, meist etwas schief oder gekrümmt.

Schale: etwas stark, mattgrün, später gelb mit grünlichem Schimmer, mit charakteristischen feineren und stärkeren bräunlichen Punkten, die die Schale rauh machen. Auch mit etwas Rost um den Kelch, besonders aber fast immer glatt gelbbraun berostet um den Stiel, hie und da auch mit einem Leberfleckchen. Selten auf der Sonnenseite stark geröthet und die vorhandene Röthe besteht meist nur in gelbröthlichen Punkten.

Fleisch: gelblichweiß, körnig, ums Kernhaus ziemlich steinigt, halbschmelzend oder rauschend, saftreich, von fast honigsüßem, dabei angenehm-, wenn auch schwachgewürzten Geschmack.

Kernhaus: mehr oder weniger hohlachsig, Kammern muschelförmig, klein, mit länglichen schwarzen meist unvollkommnen Kernen.

Reife und Nutzung: Mitte August oder 8 Tage später, hält sich 14 Tage. Ist zu allen Zwecken brauchbar. Findet auch auf den Märkten stets guten Abgang.

Eigenschaften des Baums: der Wuchs des Baumes ist stark und schön, er bildet zwar gerade keine Pyramide, sondern breitet seine etwas abstehenden, aber nicht hängenden Zweige einer Eiche ähnlich aus, die er auch hinsichtlich seiner Größe und seines Alters zu erreichen strebt und wird bei uns einer der stärksten und ältesten Birnbäume. Er ist auch, wenn hinlänglich ausgewachsen, abwechselnd sehr fruchtbar.

Blätter: breitelliptisch, bisweilen ganz rundlich (und könnte man sie, wenn die keilförmige Verschmälerung nach dem Stiele zu nicht wäre, in Cl. I. stellen), 1¾" breit, bis 2½" lang, glatt, meist nach der etwas vortretenden Spitze hin deutlich aber fein gesägt, mitunter auch unterhalb wollig, flach, doch die Spitze etwas gekrümmt, sehr dunkelgrün, meist in gleicher Richtung mit den Stielen geradeaus oder wagrecht stehend (nicht hängend).

Blüthenknospen: dick, kurzkegelförmig, sanftgespitzt, schwarzbraun, glatt. — Sommerzweige: etwas stufig und oben verdickt, grünlich graubraun, gegenüber röthlich grünbraun, fein schmutzigweiß warzig punktirt.

J.

No. 90. Die Grüne Tafelbirne. I, 3. 1. Diel; I. 1. a (b) Luc.; III. 1. Jahn.

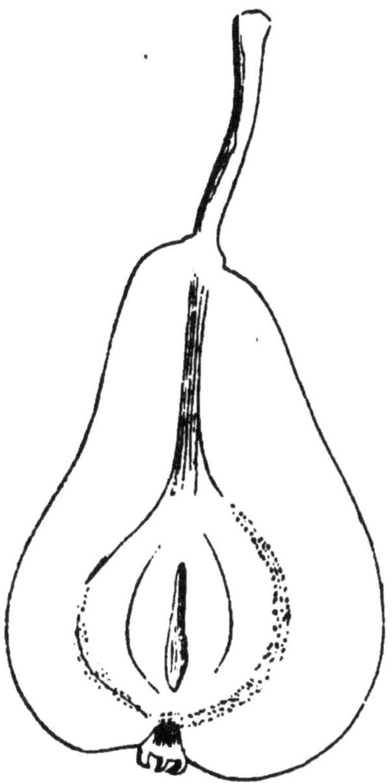

Die Grüne Tafelbirne. Christ. ** †† S.

Heimath u. Vorkommen: in Norddeutschland häufig verbreitet.

Literatur und Synonyme: Grüne fürstliche Tafelbirne (Norddeutschland). Fürstliche Tafelbirne (Knoop). Grüne fürstliche Tafelbirne (Christ's vollständ. Pomologie S. 394. Dessen Hdwb. S. 216). Grüne fürstliche Tafelbirne (Dittrich III. S. 121). — Sie wird nach Hrn. Grafen von Schlippenbach in Norddeutschland Schmalzbirne genannt und Hr. Dr. Rudolphi in Mirow glaubt, daß es die in dortiger Gegend verbreitete Champagnerbirne ist. (Briefl. Mittheilung.) Nach von Flotow (Monatschr. II. S. 252) ist nun aber die Mecklenburger Champagnerbirne identisch mit Diel's (IV. S. 100) Trompetenbirne. Wenn indessen die Champagnerbirne, wie sie mir auch Hr. Med.-Rath Dr. Löper in Neubrandenburg vor Kurzem sandte, nach den beigegebenen Blättern wohl nicht verschieden von der vorliegenden ist, so bin ich doch noch über die Trompetenbirne zweifelhaft, obgleich man am Ende Diel's Beschreibung der Frucht der letzteren auch auf die Grüne Tafelbirne anwenden kann. Jahn.

Gestalt: schön birnförmig, 3" lang, 2" breit, einzelne Exemplare oft ½" länger und dann auch ½" breiter. Die größte Breite befindet sich hoch gegen den Kelch hin, um welchen sich die Frucht halbzirkelförmig abrundet. Nach dem Stiele zu nimmt sie allmälig ab und läuft nach einer Einbiegung in eine Spitze aus, von welcher der Stiel oft die Fortsetzung ist.

Kelch: offen, in einer geringen Einsenkung obenauf sitzend.

Stiel: 1½—2" lang, grün, steht meistens schief auf der Fruchtspitze.

Schale: hellgrün, dünn, etwas zähe, bei voller Zeitigung in's Gelbliche schillernd. Bei stark besonnten Früchten ein Anflug von bräunlicher Röthe. Punkte zart, kaum sichtbar. Bei Früchten, welche stets beschattet waren, finden sich, besonders in nassen Jahren, häufig Rostflecken von verschiedenem Umfange vor.

Fleisch: mattweiß, schmelzend und saftreich, von einem süßen, müskirten Geschmack.

Kernhaus: lang, enge, vollkommene, länglichspitze Kerne enthaltend.

Reife und Nutzung: Mitte Augusts, Haltbarkeit 14 Tage, und länger, wenn man die Früchte nach und nach abnimmt. Als Tafelfrucht gewiß eine der vorzüglichsten in dieser Jahreszeit; außerdem aber auch zu jedem wirthschaftlichen Gebrauch geeignet.

Eigenschaften des Baums: derselbe gedeiht selbst in den nördlichen Gegenden Deutschlands sicher, nimmt selbst mit ungünstigem Boden und Standort vorlieb. Bei starkem Wuchse bildet er eine kugelförmige Krone mit sperrhaften Aesten, wird alt und ist alljährlich fruchtbar. Sommertriebe braunröthlich, mit starken weißen Punkten besetzt. Die weit entfernt stehenden, nach unten gebeugten Augen sind kurz, dick und gelbbraun. Blatt scharf gespitzt, auf der obern Fläche dunkles Grasgrün, glänzend, meist undeutlich und bogenförmig stumpf gezahnt. Der 1—1½" lange Blattstiel hat keine Afterblätter. Schmidt.

Nachschrift. Die Blätter einiger aus Hrn. Schmidt's Reisern erzogener junger Bäume sind am Tragholze, so weit sich dieses ausgebildet hat, eirund, oft etwas herzförmig, auch eiförmig, unterhalb etwas wollig (auch oben ist oft ein feiner wolliger Anflug), ganzrandig oder nur an der Spitze deutlich gezahnt, am Rande mehrfach und auffällig wellenförmig gebogen, auch sichelförmig oder die Spitze halbspiralförmig gekrümmt, 1¾ bis fast 2" (die am Grunde der Sommerzweige auch über 2") breit, mit der oft langauslaufenden Spitze bis fast 3½" lang, dunkelgrün, doch wegen des wolligen Anflugs nicht sehr glänzend. — Der Geschmack der Champagnerbirne ist sehr angenehm, durch seine Säure erhaben süß, wie Diel übrigens auch den der Trompetenbirne als erquickenden, gewürzhaften Muskatellergeschmack bezeichnet.

Jahn.

No. 91. Die Erzherzogsbirne. II, 3 (2) 1. Diel; I, 1 a od. b. Luc.; III, 1. Jahn.

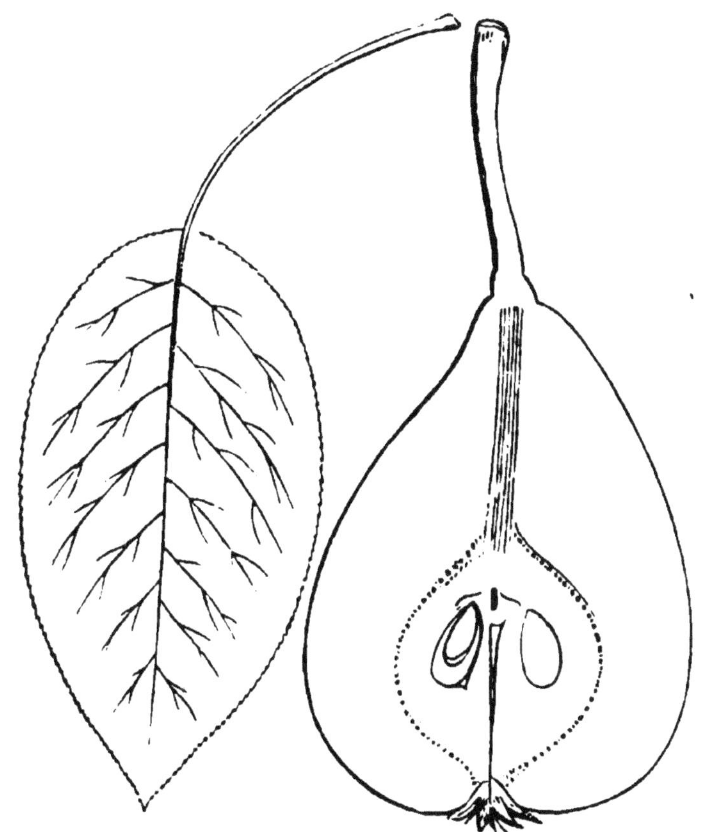

Die Erzherzogsbirne. Diel ** † S.

Heimath und Vorkommen: sie ist nach Diel französischen Ursprungs, wird aber bereits mehrfach in deutschen Gärten, nebenbei öfters auch unter anderem Namen gefunden.

Literatur und Synonyme: Diel I. S. 199. Er erhielt sie als l'Archiduc d'eté, weiß aber keinen Autor für sie anzugeben. — Liegel in Mon. II. S. 15 gibt ihr II. Rang, meint aber, sie dürfe in keinem Garten fehlen. — Nach Oberdieck und meinen eignen Erfahrungen ist sie mit der Gelben Sommerherrnbirne (Diel III. S. 71) identisch (Oberdieck Anl. S. 352, auch Monatsschr. I. S. 49) und heißt als solche im Hannoverischen und Württembergischen schlechtweg Tafelbirne. — Von der Gelben Sommerherrnbirne ist aber dann auch die Dürkheimer (Türkheimer) Tafelbirne, die von Lämmerhirt in Heinrichs nach Hohenheim kam (Luc. S. 151) und die Kandelbirne der Gebrüder Haffner (Nr. 247 deren Catal.) jedenfalls nicht verschieden, so daß also dieselbe Birne hiernach allerlei Namen führt. — Cat. Lond. hat Archiduc d'eté als Synon. der Amire Joanet, die danach auch St. Jean und Jeannette heißt, was aber eine ganz andere Frucht ist.

Gestalt: kegelförmig, nach dem Stiele zu mehr oder weniger zugespitzt, in regelmäßiger Form 2½" breit und 3" lang, die kürzer gebauten Früchte sind verhältnißmäßig oft etwas breiter.

Kelch: lang- aber schmal- und spitzblättrig, bisweilen auch unvollkommen und hornartig, offen oder halboffen, seicht oder flachstehend, bisweilen mit etwas Beulchen.

Stiel: grün oder gelb, nach der Birne zu fleischig, bis 1½" lang, obenauf, oft ohne Absatz, meist mit etwas Fleischringeln oder neben einer Beule und dann schief.

Schale: glatt, schön gelblichgrün, später hellgelb, gewöhnlich mit carminrothen Streifen an der Sonnenseite (Diel schildert diese schwach-braunröthlich, etwas flammenartig), und mit dunkelgrünen, lichtergrün umkreisten Punkten und etwas Roststreifchen um den Kelch.

Fleisch: gelblich oder grünlichweiß, fein, saftig, halbschmelzend, sehr angenehm gezuckert, wenn auch nicht zu süß — nach Diel etwas grobkörnig, rauschend, von einem blos reinen Zuckergeschmack. Auch riecht die Frucht in der Reife fein müskirt.

Kernhaus: durch feine Körnchen angedeutet, verhältnißmäßig, bisweilen mit etwas hohler Achse. Kammern klein, mit meist weißen, unvollkommenen Kernen. Diel beschreibt die Achse des Kernhauses in der Mitte als groß und weit, doch weiß man, daß dieses oft auch variirt.

Reife und Nutzung: Mitte August, in Meiningen meist gegen den 20. August, gewöhnlich 8 Tage nach der Sparbirn, der sie ähnlich ist, die aber noch besser schmeckt und deren Baum eine ganz andere Vegetation hat. Darf nicht erst gelb werden. Sehr schätzbare Tafelfrucht, doch auch zu andern Zwecken brauchbar. Springt nur in anhaltendem Regen gerne auf.

Eigenschaften des Baums: derselbe wächst lebhaft, wird aber nur mittelstark, gedeiht auf Quitte, ist sehr fruchtbar, und an seinen starken langen Trieben und an seinem großen Blatte nach Diel kenntlich. — Blätter länglich eiförmig, bisweilen eirund, öfters etwas herzförmig mit meist auslaufender Spitze, 1½—1¾" breit, bis 3" lang, glatt, feingesägt. — Blüthenknospen ziemlich groß, kurzkegelförmig, ziemlich stechendspitz, dunkelbraun, oft etwas silberhäutig. — Sommerzweige stark und gerade, doch bisweilen auch stufig, grünbraun, sonnenwärts röthlichbraun, fein gelblichweiß punktirt.

J.

No. 92. Die Frauenschenkel. II, 3. 1. Diel; II, 2 a. Luc.; III, 1. Jahn.

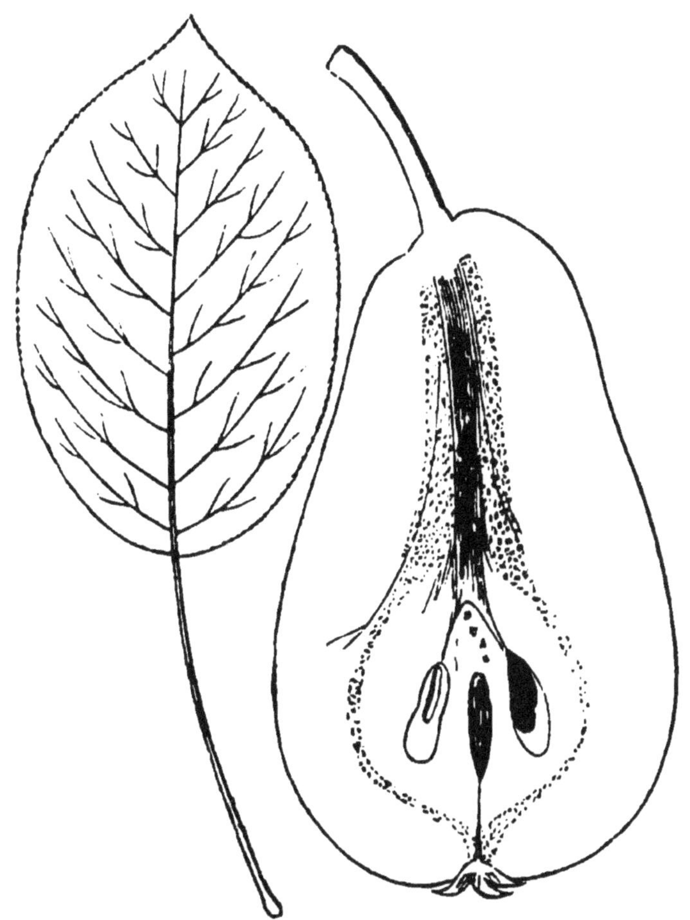

Die Frauenschenkel. Miller * † S.

Heimath und Vorkommen: findet sich in Meiningen unter diesem Namen, war auch in des Hrn. v. Könitz Obstgarten unter diesem Namen gepflanzt. Ist von der Sparbirne, die in Belgien und Frankreich allgemein als Frauenschenkel geht und welche auch Diel als Frauenschenkel an Liegel und Oberdieck gab (Oberdieck S. 418 und

Liegel in Monatsschrift II. S. 15) durch ihr rauschendes und brüchiges Fleisch und durch ihre einfache blaß grünlichgelbe, fast weiße Farbe, der selten etwas Roth beigegeben ist, gänzlich verschieden und verdient so eher den Namen, da, wie schon Mayer bemerkt, kein Frauenzimmer wohl die eine Hälfte des Schenkels dunkelgelb, die andere braunroth wird haben wollen.

Literatur und Synonyme: Schon die Alten hatten ihre Frauenschenkel als Onynchina, was „alabasterfarbig," also eine weiße Birne, bedeuten soll. Diel im IV. Hefte S. 121 gibt als Synonyme seiner Frauenschenkel Poire de Rives Merl., vielleicht auch dessen Fusée d'eté, Sommer-Spindelbirn, Lady Thigh Mill., Wadelbirne, Frauenbirne, Christ, an, schildert aber fast die ganze Sonnenseite als erdartig dunkelgeröthet, obgleich er Eingangs bemerkt, daß Miller die Windsor-Pear mit Recht von der Frauenschenkel getrennt habe, weil letztere gar keine Röthe habe. — Die vorliegende ist wahrscheinlich die Sorte, welche Lucas S. 149 als Frauenschenkel beschreibt und jedenfalls die Cuisse Madame Millers, die dieser als blaßgrün, II. R., in der Ueberreife oft mehlig werdend schildert, wie dieses der C. M. nach der französischen Beschreibung nicht zukomme, die eine sehr gute Birne, aber in England als Jargonelle bekannt sei. — Im Cat. Lond. wird letztere (die Sparbirne) zum Unterschied C. M. la grosse, die andere einfach C. M. genannt.

Gestalt: birnförmig kegelförmig, 2" breit, 2³/₄" hoch, oder wie die vorliegende von einem jugendlichen Baume genommene Frucht, mehr länglich, fast walzenförmig, 2¹/₄" breit und 3¹/₄" hoch.

Kelch: groß, lang- und schmalblättrig, graugrün, sternförmig, offen, seicht.

Stiel: oft 2" lang-, nach der Birne zu fleischig, grünbraun mit Einschnürungen, wie eingesteckt, in Fleischringeln, oder durch einen Wulst zur Seite gedrückt.

Schale: etwas uneben, doch glatt und glänzend, blaßgrünlich weiß, überreif weißgelb mit lichter grün umkreisten grünen Punkten und nur hie und da mit etwas schwachem streifigen Roth oder röthlichen Punkten.

Fleisch: weiß, körnig, rauschend oder brüchig von süßweinigtem, etwas matten, d. h. wenig gewürzten, jedoch nicht unangenehmen Geschmack.

Kernhaus: ziemlich groß, hohlachsig, mit etwas Steinchen umgeben, und mit oft unausgebildeten halbweißen Kernen.

Reife und Nutzung: Mitte bis Ende August oder Anfang September, 8 Tage. Wird bald teig oder mehlig. Aeußerlich recht schön, deßhalb auch noch zur Tafel geeignet.

Eigenschaften des Baums: derselbe wächst anfangs stark mit später hängenden Zweigen, trägt auch reichlich, ist aber gegen Frost nicht unempfindlich und wird selten alt. Blätter eiförmig, bisweilen verkehrt eirund (d. h. vorne am breitesten) mit auslaufender oder etwas vortretender Spitze, 1³/₄" breit, 2³/₄" lang, fein gesägt, öfters etwas verloren wollig, mit feinen schwärzlichen Borsten auf der Mittelrippe, etwas hellgrün. — Blütheknospen groß, kegelförmig, stumpfgespitzt, etwas schuppig, gelbbraun. — Sommerzweige nach oben stufig und verdickt, gelbbraun mit ziemlich großen erhabenen, weißgelblichen Punkten.

J.

No. 93. Zweimal tragende Birne. III, 2. 1. Diel; II, 2 a. Luc.; III, 1. Jahn.

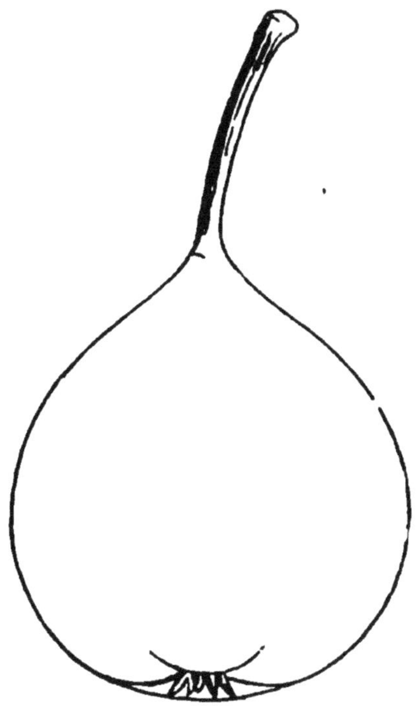

Zweimal tragende Birne. Diel (Sickler, Zink) * † S.

Heimath und Vorkommen: dieselbe ist wahrscheinlich deutschen Ursprungs, weil keiner der älteren französischen Pomologen sie erwähnt. — Ich fand sie, wie sie oben vorliegt, in des Hrn. v. Könitz Baumschule zu Jerusalem bei Meiningen unter dem betreffenden Namen angepflanzt.

Literatur und Synonyme: Sie stimmt mit Diel's (III. S. 131) Zweimal blühender und zweimal tragender Birne, Zweiträchtige, Deux fois l'an, auch mit T.O.G. XVII. S. 165 Taf. 8 und mit Zink's Abbildung und Schilderung derselben im Pom. pict. Letzterer nennt sie nicht richtig Double fleur, denn sie blüht nicht etwa gefüllt und Duhamel beschrieb III. S. 47 als Double fleur eine zwar ähnlich geformte Birne, die aber im Februar bis April reift und wirklich gefüllt blüht, und welche nach dem Bülletin der Gartenbauges. zu Rouen von 1842 S. 66 auch Armenie, Poire d'Armenie heißt. — Andere nennen sie Doppeltragende Birn, Double fleur et fruit und nach Sickler heißt sie auf Englisch Double flowered Pear, wovon aber Cat. Lond. nichts erwähnt, der sie als Deux fois l'an hat. — Ob Biv. III. S. 115 als Deux fois l'an dieselbe Birne hat, ist zweifelhaft, sie ist auf der Abbildung weit größer und fast rein kegelförmig, obgleich er sie als kreiselförmig birnförmig beschreibt, hat gröbliches körniges, aber schmelzendes Fleisch und soll nicht bloß zweimal, sondern sogar viermal und mehr blühen, und so vom Juli bis zu den Frösten unaufhörlich Früchte bringen.

Gestalt der Sommerfrucht: Rundbauchig kreiselförmig, etwas kurzgespitzt, oft unregelmäßig in der Rundung, mittelgroß, fast klein, 2—2¼" breit und ebenso hoch oder etwas höher, oft aber auch kleiner.

Kelch: meist stark, langgespitzt, offen, sternförmig, meist flach, doch auch mehr oder weniger eingesenkt, mit etwas perlenartigen Erhabenheiten.

Stiel: 1¼—1½" lang, olivengrün, oft fleischig obenauf oder durch etwas Beulen seitwärts oder auch darin schwach vertieft.

Schale: glatt, hellgrün, später hellgelb (dann überreif), oft etwas erdartig geröthet, mit vielen grauen und grünen Punkten, auch öfters etwas Rost.

Fleisch: weiß, grobkörnig, saftvoll, abknackend, rauschend, doch von süßem fein rosenartigen Geschmack.

Kernhaus: klein, fest geschlossen, Kammern oval, klein, glatt, mit wenigen vollkommenen Kernen. Kelchröhre reicht oft bis zum Kernhaus herab.

Reife und Nutzung: Ende August, kaum 8 Tage. Wird etwas schnell teig. Muß früher abgenommen und verbraucht werden, sobald sie am Stiele gelblich wird. Ist dann ganz wohlschmeckend. —

Die zweite Frucht entwickelt sich aus der um Johanni erscheinenden zweiten Blüthe und bildet einen Strauß von Früchten von verschiedener Größe und Form. Meist sind sie mehr länglich, kegelförmig oder walzenförmig (gurkenartig), die kleineren auch birn- und feigenförmig. Nur in guten Jahren erlangen sie ihre hinlängliche Ausbildung, sind dann gelb, zimmtfarbig punktirt und berostet, bisweilen geröthet, haben regelmäßiges Kernhaus und vollkommene Kerne, süßen muskirten Geschmack, sind Ende September oder Anfang October reif. — Diese zweite Frucht sah ich jedoch an meinem Baume zeither ebensowenig, wie Liegel an dem von ihm seit 1815 gepflanzten (Liegel N. D. II. S. 103); doch hat mir sie der Gärtner Egers zu Jerusalem mehrfach geschildert und liegt es wohl, wie auch Liegel meint, am Standort und Boden und an dem Einfluß der Witterung, wenn das zweite Blühen statthaben soll.

Eigenschaften des Baums: derselbe wächst hier gut, schön pyramidal, ist auch ziemlich fruchtbar, gedeiht nach Diel auf Quitte und räth dieser, ihn auf letzterer zu erziehen.

Blätter: länglich eiförmig mit etwas aufgesetzter Spitze, 1¾" breit, 2½ bis 2¾" lang, oft nach dem Stiele zu verschmälert und in der vorderen Hälfte am breitesten, glatt, doch die jüngsten Blätter etwas wollig, meist ganzrandig, etwas schiffförmig und sichelförmig, ziemlich dunkelgrün und glänzend. — Blüthenknospen ziemlich groß, fast stechendspitz. Sommerzweige bräunlichgelb, gegenüber röthlich gelbbraun, fein gelb punktirt.

J.

No. 94. Die Hopfenbirne. IV, 2. 1. Diel; II, 2. b. Luc.; III, 1. Jahn.

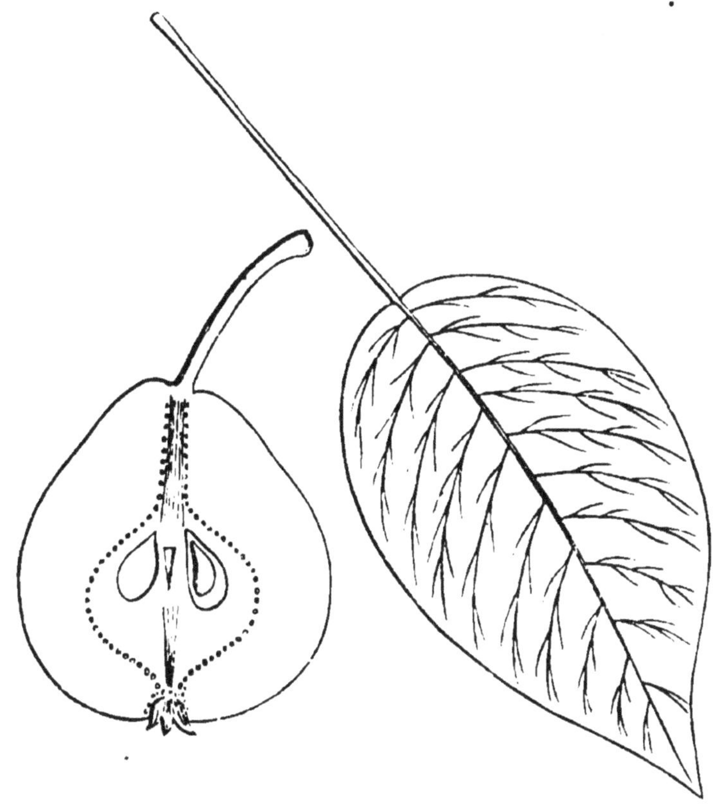

Die Hopfenbirne. Diel * †† ! S.

Heimath und Vorkommen: Diel führt als Autor für diese Birne, deren Herkunft er nicht angibt, Zink an, doch meint er, ob seine Frucht ganz mit der des letzteren übereinstimme, könne er aus einem Zink nicht behaupten. — Ich habe nach dessen Pomarium geglaubt, eine hier vielfältig unter dem Namen „Kleine Muskateller" verbreitete Birne (die Oberdieck für die zartschalige Sommerbirn halten möchte) für diese Hopfenbirne Zink's, die dieser Berg. d'eté longue nebenbei nennt, welche aber ganz verschieden von der Sicklerischen langen Sommer-

Bergamotte im T.O.G. I. S. 280 ist, ansprechen zu können. Doch zweifle ich nicht daran, daß die hier abgebildete Birne Diel's Hopfenbirn ist, indem sie ganz mit seiner Beschreibung stimmt und mir dieselbe auch von Römhild als Hopfenbirne gesendet wurde.

Literatur und Synonyme: Diel beschrieb sie im I. Heft S. 303 und bekam sie von Prof. Crede in Marburg auch als Rosenbirne. Dieselbe Frucht wird vielfältig in der Gegend von Saalfeld als Stieglitzbirne gepflanzt, und bildet zu ihrer Zeit einen Hauptgegenstand des dortigen Obsthandels. Auch bekam ich sie von einem anderen unterländischen Dorfe unseres Landes, aus Unterkatz, als Zuckerbirne und Jeder, der sie kennt, ist voll ihres Lobes, sowohl in Betreff der Güte der Frucht, wie des guten Ertrags und der Stärke ihrer Bäume. In anderen Schriften als noch in Christ's Hdwb., wo sie S. 183 nach Zink und Diel, und als Tafelfrucht vom II. Rang beschrieben ist, habe ich sie nicht gefunden.

Gestalt: kreiselförmig oder abgestumpft kegelförmig, bisweilen etwas birnförmig, in schönster Ausbildung zwischen 1¾—2" breit und ebenso hoch oder 1—2''' höher, oft aber kleiner und schmäler.

Kelch: klein- und graublättrig, oft unvollständig und hornartig, offen, flach, oft mit etwas Erhabenheiten.

Stiel: dünn, 1¼—1½" lang, obenauf oder in schwacher Vertiefung mit Fleischumgebung.

Schale: gelbgrün, später grünlichgelb, bisweilen mit etwas trübem fast streifenartigem Roth oder nur röthlichen Punkten, auch sonst mit vielen feinen gelbgrauen Punkten und mit etwas Rost, doch besonders nur um Kelch und Stiel. Die Schale ist überhaupt etwas uneben.

Fleisch: mattweiß, nicht zu saftreich, etwas fest, fast brüchig, doch gehörig reif fast halbschmelzend, im Kauen rauschend, doch von recht angenehmem, rosenartigen Zuckergeschmack. Auch riecht die Frucht in Menge stark müskirt.

Kernhaus: schwach hohlachsig, Kammern muschelförmig mit vielen, etwas kleinen, vollkommenen gelb- oder schwarzbraunen Kernen.

Reife und Nutzung: Ende August bis Anfangs September, 14 Tage. Außer zum Rohgenuß dient die Birne besonders zum Kochen und Welken und findet auf den Märkten sehr guten Absatz. Ist auch nach Diel eine sehr gute Sommerbirn für Tafel und Wirthschaft.

Eigenschaften des Baums: derselbe wächst groß und schön, trägt bald und reichlich, weßhalb in Saalfeld ein Jeder am liebsten einen Stieglitzbirnbaum pflanzt. — Blätter eiförmig mit meist langer auslaufender oder etwas aufgesetzter, oft scharfer Spitze, oft klein, 1¼" breit, 2" lang, an jungen kräftigen Bäumen auch fast 2" breit, 3½" lang, meist etwas wollig, ganzrandig langgestielt, schiffförmig, die Endspitze stark nach unten gekrümmt, ziemlich dunkelgrün und glänzend. — Sommertriebe gelbbraun oder röthlichgelb, nur wenig punktirt.

J.

No. 95. **Windsorbirne.** II, 1. 1. Diel; I, 2 (1) b. Luc.; V, 1. Jahn.

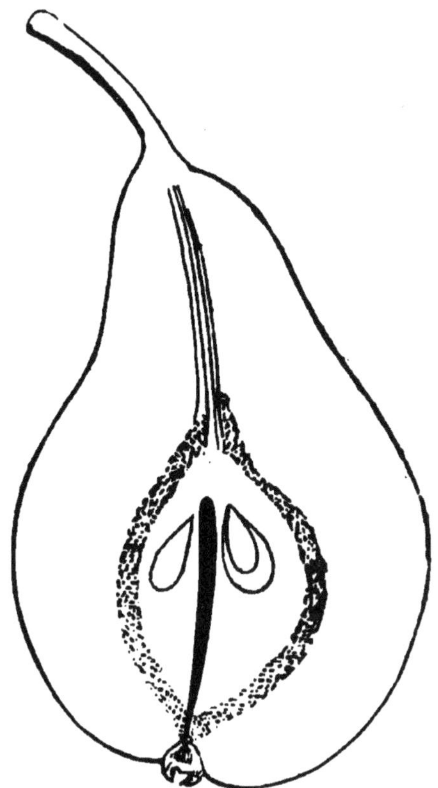

Windsorbirne. Oberdieck (Downing) * †† Aug. Sept.

Heimath und Vorkommen: gehört zu den alten, weitverbreiteten Früchten, findet sich auch im Hannoverischen gar nicht selten unter mancherlei falschen Namen, und stand in meinem Garten zu Bardowick ein schörer Hochstamm davon. Das Reis erhielt ich von Hrn. v. Flotow und stammt es weiter von J. Booth, der ohne Zweifel die Sorte aus England bezog.

Literatur und Synonyme: Bestimmt und völlig kenntlich finde ich die obige als Windsor-Pear nur bei Downing p. 347 beschrieben, unter Verweisung auf Lindl. und Thomson und Anführung der Synonyme Summer-Bell, Cuisse Madame (of some) und Konge. Dieselbe wird der Londoner Catalog Nr. 439 als Windsor haben; der neben Konge und Cuisse Madame (of some) auch noch bemerkt, daß sie von Einigen Monarch genannt werde und auch noch eine Winter-Windsor hat. Auch Dittrich's kurze Angaben I. Nr. 325, der auf Garten-Encyclopädie Nr. 14 verweist, lassen hinreichend die obige vermuthen. Der T.O.G. führt Thl. 4 Windsorbirn als Synonym mit seiner Franzmadam auf, und ebenso findet man Windsorbirne als Synonym bei Brüsselerbirne und Römische Schmalzbirne, welche letztere auch Konge und Monarch genannt wird. Die Frage, welcher Frucht obiger Name eigentlich ursprünglich zukomme, führt auf das chaotische Gebiet von Franzmadam, Brüsselerbirne, Cuisse Madame etc., wo gehöriges Licht schwerlich zu schaffen ist, und wird es am besten sein, die hier nun genauer beschriebene Frucht künftig allgemein Windsorbirn zu nennen.

Gestalt: birnförmig, 2 1/3—2 1/2" breit und 3 1/2—4" hoch. Bauch beträchtlich mehr nach dem Kelche hin, um den die Frucht sich allmählig so zurundet, daß sie meist nicht aufstehen kann, zumal fast immer die eine Seite höher ist, als die andere. Nach dem Stiele schlanke Einbiegungen, auf der einen Seite meist stärker, als auf der andern, und schöne, lange, sehr wenig abgestumpfte oder halb in den Stiel auslaufende Kegelspitze.

Kelch: hartschalig, offen, sitzt in flacher Senkung, in der einige flache Beulen sich erheben, und sich oft, doch flach, bis zum Bauche hinziehen.

Stiel: stark, 1 1/4—1 1/2" lang, fast immer sanft gekrümmt, geht aus der Frucht heraus, und ist meistens zur Seite gebogen.

Schale: ziemlich stark, bei richtiger Pflückezeit grasgrün, fast seladongrün, wird in der Zeitigung gelbgrün, und zuletzt hellgelb. Recht besonnte haben oft einen Anflug von bräunlicher, unansehnlicher Röthe, die irgend beschatteten fehlt. Punkte zahlreich, doch fein, grünlich umringelt.

Fleisch: gelblich weiß, fein, wenn die Frucht früh genug gebrochen ist, halbschmelzend, oft wirklich schmelzend, ist nur um das Kernhaus herum etwas körnig und von angenehmem etwas weinartigem, gezuckertem Geschmacke, der in manchem Boden eine geringe Herbigkeit annimmt.

Kernhaus: hat schmale hohle Achse, die nicht großen Kammern enthalten wenige vollkommene Kerne.

Reifzeit und Nutzung: reift in warmen Jahren gegen Ende August, oft erst Anfang September, für die Tafel angenehm, doch brauchbarer im Haushalte. Hält sich nicht über 14 Tage.

Der Baum wächst in allerlei Boden gesund und ist fruchtbar; doch fallen in warmer Lage die jungen Früchte durch heiße Tage im Juni zahlreich ab. Er wird groß, wächst schön pyramidal und zeichnet schon in der Baumschule durch seinen kerzengeraden Wuchs und die steifen starken, nach oben wenig abnehmenden, olivengrünen, oft in's Leberfarbige spielenden Sommertriebe sich aus.

Blatt: groß, glänzend, bald flach ausgebreitet, bald nach den Rändern etwas muldenförmig erhoben, unten am Triebe fast rund, in der Mitte mehr rundeiförmig, meist so lang als breit, und nur fein gezahnt. Augen breit konisch, nach oben vom Zweige abstehend. Oberdieck.

Die Blätter des alten Holzes sind denen der Sparbirne höchst ähnlich, breitelliptisch, auch elliptisch und rundlich, von verschiedener Größe, doch oft groß, 2 1/4" breit, mit der oft 1/2" vortretenden Spitze selbst 3 1/4" lang, glatt, etwas weniger scharf oder deutlich gesägt, als die der Sparbirne, bei welcher aber ebenfalls, wie bei der vorliegenden, ganzrandige Blätter vorkommen. (Dieselbe Blattform kömmt unter den mir bekannten Sorten nur noch bei der Zwibotzenbirne, bei Liegel's Glasbirne und bei der Edlen Mönchsbirne vor, doch bei keiner von allen ist sie so beständig und in die Augen fallend, als bei der Sparbirne). J.

No. 96. Die Blumenbirne. II, 1 (2). 1. Diel; II, 2 b. Luc.; III, 1. Jahn.

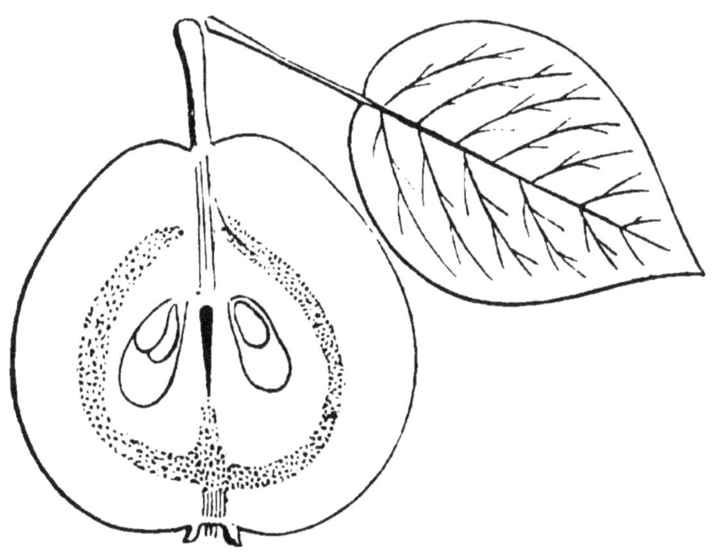

Die Blumenbirne. Diel (van Mons) * † Sept.

Heimath und Vorkommen: wurde von Hrn. v. Mons erzogen, in dessen Catalog sie Ser. 2 Nr. 1780 als Fleur Pommier vorkommt, und von dem Diel sie erhielt. Ihre Empfehlung besteht hauptsächlich nur in außerordentlicher Fruchtbarkeit des Baums, und ist sie daher nicht verbreitet.

Literatur: Diel N.K.O. III. S. 253. Die Blumenbirn.

Gestalt: 2¼" breit und so hoch oder etwas niedriger; abgestumpft rundkreiselförmig, in Form den Pomeranzenbirnen ähnlich, und vergleicht sie Diel passend mit der Rothbackigen Citronatbirne. Bauch bald etwas mehr nach dem Kelche hin, bald fast in der Mitte; um den Kelch rundet die Frucht sich schön zu und steht gut auf; nach dem Stiele macht sie mit flachrunden Linien eine stark abgestumpfte Spitze. Erhabenheiten laufen über die schön gerundete Frucht nicht hin.

Kelch: hartschalig, weit offen, in kleiner, ebener Senkung.

Stiel: holzig, 1 bis 1¼" lang, sitzt in enger, ebener Höhle, oft auch mit einigen kleinen, flachen Beulen umgeben.

Schale: glatt, fein, geschmeidig, vom Baume gelbgrünlich, später citronengelb. Die Sonnenseite ist mit einem ziemlich freundlichen Roth leicht verwaschen, in dem man, besonders nach dem Stiele hin, deutliche Spuren von Streifen bemerkt. Die Röthe fand ich jedoch nicht, wie Diel angibt, über die ganze Sonnenseite verbreitet, und hatten viele Früchte gar keine Röthe. Punkte zahlreich, in der Grundfarbe fein grün, später etwas hellergelb umringelt, im Roth gelblich. Geruch fehlt.

Fleisch: mattweiß, nach Diel halbschmelzend, bei mir abknackend, saftreich, von recht angenehmem Zuckergeschmacke.

Kernhaus: geschlossen, groß, mit nur unbedeutender hohler Achse. Die geräumigen Kammern enthalten viele lange, spitze, schwarzbraune Kerne. Kelchhöhle sehr flach.

Reifzeit und Nutzung: zeitigt nach Diel Ende August, in hiesiger Gegend, selbst in warmen Jahren (wie 1858, wo ich einen klettevollsitzenden Zwergbaum in Herrnhausen sah) erst $^1/_3$ bis $^1/_2$ Sept. Hält sich nicht über 14 Tage lang, ist jedoch zum Kochen und Welken ganz brauchbar.

Der *Baum* wird nach Diel groß und bildet eine flachgewölbte, ausgebreitete Krone, die gern hängende Zweige macht. Sein gesunder Wuchs in allerlei Boden und frühe und sehr reiche Tragbarkeit bestätigte sich auch schon bei mir. *Sommertriebe* mit feiner, weißgrauer Wolle besetzt, olivengrün, zahlreich, aber fein und nicht in's Auge fallend punktirt. *Blatt* klein, elliptisch, oft auch eiförmig, etwas schiffförmig aufwärts gebogen, beim Ausbrechen merklich wollig, nur gerändelt oder ganzrandig. *Blätter der Fruchtaugen* größer, mehr *eiförmig*, (fast etwas eirund, $1^1/_2$″ breit, mit der auslaufenden Spitze 2″ lang, also gegen die Länge ziemlich breit, unterhalb etwas wollig und auch oberhalb oft noch schwach wollig, ganzrandig, ziemlich kurz gestielt. Der herzförmige Ausschnitt des Blattes nach dem Stiele zu ist *in den meisten Fällen* kaum angedeutet. Jahn). Augen stark, spitz herzförmig, anliegend, nach oben etwas abstehend, Augenträger mäßig stark vorstehend.

Oberdieck.

No. 97. Die Cassolet. II (in Nordd. III), 3. 1. Diel; I, 2 a. Luc.; IV, 1. Jahn.

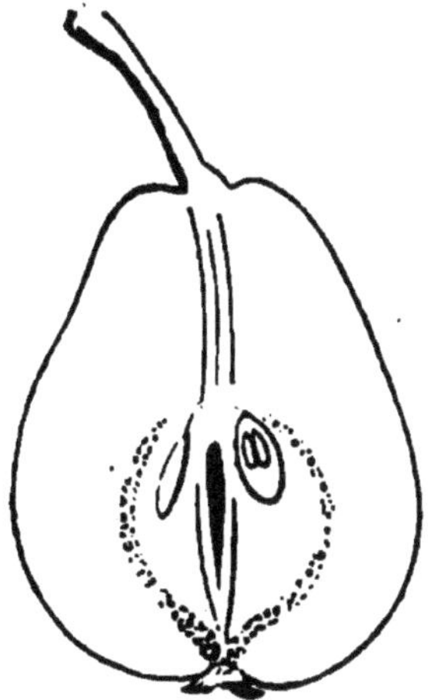

Die Cassolet. Diel (Quintinye) † S.

Heimath und Vorkommen: gehört zu den alten Sorten, die in Frankreich schmackhafter sein mögen als bei uns; ist wenigstens in Norddeutschland des Anbaues nicht werth.

Literatur und Synonyme: Diel I, p. 235: die Cassolet; Quintinye Tom. I, p. 261 und Duhamel III. T. 18: La Cassolette, ou Friolet, Muscat vert, Lechefrion; Merlet: Cassolette, ou Tarte Ribaut; Pomon Franc. Taf. X, Nr. 15 hat noch die Synonyme Portugal d'eté, Prunai, Depot de Sillery. Im Londoner Catalog hat sie noch das Synonyme Lecho Friande. Knoop I, Taf. 5 hat nicht die rechte. Das T. Obstcab. 33. Lieferung bildet sie ziemlich gut, nur zu dunkelgrün ab. Nach Diel soll sie den Namen von ihrer Aehnlichkeit mit einem Rauchfasse in katholischen Kirchen haben; sollte er nicht vielmehr von dem abknackenden Fleische herrühren, das selbst Duhamel brüchig nennt?

Gestalt: klein, neigt zum abgestumpft Konischen. Bauch mehr nach dem Kelche hin, um den die Frucht sich abrundet; nach dem Stiele nur sanfte Einbiegungen und eine kurz abgestumpfte Kegelspitze. Die Größe gibt Diel 1½" breit und 1¾—2" lang an; bei mir war sie nie größer als in obiger Figur, öfter selbst noch kleiner. Bauch der Frucht schön rund.

Kelch: offen, liegt in seiner Vollkommenheit sternförmig auf, ist aber allermeist verstümmelt; sitzt nur sehr flach vertieft.

Stiel: ¾—1" lang, sitzt in kleiner, von etlichen flachen Beulen gebildeter Höhle oder wie eingesteckt.

Schale: fein, rauh, grün, in der Zeitigung nur gelblich grün. Recht besonnte haben Anflug von bräunlicher Röthe. Punkte sehr zahlreich, auf der Sonnenseite weißgrau; auch Rostanflüge und Rostflecken finden sich. Geruch fein müskirt.

Fleisch: grünlich weiß, körnigt, nach Diel sehr voll Saft (was ich nicht fand und auch Duhamel bei der Friolet verneint), fein abknackend, von stark müskirtem, zuckersüßem Geschmack. Müskirter Zuckergeschmack fand sich auch bei mir, doch war er nicht stark oder irgend vorzüglich, das Fleisch vielmehr etwas rübenartig, und ob ich früh oder spät pflückte, immer eher moll als auch nur recht mürbe.

Reifzeit und Nutzung: zeitigt nach Diel im halben August, bei mir mehrmals erst Anfangs September. Kann höchstens in Süddeutschland noch als Tafelbirne einigen Werth haben.

Kernhaus: klein; die kleinen und engen Kammern enthalten meist taube Kerne. Kelchhöhle fehlt fast ganz.

Eigenschaften des Baumes: der Baum wächst nach Diel lebhaft, geht schön in die Luft, belaubt sich schön, setzt früh viele kurze Fruchtspieße an und ist sehr fruchtbar — Sommertriebe olivengrün, auf der Sonnenseite etwas röthlich, ohne Wolle, mit häufigen, doch feinen Punkten besetzt. Blatt länglich herzförmig, oft eiförmig, gar nicht oder nur sehr fein gezahnt. Afterblätter fadenförmig. Die Blätter der Fruchtaugen sind elliptisch. Augen lang, schmal und spitz. Augenträger flach.

Oberdieck.

No. 98. Die Hessel. I, 2. 1. Diel; II, 2 b. Luc.; IV, 1. Jahn.

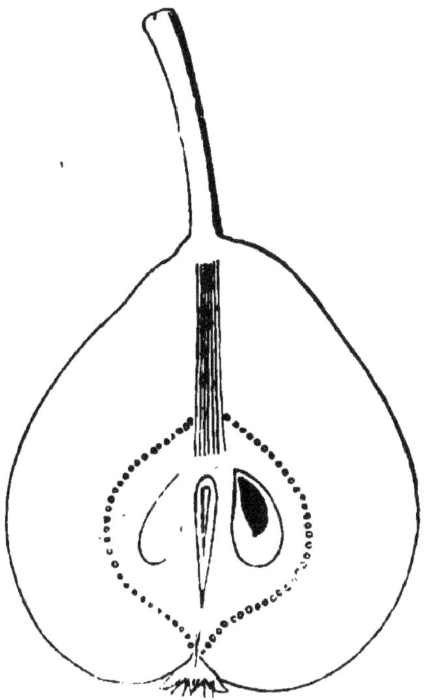

Die Hessel. Cat. Lond. u. Downing.

Heimath und Vorkommen: diese Birne ist schottländischen Ursprungs. Man findet sie in vielen belgischen und französischen Obstverzeichnissen. — Ich bekam die Pfropfreiser von Hrn. Hofrath Dr. Balling in Kissingen.

Literatur und Synonyme: Im Cat. Lond. wird sie als **Hessel** mit dem Beinamen **Hazel** S. 140 aufgeführt, und zwar ist sie danach braun, eirund, mittelgroß, schmelzend, Tafelfrucht ersten Ranges, im September zeitigend, für Hochstamm geeignet, reichtragend. Auch Downing hat sie S. 337. Dessen Beschreibung will ich nach dem hiesigen Verhalten der Frucht ergänzen.

Gestalt: kreiselförmig, oben ziemlich stark abgeplattet, nach dem Stiele zu kurz-, oft etwas stumpfspitz, mittelgroß, 2¼" breit und ebenso hoch. Bisweilen baut sie sich auch mehr rundlich und nimmt dann ziemlich die Form einer Bergamotte an.

Kelch: klein, kurzblättrig, hornartig, offen, in seichter, schlüsselförmiger Einsenkung.

Stiel: lang und stark, braun, obenauf, meist schief.

Schale: etwas rauh, gelblich grün, mit zahlreichen, auffälligen, bräunlichen Punkten. Um den Kelch und Stiel häufen sich die Punkte und gehen in zusammenhängenden Rost über. Die Birne wird hiedurch von Ansehen ziemlich braun.

Fleisch: gelblich weiß, fein, zart, steinfrei, halb schmelzend, ziemlich saftreich, zuckersüß, von sehr angenehmem Bergamottgeschmack.

Kernhaus: nicht zu groß, auch nur mit feinen Körnchen umgeben, hohlachsig, Kerne schmal und länglich, oben mit einem kleinen Höcker, von Farbe weißlich oder gelbbraun.

Reife und Nutzung: sie reift im Anfang des September und geht nicht zu schnell vorüber. Als eine noch frühe, schon große, schöne, gute Birne ist sie der weiteren Verbreitung werth und kann als Tafelfrucht recht gut dienen. Auch Downing gibt ihr ein gutes Lob.

Eigenschaften des Baumes: der Baum ist starkwuchsig und reichtragend, auch scheint er nicht zu empfindlich gegen Kälte. — Die Blätter sind elliptisch, etwas länglich, mit meist auslaufender Spitze, 1½" breit, 2½" lang, öfters auch lanzettförmig, einzelne größere Blätter ferner auch eirund und eiförmig, glatt, ganzrandig, steif und lederartig, lichtgrün, nicht sehr glänzend. — Blüthenknospen ziemlich groß, etwas bauchig kegelförmig, sanftgespitzt, dunkelbraun, an den Deckblättern, etwas silberhäutig. — Sommerzweige grünlichbraun, gegenüber braunröthlich mit weißlichen Punkten.

J.

No. 99. Die Erzherzogin. III, 1. 1. Diel; II, 2 b. Lucas; III. 1. Jahn.

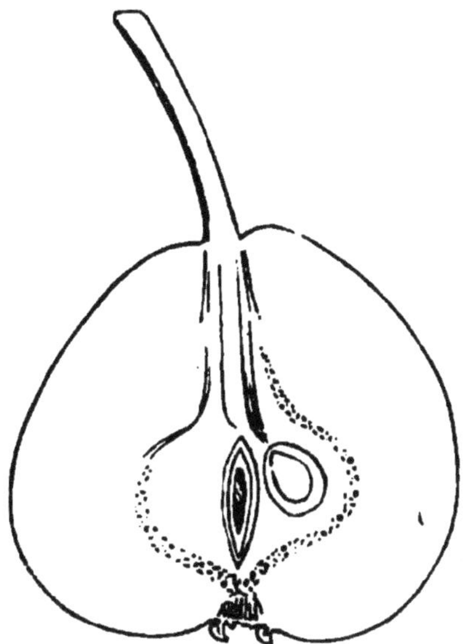

Die Erzherzogin. Liegel * ++ S.

Heimath und Vorkommen: diese Frucht erhielt Herr Dr. Liegel 1820 vom Baron Maskon zu Gratz unter dem Namen Archiduchesse und ich von Liegel. Woher sie weiter stammt, ist nicht bekannt; doch erhielt sie Maskon vielleicht von Herrn van Mons.

Literatur und Synonyme: findet sich nur beschrieben in Liegels N. O. Heft 2, S. 91. Ist vielleicht die in van Mons Cataloge Serie II, Nro. 954 blos dem Namen nach aufgezählte Archiduchesse d'Austriche; doch hatte die unter diesem Namen vom Magister Schröder zu Hamburg erhaltene von v. Mons bezogene Sorte die Vegetation der Regentin, ging mir aber leider ein.

Gestalt: dickbauchig kreiselförmig, kleinere oft apfelförmig, breiter als hoch; Liegel gibt die Größe an 1″ 10‴ breit, 1″ 8‴ hoch; bei mir wurde sie 2⅓—2½″ breit und 2—2¼″ hoch; indeß bleiben bei reichem Tragen viele Früchte etwas kleiner. Bauch mehr nach dem Kelche hin, um den sie sich flachrund wölbt. Nach dem Stiele nimmt sie mit erhabenen Linien rasch ab, und bildet eine etwas oder selbst ziemlich stark abgestumpfte Spitze. Breite, sich einzeln vordrängende Beulen verderben oft stark die gefällige Form, oder machen sie ziemlich dreieckig.

Kelch: hornartig, sitzt in ziemlich tiefer Senkung, aus der bald feine, bald breitere Beulen sich über die Frucht hinziehen.

Stiel: holzig, mäßig stark, 1¼—1½" lang, meist gerade, sitzt auf der Spitze, bald in einer nur kleinen, bald etwas stärkeren Höhle, von einigen Beulen umgeben und durch eine kleine Fleischwulst etwas zur Seite gebogen.

Schale: stark, vom Baum, bei gehörig zeitigem Pflücken hellgrasgrün, später, wenn sie mürbe ist, grüngelb. Die Sonnenseite stark besonnter zeigt eine unansehnliche Bräune, etwas streifige Röthe. Punkte zahlreich, in der Röthe gelblich grau. Nach Liegel ist die Frucht größtentheils mit einem blaß zimmtbraunen Roste überzogen; bei mir war sie 1856—58 davon ziemlich frei, und zeigte sich der Rost nur um den Kelch und in Anflügen. Kleinere waren, wie Liegel angibt. Geruch schwach.

Fleisch: ziemlich weiß, um das Kernhaus etwas körnig, mäßig saftreich, halbschmelzend, von zuckerartigem, etwas gewürzten, angenehmen Geschmacke.

Kernhaus: etwas hohlachsig, läuft in die Breite, die geräumigen, stark gerundeten Kammern enthalten braune, flache, ziemlich vollkommene Kerne. Kelchhöhle erstreckt sich gerundet etwas herab.

Reifzeit und Nutzung: die Frucht reift nach Liegel im zweiten Drittheile des September. Bei mir war sie 1857 und 58 schon 4. bis 8. September mürbe, sie wurde nicht leicht moll, und war für die Küche mehrere Wochen hindurch brauchbar, auch zum Rohgenuß ganz angenehm. Scheint auf den Pflückepunkt nicht eigen. Verdient weitere Verbreitung.

Eigenschaften des Baumes: der Baum wird nach Liegel groß, kommt auch im Freien fort und ist besonders für den Landmann passend. Seine Gesundheit, sein kräftiger Wuchs schon in der Baumschule, und seine sehr reiche Tragbarkeit bestätigten sich auch bei mir. Der große Probezweig ist dicht und schön belaubt und hat viel kurzes Tragholz. Die starken Sommertriebe sind wenig gekniet, ledergelb oder etwas bräunlich gelb, nach oben etwas wollig, nicht stark punktirt, stärker nur oft nach ihrer Basis hin. Augen anliegend, ziemlich kegelförmig, spitz, Augenträger gut gerippt. Blatt der Sommerzweige: klein, 2½" lang, 2" breit, eiförmig oder kurz oval, häufig in die Höhe gerichtet, ziemlich flach ausgebreitet und nur ganz fein gezahnt. Die Blätter der Fruchtaugen und der Fruchtspieße sind beträchtlich größer, stärker von Gewebe, oft auch dunkler grün, sehr glänzend (von Form eiförmig, meist mit kurzer, halb aufgesetzter Spitze, bis 2¼" breit, und 3" lang. J.)

Oberdieck.

No. 100. **Slavonische Wasserbirn.** III, 3. 1. (2) Dl; VII (IX), 1 a. Luc.; I, 1 (2). J.

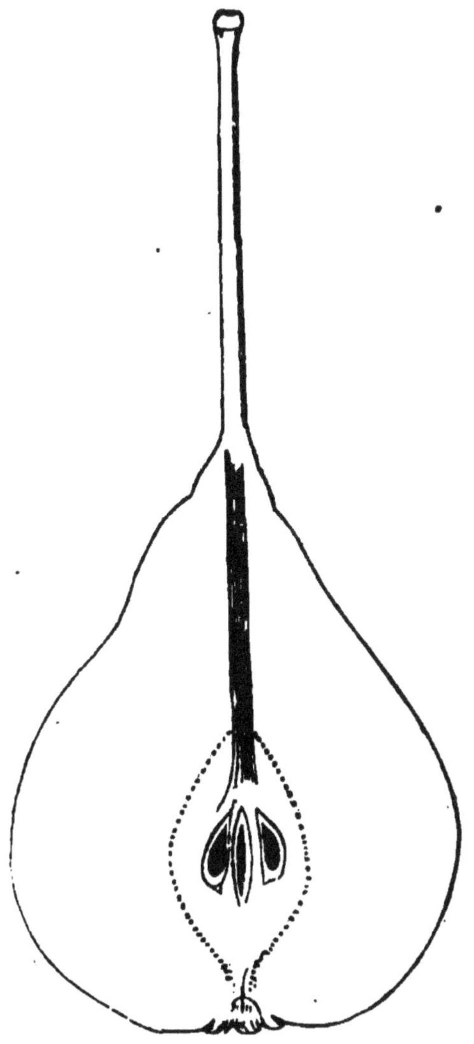

Slavonische Wasserbirn. Liegel † (††) S. H. ?

Heimath und Vorkommen: Liegel erhielt sie vom Grafen Breßler aus Fernsee bei Nagybanya in Siebenbürgen 1842. Im Jahre

1844 erhielt er die nämliche Birne vom Oberst Hartwiß, Direktor der k. russischen Gärten zu Nikita in der Krim, als Poire Achalzig I.

Literatur und Synonyme: Liegel beschrieb sie in seinen neuen Obstsorten II, S. 96 als Sommerbirne III. Ranges. Er sandte gütigst die obige Zeichnung der Frucht mit dem Bemerken, daß die in seinen neuen Obstsorten II, S. 91 als Herbstbirne II. Ranges beschriebene Achalzig II damit zusammenzufassen sei, wonach also beide, resp. auch Achalzig I und II nicht verschieden sind.

Gestalt: dickbauchig kegelförmig, auch kreiselförmig, nach dem Stiele zu ziemlich eingebogen, mit längerer oder kürzerer Spitze endigend, Die Abrundung ist uneben, rippig, beulig und charakteristisch meist von 2 Seiten zusammengedrückt.

Kelch: offen, blättrig, aufliegend, in seichter, flacher Einsenkung mit Rippen.

Stiel: dick, 2" lang, meist auf der Spitze schief, von einer Fleischwulst verschoben.

Schale: charakteristisch kleinnarbig und rauh, Anfangs grün, später citronengelb, an der Sonnenseite schwach bräunlich angelaufen, auch mit weitläufig vertheilten grauen Punkten.

Fleisch: weiß oder gelblichweiß, hart, brüchig, grob, süß, fast ungenießbar, wird, sobald die Birne gelb wird, teig und fließt dann von einem zuckersüßen edlen Geschmacke über.

Kernhaus: groß, mit weit offener Achse und hellbraunen vollkommenen Kernen.

Reife und Nutzung: Anfangs September, bisweilen im October, 4 Wochen haltbar, indem sie auch im teigen Zustande nicht weich wird, sondern fest bleibt und sich somit lange benützen läßt. Eine empfehlungswerthe Birne für die Oekonomie zum Dörren.

Eigenschaften des Baumes: derselbe hat einen kräftigen Wuchs, blüht mit auffallend großen Kronblättern und trägt gern. — Wie ich mir die Blattform nach der Vegetation der von Hrn. Dr. Liegel vor mehreren Jahren erhaltenen Propfzweige angemerkt habe, die aber (sowohl die von der Slavonischen Wasserbirn wie die von Achalzig II) das Thüringer Clima nicht lange ertragen haben, indem sie bald wieder eingingen, sind die Blätter rundlich, mit etwas verlängerter, meist auslaufender Spitze, auch öfters eirund und eiförmig, bisweilen nach dem Stiele zu etwas keilförmig, glatt, gesägt, meist groß.

Weitere Beobachtungen müssen entscheiden, ob sie andern Orts das deutsche Clima besser verträgt und gesunde starke Bäume macht, worauf es bei dem wirthschaftlichen Obste am meisten ankommt. J.

No. 101. Die Sommerbirn v. Angers. II, 3. 1. Diel; I, 2 b. Luc.; IV, 1. Jahn.

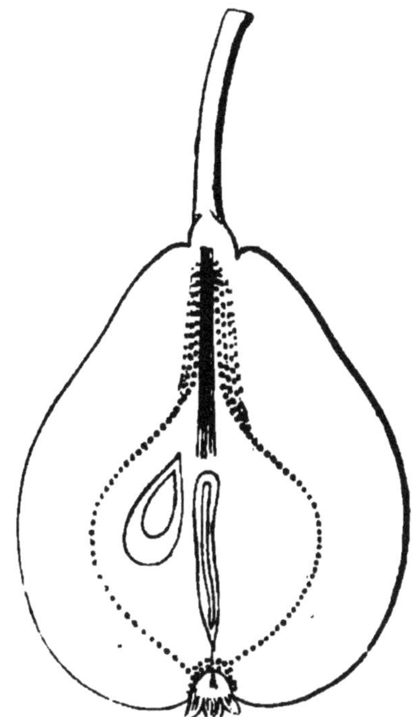

Die Sommerbirn von Angers. Papeleu. * † S.

Heimath und Vorkommen: ich erhielt sie von Papeleu in Wetteren als Beurré blanc d'Angers. Wie ihr Namen es mit sich bringt, stammt sie aus Angers in Frankreich, doch fand ich sie nur in Catalogen angezeigt, sonst nirgends beschrieben. — Papeleu selbst bezeichnet sie als I. Ranges, schmelzend, mittelgroß, länglich, im September reifend, den Baum lebhaft wachsend und fruchtbar, für Hochstamm geeignet. — Weil es keine Butterbirn ist, so wählte ich der Kürze wegen den obigen Namen.

Gestalt: eirund, nach dem Stiele zu birnförmig oder auch kegelförmig, mittelgroß, 2—2¼" breit, 2¾" oder etwas mehr hoch.

Kelch: groß- und dickblättrig, graugrün, meist jedoch hornartig, offen, aufrecht, wenig und flach eingesenkt.

Stiel: stark und steif, 1³/₄" lang, grün, etwas runzelig, obenauf mit etwas Falten oder flach-, etwas in Beulen vertieft.

Schale: durch etwas Erhabenheiten uneben, fast wie die der Citronen, stark glänzend, licht citronengelb mit etwas Grün, meist ohne Roth, oder doch nur mit kleinen blutrothen Pünktchen; nur die sehr freihängenden Früchte färben sich bisweilen schön lackartig oder etwas streifig carminroth und diese zeigen dann auch um den Kelch herum meist etwas Rost, der andern Exemplaren abgeht. Auch von eigentlichen Punkten ist wenig zu sehen.

Fleisch: weiß, etwas körnig, saftreich, halbschmelzend oder rauschend, doch auflöslich, von angenehmem, nicht zu süßen, schwach bisamartig gewürzten Geschmack.

Kernhaus: ziemlich groß, hohlachsig, mit etwas feinen Steinchen umgeben. Kammern ziemlich groß, muschelförmig, mit wenigen zum Theil unvollkommenen oft noch halbweißen Kernen.

Reife und Nutzung: sie reift nach und nach von Anfang bis Ende September und ist eine recht schöne Frucht, die zur Tafel und Wirthschaft dienen kann, wenn sie auch keine Butterbirne ist.

Eigenschaften des Baumes: mein kleiner Baum ist auf Quitte veredelt, worauf er ein gemäßigtes Wachsthum zeigt, aber fast jährlich Früchte trägt und für diese Form möchte ich die Sorte auch am meisten empfehlen. — Die Blätter sind elliptisch, mit auslaufender nicht langer Spitze 1¹/₄—1¹/₂" breit, bis 3" lang, glatt, gesägt, flach, stark geadert, lichtgrün, mattglänzend, langgestielt (Stiele oft geröthet), Blatt deshalb im Winde flatternd und hängend. — Blüthenknospen länglich kegelförmig, stechend-spitz, kastanienbraun, am Grunde etwas weißwollig. — Sommerzweige gelblich graubraun, an der Sonnenseite trüblich-blutroth mit feinen schmutzigweißen Punkten.

J.

No. 102. Hedwig von der Osten. I, 3. 2. Diel; I, 1 a. Lucas; II, 1. Jahn.

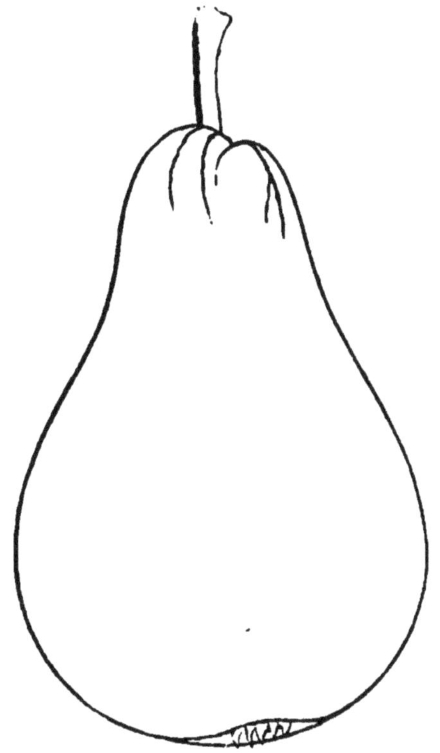

Hedwig von der Osten. Schmidt (van Mons). ** H.

Heimath und Vorkommen: unser verehrter Mitarbeiter am Handbuch, Herr Oberförster Schmidt in Blumberg, erhielt die Propfreißer namenlos, nur mit Nummer 51 bezeichnet, von van Mons und benannte die Birne nach der Tochter einer großen Verehrerin der Obstkunde in seiner Heimath. Er wird es mir hoffentlich nicht übel nehmen, wenn ich ihm vorgreife und die schöne Frucht, welche auch wegen ihrer Güte Verbreitung verdient, an seiner Statt beschreibe.

Literatur und Synonyme: Sie ist bereits nur in den Verhandlungen des Vereins für Pomol. und Gartenbau in Meiningen, V. Heft von 1853, S. 25 erwähnt.

Gestalt: von Herrn Schmidt sah ich sie, wahrscheinlich von einem üppigen jungen Baume, vielleicht Topfbaum, in der oben gezeichneten länglich bauchig birnförmigen Gestalt; ich selbst erzog sie an Probezweigen aus Herrn Schmidts Reisern auf einem älteren Baume mehr kurz gebaucht, wodurch die Figur mehr kreiselförmig, nach dem Stiele zu kegelförmig wird. Sie mißt somit 2—2¼" in der Breite und 2½—3¼" in der Höhe. Die Rundung ist öfters etwas ungleich, durch hie und da hervortretende Beulen.

Kelch: ziemlich groß, kurz- aber spitzblättrig, offen, in schwacher mit etwas Erhabenheiten oder Falten besetzter Einsenkung.

Stiel: meist stark, holzig, grünbraun, bis ¾" lang, obenauf zwischen Beulen, oft schief neben einem größeren Höcker; im ausgereiften Zustande zeigt die Frucht um den Stiel herum einige Längsrunzeln.

Schale: dünn und glatt, hellgrün, später blaßgelb, hie und da mit etwas Grün vermischt, mit wenigen feinen Punkten, etwas bräunlichen Rostfleckchen und auch zusammenhängendem Rost um Kelch und Stiel.

Fleisch: weiß, fein, butterhaft, von recht gutem, etwas fein säuerlich süßen, muskatellerartigen Geschmack.

Kernhaus: mittelgroß, schwach hohlachsig, mit kleinen Kammern und wenigen oft unvollkommenen braunen Kernen.

Reifzeit und Nutzung: die Frucht reift von Mitte bis Ende September und ist eine recht schöne und gute Tafelfrucht I. Ranges, deren Köstlichkeit Herr Oberförster Schmidt bei Uebersendung auch besonders hervorhob.

Eigenschaften des Baumes: dem Triebe der Probezweige nach, sowie nach einigen jungen Baumschulenbäumen ist der Wuchs schwach und dürfte die Erziehung in Pyramidform auf Wildling zu empfehlen sein. Die Tragbarkeit beweist sich gut. — Die **Blätter** sind **eirund** mit auslaufender Spitze, am Sommerzweige und an den jugendlichen Bäumen oft rundlich, einzelne am Tragholze auch elliptisch und eiförmig, 1¾" breit, 2—3" lang, meist ober- und unterhalb etwas feinwollig, ganzrandig oder sehr verloren gezahnt, am Rande etwas wellenförmig, sonst meist flach, nicht sehr dunkelgrün, auch wegen des wolligen Ueberzugs nicht sehr glänzend. Stiele bis 2¾" lang, dünn, sehr bleichgrün, etwas wollig. — **Blüthenknospen** groß, länglich kegelförmig, sanftgespitzt, hellbraun, am Grunde etwas wollig. — **Sommerzweige** grünlich gelbbraun, an der Sonnenseite schwach blutartig geröthet, fein gelblich punktirt.

J.

No. 103. **Die Gönnersche Birn.** II. 2. 1. Diel; VIII. 1 b. Luc.; II. 1. Jahn.

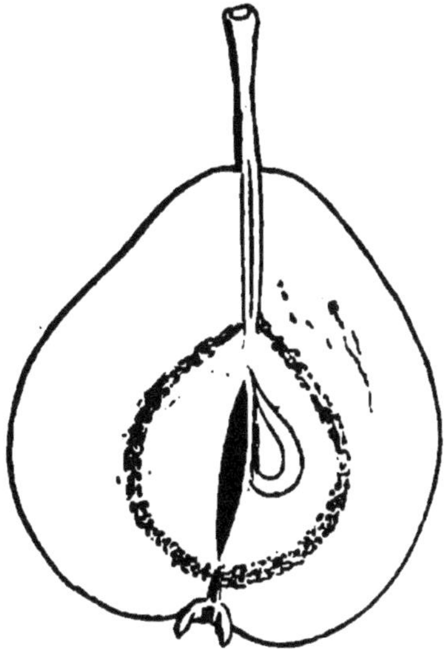

Die Gönnersche Birn. Diel. †† S.

Heimath und Vorkommen: ihr Ursprung ist unbekannt, sie ist nach Diel besonders in Hessen und an der Lahn verbreitet, wo sich eichengroße, uralte Bäume davon finden.

Literatur und Synonyme: Diel beschrieb sie unter obigem Namen V, S. 93. Synonyme sind nicht bekannt.

Gestalt: kreiselförmig, oft zur Eiform neigend, 2" breit und hoch, oder ¼" höher. Der erhabene Bauch sitzt mehr nach dem Kelche hin, um den sie sich so wölbt, daß sie gut aufsteht. Nach dem Stiele macht sie sanfte, oft auch keine Einbiegungen und kurze Spitze. Der Bauch ist nicht immer, doch meistens schön gerundet.

Kelch: hartschalig, kurzblättrig, offen, in flacher, ebener Einsenkung oder fast oben auf.

Stiel: ½ — ¾" lang, holzig, sitzt wie eingesteckt, mit einigen kleinen Beulen umgeben.

Schale: ziemlich stark, hellgrün, in der Zeitigung grüngelb; freihängende Früchte haben einen Anflug von erdartiger Röthe; meistens fehlt alle Röthe. Punkte sehr zahlreich, feine Rostanflüge und Figuren, selbst Ueberzüge von Rost sind häufig. Geruch fein müskirt.

Fleisch: mattweiß, körnig, beim Genusse etwas rauschend, doch sich ganz auflösend, von erfrischendem, etwas einschneidend säuerlichem, ganz angenehmem Geschmacke, den Diel als pikant, muskatellerartig mit feiner vorstechender Weinsäure bezeichnet. *)

Kernhaus: hat eine hohle Achse; die geräumigen, ziemlich langen Kammern enthalten lange, stark gespitzte, vollkommene schwarze Kerne; die Blüthenstengel gehen etwas ins Fleisch herab.

Reifzeit und Nutzung: zeitigt hier Mitte September und ist nach Diel vom Landmann zum rohen Genusse geliebt und zu jedem ökonomischen Gebrauche, zu Latwerge, Welken, Wein, Essig vortrefflich.

Eigenschaften des Baumes: der Baum wächst nach Diel außerordentlich stark, kommt in jedem auch schlechten Boden fort, geht hoch in die Luft, wird eichengroß und alt, und ist, wenn mehr ausgewachsen, ausnehmend fruchtbar. Die Sommertriebe sind stark, erdbraunröthlich, stark und in die Augen fallend punktirt. Das Blatt ist ziemlich groß, 2" breit, 2½" lang, nur beim Ausbruch etwas fein wollig, später glatt, schiffförmig aufwärts und mit der Spitze etwas abwärts gebogen, kurz oval, oft rundlich, mit starker, halb auslaufender Spitze und nur fein gezahnt. Die unteren Blätter am Triebe sind beträchtlich größer (mehr eirund als eiförmig, Jahn). Augen stark, herzförmig, spitz, etwas abstehend, sitzen auf breiten, schwach gerippten Augenträgern.

Oberdieck.

*) Doch habe ich aus den verschiedenen Angaben derselben mir noch nicht sicher abstrahiren können, ob er, wie es scheint, einen säuerlichen oder süßsäuerlichen Geschmack allein als Muskatellergeschmack öfters bezeichnet hat, oder die so beschriebenen Früchte in seiner Gegend zugleich noch ein müskirtes Gewürz hatten, was ihnen etwa hier fehlen könnte. O.

No. 104. Die Französische Muskateller. II, 2. 1. Diel; II, 2 b. Luc.; V, 1. J.

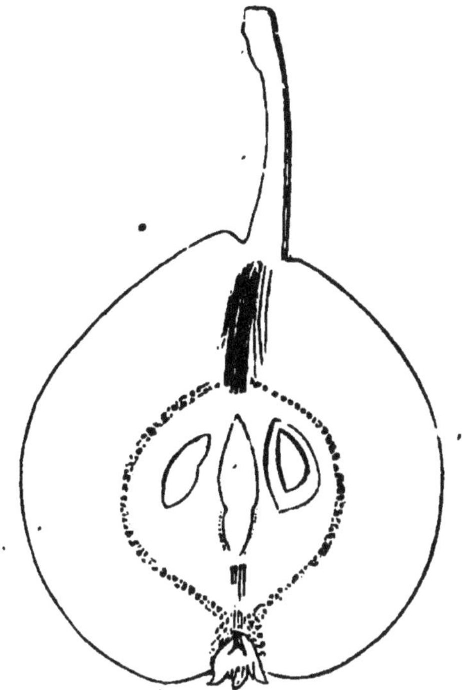

Die Französische Muskateller. * † S.
Französische süße Muskateller. Diel.

Heimath und Vorkommen: Diel erhielt sie aus Holland. Ist bereits schon weit verbreitet in Deutschland, wie sie es als eine ziemlich große, gute, noch frühe Frucht verdient.

Literatur und Synonyme: Diel beschrieb sie im IV. Heft, S. 55 als Französische süße Muskateller, De France socte Belle. — Vergl. auch Dittr. I. S. 589; Oberd. S. 381; Luc. S. 168. — Eine gute Abbildung hat das Obstcabinet (Jena 1855, bei Friedr. Mauke.)

Gestalt: rundbauchigt und stumpfspitz; kreiselförmig nach dem Stiel. 2 1/2" breit und 2 3/4" hoch. Von der größten Breite, welche sich stark über der Mitte nach dem Kelche hin befindet, wölbt sich dieselbe so abnehmend zu, daß sie eine Fläche bildet, auf welcher sie noch gut aufstehen kann. — (Nach unserer Formentafel werden wir die Gestalt im Allgemeinen kreiselförmig zu nennen haben. J.)

Kelch: hartschalig, meistens weit offen, in einer tiefen, geräumigen Einsenkung. Auf dem Rande derselben flache, beulenartige Erhabenheiten, welche jedoch bei vielen Früchten fehlen, welche alsdann rund und eben sind.

Stiel: stark und sehr fleischig, ½—1¼" lang, steht auf der stumpfen Spitze wie aufgedrückt und ist mit Fleischwülsten umgeben.

Schale: glatt, abgerieben glänzend, gelblich hellgrün, in der vollen Zeitigung grünlich gelb, fast goldgelb. Die ganze Schale ist mit bräunlich grünen Punkten übersäet.

Fleisch: schön weiß, um das Kernhaus körnigt, saftvoll, halbschmelzend, von einem sehr angenehmen, süßen, durch eine feine Säure gehobenen, erquickenden Geschmack.

Kernhaus: nur durch feine Körnchen angedeutet, Fächer klein, mit vollkommenen, schwarzen Kernen, die oben seitwärts einen kleinen Höcker haben.

Reife und Nutzung: die Frucht zeitigt im ersten Drittheil (oder in Meiningen in Mitte) des Septembers und hält sich gegen drei Wochen, besonders wenn solche gebrochen wird, wenn die grüne Farbe der Schale beginnt gelblich zu werden. — Gute Tafelfrucht, welche auch Oberdieck und Borchers in Monatsschrift II, S. 183 und im Naumburger Bericht für Norddeutschland empfehlen und welche gewiß Jedermann gefällt.

Eigenschaften des Baumes: der Baum wächst überaus lebhaft und wird nicht allein frühzeitig, sondern auch sehr fruchtbar. — Die Sommertriebe sind rund herum olivengrün, oft bräunlich lederfarbig und nur nach oben mit etwas wenig Wolle bedeckt, außerdem mit vielen kleinen, länglichten, hellbraunen Punkten besetzt. — Das eiförmig elliptische, mit einer kurzen Spitze besetzte Blatt ist ganz seicht gezahnt. Der 1" lange Blattstiel hat nur selten lange, fadenförmige Afterblätter.

Schmidt.

Die Blätter des Fruchtholzes dieser Sorte, die ich von Hrn. Schmidt besitze, und welche hier 1858 zuerst ganz der obigen Beschreibung entsprechende, sehr gute und schöne Früchte brachte, sind breitelliptisch mit auslaufender kurzer Spitze, einzelne eiförmig, 2" breit, 2¾" lang, glatt oder nur unterhalb etwas wollig, etwas stumpf gesägt, schwach schiffförmig und etwas sichelförmig, sehr dunkelgrün und glänzend, mäßig lang gestielt. — Blüthenknospen kegelförmig, ziemlich scharf gespitzt. J.

No. 105. Der Kuhfuß. III (IV), 2. 1. Diel; II (VIII), 2. (1) a Luc.; IV, 1. J.

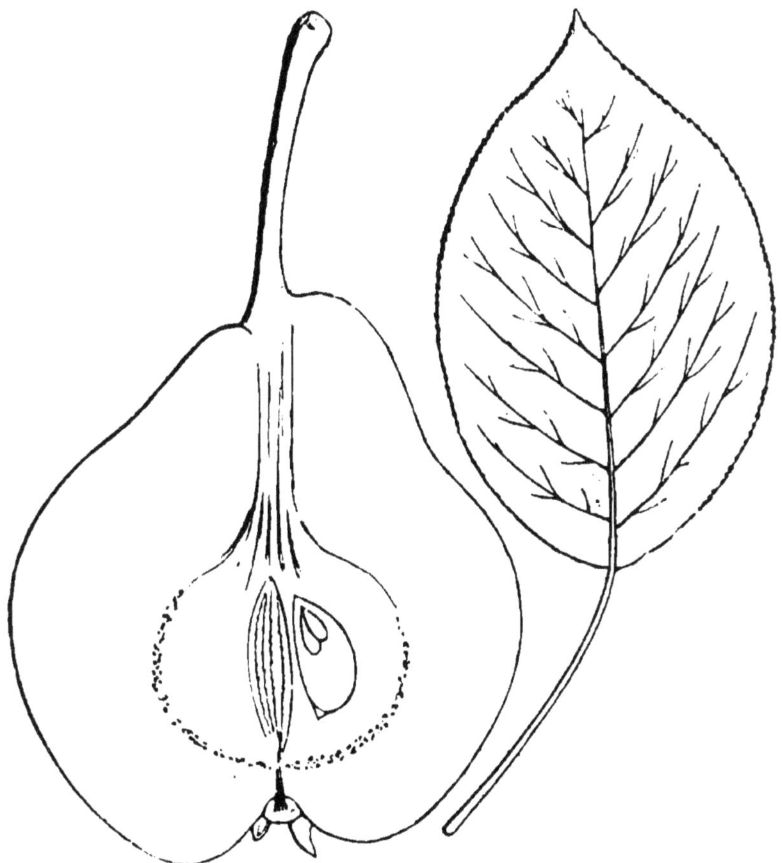

Der Kuhfuß. Oberdieck. ++! S.

Heimath und Vorkommen: diese unter obigem Namen bei Hannover fast in jedem größeren Garten, namentlich der Landleute, anzutreffende, höchst schätzbare Haushaltsfrucht findet sich auch bei Hildesheim, Göttingen, Cassel, theils unter dem Namen Pfundbirn, womit man so gewöhnlich größere Birnen bezeichnet. Ob sie sonst noch sich findet, ist mir unbekannt; Reiser davon habe ich seit Jahren viel, selbst nach Frankreich, England, Kiew in Rußland versandt, und wurde sie in

Gotha unter die vorzugsweise zu verbreitenden Früchte mit aufgenommen, was sie verdient.

Literatur und Synonyme: Scheint den Pomologen bisher gänzlich unbekannt geblieben zu sein, und habe ich nichts ihr Aehnliches finden können. Ist nur erst in meiner Anleitung zur Kenntniß des besten Obstes für das nördliche Deutschland p. 368 kurz beschrieben.

Gestalt: dickbauchig, etwas unregelmäßig und unförmlich (woher der Name); mit einer wie aufgesetzten kurzen, dicken Spitze; kleinere, oft ziemlich rundlich. Gute Früchte, 3" breit und hoch; bei vollem Tragen meistens etwas kleiner. Bauch meistens in der Mitte, seltener etwas mehr nach dem Kelche hin, um den die Frucht bald ziemlich gerundet, manchmal selbst ziemlich flachrund, meistens aber etwas stumpf zugespitzt abnimmt, und so weit abgestumpft ist, daß sie meistens noch gut aufsteht. Nach dem Stiele macht sie, häufig nur um $^3/_4$ des Umfangs, eine rasche oder selbst starke Einbiegung und kurze, schnell abnehmende, etwas abgestumpfte Spitze. Breite Beulen ziehen sich über den Bauch und drängen einzelne stark vor, so daß eine Seite oft stärker ist als die andere.

Kelch: offen, feinblättrig, meist fehlerhaft, ziemlich aufliegend, in enger, für die Frucht nicht tiefer Senkung, mit einigen Beulen.

Stiel: stark, holzig, meist $1^3/_4$" lang, wenig gekrümmt, wie eingesteckt, oder zwischen einigen Beulen in flacher Höhle.

Schale: glatt, ziemlich glänzend, mattgrün, in der Zeitigung grünlich gelb. Recht besonnte haben unansehnliche, bräunliche, oft etwas streifige Backe, welche in der Reife freundlicher wird. Meistens ist die Röthe unbedeutend oder fehlt ganz. Punkte zahlreich, in der Röthe weißgrau. Rostanflüge oft ziemlich häufig und bilden um den Kelch einzelne Ueberzüge.

Fleisch: mattweiß, scheinbar etwas körnig, doch steinfrei, ziemlich fein, mäßig saftreich, wird bei frühem Brechen mürbe und schmalzartig, in der Ueberreife etwas mehlig, und ist von fast reinem, nur wenig Säure zeigenden, fein- etwas zimmtartig gewürzten Zuckergeschmacke.

Kernhaus: hat eine starke hohle Achse; die verhältnißmäßig nicht großen engen Kammern enthalten schwarze, meist unvollkommene Kerne.

Reifzeit und Nutzung: meist um den 10. September zu pflücken, häufig schon früher; überhaupt zu verschiedenen Zeiten zu pflücken und für die Küche 4 Wochen lang nutzbar. Zum Kochen und Schmoren ist sie ganz vorzüglich, zum Welken aber wohl die mir bisher bekannte beste Sorte; die getrockneten Früchte werden zuckersüß und geben ein sehr schmackhaftes Gericht.

Eigenschaften des Baumes: der schon in der Baumschule stark wachsende Baum geht mit zahlreichen Hauptästen rasch in die Luft, während die Nebenäste sich mehr horizontal ansetzen und das längere Tragholz sich hängt. Er bildet eine reich belaubte Krone, wird sehr groß und alt, und trägt mehr herangewachsen fast jährlich sehr reich. Er gedeiht am besten in schwererem Boden, wächst aber auch in leichtem gesund und bleiben die Früchte da nur etwas kleiner. — Sommertriebe lang, wenig gekniet, schon in der Baumschule meist mit Blätteraugen besetzt, olivenfarben, ins Ledergelbe übergehend, oft mit etwas Silberhäutchen versehen und ziemlich reich weißgrau punktirt. Das Blatt daran ist fast flach ausgebreitet, stark glänzend, nur etwas abwärts gebogen, 3" lang, 2" breit, elliptisch, oft ziemlich rundlich, fein gezahnt, mit schöner, meist aufgesetzter Spitze. — (Die Blätter der Fruchtaugen ebenso elliptisch, doch öfters auch eiförmig, glatt, fein- etwas stumpfgesägt, flach, länger oder kürzer gespitzt, nicht sehr dunkelgrün. Jahn.) Oberdieck.

No. 106. Die Edwards-Birne. III, 3. 1. Diel; I, 2 b. Luc.; IV, 1. Jahn.

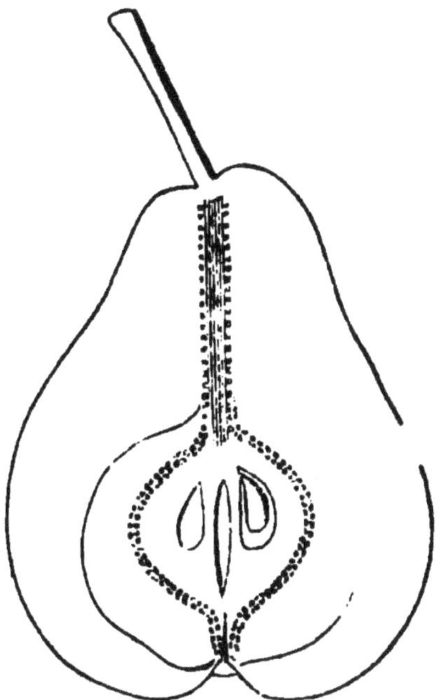

Die Edwards-Birne. Sageret. * † S.

Heimath und Vorkommen: ich erhielt sie als Bergamotte Edouard Sageret von Papeleu in Wetteren und beobachtete sie auf einem hochstämmigen Probebaum, den ich mit lauter angeblichen Bergamotten bepfropft habe, seit etwa 8 Jahren.

Literatur und Synonyme: In Papeleus Verzeichniß ist sie als Augustbirne II. Ranges, halbschmelzend, von Sageret erzogen, der Baum als sehr starkwüchsig und fruchtbar bezeichnet, und ist sicher dieselbe Birne, die Dittrich im III. Bande, S. 221 als Poire Edouard (von Sageret in Paris) kurz als klein, gelb, schmelzend, parfümirt, der Bonchretien d'eté ähnlich, Mitte August reif, nach Sageret eine der besten Früchte dieser Jahreszeit, aufzählt.*) Eine genauere Beschreibung fand ich nachträglich, nachdem ich selbst die unten folgende Schilderung entworfen hatte, von Prevorst im Büllet. der Gartengesellschaft zu Rouen, tom. 2, Nr. 4 von 1844. Sie wird im Texte Poire Edouard und auf der beigegebenen Kupfertafel Edouard Sageret genannt und ist ziemlich ebenso wie von mir beschrieben; die Reife wird auf Ende

*) Papeleu hat auch noch eine andere blos als Bergamotte Sageret bezeichnete November- und Decemberfrucht, welches jedenfalls Dittrich (III. S. 220) Poire Sageret sein wird.

August bis Anfang September angegeben und besonders der Geschmack des Fleisches, welches schmelzender werde, wenn die Frucht etwas vor der eigentlichen Reife gebrochen wird, wird als sehr angenehm gewürzt gelobt, wie ihn das dortige Klima wohl schon besser ausbildet. Die Sorte wird zur Anpflanzung in großen Gärten und Baumstücken empfohlen, für kleinere Gärten gebe es aber bessere Birnen, wie Bergamotte d'eté, Gros Muscat, Beurré d'Amanlis, Colmar d'eté etc.

Gestalt: kreiselförmig, nach dem Stiele zu birnförmig, 2 1/4" breit und etwas über 2 1/2" hoch, im Aeußeren ähnlich der römischen Schmalzbirne. Oft baut sie sich nach dem Stiele zu etwas mehr länglich oder vielmehr spitziger, als oben gezeichnet, wird auch am Hochstamme meist schmächtiger.

Kelch: sehr klein, meist gänzlich fehlend, so daß man die Frucht die Kelchlose Birne nennen könnte. Die Kelcheinsenkung ist oft tief und trichterförmig, oft auch nur seicht.

Stiel: dünn, holzig, gelbbraun, nach der Birne zu gelb, obenauf wie eingesteckt, mit etwas Fleisch umringelt.

Schale: glatt, citronengelb, mit rostfarbenen Punkten und Flecken, an der Sonnenseite etwas geröthet, doch nur in röthlichen Punkten bestehend.

Fleisch: gelblich weiß, fest, abknackend oder rauschend, recht angenehm säuerlich süß und saftig, doch nur von schwach gewürztem Geschmack.

Kernhaus: mit ziemlich viel Steinchen umgeben, Kerne ziemlich groß, schwarz.

Reife und Nutzung: in Meiningen reift sie meist den 10. bis 20. September, 1855 selbst Ende September; im August hatte ich sie noch nie. Dauert höchstens 8 Tage, indem sie schnell teig wird. — Ist immer eine zum Rohessen brauchbare und wegen ihrer nicht zu geringen Größe auch für die Wirthschaft geeignete Frucht, die weitere Beachtung verdient.

Eigenschaften des Baumes: nach den damit gefertigten Probezweigen ist der Wuchs kräftig und die Sorte zur Hochstammform tauglich. Die Tragbarkeit ist sehr gut. — Blätter lanzettförmig, ähnlich denen der Coloma's Herbstbutterbirne oder von Liegels Winterbutterbirne, 1—1 1/4" breit, bis 2 1/2" lang, bisweilen elliptisch und eiförmig, glatt, feingesägt, meist langgestielt. — Blüthenknospen ziemlich spitz, fast stechend, gelbbraun. — Sommerzweige grünlich gelbbraun, gegenüber röthlich gelb, bisweilen dunkelrothbraun, fein, weißgelb punktirt.

J.

No. 107. Die Westrum. I, 3. 1. Diel; I, 1 b. Lucas; II, 1. Jahn.

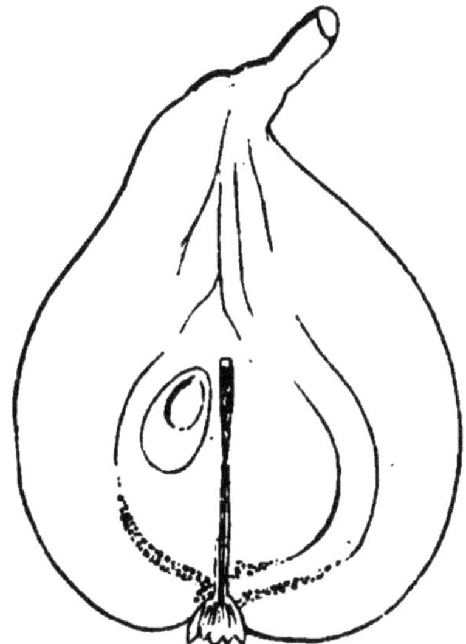

Die Westrum. Diel (v. Mons). ** S.

Heimath und Vorkommen: diese wahrhaft delicate Septemberbirne erzog Herr van Mons (Catalog, Serie I, Nro. 981) und benannte sie nach dem berühmten Chemiker. Sie ist noch äußerst wenig verbreitet und findet sich selbst in belgischen Catalogen jetzt nicht mehr, verdient aber recht häufig angebaut zu werden, zumal sie auch äußerst schöne, frühtragende Pyramiden auf Wildling gibt.

Literatur und Synonyme: Ist nur erst von Diel in der zweiten Fortsetzung des Catalogs kurz charakterisirt und sind Synonyme von ihr nicht bekannt.

Gestalt: meistens kreiselförmig, 2 1/4" breit und 2 3/4 hoch, an Pyramiden oft 3" hoch; manche neigen stark zum Konischen, kleinere Früchte auf Hochstamm sind oft nicht viel breiter als hoch und nach dem Stiele mehr zugerundet. Der Bauch sitzt etwas mehr, und bei den konischen stark nach dem Kelche hin, um den sie sich so zurundet, daß sie gut aufsteht. Nach dem Stiele macht sie eine sanfte Einbiegung und kurze, oder etwas längere, oft wenig abgestumpfte Kreiselspitze.

Kelch: kleingespitzt, hartschalig, offen, oft fast fehlend, in flacher, oft auch enger, ziemlich ebener Senkung.

Stiel: stark, gerade, bald kurz und etwas fleischig, bald mehr holzig und gegen 1" lang, sitzt wie eingesteckt oder geht mit einigen Fleischringeln in die Frucht über. Eine Fleischwulst der Spitze biegt und drängt ihn gewöhnlich etwas zur Seite.

Schale: fein, vom Baume mattgrün, in der Zeitigung ziemlich hochgelb. Röthe findet sich nicht, aber zimmtfarbige Rostpunkte sind sehr häufig und bildet der Rost oft Ueberzüge. Geruch ist schwach.

Fleisch: gelblich weiß, fein, steinfrei, ganz schmelzend, sehr saftreich, von delikatem, erquickenden, süßweinigen, schwach zimmtartigen Geschmacke.

Kernhaus: hat nur eine feine und kleine hohle Achse; die Kammern sind geräumig und enthalten vollkommene braune Kerne.

Reifzeit und Nutzung: die Frucht muß noch grün vom Baume, ist indeß auf den Pflückepunkt nicht besonders eigen, zeitigt in warmen Jahren schon gegen die Mitte des Septembers, in kalten etwas später, hält sich in der Reife, ohne zu verderben, ziemlich lange, und hat als Tafelfrucht den Geschmack, der bei Allen ohne Ausnahme beliebt ist. Wie sie sonst benutzt werden könnte, ist noch nicht erprobt.

Eigenschaften des Baumes: der Baum gedeiht in leichtem und schwerem Boden, wächst schön pyramidal, treibt gemäßigt, scheint nicht groß zu werden und wird früh und sehr fruchtbar. — Sommertriebe gerade, kaum etwas gekniet, wenig abnehmend, fein und nicht in die Augen fallend punktirt, bräunlich olivenfarben, in manchen Jahren ins Lebergelbe übergehend. — Blatt des Sommertriebes: mittelgroß, langeiförmig oder mehr länglich oval, ziemlich flach ausgebreitet, glänzend, dunkelgrün, mit meistens auslaufender Spitze und nur sehr seicht und fein gezahnt. Afterblätter pfriemenförmig. Augen konisch, spitz, ziemlich abstehend. Augenträger flach. — (Die Blätter der Fruchtaugen länglich eirund, oft länglich eiförmig, 1¼—½" breit, 2—2¼" lang, glatt, sehr fein und stumpfgesägt. J.)

Oberdieck.

NB. Das abgebildete Exemplar ist am Hochstamm erzogen.

No. 108. Die Aehrenthal. I, 2. 1. Diel; II, 1 a. Lucas; V, 1. Jahn.

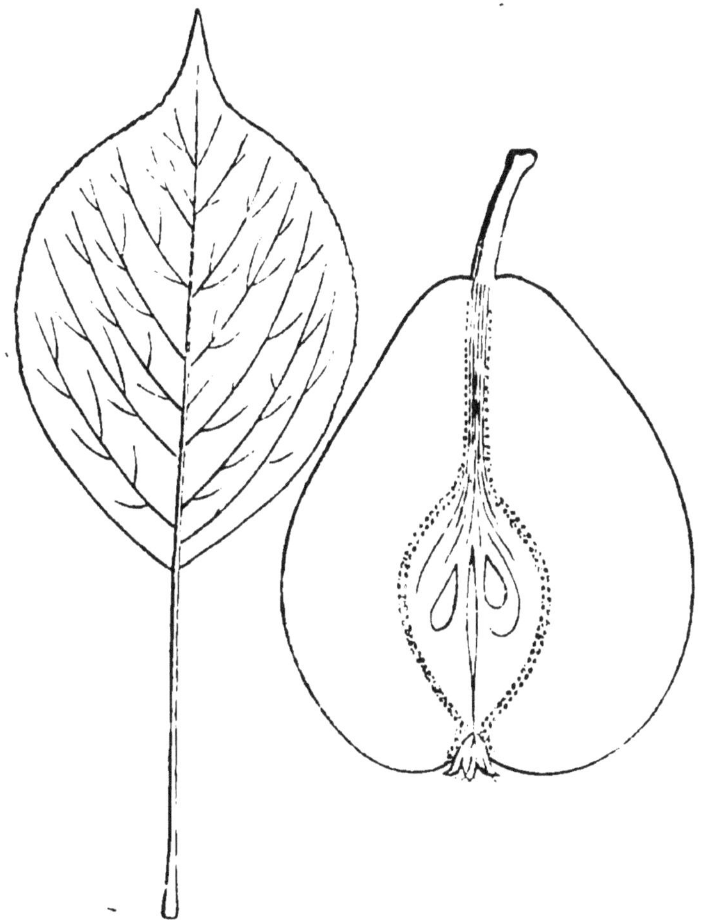

Die Aehrenthal. Diel. ** † S.

Heimath und Vorkommen: wurde von Diel dem Freiherrn von Aehrenthal, damals Vicepräsident des allgemeinen Appellations- und Criminalobergerichts für Böhmen in Prag, einem eifrigen pomologischen Forscher und Schriftsteller gewidmet. — Ist, wie es scheint, noch wenig in deutschen Gärten zu finden, verdient aber weitere Verbreitung.

Literatur und Synonyme: Aehrenthals grüne Herbstbutterbirne. Diels Verzeichniß, II. Fortsetzung, S. 92, Nr. 361; Dittrich I. Nro. 93, S. 595. — Der Kürze wegen haben wir den ihr von Diel gegebenen Namen in den obigen verwandelt.

Gestalt: mittelmäßig groß, dickbauchig, 2—2¼" breit und 2½ bis 2¾" hoch. Die größte Breite in der Mitte wölbt sich die Frucht sanft abnehmend nach dem Kelche zu, eine Fläche bildend, auf welcher sie gut aufstehen kann. Nach dem Stiel hin nimmt sie oft stark ab und endigt in einer stumpfen Spitze.

Kelch: offen, hartschalig, sitzt in einer ebenen weiten Einsenkung.

Stiel: holzig, ½—¾" lang, hellgrün, steht etwas schief auf der Frucht, wie eingesteckt, ohne Stielhöhle.

Schale: hellgrün, etwas rauh anzufühlen, mit zersprengtem Rost, welcher indeß bei manchen Früchten fehlt. Dunkelgrüne Punkte zahlreich, im Roste stark, braun.

Fleisch: sehr weiß, saftreich, butterhaft, schmelzend, von einem angenehmen feinen, eigenen Bergamottgeschmack.

Kernhaus: klein, mit engen Kammern. Die Achse ist hohl.

Reife und Nutzung: die Frucht zeitigt in der Hälfte des Septembers (in Meiningen meist erst Ende September. J.) und hält sich, kühl aufbewahrt, gegen 3 Wochen. Eine vortreffliche Tafelbirne und zu jedem andern ökonomischen Gebrauch geeignet.

Eigenschaften des Baumes: lebhaftes, gesundes Wachsthum und große Fruchtbarkeit empfehlen ihn zur Anpflanzung. — Die Sommertriebe, olivengrün, ohne Wolle und Silberhäutchen, sind mit vielen feinen weißlichen Punkten besetzt. Das große, rundliche Blatt, mit aufgesetzter langer, scharfer Spitze, ist auf der obern Fläche dunkelgrasgrün, glattrandig und nur nach oben hin ganz seicht gebogt, gezahnt. Der 2" lange Blattstiel hat keine Afterblätter. Der Blattstiel der Fruchtblätter mißt 3 Zoll. Die stark abstehenden, scharfspitzigen Augen ruhen auf wulstigen Trägern.

Schmidt.

Nachschrift: In Meiningen erzog ich die Frucht meist kürzer gebaut, fast rundlich oder etwas kreiselförmig mit kurzer Stielspitze, bisweilen eben so breit wie hoch; sie nimmt also auch diese zweite Form an, und hatte diese auch bei Oberdieck in Nienburg und Jeinsen, welche kürzere Form indeß nur von zu trockenem Boden herzurühren scheint und sich in solchem bei nicht wenigen andern Früchten findet. — Ihre Blattform ist sehr ausgezeichnet, ich nenne sie breitelliptisch und füge eines der am schönsten ausgebildeten Blätter hinzu. Doch muß man bedenken, daß nicht alle Blätter diese Form haben. Viele sind auch elliptisch und eiförmig, und besonders nur die langgestielten Blätter am Fruchtholze und die in der Mitte der Sommerzweige stehenden haben den keilförmigen Ansatz am Stiele am stärksten; sie sind 1½—1¾" breit, mit der oft ½" langen Spitze und dem keilförmigen Stielansatz bis 2¾" lang, fast sämmtlich unterhalb feinwollig, meist ganzrandig oder doch nur an der Spitze deutlich gezahnt, die Spitze zurückgebogen, einzelne schiffförmig und etwas wellenförmig, ziemlich dick und steif, auch reich geadert. — Blüthenknospen kurzkegelförmig, fast halbrundlich, sanftgespitzt.

J.

No. 109. **Wiener Pomeranzenbirne.** II, 1. 1. Diel; II, 2 b. Luc.; IV, 1. Jahn

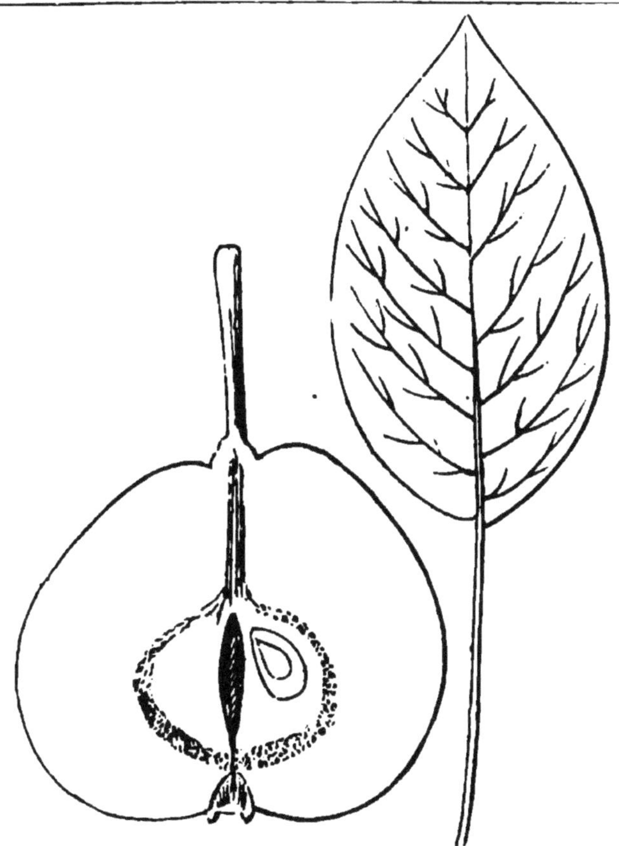

Wiener Pomeranzenbirne. Diel. * †† S. K.!

Heimath und Vorkommen: Diel erhielt diese Frucht 1816 von Herrn van Mons unter dem Namen Orange de Vienne. In van Mons Cataloge findet sich dieser Name nicht, auch nicht in jetzigen belgischen Catalogen, und ist nicht bekannt, woher sie stammt, und ob Herr van Mons etwa ihr Erzieher ist. Sie ist noch sehr wenig verbreitet, verdient aber sehr, verbreitet zu werden.

Literatur und Synonyme: Diel, N. K. O. III, S. 245. Synonyme sind nicht bekannt.

Gestalt: breit abgestumpft kreiselförmig, manche Exemplare haben viel Aehnlichkeit mit einer kleineren deutschen Nationalbergamotte und zeigen ungleiche Hälften. Bauch stark nach dem Kelche hin, um den sie flachrund sich wölbt. Nach dem Stiele endigt sie ohne Einbiegung mit kurzer, mehr oder weniger abgestumpfter Spitze. Gute Früchte vom Hochstamm 2¾" breit und 2¼—2½" hoch. Flache Beulen laufen über die Frucht und drängen einzeln sich breit vor.

Kelch: kurzblättrig, hartschalig (nach Diel etwas sternförmig aufliegend), sitzt in geräumiger, ziemlich tiefer Senkung, mit flachen Beulen umgeben.

Stiel: holzig, 1—1¼" lang, sitzt bald wie eingesteckt, bald in einer ziemlich tiefen Höhlung, mit einigen Fleischringeln umgeben.

Schale: fein, glatt, ziemlich glänzend, vom Baume gelblich grün, in der Reife hellgelb. Röthe fehlt. Punkte zahlreich, aber sehr fein. Geruch schwach.

Fleisch: weiß, um das Kernhaus feinkörnig, abknackend, in voller Reife halbschmelzend, saftreich, von angenehmem, sehr süßen Geschmacke.

Kernhaus: hat eine hohle Achse; die Kammern sind verhältnißmäßig klein und enthalten eiförmige, schwarzbraune Kerne. Die Kelchröhre geht breit etwas herab.

Reifzeit und Nutzung: zeitigt in warmen Jahren gleich nach der Mitte des September, ist selbst zum Rohgenuß angenehm, sehr gut aber zum Kochen und Welken und muß guten Honig geben. Die Früchte zeitigen auf dem Baum nicht zugleich, was den Gebrauch verlängert.

Eigenschaften des Baumes: der Baum wächst stark, gedeiht in leichtem und schwerem Boden, bildet nach Diel eine vieläftige, doch gut belaubte Krone, die oft Hängeäste macht, und ist dadurch kenntlich, daß die stärkeren Sommertriebe selbst schon in der Baumschule aus den unteren Augen gern kurze, oft dornartige Fruchtspieße treiben, die nachher bald Fruchtaugen entwickeln, so daß der Baum früh und reichlich trägt. Die Sommertriebe sind stark, nur etwas gekniet, nach oben wollig, lederfarbig, oft auch bräunlich olivenfarben, bald ziemlich stark, meistens jedoch etwas zerstreut und nicht sehr in die Augen fallend punktirt, und bilden die stärkeren Triebe häufige Blätteraugen. Blatt mittelmäßig groß, fast flach ausgebreitet, in die Höhe stehend, 1½" breit, 3" lang, nähert sich der länglichen Eiform, nimmt jedoch auch nach dem Stiele hin merklich ab, hat schön auslaufende Spitze und ist nur fein und schwach oder auch gar nicht gezahnt. Es bricht im Frühling etwas feinwollig aus, verliert jedoch auf der oberen Seite die Wolle bald und ist später glatt. — (Die Blätter der Fruchtaugen sind elliptisch, auch öfters lanzettförmig und wieder eiförmig, 1½" breit, mit der oft langgezogenen, meist auslaufenden Spitze bis 2¾" lang, wollig, ganzrandig. Jahn.) — Die Afterblätter sind pfriemenförmig, Augen breit, spitz, herzförmig, am untern Theile des Zweiges ganz, nach oben fast anliegend. Augenträger, ziemlich flach.

Oberdieck.

No. 110. **Die Liebesbirne.** II, 1. 1. Diel; I, 2 b. Lucas; III, 1. Jahn.

Die Liebesbirne. * †† S.
Rothpunktirte Liebesbirn. Diel (Duhamel).

Heimath und Vorkommen: alte französische, aber bereits auch in Deutschland vielfach verbreitete Birne, in Frankreich l'Poir d'Amour und Ah mon Dieu genannt, weil Ludwig XIV. beim Anblick eines vollhängenden Baumes die Worte Ah mon Dieu! ausgerufen habe. Andere leiten es von einer Abtei Du Mont Dieu ab.

Literatur und Synonyme: Diel III, S. 96. Die Rothpunktirte Liebesbirne. Merlet, Quintinye, Duhamel, Mayer, Kraft, Knoop kannten sie. Letzterer nennt sie zugleich Gezegende Peer (gesegnete Birn), Mont Dieu und Jargonelle d'autonne (Herbstjargonelle). Mayers Herbstjargonelle III, S. 262, tab. 71 paßt weniger auf sie, als seine Sommerjargonelle, ibid., er gibt nur ihre Reife zu früh (Anfangs Septembers) an. — Zinks Liebesbirne ist nach l. Pom. pict. sicher die richtige, er hat sie nur zu groß und in zu verschobener Form abgebildet. — Die Liebesbirne des T. O. G. XVII, S. 371, Nr. 95 ist eine ganz andere Frucht. Ebenso XIX, S. 192, Nr. 103, die Liebchensbirne; es ist diese die Meißner Liebchensbirne. — Christ's Hdwb. S. 180 nennt sie Haberbirne, Ah mon Dieu, Poire benite, Belle fertile, Petite fertile, hält aber S. 191, Zinks Liebesbirne ohne Grund getrennt. — Mayer nennt sie auch Mandieu und Cat. Lond. Mondieu und l'Abondance. — Oberd. fand, daß Diels Jargonette, N. K. O. III, S. 304, trotz der abweichenden Schreibart und auch die Große muskirte Sommerrusselet, Le gros Rousselet à longue queue, beide aus Diels Hand abstammend, mit der vorliegenden einerlei ist. — Bemerklich ist aber zu machen, daß als Jargonelle oft die Sparbirne geht, die in England so heißt und welche auch in T. O. G. XII, S. 22, tab. 1 als Wälsche Birne oder Jargonelle abgebildet ist.

Gestalt: birnförmig oder noch mehr kreiselförmig, vom Hochstamm 2″ breit und nicht ganz 2 1/2″ lang, an jugendlichen Bäumen auch größer.

Kelch: blättrig oder noch öfters hornartig, oft unregelmäßig, halboffen, oft, aber nicht immer mit kleinen Fleischperlen rosettenähnlich umgeben.

Stiel: nach der Birne zu gelbgrün, wie fleischig oder in Fleischringeln, obenauf oder neben einem Höcker schwach vertieft.

Schale: glatt, stellenweise jedoch fein rauh, mattgrün, später citronengelb, sonnenwärts mit schönem streifigen Carminroth und mit vielen weißlichen, dunkelroth umringelten Punkten, auch mit vielem, aber nur um die Kelchwölbung herum wirklich zusammenhängendem Rost, der das Roth meist verdüstert.

Fleisch: gelblich weiß, fein, rauschend oder etwas abknackend, doch saftreich, von recht gutem, etwas parfümirten Zuckergeschmack, nur bei nicht völliger Reife etwas herbe. (War bei mir nie herbe, sondern stark gezuckert. O.)

Kernhaus: mit feinen Steinchen umgeben, etwas hohlachsig, Kammern ziemlich groß, mit eirund zugespitzten, oben mit einem kleinen Höcker versehenen schwarzbraunen Kernen.

Reife und Nutzung: Mitte bis Ende September, gewöhnlich gegen den 20. September. Reift auf dem Lager nach und nach und kann ziemlich lange gebraucht werden. Einmal reif, hält sie sich freilich nicht lange. Ist als Koch- und Schnitzbirne in hiesiger Gegend sehr beliebt.

Eigenschaften des Baumes: dieser wächst sehr stark, wird groß, trägt auch recht gut (nach Diel büschelweise), ist auch für freie Pflanzungen zu empfehlen. — Blätter eiförmig, mit halbaufgesetzter Spitze, öfters eirund und etwas herzförmig, einzelne auch elliptisch, 1 3/4″ breit, mit der oft 1/4″ vortretenden Spitze bis 2 3/4″ lang, oft undeutlich wollig, meist jedoch glatt, fein gesägt, oft undeutlich und nur an der Spitze. (Nach Diel würden die Blätter der Sommerzweige elliptisch sein.) — Blüthenknospen ziemlich groß, kurzkegelförmig, fast rundlich, ohne alle Spitze. — Sommerzweige gelbbraun, nach oben rothbraun, sehr fein, gelblich, etwas warzig punktirt. J.

No. 111. **Die Schulbirne.** III, 3. 1. Diel; VII. 1 b. Lucas; III, 1. Jahn.

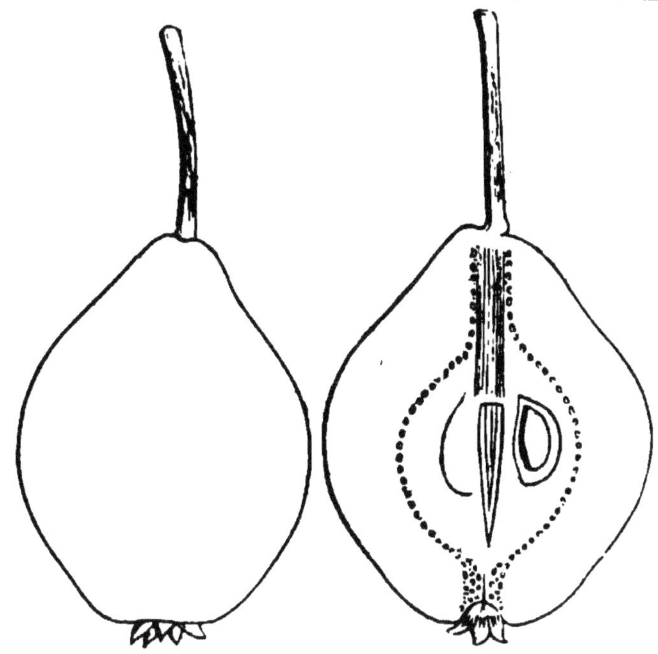

Die Schulbirne. Jahn. †† S. K.

Heimath und Vorkommen: findet sich in der Gegend um Meiningen hie und da gepflanzt und kann auch, wegen der Dauerhaftigkeit und des reichlichen Ertrags der Bäume, unter einem weniger günstigem Clima zur Fortpflanzung immer noch empfohlen werden.

Literatur und Synonyme: Eine Birne des Namens findet man bei keinem Schriftsteller. Der Name rührt wahrscheinlich davon her, daß ein Baum dieser Art in der Nähe eines Schulhauses seinen Stand gehabt hat.

Gestalt: eiförmig, nach beiden Enden hin abnehmend und etwas eingebogen, am meisten aber nach dem Stiele zu verschmälert und hier gewöhnlich mit kurzer, birnförmiger Spitze endigend, 1¾" breit, bis 2¼" lang, in beiden Hälften oft ungleich, indem der Bauch auf einer Seite meist mehr hervortritt.

Kelch: ziemlich groß, hartblättrig, hornartig, offen obenauf.

Stiel: mittellang, dick und steif, braungelb, mit etwas Wärzchen oder erhabenen Punkten, obenauf, wie eingesteckt.

Schale: meist etwas rauh, düster grüngelb, oft an der Sonnenseite stark carmingeröthet, mit vielem netzartigen bräunlichen Rost und eben solchen Punkten.

Fleisch: grünlich oder gelblich weiß, etwas trocken und körnigt, auch rauschend oder abknackend, doch von süßem Geschmack und immer noch roh genießbar.

Kernhaus: ziemlich groß, mit ziemlich vielen und starken Steinchen umgeben, hohlachsig, Kammern etwas flügelförmig, Kerne ziemlich groß, schwärzlichbraun.

Reife und Nutzung: Mitte bis Ende September; 14 Tage. Ihren Hauptwerth hat die Frucht als Kochbirne. Sie färbt sich im Kochen bräunlich und schmeckt angenehm, ist auch zu diesem Zweck trotz ihrer vielen Steinchen im Fleische, beliebt.

Eigenschaften des Baumes: er wächst stark, wird sehr groß und hoch, auch über 100 Jahre alt, und leidet wenig in harten Wintern. Er gedeiht auch in magerem Boden und gibt reichliche Erndten. — Blätter eiförmig, oft verkehrt eirund, an alten Bäumen öfters auch rundlich, mit aufgesetzter, meist kurzer, oft fehlender Spitze, 1¾—2" breit, 2—2¼" lang, glatt, sehr verloren und nur an der Spitze gesägt, oft auch ganzrandig, meist flach, sehr dunkelgrün und glänzend. — Blüthenknospen kegelförmig, ziemlich scharf zugespitzt, gelbbraun oder schwarzbraun. — Sommerzweige oft nach den Knospen, die ziemlich stark abstehen, gebogen, grünlich graubraun, gegenüber trübroth-grau, etwas warzig, weißgelb punktirt, nach oben schwach wollig, wie gepudert oder etwas silberhäutig.

Ein Baum dieser Gattung in meines Vaters Garten, der noch aus des Großvaters Zeit oder aus noch früherer herstammte, trug immer mehr ein, als alle andern später gepflanzten Birnbäume der feineren Sorten, die sich bereits längst überlebten und wieder abstarben, während der alte Schulbirnbaum immer noch kräftig existirt.

J.

No. 112. **Mayer's rothe Bergamotte.** II, 2. 1. Diel; II, 2 a. Luc.; III, 1. Jahn.

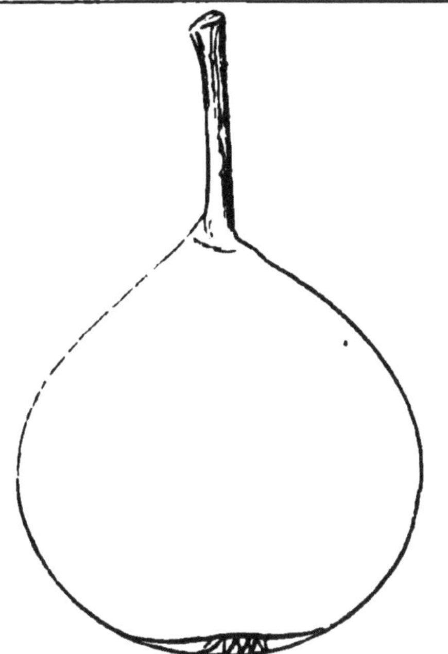

Mayer's rothe Bergamotte. Mayer. * † S.

Heimath und Vorkommen: von Liegel erhielt ich als *Rothe Bergamotte* eine Birne, die mit Diels Beschreibung schon in der Form nicht stimmen wollte, aber sie reifte auch früher und wurde nur halb-, nie ganz schmelzend. Ich glaubte deshalb, daß Diel bei seiner Beschreibung die Frucht eines Spalierbaums vor sich gehabt habe und daß sie sich am Hochstamm (wie ich sie erzog) schon anders verhalten könne, denn ich hatte sie anderwärts her nicht gesehen. — Erst auf der Ausstellung in Gotha wurde ich gewahr, daß das, was wir in Meiningen Herbstbergamotte nennen (wie letztere Birne vielfach bei uns und an sehr vielen andern Orten verbreitet ist) von Anderen, selbst Oberdieck, Rothe Bergamotte genannt werde und kam hiernach zur Ueberzeugung, *daß Liegels Sorte des Namens eine ganz andere Frucht sei.* — Ich fand nun aber die Abbildung der Rothen Bergamotte in *Mayer*, die mit dieser Liegel'schen Frucht ziemlich gut übereinstimmt;*) auch bildeten

*) Mayers Birne ist nur gegen den Stiel hin etwas mehr eingebogen, also bauchig birnförmig, wie solche Abänderungen übrigens auch bei anderen Früchten vorkommen.

Kraft (Abhandl. von dem Obstb. Tab. 99 und Zink (in s. Pom. pict.) eine nach dem Stiele zu stumpfkegelförmige (keineswegs plattrunde) und starkrothgefärbte Frucht ab, die Letzterer Bergamotte rouge d'eté nennt und welche jedenfalls mit dieser Mayer'schen im September reifenden einerlei sein wird. Zink gibt aber ihre Reife auf Ende August an. — Wahrscheinlich haben also die früheren Autoren die hier vorliegende Sorte oder neben der jetzt unter dem Namen bekannten plattrunden Sorte noch eine früher reifende Rothe Sommerbergamotte gehabt.

Literatur und Synonyme: Mayer, Pom. Franc. S. 210, tab. XXIX, Nr. 38. Bergamotte rouge, Rothe Bergamotte. Sie sei nach Dr. Unzer die Syrische Birne des Virgil, Martial &c., und wohl die Tarentinische des Cato Columella und Plinius. Merlet nenne sie: Sommer-Rosenbirn, Caillot, Corteau, Parmain rouge d'eté und Morfontaine; Duhamel: Sommer-Crasanne (wegen der Aehnlichkeit des Baums). Quintinye habe eine rothe Sommer-Bergamotte zu den schlechten Birnen gestellt.

Gestalt: bauchig oder rundlich, nach dem Stiele zu schwach birnförmig oder auch, wie sich dieselbe, nach dem Abrisse, hier baut, kurzkegelförmig, 2—2¼" breit und meist ebenso hoch oder 1''' höher.

Kelch: feinblättrig, offen oder halboffen, flach oder seicht.

Stiel: bis 1¼" lang, ziemlich stark, gelbbraun, obenauf, mit etwas Fleischanhang oder auch schwach vertieft.

Schale: etwas stark, grünlichgelb, später blaßgelb, sonnenwärts und überhaupt fast zu ⅔ schön carmoisinroth, mit feinen grauen, dunkler roth umkreisten Punkten; das Gelb der Grundfarbe verdecken außerdem noch rothe Punkte und gelblich braune Roststreifen, die sich besonders nach dem Stiele zu vermehren und ihn ganz umgeben.

Fleisch: gelblich weiß, körnigt, nicht sehr saftig, halbschmelzend, etwas rauschend, doch von recht angenehmem, süßen, schwachzimmtartig gewürzten Geschmack.

Reife und Nutzung: Mitte bis Ende September, 14 Tage. Kann zu jedem Gebrauche recht wohl dienen.

Eigenschaften des Baumes: nach einem damit in den Aesten veredelten früheren Baume scheint das Wachsthum nicht besonders stark zu sein, doch kann es an der Unterlage gelegen haben. Einige junge Bäume, die ich jetzt noch in der Baumschule besitze, zeigen auch recht kräftigen Wuchs. Die Tragbarkeit ist groß und deshalb möchte ich der Sorte mehr Verbreitung wünschen; sicher wird der Baum im Freien auch wohl gut thun. — Blätter rundlich oder auch mehr länglich-eiförmig mit halbaufgesetzter oder auslaufender Spitze, 1½, auch 2" breit, bis 2½" lang, wollig, ganzrandig, schiffförmig und wellenförmig, auch die Spitze etwas gekrümmt. — Blüthenknospen ziemlich groß, kegelförmig, mäßig spitz, wie silberhäutig. — Sommerzweige besonders nach Oben wollig, etwas stufig, grünbraun, gegenüber rothbraun, fein weißgelb punktirt.

J.

No. 113. Braunrothe Pomeranzenb. III, 2. 1. Diel; IV, 2 a. Luc.; IV, 1. Jahn.

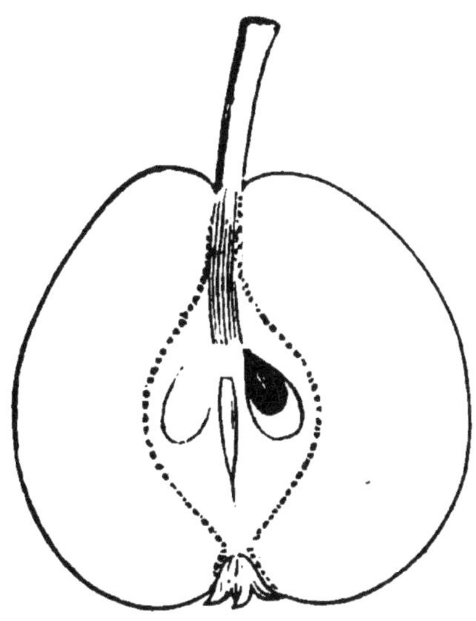

Braunrothe Pomeranzenbirne. Diel ++ S.

Heimath und Vorkommen: scheint in ganz Deutschland verbreitet und ist in der Bergstraße besonders häufig zu finden, wie sie schon nach Diel damals auch in keiner Lothringer Baumschule fehlte.

Literatur und Synonyme: Diel VIII. S. 143. Die Braunrothe Pomeranzenbirne. Sie heißt in verschiedenen Gegenden Zucker-, Würz- und Honigbirne, bei Heidelberg Herbstpomeranzenbirne, in Frankreich nach Metzger Orange rouge, und derselbe bekam sie auch aus dem Horticulturgarten in London als Ambrosia, die nach dem Lond. Cat. den Beinamen Early Beurré hat. Im Lond. Cat. ist aber bei Orange rouge nicht auf Identität mit Ambrosia hingewiesen und nach Oberdieck besitzt seine von Booth und Urbaneck erhaltene Ambrosia auch ganz andere Vegetation und ist eine Tafelbirne. — Nach Pom. Franc. III. 296. hat die Orange rouge zu Synon.: De Monsieur, de Seigneur, franc sureau, de Pape, du boccage, d'écarlatte, de Módan, Roussette de Poiteau, belleverge und seine der Rothen sehr ähnliche Braune Sommer-Pomeranzenbirne nennt er nebenbei deutsche Herrenbirne, de Monsieur allemande, Pfaffenbirne, Poire de Pretre, Orange brun d'eté. — Metzger Kernobst. S. 182. Oberdieck S. 389.

Gestalt: kreiselförmig, der Grünen Winterpomeranzenbirne in der Form sehr ähnlich, nach dem Stiele zu stumpf kreiselförmig, nach dem Kelche zu in eine breite Fläche abgerundet, 2" breit und fast ebenso hoch, auch öfters fast kugelförmig, doch bleibt der größte Querdurchmesser in der oberen Hälfte nach dem Kelche zu vorherrschend — so beschreibt sie, wie mir scheint, am richtigsten Metzger.

Kelch: meist stark und langgespitzt, offen, sternförmig, mehr oder weniger eingesenkt. Einige vom Rande ausgehende Erhöhungen machen die Rundung oft ungleich.

Stiel: holzig, 1" lang, obenauf mit kleinen Beulchen.

Schale: stark, glänzend, gelbgrün, später citronengelb, mit erdartigem trüben Blutroth oft zur Hälfte und mehr überzogen, mit vielen Punkten, auch öfters etwas Rost um den Stiel.

Fleisch: weiß, körnigt, sehr saftvoll, abknackend, von zuckerartigem Zimmtgeschmack.

Kernhaus: klein, geschlossen. Kammern enge, mit oft nur wenigen vollkommenen, schwarzen, eiförmigen Kernen.

Reife und Nutzung: sie reift Mitte September, in Meiningen oft Ende September, hält etwas früher gepflückt 14 Tage. Diel empfiehlt die Birne besonders dem Landmann zum Rohgenuß und zur Oekonomie. Sie liefert aber nach Metzger die feinsten Schnitze und köstliche Latwerge, ist auch, wie ich selbst finde, zum Rohessen noch recht gut. Passirt nur etwas schnell und fällt auch leicht vom Baume ab.

Eigenschaften des Baums: derselbe wächst schnell, macht eine kugelförmige, starkbelaubte Krone, ist äußerst fruchtbar, auch im Meininger Clima, er will aber nach Metzger guten tiefen Boden and keine rauhe Gegend. — Wie ich die Sorte von Metzger habe, sind die Blätter elliptisch, oft eiförmig, doch meist nach dem Stiele zu etwas winkelig, mit auslaufender oder aufgesetzter, meist kurzer Spitze, 2" breit, 3" lang, unterhalb und an der Mittelrippe deutlich wollig, ganzrandig, wenig gefaltet, die Spitze jedoch öfters umgebogen und deren untere Fläche nach oben gekehrt, ziemlich groß und lang. Stiel oft über 2" lang. — Blüthenknospen groß, kurzkegelförmig, rundlich, stumpfspitz, gelbbraun, weil an der Spitze oft gelbwollig. — Sommerzweige etwas stufig, an den Knospen etwas weißwollig, grünlich gelbbraun, gegenüber röthlichbraun mit vielen ziemlich großen weißlichen Punkten.

J.

No. 114. **Große Rietbirne.** IV, 3. 1. Diel; VII, 1 (2) b. Luc.; III, 1. Jahn.

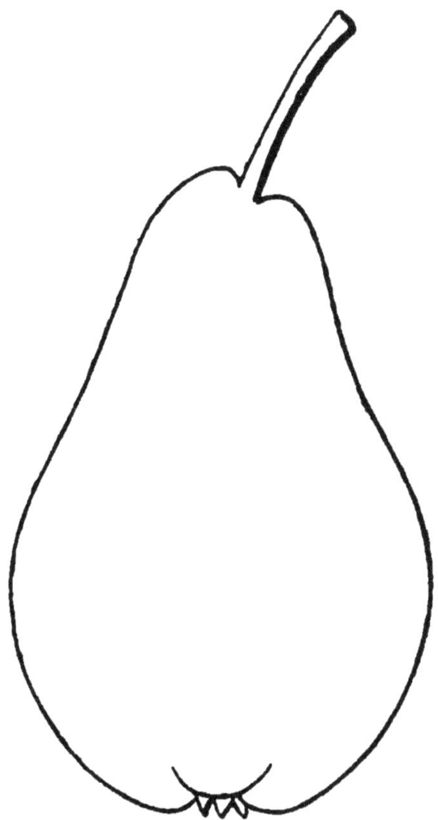

Große Rietbirne. Diel (Knoop) † S. K.

Heimath und Vorkommen: stammt aus Holland. Scheint aber auch bereits in einigen Theilen von Deutschland bekannt zu sein. Besonders kommt sie in Norddeutschland häufig vor.

Literatur und Synonyme: Diel VII. S. 189. Danach Dittrich I. S. 601. Die große Rietbirne. Dubbelte Riet Peer. — Knoop S. 85 Tab. II. nennt sie nebenbei Poire de Roseau (grosse), zu deutsch Rohr- oder Schilfbirn (nach ihrer braunen Farbe). — Synonyme: Hasel- und Safferbirne in Sachsen, Angober oder Angobert bei verschied. Autoren. — Vergl. noch Allg. T.G.M. 1807. S. 58: Die Holländ. Rietbirne; ferner Christ Hdwb. S. 205. Oberd. S. 398.

Gestalt: schön birnförmig, groß, die größte Breite nach dem Kelche hin, um den sich die Frucht halbkugelförmig zuwölbt und nur eine kleine Fläche bildet, auf welcher sie selten aufstehen kann. Auf Hochstämmen mißt sie 2½" Breite und 3¼" Länge.

Kelch: offen, kurzblättrig und hartschalig, sitzt meistens der Wölbung ganz gleich auf, oder nur in einer seichten, häufig mit einigen Beulen besetzten Einsenkung. Oft laufen auch beulenartige Erhabenheiten über die Frucht hin.

Stiel: 1 bis 1¼" lang, meistens mit einigen Fleischbeulen umgeben, sitzt auf der kleinen abgestumpften Fruchtspitze wie eingesteckt.

Schale: blasses Hellgrün, in voller Zeitigung hellgelb, rund herum mit einem zimmtfarbigen Rost belegt, so daß man gewöhnlich nur bei beschatteten Früchten die Grundfarbe rein sieht. Die Sonnenseite nimmt keine Röthe an. Die Punkte sind sehr zahlreich und fein, von bräunlicher Rostfarbe.

Fleisch: das Fleisch ist mattweiß, um das Kernhaus steinig und zum rohen Genuß nicht geeignet.

Kernhaus: klein; die langen Kammern sind klein und enthalten selten vollkommene Kerne.

Reife und Nutzung: Die Frucht zeitigt zu Ende September und hält sich nicht lange, muß daher bald verbraucht werden. Für die Oekonomie zu empfehlen.

Eigenschaften des Baums: der Baum bildet eine breite Krone, macht gerne Hängäste, belaubt sich schön, wächst stark und ist selbst in ungünstigen Lagen sehr fruchtbar. Die Sommertriebe, etwas mit Wolle bedeckt, sind trüb dunkelolivengrün, an der Sonnenseite etwas bräunlich, mit vielen weißgrauen Punkten besetzt. Der sehr dünne Blattstiel hat keine Afterblätter. Das Blatt ist groß, eiförmig, fast flach, nach vorne etwas unterwärts gebogen, mit starker, langer, aufgesetzter Spitze, 3¼" lang, 2" breit, glatt, dunkelgrün und mit feinen spitzigen Zähnchen besetzt. Die untersten Blätter sind viel größer und haben sehr lange Stiele.* Die langen, starken Augen stehen vom Zweig ab und sitzen auf fast ganz ungerippten Trägern.

Schmidt.

* Bis auf Weiteres reihe ich sie nach obigen mit Diel gleichlautenden Angaben in Cl. III. ein. J.

No. 115. Doppelte Russelet. II, 2. 1. Diel; II, 2 b. Luc.; IV, 1. Jahn.

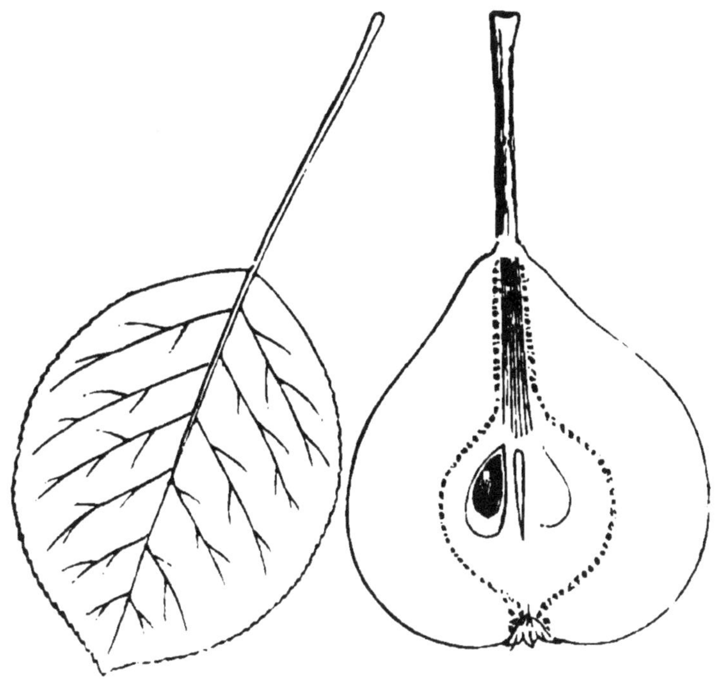

Doppelte Russelet. Bivort * † S.

Heimath und Vorkommen: ist in Belgien länger bekannt und wird dort in den Baumstücken als gute Wirthschaftsbirne häufig gepflanzt. Ich erhielt die Propfreiser von Papeleu in Wetteren.

Literatur und Synonyme: Bivort beschrieb sie als Rousselet double im Album II. S. 119. Einen früheren Autor für sie gibt er nicht an. — Von der Großen Sommerrusselet, Großen Russelet, le gros Rousselet Diel's Heft IV. S. 93 ist sie nach Form und Reifzeit, auch nach der Vegetation, wie ich die letztere von Liegel hatte, verschieden.

Gestalt: sie ist nach Bivort kreiselförmig birnförmig, oder bauchig eiförmig, d. h. nach beiden Enden abnehmend, nach der Abbildung $3\frac{1}{2}''$ hoch, $2\frac{3}{4}''$ breit. Hier wurde die Frucht auf Hochstamm nur kreiselförmig und, wie sie vorliegt, auch nur $2''$ breit und ebenso hoch. Jedenfalls nimmt sie die andere Form am Spaliere an und wird dann auch größer.

Kelch: geschlossen, unregelmäßig, gelblichwollig, schließt charakteristisch die vertrockneten Blumenblätter fast bis zur Fruchtreife ein (Biv.), flach zwischen einigen Beulen.

Stiel: dünn, holzig, bis $1^{1}/_{3}$″ lang, grünlichbraun, gewöhnlich obenauf ohne Absatz.

Schale: hellgrün, später citronengelb, an der Sonnenseite braunröthlich und fast ringsum rauh gelbbraun berostet, auch mit vielen und auffälligen graugelblichen Punkten, besonders sichtbar in dem düsteren Roth.

Fleisch: gelblichweiß, halbfein, halbschmelzend, ziemlich saftreich, süßweinig, sehr angenehm gewürzt, doch ohne Russeletgeschmack, so schildert es Bivort. — Ich habe mir das Fleisch als fest, grobkörnig, doch saftreich, sehr pikantsüß mit angenehmem Gewürz angemerkt.

Kernhaus: mit ziemlich starken Steinchen umgeben, Achse etwas hohl, Kerne klein, eirund zugespitzt, schwarz.

Reife und Nutzung: sie reift zu Ende des Septembers und hält sich der Beschreibung nach ziemlich lange, ohne teig zu werden; hier aber war sie den 24. Sept. abgenommen in den sämmtlichen etwa 20 Exemplaren mit einem Male den 9. Oct. gänzlich teig. — Ist indessen immer eine schätzenswerthe Wirthschaftsfrucht, die auch im teigen Zustande zusammenhält und beim Trocknen noch gute Hutzeln liefert.

Eigenschaften des Baums: Derselbe wächst (auch hier) stark, ist sehr fruchtbar, macht schöne Pyramiden und gedeiht auf Quitte. — Die Blätter sind elliptisch und breitelliptisch, $1^{1}/_{4}$″ breit, mit der $^{1}/_{4}$″ vortretenden Spitze $2^{1}/_{3}$″ lang, meist am Blattsaume etwas wollig, fein-, oft verloren gesägt (nach Bivort ganzrandig). — Blüthenknospen nach Bivort dick, abgestutzt, hellbraun mit dunkelbraun und grau schattirt. — Sommerzweige haselnußfarben mit etwas röthlichen erhabenen Punkten.

J.

Auch nach ihrem Verhalten im Jahre 1859, in welchem der junge Baum außerordentlich voll trug, und die Früchte trotz der Trockenheit schön und vollkommen wurden, glaube ich diese Birne als einträgliche ökonomische Frucht, zu vermehrter Pflanzung empfehlen zu können. J.

No. 116. **Sommer-Ambrette.** I, 2. 1. Diel; II, 1 b. Luc.; II, 1. Jahn.

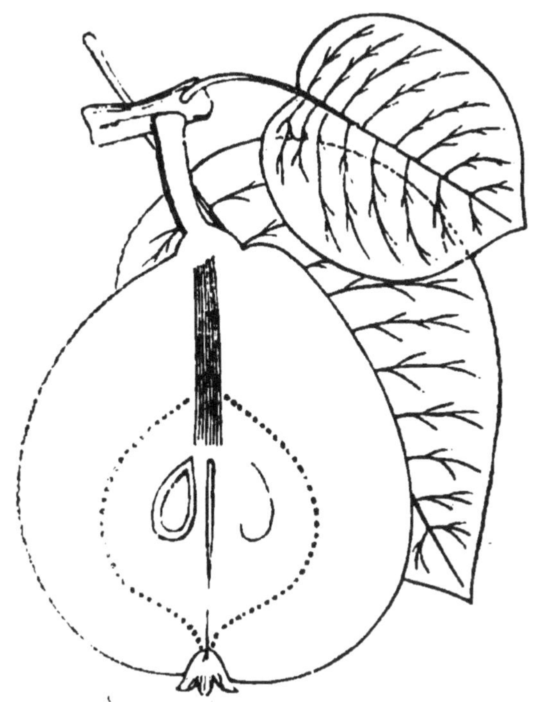

Sommer-Ambrette. Diel ** † S.

Heimath und Vorkommen: Diel erhielt sie 1790 aus Nancy und hat sie in Deutschland weiter verbreitet. Einen früheren Autor wußte er nicht für sie mit Bestimmtheit anzugeben.

Literatur und Synonyme: Er beschrieb sie Heft I. S. 82 zugleich unter ihrem französischen Beinamen Ambrette d'eté, wobei er darauf hinweist, daß die Grise bonne (worunter eigentlich die Französische gute graue Sommerbirne zu verstehen ist, vergl. die Gute Graue) auch Ambrette d'eté und Crapaudine genannt werde. — Nachricht findet sich noch über sie in Christ's Hdwb. S. 150; Dittrich I. S. 82; Oberdieck S. 263; Lucas S. 163; eine ziemlich gute Abbildung auch im N. Obstcab. Jena 1857. — Im T.O.G. XXII. S. 197 Taf. 18 ist wahrscheinlich auch die Gute graue französische Sommerbirne als Sommer-Ambrette beschrieben und abgebildet. — Als Ambrette hat Duham. eine völlig runde auf die vorliegende nicht passende, vom November bis Februar reifende Birne beschrieben.

Gestalt: stumpfkegelförmig, etwas veränderlich, öfters auch kreiselförmig, nach dem Stiele zu mehr oder weniger abgestumpft, 2³/₈ bis

$2^1/_2$" breit und $2^3/_4$" hoch, oder wie Vorlage zeigt auch niedriger, doch stets etwas höher, wie breit.

Kelch: unregelmäßig, offen, schwach eingesenkt, mit etwas Beulen.

Stiel: bis 1" lang, oft obenauf, oder in geringer, mit Falten oder mit einem Wulste besetzter Einsenkung.

Schale: glatt oder etwas fein rauh, grün, später etwas gelblich, bisweilen hellbraun geröthet, aber fast durchaus stark grau oder grün punktirt und etwas berostet.

Fleisch: mattweiß, feinkörnig, überfließend, völlig schmelzend, von sehr angenehmem, süßen Bergamottgeschmack, der nach Oberdieck oft etwas Alantartiges hat.

Kernhaus: durch feine Körnchen angedeutet, Achse wenig hohl, Kammern klein, mit nur wenigen vollkommenen Kernen.

Reife und Nutzung: Ende September, oft früher, oft auch erst Anfangs October, 3 Wochen haltbar. Ist eine sehr angenehme Tafelfrucht, auch nach Diel vom I. Rang.

Eigenschaften des Baums: die Sorte macht vielen anderen voraus einen schönen starken Baum, dieser trug jedoch in Meiningen immer sehr sparsam, weil jedenfalls die Blüthe gegen unsere Spätfröste empfindlich ist. Wäre dieß nicht der Fall so würde ich sie schon länger mehr zur Anpflanzung empfohlen haben. — Nach Oberdieck gedeiht der Baum auch in schlechtem Boden und bezeigt sich auch im Sandboden, den er demnach wahrscheinlich gerade liebt, fruchtbar. — Blätter eirund, die kleineren mehr rundlich, oft herzförmig und ganzrandig, die anderen fein-, aber scharfgesägt, ziemlich groß, $1^3/_4$" breit, mit der oft vortretenden, oft aber auch auslaufenden Spitze bis $2^1/_4$" lang, glatt, dunkelgrün, wegen unebener Oberfläche aber nur mattglänzend. — Blüthenknospen groß und dick, kurzkegelförmig, etwas stechendspitz, schwarzbraun. — Sommerzweige grünlichbraun, gegenüber röthlichgrau mit feinen ockergelben Punkten.

J.

No. 117. Meininger Wasserbirne. III (V), 2. 1. (2) Dl.; VIII (X), 1 b. Luc.; I, 1 (2). J.

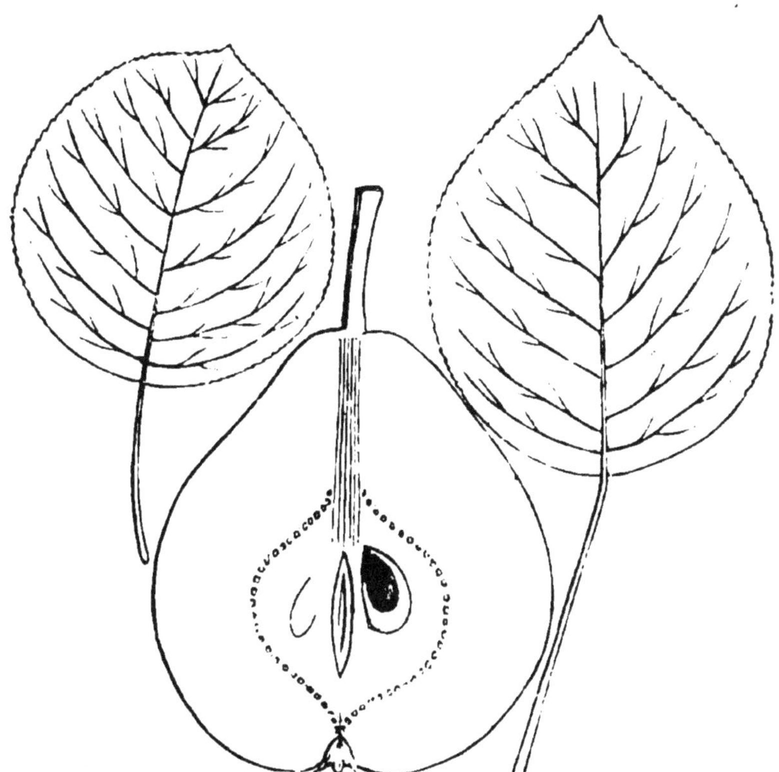

Meininger Wasserbirne. Jahn. †† S. H. K.

Heimath und Vorkommen: findet sich in Meiningen und Umgegend von früher her oft noch gepflanzt und verdient auch in rauheren Lagen Fortpflanzung, weil der Baum dauerhafter als viele anderen ist und mit geringerem Boden vorlieb nimmt.

Literatur und Synonyme: Diel hat keine Wasserbirne, ebenso wenig Duhamel. — Ob sie die Frühe Wasserbirne Lucas, S. 219 ist, die Anfangs bis Mitte September reift und deren Baum wenig tragbar ist, erscheint fraglich. — Eher könnte es die Große Wasserbirne (Grosse Aqueuse) in Pom. Franc. III. S. 184, tab. IX sein, doch baut sich die vorliegende gegen die letztgenannte meist weniger birnförmig, überhaupt nach dem Stiele zu kürzer, oft selbst noch kürzer, als sie oben gezeichnet ist. — Eben so ist sie jedenfalls von Christ's und Manger's länglich-birnförmiger, im Juli und August reifender Wasserbirne verschieden.

Gestalt: eirund, nach dem Stiele zu kurzkegelförmig, dabei auf einer Seite oft etwas eingebogen und mit meist kurzer Spitze endigend, $2^1/_4$" breit und ebenso hoch oder etwas niedriger.

Kelch: kurz- und schmalblättrig, oft hornartig und unvollständig, halb offen oder geschlossen, in weiter seichter Einsenkung, von welcher aus sich meist die eine Seite der Birne mehr als die andere erhebt.

Stiel: mittelstark, holzig, oft gekrümmt, grünbraun, bis 1" lang, obenauf wie eingesteckt.

Schale: glatt, grüngelb, später etwas gelber, mit grünlichen oder bräunlichen Punkten und mit gelbbraunem Rost um Kelch und Stiel, hie und da auch mit Rostflecken auf der übrigen Schale und dann rauh anzufühlen. Ohne alles Roth.

Fleisch: mattweiß, durchscheinend, grobkörnig, rauschend oder abknackend, sehr saftreich, von süßem aber faden (wäßrigen) Geschmack, zum Roheſſen nur im teigen Zustande geeignet.

Kernhaus: mit ziemlich vielen, doch nicht zu großen Steinen umgeben, hohlachsig, Kammern muschelförmig, mit mittelgroßen, länglichen, schwarzen zum Theil tauben Kernen.

Reife und Nutzung: Ende September bis 10. October, kann 14 Tage lang benutzt werden. Dient hauptsächlich nur als Kochbirne, die sich beim Kochen rothfärbt und so recht gut schmeckt. Wegen ihrer nicht zu geringen Größe und schönen Ansehens findet sie auf den Märkten guten Abgang.

Eigenschaften des Baumes: er wächst lebhaft, wird groß und alt, verjüngt sich oft wieder durch Wasserreiser, die der Stamm treibt und liefert reichliche Erndten, oft selbst dann, wenn andere Sorten fehlschlagen. — Die Blätter sind rundlich, nach der etwas vortretenden oder auch auslaufenden Spitze zu bald länger, bald kürzer ausgezogen, $1^3/_4$—2" breit, $1^3/_4$ bis $2^1/_4$" lang, glatt, feingesägt, flach. — Blüthenknospen kegelförmig, etwas stumpfspitz, dunkelbraun, oft silberhäutig. — Sommerzweige grünlichgelb, sonnenwärts hie und da geröthet, fein schmutzig weiß punktirt.

Wer unter weniger günstigen Verhältnissen pflanzt und nicht gerade nur Tafelfrüchte wünscht, thut oft weit besser, Sorten wie die vorliegende zu wählen, weil diese alte Bäume machen, die reichliche Erndten liefern, wenn deren Früchte auch nur als Kochbirnen zu verwerthen sind. J.

No. 118. Gestreifte Russelet. II, 3. 1. (2). Diel; I (III), 1. a. Luc.; V, 1 (2). J.

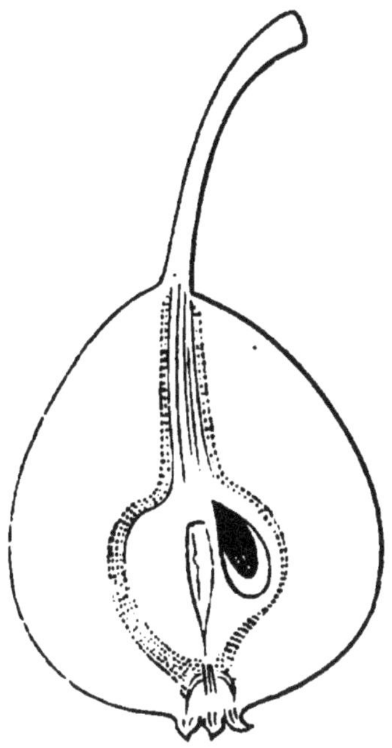

Gestreifte Russelet. v. Flotow. ** † S. H.

Heimath und Vorkommen: kam von Bollwiller an Herrn v. Flotow als Rousselet panaché, doch war ihre Reife fälschlich auf Februar und März angegeben.

Literatur und Synonyme: Herr Geh.-Rath v. Flotow beschrieb sie früher schon im Universalbl. für Land- und Hauswirthsch. Jahrg. 1837, S. 4 (danach hat sie Dittr. III, S. 157); doch hat derselbe auch in Mon. III, S. 370 ihre Beschreibung und Abbildung gegeben, die beide hier benutzt wurden. — Sie ist hiernach sicher eine Varietät der bekannten Russelet von Rheims (Diel I, S. 175), und von Flotow möchte ihr in nördlichen Gegenden wegen Schönheit und Fruchtbarkeit des Baumes vor letzterer den Vorzug geben. Monatsschr. II, S. 251.

Gestalt: eirund, nach beiden Enden stumpfspitz, selten bedeutend länger, als die Abbildung zeigt (in Dittr. war ihre Breite auf 2", ihre Länge 2 1/4" angegeben).

Kelch: kurzblättrig, braun, meist vertrocknet, obenauf. — Kelchhöhle kurzkegelförmig, mit kurzer Röhre, lebhaft rothgefärbt.

Stiel: grün und hellbraun, bis 1 1/2 lang, obenauf.

Schale: fein, glatt, grünlich gelb, heller und dunkler rothgestreift, besonders an der Sonnenseite, dazwischen die Grundfarbe ebenfalls streifenartig durchschimmernd. Mit vielen hellbräunlichen Punkten und etwas rauhem bräunlichen Rost besonders um den Kelch.

Fleisch: weiß, ziemlich fein, schmelzend, sehr saftig, von angenehmem süßen, muskatellerartigen Geschmack. — Geruch sehr schwach.

Kernhaus: verhältnißmäßig, mit stark hohler Achse, engen Kammern und ziemlich großen braunen Kernen.

Reife und Nutzung: die Birne reift Ende September oder Anfangs October, nach und nach, und ist abzunehmen, sowie die Schale nur anfängt gelblich zu werden. Wird wie die Muttersorte schnell teig, hält nicht wohl über 14 Tage. Etwas unreif abgenommen gibt sie gute Compots und ist zum Trocknen sehr geeignet.

Baum: wächst ziemlich stark (nach Lucas Kernobstſ. S. 187 sehr stark), wird hoch, trägt büschelweise, ist besonders bei gehörigem Sonnenstande recht fruchtbar und scheint nicht besonders zärtlich. — Sommertriebe grün, mit heller- und dunkler rothen Streifen und graubraunen Punkten, auch etwas beduftet. — Blätter wie die der Russelet von Rheims breitelliptisch, doch oft auch eiförmig und lanzettförmig, länger oder kürzer zugespitzt, schwach schiffförmig oder flach, der Rand meist nach unten etwas umgebogen und die Spitze ebenso gekrümmt, 1½ bis 1¾″ breit, 2½—2¾″ lang, glatt, dunkelgrün, häufig, besonders aber nur die jugendlichen Blätter der Sommerzweige, mit einem gelben Flecken in der Mitte. J.

No. 119. Die Meuris. I, 3. 1. (2). Diel; I (III), 1. b. Luc.; III, 1. (2). Jahn.

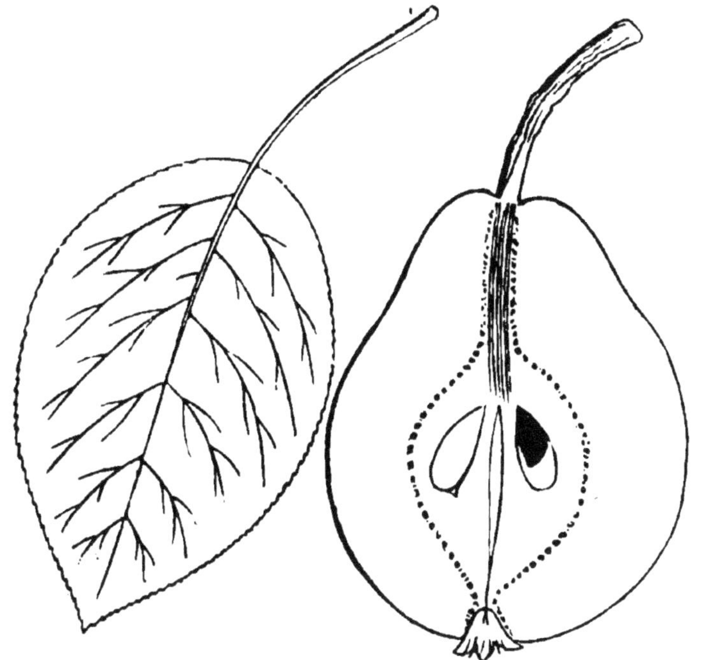

Die Meuris. Diel. (van Mons) ** S. H.

Heimath und Vorkommen: ein Sämling von van Mons. Diel erhielt wenigstens die Propfreiser von Letzterem und bemerkt, daß Meuris Baumgärtner in der großen Baumschule de la Fidelité in Brüssel bei van Mons war. — Ist bereits auch mehrfach in Deutschland angepflanzt.

Literatur und Synonyme: Diel N. K. O. III, S. 109, die Meuris, Surpasse Meuris. Die Bedeutung dieses letzteren von van Mons gebrauchten Namens hat sich, wie es scheint, auch Diel nicht recht erklären können und die Frucht deshalb unter dem einfachen „Meuris" beschrieben. — Von der unten noch folgenden Winter-Meuris, Ne oder Nec plus Meuris, ist die vorliegende verschieden.

Gestalt: nach Diel abgestumpft kegelförmig, einer recht vollkommenen Langen grünen Herbstbirne ähnlich, mit ziemlich erhabenem Bauch, nach dem Stiele zu sanft eingebogen, mit einer starken Spitze endigend. Nach unserer Formentafel werden wir die Gestalt eirund, nach dem Stiele zu kurzgebaut birnförmig zu nennen haben. Die Größe gibt Diel 2¼" breit und 3" lang an. Wie sie oben aus Liegels Zweigen von mir erzogen vorliegt, ist sie ungleich kürzer.

Kelch: kurzblättrig, gelbbraun, hornartig, etwas grauwollig, flach- oder seichtstehend, mit einigen, häufig etwas fortlaufenden flachen Beulen.

Stiel: stark, bis 1¼" lang, nach der Birne zu gelb, sonst braun, zuweilen beulig oder warzig, obenauf mit einem Fleischwulst und durch diesen oft zur Seite gedrückt.

Schale: glatt, hellgrün, später gelblichgrün, mit deutlichen feinen bräunlichen, an der Sonnenseite bisweilen röthlichen Punkten, wodurch diese dann nach Diel schwachstreifig geröthet erscheint, und mit etwas Rost, doch besonders nur um den Kelch.

Fleisch: weiß, feinkörnigt, saftreich, butterhaft, von sehr angenehmem, erquickenden, fein weinsäuerlichen Zuckergeschmack, dem der Crasanne ähnlich. Ich hatte mir ihn angemerkt als sehr edel und süß, weinigt gezuckert und angenehm gewürzt.

Kernhaus: von feinen Körnchen umgeben, schwach hohlachsig, mit nicht großen länglichen, auch oben auf einer Seite etwas spitzen schwarzen Kernen.

Reife und Nutzung: sie zeitigt Ende September oder Anfang October, und ist gegen 14 Tage haltbar, doch verzögert sich auch mitunter der Eintritt der Reife und 1858 hatte ich einzelne Früchte noch zu Anfang des November. — Ist eine gute empfehlungswerthe Tafelfrucht.

Eigenschaften des Baumes: dieser wächst nach Diel ungemein lebhaft, wird groß und liefert bald viele Früchte, welches letztere ich bestätigen kann. Auch nach Liegel in Monatschr. II, S. 64 trägt der Baum hochstämmig in ganz freier Lage noch die schönsten, ganz schmelzenden Früchte und ist allgemein zu empfehlen. — Blätter eiförmig mit auslaufender oder halbaufgesetzter Spitze, öfters eirund, jedoch, die kleineren besonders, auch mitunter lanzettförmig, 1¾" breit, 2½" lang, fein, aber stumpfgesägt. (Blätter nach Diel in der Mitte am Sommerzweige elliptisch, mit kurzer auslaufender Spitze, 2¾" lang, kaum 1½" breit; die unteren Blätter, auch die an den Fruchtaugen haben fast die nämliche Form und Größe. — Sommerzweige gelblich lederfarben mit sehr vielen feinen Punkten.)

J.

No. 120. **Theodor Körner.** I, 2. 1. (2). Diel; I (III), 1. a. Luc.; II, 1. (2). J.

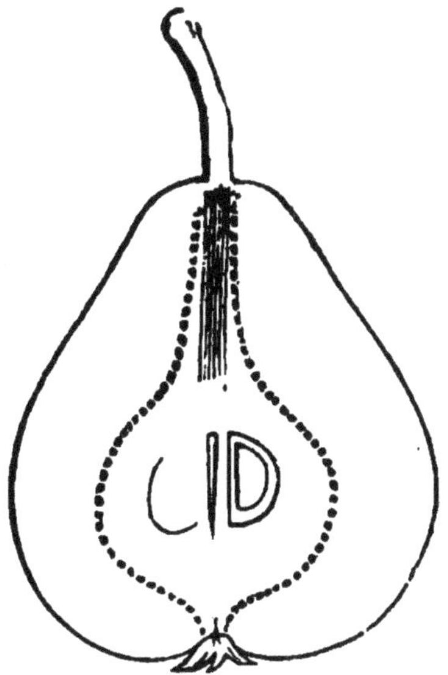

Theodor Körner. Oberdieck. ** S. H.

Heimath und Vorkommen: sie fand sich unter mehreren von van Mons ohne Namen an Oberdieck gesendeten Sorten und wurde von Letzterem so benannt.

Literatur und Synonyme: Oberdieck beschrieb sie in seiner Anleitung S. 423. — Auch Liegel in s. n. Obstf. II, S. 57 hat eine Beschreibung von ihr geliefert. — Synonyme sind nicht vorhanden.

Gestalt: theils kegelförmig, theils birnförmig, um den Kelch ziemlich abgeplattet, nach dem Stiele zu schön eingebogen und etwas abgestumpft spitz, 2¼" breit, 2½" hoch.

Kelch: offen, sternförmig, ziemlich tief- und weiteingesenkt, mit flachen oft fortlaufenden Beulen umgeben, die zuweilen die Gestalt unregelmäßig machen.

Stiel: ziemlich dick, holzig, bis 1" lang, fast gerade, oft stark auf die Seite gebogen, wie eingesteckt oder sich ohne Absatz in die Frucht verlierend.

Schale: dünn, geniesbar, mattgrün, später grüngelb, mitunter schwach röthlich angeflogen, mit häufigen oft durch Rost versteckten Punkten, der sich hie und da besonders um den Stiel auch anhäuft.

Fleisch: weiß, fein müskirt riechend, schmelzend oder halbschmelzend, saftreich, von süßweinartigem rosigen Geschmack.

Kernhaus: klein, geschlossen, Kammern enge, Kerne länglich, braun, auch oben mit einem kleinen Knöpfchen.

Reife und Nutzung: zeitigt im September, bisweilen früher, bisweilen später, je nach den Sommern. Im Jahre 1858 wurde sie hier wie bei Liegel erst Ende September und Anfangs October reif. — Oberdieck hält nach eigener späterer Mittheilung in Monatschr. II, S. 187 die Sorte für entbehrlich, und auch Liegel legt ihr wenig Werth bei, weil sie sehr schnell teig wird, doch ist der Geschmack der Birne gut, wenn auch nur schwach gewürzt und sie bleibt auch nicht etwa zu klein, so daß sie doch immer beibehalten und weiter beobachtet zu werden verdient.

Eigenschaften des Baumes: nach den Probezweigen, die ich davon fertigte, ist der Baum schwachwüchsig, aber fruchtbar. Nach Oberdieck gibt er schöne Pyramiden auf Wildling. — Die Blätter sind eirund, mit nicht langer auslaufender Spitze, oft eiförmig und elliptisch, ziemlich deutlich wollig, ganzrandig, flach, meist langgestielt, $1\frac{3}{4}$" breit, $2\frac{1}{4}$" lang. Stiel $1\frac{3}{4}$" lang. — Blüthenknospen kurzkegelförmig, fast rundlich, stumpfgespitzt, kastanienbraun. — Sommerzweige grünlich gelbbraun, mit sehr feinen gelblichen Punkten.

J.

No. 121. **Bunte Birne.** III, 2. 1. Diel; I, 2. b Luc.; IV, 1. Jahn.

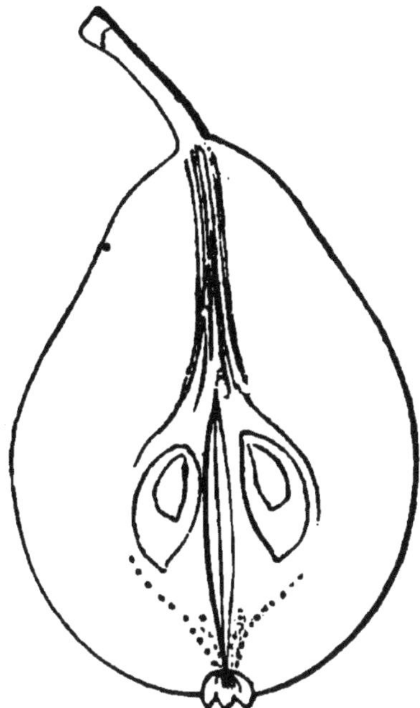

Bunte Birne. Oberdieck. †† S. K.

Heimath und Vorkommen: scheint bisher nur in der Gegend von Hannover sehr verbreitet, wo sie vielleicht entstanden ist, und namentlich auch in den Gärten der Landleute als Buntjebirn sich fast überall findet. Wird sich sonst nur finden, wohin ich Pfropfreiser gesandt habe, verdient aber als eine besonders gute Haushaltsfrucht weitere Verbreitung.

Literatur und Synonyme fehlen. Ich habe von ihr in meiner „Anleitung zur Pflanzung des besten Obstes für Norddeutschland" S. 281 Nachricht gegeben.

Gestalt: neigt stark zur Eiform, 2¼—2½" breit, 3" hoch. Bauch ziemlich in der Mitte; nach dem Kelche nimmt die Frucht stumpf zugespitzt ab, so daß sie nicht aufstehen kann; nach dem Stiele nimmt sie stärker meistens mit sanften Einbiegungen ab und ist etwas abgestumpft.

Kelch: hartschalig, offen, steht mit den Ausschnitten in die Höhe und sitzt oben auf oder nur ganz flach vertieft, umgeben mit feinen Beulen, die als flache Erhabenheiten über den Bauch laufen.

Stiel: dick, holzig, 1—1¼" lang, sitzt wie eingesteckt, und ist durch eine Fleischwulst gewöhnlich etwas zur Seite gebogen.

Schale: etwas dick, ziemlich glatt, glänzend, grünlich gelb, im Liegen schön hellgelb. Die Sonnenseite und meist noch ein Theil der Schattenseite ist durch rothe Kreischen, welche die zahlreichen Punkte umgeben, sehr bunt geschmückt. Stark besonnte sind zwischen diesen Kreischen noch leicht roth getuscht oder punktirt, so daß die Frucht ein lachend schönes Ansehen gewinnt. Punkte auf der Sonnenseite weißgrau und stark; auch feine Anflüge von Rost und Rostfiguren finden sich einzeln. Geruch sehr merklich.

Fleisch: weiß oder etwas gelblich weiß, riecht fein müskirt, ist um das Kernhaus nur etwas körnig, saftreich, meist abknackend, oft fast halbschmelzend, von rosenartigem angenehmen, starken Zuckergeschmacke.

Kernhaus: hat etwas hohle Achse; die ziemlich geräumigen Kammern enthalten theils vollkommene, theils unvollkommene schwarzbraune Kerne. Kelchröhre kurz.

Reifzeit und Nutzung: Pflückezeit meist Mitte September; hielt sich mehrmals bis Mitte November und ist gut 6 Wochen für den Haushalt brauchbar, sowohl zum Kochen, wo sie schön roth wird, als Welken; muß auch bei ihrer großen Süßigkeit guten Honig geben, und wird zum Einmachen mit Senf geschätzt.

Eigenschaften des Baumes: der Baum ist schon durch sein kleines Blatt und wildes, Anfangs mit dornartigen Fruchtspießen versehenes Gewächs kenntlich, so daß er ganz das Ansehen eines Wildlings hat. Er wird auch im schweren Boden sehr groß und liefert mit der Zeit sehr reiche Erndten; sein wahres Element aber scheint leichterer, mehr sandiger Boden zu sein, wo er auch früher schon trägt. Die ziemlich feinen etwas stufigen, nach oben merklich abnehmenden Sommertriebe sind hellbraunroth, reich und stark punktirt. Blatt ziemlich klein, beim Ausbrechen etwas fein wollig, an Sommertrieben und Fruchtaugen elliptisch. Augen stark, konisch, ziemlich stark abstehend; Augenträger ziemlich stark vorstehend.

Oberdieck.

No. 122. Antoinette's Butterbirne. I, 3. 3. Diel; III, 1 b. Luc.; III, 2. J.

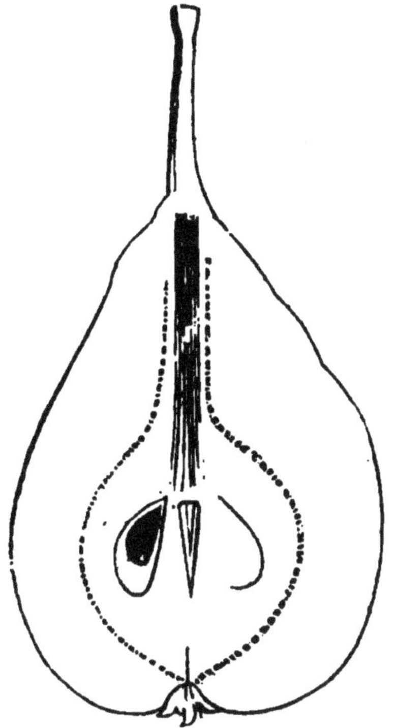

Antoinette's Butterbirne. Bivort. ** H.

Heimath und Vorkommen: Bivort erzog sie aus Samen und benannte sie nach seiner Gemahlin. Der Baum trug zuerst 1846 und die Frucht bewährte ihre guten Eigenschaften auch 1847 und 1848.

Literatur und Synonyme: Bivort beschrieb die Frucht im Album de Pom. I, neben Taf. 46. — Ich erhielt die Sorte in Zweigen von Papeleu in Wetteren, gab von letzteren auch wieder an Herrn Apotheker Dr. Liegel, bei welchem sie bereits ebenfalls Früchte brachten, die er in Monatsschrift II, S. 64 kurz beschrieben hat.

Gestalt: nach Bivort birnförmig, kreiselförmig, bisweilen kegelförmig, doch hat er sie rein birnförmig abgebildet. Bei Liegel sowohl wie bei mir baute sie sich seither meist birnförmig-kegelförmig, und wie die obige Abbildung zeigt, von 2" Breite gegen 2¾" Länge. Der

Beschreibung Bivorts nach ist sie nur mittelgroß, doch hat er sie 3" breit und 3½" hoch gezeichnet.

Kelch: kurzblättrig, steif, hornartig, offen, ziemlich seichtstehend, oft unregelmäßig.

Stiel: bis 1" lang, obenauf, verliert sich oft ohne Absatz in der Frucht und ist am Grunde fleischig, nach dem Ende zu aber holzig und braun.

Schale: glatt, gelbgrün oder grünlich gelb, mit vielen sehr feinen grünen Punkten und Fleckchen, und etwas Rost um Kelch und Stiel.

Fleisch: weiß, fein, sehr saftreich, butterhaft, von recht gutem, fein säuerlich gezuckerten gewürzhaften Geschmack.

Kernhaus: groß, etwas hohlachsig, mit ziemlich vielen und großen Steinchen umgeben. Kammern groß, muschelförmig mit ziemlich großen, eirund zugespitzten, mit einem Höcker versehenen, schwärzlichbraunen Kernen.

Reife und Nutzung: Bivort gibt die Reife im October und November an, glaubt aber, daß sie als Novemberfrucht betrachtet werden könne, obgleich sie im ersten Jahre bei ihm schon im September reifte — was indessen bei allen neuerzogenen Früchten noch variire. Hier zeitigte sie seither regelmäßig zu Anfang October und war um die Mitte dieses Monats stets vorüber, obgleich sie sich lange, ohne zu erweichen, halten soll. Ist immer eine recht gute und schätzenswerthe Tafelfrucht, nur gibt es zu ihrer Zeit schon viele andere.

Eigenschaften des Baumes: die davon gefertigten Probezweige zeigen ein gesundes kräftiges Wachsthum, doch wird der Baum nach Bivort nur mittelgroß, ist aber sehr fruchtbar. Er empfiehlt die Erziehung auf Wildling für Pyramide und Spalier. — Die Blätter sind eiförmig mit verlängerter Spitze, auch öfters eirund, 2" breit, mit der oft ¼" vortretenden Spitze 3" lang, fein, etwas seicht und nur an dem vorderen Theile gesägt, zum Theil am Blattsaume wollig, sehr dunkelgrün und besonders am Sommerzweige groß. — Blüthenknospen kegelförmig, stumpfspitz, etwas lichtbraun. — Sommerzweige röthlich grünbraun, sehr auffällig gelblich weiß warzig punktirt.

J.

No. 123. Die Volkmarserbirne. II, 3. 1 od. 2. Diel; III, 1 b. Luc.; III, 2. J.

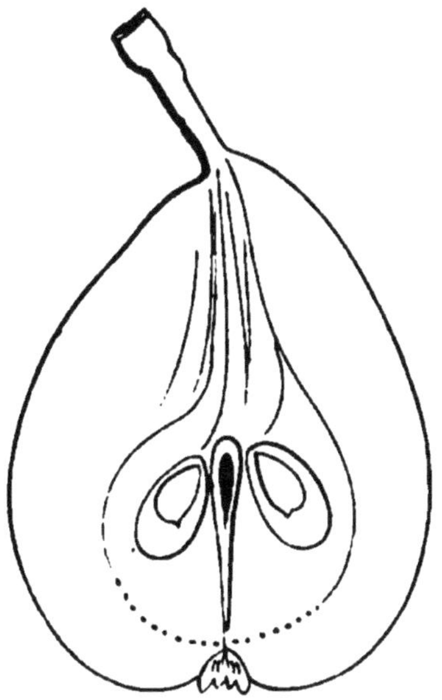

Die Volkmarserbirne. Sickler. * †† H.

Heimath und Vorkommen: ist im Hannover'schen überall verbreitet, sonst aber wohl noch wenig gekannt, obgleich sie recht häufigen Anbau verdient. Diel hält sie für eine alte, deutsche Kernfrucht und leitet ihren Namen von dem Dorfe Volkmarsen in Westphalen ab. Im Hannover'schen heißt sie allgemein Voltmersche Birn, und ist Voltmer ein öfter vorkommender Name, so daß sie eben so gut nach ihrem ersten Besitzer oder Erzieher benannt sein kann. Durch Diel hat sie einmal obigen, nur etwas schwer auszusprechenden Namen.

Literatur und Synonyme: ein Herr von Laffert zu Celle machte sie zuerst im T.O.G. bekannt (IV, S. 308, Taf. 16), wo sie ziemlich gut abgebildet ist. Auch Diel hat sie VI, S. 126 beschrieben. Nach England und Belgien sandte ich sie als Rousselet de Volkmarsen.

Gestalt: häufig ziemlich eiförmig (eirund, J.), am Kelche etwas abgestumpft, neigt aber auch oft zur Kreiselform. Gute Früchte 2" breit, fast 2½" hoch. Bauch sitzt etwas nach dem Kelche hin, um den sie sich so wölbt, daß sie bald nicht, bald selbst noch gut aufstehen kann. Nach dem Stiele nimmt sie mit flach gerundeten Linien ab, oder macht schwache

Einbiegungen und kurze, nur wenig oder nicht abgestumpfte Spitze. Der Bauch ist gefällig gerundet.

Kelch: offen, hart, selten mit wahren Ausschnitten versehen, obenauf, oder in flacher, enger, ebener Senkung.

Stiel: stark, gerade, bald holzig, bald ziemlich fleischig, $^1/_2$—$^3/_4$" lang, wie eingesteckt, oder die Spitze geht halb in ihn über, steht auch durch einen kleinen Wulst häufig zur Seite gebogen.

Schale: vom Baum mattgrün, in der Reife gelb, fast durchaus zimmtfarbig berostet, so daß die Grundfarbe nur stellenweise durchblickt. Punkte zahlreich, erscheinen im Roste als hellere Fleckchen.

Fleisch: gelblich, fein, saftvoll, angenehm riechend, wenn zeitig gebrochen fast ganz schmelzend, sonst halbschmelzend, von gewürztem süßsäuerlichen, etwas fein zimmtartigen, erfrischenden Geschmacke, der von Vielen sehr geliebt wird.

Kernhaus: verhältnißmäßig groß, mit kleiner hohler Achse, enthält vollkommene schwarze, auch am Kopfe mit einem Spitzchen versehene Kerne.

Reifzeit und Nutzung: meist Anfangs October, oft schon im September, muß noch grün ab, wenn sie als Tafelfrucht rechten Werth haben soll; bleibt dann ohne zu faulen ziemlich lange mürbe. Etwas später gebrochen ist sie noch sehr brauchbar zum Kochen, Trocknen, zu Birnmuß (Latwerge) und Birnhornig, würde auch sicher guten Wein geben. Die Kerne liefern für die Baumschule kräftige Wildlinge.

Eigenschaften des Baumes: der Baum wächst stark, ist in allerlei Boden gesund und liefert, wenn er herangewachsen ist, sehr reiche Erndten. In trockenem Boden erlangt er seine rechte Größe nicht, in feuchterem, namentlich zugleich leichtem und schwarzen, wird er eichengroß und sehr alt. — Sommertriebe merklich stufig, ziemlich wollig, schmutzig lederfarben, oft auch bräunlich olivenfarben, ziemlich stark, doch nicht auffällig punktirt. Das Blatt bricht wollig aus, behält den Sommer hindurch ziemlich viel Wolle und hat dadurch ein düsteres Ansehen; es ist schiffförmig aufwärts und mit der meist auslaufenden Spitze abwärts gebogen, ziemlich eiförmig, doch meist auch nach dem Stiele hin etwas verjüngt und nicht gezahnt. Augen unten am Zweige anliegend, nach oben stärker, ziemlich konisch, etwas abstehend.

(Blätter des Fruchtholzes eiförmig, $1^1/_2$" breit, mit der $^1/_4$" vortretenden Spitze $2^1/_2$" lang, mitunter länger und breiter, wollig, verloren und nur an der Spitze gesägt, meist ganzrandig, am Rande vielfach wellenförmig gebogen. Baum in der Vegetation schon nach Diel dem der Besten Birne ähnlich, also düster aussehend. J.)

Oberdieck.

No. 124. **Theodor van Mons.** I, 2. 2. Diel; III, 1 a. Luc.; III, 2. Jahn.

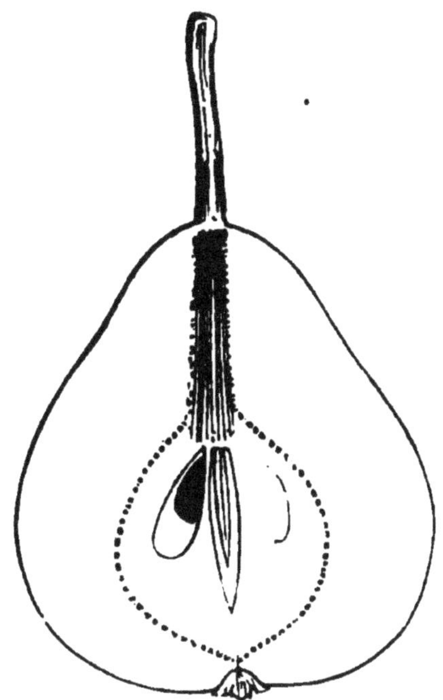

Theodor van Mons. Bivort (van Mons). * † L.

Heimath und Vorkommen: van Mons erzog sie aus Samen und benannte sie nach seinem Sohne, dem späteren Hofgerichtsrathe in Brüssel. Ich erhielt die Pfropfreiser von Papeleu in Wetteren.

Literatur und Synonyme: Bivort beschrieb sie als Theodore van Mons im Album I neben Taf. 18. Der Baum trug bei ihm zum ersten Male 1843. — Darf nicht mit der von Dittrich I, S. 565 beschriebenen Sommerbirne Theodore, wie sie in unserer ersten Birnenlieferung unter Nro. 9 bereits enthalten ist, verwechselt werden, die, wie ich sie von Dittrich habe, eine andere Frucht ist.

Gestalt: bauchig birnförmig, nach beiden Enden abnehmend, bisweilen länglich und ein wenig abgeplattet, groß, 3" breit, 3¼" hoch — so beschreibt sie Bivort. Wie ich sie hier erzog und wie sie oben vorliegt, ist sie eher birnförmig kreiselförmig und nur mittelgroß, wie sie übrigens auch auf dem Lyoner Congreß bezeichnet wurde, zu nennen. Sie mißt so 2¼" in der Breite und hat nur 1‴ mehr in der Höhe.

Ueberhaupt scheint die Form veränderlich und auch ihre Abrundung ist oft ungleich.

Kelch: klein- und spitzblättrig, halboffen, in kleiner schüsselförmiger Einsenkung.

Stiel: holzig, braun; obenauf oder neben einem Höcker schwach vertieft.

Schale: glatt, gelblich grün, später blaß citronengelb, hie und da noch mit etwas Grün, an der Sonnenseite schwach geröthet und mit dunkelrothen Punkten in dem Roth, auch mit etwas Rost um Kelch und Stiel. In manchen Sommern haben die Früchte wenig oder nichts von Röthe, und viele sind auch frei von Rost.

Fleisch: gelblichweiß, fein, sehr saftreich, butterhaft, weinigt süß mit schwachem Gewürz, überhaupt von recht angenehmem Geschmack.

Kernhaus: durch feine Körnchen angedeutet, mit starker hohler Achse, Kammern länglich, mit nicht vielen gelbbraunen, kleinen, oben mit einem kleinen Höcker ausgestatteten Kernen.

Reife und Nutzung: Anfang bis Mitte October; nach Bivort bisweilen im November, überhaupt stehe die Reifzeit wie bei allen neuern Früchten noch nicht ganz fest. — Die Birne ist eine angenehme Tafelfrucht, die auch zu häuslichen Zwecken zu brauchen ist, sie verlangt aber nach hiesigen Erfahrungen gute Witterung zu ihrer Ausbildung, sonst wird sie nur halbschmelzend, ums Kernhaus ziemlich steinigt und bleibt auch klein. — Bei der Versammlung in Lyon lobte man sie übrigens als eine gute Frucht.

Eigenschaften des Baumes: der Mutterstamm ist nach Bivort stark und hoch und trägt reichlich. Er hat an seinen unteren Aesten lange Dornen, die oberhalb fehlen und auch nicht auf den davon gepfropften jungen Stämmen zum Vorschein kamen. — Die Blätter sind eirund, öfters etwas herzförmig, öfters auch eiförmig mit halbaufgesetzter Spitze, 1¾" breit, bis 2½" lang, undeutlich und meist nur an der Spitze gesägt, meist unterhalb schwach wollig, schiffförmig und wellenförmig, auch die Spitze etwas gekrümmt. — Blüthenknospen nach Bivort dick, eirund, zugespitzt, schuppig, an der Spitze etwas wollig. — Sommerzweige olivengrün, gegenüber rothbraun, etwas wollig.

J.

No. 125. **Die Unglücksbirne.** I. 2. 2. Diel; IV, 1. a. Luc.; ? Jahn.

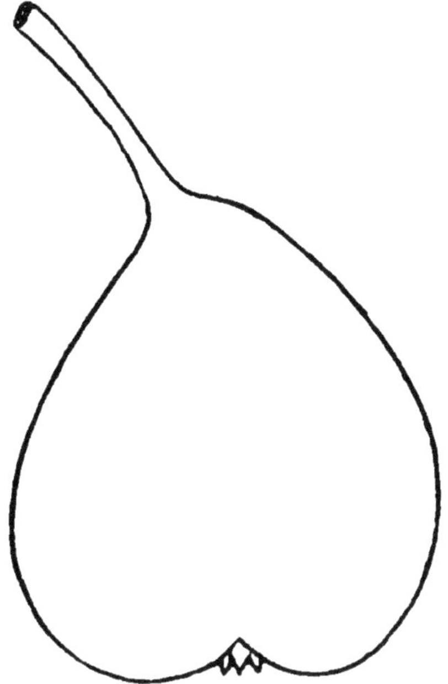

Die Unglücksbirne. Donauer. * † H.

Heimath und Vorkommen: unter den noch neuen unbeschriebenen Herbstbutterbirnen, welche 1857 zur Ausstellung in Gotha kamen, aber wegen Mangel an Zeit nicht weiter besprochen wurden, befand sich auch die von Herrn Hofgärtner Jacquot zu Frankenhausen übergebene sogenannte Unglücksbirne, welche als Gegenbild zu der wohlbekannten Fortunée oder Glücksbirne dienen kann. Der Stamm der Unglücksbirne soll ein so außerordentlich sprödes — und so gar leichtbrüchiges Holz haben, daß selbst stärkere Aeste, welche das Anlegen einer leichten Leiter ohne Gefahr erwarten ließen, so rasch und unvermuthet abbrachen, daß der Besitzer des Baumes (wenn ich nicht irre), Herr Eckert einmal den Arm brach — und bei einer zweiten Erndte fiel sich derselbe die Kugel am Oberarme aus.

Literatur und Synonyme: ich habe die Birne früher nie unter einem anderen Namen gesehen. In ihrer jetzigen Heimath ist sie aber auch unter dem Namen Eckertsbirne, vom Besitzer des Baumes abgeleitet, bekannt.

Gestalt: bauchig-kegelförmig oder kreiselförmig, mittelbauchig, 2¼" breit, 2½" hoch, in der Rundung eben, sanft oval und nur leicht verschoben.

Kelch: kurzblättrig, offen, mäßig eingesenkt, ohne Falten und Rippen.

Stiel: 1½" lang, ziemlich dünne, bräunlich, mit sanftem Uebergang zur Frucht.

Schale: glatt mit wenig Glanz, vom Baume hellgrün, bei der Reife hellgelb mit vielen feinen Rostpunkten und hellem Rost um den Kelch, ohne alle Röthe.

Fleisch: weiß, zartmarkig, saftreich, erhaben süßweinigt, erfrischend, angenehm parfümirt und ganz schmelzend.

Kernhaus: (künftig noch näher zu beschreiben.)

Kelchröhre: breit abgestumpft.

Reife und Nutzung: Reifte 1857 nach sehr heißem Sommer Mitte October; eine sehr gute Butterbirne, die weitere Beachtung verdient.

Eigenschaften des Baumes: er macht eine mehr kugelige als hochgehende Krone, und trägt auch in fruchtarmen Jahren gerne und gut, obgleich der seitherige Standort des Mutterbaumes im Grasboden und letzterer dem freien Luftzuge sehr ausgesetzt ist. Ueber die weiteren Vegetationsverhältnisse fehlen die Nachrichten. — Herr Hofgärtner Jacquot ist bereit, denen, die solche wünschen, Edelreiser abzugeben.

Donauer.

No. 126. Friedrich von Preußen. II, 2. 2. Diel; IV, 2 a. Luc.; II, 2. Jahn.

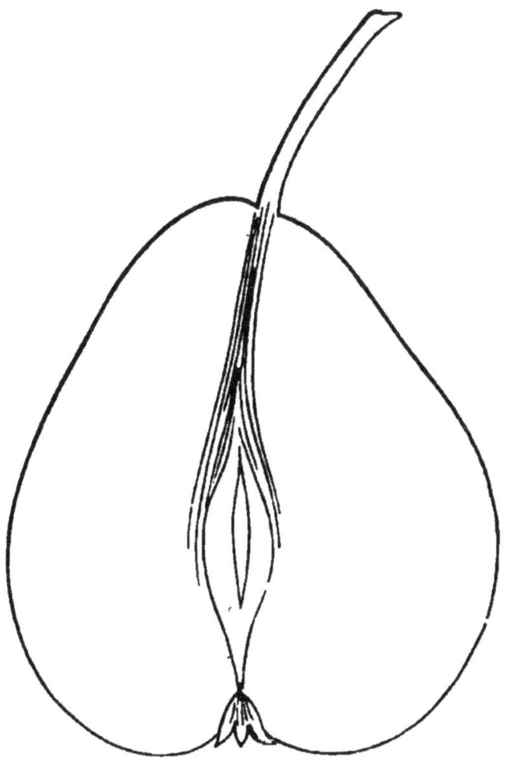

Friedrich von Preußen. Diel (van Mons) * † H.

Heimath und Vorkommen: Belgien. Noch wenig verbreitet.

Literatur und Synonyme: Sämling vom Herrn Professor van Mons, der die Sorte als Frederic de Prusse an Diel sandte. Diel N.K.O. III, S. 257. — Dittrich I, S. 625. — Oberdieck S. 344. — Frederic of Prussia nennt sie der Cat. Lond.

Gestalt: kreiselförmig, 3" hoch und meistens eben so breit, oft auch fast 1/4" geringer in der Breite. Der Bauch sitzt über 2/3 der Länge nach dem Kelche hin, um den sich die Frucht flachrund zuwölbt und so auf der dadurch gebildeten Fläche gut aufstehen kann. — Nach dem Stiel zu nimmt sie ohne Einbiegung stark ab und endigt mit einer abgestumpften Spitze.

Kelch: offen, spitzblättrig, liegt sternförmig auf, und sitzt in einer fast tiefen, mit flachen Erhabenheiten umgebenen Einsenkung, welche bemerkbar über die Frucht hinlaufen.

Stiel: 1—1¼" lang, steht auf der Fruchtspitze wie eingesteckt, wird aber häufig durch einen Fleischwulst auf die Seite geschoben.

Schale: glatt, in der Zeitigung ein hohes Gelb, ohne irgend eine Spur von Röthe. Punkte sehr zahlreich, grell ins Auge fallend. Meistens sind dieselben von einem grünlichen Schimmer umgeben, daher die Schale stellenweis wie grün marmorirt erscheint und somit bei dieser Frucht ein charakteristisches Kennzeichen abgibt.

Fleisch: weiß, körnigt, saftvoll, halbschmelzend, von einem fein alantartigen, weinsäuerlichen Zuckergeschmack.

Kernhaus: groß, mit hohler Achse und geräumigen Kammern, welche große, lange, spitze, zimmtfarbige Kerne enthalten.

Reife und Nutzung: die Frucht zeitigt im October und hält sich 4 Wochen. Am Baume reift sie nach und nach, so daß man länger denn einen halben Monat hindurch Früchte abnehmen und verwenden kann. — Werthvoll für den Landmann, sowohl zum frischen Genuß als zum Dörren.

Eigenschaften des Baumes: der Baum wächst sehr stark, wird groß, geht mit seinen Aesten schön in die Luft und bildet eine pyramidalische, dicht belaubte Krone. Er setzt sehr viel Fruchtholz an, das bald und jährlich trägt. Die Sommertriebe sind rundherum erdbraunroth mit starken weißgrauen Punkten besetzt. Das schiffförmig aufwärts und stark rückwärts gebogene Blatt ist ganzrandig. Vorkommende fadenförmige Afterblätter nicht häufig, fallen schon vor Eintritt des Herbstes ab. Verdient in rauhen Lagen allgemein angepflanzt zu werden.

Schmidt.

Anmerkung. Wie Diel in einer Note sagt, verliert die Frucht bald den Saft und muß deshalb in der Reife genau beobachtet werden. Nach Oberdieck ist es wenigstens eine gute Kochbirne. — Der Baum kümmert nach Diel (syst. Verz.) auf Quitte. Die Blätter des Fruchtholzes, wie ich die Sorte von Herrn Oberförster Schmidt besitze, sind groß, 2¼" breit, 3¼" lang, eirund, oft etwas herzförmig mit halbaufgesetzter Spitze, glatt, doch am Blattsaume und an den Stielen hier und da schwachwollig, ganzrandig, sehr dunkelgrün. Jahn.

No. 127. Liegel's Herbstbutterbirne. I, 2. 3. Diel; III, 1 a. Luc.; II, 2. Jahn.

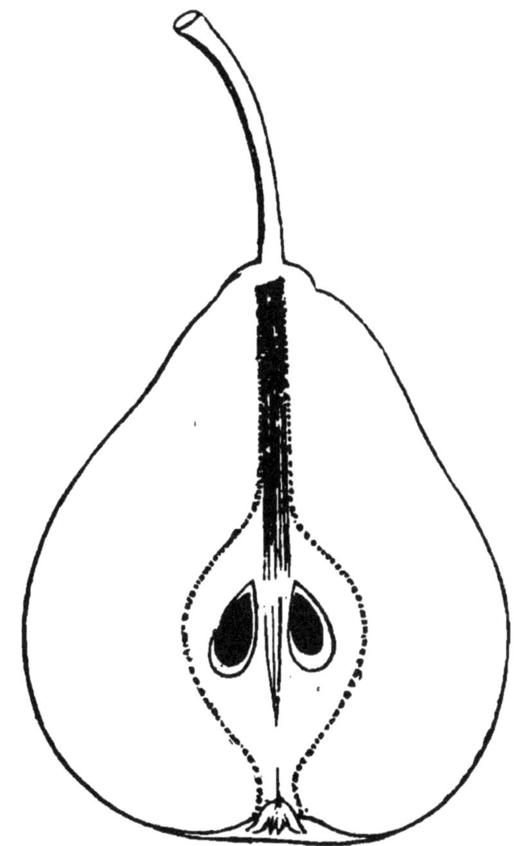

Liegel's Herbstbutterbirne. Oberdieck. ** H.

Heimath und Vorkommen: Oberdieck bekam die Zweige namenlos von van Mons und benannte sie nach dem rühmlichst bekannten Pomologen, Herrn Apotheker Dr. Liegel in Braunau.

Literatur und Synonyme: Oberdieck beschrieb sie in seiner Anleitung S. 300. — Ziemlich mit dieser Beschreibung übereinstimmend hat sie Herr Dr. Liegel selbst noch in seinen neuen Obstsorten II, S. 61 geschildert.

Gestalt: etwas unbeständig eiförmig oder wie ich es nenne eirund, meist jedoch etwas kegelförmig, mittelgroß, 2¼" breit, 3" hoch, so gibt

Oberdieck die Gestalt und Größe an. — Wie die vorliegende von Herrn Dr. Liegel gefertigte Abbildung zeigt, wird sie jedoch unter günstigen Umständen auch groß, denn sie mißt oben 2³/₄" in der Breite und 3" 1''' in der Höhe. Herr Liegel bemerkte brieflich, daß auch er in seiner Beschreibung die Größe zu gering angegeben habe.

Kelch: offen, häufig etwas geschnürt, in enger, etwas seichter Senkung, mit oft fortlaufenden Erhabenheiten.

Stiel: holzig, bis 1¹/₄" lang, meist krumm, durch eine Fleischwulst zur Seite gedrückt.

Schale: dick, nicht gut genießbar, mattgrün, später hellgelblich-grün, mit zimmtfarbigen Punkten und vielem dunkelbraunen dicken rauhen Rost, womit fast die ganze Schale überkleidet ist.

Fleisch: gelblich- oder grünlichweiß, fein, sehr saftig, wahrhaft butterhaft, von delicatem feinweinigen gewürzreichen Zuckergeschmack, nach Liegel dem der Rothen Isembart ähnlich.

Kernhaus: mit feinen Körnchen umgeben, hohlachsig, Kammern mäßig weit, Kerne dunkelbraun, vollkommen, länglich eirund.

Reife und Nutzung: die Frucht zeitigt im halben October, hält sich im guten Zustande länger als 6 Wochen, wird dann weich und spät teig. — Ist eine vortreffliche Tafelfrucht.

Eigenschaften des Baumes: derselbe wächst gemäßigt, hat eine feine, sehr kenntliche Vegetation, eignet sich zur Pyramide auf Wildling besonders gut. — Die Blätter sind, wie ich mir die Vegetation nach dem von Herrn Dr. Liegel erhaltenen Zweige angemerkt habe, eirund, mit nicht zu langer meist auslaufender Spitze, glatt, fein- etwas stumpfgesägt, am Rande etwas wellenförmig, 1¹/₂" breit, 2¹/₄" lang. Stiel bis 1³/₄" lang, oft geröthet. — Blüthenknospen klein, kurzkegelförmig, stumpfspitz, kastanienbraun. — Sommerzweige röthlich gelbbraun mit etwas erhabenen feinen weißgelben Punkten.

J.

No. 128. **Grüne H.-Apothekerbirne.** III, 3. 2. Diel; III, 2 b (a) Luc.; V, 2. 3.

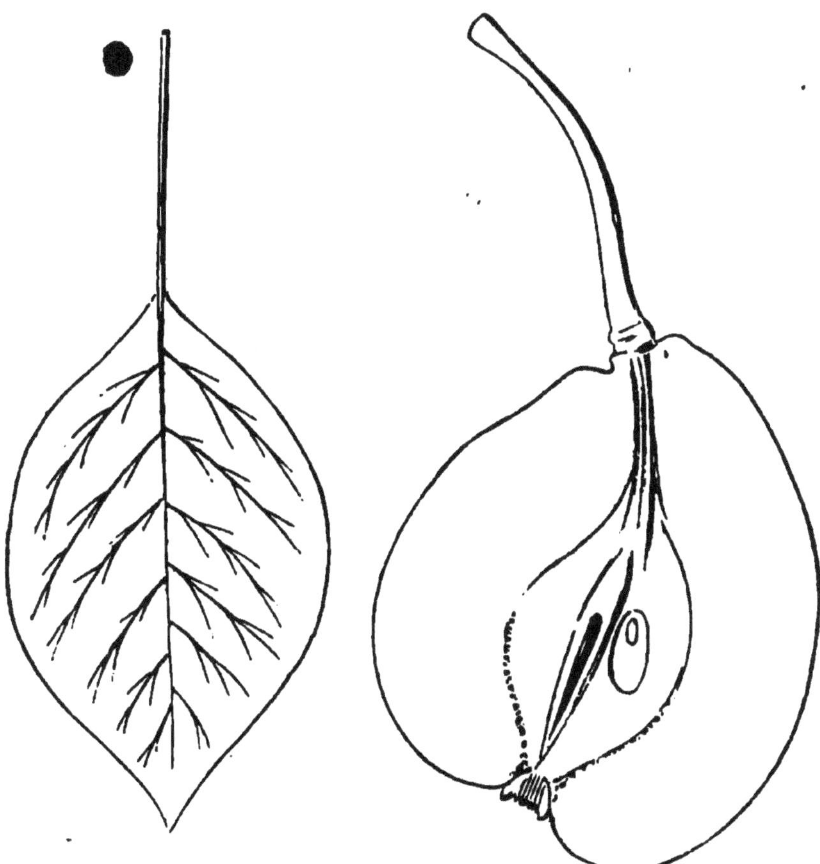

Grüne Herbstapothekerbirne. Diel †† Oct.

Heimath und Vorkommen: Diel erhielt die Sorte aus der Kellner'schen Baumschule zu Saarbrücken als Bonchretien vert. - Scheint sonst bei Pomologen nicht vorzukommen, ist auch wenig verbreitet.

Literatur und Synonyme: Diel N.K.O. III, S. 317: Grüne Herbstapothekerbirne. Da sie wohl nicht gerade weite Verbreitung findet, ist der Name oben nicht abgekürzt.

Gestalt: scheint sehr veränderlich und so auch die Größe. Letztere gibt Diel bei recht großen Früchten selbst vom Hochstamme 3¾" breit und 5" lang an, die meistens dann durch Beulen zu unregelmäßigen Formen verschoben seien. Bei den regelmäßigeren, einer Sommerapothekerbirne ähnlichen Früchten sitze der Bauch 2/3 nach dem Kelche hin, um den die Frucht sich abnehmend platt zurunde, während [illegible] nach dem Stiele hin keine Einbiegung mache und mit stark abgestumpfter Spitze endige. Obwohl ich gar nicht zweifeln kann, von Diel die rechte Frucht erhalten zu haben, die von ihm nach Herrenhausen eben so kam, waren hiesige Früchte, die ich in 4 Jahren in ziemlicher Anzahl hatte, doch nie größer als in obiger Figur und durch breite Beulen in ihrer Form stark verschoben, ja am Stiel öfter höchst wenig abgestumpft.

Kelch: spitz, grün, offen, sitzt in geräumiger, ziemlich tiefer Senkung, aus der sich oft recht starke und breite Beulen erheben und unregelmäßig (meistens am stärksten nach dem Kelche hin vordringend), über die Frucht hinlaufen.

Stiel: holzig, sanft gekrümmt, charakteristisch lang (nach Diel bis zu 3"), sitzt allermeist in nur seichter Höhle mit einigen Beulen umgeben.

Schale: stark, vom Baume grasgrün, in der Lagerreife kaum etwas gelblich, ohne alle Röthe, Punkte sehr zahlreich, bestehen nach Diel oft in schwarzbraunen Fleckchen, die häufig zusammenfließen und schmutzig aussehende Ueberzüge bilden, was ich hier nicht fand. Geruch fehlt.

Fleisch: etwas gelblich weiß, grobkörnig, recht saftreich, abknackend, recht zeitig schmierig, von schwachzimmtartigem gezuckerten Geschmacke.

Kernhaus: hat keine oder nur unbedeutende hohle Achse; die sehr kleinen Kammern enthalten allermeist taube Kerne.

Reifzeit und Nutzung: sie zeitigt im October, hält sich mehrere Wochen und wird zuletzt immer rasch faul, ist für den Haushalt recht brauchbar, doch wohl nicht zu den besten Haushaltsfrüchten gehörend.

Der Baum wächst nach Diel frech und wird sehr hoch, geht gut in die Luft, bildet aber nach den Enden der Aeste hängendes Holz, trägt früh und reichlich. Gesundheit des Baumes und frühe reiche Tragbarkeit bestätigte sich auch bei mir. — Sommertriebe stark, olivenfarbig oder bräunlich-olivenfarbig, wenig gekniet, stark punktirt. — Blatt des Sommertriebes groß, beim Ausbrechen etwas wollig, später glatt, elliptisch, schiffförmig aufwärts und stark rückwärts gebogen, mit schöner auslaufender Spitze, ungezahnt oder nur gerändelt. — Blätter der Fruchtaugen sehr groß, häufig 3" breit und 5" lang, mehr eiförmig (oder wie ich sie mir notirt habe, breitelliptisch, auch oft blos reinelliptisch, bisweilen auch rundlich und herzförmig, unterhalb wenigstens meist etwas wollig, gewöhnlich ganzrandig, oft groß, meist aber 1 3/4" breit, 2 1/2" lang. Jahn.) Afterblätter pfriemenförmig, Augen anliegend, spitz herzförmig. Augenträger ziemlich flach.

Oberdieck.

No. 129. Die Thouin. II, 2 (1). 2. Diel; IV. 2. b. Luc.; III. 2. Jahn.

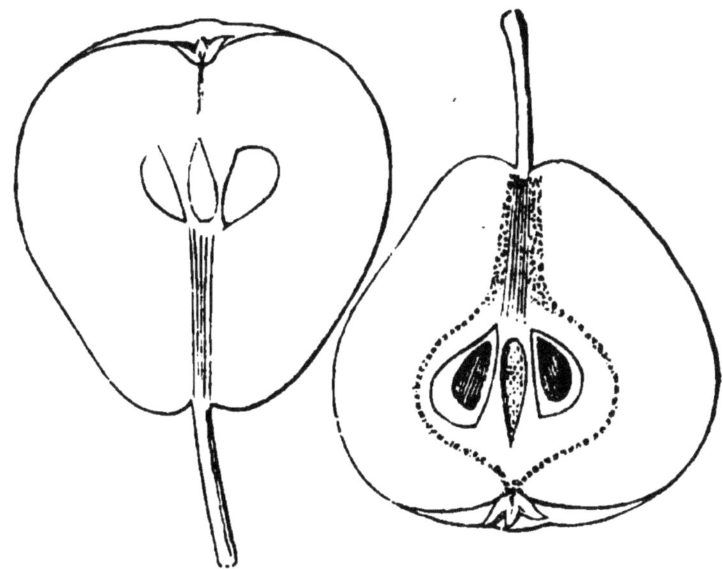

Die Thouin. Diel (van Mons) * † H. (meist nur K. für W.)

Heimath und Vorkommen: van Mons erzog sie und benannte sie nach dem damaligen Direktor des Jardin des Plantes Jean Thouin in Paris.

Literatur und Synonyme: Diel R.K.O. II. S. 176. Die Thouin, Bergamotte Thouin. — Synonyme sind nicht bekannt. — Notizen über sie gaben Diel selbst im syst. Verz. II. S. 59; ferner von Flotow in Monatsschr. II. S. 242, auch Oberdieck in f. Anl. S. 274. — Dittrich hat sie I. S. 649. — In einigen französischen Obstverzeichnissen wird Beurré Thouin als Synonym der Winter-Nelis angegeben, worauf hier aufmerksam zu machen ist.

Gestalt: bergamott- oder noch mehr kreiselförmig, 2¼" breit und ebenso hoch, doch öfters niedriger.

Kelch: klein, hornartig, hartschalig, offen, aufrecht, etwas wollig, in weiter seichter, meist mit flachen Beulen umgebener Einsenkung, oft auch ganz flach stehend.

Stiel: dünn, gelbgrün, holzig, 1" lang, wie eingesteckt, oft auch mit etwas Fleisch umringelt.

Schale: glatt, hellgrün, stellenweise gelbgrün oder grünlichgelb mit dunkelgrünen feinen Punkten und Fleckchen und mit hellbraunem Rost um den Kelch.

Fleisch: weiß, körnigt, saftreich, rauschend (selten schmelzend — nach Diel soll es selbst butterhaft sein), von süßem nur schwachgewürztem Geschmack, der mehr dem der Pomeranzenbirnen, als dem der Bergamottbirnen ähnlich ist.

Kernhaus: mit ziemlich viel stärkeren Körnchen umgeben, Kammern weit, muschelförmig, mit wenigen nicht großen braunen, mit einem kleinen Höcker versehenen Kernen. Die Achse ist nur wenig hohl.

Reife und Nutzung: Mitte Oct., 3 Wochen haltbar nach Diel. — Die Frucht verlangt gute nicht zu trockene Witterung, wenn sie zum rohen Genuß noch brauchbar werden soll, in den meisten Jahren bleibt sie unschmackhaft, starkkörnig und klein, wird auch leicht von braunen Fasern durchzogen. Doch kann sie, kühl aufbewahrt, im December und Januar, bis wohin sie sich meist hält, noch als Winterkochfrucht dienen, und hierzu kann sie bei der reichen Tragbarkeit des Baumes hauptsächlich auch nur empfohlen werden.

Eigenschaften des Baumes: derselbe wächst sehr stark, macht einen gesunden aufrechten Stamm, gibt prächtige Pyramiden, trägt wie erwähnt sehr fleißig, und zwar meist büschelweise, gedeiht auch auf Quitte. — Die Blätter sind eiförmig, am ältesten Holze oft rundlich, ziemlich stark zugespitzt, mit der entweder auslaufenden oder halbaufgesetzten Spitze 1¾" breit, 2½—3" lang, unterhalb wenigstens alle etwas wollig, ganzrandig oder nur nach vorne hin etwas verloren gesägt; am Rande leicht wellenförmig, die Spitze sichelförmig gebogen, sehr dunkelgrün und glänzend, oft groß, auf der Mittelrippe oben oft schwarzborstig. — Blüthenknospen mäßig groß, kurzkegelförmig, stumpfspitz, mit etwas klaffenden, hie und da borstigen Deckblättern, dunkelbraun, an der Spitze oft etwas weiß- oder gelbwollig. — Sommerzweige wollig, an den Knospen wenigstens zu bemerken, oben meist verdickt, gelbgrün oder grünbraun, an der Sonnenseite etwas röthlich, oft fast schwärzlich mit ziemlich vielen gelblichen Punkten.

J.

No. 130. **Haffners Butterbirne.** I, 3. 2. Diel; III, 1 b. Luc.; II. 2. Jahn.

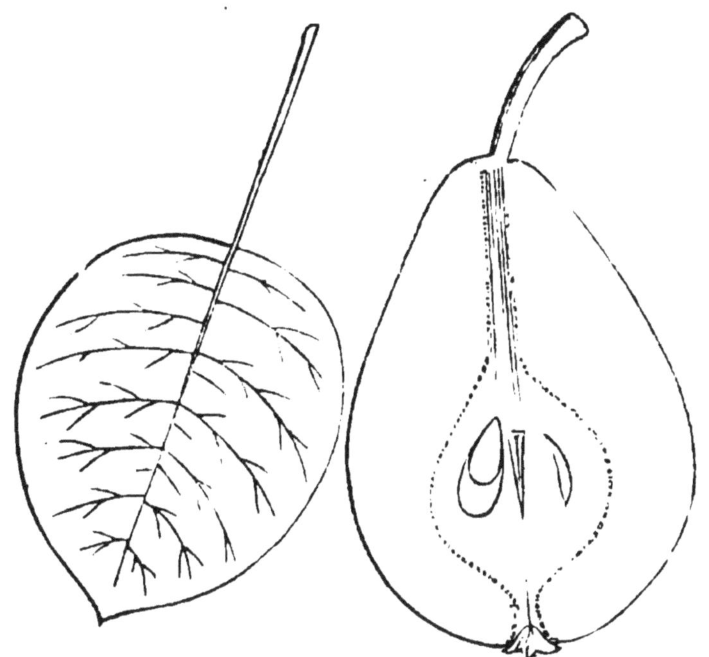

Haffners Butterbirne. Dochnahl ** ! †† H.

Heimath und Vorkommen: wurde in Kadolzburg bei Nürnberg aufgefunden und nach den Besitzern der Kadolzburger Baumschule, Gebrüder Haffner, die sich eifrig mit der Pomologie beschäftigen, benannt.

Literatur und Synonyme: Dochnahl's Führer in der Obstkunde II. S. 127. — In der Gegend von Kadolzburg wird die Frucht Graubirne, Graue Butterbirne genannt.

Gestalt: birnförmig, wie ich sie hier erzog oft ziemlich eirund, nach dem Stiele zu kegelförmig, mittelgroß, 2″ breit und 2½″ hoch.

Kelch: kurzblättrig, hornartig, braunroth, oft fehlerhaft, weit offen, obenauf.

Stiel: dünn, holzig, braun oder grünbraun, kaum ¾″ lang, welkend, obenauf oder schiefstehend neben einem Höcker.

Schale: etwas stark und rauh, gelblichgrün, später grüngelb mit vielen gelblichrostfarbenen Punkten und wirklichen Rostflecken, auch mit zusammenhängendem Rost um Kelch und Stiel, an der Sonnenseite oft schön carmin geröthet, nur durch den netzartigen Rost, in welchem weißliche Punkte vertheilt sind, etwas verdüstert.

Fleisch: weiß oder gelblichweiß, feinkörnigt, sehr saftreich, butterhaft, von sehr angenehmem weinigtsüßen, etwas dem der Beurré gris ähnlichen, erhabenen Geschmack.

Kernhaus: mit ziemlich viel, etwas starken Körnern umgeben, schwach hohlachsig, großkammerig mit meist großen und vollkommnen, gelbbraunen, eirunden, ziemlich stark gespitzten Kernen.

Reife und Nutzung: Mitte October, 4 Wochen haltbar. — Eine sehr vorzügliche Tafelfrucht, die allgemeine Verbreitung verdient, denn sie kann einigermaßen die nicht überall gedeihende Graue Herbstbutterbirne ersetzen.

Eigenschaften des Baumes: derselbe trägt jährlich (auch in meinem Garten), weil er in der Blüthe nicht empfindlich ist, gedeiht auf Quitte, wie auch hochstämmig in jeder Lage vortrefflich, und glaube auch ich die Sorte, nach ihrem Verhalten in dem hiesigen Clima, zu allgemeiner und recht fleißiger Anpflanzung empfehlen zu können, um so mehr als die Früchte sich immer gut ausbilden. — Die *Blätter* sind, so lange der Baum kräftig treibt, am Tragholze und unten am Sommerzweige *eirund*, 2″ breit, bis 3″ lang, mit auslaufender Spitze, *oft fast rundlich und kurzgespitzt, wie ein solches Blatt der Form nach oben gezeichnet ist*, bisweilen herzförmig, glatt, sehr verloren und stumpf gezahnt. An nicht mehr kräftig vegetirenden Zweigen sind sie kleiner und dann oft eiförmig und meist ganzrandig. Sie sind am Sommerzweige ziemlich stark sichelförmig und schiffförmig, am Tragholze mehr flach, doch überhaupt in mehrfacher Weise von der Mittelrippe aus faltig aufgeworfen und verbogen, die Adern stark sichtbar, das Blatt sonst dunkelgrün und glänzend; Blattstiel kurz, bis 1¼″ lang, dick, steif, gelbgrün, wie die Mittelrippe des Blattes. — *Blüthenknospen* groß, länglich kegelförmig, stumpfspitz, kastanienbraun mit schwärzlichen etwas klaffenden Deckblättern. — *Sommerzweige* etwas stufig, grünlichbraun, gegenüber rothbraun, oben violettroth mit vielen meist feinen, schmutzigweißen Punkten. Augen dunkelbraun, spitz, wenig abstehend. — Aus dieser Beschreibung der Vegetation, resp. der Blattform, ergibt sich die Verschiedenheit von der Holzfarbigen Butterbirne, mit welcher die Frucht, die auch im I. Bande von Dochnahls Pomona abgebildet ist, in der Färbung etwas Aehnlichkeit hat. J.

No. 131. **Die Hammelsbirne.** III. 3. 2. Diel; IX. 1. a. Luc.; III. 2. Jahn.

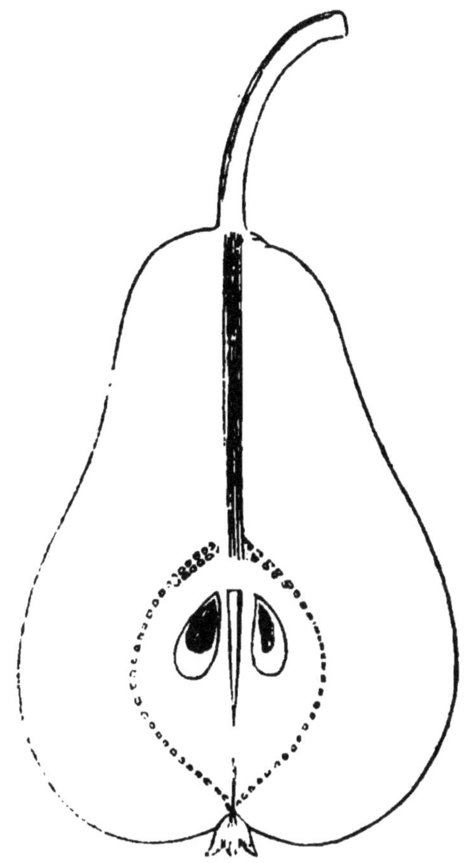

Die Hammelsbirne. Zink ††! H.

Heimath und Vorkommen: ist in Thüringen und Sachsen, nach Christ z. B. bei Meissen, verbreitet, und wird besonders gerne in der Gegend von Meiningen als eine große, zu allen wirthschaftlichen Zwecken ganz geeignete Birne, auch ihres dauerhaften Baumes wegen, gepflanzt.

Literatur und Synonyme: Zink beschrieb sie zuerst Tab. VI. Nro. 53 und zwar nennt er sie (wie Manger wahrscheinlich nach ihm) Hammelsack, unter welchem

Namen sie auch jetzt noch in unserer Gegend allein bekannt ist. Seine Abbildung ist freilich, wie die so mancher anderen seiner Früchte, wenig gelungen, was man übrigens auch mehrfach an dem T.O.G. zu tadeln hat, der Bd. II. S. 295 Taf. 12 die Birne als Hammelsbirne beschreibt, sie aber ebensowenig recht kenntlich abbildete.* Auch Christ im Hdwb. S. 180 hat sie.

Gestalt: birnförmig oder länglich kegelförmig, oft etwas kürzer nach dem Stiele zu gebaut, auch öfters mehr dickbauchig, 2½ bis 2¾" breit und bis 3¾" lang, meist sehr regelmäßig in Form und schön.

Kelch: kurzblättrig, halboffen, aufrecht, in einer kleinen schüsselförmigen Einsenkung.

Stiel: holzig, braun, ziemlich stark und lang, obenauf wie eingedrückt, oder neben einem Höcker schief.

Schale: gelbgrün, später grünlichgelb oder citronengelb, meist mit schönem streifigem Roth an der Sonnenseite und mit feinen bräunlichen Punkten in dem Gelb, auch mit etwas Rost um Kelch und Stiel.

Fleisch: gelblichweiß, etwas grobkörnigt und ums Kernhaus feinsteinigt, doch von süßem, Anfangs schwach zusammenziehenden, völlig reif (so daß sie innen bereits teig zu werden beginnt), aber recht gutem, schwach zimmtartig gewürztem Geschmack.

Kernhaus: verhältnißmäßig klein, etwas hohlachsig, Kammern klein, mit länglich eirunden, mit einem kleinen Höcker ausgestatteten, gelblich- oder schwärzlichbraunen, oft unvollkommenen Kernen.

Reife und Nutzung: Mitte bis Ende October, doch hält sie sich in der Reife länger und kann kühl aufbewahrt durch den November, oft selbst noch im December, benutzt werden. Kann recht wohl Michaelis abgethan werden und welkt nicht. Dient noch zum Rohessen, am meisten aber zum Kochen und Welken. Gekocht steht sie zwar dem Kleinen Katzenkopf nach, färbt sich auch nicht so hübsch braun, ersetzt aber das Fehlende durch den reichlicheren Ertrag, den die Bäume liefern.

Eigenschaften des Baumes: dessen Wuchs ist sehr stark und zwar schön pyramidal, wenn die Krone später auch durch das öfters vorkommende Abbrechen des Gipfels (wegen der Menge der angesetzten Früchte) mehr rundlich wird, wie Christ meint. Die Anpflanzung ist nicht allein bei uns, sondern auch in anderen Gegenden angelegentlichst zu empfehlen. Blätter länglich eiförmig mit meist auslaufender Spitze, 1¾—2" breit, 2½—3" lang, oft etwas herzförmig, glatt, etwas weitläufig und besonders nur nach der Spitze hin deutlich gezahnt, am Rande etwas schiffförmig, und das Blatt selbst meist halbspiralförmig gebogen, so daß die Spitze ein wenig nach oben steht, ziemlich dunkelgrün und glänzend, obgleich die Adern ziemlich sichtbar sind, im Ganzen groß. — Blüthenknospen ziemlich groß, mehr eirund als kegelförmig, stumpfgespitzt, dunkelbraun. — Sommerzweige meist stark, oft an der Spitze verdickt und stufig, dunkelolivengrün, gegenüber röthlich angehaucht, mit erhabenen gelblichweißen Punkten.

J.

* Aehnlich ist ihr die von Sickler im XXII. Bd. S. 103 Taf. 11 beschriebene und abgebildete Große Petersbirne, Theilbirne, doch gibt Sickler deren Reife früher, zu Anfang des Septembers, an.

No. 132. **Französische Russelet.** I, 3. 2. Diel; III, 1 a. Luc.; IV, 2. Jahn.

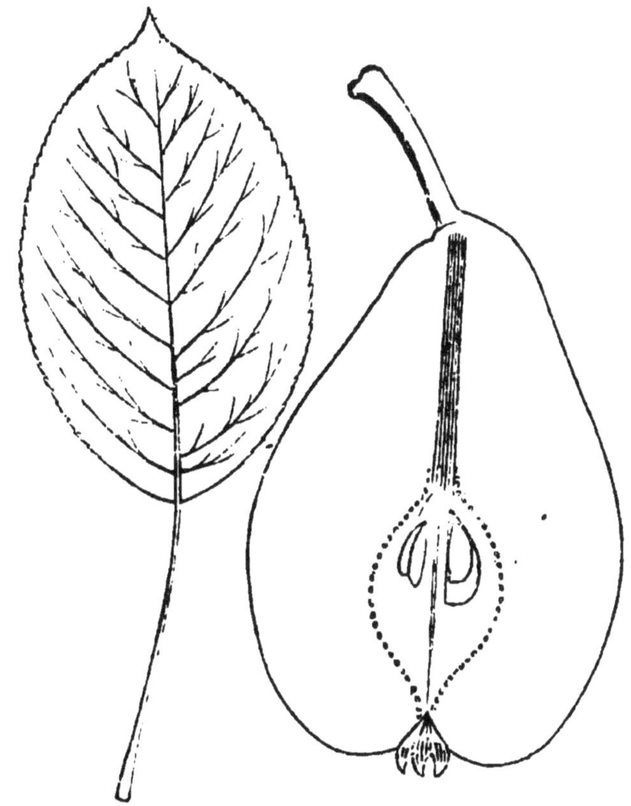

Französische Russelet. Jahn (Donauer) ** ! † H.

Heimath und Vorkommen: ich bekam die Zweige vor etwa 10 Jahren von Hrn. Donauer, k. k. Lieutenant in Coburg, der mir die Birne als eine gute Frucht lobte. Woher sie ursprünglich kam, hat er mir nicht mitgetheilt.

Literatur und Synonyme: sie findet sich nirgends beschrieben und ich kann mich also auf keinen Autor berufen.

Gestalt: eirund, nach dem Stiele zu kegelförmig, 2″ 1‴ oder auch nur 1½‴ breit, 3″ lang, bisweilen auch bis ½″ kürzer.

Kelch: klein, aber breitblättrig, aufrecht, offen, flachstehend.

Stiel: braun und grün gestreift, $^{1}/_{2}$—$^{3}/_{4}$'' lang, mit Fleischanhang, obenauf, oder neben einem Höcker schwach vertieft.

Schale: glatt, hellgrün, später licht grüngelb mit feinen und gröberen, den Forellenflecken ähnlichen Punkten, die einen weißlichen Kern haben und mit dunklerem Roth umgrenzt sind und wozwischen sich noch an manchen Stellen ein lichteres Roth anhäuft, auf der Schattenseite mit feinen braungelben Punkten, auch etwas Rost, besonders um Kelch und Stiel.

Fleisch: weiß, fein, sehr saftvoll, butterhaft, von sehr delikatem, weinigt süßen, schwach muskatellerartigen Geschmack.

Kernhaus: klein, mit sehr feinen unfühlbaren Körnchen umgeben, mit kleinen gelbbraunen Kernen.

Reife und Nutzung: in gewöhnlichen Jahren reift sie Mitte bis Ende October, in dem warmen und trockenen Sommer 1858 aber, der ihr übrigens recht zuzusagen schien, schon Anfangs October. — Die Birne ist eine sehr vorzügliche Tafelfrucht und wurde selbst an einem jungen Hochstamm so groß, wie sie oben vorliegt.

Eigenschaften des Baumes: dieser wächst schön und kräftig, scheint auch bei uns noch hochstämmig gut zu thun, doch will ich die Sorte gerade nicht für diese Form, sondern für Pyramide und Spalier empfehlen. — Blätter elliptisch, oft ziemlich länglich, mit halbaufgesetzter Spitze, $1^{1}/_{4}$—$1^{1}/_{2}$'' breit, $2^{1}/_{2}$'' lang, kleinere Blätter oft lanzettförmig, glatt, scharf- und grobgesägt, etwas schifförmig, an der Spitze etwas sichelförmig, dick und steif, meist langgestielt. — Blüthenknospen länglich kegelförmig, starkgespitzt, doch nicht gerade stechend, mit borstigen etwas klaffenden Deckblättern, dunkelbraun. — Sommerzweige grünlich-gelbbraun mit wenigen feinen weißen Punkten.

J.

No. 133. **Donauers Bergamotte.** II, 1. 2. Diel; IV. 2. b. Luc.; III, 2. Jahn.

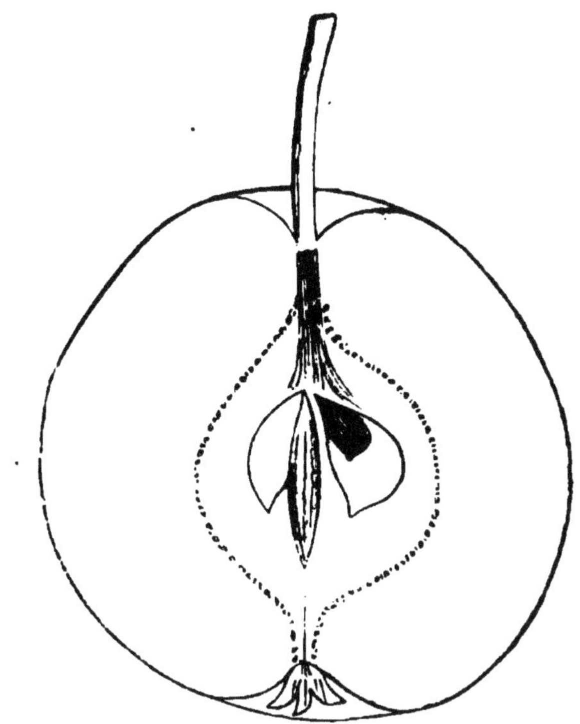

Donauers Bergamotte. Jahn (Donauer) * † H.

Heimath und Vorkommen: Hr. Donauer, k. k. Lieutenant a. D. in Coburg fand sie namenlos in einem dortigen Garten und verbreitete sie als eine gute Tafel- und Wirthschaftsfrucht unter dem Namen Runde Bergamotte weiter umher.

Literatur und Synonyme: beschrieben ist die Frucht zur Zeit nicht. Doch hatte sie Hr. Donauer in seiner Obstcollection in Gotha, wo sie vielen Beifall fand. Den Namen Runde Bergamotte haben wir, um die Herkunft zu bezeichnen, mit dem obigen vertauschen zu dürfen geglaubt.

Gestalt: wie die Abbildung zeigt, wirklich bergamottförmig, d. h. rundlich, nach dem Stiele zu stark abgestumpft spitz, vom Pyramidbaume 3″ breit, 2¾″ hoch, vom Hochstamm ¼″ kleiner. In der Rundung oft ungleich, indem der Bauch auf der einen Hälfte der Frucht oft mehr hervortritt.

Kelch: kurzblättrig, gelbbraun, hornartig, halboffen oder geschlossen, in weiter schüsselförmiger Einsenkung, mit etwas Falten umgeben.

Stiel: steif und holzig, gelbbraun, in einer kleinen trichterförmigen Höhle.

Schale: glatt, citronengelb mit schwachem orangefarbigem Anflug auf der Sonnenseite und mit vielen stärkeren und feineren Punkten und um Kelch und Stiel auch mit etwas gelblichem Rost.

Fleisch: mattweiß, etwas körnig, halbfein, halbschmelzend und rauschend, doch saftig, von recht gutem, nicht gerade zu süßen, etwas melonenartigen Geschmack. Eine vom Hochstamme genommene kleinere Frucht war übrigens mehr gezuckert und gewürzt, als die hier abgebildete an einer Pyramide erzogene, wie sie beide mir Hr. Donauer sendete.

Kernhaus: mit nicht zu vielen, auch nicht zu starken Körnchen umgeben. Die Achse ist hohl, die Fächer sind flügelförmig mit ziemlich großen und vollkommenen, schwarzbraunen, breit eirunden Kernen.

Reife und Nutzung: sie reift Mitte bis Ende October, dauert 14 Tage, kann Michaelis geerntet werden. Welkt nicht. Hr. Donauer bezeichnete sie als „zwar nicht ganz fein, doch immer noch vom I. Range, zu allen Zwecken recht wohl brauchbar.“

Eigenschaften des Baumes: dieser wächst gut, eignet sich zur Hochstammform, und geht so hoch und baut sich schön, ist auch sehr tragbar. — Die Blätter sind (wie ich mir ihre Vegetation nach den von Hrn. Don. früher schon empfangenen Zweigen notirt habe (eiförmig und länglich eiförmig, auch elliptisch, nicht langgespitzt, meist ganzrandig oder verloren und undeutlich gezahnt, glatt, bis 1½" breit, auch etwas über 2½" lang, nicht sehr dunkelgrün. — Blüthenknospen etwas länglich kegelförmig, ziemlich spitz, röthlichbraun, die an der Spitze der Zweige stehenden oft gelbbraun wollig. — Sommerzweige nach Hrn. Don. in der Jugend weidenartig, hellgelblich und stark hängend — (wie ich mir die Farbe angemerkt habe) olivengrün, gegenüber grünlichgelb mit schmutzigweißen Punkten.

J.

No. 134. Die Noarschän. I. 2 (3). 2. Diel; III, 1 b. Luc.; IV. 2. Jahn.

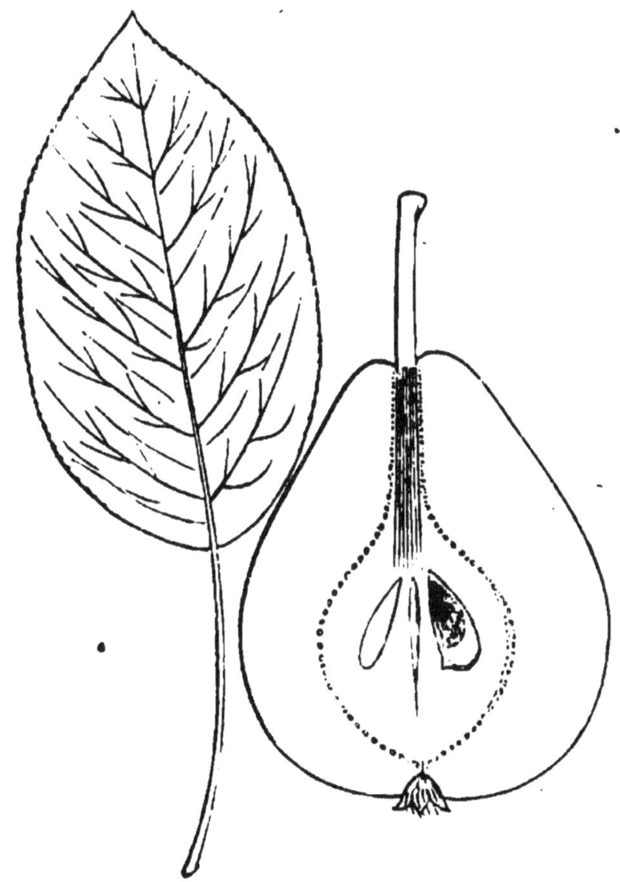

Die Noarschän. Diel (van Mons) * H.

Heimath und Vorkommen: Diel erhielt die Pfropfreiser von van Mons, doch wußte er nicht, ob sie van Mons erzogen, da sie im Cat. descript. S. 41 blos dem Namen nach genannt ist. In den deutschen Gärten hat sie seit Diels Zeit wenig Eingang gefunden.

Literatur und Synonyme: Diel N.K.O. VI. S. 170. Die Noarschän, Noirschain, Noirchain. Man sollte aber eigentlich Sommer- oder Herbstnoarschän schreiben, weil die Späte Hardenpont auch Beurré de Noirchain heißt und van Mons hat die Birne auch als Noirchain d'été an Diel gesendet. Doch wird die Späte Hardenpont besonders nur in Belgien so genannt und es genügt, hier darauf hinzuweisen. — Ueber den Ursprung des Namens weiß Diel auch Nichts. Vergl. auch Dittr. I. S. 662; Oberd. S. 385; Liegel N.O. S. 105.

Gestalt: hochaussehend, stark abgestumpft kegelförmig, um den Kelch halbkugelförmig, nach dem Stiele zu oft ohne Einbiegung mit starker, oft breit abgestumpfter Kegelspitze endigend, 2½" breit, 3—3½" hoch, auf Hochstamm 2" breit und 2¼" hoch — so beschreibt sie Diel. Nach unserer Formentafel ist die Gestalt als eirund, nach dem Stiele zu kegelförmig zu bezeichnen.

Kelch: kurz, spitz, hartschalig, offen, flach- oder seichteingesenkt.

Stiel: braun, nach der Birne zu grüngelb, etwas fleischig, 1" lang, ziemlich vertieft zwischen den 2 ungleich erhobenen Hälften der Spitze.

Fleisch: mattweiß, überfließend, körnigt, doch ganz schmelzend, von fein gewürzhaftem, süßweinsäuerlichem, dem der Beurré gris ähnlichen Geschmack.

Kernhaus: mit feinen Körnchen umgeben, schwach hohlachsig, Kammern länglich muschelförmig, mit schwarzbraunen, nicht zu großen, oben mit einem kleinen Knöpfchen versehenen Kernen.

Reife und Nutzung: sie reift Ende bis Mitte October und ist angeblich 14 Tage haltbar, hier bisweilen Anfangs November, hält aber einmal reif kaum 8 Tage und wird allzuschnell teig und weich, worüber, und daß sie nicht immer und nur in guten Jahren schmelzend werde, auch Oberdieck und Liegel klagen, so daß sie bei der Menge der um diese Zeit reifenden anderen Birnen entbehrlich sein dürfte. Muß wenigstens in der Zeitigung sehr wohl abgewartet und an einen günstigen Standort gepflanzt werden. Diel gibt ihr auch im Verzeichniß II. S. 35 I. Rang.

Eigenschaften des Baumes: derselbe wächst lebhaft, wird bald und reichlich tragbar und gedeiht auch auf Quitte. Blätter elliptisch, oft ziemlich länglich mit nicht langer Spitze, 1¾" breit, 2¾" lang, glatt, etwas fein- und stumpfgesägt, meist flach, lichtgrün. — Blüthenknospen klein, kurzkegelförmig, fast halbrundlich, wenig spitz, kastanienbraun. — Sommerzweige etwas gebogen, doch nicht gerade stufig, gelblich- oder röthlichbraun mit ziemlich vielen gelblichweißen Punkten.

J.

No. 135. Die Onkel Peter. II. 3. 2. Diel; III. 2. b. Luc.; III. 2. Jahn.

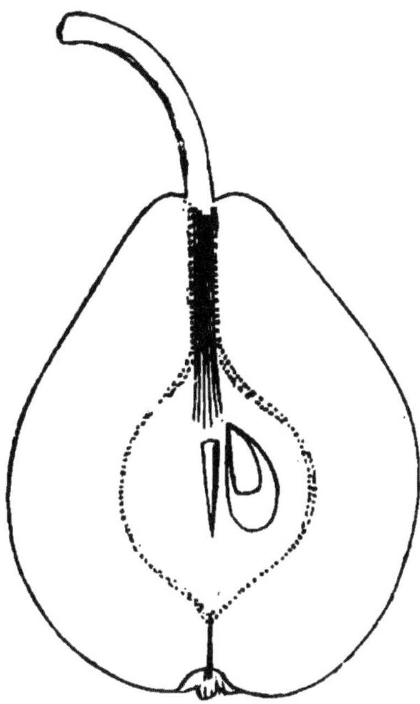

Die Onkel Peter. Diel (van Mons) * † H.

Heimath und Vorkommen: van Mons erzog sie nach dem Cat. descript. pag. 36 aus Samen. In Belgien selbst scheint sie ebensowenig, als bei uns in Deutschland, viel bekannt zu sein.

Literatur und Synonyme: Diel beschreibt sie im V. Bändchen seiner N.Kernobstsorten S. 198 als Onkel Petersbirne, Oncle Pierre. Nur bei Oberdieck, von welchem ich auch die Zweige bekam, findet man (in s. Anl. S. 385) in neuerer Zeit einige weitere Auskunft.

Gestalt: kegelförmig, der Langen grünen Herbstbirne ähnlich, um den Kelch wenig abgeflacht, nach dem Stiele zu stark und schnellabnehmend-stumpfspitz, 2″ breit und 3″ lang nach Diel. — Nach unserer Formentafel ist sie eirund, nach dem Stiele zu kegelförmig zu nennen. Sie baut sich öfters weniger lang, macht auch bisweilen eine kleine Einbiegung nach dem Stiele zu.

Kelch: hartschalig, sternförmig, flach eingesenkt.

Stiel: holzig, 1" lang, obenauf, wie eingesteckt, häufig neben einem Fleischwulste.

Schale: etwas wie fettig, grasgrün, später grünlichgelb, selten mit etwas erdartiger Röthe, doch mit sehr zahlreichen feinen dunkelgrünen Punkten.

Fleisch: mattweiß, fein, saftvoll, butterhaft, von gewürzhaftem, fein zimmtartigen Zuckergeschmack, wie die Lange grüne Herbstbirne nach Diel — wird bei Oberd. nur halbschmelzend, bei mir blieb es rauschend, ist aber sehr süß und deßhalb den Kindern besonders angenehm.

Kernhaus: durch feine Körnchen angedeutet, etwas hohlachsig, Kammern muschelförmig mit schwarzen lang zugespitzten, oft tauben Kernen. Die Kelchröhre setzt sich als schwarzer Faden bis zu dem ziemlich tief stehenden Kernhause fort.

Reife und Nutzung: Ende October, 14 Tage. Nach Oberdieck tritt aber die Reife oft schon Mitte September ein und es macht sich das Brechen bisweilen Ende August nöthig, um schnelles Teigwerden zu verhindern. — Ist nach ihm besonders zur Most- und Honigbereitung, weniger zum Kochen zu empfehlen, da sie gekocht etwas weich ist. Diel meint überhaupt, sie sei bei der Langen grünen Herbstbirne entbehrlich.

Eigenschaften des Baumes: derselbe wächst nicht frech, gleicht in der Vegetation dem der B. blanc. macht starkabstehende, schlanke Seitenzweige, belaubt sich dadurch licht, und liefert bald Früchte. — Blätter eiförmig mit oft nur kurzer stumpfer Spitze, 1¾" breit, 2¾" lang, oft etwas herzförmig, glatt, ganzrandig oder undeutlich gesägt. — Sommerzweige: nach Diel schlank, glatt, gelblichlederfarben, mit vielen hellbraunen, länglichen Punkten.

J.

No. 136. **Wittenb. Glockenb.** III, 2 (3). 2. Diel; IV (III) 2 b. Luc.; III, 2. Jahn.

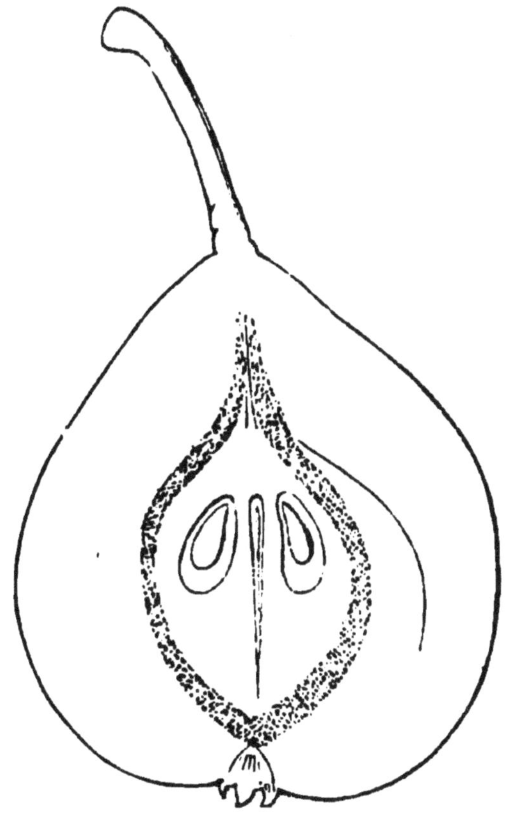

Wittenberger Glockenbirne. Diel (Sickler) †† Oct. Nov.

Heimath und Vorkommen: ist in Sachsen zu Hause, sonst aber noch sehr wenig verbreitet. Verdient als gute Haushaltsfrucht häufigen Anbau.

Literatur und Synonyme: Diel beschrieb sie Heft VIII. S. 185 als Sächsische Glockenbirne und N.K.O. I. S. 238 als Wittenberger Glockenbirne; beide Sorten habe ich weder in der höchst kenntlichen Vegetation, noch in der Frucht unterscheiden können, und halte sie um so mehr für identisch, da dieselbe Identität sich auch an beiden von Diel nach Herrnhausen gekommenen Sorten findet, und Diel auch bei der Sächsischen Glockenbirne sagt: „solle aus Wittenberg stammen," aus welcher Stadt er von Dr. Hennig die obige erhielt. Die Glockenbirne des T. O. G. XXI.

Taf. 8 ist dieselbe, wo Hr. Dr. Hennig in Wittenberg selbst die Beschreibung gegeben hat. Auch Christ, Vollst. Pomol. 1809 Nr. 98 wird wohl dieselbe haben.

Gestalt: 3" breit, 3 bis 3½" hoch, meist mehr rundlich oder dickbauchig kreiselförmig, oft auch durch eine etwas verlängerte Stielspitze mehr länglich. Nach dem Kelche nimmt sie oft mit fast geraden Linien so ab, daß sie noch gut steht. Nach dem Stiele macht sie bald eine schnelle, bald auch unbedeutende Einbiegung, meistens auf einer Seite, und endigt mit dicker, wenig abgestumpfter, oft auch etwas mehr ver-verlängerter Spitze.

Kelch: halboffen, ziemlich stark, durch Beulen häufig verschoben oder wie etwas geschnürt, sitzt in ziemlich tiefer Senkung, oft mit starken Beulen umgeben und auch über die Frucht laufen flach einige breite Erhabenheiten hin.

Stiel: stark, meist holzig, 1¼—1½" lang, sitzt wie eingesteckt, oder ist mit einigen kleinen Beulen umgeben.

Schale: stark, glatt, vom Baume gelblich grün, in der Reife hohes Citronengelb. Die Sonnenseite ist mit einem dunklen erdartigen, später freundlicher werdenden Roth leicht verwaschen, das bei beschatteten häufig fehlt. Punkte stark und sehr zahlreich, und nach Diel auf der Sommerseite oft mit carmoisinrothen Kreischen umgeben. Geruch ist schwach.

Fleisch: mattweiß, etwas gelblich, grobkörnig, nicht sehr saftvoll, wird nach Diel und dem T.O.G. halbschmelzend, blieb jedoch hier abknackend (wie es Diel auch bei der Sächsischen Glockenbirne annimmt), von angenehmem etwas muskirtem Zuckergeschmack.

Kernhaus: klein, hat hohle Achse; die für die Frucht engen Kammern enthalten lange meistens taube Kerne. Kelchhöhle breiter Kegel.

Reifzeit und Nutzung: zeitigt in warmen Jahren schon im October und muß schon vor Michaelis gebrochen werden; meistens kommt sie erst Ende October und hält sich ziemlich lange, welkt auch nicht. Eine sehr achtbare Haushaltsfrucht, für den Landmann recht geeignet.

Der Baum, der schon in der Baumschule an seinem sehr starken Wuchse und dicken trüb violettbraunrothen Trieben kenntlich ist, wird groß, geht mit starken Aesten hoch in die Luft, ist schön und dicht belaubt und liefert mit der Zeit reiche Ernten. Sommertriebe dick und lang, etwas gekniet, rundherum violettbraunroth (gelblich olivenfarben, wie Diel bei der Wittenberger Glockenbirne angibt, sah ich sie nicht), reich und in die Augen fallend punktirt. Blatt groß, ziemlich flach ausgebreitet, theils herzförmig oder mehr eiförmig, theils auch elliptisch, mehr nur* gerändelt als ganzfein gezahnt. Afterblätter pfriemenförmig; Augen stark und dick, kegelförmig, abstehend; Augenträger ziemlich stark.

Oberdieck.

Die Blätter des Fruchtholzes, wie sie Freund Oberdieck beilegte, sind, soweit sich daran unterscheiden läßt, mehr eiförmig als elliptisch, glatt, stumpfgesägt, oft ganzrandig. Jahn.

No. 137. Darmst. Bergamotte. I, 1. 2. Diel; IV, I. b. Luc.; VI, 2. Jahn.

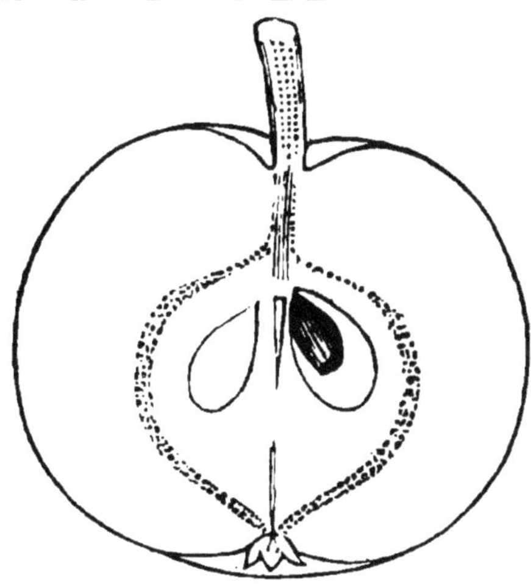

Darmstädter Bergamotte. Jahn (von Günderode) ** ! † H.

Heimath und Vorkommen: sie fand sich in des Freiherrn von Könitz Obstgarten zu Jerusalem bei Meiningen unter dem Namen Darmstädter Butterbirne, Beurré de Darmstadt, wie mir gesagt wurde, von Hrn. von Günderode in Darmstadt abstammend, angepflanzt. Als eine der besten Herbstbirnen für die Tafel verdient sie auch in weiteren Kreisen verbreitet zu werden.

Literatur und Synonyme: Lucas, dem ich die Frucht und später auch Zweige sandte, beschrieb sie nur kurz in seinen Württemb. Kernobstsorten S. 212. Im Obstcabinet, Jena 1856, ist sie bereits auch nach Früchten von mir gut abgebildet. — Den Namen Butterbirne hielt ich mich für berechtigt in Bergamotte umzuwandeln, weil dieser ihrer Form besser entspricht.

Gestalt: rundlich bergamottförmig, ebenso hoch wie breit, oder auch etwas höher, gewöhnlich in diesem Falle etwas mehr nach dem Stiele zu abnehmend, oft aber auch, wie sie oben gezeichnet ist, plattrund; meist $2^1/_4$'' hoch und von gleicher Breite.

Kelch: meist klein, kurzblättrig, oft hornartig, auch öfters blattlos, offen, in schwacher schüsselförmiger Einsenkung.

Stiel: $^1/_2$ bis $^3/_4$'' lang, ziemlich dick und stark, bräunlichgrün, oft warzig weißgrau punktirt, in einer kleinen engen oder auch weiteren Vertiefung.

Schale: hellgrün, später gelbgrün oder grünlichgelb, ohne Röthe, mit zersprengtem schmutzig gelbbraunen Rost und feinen grünen, später bräunlichen Punkten, ohne Röthe.

Fleisch: weiß, fein, butterhaft, zart, saftreich, von erhabenem, süßweinigten, etwas muskatellerartigen Bergamottgeschmack.

Kernhaus: mit feinen Körnchen umgeben, Kammern eirund, ziemlich groß mit großen vollkommenen, braunschwarzen mit einem kleinen Höcker versehenen Kernen.

Reife und Nutzung: die Frucht reift Ende October, hält sich aber meist durch halben November und ist somit mehr Herbst- als Winterbirne. Durch ihren angenehmen, gewürzhaft-süßweinigten Geschmack wird sie Alle, die sie anpflanzen, befriedigen.

Eigenschaften des Baumes: dieser wächst gemäßigt, bleibt etwas klein, doch gedeiht er auch noch hochstämmig, gleicht im Wuchse dem der Weißen Herbstbutterbirne, bringt auch hochstämmig noch stets schöne, nur bisweilen kleine Früchte. Er ist aber leider zärtlich und zwar so, daß bei einem leisen Frühlingsfroste die jungen Blätter eher, als an anderen Birnbäumen erfrieren. Deßungeachtet ist derselbe in vielen Jahren recht tragbar. Am meisten ist die Erziehung in Pyramidform auf Wildling anzurathen. — Blätter lanzettförmig, 1¼ bis 1¾" breit, 1½ bis 3" lang, oft auch elliptisch, glatt, meist seicht gesägt, mit schwärzlichen kleinen Borsten an den Zahneinschnitten, oft auch ganzrandig, etwas schifförmig, die meist auslaufende, oft lange Endspitze öfters nach aufwärts gerichtet. — Blüthenknospen etwas klein, kegelförmig, fast stechendspitz, schwärzlichbraun. — Sommerzweige gräulich-olivengrün, gegenüber mehr röthlich, gelblichweiß, etwas warzig punktirt; das zweijährige Holz ist schwärzlichbraun.

J.

No. 138. Nikitaer Apothekerbirne III, 2. 2. Diel; III, 2 b. Luc.; VI, 2. Jahn.

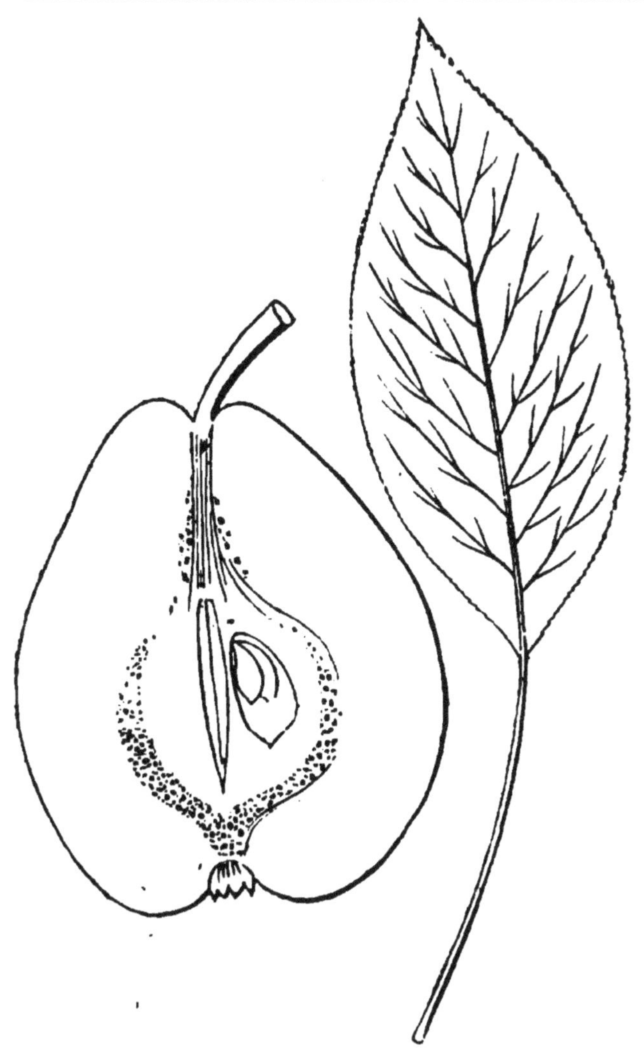

Nikitaer Apothekerbirne. Oberdieck ✝✝ Oct. Nov.

Heimath und Vorkommen: wurde erzogen von Hrn. v. Hartwiß, Direktor der kaiserlichen Gärten zu Nikita, von dem ich das Pfropfreis erhielt unter dem Namen

Grüne Herbst-Apothekerbirne. Zum Unterschiede von der schon bekannten Frucht des Namens gab ich ihr noch das Beiwort Militaer. Scheint eine treffliche Frucht.

Literatur und Synonyme: findet sich nur erst in meiner „Anleitung" S. 265 als Militaer grüne Herbst-Apothekerbirne.

Gestalt: neigt häufig stark zum Konischen, $2^1/_2$" breit, 3 bis selbst $3^1/_4$" hoch. Bauch sitzt mehr nach dem Kelche hin und meistens noch stärker, als in obiger Figur, die von einer im trocknen Boden zu Jeinsen gewachsenen Frucht entnommen ist, in welchem es fast Regel zu sein scheint, daß die langen und hochaussehenden Früchte etwas kürzer ausfallen. Um den Kelch wölben sich die zum Konischen neigenden Früchte rasch zu und sind so abgestumpft, daß sie noch aufstehen können. Nach dem Stiele keine bemerkbaren Einbiegungen und dicke, ziemlich stark abgestumpfte Spitze.

Kelch: hartschalig, offen, sitzt in enger flacher Senkung, aus der flache Beulen sich erheben, aber nicht sehr merklich über die Frucht hinlaufen, die indeß durch manche Beulen in ihrer Oberfläche ziemlich uneben ist.

Stiel: stark, holzig, $^3/_4$—1" lang, sitzt zwischen mehreren sich erhebenden Beulen etwas vertieft, und ist häufig zur Seite gebogen.

Schale: fein rauh anzufühlen, stark, vom Baume hellgrün, wird in der Lagerreife etwas gelblicher. Röthe fehlt. Die zahlreichen rostfarbenen Punkte sind fein; Rostanflüge ziemlich häufig.

Fleisch: matt gelblichweiß, um das Kernhaus etwas körnig, fein, im rechten Reifepunkt schmalzartig, ziemlich halbschmelzend, von zuckerartigem, gewürzten, etwas weinartigen Geschmacke.

Kernhaus: geschlossen, die geräumigen Kammern enthalten viele vollkommene, ziemlich lange, auch am Kopfe mit einem Knöpfchen versehene Kerne. Kelchhöhle geht nur etwas herab.

Reifzeit und Nutzung: zeitigt meistens Ende October, und ist für den Haushalt sehr brauchbar, hält sich auch 6—8 Wochen.

Der Baum wächst mir bisher in leichtem und schwerem Boden in der Baumschule rasch und gesund, und läßt die baldige und fast jährliche Tragbarkeit der Probezweige auf früh eintretende reiche Fruchtbarkeit schließen. Sommertriebe stark, wenig gekniet, nach oben nicht stark abnehmend, olivengrün, oft mehr ledergelb, ziemlich häufig, doch fein und nicht in die Augen fallend punktirt. Blatt meist lanzettförmig, oft mehr elliptisch, unten am Triebe häufig langeiförmig, glatt, nicht gezahnt oder nur gerändelt. Afterblätter pfriemenförmig, Augen stark, nach oben vom Zweige abstehend, konisch, braungeschuppt, auf ziemlich vorstehenden Trägern.

Oberdieck.

Die Blätter des Fruchtholzes sind lanzettförmig, $1^1/_4$—$1^1/_2$" breit, mit der meist sehr lang gezogenen Spitze $2^3/_4$—$3^1/_4$" lang, öfters auch elliptisch und eiförmig, etwas undeutlich wollig, fein- und seichtgesägt, steif und lederartig.

Jahn.

No. 139. Die Comperette. I, 2 (3). 2. Diel; IV. (III). 1 a. Luc.; IV. 2. Jahn.

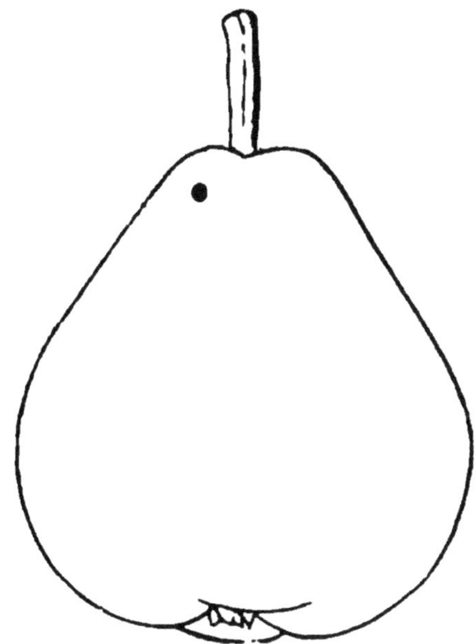

Die Comperette. Diel (van Mons) ** ! † H.

Heimath und Vorkommen: Diel erhielt die Pfropfreiser 1818 von van Mons, der sie nur dem Namen nach als Comperette im Catal. descript. p. 57 aufzählte. — Sie findet sich in Deutschland bereits auch unter anderem Namen verbreitet.

Literatur und Synonyme: Diel N.K.O. V. S. 123; Dittr. I. S. 666; — Oberdieck (S. 323) erhielt sie als Roussolet Prince de Ligne von Liegel, der sie auch als Prinz von Ligne in s. N.O. II. S. 92, als vom Bürgermeister Rossy abstammend, beschrieb. Oberdieck bekam sie aber auch als Colmar musqné aus Enghien, ferner vielleicht aus Verwechslung als Löwener Butterbirne von Dittrich, doch halte Urbaneck die letztere damit für gleich. — Nach Behrens ist aber auch die Ananasbirne, Poire d'Ananas, d'Ananas d'été, die nach Ann. do Pom. III. S. 37 aus Frankreich stammt und mit der Regentin (die ebenfalls d'Ananas, d'Anan. d'hiver heißt) nicht zu verwechseln ist, mit Comperette identisch und glaube ich, nach einigen bereits erzogenen Erstlingsfrüchten der Ananas, wie ich sie in Pfropfreisern aus Brüssel erhielt und nach deren Vegetation diese Identität bestätigen zu können.

Gestalt: veränderlich, bergamott- oder kreiselförmig, nach dem Stiele zu stumpf kegelförmig, oder wie ich sie bereits selbst erzog (auch als Comperette von Bornmüller und Liegel hatte) zum Theil etwas birnförmig, 2½" breit und ebenso hoch. In den Annal. ist die Ananas d'été sehr länglich und fast rein birnförmig, auch stark geröthet abgebildet und es hat das eine Exemplar bei 2½" Breite 3½" Höhe, wie ich die Comperette allerdings noch nie sah, aber auch meine Früchte der Ananas waren nur kurz gebaut.

Kelch: feinblättrig, ziemlich offen, schwach eingesenkt, zwischen Beulen.

Stiel: wie fleischig, bis ¾" lang, obenauf, wie eingesteckt, häufig schief.

Schale: glatt, wie fettig, hellgrün, später hellcitronengelb, an der Sonnenseite schwach röthlichbraun, selten etwas streifig geröthet, mit ziemlich viel Rost und zahlreichen Punkten.

Fleisch: weiß, überfließend, butterhaft, von feinalantartigem herrlichen Zimmtgeschmack (Diel). — Ich selbst habe mir ihn als süß, recht angenehm muskatellernd notirt, wie Liegel den der Prinz von Ligne schildert. — Nach den Ann. soll der Geschmack der Ananasbirne an das Parfüm der Ananasfrucht, Bromelia Ananas erinnern.

Kernhaus: bei starken Früchten offen, wie calvillartig mit geräumigen Kammern und vielen starken, auch oben spitzen dunkelbraunen Kernen.

Reife und Nutzung: Ende Oct., 14 Tage (Diel), Nov. bis Winter (Liegel), bei Oberdieck und mir gegen 20. Oct., häufig, wie auch die Ananas, schon Ende Sept. Doch war die von Bornmüller erhaltene in der höheren Lage von Suhl erzogene Comperette meist ungleich später reif. — Herrliche Tafelfrucht, die vor etwa 18 Jahren Dittrich zugleich mit Marie Luise zuerst nach Meiningen sandte und welche damals sogleich allgemeinen Beifall fand.

Eigenschaften des Baumes: wächst zwar in der Jugend lebhaft, läßt aber bald nach, bleibt klein, scheint gegen Kälte empfindlich (was Oberd. nicht fand), ist aber ausnehmend fruchtbar, doch bleiben die Früchte oft klein. — Nach Liegel dagegen wächst Prinz v. Ligne noch hochstämmig und bringt so die besten Früchte, was Oberd. bestätigt. — Blätter elliptisch mit etwas vortretender Spitze, 1½" breit, 2½" lang, oft breitelliptisch, kleinere lanzettförmig, am Sommerzweige auch eiförmig, glatt, feingesägt, bisweilen undeutlich gesägt und ganzrandig, etwas schiffförmig und sichelförmig, ziemlich steif und lederartig. — Blüthenknospen z. Z. kurzkegelförmig, ziemlich spitz, dunkelbraun, an einem kräftigen vegetirenden Zweige der Ananas sind sie dagegen sehr langkegelförmig, stark, wenn auch nicht stechend, zugespitzt, mit etwas klaffenden Deckblättern — ebenso kann im besser ausgebildeten Zustande die Blüthenknospe der Comperette sein. — Sommerzweige trüb grünbraun, gegenüber bräunlichgrün, stark grau- und gelbweiß-, länglich- wie warzig-punktirt. J.

No. 140. **Bödiker's Butterbirne.** I, 1. 2. Diel; III, 1 a (b). Luc.; III, 2. J.

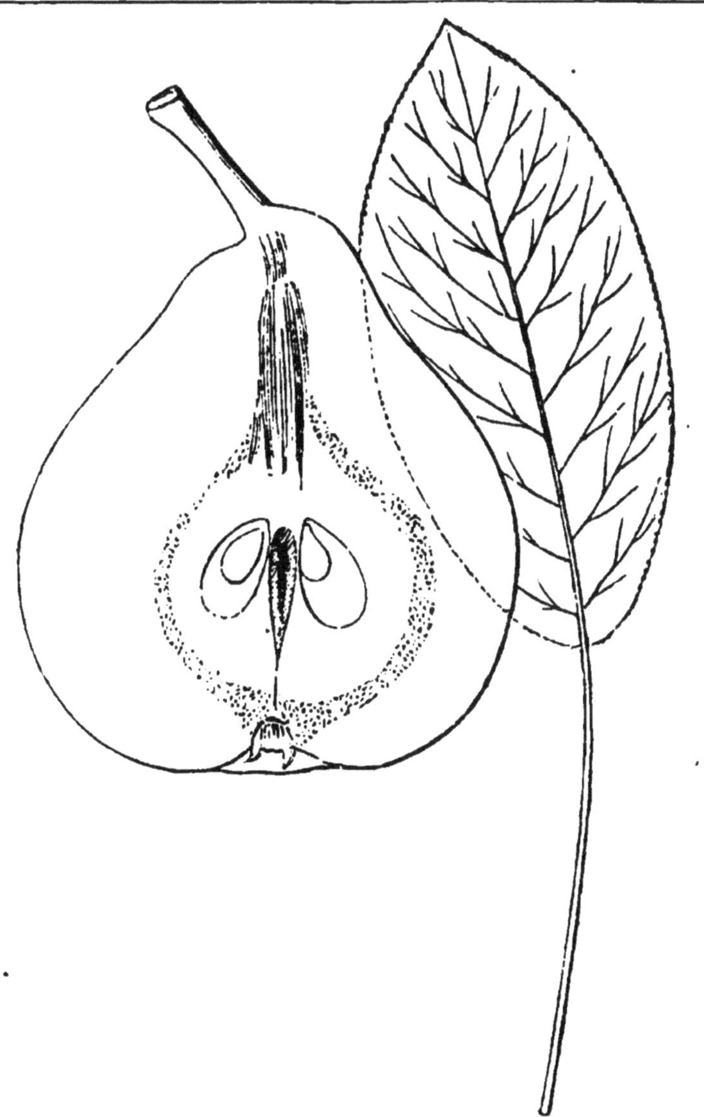

Bödiker's Butterbirne. Oberdieck. **! Nov.

Heimath und Vorkommen: diese delikate, an Saftfülle und Geschmack mit Napoleons Butterbirne wetteifernde Frucht fand sich unter den 300 Sorten, die ich 1838 ohne Namen von Herrn van Mons erhielt. Während zu mehreren andern darunter befindlich gewesenen Früchten durch die mit Belgien neu eröffnete Communication die rechten Namen sich bereits gefunden haben, habe ich für Obige einen richtigeren Namen noch nicht finden können, deren kenntliche Vegetation sich unter allen meinen belgischen Sorten nicht findet und gebe sie daher vorerst, wie ich sie nach dem als Pomologen bekannten Herr Obergerichtsdirector Bödiker zu Meppen benannt habe.

Literatur und Synonyme: findet sich nur in meiner Anleitung S. 286.

Gestalt: Hauptform ist dickbauchig kreiselförmig, wie in obiger Figur, die nach einer in Züllichau auf Hochstamm erwachsenen Frucht entnommen ist; in meinem Garten wurde sie nur 2¹/₂" breit und hoch. Die zweite etwas ungewöhnlichere Form neigt mehr zu stark abgestumpften Konischen. Bauch bei beiden Formen mehr nach dem Kelche hin, um den die Frucht sich plattrund wölbt. Nach dem Stiele nimmt sie, meist nur auf einer Seite, merklich eingebogen, oft selbst mit flach erhabenen Linien, stärker ab und ist in ihrer Hauptform nur wenig abgestumpft.

Kelch: offen, oft halbgeschlossen und etwas geschnürt, in seiner Vollkommenheit langgespitzt, meist mit ziemlich harten Ausschnitten in die Höhe stehend, sitzt in ziemlich weiter und tiefer Senkung, aus der breite Erhabenheiten über die Frucht hinlaufen und die Rundung häufig etwas verschieben.

Stiel: dick, holzig, oft stark gekrümmt, 1—1¹/₂" lang, durch einen Wulst meist zur Seite gedrängt, sitzt wie eingesteckt, und bei kleineren Früchten geht oft die Spitze fast in ihn über.

Schale: glatt, hellgrasgrün, im Liegen hellgelb, ohne alle Röthe, die etwas unregelmäßig vertheilten feinen Punkte sind von den Rostanflügen oft wenig zu unterscheiden.

Fleisch: gelblich weiß, fein, ganz schmelzend, überfließend von reichlich vorhandenem Safte, von erfrischendem, delikaten weinartigen Zuckergeschmack.

Kernhaus: geschlossen, mit hohler Achse, Kammern ziemlich lang, doch flach, enthalten verhältnißmäßig große, ziemlich plattgedrückte eiförmige, schwarze Kerne.

Reifzeit und Nutzung: Pflückezeit in warmen Jahren schon 20. September, meist Michaelis; zeitigt darnach schon im October oder erst im November. Gibt 3—4 Wochen hindurch eine recht delikate Tafelfrucht.

Der Baum wächst rasch und ganz pyramidal, die Zweige in ziemlich spitzen Winkeln ansetzend, war bei Nienburg im Sandboden und hier in schwerem Boden gesund, setzt früh Fruchtholz an und scheint nicht groß zu werden. Sommertriebe schlank, ein wenig stufig, olivenfarbig, oft ins Lebergelbe spielend, durch Silberhäutchen stellenweise überlaufen, ziemlich häufig, doch fein punktirt. Blatt etwas schiffförmig aufwärts gebogen, glatt, glänzend, langeiförmig oder lang elliptisch, ziemlich groß, schön und fein gezahnt. Blätter des Fruchtholzes bald langelliptisch, bald lanzettförmig (oder wie ich sie nenne: länglich eiförmig, mit auslaufender kurzer Spitze, 1³/₄" breit, bis 3¹/₂" lang, bisweilen etwas eirund und herzförmig oder auch mitunter elliptisch, glatt, doch zuweilen etwas undeutlich wollig, feingesägt, schiffförmig, langgestielt. Stiel oft 2¹/₂" lang, meist anfrecht stehend. Zahn.) Augen konisch, etwas vom Zweige abstehend, Augenträger flach.

Oberdieck.

No. 141. Sageret's Bergamotte. II, 2. 2. Diel; IV, 2 b. Luc.; II, 2. Jahn.

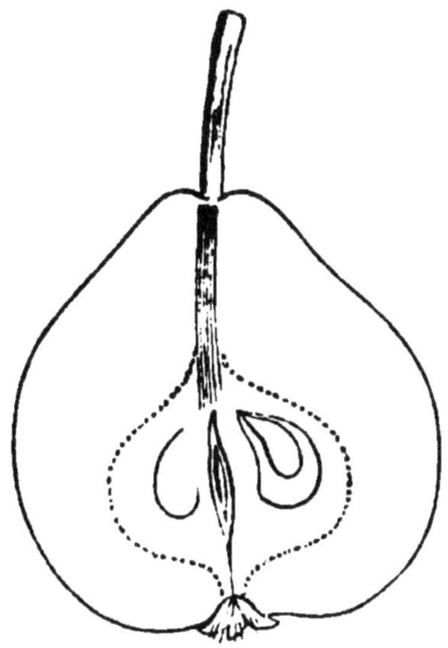

Sageret's Bergamotte. Bivort (Sageret). * † H.

Heimath und Vorkommen: sie wurde von dem sehr entschiedenen Pomologen Sageret in Paris aus Samen erzogen, wie Bivort mittheilt. — Ich erhielt die Pfropfreiser von Ad. Papeleu in Wetteren, bezeichnet als Bergamotte Sageret.

Literatur und Synonyme: Bivort beschrieb sie im Album I, neben Taf. 31. — Sie ist verschieden von der oben beschriebenen Sageretsbirne, die, wie bei ihr erwähnt wurde, in Papeleus Catalog von 1856—57 auch als Bergamotte Edouard Sageret aufgezählt ist, die aber keine Bergamotte und eine August- oder Septemberfrucht ist.

Gestalt: Bivort bildete sie rundlich oder bergamottförmig ab, beschrieb sie aber als eiförmig, kreiselförmig und nur bisweilen als rundlich und mehr breit als hoch. Er schildert sie ferner als mittelgroß und hat sie 3″ breit und 2‴ weniger hoch gezeichnet. Unsere am Hochstamm erzogene Frucht ist weit kleiner, sie mißt in der Höhe ebenso viel als in der Breite und ist gegen Bivort besonders etwas nach dem Stiele zu verlängert. Wahrscheinlich nimmt sie die angegebene Form und Größe auch bei uns am Spaliere an. Ungefähr um $^1/_6$ größer als oben wuchs sie in einem früheren weniger trockenen Jahre auch schon an meinem Hochstamme.

Kelch: mittelgroß, aufrecht, fast obenauf, mit schwarzgrauen oft unvollkommenen Blättern.

Stiel: dick, steif, holzig, schwarzbraun, obenauf, etwas vertieft in Rippchen.

Schale: etwas fein rauh, grünlichgelb, gelbbraun punktirt und gefleckt, an der Sonnenseite bisweilen etwas geröthet, auch mit etwas Rost um Kelch und Stiel.

Fleisch: gelblichweiß, nach Bivort fein, schmelzend, saftvoll, von süßem Bergamottgeschmack, zeigte sich hier ziemlich grobkörnig und blieb rauschend, höchstens halbschmelzend, aber saftig von süßem, angenehmen Geschmack, doch ohne Vorzüge.

Kernhaus: auch nach Bivort mit etwas feinen Steinen umgeben, hohlachsig mit vielen länglichen schwarzen Kernen.

Reife und Nutzung: die Reife wird auch im Album wie von Papeleu auf November und December angegeben, in Meiningen aber erfolgt sie meist im October, einmal hatte ich die Frucht selbst schon im September reif. — Die Birne ist schon im Haushalt und auf der Tafel brauchbar, doch dürfte die Sorte bei so vielen anderen besseren gleichzeitig reifenden Früchten entbehrlich sein.

Eigenschaften des Baumes: derselbe ist starkwüchsig, gibt schöne Pyramiden und ist zur Erziehung auf Wildling wie auf Quitte geeignet, auf letzterer jedoch fruchtbarer. — Die Blätter sind eirund, fast rundlich, öfters auch eiförmig, kurzgespitzt, 2" breit, 2½" lang, glatt, ganzrandig, oft langgestielt. Stiel oft 2½" lang. — Blüthenknospen klein, kegelförmig, etwas stumpfspitz, hellbraun. — Sommerzweige rothbraun, stellenweise olivengrün, grauweiß punktirt.

J.

No. 142. Schöne Julie. I. 3. 2. Diel; III. 1 a. Lucas; II. 2. Jahn.

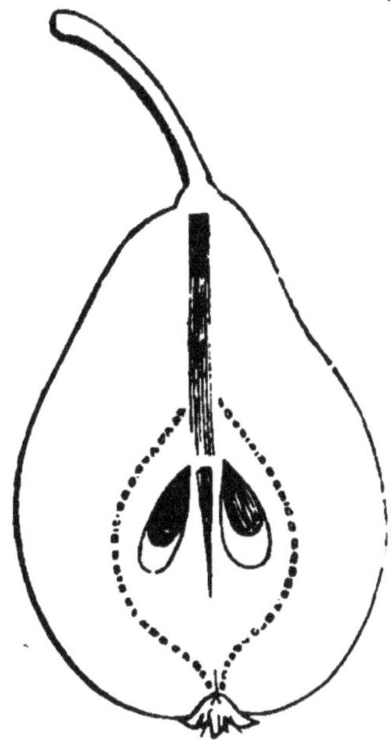

Schöne Julie. Bivort (van Mons). ** † H.

Heimath und Vorkommen: ein Zögling von van Mons, nach dessen Enkelin, Julie, Tochter des Generals benannt. Trug zuerst 1842. — Ich erhielt die Sorte von Papeleu in Wetteren.

Literatur: Bivort beschrieb sie als Belle Julie im Album II, S. 29. — Auch die Berliner Verhandlungen geben Nachricht von ihr, S. 8.*)

Gestalt: eirund, nach dem Stiele zu, auch nach den Berliner Verhandlungen, oft birnförmig (nach Bivort ist sie eiförmig an beiden Enden abgestumpft), klein, 1 3/4" breit, 2 1/2" hoch. Die von Bivort abgebildete Frucht ist 2" breit und etwas über 2 3/4" hoch, hat dieselbe Form, doch ist sie nach dem Stiele zu nicht eingebogen, und der Stiel steht etwas eingesenkt.

*) Vergl. Verhandlungen des Ver. zur Bef. des Gartenb. in den Kgl. Preuß. Staaten, Neue Reihe. Jahrg. V. Heft 1, S. 6 ꝛc. — Dieselben geben Auszüge, zusammengefaßt aus 2 Broschüren von De Jonghe und Liron d'Airoles über neuere Birnen. Die künftig unter „Berlin. Verhandl.“ gegebene Notiz kann also von De Jonghe, aber auch von Liron herrühren.

Kelch: flach, oft fast etwas vorgeschoben, offen, mit kürzeren oder längeren, aufrechtstehenden Blättern, welche steif und schwarz sind.

Stiel: kurz, doch auch hie und da 1" lang; dick, gelbbraun, holzig, obenauf, in kleiner Vertiefung oder neben einem Höcker schief.

Schale: stark, grünlichgelb, mit vielem graubraunen, oft ganz, oder auch nur stellenweise zusammenhängendem Rost, der die Schale etwas rauh macht.

Fleisch: weiß, oder etwas grünlichweiß, fein, saftvoll, butterhaft, von sehr süßem, fein bisamartig gewürzten Geschmack.

Kernhaus: durch sehr feine Körnchen angedeutet, schwach hohlachsig, mit ziemlich großen länglichen Kammern und gelbbraunen, länglich eiförmigen Kernen.

Reife und Nutzung: Ende October bis Mitte November. — Eine sehr gute Birne, deren größerer Verbreitung nach Bivort nur die geringe Größe im Wege steht, welcher letztere Fehler aber durch die größere Fruchtbarkeit des Baums wieder ausgeglichen werde. Auch nach den Berliner Verhandlungen, wenn auch nicht I., doch II. Ranges.

Eigenschaften des Baumes: derselbe wächst lebhaft, geht hoch und wächst schön pyramidal. Die mit der Sorte gefertigten Probezweige bezeigen sich recht tragbar. Die Blätter sind eirund mit auslaufender Spitze, 1 1/2" breit, 2 1/2" lang, glatt, meist sehr scharfgesägt, etwas langgespitzt, sehr dunkelgrün und glänzend. — Blüthenknospen kegelförmig, stumpfspitz, kastanienbraun. — Sommerzweige grünlich-gelbbraun, gegenüber fast schwärzlich violett, mit feinen gelblichen Punkten.

J.

No. 143. **Decoster's Russelet.** II, 2. 2. Diel; IV, 2 b. Luc.; II, 2. Jahn.

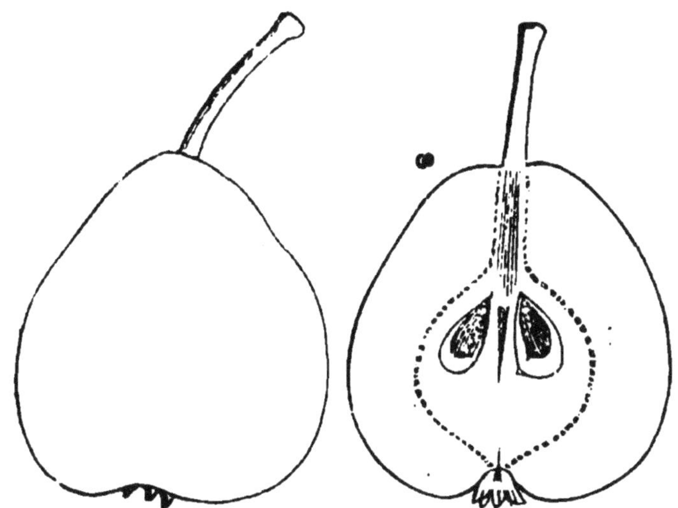

Decoster's Russelet. Bivort (van Mons). * † H.

Heimath und Vorkommen: van Mons erzog sie wahrscheinlich aus Samen und benannte sie nach einem Herrn Decoster in Löwen: Rousselet Decoster.

Literatur und Synonyme: Bivort hat sie im Album der Pomologie I neben Tafel 30, wo sie abgebildet ist, beschrieben. Er fand sie noch in der von ihm übernommenen Baumschule von van Mons in jungen Bäumen und glaubt, daß ihr erstes Fruchttragen und die Widmung gegen 1830 schon stattgehabt habe.

Gestalt: Bivort beschreibt sie als unregelmäßig oval, rundlich, kreiselförmig, bisweilen russeletförmig; wie ich sie hier erzog, ist ihre Form entweder eirund, nach dem Stiele zu auf einer Seite bisweilen unmerklich eingebogen oder kegelförmig und selbst kreiselförmig, mit kurzer kegelförmiger Stielspitze. Die Frucht ist als klein beschrieben, doch noch von $2^1/_2''$ Breite, $2^3/_4''$ Höhe abgebildet, und ganz in der Form der Umrißzeichnung oben. — Hier hat sie $1^3/_4''$ Höhe bei ebenso viel Breite.

Kelch: klein, hart- und kurzblättrig, hornartig, offen (nach Bivort geschlossen), in weiter seichter Einsenkung.

Stiel: braun, holzig, bis 1'' lang, obenauf oder schwach vertieft, oft schief neben einem Höcker.

Schale: etwas rauh, citronengelb, doch fast gänzlich mit gelb- braunem zusammenhängenden Rost überzogen, an der Sonnenseite mit etwas düsterem doch starken Carminroth.

Fleisch: gelblich-weiß, fein, nicht sehr saftreich, halbschmelzend oder rauschend, doch von süßem zimmtartig gewürzten Geschmack. — Bivort beschreibt es als ziemlich saftig, butterhaft schmelzend, von leichtem Russeletgeschmack. Doch wurde sie hier mehrere Jahre nur halbschmelzend.

Kernhaus: von etwas Steinchen umgeben, schwach hohlachsig, Kammern klein und muschelförmig, mit vielen vollkommenen aber kleinen schwarzbraunen, mit einem kleinen Höcker versehenen Kernen.

Reifzeit und Nutzung: nach Bivort reift sie Ende October, hier meist Anfangs November, doch hielten sich die Früchte zum Theil bis in den December, wie dies in einigen Verzeichnissen auch angegeben ist. Wegen dieser langen Dauer und des guten Geschmacks verdient die Birne, welche recht wohl als Tafelfrucht dienen kann, auch weitere Verbreitung, wenn gleich sie nur klein ist.

Eigenschaften des Baumes: dieser wächst nach Bivort gut, gibt schöne Pyramiden auf Wildling und trägt darauf fleißig, so daß man nicht nöthig habe, ihn auf Quitte zu veredeln. Bivort meint auch, daß er zur freien Pflanzung in die Baumgärten geeignet sein würde. — Blätter eirund, meist etwas herzförmig, öfters jedoch auch rundlich mit meist auslaufender Spitze, 2" breit, 2½" lang, glatt, scharf-gesägt, oft langgestielt. Stiel bis 1¾" lang, blaßröthlich. — Blüthenknospen ziemlich groß, kegelförmig, zugespitzt, schuppig, hellbraun. — Sommerzweige rothbraun, gegenüber nach Bivort grünlich-grau, schmutzig-weiß punktirt.

J.

No. 144. Landsb. Malvasier. II, 3. 2 (3); Diel; III, (V). 2a. Luc.; III, 2 (3). Jahn.

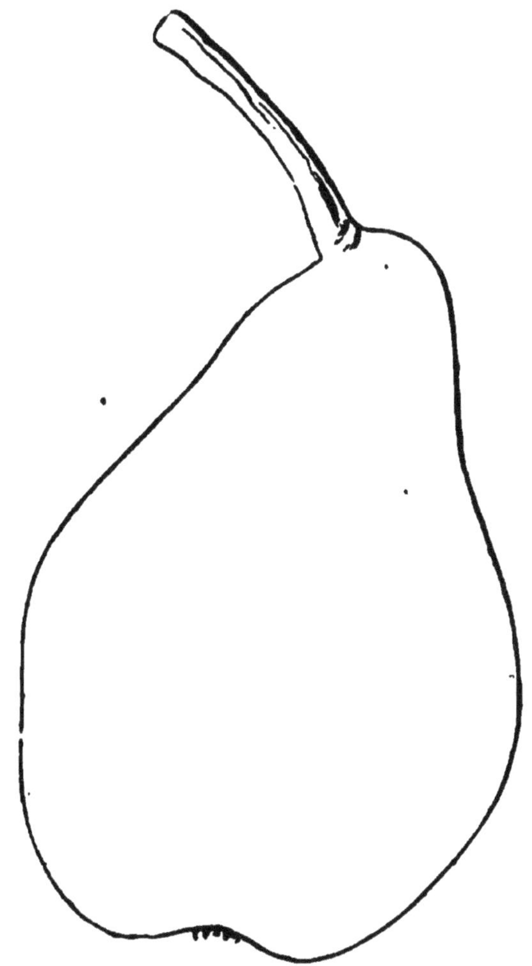

Landsberger Malvasier. Liegel (Burchardt) • † H. W.

Heimath und Vorkommen: Liegel erhielt sie von dem Justizrath und Syndicus Burchardt in Landsberg a. d. Warthe in Preußen 1838. Letzterer hat die Frucht neuerzogen.

Literatur und Synonyme: Liegel beschrieb sie in seinen neuen Obstsorten II. S. 63 als eine große, kegelförmige, gelbe Herbstbutterbirne I. Ranges. Ich erhielt die Pfropfreiser vom verstorbenen Burchardt selbst und erzog bereits daraus auch der Beschreibung Liegels äußerlich entsprechende Früchte, doch wurden sie nie butterhaft, sondern kaum halbschmelzend und ebenso sendete mir die Frucht auch Hr. Oberförster Schmidt, der sie am Zwergbaum erzog und die ich zur Abbildung benutzte, die aber auch nur rauschendes Fleisch hatte.

Gestalt: kegelförmig oder auch etwas birnförmig, Bauch meist nach oben, doch, wie Vorlage zeigt, auch öfters fast mittelbauchig, wie sie Liegel beschreibt 2 1/2" hoch, 2" breit, an triebigen Bäumen jedoch auch größer, in der Abrundung oft uneben und ungleich.

Kelch: verhältnißmäßig klein, offen oder etwas geschlossen mit kurzen aufrechtstehenden Blättern, flachstehend oder auch in schwacher schüsselförmiger Einsenkung.

Stiel: lang, bis 1 1/2", braun, etwas warzig und fleischig, obenauf schwachvertieft oder auch wie oben schief neben einem Fleischwulste.

Schale: dick, ungenießbar, grünlich hellcitronengelb, später dunkelgelb; voll von rostfarbigen Punkten und Flecken, um Kelch und Stiel auch etwas mehr zusammenhängend berostet.

Fleisch: mattweiß, nach Liegel wahrhaft butterhaft-schmelzend, von sehr edlem aromatischem Geschmack, hier jedoch und wie ich die Frucht von Schmidt sah, kaum halbschmelzend, fast brüchig, zwar süß und wohlschmeckend, ohne Steine, aber auch ohne viel Gewürz. So war die Birne beschaffen am 1. und 15. November, bis wohin die Fasern im Fleische nach dem Stiele zu bereits bräunlich waren. Doch hängt dieß vielleicht vom Boden, oder von der Unterlage, oder von nicht richtiger Pflückezeit ab; da ich sie aber auch anderwärts her so bekam, so habe ich Anstand genommen, ihr oben I. Rang einzuräumen.

Kernhaus: hat eine hohle Achse, ist klein und enthält kleine, vollkommene Kerne.

Reife und Nutzung: nach Liegel reift sie im Nov. und Dec., hier jedoch etwas früher und dauert nicht durch Nov. — Auch die von Hrn. Schmidt erhaltene Frucht war schon 20. Oct. ums Kernhaus etwas weich. — Ist immer eine recht schätzenswerthe große schöne Birne, die auch noch als Tafelfrucht dienen kann.

Eigenschaften des Baumes: derselbe hat gemäßigten Trieb, gedeiht auf Quitte, wächst jedoch langsam, hat manchmal abgestorbene Spitzen an den Sommerzweigen, was die Quitte verdächtig macht, stets besser als Zwerg auf Wildling. Liegel. Dieser erzog sie hiernach jedenfalls auf Quitte, ich auf Wildling, worauf sie äußerst lebhaft wächst. — Blätter eiförmig mit meist auslaufender nicht zu langer Spitze, manche nach dem Stiele zu keilförmig, andere auch herzförmig, 1 3/4" breit, 2 1/2" lang, glatt, meist etwas stumpf und nur nach vorne zu gesägt, öfters auch ganzrandig, etwas wellenförmig, die Spitze zurückgebogen, Adern stark sichtbar. — Blüthenknospen ziemlich dick, kurzkegelförmig, sanftgespitzt, kastanienbraun. — Sommerzweige etwas stufig und an der Spitze verdickt, gelblichgrün, gegenüber oft stark roth angelaufen, mit feinen ockergelben Punkten.

J.

No. 145. Arenb. Colm. I, 2 (3). 2 (3). Diel; III, (V). 1 b. Luc.; II, 2 (3). Jahn.

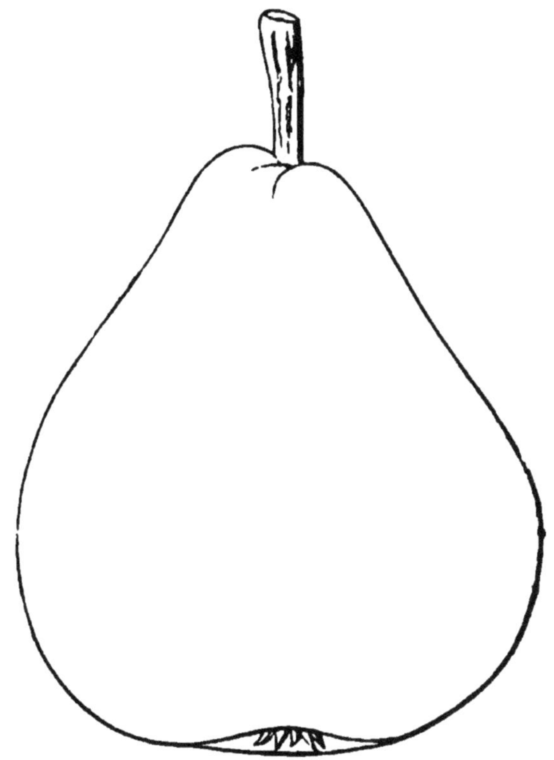

Arenbergs Colmar. Bivort (v. Mons) ** † H. W.

Heimath und Vorkommen: wahrscheinlich von van Mons erzogen und von ihm Poire de Kartoffel, P. Pomme de Terre, Kartoffelbirne, genannt. Wurde aber auf einer Besitzung des Herzogs von Arenberg in Belgien von Camüset aus Paris später namenlos gefunden und von diesem Colmar d'Arenberg benannt, auch weithin, selbst nach Amerika versendet, so daß sie dort, in Belgien und Frankreich vielfach verbreitet ist.

Literatur und Synonyme: Biv. II. S. 109, Ann. de Pom. III. S. 3. — Weil der Name Kartoffelbirne wenig bezeichnend und wohl nur von der Farbe der Frucht, vielleicht von ihren Beulen, abgeleitet ist, so haben wir den obigen beibehalten, unter dem sie noch bekannter ist. Als Synon. wird noch Fondante de Jaffard angegeben.

Gestalt: Bivort bezeichnet sie als kreiselförmig birnförmig, Bavay in den Annalen als kreiselförmig oder bauchig. — Bauchig kegelförmig würde nach unserer Formtafel der passendste Ausdruck sein. Nach dem Stiele zu ist sie bisweilen etwas mehr verlängert, doch meist stumpfspitz, oft unegal und beulig, hier an einer freistehenden Pyramide erzogen 2½—3" breit, 2¾—3¼" hoch (nach der Abbildung in den Annalen über 3½" breit und 4¼" hoch).

Kelch: klein, oft unvollständig, schwach eingesenkt, oft verschoben.

Stiel: ziemlich stark, dunkelbraun, bis 1½" lang, etwas vertieft, in Beulen.

Schale: dünn, zart, lichtgrün, später citronengelb (nach den Annalen goldgelb), fein grün oder braun punktirt, und mit mehr oder weniger zersprengtem, theilweise auch zusammenhängenden Rost, hie und da auch mit etwas röthlichem Anflug.

Fleisch: weißgelb, fein, schmelzend, doch nicht zu saftreich, schwach weinigt gezuckert, recht gut, doch z. B. ohne besonderes Parfüm — wird nach den Annalen delicat, saftreich, gezuckert und sehr gut gewürzt, doch bildet sich, wie ausdrücklich bemerkt wird, das Aroma nur in leichtem, nahrhaften, mehr feuchten als trockenen Boden aus.

Kernhaus: geschlossen, mit ziemlich großen, länglichen, schwarzbraunen, zum Theil tauben Kernen.

Reife und Nutzung: die Reifzeit wird für Nov. und Dec. angegeben und von ihr gerühmt, daß sie nicht leicht faule und auch nicht bald teig werde, nur verliere sie überreif den Saft und das Gewürz. — Hier war sie meist schon Ende Oct. reif, doch hielt sie sich 14 Tage ziemlich gut.

Eigenschaften des Baumes: wächst angeblich auf Wildling kräftig und gibt schöne Hochstämme von großer Fruchtbarkeit, doch wird sie besonders zur Pyramide und für Spalier empfohlen, und zwar soll man diese Bäume möglichst kurz schneiden, damit sie sich nicht erschöpfen. Trage oft schon im zweiten Jahre nach der Veredlung. — Die damit veredelten Probezweige zweier Pyramiden beweisen sich auch hier recht tragbar, und verdient demnach die Sorte auch bei uns alle Empfehlung. — Blätter eirund mit meist auslaufender Spitze, auch öfters eiförmig und lanzettförmig, glatt, ziemlich scharfgesägt, zum Theil auch nur nach vorne hin gesägt, etwas schiffförmig, die Spitze schwach zurückgekr., dunkelgrün, doch nicht stark glänzend, etwas dick und steif. Stiel bis 2" lang, bisweilen geröthet. — Blüthenknospen groß, etwas stumpf spitz, gelbbraun. — Sommerzweige grünlich gelbbraun, weißgelb punktirt (nach Biv. braungelb, warzig röthlich punktirt).

NB. Die Frucht wurde in der Form, wie sie in Biv. abgebildet ist, doch nur in der Größe, die sie hier erlangte, gezeichnet. Sie zeigte in den meisten Exemplaren diese Gestalt.

No. 146. **Franchipanne.** I. 2. od. 3. 2. Diel; III, 1 a. Luc.; II, 2. Jahn.

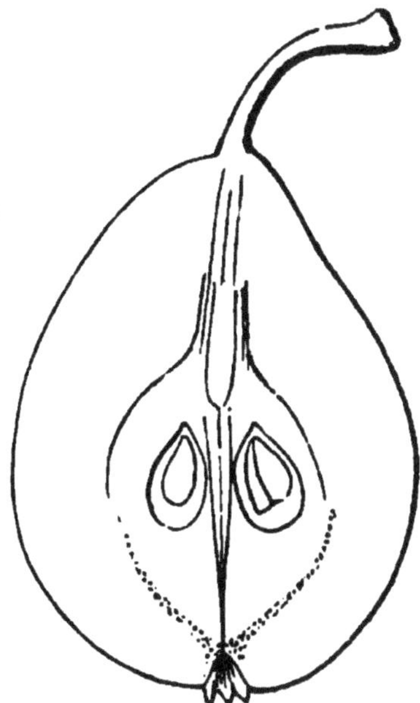

Franchipanne. Diel (Duhamel) * † H.

Heimath und Vorkommen: eine Franchipanne kannten schon die früheren französischen Pomologen, doch wurde sie öfters mit der Lansac verwechselt, aber es herrscht überhaupt über dieselbe etwas Unklarheit.

Literatur und Synonyme: Christ beschreibt im Hdwb. eine längliche hellgrüne, wie mit Mehlstaub bestreute Birne mit vortrefflich schmelzendem Fleische, die in erster Hälfte des Septembers reife; in der Vollständ. Pomologie dagegen hat er, wie Diel bemerkt, unter diesem Namen eine kreiselförmige, im December reifende und bis März dauernde Frucht, wie beide auch Dittrich im Handb. I. S. 585 und 672 getrennt von einander hält und die erstere Sommerfranchipanne nennt. — Diel VIII. S. 25 hält Duhamels Sorte, die im Oct. reife, für die richtige, dagegen verwirft er die Frucht des T.O.G. als unächt; sie ist hier Bd. XVI. S. 100 Nr. 89 als eine bergamottförmige Winterbirne abgebildet und beschrieben, und ist anders als Diels Frucht, die wir oben abgebildet haben, aber die letztere reift meist auch erst später und zwar oft erst im December, wie uns vor Kurzem noch Hr. Clemens Rodt schrieb, der auch die Zeichnung einer ihm aus Vilvorde zugegangenen Franchipanne mit vorlegte, wonach letztere die bergamott- oder kreiselförmige Frucht des T.O.G., aber nicht die des Duhamel sein wird. Es sind also zwei verschiedene unter dem Namen Franchipanne gehende Birnen zu unterscheiden. — Auch der Name wird verschiedenartig gedeutet. Nach Mayer nenne man wohlriechende Handschuhe so nach ihrem Erfinder dem Marquis Franchipané, und dieser leite seinen Namen von frangere panem ab. Doch nennt sie Mayer zugleich auch Marzipanbirne, weil die Frucht im Geschmack einem Zuckergebäcke, Franchipanne genannt, gleiche. Pom. Franc. tab. LXIX. S. 258. — Vergl. ferner Duhamel III. S. 69 tab. XLVIII. Fig. 2 und Oberdieck S. 340. Letzterer besitzt die Sorte von Diel und gab die Abbildung, auch einige Data zur Beschreibung.

Gestalt: Russeletartig, fast eiförmig, nach dem Kelche zu kugelförmig, nach dem Stiele zu angeblich nach Diel ohne Einbiegung mit kurzer Spitze endigend, mittelgroß, oft klein, 2" breit und 2¹/₈" hoch, manchmal weniger breit und dann länger. — Im syst. Verzeichniß bezeichnet sie jedoch Diel besonders als länglich und die von mir wie von Oberdieck erzogenen Früchte zeigen meistens eine Einbiegung nach dem Stiele zu, wie sie noch ungleich stärker bei Mayer und Duhamel zu sehen ist.

Kelch: groß, weit offen, hartschalig, nicht sternförmig, obenauf.

Stiel: stark, holzig, gelbbraun, bis 1" lang, obenauf, wie eingesteckt, oft neben einem Fleischwulst seitwärts.

Schale: zart, doch wie etwas fein rauh, blaß hellgrün, später citronengelb, kaum mit einem Anhauch von Röthe, doch mit zahlreichen bräunlichumkreisten Punkten und Rostanflügen.

Fleisch: gelblichweiß, körnigt, ums Kernhaus steinigt, doch saftvoll, butterhaft, von eigenem wahren zuckerartigen Zimmtgeschmack. Diel. — Halbzergehend (fondante), gut, ohne Mark. Duhamel.

Kernhaus: klein, mit nach der Achse zu gerundeten, nach Außen geradelinigen Kammern und zahlreichen, vollkommenen Kernen.

Reife und Nutzung: die Frucht reift Ende Oct., meist jedoch im November, hält sich 3 Wochen und erreicht nach Diel selten den December — was aber doch nach mehrseitigen Beobachtungen öfters auch der Fall ist, wie oben bemerkt wurde. Der Baum wächst nach Diel stark mit stark abstehenden Aesten, über die Tragbarkeit bemerkt er aber nichts. Diese scheint nach hiesigen Beobachtungen nur gering zu sein. Auf Quitte soll die Sorte nicht gedeihen. — Blätter etwas breit eirund mit meist halbaufgesetzter Spitze, 1³/₄" breit, 2¹/₄" lang (Diel schildert die untern Blätter der Sommerzweige größer, 2³/₄" breit, 4" lang), oft etwas herzförmig, auch mitunter eiförmig, glatt, ganzrandig oder doch sehr undeutlich und nur nach vorne gezahnt, sehr dunkelgrün und glänzend. — Blüthenknospen klein, kegelförmig, spitz, doch nicht stechend, dunkelbraun. — Sommerzweige gelbbraun, etwas rostig, gegenüber olivengrün mit wenigen lichter gelben Punkten.

J.

No. 147. Die Sieulle's Birne. II, 2. 2. Diel; IV, 2 a. Luc.; VI, 2. Jahn.

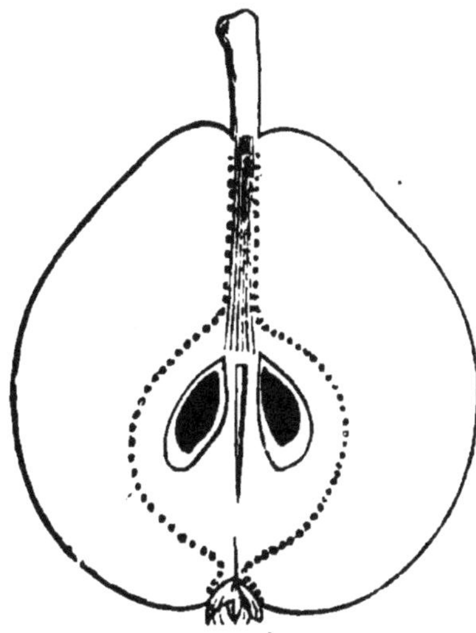

Die Sieulle's Birne. Dittrich * † H.

Heimath und Vorkommen: wurde nach Dittrich, der sich auf Bon Jardin. p. 428 und Jardin Fruitier p. 79 bezieht, von dem Gärtner des Herzogs von Choiseul, Sieulle zu Praslin, erzogen oder aufgefunden und nach ihm benannt.

Literatur und Synonyme: Dittrich III. S. 165. Poire Sioulle. — Ob sie, wie Einige angeben, auch Belle oder Doyenné Sieulle, Bonchretion Sieulle und Colmar d'eté (Sommer-Colmar) heißt, lasse ich unentschieden, Dittrich gibt bei letzterer, die er Bd. I. S. 654 als von van Mons erzogen beschreibt, nichts von der vorliegenden an, ebenso wenig aber auch, ob seine Colmar d'eté nicht die Harbenponts Colmar ist, aber es wird auch die Sommer-Eierbirne noch Colmar d'eté genannt. — Von einer Bonchretien hat die Sieulle nichts.

Gestalt: rundlich oder bergamottförmig, doch mit etwas verlängerter stumpfer Stielspitze, $2\frac{1}{4}$" breit und ebenso hoch, etwas der Crasanne ähnlich.

Kelch: kurzblättrig, etwas wollig, aufrecht, offen, in seichter schüsselförmiger Einsenkung.

Stiel: stark, oft lang, gelbbraun, nach der Birne zu gelb, etwas vertieft in Beulen.

Schale: glatt, blaß citronengelb, mit feinen bräunlichen, stellenweise undeutlichen Punkten, hie und da etwas Rostfleckchen und röthlichen Streifen und meist um den Stiel etwas zusammenhängendem Rost, auch sonst mit einigen schwärzlichen Fleckchen.

Fleisch: schwach gelblichweiß, fein, saftreich, schmelzend, weinigtsüß und angenehm gewürzt. (In Dittrich ist es halbschmelzend, saftig, von angenehm süßem edlen Geschmack beschrieben.)

Kernhaus: mit ziemlich vielen, doch feinen Körnchen umgeben, Kammern ziemlich groß, mit meist vollkommen schwarzbraunen, länglichen, spitzen mit einem kleinen Höcker ausgestatteten Kernen, meist zwei in jeder Kammer.

Reife und Nutzung: October und November, oft December. — Die längere Dauer und Haltbarkeit der Birne und ihr angenehmer Geschmack empfehlen sie zur Anpflanzung, obgleich an ebenso guten, auch mit ihr zugleich reifenden jetzt schon gerade kein Mangel mehr ist.

Eigenschaften des Baumes: nach den damit gefertigten Probezweigen wächst die Sorte gemäßigt und möchte überhaupt mehr die Zwergerziehung, als die Hochstammform zu empfehlen sein. Die Tragbarkeit scheint gut. — Die Blätter sind lanzettförmig, oft auch elliptisch, 1½" breit, 2¾" lang, glatt, einzelne am Blattsaume etwas wollig, oft verloren- und stumpfgesägt, flach, mit feinen schwarzen Borsten an den Zähnen der schärfer gesägten Blätter. Stiel oft 2" lang. — Blüthenknospen z. B. klein, länglich kegelförmig, stumpfspitz, schwärzlichbraun. — Sommerzweige bisweilen etwas stufig und an der Spitze verdickt, grünbraun mit wenigen feinen gelblichen Punkten.

J.

No. 148. **Russeline.** II, 2. 2. Diel; IV, 2 b. Lucas; V, 2. Jahn.

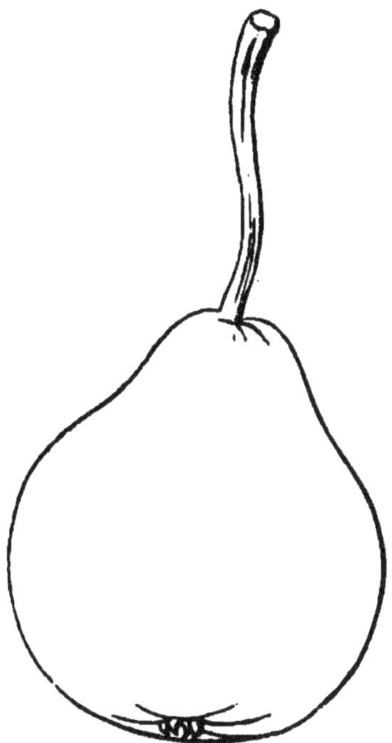

Russeline. Diel (Quintinye?) * † H.

Heimath und Vorkommen: alte französische Sorte. Merlet hatte sie wahrscheinlich als Muscat à la grande queue. Quintinye setzte neben das Rousseline als Synonym Muscat à longue queue. — In Deutschland ist sie noch wenig bekannt und verbreitet, obgleich sie Diel zuerst mitbeschrieb.

Literatur und Synonyme: Diel I. S. 204. (Die Russeline, La Rousseline.) Dittr. I. S. 675; Oberd. S. 403: Knoop I. tab. 6. Rousselyn Pear, Muscat à longue queue à Touraine; Duhamel III. tab. XV. S. 31; T.O.G. XVIII. S. 310. tab. 15, Die kleine Muskateller Russelet, Petit cinqe Rousselet musquée; Christ vollst. Pom. Nro. 188; Pom. franç. S. 255. tab. LXVII. Nro. 87. — Diel hatte sie früher als Langstielige Geishirtenbirne, Langstielige Stuttgarter Russelet, Fondante musquée (Vorrede zum VIII. Heft); auch erklärt er daselbst die Dünnstielige Sommerrusselet (IV. S. 87) und die Sommer-Zuckerratenbirne (IV. S. 44) für identisch mit der Russeline, auch daß Fondante musquée nach Duhamel eigentlich ein Synon. vom Grünen Sommerdorn sei. — In Frankreich soll sie zuweilen auch Rousselet verd und Petit Rousselet genannt werden, doch kommt letzterer Namen nach den Annal.

de Pom. der Russelet von Rheims zu. — Der Londoner Catalog gibt Rousseline der Bishop's Thumb als Synonym hinzu.

Gestalt: sehr bauchigt, kreiselförmig, nach dem Kelche zu stumpf abgerundet, nach dem Stiele zu oft stark eingebogen, schnell abnehmend, stumpfspitz, 2" breit und ebenso hoch, oder nur etwas höher; Spalierfrüchte sind oft 2½" hoch und breit. (Bisweilen gleicht sie dem Flaschenkürbis etwas. Duhamel.)

Kelch: klein, meist geschlossen, wenig eingesenkt mit feinen, etwas fortlaufenden Rippen.

Stiel: ziemlich stark, bis 2" lang, obenauf mit feinen Falten, doch oft seitwärts neben einem Höcker.

Schale: fein, glatt, hellgrün, später blaßcitronengelb, sonnenwärts glänzend feuerartig roth, auch mit feinen Punkten, die im Roth grau, im Gelb aber schön grün sind.

Fleisch: gelblichweiß, saftvoll, um's Kernhaus etwas steinigt, fast schmelzend, nur etwas rauschend (nach Diels Verzeichniß in warmem Boden fast butterhaftschmelzend), von zuckersüßem, sehr angenehmen Muskatengeschmack.

Kernhaus: geschlossen, enge, mit langgespitzten, schwarzen, vollkommenen Kernen.

Reife und Nutzung: Anfang November, oft früher, 3—4 Wochen haltbar. Zu jedem Gebrauch geeignet. — Wurde auch bei Oberdieck recht gut, oft halbschmelzend und bezeichnet er sie als gute Haushaltungs- und Tafelfrucht. — Mayer tadelt an ihr, daß sie in manchen Jahren trocken bleibe, sonst würde es die beste und erste Winterbirne sein.

Eigenschaften des Baumes: wächst lebhaft und belaubt sich sehr schön, macht weitabstehende Aeste, die lang und schlank sind und weit überhängen. Gedeiht auch auf Quitte und ist auf etwas feuchtem Stande auf dieser sehr fruchtbar. — Blätter: breitelliptisch, mit meist auslaufender, doch auch öfters halbaufgesetzter Spitze, auch rundlich und wieder lanzettförmig, klein, 1½" breit, 2¼" lang, glatt, fein-, etwas stumpfgesägt, meist langgestielt. Diel beschreibt die Blätter des Sommerzweigs als ungemein schön elliptisch, nach vorne und dem Stiele zu gleichspitz zulaufend, die unteren Blätter nach dem Stiele zu mehr stumpfspitz, die Blätter der Fruchtaugen als eiförmig. — Sommerzweige: nach Diel olivengrün, auf der Sonnenseite braunroth, mit ziemlich häufigen, sehr feinen Punkten. Duhamel gibt die Farbe grünlichgrau, auf der Sonnenseite sehr schwach röthlich, wenig getüpfelt an.

J.

No. 149. **Bürgermeister Bouvier.** I, 2. 2. Diel; IV, 1 b. Luc.; IV, 2. Jahn.

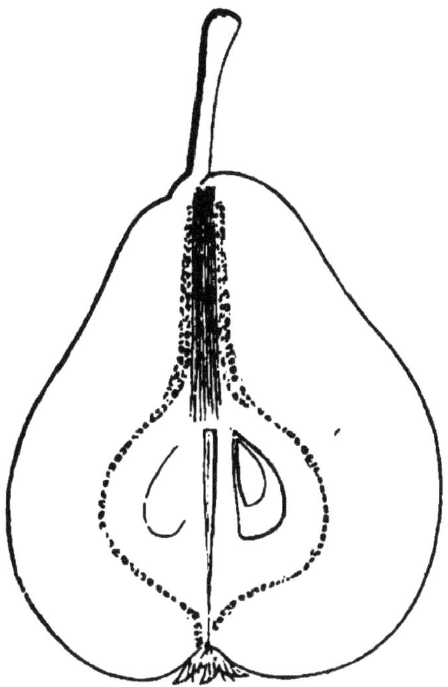

Bürgermeister Bouvier. Bivort ** ! H.

Heimath und Vorkommen: Bouvier, vormals Bürgermeister zu Jodoigne, erzog sie aus Samen; der Baum trug zuerst 1842. Wird jetzt in belgischen Gärten mehrfach gepflanzt und verdient als eine gute späte Herbsttafelfrucht auch bei uns Verbreitung.

Literatur und Synonyme: Bivort beschrieb sie als Bouvior, Bourgmostre, d. h. als Bürgermeister Bouvier, im Alb. de Pom. II. S. 33 als mittelgroß oder groß, $3\frac{1}{2}$—$4\frac{1}{4}$" hoch, $2\frac{3}{4}$—3" breit, bauchig birnförmig, Ende November bis December reif. Er hat sie aber nur etwas über $2\frac{1}{2}$" breit bei 4" Höhe abgebildet und sie erscheint so länglich oder pyramidal, fast walzenförmig, ohne daß er angibt, daß diese Form auch vorkomme. Doch bezeichnet sie der Catalog von Vilvorde 1856—57 ebenfalls als flaschenförmig; in andern Verzeichnissen ist sie nur als „groß" geschildert.

Gestalt: wie ich die Sorte von Papeleu in Wetteren habe und wohl auch richtig empfing, ist die hauptsächlichste Form der Birne wie vorliegend bauchig birnförmig, $2^1/_2$" breit, $2^3/_4$" hoch, bisweilen nach dem Stiele zu breiter und stark abgestumpft spitz, bisweilen aber auch etwas mehr verlängert. (Auch kann sie wohl öfters, wie sie Bivort zeichnete, rein pyramidal oder flaschenförmig werden.) Sie ist oft nicht ganz regelmäßig in der Rundung, indem der Bauch auf einer Hälfte mehr hervortritt.

Kelch: klein, hornartig, halboffen, in seichter und enger Einsenkung, bisweilen mit etwas Beulen.

Stiel: braun, holzig, bis $1^1/_4$" lang, obenauf mit etwas Fleischringeln.

Schale: düster grün mit bräunlichen Flecken und Punkten, reif hochcitronengelb, sonnenwärts stark carminroth gestreift und verwaschen, doch so, daß die Grundfarbe immer stellenweise noch durchscheint, mit feinen bräunlichen Punkten auf der Schattenseite und mit Roststreifen und Flecken, auch mit mehr zusammenhängendem gelbbraunen Rost um Kelch und Stiel. Die Birne ist äußerlich der Holzfarbigen Butterbirne sehr ähnlich, unterscheidet sich aber von dieser durch die meist etwas stärkere Einbiegung nach dem Stiele zu, und durch grüngelbe stärkere Punkte in dem zwar ebenfalls etwas düsteren, doch schon mehr lebhaften Roth.

Fleisch: gelblichweiß, fein, zart, butterhaft (nach Bivort blos schmelzend), saftreich, von sehr angenehmem, erhabenen, gewürzten Zuckergeschmack.

Kernhaus: schwach hohlachsig, mit feinen Körnchen umgeben, mit ziemlich großen Kammern, aber nicht großen länglichen, spitzen, gelbbraunen Kernen. — Wie Bivort bemerkt, ist die Frucht besonders in manchen Jahren ums Kernhaus ziemlich steinigt und dies verringere etwas ihren Werth. Mir ist dieses noch z. B., auch bei der Zeichnung der Frucht, nicht aufgefallen.

Reife und Nutzung: nach Bivort reift sie Ende November und dauert bis in den December, und sie wird auch hier immer 14 Tage später reif als die Holzfarbige, mit welcher ich sie anfangs für gleich hielt, da auch die Vegetation ähnlich ist, bis ich diese spätere Zeitigung bemerkte. So lange als Bivort hatte ich sie aber nicht, gewöhnlich war sie Mitte November vorüber; im Jahre 1858 waren einzelne Exemplare schon den 29. Sept. reif. — Ist immer eine schätzenswerthe Tafelfrucht.

Eigenschaften des Baumes: Bivort schildert den Baum als ziemlich groß, mit rundlicher Krone und oft noch dornigten Zweigen; von der Tragbarkeit spricht er nichts, doch scheint sie nach den damit gefertigten Probezweigen gut zu sein. — Die Blätter, wie ich die Sorte besitze, sind elliptisch, mit auslaufender, nicht langer Spitze, oft fast lanzettförmig, $1^1/_4$" breit, $2^1/_4$" lang, glatt, feingesägt, bisweilen ganzrandig, etwas schiffförmig und die Spitze zurückgekrümmt. — Blüthenknospen: kegelförmig, ziemlich spitz, dunkelbraun. — Sommerzweige: gelblich olivenfarben, gegenüber röthlichbraun mit feinen schmutzigbraunen oder gelblichen Punkten.

J.

No. 150. **Emil Heyst.** I, 3. 2. Diel; V, 1 b. Lucas; VI, 2. Jahn.

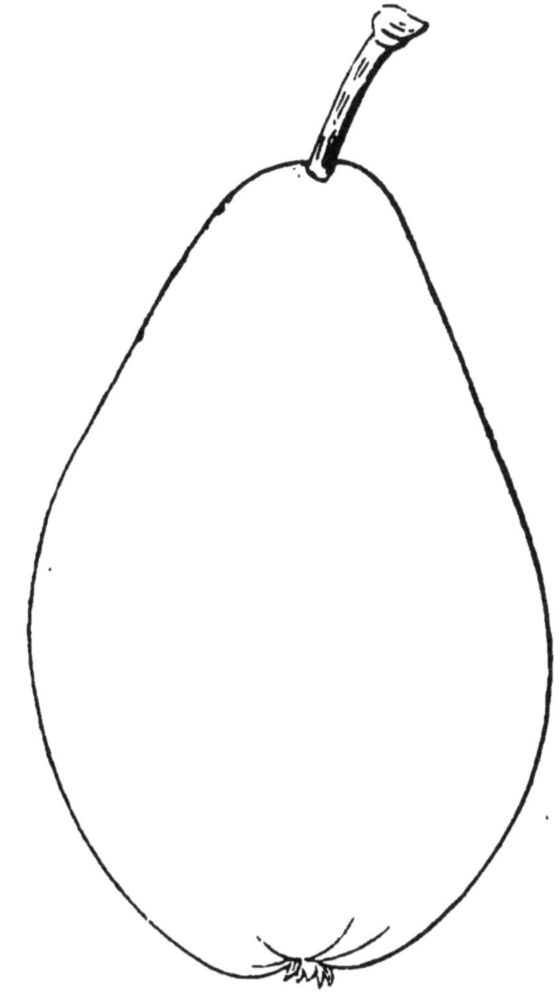

Emil Heyst. Bivort (Esperen) ** † H.

Heimath und Vorkommen: wurde vom Major Esperen aus Samen erzogen und nach dem Sohne eines seiner Freunde Emile d'Heyst benannt. Der Baum trug zum ersten Male 1847. — Ich erhielt die Propfreiser von Papeleu in Wetteren.

Literatur und Synonyme: ist in Bivorts Album II. S. 121 abgebildet und beschrieben und entnahm ich daraus die Formzeichnung, indem ich die Beschreibung nach dem hiesigen Verhalten ergänzte. — Dochnahl hat sie in s. Führer S. 134 Heysts Zapfenbirne genannt, weil sie sich auch öfters flaschenförmig gestaltet. — Nach einer Randbemerkung von Lucas zu einer von ihm gezeichneten, aus Belgien erhaltenen Beurré d'Esperen ist die Birne dieses Namens von Emil Heyst nicht verschieden. Auch bietet diese Zeichnung viel Aehnlichkeit, Lucas' Frucht ist nur kleiner und um den Kelch mehr abgeplattet. Eine Mittheilung über B. d'Esperen habe ich nirgends gefunden.

Gestalt: Bivort beschreibt sie als unregelmäßig pyramidal, nach beiden Enden hin abnehmend und abgestumpft, auch etwas bauchig, bisweilen flaschenförmig, nach der obigen Abbildung 4½" lang, fast 3" breit, doch hat sie diese Größe hier an einer freistehenden Pyramide nie erlangt, wurde nur etwa ⅔ so groß, nahm aber öfters schon die gedachte Flaschenform an.

Kelch: schwärzlichbraun, wie verbrannt, halboffen, in schwacher, durch etwas Beulen unregelmäßiger Einsenkung.

Stiel: dünn, holzig, braun, 1 Zoll lang, fast obenauf, doch gewöhnlich durch einen Fleischhöcker etwas schief.

Schale: glatt, hellgrün, später gelblichgrün, durch dunkelgrüne, später braune, stellenweise gehäufte Punkte gelbbraun marmorirt und berostet, besonders um den Kelch, hie und da auch mit Lederflecken.

Fleisch: grünlichweiß, sehr fein, butterhaft, saftreich, weinigt, süß-säuerlich, angenehm gewürzt. (Bewies sich auch hier völlig steinfrei und schmelzend, von sehr gutem, pikant säuerlich-süßen, gewürzhaften Geschmack.)

Kernhaus: klein und geschlossen, nahe unter dem Kelche sitzend, was nach Bivort bei allen flaschenförmigen Birnen der Fall ist. Kammern enge, mit kleinen, länglicheiförmigen, braunen, oft tauben Kernen.

Reife und Nutzung: Anfang November, doch schon Mitte October zu erndten. Hier war sie Mitte November reif. — Möchte als schöne und gute, am Spaliere jedenfalls recht große Frucht immerhin zur Anpflanzung zu empfehlen sein.

Eigenschaften des Baumes: der Beschreibung nach mittelgroß mit dornigen Zweigen, im Habitus dem der Winterdechantsbirne gleichend. — Nach dem Verhalten der damit veredelten Probezweige scheint die Sorte auch recht fruchtbar zu sein. — Blätter: lanzettförmig, nach dem Stiele zu auch öfters abgerundet (also länglich-eiförmig), meist 1¼" breit, 2¾" lang, glatt, sehr feingesägt, langgestielt, Stiel oft 2" lang. — Blüthenknospen: nach Bivort klein, eiförmig zugespitzt, hellbraun mit Dunkelbraun schattirt. — Sommerzweige: röthlichgelb (nach Bivort haselnußgelb), auf der Schattenseite grünlich, mit röthlichen Punkten.

J.

No. 151. **Kirchberger Butterb.** I, 2. 2. D.; IV (VI), 1 a. Luc.; I (II), 2. J.

Kirchberger Butterbirne. Lucas * † H.

Heimath und Vorkommen: wurde vom Hofgärtner Funk in Kirchberg a. J. erzogen und ist jetzt in mehreren Gärten von Hohenheim aus verbreitet.

Literatur und Synonyme: Lucas beschrieb sie bereits in seinen württembergischen Kernobstsorten S. 211 als Kirchberger frühe Winterbutterbirne. — Synonyme sind nicht angegeben. — Nach von Flotow, der ihre Güte und Schönheit und die Tragbarkeit des Baums in Monatsschr. IV. S. 130 lobt, ist sie mehr Herbstbirne als Winterbirne.

Gestalt: rundbauchig, kegelförmig, einer starkabgestumpften Beurré gris ähnlich, von regelmäßigem Bau, wie Vorlage zeigt, 2½" breit und ebenso hoch.

Kelch: vollkommen, blättrig, in weiter und tiefer schüsselförmiger Einsenkung.

Stiel: kurz, stark, meist gekrümmt, obenauf wie eingesteckt.

Schale: an der Sonnenseite mattgelb, stark bräunlichroth angelaufen, auch sonst dunkelbraun berostet und rostig punktirt, ähnlich in Färbung der Colomas Carmeliterbirne.

Fleisch: weiß, ins Gelbliche spielend, schmelzend, etwas schmeerartig, von sehr angenehmem, gewürzten Zuckergeschmack.

Reife und Nutzung: November, 4 Wochen haltbar. Sehr schätzbare gute Tafelfrucht.

Eigenschaften des Baumes: derselbe wächst ungemein kräftig, macht in der Jugend starke Dornen, trägt aber, wenn er ausgetobt hat, sehr reichlich und alljährlich, gibt auch auf Hochstamm vollkommen gute Früchte. — Die von Lucas mir gesendeten Zweige zeigen jedoch nur ein schwaches Wachsthum, obgleich ich sie in die Spitze einer kräftig vegetirenden jungen Pyramide der Liegels Winterbutterbirne veredelte und scheint der Sorte der Uebergang in das hiesige Clima nicht ganz zusagend gewesen zu sein. Die Blattform notirte ich mir hiernach als rundlich, mit oft kurzer oder fehlender, oder auch etwas längerer, vortretender Spitze, 2" breit, ebenso oder 1—2‴ mehr lang, glatt, ganzrandig oder nur an der Spitze gesägt. Vielleicht kann die Form der Blätter bei lebhafterem Wuchse des Baumes auch eirund sein. — Die Beschaffenheit der Blüthenknospen und Sommerzweige muß künftig noch beobachtet werden.

J.

NB. Die Zeichnung der Frucht hat mir Herr Garteninspector Lucas gefälligst gesendet.

No. 152. **Broncirte Herbstbirne.** I, 3. 2. Diel; III, 1 b. Luc.; IV, 2. Jahn.

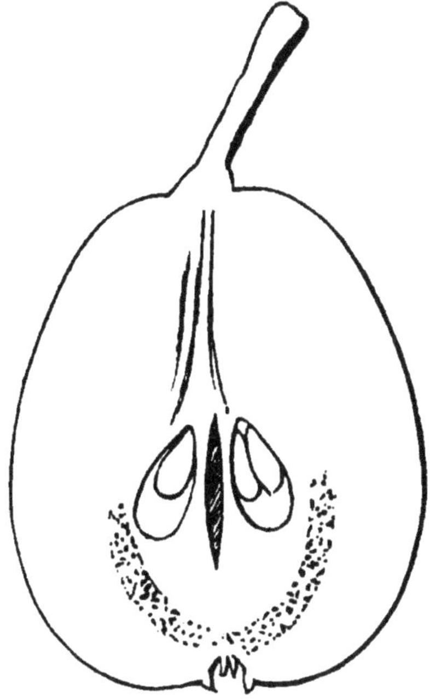

Broncirte Herbstbirne. Diel. ** Nov.

Heimath und Vorkommen: kam an Diel von van Mons als Vrai beurré broncé, welcher Name sich in dessen Cataloge nicht findet. Ist noch sehr wenig verbreitet. Ich erhielt die Sorte von Diel durch Magister Schröder zu Hamburg; die Frucht paßt aber nicht nur auf die Beschreibung, sondern es ist von Diel nach Herrnhausen dieselbe Sorte gekommen, wo ich 1858 eine volltragende Pyramide sah.

Literatur und Synonyme: Diel N.K. V, p. 190: Wahre broncirte Herbstbirne; findet sich in andern pomolog. Werken nicht. Das T. O. Cab. Nr. 94 gibt eine ziemlich gute Abbildung. Downing Nr. 388 hat die Notiz, daß Fique do Naples oft irrig Beurré broncé heiße. Der Lond. Catal. hat Nr. 61 eine Beurré broncé, die aber eine Kochbirne für den Winter sein soll. — Diel erhielt 2 Jahre früher von van Mons noch eine andere Beurré broncé, die er als Rostfarbige Butterbirne beschrieben hat. Diese Beurré broncé findet sich in Herrn van Mons Catal., doch ohne Angabe des Erziehers, p. 7, Nr. 328 und p. 9, Nr. 94, wo sie in dem gewaltig flüchtig und oberflächlich entworfenen Werke wohl nur irrig nochmals aufgeführt ist. Ist Diels Rostfarbige Butterbirne, wie ich nach Vegetation und bisher erst erhaltenen nicht vollkommenen Früchten vermuthe, identisch mit Regentin, so hat durch den Zusatz vrai bei obiger van Mons vielleicht sagen wollen, daß die erstgesandte Beurré broncé nicht die rechte gewesen sei, so daß van Mons darnach nur Eine Beurré broncé gehabt hätte. — Von Liegel habe ich durch Urbanek noch eine Broncirte Winterbutterbirne (und behalte daher bei obiger lieber die Benennung Herbstbirne), vermuthe aber, daß diese von mir an Liegel gelangt sein werde, da ich diesen Namen einer ganz berosteten schmelzenden Winterfrucht gab, die sich unter den von van Mons erhaltenen namenlosen Sorten fand. Ob nun van Mons Beurré broncé vielleicht noch unter anderen Namen vorkomme, bleibt ungewiß, doch findet die eigenthümliche Vegetation der Obigen unter allen meinen Birnsorten sich nicht.

Gestalt: neigt zum abgestumpft Konischen, manche sind mehr walzenförmig, $2^1/_4$—$2^1/_2$" breit und $2^3/_4$—3" lang. Bauch mehr nach dem Kelche hin, um den die Frucht sich so abrundet, daß sie noch aufsteht; nach dem Stiele häufig nur wenig mehr abnehmend, mit dicker stark abgestumpfter Spitze endigend. In der Rundung ist die Frucht gern etwas verschoben.

Kelch: kurzblättrig, oft fehlend, in ziemlich tiefer, fast ebener Senkung.

Stiel: stark, holzig, $^1/_2$—$^3/_4$" lang, sitzt wie eingesteckt, mit etwas Fleisch umringelt.

Schale: ziemlich glatt, doch durch Vertiefungen uneben, wie beulig, hellgrasgrün in der Zeitigung nur gelblich grün; freihängende Früchte sind an der Sonnenseite mit einem trüben matten Roth leicht verwaschen. In manchen Jahren oder Lagen überzieht ein feiner bräunlicher Rost mehr oder weniger zusammenhängend die ganze Schale, in andern Jahren wie 1858 ist der Rost unbedeutend. Punkte sind durch den Rost oft undeutlich, bei rostfreiern in der Grundfarbe heller grün umringelt, in der Röthe grau. Geruch fehlt.

Fleisch: gelblich-weiß, ins Grünliche spielend, sehr saftreich, schmelzend, von delikatem erfrischenden, gewürzhaften weinartigen Zuckergeschmack.

Kernhaus: hat schmale hohle Achse, die ziemlich langen Kammern enthalten lange spitze, schwarzbraune, vollkommene Kerne. Kelchhöhle flach.

Reifzeit und Nutzung: gehört zu den vorzüglichen Tafelbirnen im November. Muß in hiesiger Gegend bis gegen Ende Oktober am Baume hängen, in warmen Jahren wenigstens bis 8. Oktober, um nicht zu welken.

Der Baum kommt nach Diel auf Quitte gut fort, wächst lebhaft, setzt bald Fruchtholz an und ist recht fruchtbar, was sich hier bestätigte. Er ist schon in der Baumschule durch seinen kurzen gerade aufstrebenden Wuchs und die starken, nach oben wenig abnehmenden steifen Triebe kenntlich. Sommertriebe nach oben mit feiner Wolle belegt, ohne Silberhäutchen, bald mehr bräunlich olivenfarben, bald mehr ins Ledergelbe spielend und reich punktirt. Blatt fast flach ausgebreitet, stark, ziemlich groß, elliptisch, feingezahnt, oft nur gerändelt. Afterblätter bald pfriemen-, bald fadenförmig. Augen konisch, braun, nur nach oben abstehend; Augenträger flach. (Auch die Blätter des Fruchtholzes sind elliptisch, $1^3/_4$" breit, $2^3/_4$" lang, oft breiter und fast verkehrt eiförmig, glatt, stumpfgesägt, nach vorne oft sichelförmig. — Blüthenknospen groß, kegelförmig, fast stechend spitz. Jahn.)

Oberdieck.

No. 153. Die Russette von Bretagne. I, 1 (2). 2 (3). Diel; IV, 1 b. Luc.; IV, 2. J.

Die Russette von Bretagne. Diel (Duhamel) * † H.

Heimath und Vorkommen: Diel erhielt diese alte französische Birne aus Paris. Duhamel III, S. 49, tab. 29, gedenkt ihrer nur nebenbei bei der Wildling von Caissoy, welche auch Roussette d'Anjou genannt wird, als einer größeren Russette, die in der Bretagne vorkomme. — In Deutschland hat sie, wie es scheint, wenig Verbreitung gefunden, aber von den französischen Pomologen wird sie jetzt wieder mehr als früher genannt.

Literatur und Synonyme: Diel N.K.O. I, S. 161: Die Russette von Bretagne, Roussette de Bretagne. Vergl. Dittr. III, S. 217; Oberdieck S. 403. — Liron d'Airoles in Notice pomol. II, 10 u. 11 Livr. 1858, S. XLVII nennt sie Besi Quessoy d'hiver, indem er angibt, so werde sie in der Gegend von Nantes genannt. Es sei die Große Rousselet d'Anjou des Duhamel und werde als eine sehr gute Birne geschätzt. Er hat sie ziemlich rein eirund, nach dem Kelche zu wie die Eierbirne abnehmend gezeichnet, die kreiselförmige Gestalt Duhamels komme ihr nur in der kleinen Zahl der Früchte zu. Nebenbei gibt er zugleich Nachricht von der Besi de Caissoy, Roussette d'Anjou des Duhamel, die als eine kleinere und weniger gute Birne mit schwächlichem Baume wenig mehr gebaut werde, zugleich aber auch von einer von ihm aufgefundenen und benannten Besi Quessoy d'eté. Beide sind wie die vorliegende auch in s. Liste Synon. v. 1857, S. 34 u. 37 beschrieben, die Besi Quessoy d'eté, welche ähnlich ist, aber im September reift, auch in d. Ann. de Pom. II, S. 63. — Nach Pom. Franc. III, S. 235, tab. LIII hat Merlet die Russette von Bretagne Pero rosso und le Baveux, Geiferbirne genannt, auch heißt sie bei andern Ambrette, wie auch Diel sie unter dem Namen Winterambrette aus Metz noch bekam. Sie ist aber besser als diese letztere.

Gestalt: bald bergamottförmig, bald auch etwas eiförmig oder stark abgestumpft kreiselförmig, $2^1/_2$" breit und etwas niedriger, oft ebenso hoch. (Diel.)

Kelch: kurz, spitz, hartschalig, weit offen, meist seicht, bisweilen mit einigen Beulen.

Stiel: stark, wie fleischig, $^3/_4$—$1^1/_2$" lang, meist etwas vertieft, neben einem Fleischbutz.

Schale: fein rauh, hellgrün, später nur gelblich-grün, ringsum wie die Gelbe Junker Hans, der sie auch Duhamel in der Farbe und im Fleische vergleicht, hellbraun berostet, ohne Röthe.

Fleisch: mattweiß, nach Diels systematischem Verzeichniß unter der Schale grünlich, körnigt, saftvoll, ganz schmelzend (nach Liron brüchig, doch I. Qual.), von feinem gewürzhaften Zuckergeschmack (nach Duhamel ähnlich, doch schlechter als Crasanne).

Kernhaus: ziemlich groß, Kammern muschelförmig, mit vielen oft starken, an beiden Enden zugespitzten Kernen.

Reife und Nutzung: sie reift Anfangs oder Mitte November und dauert 3 Wochen. Der Verbrauch will richtig getroffen sein und zwar, wenn die Birne etwas welk ist und sich weich anfühlt, sonst schmeckt sie fade und nach Mayer herbe. — Doch bleibt bei alldem hier wie bei Oberdieck die Frucht ziemlich geschmacklos, merklich körnigt und ziemlich steinigt, und es erfordert die Sorte deshalb zur richtigen Ausbildung einen besonders guten Stand, resp. die Wand. — Auch nach Mayer ist die etwas kleinere und gegen den Stiel dickere Wildling von Caissoy besser und schmelzender.

Eigenschaften des Baumes: derselbe wird nicht groß, ist an seiner Belaubung kenntlich, auch nach Liron sehr fruchtbar (was ich von meinen Probezweigen nicht sagen kann) kömmt hochstämmig und auch auf Quitte fort, was Diel jedoch im Verzeichniß wieder in Abrede stellt. — Blätter elliptisch mit meist auslaufender Spitze, 2" breit, $3^1/_4$" lang, bisweilen eiförmig und lanzettförmig, etwas undeutlich wollig, ganzrandig (oft ziemlich groß, bis 4" lang und langgestielt, an den Sommerzweigen klein. Diel). — Blüthenknospen zur Zeit kegelförmig, kurz gespitzt, schwarzbraun, mit etwas klaffenden Deckblättern. — Sommerzweige grünlich zimmtbraun, mit warzigen gelbbraunen Punkten.

J.

No. 154. Tertolen's Herbstzuckerbirne. I, 2. 2. Diel; IV, 1 b. Luc.; III, 2. 3.

Tertolen's Herbstzuckerbirne. Diel ** † H.

Heimath und Vorkommen: sie ist holländischen Ursprungs; doch kannte sie Knoop noch nicht. Sie wird seit ihrer Verbreitung durch Diel, der sie 1796 empfing, jetzt auch mehrfach in deutschen Gärten gefunden.

Literatur und Synonyme: Diel V, S. 18. — Dittr. I, S. 696. — Oberd. S. 437. Im Obstcabinet Jena 1856 ist sie ziemlich gut abgebildet. — Den langen von Diel geführten Namen „Van Tertolens Herbstzuckerbirne, Suyker Peer van Tertolen," glaubte man in den obigen einfachen verwandeln zu dürfen. — Oberd., wie ich selbst, hielten die Tolisbuyns grüne Herbstzuckerbirne, Suyker Peer van Tolisd. (Diel IV, S. 18. — Dittr. I, S. 691) längere Zeit für identisch, und zwar empfing Oberd. beide von Diel und Dittrich überein. Doch hatte Herr Oberförster Schmidt die Tolisbuyn bei der Ausstellung in Gotha, nach seiner Aussage auch aus Diels Hand anders, aber es ist die Frage, ob hier doch nicht etwa ein Irrthum untergelaufen ist. — Oberd. erhielt sie auch als Petit Romain aus Enghien.

Gestalt: rundlich, nach dem Stiele zu kurz- und stumpfspitz, nach Diel einer kleinen platten Crásanne ähnlich, $2^{1}/_{4}$" breit und ebenso hoch. Auf Hochstamm bleibt sie meist merklich kleiner.

Kelch: klein, sehr hartschalig, offen, weit aber seicht eingesenkt, mit etwas Falten.

Stiel: holzig, stark, $1^{1}/_{4}$" lang, oft unten fleischig, obenauf, wie eingesteckt, mit einigen Beulen.

Schale: fein rauh, hellgrün, später citronengelb, zuweilen schwach goldartig geröthet, mit charakteristischen starken bräunlichen, haselnußfarbenen Punkten, Rostfiguren und oft Rostüberzügen.

Fleisch: mattweiß, sehr saftig, ums Kernhaus etwas steinigt, butterhaft, von erhabenem süßen Zuckergeschmack und muskatellerartigen Geruch.

Kernhaus: sehr klein, öfters unregelmäßig, mit meist unvollkommenen weißlichen Kernen.

Reife und Nutzung: Anfangs bis Mitte November, nicht lange haltbar; kühl aufbewahrt jedoch oft 4 Wochen dauernd.

Eigenschaften des Baums: derselbe wächst gut, Anfangs aufrecht, später jedoch mit zerstreut stehenden Zweigen, trägt reichlich, ist gesund, doch bewies er sich hier gegen Kälte nicht unempfindlich. In milderem Klima z. B. schon bei Oberdieck thut der Baum auch noch hochstämmig in nicht zu trockenem Boden gut, doch wird die Zwergform am meisten zu empfehlen sein. — Auch von Andern wird die Güte der Frucht und die Tragbarkeit des Baums gelobt. — Blätter eiförmig und länglich eiförmig, $1^{3}/_{4}$" breit, mit der oft lang auslaufenden Spitze $2^{3}/_{4}$" lang, einzelne eirund, glatt, etwas undeutlich gesägt, bisweilen ganzrandig, schiffförmig und etwas wellenförmig, Spitze gekrümmt. — Blüthenknospen groß, etwas stechend spitz. — Sommerzweige dunkelbraunroth, gegenüber gelblich braun, fein grauweiß punktirt.

Auch nach den Erfahrungen im Jahre 1859, in welchem die Frucht auf Hochstamm wiederum sehr klein blieb, möchte ich die Erziehung derselben auf Pyramid- und Spalierbäumen, die regelmäßig im Schnitt gehalten werden, am meisten empfehlen.

J.

No. 155. **Kampervenus.** VI, 2. 3. Diel; XI, 1 b. Lucas; III, 3. Jahn.

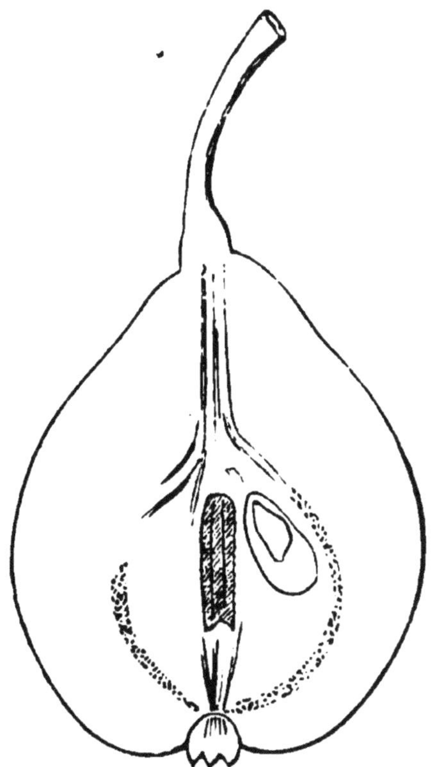

Kampervenus. Diel (Knoop). †† H. W. K.!

Heimath und Vorkommen: die Abkunft dieser Birne ist unbekannt und findet sie sich nur bei Knoop. Ist noch wenig verbreitet, verdient aber als eine der besten Kochbirnen für den Winter allgemeine Anpflanzung.

Literatur und Synonyme: Diel IV, p. 244: Die Kampervenus; Knoop I, Taf. 8: Kamper Venus, Kamper Peer, ohne Abbildung.

Gestalt: nach Diel veränderlich, so daß große Früchte sich bald einer schönen Kreiselform nähern, oder auch nach dem Kelche abnehmen und ein mehr eiförmiges Ansehen gewinnen, während kleinere häufig eine etwas kegelförmige Bildung annehmen. Der Bauch sitzt bei allen Formen ziemlich in der Mitte, nach dem Kelche nimmt die Frucht so ab, daß sie noch gut stehen kann und die mehr kreiselförmigen bilden eine plattrunde Wölbung. Nach dem Stiele endigt die Frucht mit einer stark abgestumpften Kegelspitze. Breite und Höhe 3¹/₄". Ich hatte sie in Nienburg öfters bei vollem Tragen nicht größer als von obiger Figur und auch allermeist so gestaltet, und fand sie ebenso auf volltragender Pyramide 1858 in Herrnhausen, wohin sie gleichfalls von Diel kam.

Kelch: sehr weit offen, hat in seiner Vollkommenheit schöne lange, gelbe Ausschnitte, die aber häufig auch fehlen, und sitzt gewöhnlich in geräumiger, ziemlich tiefer Senkung, die einige beulenartige Erhabenheiten zeigt, von denen aber kaum merklich Spuren über die meist schön geformte Frucht hinlaufen.

Stiel: stark, lederfarbig, sanft gekrümmt, ist an seiner Basis etwas fleischig, sitzt wie eingesteckt und ist 1¹/₄—1¹/₂" lang.

Schale: glatt, geschmeidig, fast etwas fettig werdend, vom Baume matt hellgrün, in der Reife citronengelb. Die Sonnenseite ist gewöhnlich nur auf einer kleinen Stelle mit einem trüben, erdartigen, in der Zeitigung schönen und hellen Roth verwaschen. Beschattete Früchte sind ohne Röthe. Punkte zahlreich, fein, in der Grundfarbe fein grün umringelt, im Roth etwas stärker und grau. Von dunkelgrünen, wie Schmutz aussehenden Flecken, deren Diel gedenkt, sah ich bisher nichts. Anflüge von Rost finden sich einzeln und fast immer etwas Rost um die Kelchsenkung. (In Meiningen aus Oberdiecks Reisern erzogene Früchte waren fast ringsum broncefarbig fein berostet, doch, ohne daß die Schale dadurch rauh war und sahen dann im Winter fast wie Prinzeß Marianne gefärbt aus. Doch bemerkt hierzu Oberdieck, daß er und wohl auch Diel von solchem Roste an den von ihm oft geerndeten Früchten nichts gesehen habe, und ich muß noch hinzufügen, daß der Baum an einer etwas schattigen Stelle steht. J.)

Fleisch: gelblich weiß, etwas körnigt — (doch hier bisher nicht, wie Diel angibt, steinigt) um das Kernhaus abknackend, saftvoll von süßweinsäuerlichem Geschmack.

Kernhaus: ist oft mit Fleisch angefüllt und geschlossen, oder hat flache hohle Achse, die durch Ausschwitzungen von Fleischmasse der Länge nach gestreift ist. Die geräumigen Kammern haben lange spitze, nach Diel fast immer taube, hier häufig auch vollkommene Kerne.

Reifzeit und Nutzung: zeitigt im November, ist schon bald nach Michaelis zum Kochen sehr brauchbar, und hält sich bis tief in den Winter. Eine der besten Kochbirnen, kocht sich roth und gibt ein sehr wohlschmeckendes Gericht.

Der Baum wird nach Diel groß und setzt bald Fruchtholz an. Er wuchs auch bei mir in schwerem und leichten Boden rasch und sehr gesund, trug bald und reichlich. Sommertriebe stark und lang, nur nach oben etwas feinwollig, röthlich braun oder etwas mehr olivenfarbig, öfter mit etwas Silberhäutchen belegt, reich und schön punktirt. Blatt ziemlich flach ausgebreitet, glatt, nach Diel fast rund oder rundherzförmig (ich fand es mehr eiförmig), fein und seicht gezahnt, oft auch nicht gezahnt. Afterblätter fadenförmig, Augen kegelförmig, am größeren Theile des Zweiges anliegend. Augenträger ziemlich stark vorstehend. (Die Blätter am Fruchtholze sind meist ebenso beschaffen, nämlich eiförmig oder eirund, sehr oft aber auch elliptisch, so daß ich sie in Cl. IV eingereiht hatte. Doch mag sie bis auf Weiteres in Cl. III stehen. Jahn.)

Oberdieck.

No. 156. Die Winterliebesbirne. III, 2. 2 (3). D.; X (XII). 1 a. L.; I, 2 (3). J.

Die Winterliebesbirne. (Mayer ?) †† H. W. K!

Heimath und Vorkommen: eine Wirthschaftsbirne, jedenfalls deutschen Ursprungs. Ich traf sie in meiner Nähe, in Römhild, mehrfach gepflanzt und sie wird dort wegen der reichen Erndten, die die Bäume liefern, und wegen der Brauchbarkeit und Haltbarkeit der Früchte sehr geschätzt und geliebt, wie sie es verdient. Mehrfach wird sie daselbst zugleich auch Kirchbirne genannt.

Literatur und Synonyme: über die Literatur habe ich nichts Bestimmtes gefunden. Christ im Hdwb. S. 185 führt eine Kirchbirne und Manger als Autor an, beschreibt sie auch ähnlich der vorliegenden, gibt aber ihre Länge etwas größer an; sie soll Ende September reifen und lange dauern und früher um Eisleben häufig gewesen sein. — Auch Lucas hat S. 236 eine Kirchbirne, um Mergentheim verbreitet, die vielleicht dieselbe ist. Er beschreibt sie als mittelgroße, rundliche, hartfleischige, jedoch frühe Herbstwirthschaftsbirne. — Durch den Namen Winterliebesbirne geleitet, wie sie in Römhild ihrer rothen Farbe wegen am meisten genannt wird, mochte ich sie eine Zeitlang für Mayers (Pom. franc. III. 264) Große Winter-Jargonelle, Poire de Laforée, Duc de Laforée (Laforet ?), Dame jeanne rousse, halten, nach ihm eine vortreffliche Kochbirne, doch ist diese nach ihrer Abbildung mehr goldgelb und viel größer, auch länger gestielt, und stammt aus Holland, wo man noch zwei Abarten unterscheide, die aber Mayer nicht anerkennt und sie für gleich hält, nämlich die Rood Foppen (Rood Foppen Peer, Fasen Peer, Poire d'attrape), Vexierbirne, weil ihr schönes Aeußere dem Innern wenig entspreche und Kamper Venus. — Letztere ist aber, wie sie Oberdieck vorausgehend geschildert hat, völlig verschieden, und müssen wir die vorliegende also unter dem obigen, wirklich auch recht gut auf sie passenden Namen beibehalten.

Gestalt: kegelförmig, oft etwas rundlich und mittelbauchig, 1³/₄ bis 2" breit und ebenso hoch, am Hochstamme oftmals nicht größer; doch hatte ich sie 1859 auch 2" 4''' hoch, bei 2" 1''' Breite.

Kelch: kurzblättrig, etwas weißwollig, offenstehend, in einer kleinen schönen schüsselförmigen Einsenkung, oft mit etwas fortlaufenden Beulen umgeben.

Stiel: ziemlich stark, doch kurz, oft nur ¹/₂" lang, obenauf, bisweilen ohne Absatz, sehr oft jedoch auch schwach vertieft und durch einen Fleischwulst zur Seite gedrückt.

Schale: durch körnige Unterlagerungen etwas uneben, grüngelb, aber fast ringsum etwas gelbbräunlich, jedoch nicht rauh berostet, an der Sonnenseite stark bräunlich carminroth verwaschen, mit vielen gelbbraunen Punkten, in zunehmender Reife sehr feurig und schön und das Roth stark glänzend, welches letztere auf der Schattenseite mehr streifig oder punktartig und matt erscheint, in dieser Färbung allerdings Nr. 110 der Liebesbirne sehr ähnlich.

Fleisch: gelblichweiß, etwas körnigt und gröblich, abknackend und ums Kernhaus feinsteinigt, doch sehr süß mit etwas Bisamgewürz. Die beigemischte geringe Herbigkeit verliert sich bei der Zeitigung der Frucht.

Kernhaus: klein, hohlachsig, Kammern geräumig, muschelförmig, mit ziemlich großen, länglichen, schwarzen Kernen, die auch oben eine kleine Spitze haben.

Reife und Nutzung: Ende Septr. abgenommen wird die Birne genießbar im Novbr., hält sich aber kühl aufbewahrt durch einen Theil des Winters und ist ihrer großen Süßigkeit wegen auch roh ganz gut zu genießen, vortrefflich aber als Kochbirne. Auch Hr. Lieut. Donauer in Coburg kennt sie und empfiehlt sie (Monatsschrift II, S. 45) als gute, sehr haltbare Winter-Wirthschaftsbirne.

Eigenschaften des Baumes: der Wuchs desselben ist kraftvoll, er geht sehr hoch, ist vorzüglich geeignet, andere schwachwüchsige Sorten in die Krone desselben zu veredeln, und ist außerordentlich tragbar. — Blätter rundlich, doch ein wenig in die Länge gezogen, fast eiförmig, mit auslaufender Spitze, 2" 1''' breit, 2¹/₄" lang, meist glatt, nur einzelne unterhalb etwas wollig, undeutlich gesägt, oft ganzrandig, meist flach, starkgeadert, Stiele oft 2" lang. — Blüthenknospen kegelförmig, sanftgespitzt, dunkelbraun, glatt. — Sommerzweige können erst später noch geschildert werden.

J.

No. 157. Die Amboise. I, 3. 2 (3). Diel; V, 1 b. Luc.; III, 2 (3). Jahn.

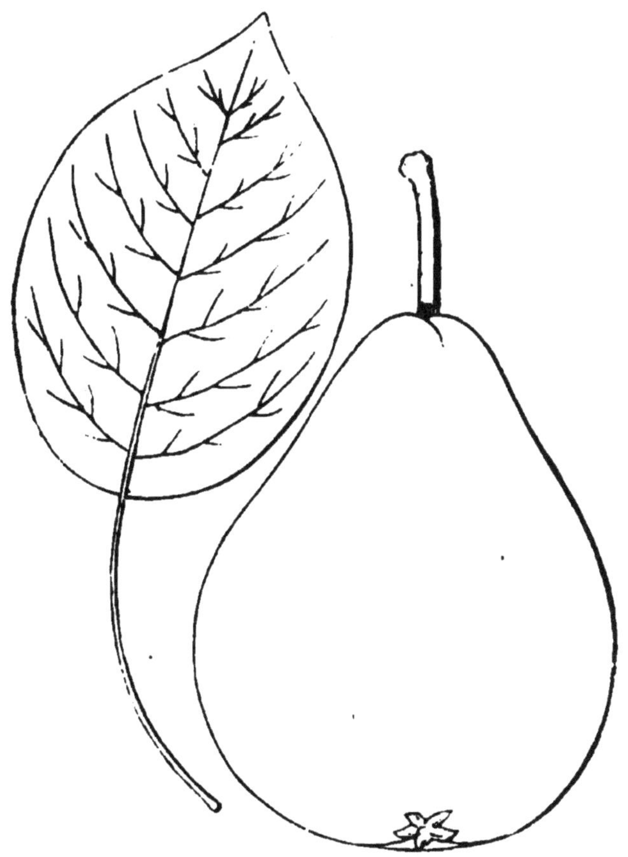

Die Amboise. Diel ** † H. W.

Heimath und Vorkommen: Diel erhielt sie aus Metz. Mit Bestimmtheit weiß er keinen Autor für sie anzugeben. In Frankreich werden nämlich mehrere Birnen, auch die von der vorliegenden ganz verschiedenen B. gris B. rouge „Amboise“ genannt. — Die Frucht wird, wie es scheint, in Deutschlands Gärten z. Z. wenig cultivirt, weil sie nicht genug nach ihrer Güte bekannt ist.

Literatur und Synonyme: Diel VIII. S. 81; Dittrich I. S. 706. — Diel empfing sie auch unter der unrichtigen Bezeichnung Angoise, denn dieses ist ein

Synonym der Winterchristbirne, wie Tougard (in s. Tableau alphabétique et analytique des variétés de Poires, Rouen 1852), auch Cat. Lond. anführen.

Gestalt: mehr eirund als birnförmig, oft auch fast kegelförmig, ähnlich der Verte longue, nach dem Stiele zu kurz- und stark abgestumpftspitz, mittelgroß, $2^1/_2$" breit, gut 3" hoch, so beschreibt sie Diel.

Kelch: hartschalig, kurzblättrig, offen, flach, bisweilen mit schwachen Beulen umgeben.

Stiel: dünn, holzig, bis 1" lang, obenauf, in Höckern, oder sich auch ohne Absatz in die Frucht verlierend.

Schale: etwas stark, hellgrün, später hellcitronengelb mit feineren, auf der Sonnenseite stärkeren und rothgefärbten Punkten, so daß diese erdartig geröthet erscheint, und bisweilen mit etwas Rost.

Fleisch: mattweiß, etwas körnig, überfließend, butterhaft, von sehr süßem gewürzten Geschmack, ähnlich dem der Colmar.

Kernhaus: geschlossen, klein. Kammern muschelförmig, mit vollkommenen, länglichspitzen, dunkelbraunen Kernen.

Reife und Nutzung: sie reift Ende November, oft früher, und hält sich 4 Wochen in der Reife. Als länger dauernde, auch äußerlich schöne Tafelfrucht, die auch in der Wirthschaft recht brauchbar ist, wird sie sehr werthvoll.

Eigenschaften des Baumes: derselbe wächst als Pyramide schön, ist gesund, auch nicht zu empfindlich gegen Kälte. Mein vom Jerusalem aus des Freiherrn von Könitz Baumschule daselbst erhaltener Baum trug schon öfters reichlich, und stets vollkommen ausgebildete Früchte. Die Sorte verdient weitere Verbreitung, denn die Birne ist ebenso schön und gut, als viele der neueren belgischen Früchte, doch rathe ich am meisten, sie niederstämmig zu erziehen. Schon der Gärtner Egers zu Jerusalem schilderte mir vor 20 Jahren die Amboise als eine der besten ihm bekannten Birnen. — Die Blätter sind eiförmig, auch rundlich und eirund, oft herzförmig, glatt, meist ganzrandig, etwas schiffförmig und sichelförmig, sonst meist flach, oft groß, $1^3/_4$—$2^1/_4$" breit, mit der ziemlich starken Spitze $2^1/_2$—3" lang. — Blüthenknospen groß, sanftgespitzt, an der Spitze etwas gelbwollig. — Sommerzweige oben etwas verdickt, grünlichbraun, fein weißgrau punktirt.

J.

No. 158. Die Jagdbirne. I, 2. 3. Diel; VI, 1 b. Luc.; II, 3. Jahn.

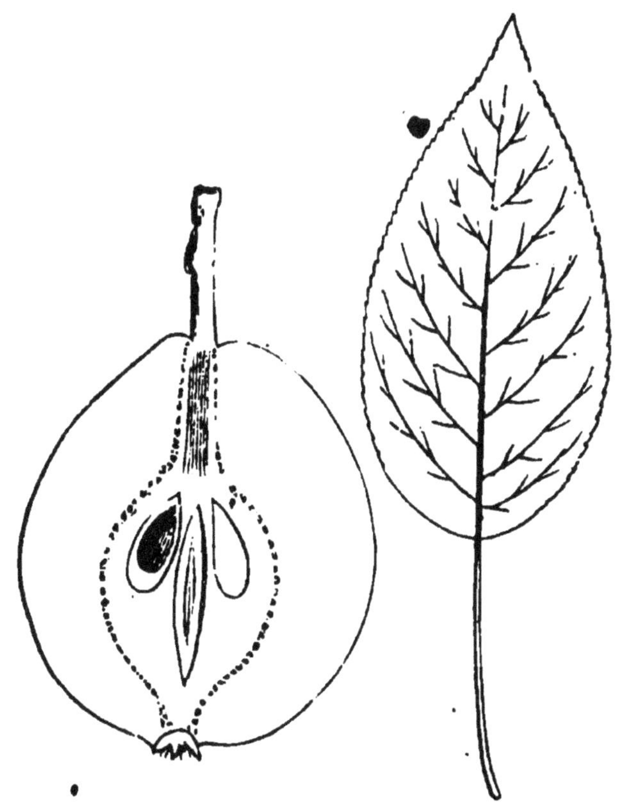

Die Jagdbirne. Diel (Quintinye) ** † H. W.

Heimath und Vorkommen: alte französische, angeblich im Walde in der Gegend von Landry, wahrscheinlich auf der Jagd aufgefundene Sorte, die zuerst Quintinye mit Bestimmtheit unterschied und sie Lechasserie auch nebenbei Verte longue d'hiver und Besidery-Landry nannte.

Literatur und Synonyme: Diel V. S. 36 führt schon viele Synonyme an: Besi l'Echasserie, Muscat de Villandry, Chassery, Besi de Landry, Jagt-Peer, Winter-Verte longue Pear, Winter long green Pear. — Christ Hdwb. S. 183. Die Jagdbirne, Besi de Chasserie, der gemeine Mann nennt sie Winter-Eierbirne, Winter-Bestebirne. —

T.O.G. V. S. 229 Taf. II. — Dittr. I. S. 724. — Oberd. S. 356. — Duham. III. S. 54 tab. XXXII: Echassery. — Mayer. Pom. Franc. S. 231 tab. XLVIII und XLIX: Wildling von Chassery.

Gestalt: eiförmig (der Sommer-Eierbirne ähnlich, weßhalb sie auch Winter-Eierbirne genannt wird), in der Form etwas wechselnd in sofern, als ihre Länge gegen die Breite öfters verschieden ist, gewöhnlich 2 1/4—2 1/2" breit und 2 3/4" hoch, öfters etwas niedriger, selten 1/2" länger.

Kelch: hartschalig, ziemlich klein, oft unvollständig, weit offen, flach oder seicht mit etwas beulenartigen Erhabenheiten.

Stiel: stark, gerade, fleischig, gelbbraun, bis 1 1/4" lang, charakteristisch mit einem grünen Knötchen oder einer kleinen flachen Erhabenheit, obenauf, wie eingesteckt, oder etwas vertieft, zwischen Beulen.

Schale: etwas rauh, später wie geschmeidig, schön hellgrün, später grünlichgelb, ohne Röthe mit charakteristischen zahlreichen, röthlichbraunen Punkten und öfters ziemlich viel Rost.

Fleisch: weiß, überfließend, butterhaft, von erhabenem zuckerartigen Muskatellergeschmack und fein müskirten Geruch.

Kernhaus: ziemlich groß, stark hohlachsig, der hohle Raum wie mit Mehl bestreut, Kammern klein, länglich muschelförmig mit schwarzbraunen, mittelgroßen, mit einem kleinen Höcker versehenen Kernen.

Reife und Nutzung: November und December, oft bis Januar. Muß lange hängen. — Welkt aber desungeachtet meist im Winter, wie auch Liegel (Monatsschr. II. S. 62) bemerkt, und wird auf Hochstamm, wo sie überdies ziemlich klein bleibt, selten schmelzend. — Doch ist es in guten Jahren eine schätzenswerthe feine Tafelfrucht.

Eigenschaften des Baumes: wächst in der Jugend lebhaft, belaubt sich etwas licht, einem Wildling ähnlich, macht viele kurze Fruchtspieße, woran die Früchte büschelweise hängen, hat aber keine Dornen; bringt bei uns in Hochstammform nur, wenn der Baum zwischen Gebäuden oder sonst geschützt steht, noch gute Früchte, und auch Oberdieck will ihn nur zwergförmig, auf Wildling veredelt, da er schon nach Diel auf Quitte nicht fortkömmt, an die Wand gepflanzt haben. Er erfordert tiefgehenden, guten und warmen Boden. — Blätter länglich eirund, mit auslaufender Spitze 1 1/4—1 1/2" breit, 2 1/2—2 3/4" lang, oft auch mehr eiförmig, fein etwas stumpfgesägt, flach, nur hie und da etwas wellenförmig, dunkelgrün und glänzend. (Diel beschreibt die unteren Blätter an den Sommerzweigen und die von den Fruchtaugen als elliptisch, wie die andern Blätter, aber größer, oft 4 1/2" lang und nur 2 1/4" breit — was daher rührt, daß er wahrscheinlich einen in sehr üppiger Vegetation stehenden Baum, wie es bei dem meinigen nicht der Fall war, vor sich hatte.) — Blüthenknospen z. Z. klein, kurzkegelförmig, fast rundlich, spitz, doch nicht stechend, schwärzlichbraun. — Sommerzweige bräunlich lederfarben, gegenüber mit etwas Olivengrün, vielfach sehr fein hellgrau punktirt, wie sie Diel beschreibt. J.

No. 159. **Coloma's Carmeliterbirne.** I, 3. 3 (2). D.; V (III). 1 b. L.; III, 3 (2). J.

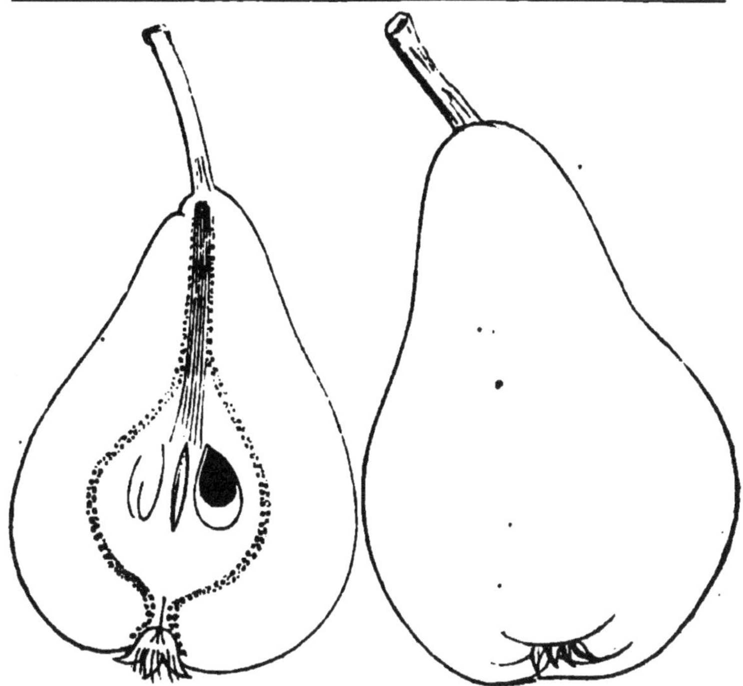

Coloma's Carmeliterbirne. Diel (Coloma) * W. oft H.

Heimath und Vorkommen: vom Grafen Coloma aus Samen erzogen. Diel erhielt sie von van Mons 1818. — Scheint in Deutschland, wie aber auch in Belgien, z. B. noch wenig verbreitet.

Literatur: Diel N.K O. IV. S. 200: Coloma's Carmeliterbirne, Carmelite; Dittrich I. S. 715; Oberd. S. 317.

Gestalt: kegelförmig, nach Diel ohne wahre Einbiegung nach dem Stiele zu. Wie die Abbildung oben zeigt, auf welcher die Durchschnittszeichnung nach einer von mir selbst erzogenen, die andere nach der von Hrn. Dr. Liegel mir früher gesendeten Frucht gemacht ist, ist sie aber auch öfters ziemlich birnförmig. — Diel gibt ihre Größe 2 1/2" breit und 3" lang an; auch erzog ich sie selbst schon breiter, als oben gezeichnet, doch selten.

Kelch: wollig, blättrig oder hartschalig, offen, ziemlich tief- und eng- oder auch seichteingesteckt.

Stiel: stark, wie fleischig, bis 1" lang, obenauf, wie eingedrückt, oft neben einem Fleischwulst.

Schale: fein rauh, hellgrün, später hellcitronengelb, doch meist ringsum dunkelbraun berostet und mit trübem erdbraunem Roth (woher der Namen), auch mit zahlreichen Punkten, im Aeußeren dem Trocknen Martin (Martin sec, der ebenso gefärbt und berostet ist), ziemlich ähnlich, von düsterem Ansehen.

Fleisch: weiß, ganz schmelzend, saftvoll, gewürzhaft, von angenehmem, fein zimmtartigem Zuckergeschmack.

Kernhaus: klein, meist geschlossen, mit ziemlich vielen Körnchen umgeben, Kammern enge, mit wenigen, kleinen, eirunden, spitzen, kaffeebraunen Kernen.

Reife und Nutzung: Ende December, 3 Wochen haltbar, verdient nach Diel wegen der Zeit ihrer Reife alle Anpflanzung. — Diel bezeichnet sie jedoch im Eingang selbst als späte Herbst- oder frühe Winterbirne, und, wie schon Dittrich angibt, daß sie bei ihm bisweilen im November reife, so verhielt sie sich früher meist auch hier, und ebenso die von Liegel erhaltenen Früchte. Nur im vorigen Jahre hatte ich sie auch noch Ende December. — Sie hat nach schlechten Sommern im Geschmack oft etwas Mattes und steht in Güte der ihr in der Form ähnlichen, aber später reifenden Späten Hardenpont sehr nach, hat auch noch mehr Steine ums Kernhaus, wie diese. — Oberdieck spricht sich ebensowenig zufrieden über sie aus. Doch wurde sie in dem warmen und trockenen Sommer 1858 auch wieder recht gut.

Eigenschaften des Baumes: er wächst nach Diel lebhaft und ist kenntlich an seinem Wuchse und seinem Holze. Er bildet eine breite, sperrhafte Krone, treibt an seinen Sommertrieben häufig Spieße und wahre Dornen, ist aber ungemein fruchtbar — was sich nach den damit veredelten Zweigen auch hier bestätigt, und aus welchem Grunde die Sorte auch immer Fortpflanzung verdient. Wahrscheinlich wird die Frucht in anderem Boden und besonders am Spalier auch öfters edel und gut. — Blätter eiförmig mit kurzer auslaufender Spitze, 1½" breit, bis 2½" lang, oft etwas herzförmig, glatt (die Blätter der Sommerzweige nach Diel unten feinwollig) weitläufig und undeutlich, meist nur an der Spitze gesägt. — Blüthenknospen z. Z. kurzkegelförmig, ziemlich spitz, kastanienbraun. — Sommerzweige trüb röthlichbraun, gegenüber grünbraun mit vielen weißgelben Punkten. J.

No. 160. **Zephirin Gregoire.** I, 2. 3. Diel; V, 1 b. Luc.; VI, 3. Jahn.

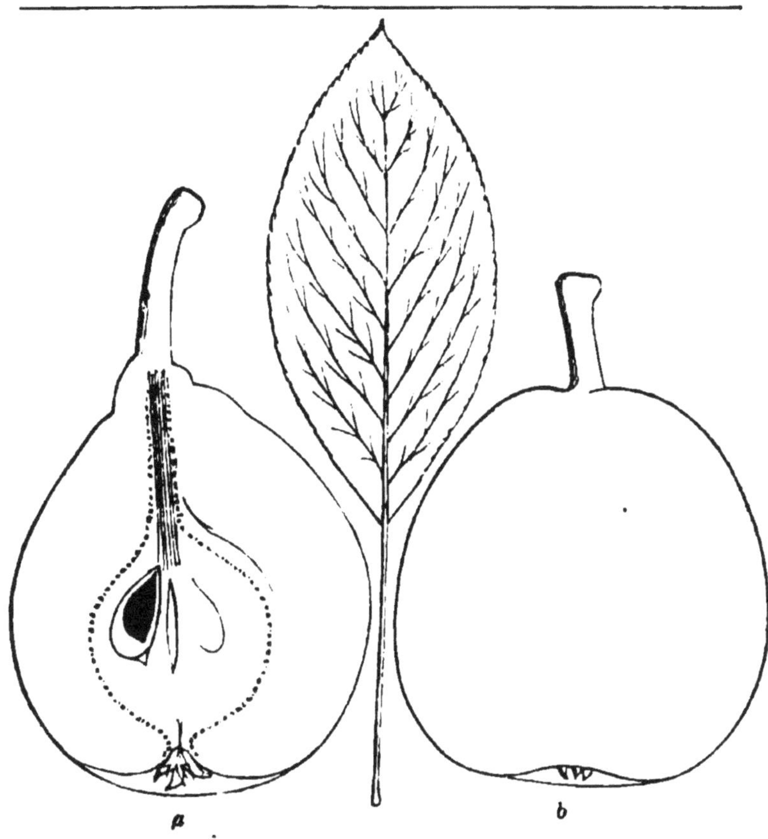

Zephirin Gregoire. Dochnahl (Bivort) **! † W.

Heimath und Vorkommen: sie wurde von Herrn Gregoire, Rothgerber in Jodoigne aus Samen erzogen, und brachte 1843 die ersten Früchte. Ist als eine der besten mir in neuerer Zeit bekannt gewordenen Birnen zur Anpflanzung zu empfehlen.

Literatur und Synonyme: Bivort I, Taf. 43: Zephirin Gregoire. — Dochnahl hat sie S. 117 Zephirins Butterbirne genannt. — Sie ist im Album wie oben sub a mit einer nach dem Stiele zu verlängerten Spitze abgebildet. Durch den Umstand, daß ich die Frucht so, aber auch in bergamottförmiger Gestalt erzog, daß ferner im Album die Blätter als eiförmig zugespitzt beschrieben und nichts davon gesagt ist, daß der Baum ein auffälliges wildes Gewächs macht, glaubte ich von Papeleu nicht die richtige Sorte, sondern die Zephirin Louis (im III. Bande des

Album), von demselben Erzieher abstammend, von Dochnahl Zephirins Bergamotte genannt, erhalten zu haben, deren Baum gerade dieses wenig versprechende wilde dornige, Aeußere und lanzettförmige Blätter haben soll; denn die starke Röthe, welche Zephirin Louis nach ihrer Abbildung in den Ann. de Pom. IV, S. 95 auf der Sonnenseite zeigt, soll die andere, wie Bivort im Album bemerkt, am Spaliere ebenfalls annehmen. In den Ann. III, S. 79 ist nun aber die Zephirin Gregoire in ihrer bergamottförmigen Gestalt, wie sie oben unter b gezeichnet ist, beschrieben und die Blätter werden als eiförmig und lanzett-eiförmig geschildert; sie sind aber an dem mit abgebildeten Fruchtzweige sämmtlich breiter oder schmäler lanzettförmig. Von den dornigen Zweigen ist weder bei ihr noch bei Zephirin Louis in den Annal. die Rede und so zweifle ich nicht mehr an der Richtigkeit der Sorte, die auch sonst mit der Beschreibung trifft.

Gestalt: rundlich und beulig, bisweilen aber auch kreiselförmig, klein oder mittelgroß, nach Bivort's Zeichnung 2 1/2" breit, 3 1/4" hoch — in Meiningen kleiner. (Meine Frucht ist an freistehender unbeschnittener Pyramide erzogen. Doch nach den Berliner Verhandlungen bleibt sie auch oft selbst am Spaliere klein.)

Kelch: klein, halboffen, aufrecht, oft unregelmäßig, auch ganz blattlos, in kleiner bisweilen etwas beuliger Einsenkung.

Stiel: meist sehr stark, oft fleischig, obenauf oder schief, verliert sich auch sehr oft ohne Absatz in die Frucht.

Schale: dünn, grün, später mehr gelblich, mit vielen bräunlichen Punkten, hie und da mit etwas schwärzlichen Flecken und mit mehr oder weniger zimmtfarbigem Rost. Am freistehenden Baume ist die Frucht ohne Röthe, höchstens etwas erdartig an der Sonnenseite geröthet.

Fleisch: gelblich weiß, etwas körnigt, doch saftreich, schmelzend, süß und stark gewürzt, nach Bivort im Geschmack dem der Regentin ähnlich, auch riecht das Fleisch nach den Berliner Verhandlungen angenehm.

Kernhaus: mit nur feinen Körnchen umgeben, etwas hohlachsig, Kammern muschelförmig, Kerne dunkelbraun, meist vollkommen, mittelgroß, mit einem kleinen Höcker.

Reife und Nutzung: die Frucht reift im November, oft auch im December und Januar, wurde auch in Meiningen schön und schmelzend, nur in kühleren Sommern bleibt sie halbschmelzend oder rauschend. Sie verdient das Lob, was ihr in allen Verzeichnissen beigelegt wird.

Eigenschaften des Baums: derselbe wächst lebhaft, sieht in der Jugend fast einem wilden Birnbaume ähnlich und man hat Noth, dem Baume eine gehörige Form zu geben, die sich am besten ausbildet, wenn er möglichst unbeschnitten bleibt. Das Wilde verliert sich mit dem bald folgenden Fruchtansatze, überhaupt ist die Tragbarkeit gut. — Die Blätter sind lanzettförmig, oft nach dem Stiele zu spitziger als nach vorne, 1—1 1/4" breit, 2 1/2" lang, glatt, regelmäßig, besonders gegen die Spitze hin feingesägt, im Ganzen klein, flach. Stiel 1 1/2—2" lang. — Blüthenknospen kegelförmig, sehr langgespitzt, kastanienbraun. — Sommerzweige gelbgrün, an der Sonnenseite oft stark geröthet, mit ziemlich großen, gelblichen Punkten.

J.

No. 161. Hochheimer Butterbirne. I, 2. 3. Diel; VI, 1 a. Luc.; III, 3. Jahn.

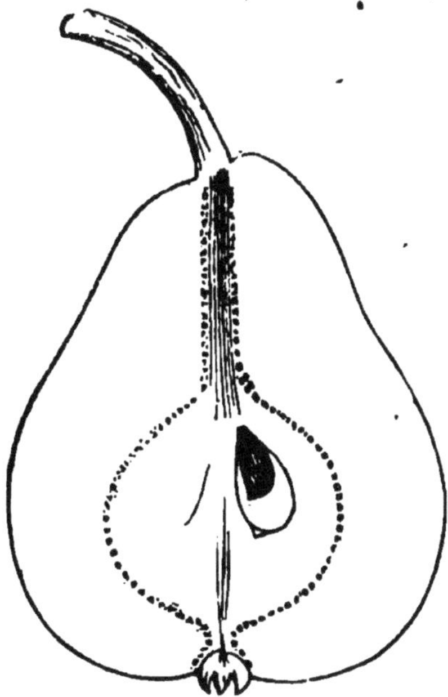

Hochheimer Butterbirne. Liegel. ** W.

Heimath und Vorkommen: Liegel erhielt die Pfropfreiser 1823 von Diel, doch hat Letzterer die Frucht nicht in seinen Werken beschrieben. — Ich besitze die Sorte von Herrn Dr. Liegel und erzog die Frucht am Hochstamm.

Literatur und Synonyme: Liegel beschrieb die Birne in seinen Neuen Obstsorten II, S. 66. — Synon. sind nicht bekannt. — Nach Herrn Professor Lange in Altenburg in Monatsschr. V, S. 13 würde sie identisch sein mit Enghien, was ich nicht bestätigen kann, denn meine Enghien ist anders, ist eine Sommerfrucht, die in Lieferung I unter Nr. 15 bereits beschrieben wurde.

Gestalt: nach Liegel dickbauchig kegelförmig, bisweilen selbst kreiselförmig, nach oben oft ungleich abgerundet, so daß die Frucht nicht immer gut aufsteht; nach dem Stiele zu macht sie eine starke Einbiegung und endet stumpfspitz; sie ist 2¼" breit und 2½" hoch. — Nach unserer Formentafel werden wir die Gestalt birnförmig oder kreiselförmig-birnförmig nennen müssen.

Kelch: kurzblättrig, offen oder halboffen mit zusammengeneigten Blättern, seicht- oder flachstehend, mit Beulchen umgeben.

Stiel: ziemlich stark, bis 2" lang, nach der Birne zu fleischig, später runzelig, braun, neben einem Höcker meist schiefstehend.

Schale: dünn, dunkelgrün, später und zwar selbst reif nur hellergrün, selten etwas gelblich, mit Rostflecken und Punkten, sonnenwärts bisweilen mit etwas schwacher bräunlicher Röthe und mit zusammenhängendem Rost um Stiel- und Kelchwölbung, besonders um letztere.

Fleisch: gelblich weiß, in Meiningen grünlich weiß, fein, saftig, wahrhaft butterhaft, von süßem gewürzten recht angenehmen Geschmack, oder wie ich ihn notirt habe, von vortrefflichem weinigtsüßen, dem der Beurré gris ähnlichen Geschmack.

Kernhaus: groß, mit hohler oder auch wie hier vorliegend, mit voller Achse. Die Kammern sind geräumig und enthalten vollkommene dunkelbraune, ziemlich große spitze, oben mit einem kleinen Höcker versehene Kerne.

Reife und Nutzung: die Frucht zeitigt im November und December. — Ist eine schon große, ausgezeichnet gute Tafelbirne, die alle Empfehlung, auch nach meinen Erfahrungen, verdient.

Eigenschaften des Baumes: derselbe hat nach Liegel einen gemäßigten Trieb und ist sehr fruchtbar, gedeiht auch auf Quitte. Auch in Meiningen zeigt er nur ein schwaches Wachsthum. — Die Blätter sind stark länglich eiförmig, mit schön auslaufender Spitze, 1½" breit, oft 3¼" lang, bisweilen lanzettförmig, glatt, ziemlich regelmäßig feiner oder stärker gesägt. Die Blattstiele sind oft 2" lang, sehr dünn, grünlich-weiß. — Blüthenknospen zu Zeiten kurzkegelförmig, fast halbrundlich, klein, dunkelbraun. — Sommerzweige bräunlich gelb wie lederfarben, gegenüber mehr grünlichbraun, fein ockergelb punktirt, oft etwas silberhäutig.

Die Hochheimer Butterbirne ist, wie Liegel nachträglich bemerkt, kenntlich durch ihre schon ziemliche Größe, Kegelform, durch ihre starke Einbiegung gegen den Stiel und ihre grüne Farbe. In Farbe und Größe ist sie ähnlich der Langen grünen Herbstbirne, doch fehlt dieser die Einbiegung gegen den Stiel und sie ist weniger dickbauchig.

J.

No. 162. Triumph von Jodoigne. I, 3. 3. Diel; V, 1 b. Luc.; IV, 3. Jahn.

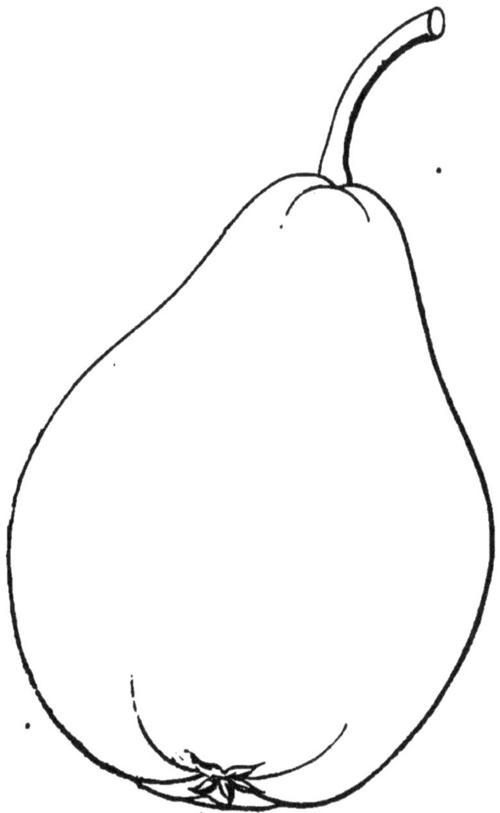

Triumph von Jodoigne. Bivort (Bouvier) ** W.

Heimath und Vorkommen: wurde vom Bürgermeister Bouvier zu Jodoigne 1830 aus Samen erzogen; der junge Baum trug zum erstenmale 1843. Sie wird bereits in den belgischen Obstverzeichnissen sehr empfohlen, auch in den dortigen Baumschulen in Menge erzogen. So hatte z. B. Bivort in seiner Baumschule bis zum Jahre 1847 allein mit dieser Sorte 2000 Stämme veredelt. Uebrigens ist sie auch schon in deutschen Gärten zu finden. Bei der Versammlung in Gotha hatte ein Herr Dr. Laurentius in Leipzig sehr große und schöne Früchte davon ausgestellt; auch Herr Behrens in Travemünde schrieb mir, daß sie sich 1857 vorzüglich bewährt habe und für Pyramide und Spaliere sehr zu empfehlen sei, wenn er auch glaube, daß sie nicht für Hochstamm passe.

Literatur und Synonyme: Bivort beschrieb sie im Album de Pom. I neben Taf. 15 als Triomphe de Jodoigne.* — Synonyme sind unbekannt.

Gestalt: nach der vorliegenden Zeichnung, die mir Lucas gab, ist die Form ziemlich bauchig birnförmig. Im Album ist die Frucht jedoch viel größer und zwar kreiselförmig, nach dem Stiele zu kegelförmig abgebildet, 4½" hoch und fast 4" breit, und das Gewicht wird auf 315 Grammen, also über 22 Loth angegeben. Dieselbe wird aber unter Umständen in Deutschland ebenso groß und größer, denn von den Früchten des Herrn Laurentius wog eine sogar 1 Pfund und 9½ Loth.

Schale: glatt, hellgrün, später citronengelb mit Grün, röthlichbraun und gelbbraun gesprenkelt und gefleckt, besonders um Kelch und Stiel.

Kelch: groß, braungelb, ein wenig eingesenkt, mit Erhabenheiten umgeben.

Stiel: ziemlich dick, holzig, ½" lang, etwas vertieft neben Beulen.

Fleisch: weiß, butterhaft, gezuckert, sehr gut, im Geschmack ähnlich der Beurré Rance (Hardenponts späten Winterbutterbirne).

Kernhaus: die Kerne sind schwarz, dick, länglich.

Reife und Nutzung: die Frucht zeitigt gegen Ende des November und hält sich bis in den December. — Ist auch nach Lucas eine vortreffliche Frucht.

Eigenschaften des Baumes: derselbe zeigt gemäßigten Wuchs, macht aber anfangs gekrümmte Schosse und bedarf des Pfahls, um ihn aufrecht zu erziehen. Der Mutterbaum hat auch Dornen, die aber an den daraus erzogenen jungen Stämmen nicht mehr zu bemerken sind. Gedeiht eben so gut auf Quitte. Bringt sehr große weiße Blüthen. Ueber die Tragbarkeit konnte Bivort durch Zufall kein bestimmtes Urtheil bis damals abgeben. — Nach den Probezweigen (aus Pfropfreisern, wie ich sie aus Wetteren und von Oberdieck, der die Sorte von Bivort selbst bekam, übereinstimmend in der Vegetation erhielt) sind die Blätter elliptisch oder eiförmig, der Mehrzahl nach aber doch fast sämmtlich nach dem Stiele zu, wenn auch nur schwach keilförmig, groß und breit (also fast breitelliptisch) mit der etwas vortretenden Spitze über 3½" lang und oft 2¼" breit, glatt, doch am Rande meist etwas feinwollig, verloren und nur nach vorne deutlich gesägt, flach, dunkelgrün und glänzend. (Nach Bivort sind die Blätter eiförmig, lanzettförmig, nach vorne spitz, ganzrandig beschrieben, neben der Birne ist aber am Tragholze ein eiförmiges scharfgesägtes Blatt mit langer Spitze abgebildet; unterhalb seien die Blätter wegen ihres Glanzes denen des Kirschlorbeers gleich.) — Blüthenknospen nach Bivort rund, schuppig, braun. — Sommerzweige grünlich, oberhalb rothbraun.

J.

* Diese Beschreibung rührt meist vom Bruder des Erziehers Simon Bouvier her.

No. 163. Die Alexander Lambré. I, 1 (2). 3. Diel; VI, 1 b. Luc.; VI (IV), 3. 3.

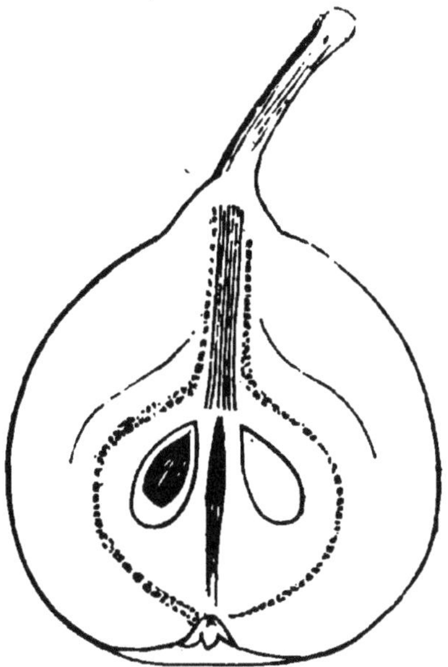

Die Alexander Lambré. Bivort. ** † W.

Heimath und Vorkommen: ein van Mons'scher Sämling, von Bivort nach seinem Großvater, einem eifrigen Liebhaber der Baumzucht, benannt. Der Baum trug zuerst 1844.

Literatur und Synonyme: Bivort beschrieb sie im Album de Pom. I. neben Taf. 31 und bildete sie hier rundlich oder bergamottförmig ab; im II. Bande der Annales de Pom. neben S. 91 ist sie aber von ihm nochmals beschrieben, und er hat sie hier ganz anders geformt, kurzkegelförmig oder kreiselförmig, der Winter-Nelis sehr ähnlich, abbilden lassen. Schon im Album macht er bemerklich, daß die Frucht in der Reifzeit noch sehr unbeständig sei und eben so scheint es sich nach dem Gegebenen mit der Form zu verhalten. In den Annalen wird übrigens die Sorte zu vermehrter Anpflanzung auch in die Baumgärten empfohlen.

Gestalt: rundlich oder bergamottförmig, doch noch öfters kreiselförmig, klein oder mittelgroß, wie vorliegend, $2^{1}/_{4}$" breit und ebenso hoch, oder wie sie in den Annalen abgebildet ist $2^{3}/_{4}$" breit und fast 3" hoch.

Kelch: klein, offen, oft blattlos, in einer kleinen schüsselförmigen Einsenkung.

Stiel: stark und fleischig, wenigstens der Theil nach der Birne zu, meist schief, neben einem Höcker, wie eingedrückt, oder auch wie die Abbildung zeigt, obenauf und sich ohne Absatz in die Frucht verlierend.

Schale: glatt, gelbgrün oder grünlich gelb mit feinen bräunlichen oder grünlichen Punkten und mehr oder weniger Rost, besonders um den Kelch.

Fleisch: grünlich weiß, saftreich, schmelzend oder butterhaft, von weinigt gezuckertem und angenehm gewürzten Geschmack.

Kernhaus: etwas hohlachsig, mit feinen Körnchen umgeben, Kammern eirund, meist mehr gerundet nach der Achse zu, als nach Außen, mit meist vollkommenen, nicht großen schwarzbraunen, mit einem kleinen Höcker versehenen Kernen.

Reife und Nutzung: die Frucht reifte bei Bivort meist im Februar und März, bisweilen aber auch schon im November und die später zeitigenden Früchte sind nach ihm im Geschmack die besten. — Hier zeitigte sie Ende November oder im Anfang des December, doch ließen sich die Früchte auch bis Ende December erhalten. Es ist eine recht gute Tafel- und Haushaltungsfrucht, die schon wegen ihrer späteren Reife weitere Verbreitung verdient. Die Birne sieht der Zephirin Gregoire, die ich ebenfalls von Papeleu habe, ziemlich ähnlich, wird aber später reif.

Eigenschaften des Baumes: derselbe wächst der Beschreibung nach, wie auch die davon gefertigten Probezweige zeigen, kräftig und beweist sich auch hier, was Bivort von ihm rühmt, recht fruchtbar. Die langen und scharfen Dornen, die der Mutterbaum hat, finden sich nicht mehr an den jungen davon gepfropften Bäumen. — Die Blätter sind breit etwas lanzettförmig, oft auch elliptisch (vielleicht deßhalb die Sorte in Cl. IV gehörig), 1½" breit, 2½" lang, glatt, regelmäßig feingesägt, einzeln auch ganzrandig, meist flach, langgestielt (Stiel bis 2¼" lang) im Ganzen etwas klein. — Blüthenknospen nach Bivort klein, rundoval, zugespitzt, aschgraubraun; ich hatte sie kegelförmig sanftgespitzt, lichtbraun notirt. — Sommerzweige lang, mittelstark, gebogen, braungrau, gegenüber haselnußbraun mit warzenförmigen ovalen röthlichen Punkten.

J.

No. 164. **Jaminette.** I, 2. 3. Diel; VI, 2 a. Lucas; II, 3. Jahn.

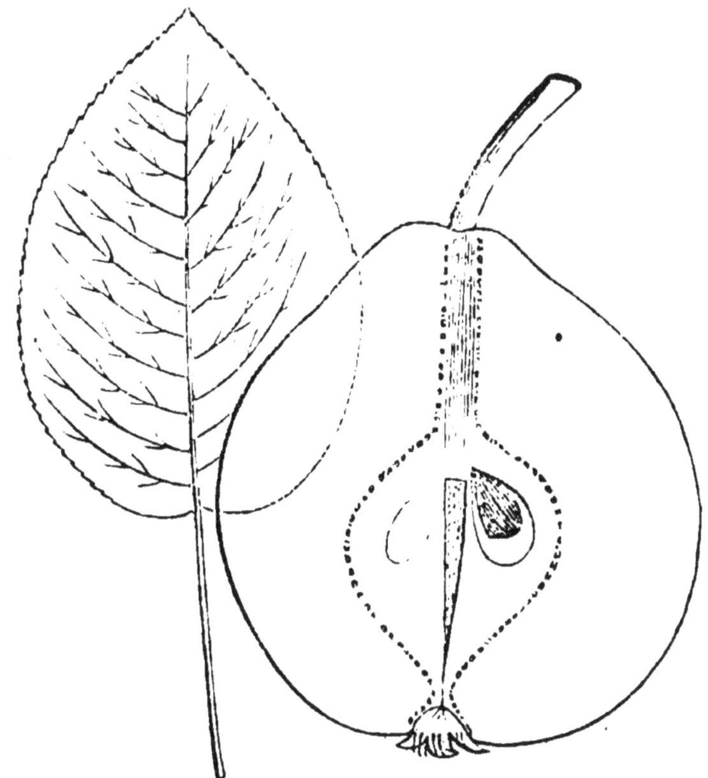

Jaminette. Diel * † W.

Heimath und Vorkommen: Diel erhielt sie, unrichtig benannt, als Jamisötte aus Metz, woselbst sie nach Bivort ein gewisser Jaminet aufgefunden zu haben scheine. ?

Literatur und Synonyme: Diel VIII. S. 33. Jaminette, La Jaminette. — Dittr. I. S. 723. — Oberd. S. 357. — Biv. I. Taf. 38: Belle d'Austrasie, Crasanne d'Austras., Bergam. oder Doyenné d'A., Berg. d'hiver, Maroit, Pyrole, Sabine. Der Bilvord. Catal. hat ferner noch: Banneux und Josephine. — Liegel beschrieb sie in s. N. O. II. S. 72 als Josephine de France. Die hieher gesandte Frucht zeigte sich von Jaminette nicht verschieden; wie auch eine von anderer Seite an von Flotow gelangte Sorte d. N. (Monatsschr. IV. S. 140). — Nach Downing geht sie mitunter auch als Hardenpont du Printemps und ich selbst habe bereits umgekehrt als Josephine Imperatrice die Späte Hardenpont erhalten. — Nach Herrn Professor Lange in Altenburg ist ferner Du Boisson von Gebr. Baumann in Bollweiler mit Jaminette identisch (Monatsschr. V. S. 13). — Cheminette ist aber nach von Flotow eine andere Frucht (Ibid II. S. 245).

Gestalt: kreiselförmig, nach dem Stiele zu stumpfkegelförmig, 2³/₄" breit, 3" hoch, doch oft ebenso breit wie hoch (hier oft auch fast plattrund, sehr stumpfspitz, 2³/₄" breit und kaum mehr als 2¹/₂" hoch), oft durch Erhabenheiten ungleich.

Kelch: lang- aber schmalblättrig, etwas wollig, offen, in weiter oder enger, seichter oder auch tiefer Einsenkung neben etwas Beulen.

Stiel: stark, holzig, selten bis 1" lang, obenauf, wie eingesteckt, meist neben einem Fleischwulst.

Schale: stark, fein rauh, mattgrün, später gelblich, selten etwas geröthet, doch mehr oder weniger zimmtfarbig berostet, am meisten um den Kelch, vielfach auch stark braunrostig punktirt.

Fleisch: gelblichweiß (von Diel bez. als butterhaft, von erhabenem gewürzhaften Zuckergeschmack), ist meist nur halbschmelzend, doch von gutem, süßweinigten, in schlechten Sommern aber öfters etwas herben oder faden Geschmack.

Kernhaus: geschlossen, klein, von nicht zu vielen Körnchen umgeben, hohlachsig, die Höhle wie mit Mehl bestreut, mit ziemlich großen, mit einem kleinen Höcker versehenen, platten, gelbbraunen Kernen.

Reife und Nutzung: Ende November, 3 Wochen, oft länger und deshalb Winterbirne. Darf erst spät gepflückt werden, sonst welkt sie. — Hat als ziemlich große späte Frucht immer noch Werth, wenn sie bisweilen, wie Donauer Monatsschr. II. S. 44 angibt, auch nur als Kochbirne noch zu brauchen ist. Auch nach Bivort verdient dieselbe wegen der Wüchsigkeit des Baumes und der Güte und späten Reife der Frucht in größerem Maßstabe in geschützten Gärten mit trockenem warmen Boden gepflanzt zu werden. — Baum wächst sehr stark, wird groß und ist gesund, läßt etwas lange in der Tragbarkeit auf sich warten. Scheint aber gegen Kälte empfindlich; ein großer schöner Hochstamm starb nach einem unserer kalten Winter plötzlich ab. — Möchte, weil er auf Wildling zu stark wächst, als Zwerg auf Quitte erzogen sich am besten machen. — Blätter eirund mit auslaufender Spitze, meist 1¹/₂—1³/₄" breit und 2¹/₂" lang, bisweilen etwas herzförmig, auch öfters eiförmig und rundlich, glatt, fein- etwas seichtgesägt, am Rande oft nach unten umgeschlagen, die Spitze ist oft lang und seitwärts gebogen, sehr dunkelgrün und glänzend, an jugendlichen Bäumen oft sehr groß. — Blüthenknospen groß, dick, kurzkegelförmig, stumpfspitz, oft fast rundlich. — Sommerzweige olivengrün, an der Sonnenseite röthlichbraun, fein weißgrau punktirt.

J.

No. 165. Die Virgouleuse. I, 3. 3. Diel; V, 1 a. Lucas; I, 3. Jahn.

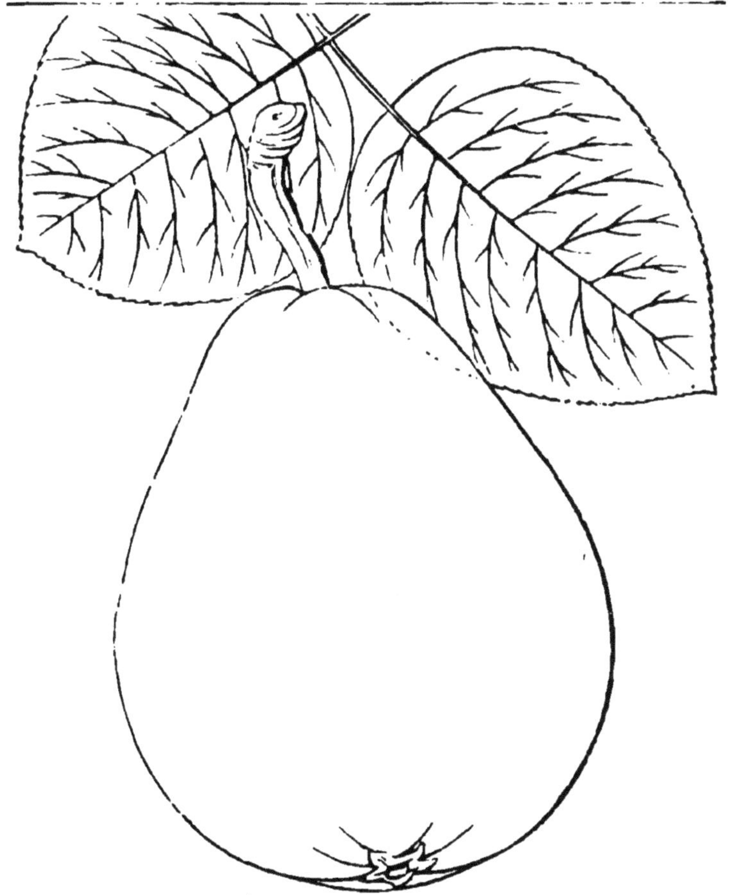

Die Virgouleuse. Diel (Merlet) ** oder * † W.

Heimath und Vorkommen: alte französische, schon Merlet bekannte, früher auch in Deutschland mehr gepflanzte Birne, die aus dem Dorfe Virgoule abstammt (woher ihr französischer Namen La Virgouleuse). Nach Lucas wird sie in der Gegend von Bozen jetzt noch häufig gebaut. Monatsschr. III. S. 233.

Literatur und Synonyme: Diel II. S. 71; Dittr. I. S. 726; T.O.G. IX. S. 271, Taf. 12; Christ, Hdwb. S. 217; Oberd. S. 422; Luc. S. 201. — Vergl.

ferner Duham. III. S. 79, tab. LI. und Pom. franc. S. 226, tab. XLIII; Ann. de Pom. IV. S. 17, auch Biv. IV. S. 19. — Heißt auch Virgoulée, Chambrette, Bujaleuf, Poire de Glace, St. Leonard, Besi de Virgoulée, La Borie. In Süddeutschland kommt sie vor als Paradiesbirne, Kalmes-, Glanz- und Franzosenbirne, Grüne Winterbergamotte, Lange grüne und Kurzstielige Bergamotte. In Tyrol (Bozen) wird sie Wintercitroni genannt.

Gestalt: langkegelförmig, besonders am Spalier der St. Germain ähnlich, aber auch bauchig und eirund, nach oben sanft abnehmend zugerundet, nach dem Stiele zu kaum merklich eingebogen und stark abgestumpft spitz, meist groß, 2½" breit und 3½" hoch, am Spaliere oft 2¾" breit und 4" lang.

Kelch: häufig blattlos, lederartig, offen, seicht eingesenkt, oft mit etwas flachen Beulchen, wovon als Fortsetzung flache Unebenheiten auf der Frucht noch bemerklich sind.

Stiel: 1—1¼" lang, am Ansatz meist etwas fleischig, schief, obenauf, meist in etwas Fleischfalten.

Schale: glatt, hellgrün, später grünlich citronengelb, bisweilen bräunlich geröthet, fein grau punktirt und um den Kelch etwas zimmtfarbig berostet, oft auch mit schwarzbraunen Rostflecken.

Fleisch: weiß oder gelblichweiß, überfließend, butterhaft schmelzend, von sehr erhabenem, mit feinster Muskatellersäure gemischten Geschmack (Diel).

Kernhaus: geschlossen, Kammern geräumig, halbherzförmig, mit vielen langen, sehr spitzen, schwarzbraunen Kernen.

Reife und Nutzung: November, December und Januar. Muß lange hängen, sonst welkt sie. Nach Diel eine der allerersten oder vielmehr die erste köstliche Winterbirne (NB. zu damaliger Zeit). Doch können Andere, auch Oberdieck, das gerühmte Erhabene im Geschmack nicht recht finden, weil das Gewürz sich wahrscheinlich nur im wärmeren Clima ausbildet.

Eigenschaften des Baumes: derselbe wächst in richtigem Boden, wie alle früheren Pomologen von ihm rühmen, schön und stark pyramidal und auf Quitte fast ebenso groß wie auf Wildling, belaubt sich prachtvoll und dicht und gedeiht nach Diel in jeder Lage und in jedem Erdreich; im syst. Verz. bezeichnet er aber die Frucht als eigensinnig, am Spaliere mit viel Sonne aufspringend, am besten an freistehenden Zwergbäumen, wenn nicht hochstämmig gedeihend. Nach Bivort macht sie sich an aufrechten Spalieren am besten und verlangt warmen leichten, sehr nahrhaften Boden; auch er gibt an, daß sie an liegenden Spalieren und an solchen an der Mittagsseite dem Rissigwerden unterworfen sei. — Die Annalen sagen ungefähr dasselbe und weisen darauf hin, daß Quintinye die von ihm in den ersten Rang gestellte und hochgeschätzte Sorte noch an freistehenden Buschbäumen, die bei ihm die Stelle der Pyramide vertraten, gezogen habe, dieses reiche aber jetzt nicht mehr aus, wenn die Frucht gut werden solle, und es sei dieser Umstand geeignet, die von van Mons u. A. verfochtene Ansicht von der Ausartung der Sorten zu unterstützen. — Nach ihrem Verhalten in hiesigen Gärten ist die Virguleuse überhaupt eine sehr wenig fruchtbare, deßhalb nur für den Sortenliebhaber geeignete Birne, die wohl am besten noch auf Quitte veredelt trägt, auf welche Unterlage sie auch in Bozen allgemein veredelt wird, wie Lucas mittheilt, der die Bäume dort sogar hochstämmig sehr vollhängend traf. — Die Blätter des Baumes sind rundlich, mit halbaufgesetzter Spitze, an einem freistehenden, unbeschnittenen Pyramidbaume 1" 11''' breit und bis 2" lang, oft etwas herzförmig, auch öfters, besonders bei stärkerem Triebe, eirund und eiförmig, glatt, fein- und seichtgesägt, etwas schifförmig, die Spitze zurückgekrümmt. Diel beschreibt das Blatt als rund und herzförmig, ansehnlich groß, nach vorne mit einer schönen Spitze, ungemein schön glänzend und grün und regelmäßig gezahnt. Fast ebenso beschrieb sie Duhamel und bildete die Blätter zum Theil ebenfalls eirund und rundlich ab. — Blüthenknospen z. B. klein, länglich kegelförmig, stechend spitz. — Sommerzweige trüb-olivengrün, zuweilen etwas geröthet, weißgrau punktirt. Die Schale des Stamms und der dickeren Zweige ist schön glatt, nach Henne „wie mit Speck geschmiert."

J.

No. 166. Die St. Germain. I, 3. 3. Diel; V, 1 b. Lucas; III, 3. Jahn.

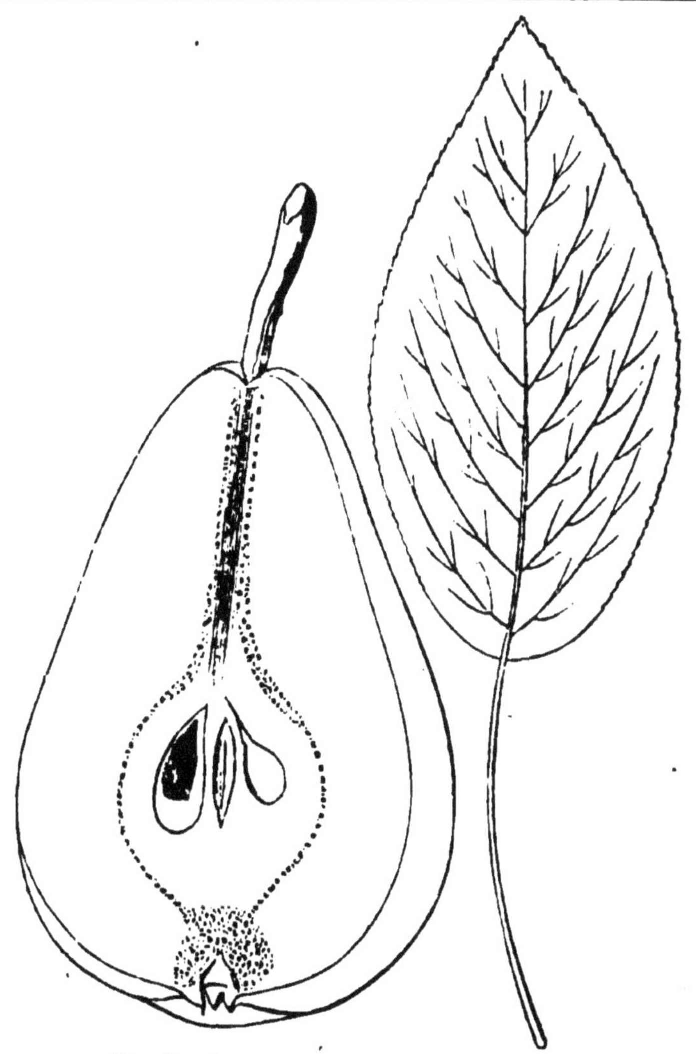

Die St. Germain. Diel (Quintinye) ** ! † W.

Heimath und Vorkommen: auch sie ist schon eine alte Frucht und war wenigstens schon Quintinye bekannt. Obgleich sie nicht mehr so häufig als früher gepflanzt wird, so ist sie doch immer noch beliebt und geschätzt. Sie stammt aus der Abtei St. Germain bei Paris und wurde am Ufer des Flüßchens Lafare daselbst als Wildling aufgefunden — weßhalb ihr im Deutschen der Name Hermannsbirne, wie sie auch Diel nennt, nicht zukommt.

Literatur und Synonyme: Diel I. S. 160; Duhamel III. S. 80, tab. 52; Dittr. I. S. 732; Christs Hdwb. S. 177; T.O.G. III. S. 275. T. 15. Im Jen. Obstcab. von 1855 ist sie ziemlich gut, nur etwas klein abgebildet. — Im Lyon. Ver. wird sie aufgezählt als St. Germain d'hiver, St. G. vert, Inconnue Lafare und heißt sonst noch St. G. doré, gros, gris et jaune, Poire de Arteloire, Unknown of the Fare. — Sie führt in Süddeutschland nach Lucas S. 207 die Beinamen Grüne Winterbergamotte, Winterbergamotte, und hat nach Metzger S. 257 noch viele andere Provincialnamen, doch kommen mehrere davon gleichzeitig anderen Birnen zu, und sie dürften überhaupt hier zu umgehen sein.

Gestalt: lang- und flachbauchig kegelförmig, oder auch breitbauchig, nach dem Kelche zu merklich abnehmend, nach unten mehr oder weniger abgestumpft, oft unegal, fast eckig, $2\frac{1}{2}$—$2\frac{3}{4}$" breit und $3\frac{1}{2}$—$3\frac{3}{4}$" lang, am Spaliere bisweilen 3" breit und fast 5" lang.

Kelch: oft klein, offen, seicht, zwischen kleinen Erhabenheiten.

Stiel: stark, bis 1" lang, obenauf, doch meist schief, zwischen Beulen, oder neben einem Höcker.

Schale: feinrauh oder uneben, schön grasgrün, später blaß- oder grünlichgelb, mit feinen und starken Punkten und etwas bräunlichem Rost, besonders um den Kelch.

Fleisch: mattweiß, etwas grobkörnig und steinigt, doch saftvoll, butterhaft, von erquickendem, sehr angenehmen, durch feine Säure erhabenen Geschmack.

Kernhaus: hohlachsig, Kammern lang und geräumig, mit ziemlich vielen, langen, spitzen, braunen Kernen.

Reife und Nutzung: November und December, oft bis Februar, bis wohin sie aber doch meist welkt. — Wird von Vielen immer noch für die beste von allen Birnen gehalten.

Eigenschaften des Baumes: dieser wächst sehr lebhaft, pyramidal, wird aber nur mittelstark. Er ist nicht zu zärtlich, auch fruchtbar, verlangt aber etwas feuchten, dabei fruchtbaren, leichten, warmen Boden. In ungeeignetem Boden springen die Früchte auf und verkrüppeln, so daß die Sorte doch nicht für Jedermann geeignet ist. In Lyon verlangte man für sie das Spalier (an einer Wand). Gedeiht auch gut auf Quitte, doch erfordert diese dann besonders einen etwas feuchten Stand. — Blätter länglich-eiförmig, mit oft langgezogener auslaufender Spitze, $1\frac{3}{4}$" breit, $3\frac{1}{4}$" lang, oft schmäler, oft breiter, zum Theil elliptisch und verkehrt eirund, glatt, fein- und stumpfgesägt, wellenförmig, meist stark schiff- und sichelförmig, Spitze etwas seitwärts gebogen. — Blattstiele oft bis $2\frac{3}{4}$" lang. — Blüthenknospen kurzkegelförmig, oft rundlich, stumpfgespitzt. — Sommerzweige oft gekrümmt und stufig, grünlich gelbbraun oder graugelb, wenig geröthet, fein ockergelb punktirt.

Anm. Von dieser Birne gibt es eine Abart mit meist etwas kleinerer panaschirter Frucht, die etwas weniger gut und zärtlicher als die gewöhnliche ist, auch selten ihre richtige Ausbildung erlangen soll. — Eine andere Spielart ist die Merlets frühe St. Germain, Dittr. I. S. 626, nach Diel von seiner früheren Guten Luise wohl nicht verschieden, wie er Heft V. S. 131 bei der noch aufgefundenen Wahren guten Luise des Duhamel erklärt, die übrigens nach dem Cat. Lond. auch St. Germain blanc heißt. — Noch eine andere Spielart ist die St. Germain, Prince, nach dem Lond. Cat. mit den Beinamen: New St. Germain, New Sweet St. Germain, doch zeigte sie sich bei von Flotow der andern St. Germain keineswegs ähnlich und auch sonst befriedigte sie z. Z. nicht (Monatsschr. II. S. 249).

J.

No. 167. Die Arenberg. I, 2 (3). 3 (2). Diel; V (III), 1 b. Luc.; III, 3 (2). Jahn.

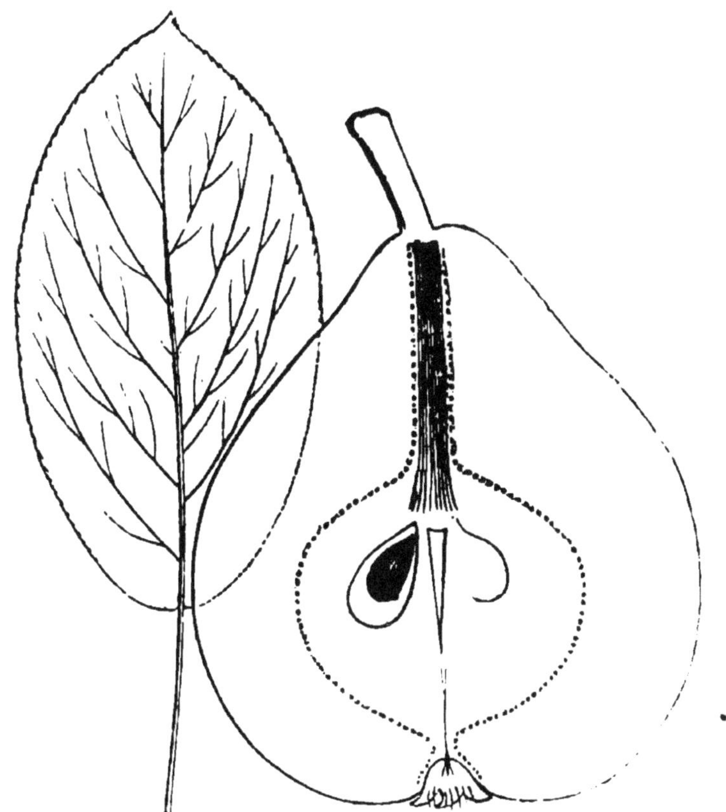

Die Arenberg. Diel (Bivort, Deschamps) ** ! † W.

Heimath und Vorkommen: die ersten Pfropfreiser erhielt Diel von Trier 1818, später, 1820, bekam er dieselbe Sorte auch von van Mons, der sie zugleich Colmar Deschamps nannte, weil sie der Abbé Deschamps im Waisenhausgarten zu Enghienen erzogen hat. — Verdient in deutschen Gärten größere Verbreitung, als sie zeither gefunden hat.

Literatur und Synonyme: Diel beschrieb sie als Aremberg, Beurré d'Aremberg im V. Bändchen S. 159 f. N.K.O., gab auch dem betr. Bande eine kenntliche Abbildung als Titelkupfer hinzu. Vgl. auch Dittr. I. S. 642 und Oberd. S. 267. — Ihre Beinamen sind nach Bivort, der sie unter der Ueberschrift Orpheline d'Enghien in den Annal. de Pom. III S. 35 abgehandelt hat, Colmar Deschamps, Delices des Orphelins, Beurré d'Arenberg, d'Arenberg parfait, Beurré des Orphelins. Um sie von der Colmar d'Arenberg zu unterscheiden, haben die Herausgeber den jetzt am meisten gangbaren Namen Orpheline d'Enghien gewählt. — Cat. Lond. gibt als Synon. noch Duc d'Aremberg Deschamps und Orpoline, und sie wird auch hie und da Aremberger Butterbirne genannt. — Diel gab übrigens an Oberd. nicht dieselbe hier vorliegende Arenberg, wie ich sie von Papeleu habe. Die an Oberd. gelangte, mir von diesem wieder mitgetheilte, zeigte auch in Meiningen den wenig kräftigen, von Oberd. mir brieflich geschilderten Wuchs, auch hatte der wieder eingegangene Baum mehr rundlich-eiförmige Blätter, wie ich sie in meiner Blättersammlung jetzt noch besitze; doch hat Dr. Liegel, wie es scheint, von Diel noch die hier gemeinte Sorte erhalten, denn er bezog sich bei Uebersendung einiger Früchte an mich auf Diel, und letztere stimmen ganz mit denen, die ich aus Papeleu's Reisern erzog, überein. — Außerdem kann ich hinzufügen, daß die von Liegel in s. N. O. II. S. 65 beschriebene Burchardts Butterbirne, Burchardts Arembergerin, Crasanne Steven (vom Obrist Hartwiß zu Nikita) nach Frucht und Vegetation auch diese mir von Liegel und von Papeleu zugegangene Arenberg ist.

Gestalt: kreiselförmig, nach dem Stiele zu kegelförmig, oben ziemlich abgeplattet, nach dem Stiele zu mehr oder weniger stumpfspitz, bisweilen, wie Bivort bemerkt, länglich oder pyramidal, bisweilen aber auch fast ebenso hoch wie breit, also veränderlich. In gewöhnlicher Größe 2¾" breit und 3½" lang nach Diel; bei mir an einem freistehenden, wenig beschnittenen Pyramidbaume wird sie nur etwa ¾ so groß.

Kelch: klein, schwarz, niederliegend, oft unvollkommen, in mäßig tiefer und weiter Einsenkung, die oft verschoben ist.

Stiel: kurz, bis ¾" lang, oft auffallend dick, gelbbraun, bisweilen fleischig, meist schief, in kleiner Vertiefung.

Schale: feinrauh, hellgrün, später mehr goldgelb, bräunlich berostet und ebenso punktirt, doch so, daß die Grundfarbe stellenweise noch durchblickt, selten etwas erdartig geröthet.

Fleisch: mattweiß, fein, überfließend, butterhaft, von kraftvollem, gewürzhaften, herrlichen Muskatellergeschmack, ähnlich der Butterbirne aus der Normandie (nach Diel); ich bemerkte mir ihn als sehr gut, fein weinsäuerlich gezuckert, mit angenehmem Gewürz.

Kernhaus: im Umkreis ziemlich breit, doch nur durch sehr feine Körnchen angedeutet; Achse voll oder etwas hohl, Kammern groß mit großen gelbbraunen, sämmtlich mit einem Höcker versehenen Kernen.

Reife und Nutzung: November bis Februar (Biv.); in Meiningen meist Ende November bis durch December. Nach Diel würde sie schon im October reifen und sich nicht länger als B. gris halten, was nicht richtig ist. Ist eine der delikatesten Tafelbirnen, besonders auch schätzbar wegen ihrer längeren Dauer.

Eigenschaften des Baumes: derselbe wächst nach Diel selbst auf Wildling langsam, gedeiht zwar auf Quitte, hat aber darauf keine lange Dauer, setzt jedoch bald Fruchtholz an. Wie ich die Sorte aus Belgischen Reisern erzog, sehe ich keinen Unterschied in der Kräftigkeit des Wuchses gegen viele andere Sorten, doch ist der letztere nicht gerade stark; die damit veredelten Zweige lieferten schon öfters, wie 1857 und 1858, selbst auf freiem Stande große und gute Früchte. Indessen auch Hr. Behrens in Travemünde, der die Sorte zwar ebenfalls lobt, meint, daß sie weniger noch als manche andere für das deutsche Clima passe, und es soll auch in Belgien selbst die Frucht nur am Spaliere, und zwar an einer südlichen oder östlichen Wand, gut und schön werden. — Blätter länglich eiförmig, mit bald kürzerer, bald längerer meist auslaufender Spitze, oft im vorderen Drittel am breitesten, 1½" breit, bis 3" lang, fein stumpfgesägt, oft undeutlich, oft sind auch die Blätter, wie die der Herbstcoloma, stark verschmälert. — Blüthenknospen kurzkegelförmig, sanftgespitzt, hellbraun. — Sommerzweige röthlich gelbbraun, gegenüber grünlichbraun, mit vielen schmutzigbraunen Punkten.

Anm. Die Abbildung geschah nach einer der von Liegel gesendeten, sehr schön ausgebildeten, wahrscheinlich am Spaliere erzogenen Frucht. Derselbe schrieb hinzu: „wird oft noch viel größer.“

J.

No. 168. **Die Winter-Meuris.** I, 2. 3. Diel; V, 1 a. Luc.; II, 3. Jahn.

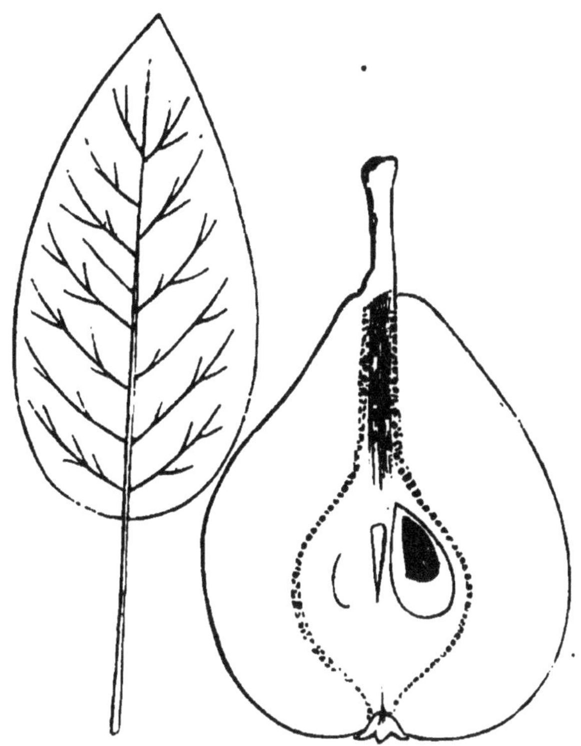

Die Winter-Meuris. (Van Mons) ** W.

Heimath und Vorkommen: diese Birne, welche ich in Pfropfreisern von Hrn. Hofrath Dr. Balling in Kissingen empfing und welche eigentlich Nec plus Meuris heißt, was ich in das Obige umgewandelt habe, ist, wie ihre Namensschwester Meuris oder Surpasse Meuris, Diel N.K.O. III. S. 109, ein Erzeugniß von van Mons. Sie findet sich in dessen Catal. descript. pag. 51 unter Nr. 2167 mit dem bekannten Zusatz „par nous," und der Namen wird so gedeutet, daß van Mons nach dem Kosten der ersten Frucht seinem Gärtner Meuris die betreffenden Worte zugerufen habe, um deren Vortrefflichkeit auszudrücken.

Literatur und Synonyme: man findet Nachricht über sie, (die bald Nec plus, bald Ne plus Meuris geschrieben wird), in Tougard's Tableau, Rouen

1852. S. 54 (nach dem Catal. raisonné von Biv.); in Liron d'Airol. Notice pom. v. 1855 S. 41; auch in Charles Baltet, les bonnes poires, Troyes 1859 S. 30. — Liron hat sie sehr länglich eirund, nach dem Stiele zu kegelförmig, und 2¹/₂" breit, 4" lang gezeichnet, wie sie wohl am Spaliere oder unter günstigeren Verhältnissen schon werden wird. Sie wird von Allen gelobt, auch im Verzeichniß von Papeleu und in dem von Vilvorde als Frucht allerersten Ranges bezeichnet und die Reife für November und December, bisweilen Januar, angegeben. — Von der im September und October reifenden Meuris, die nach Papeleu nur I. Ranges ist, ist sie verschieden. Nach dem Lyon. Ver. und bei Jamin und Durand heißt sie auch Beurré d'Anjou, worunter aber bei uns die Normänn. rothe Herbstbutterbirne verstanden wird, und bei der Ausstellung in Gotha 1857 glaube ich irgendwoher unter den Namen Ne plus Meuris die Marie Luise Duqu. gesehen zu haben, die also unter diesem Namen ebenfalls vorkömmt.

Gestalt: eirund, nach dem Stiele zu kegelförmig oder schwach birnförmig, 2" breit und 2¹/₂" lang.

Kelch: klein, kurzblättrig, offen, in schwacher schüsselförmiger Einsenkung.

Stiel: obenauf, wie eingedrückt, oft mit Fleischanhaug.

Schale: grün, später grünlichgelb, an der Sonnenseite etwas schwach geröthet, mit feinen bräunlichen, an der Sonnenseite größeren röthlichen Punkten und etwas Rost, der stellenweise zusammenhängt, besonders um Kelch und Stiel.

Fleisch: weiß, fein, saftreich, schmelzend, von gutgewürztem, doch nicht sehr süßen, sondern etwas säuerlichen, dem der Dechantsbirnen ähnlichen Geschmack.

Kernhaus: mit nicht zu vielen, auch nicht zu großen Körnchen umgeben, schwach hohlachsig, Fächer groß, mehr eirund als muschelförmig, mit länglichen, mit einem kleinen Höcker ausgestatteten braunschwarzen Kernen.

Reife und Nutzung: die Frucht reift auch in Meiningen im November und December; im Jahre 1857 waren einzelne Exemplare auch schon Ende October reif, während andere erst Ende November dahin gelangten. 1858 fing sie dagegen erst Anfangs December an zu reifen. — Ist immer eine recht gute feine Tafelfrucht, der weiteren Verbreitung werth. — Von der Meuris ist sie auch der Vegetation nach verschieden.

Eigenschaften des Baumes: da ich nur ein Paar schwache Probezweige habe, so kann ich über das Wachsthum wenig urtheilen, doch scheint die Tragbarkeit gut zu sein, was Baltet bestätigt, der ihre Anpflanzung auf Quitte, doch tiefes Pflanzen, damit das Pfropfreis Wurzeln in guter Erde schlägt, empfiehlt. — Die Blätter sind eirund, doch schmal mit langgezogener auslaufender Spitze, deshalb, wenn die Abrundung am Stiele nicht wäre, fast lanzettförmig, 1¹/₄" breit, 2¹/₂" lang, glatt, ganzrandig, oder nur an der Spitze undeutlich gezähnt, schiffförmig und stark sichelförmig gekrümmt. Blüthenknospen kurzkegelförmig, stumpfspitz, hellbraun, wie es scheint, öfters etwas gelbwollig. — Sommerzweige im Augenblick nicht zu beurtheilen, weil fehlend.

J.

No.. 169. Die Geerards Bergamotte. II, 2. 3. D.; VI, 2 b. L.; III, 3. J.

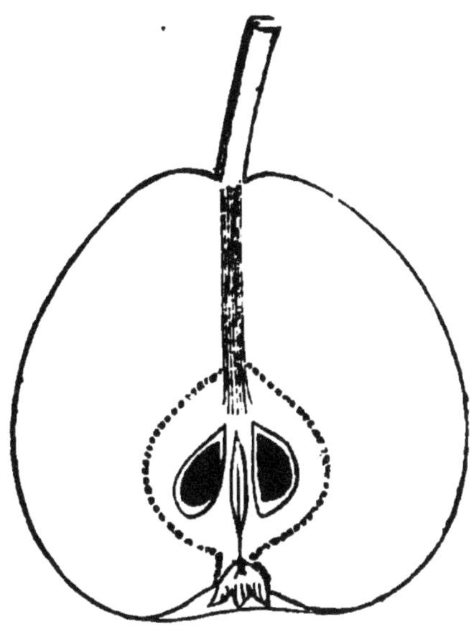

Die Geerards Bergamotte. Van Mons * † W.

Heimath und Vorkommen: nach dem Verzeichniß von Papeleu ist sie ein Sämling von van Mons. Ich erhielt die Propfreiser von Papeleu und erzog die Frucht bereits mehrmals. Sie ist brauchbar und schön und ich kann sie zur Anpflanzung empfehlen.

Literatur und Synonyme: die Sorte wird im genannten Verzeichniß sehr kurz als Frucht I. Ranges mit starkwüchsigem Baume nach van Mons aufgezählt und findet sich auch in des Letzteren Cat. descript. p. 44 unter Nr. 1334 mit dem Zusatz „par nous." — Als Bergam. Geerards soll nach dem Lyon. Congr. die abscheuliche (affreux) Gilo ô Gile gehen, welches nach dem Cat. Lond. eine sehr große rundliche Winterkochfrucht ist und die Beinamen Poire a Gobert, Garde Ecosse hat. — Diese ist sicher von der vorliegenden verschieden.

Gestalt: bergamottförmig, am Kelche oft sehr stark abgeplattet, nach dem Stiele zu mehr oder weniger stumpfspitz, bisweilen auf der einen Seite etwas eingebogen, bis 2½" breit und ebenso hoch, oft etwas niedriger. Gleicht in Größe, Form und Färbung sehr der Rothen Dechantsbirne, doch ist letztere früher reifend und eine bessere Frucht.

Kelch: halbgeöffnet mit kurzen grauen, aufrechtstehenden Blättern, in oft sehr tiefer und weiter Einsenkung.

Stiel: stark, gelbbraun, etwas warzig, holzig, in einer kleinen engen Vertiefung.

Schale: gelblichgrün, später gelb mit schönem, etwas streifigen, blassen Carminroth an der Sonnenseite und mit ziemlich viel zersprengtem gelbbraunen Rost und feinen gleichfarbigen Punkten. Besonders die Stielwölbung ist meist stark berostet.

Fleisch: weiß, halbfein, Anfangs rauschend und etwas zusammenziehend, wird in gehöriger Reife halbschmelzend und von recht angenehmen, schwachgewürzten, weinigten Zuckergeschmack.

Kernhaus: verhältnißmäßig klein, vollachsig, hochsitzend, mit kleinen Körnchen umschlossen, Kammern enge, muschelförmig und mit kleinen schwarzbraunen, auch oben mit einer kleinen Spitze versehenen Kernen.

Reife und Nutzung: Ende December bis Anfang Januar. Hält sich einmal reif nicht lange, dauert aber im teiggewordenen Zustande noch länger, ohne völlig zu erweichen. Ist wegen ihrer späten Reife immer schätzenswerth und kann als Tafelfrucht, in Menge gebaut aber auch jedenfalls als gute Compotfrucht Anwendung finden.

Eigenschaften des Baumes: nach den damit angefertigten Probezweigen ist der Wuchs kräftig und schön und auch die Tragbarkeit kann ich nur loben. Blätter eiförmig mit ziemlich langer meist auslaufender Spitze, 2" breit, 3" lang, oft eirund, an der Mittelrippe unterhalb etwas bestäubt-wollig, meist weitläufig und feingesägt, etwas sichelförmig und am Rande wellenförmig. — Blüthenknospen kurzkegelförmig, stumpfgespitzt, hellbraun, am Grunde öfters etwas weißwollig. — Sommerzweige oft an der Spitze verdickt, bräunlich grüngelb, stellenweise fast blutroth, gegenüber graubraun, warzig gelbbraun punktirt.

J.

No. 170. **Die Markbirne.** I, 3. 3. Diel; V, 1 a. Luc.; V, 3. Jahn.

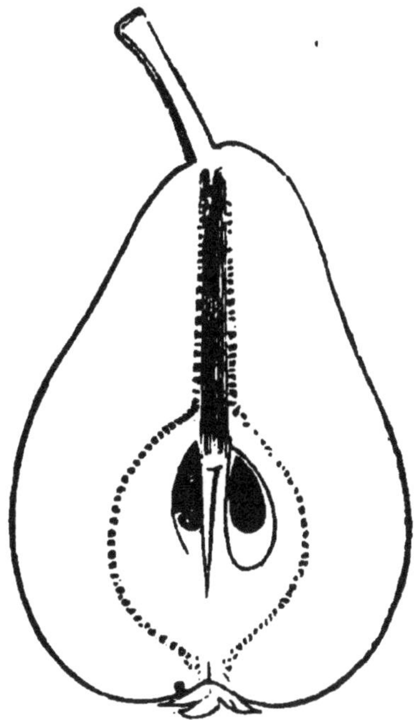

Die Markbirne. Diel (Christ) * † W.

Heimath und Vorkommen: diese Birne, welche Pfarrer Henne so benannt haben soll, und welche Diel vom Stiftsamtmann Büttner bekam, scheint deutschen Ursprungs, ist aber doch wenig in unseren Gärten zu finden, obgleich sie als nicht verwerfliche späte Tafelbirne immer noch Fortpflanzung verdient.

Literatur und Synonyme: Diel beschrieb sie im Heft I. S. 155 und bezieht sich dabei auf Christ, der in s. vollst. Pom. unter Nr. 54 zuerst Nachricht von ihr gab und sie nebenbei die Schmackhafte, La Savourouse nannte. Von Einigen, z. B. Rößler wird sie auch Saftbirne genannt. — Vergl. auch Christ, Hdwb. S. 212; Dittrich. I. S. 738 und Oberdieck S. 375; Lucas S. 208.

Gestalt: nach Diel im syst. Verzeichniß der Winterdorn ähnlich, bisweilen bauchig eiförmig (also wohl eirund), bisweilen aber auch kreiselförmig, doch immer mit einer längeren oder kürzeren kegelförmigen Spitze endigend, 2½″ breit, 3—3¼″ hoch, in der Kreiselform nur etwas über ¼″ höher.

Kelch: klein, schmal- und spitzblättrig, sehr offen, aufliegend, in flacher schüsselförmiger Einsenkung.

Stiel: stark, bis 1 3/4" lang, braungelb, später schwarz, holzig, obenauf, meist in Falten oder neben einem Höcker.

Schale: glatt, matt hellgrün, später blaß- oder gelblichgrün, selten mit röthlichem Anhauch, doch mit häufigen bräunlichen oder grünen Punkten und etwas Rost, besonders um den Kelch.

Fleisch: schwach gelblichweiß, ziemlich grobkörnig ums Kernhaus, saftreich, butterhaft, von erhabenem zuckerartigen Geschmack, dem der Herbstbergamotte oder der Besi de la Motte ähnlich nach Diel. — Ich habe mir dasselbe schmelzend, doch nicht ganz butterhaft, nicht zu süß, doch von erfrischendem, angenehm gewürzhaften, etwas rosigen Geschmack angemerkt.

Kernhaus: von nicht zu starken Körnchen umgeben, vollachsig mit ziemlich großen, schwarzbraunen Kernen.

Reife und Nutzung: zeitigt im December und ist im Januar am besten. Nach Diel vom I. Rang. — Wie ich die Frucht früher von Bornmüller in Suhl hatte und wie sie oben von Hrn. Donauer in Coburg mir zugesendet vorliegt, war sie etwas früher, den 20. November, reif, sie wird also bisweilen eine späte Herbstbirne. Leider welkt sie mitunter merklich und darf deshalb nicht zu früh eingeerndtet werden. Verdient immer als eine späte gute Frucht, die auch in der Wirthschaft recht gut verwendet werden kann, beibehalten zu werden.

Eigenschaften des Baumes: dieser wächst Anfangs stark, läßt aber bald nach, trägt nach Diel bald und reichlich, doch scheint er nach hiesigen Erfahrungen zärtlich zu sein, wenigstens gegen kalte Winter empfindlich. Die Blätter sind breitelliptisch mit auslaufender oder etwas vortretender Spitze, oft auch blos reinelliptisch 1 3/4" breit, 2 3/4" lang, glatt, fein- etwas stumpfgesägt. — Blüthenknospen etwas dick, kurzkegelförmig, nicht stechendspitz. — Sommerzweige dunkelolivengrün mit ziemlich vielen feinen, weißgrauen Punkten.

J.

No. 171. Graf Canal. I, 3. 3. Diel; V, 1 b. Luc.; VI, 3. Jahn.

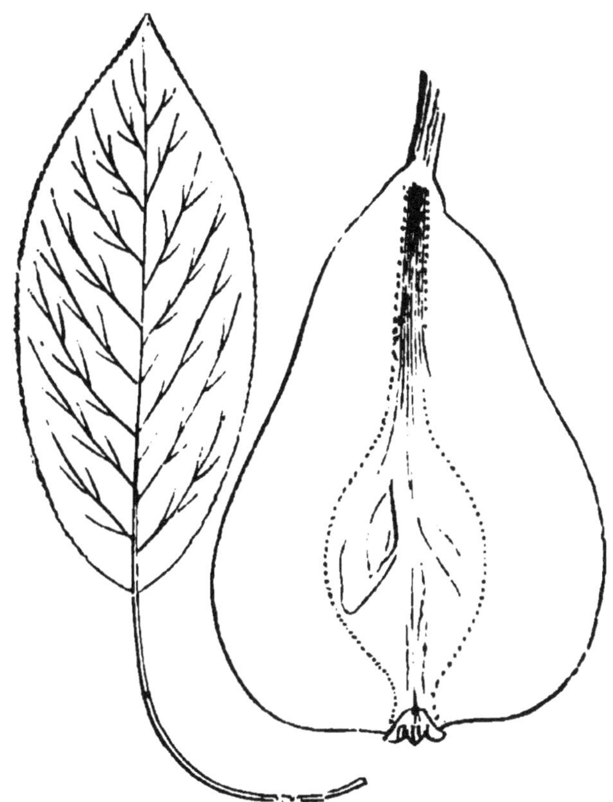

Graf Canal. Dittrich ** ! W.

Heimath und Vorkommen: schöne Frucht, die noch wenig verbreitet ist. Wahrscheinlich eine Kernfrucht der neueren Zeit.

Literatur und Synonyme: Dittrich beschrieb sie als Graf Canal von Malabeila im III. Bd. S. 192 unter Nr. 134. Woher er sie erhielt, gibt derselbe nicht an. — Oberdieck S. 347. Abbildung von ihr hat bereits das Obstcabinet Jena 1856.

Gestalt: Form conisch oder wie oben auch etwas birnförmig, 3½" lang, 2" breit. Die größte Breite nahe am Kelche, um welchen sich die Frucht jedoch so eben gewölbt, daß sie noch gut aufstehen kann.

Nach Dittrich ist sie der Wahren Luise, nach v. Flotow dagegen der Napoleon im Aeußern sehr ähnlich. Monatsschr. II. S. 243.

Kelch: klein, hornartig, meistens etwas verstümmelt, sitzt in einer flachen, mit einigen Erhabenheiten umgebenen Einsenkung, die sich auch über die Frucht hinziehen.

Stiel: stark, 1 Zoll lang, mit Fleischbeulen umgeben. Steht auf der conischen Spitze und ist häufig an seinem Ende etwas gekrümmt.

Schale: vom Baume grasgrün, in der Zeitigung grünlichgelb, die Sonnenseite zuweilen etwas bleichroth angelaufen. Feine hellbraune Punkte finden sich über die ganze Schale verbreitet. Um Kelch und Stiel oftmals Rostanflüge von derselben Farbe.

Fleisch: weißgelb, um das Kernhaus etwas steinig, vollsaftig, schmelzend und von einem süßweinsäuerlichen gewürzhaften Geschmack.

Kernhaus: länglich, oft unvollkommene Kerne enthaltend.

Reife und Nutzung: zeitigt im December, hält sich bis in den Februar und bei kühler Aufbewahrung noch länger. Eine sehr geschmackvolle Tafelfrucht, welche, wenn sie spät abgenommen wird, dem Welken nicht leicht unterworfen ist. — Auch Oberdieck und v. Flotow loben sie, doch bezeichnet sie Letzterer gegen die Napoleon als weniger gewürzig, indessen meint er, es könne dies von dem weniger sonnigen Standorte herrühren.

Eigenschaften des Baumes: Wuchs schön pyramidenförmig, trägt in kultivirtem Boden und bei nicht ungünstigem Standorte bald und reichlich und gedeiht auch im nördlichen Deutschland. Auch nach v. Flotow ist der Baum sehr tragbar.*

Schmidt.

* Die Blätter, von denen ich oben eines neben Schmidt's Frucht gezeichnet habe, sind, wie ich die Sorte von Liegel besitze, lanzettförmig, 1¼ bis 1½" breit, 2½—3" lang, bisweilen elliptisch, glatt, undeutlich gezahnt oder ganzrandig oder nur nach der Spitze hin fein- und stumpfgesägt. Stiel meist lang, bis zu 2¼". — Blüthenknospen ziemlich groß und lang, kegelförmig, stumpfspitz, kastanienbraun. — Sommerzweige dunkel olivengrün, gegenüber röthlich grünbraun mit sparsamen graugelben Punkten. — Früchte trug mein Baum indessen bis daher nicht.

J.

No. 172. **Die Colmar.** I, 3. 3. Diel; V, 1 a. Luc.; III, 3. Jahn.

Die Colmar. Diel (Quintinye) ** + W.

Heimath und Vorkommen: stammt nicht aus Colmar im Elsaß, sondern Quintinye, der sie zuerst kannte, bekam sie aus Guyenne in Frankreich. Ist bereits lange auch in Deutschland bekannt und geschätzt, in neuerer Zeit aber, weil eigensinnig auf Standort und Boden, von den später bekannt gewordenen Birnen verdrängt.

Literatur: Diel I. S. 94: Die Mannabirne, Le Colmar. Quintinye nannte sie ebenso, resp. Poire de Manne, und nebenbei noch Bergamotte tardive. Duhamel (III. Taf. 50) schrieb Colmart; Knoop S. 135 setzte Kolmer Peer, Roskammer peer, Incomparable hinzu, die Carthause auch Belle et Bonne, deren Uebersetzer Flaschenbirne und nach Cat. Lond. heißt sie noch D'Auch, Colmar d'oré, nach Bivort auch Colmar d'hiver und nach Anderen noch Colmar ancien, auch Colmar ordinaire. Unter den ihr beigelegten deutschen Namen sind Paradies-, Koch-, Winterzucker-, Große Röblings- und Winterpomeranzenbirne, Firchimeß ꝛc. die bemerkenswerthesten; Vergl. noch Christ Hdwb. S. 168; T.O.G. XX. S. 94 Taf. 20; Dittr. I. S. 752. Oberd. S. 319; Bivort IV. S. 3; Annales IV. 67; Jen. Obstcab. II. 7. von 1857.

Gestalt: veränderlich, „länglich stumpfgespitzt, einer Bonchretien d'hiver ähnlich, oder rundbauchigt, stumpfgespitzt, der Herbstbergamotte oder der Junker Hans ähnlich," beschreibt sie Diel. — Nach der obigen Formtafel wird man sie bauchig kegelförmig, meist jedoch etwas birnförmig, nennen können.* — In vollkommener Ausbildung 2½ bis 2¾" breit und 3¼" lang, am Spalier oft 3" breit.

Kelch: langgespitzt, offen, sternförmig, in bald seichter, bald tiefer, oft schiefer Einsenkung. Charakteristisch geht auch, wie bei den Pflaumen, eine feine Rinne vom Kelche bis zu dem Stiele bei vielen Früchten herab.

Stiel: ziemlich stark, bis 1¼" lang, krumm, bald obenauf, bald in faltiger oder beuliger Höhle.

Schale: etwas stark, wie feinrauh, hellgrün, später gelblichgrün, selten mit etwas röthlichem Anflug, doch mit vielen feinen Punkten.

Fleisch: gelblichweiß, butterhaft, überfließend, von erhabenem, etwas honigsüßen, deshalb mit dem der Manna verglichenen Geschmack.

Kernhaus: geschlossen, hohlachsig, Kammern geschlossen, etwas enge, mit vollkommenen Kernen. Kelchröhre flach, es zieht sich ein schwarzer Faden bis zum Kernhause herab.

Reife und Nutzung: Anfangs December bis März, nach und nach reifend, am besten, wenn die Frucht alles Grün verloren hat und sich leicht eindrücken läßt. — Muß lange hängen, sonst welkt sie. Fällt aber gerne zu früh ab, wenn sie nicht gegen den Wind geschützt steht.

Eigenschaften des Baumes: er wächst lebhaft, setzt viel Holz an, welches eine Menge Fruchtspieße treibt, kömmt aber erst spät (im 10. und 12. Jahre) zum Fruchttragen. Wird deshalb am besten auf Quitte veredelt, auf welcher sich dann oft schon im 5. Jahre Früchte zeigen. Der Baum erfordert aber immer eine warme Lage und keinen feuchten Boden, in welchem die Birne nur schlecht wird. In hiesiger Gegend verlangt die Colmar durchaus die Wand, wenn sich die Frucht richtig ausbilden soll. Ueberhaupt aber bezeigt sich der Baum wenig tragbar und zwar selbst in Belgien, wie dieß Bivort mittheilt, nach welchem er sich nur für das Spalier in leichten warmen Boden eignet. In kaltem schweren Boden werden die Früchte auch dort oft sehr mittelmäßig in Güte. — Blätter meines nicht sehr kräftig vegetirenden Baumes mehr oder weniger länglich eiförmig mit auslaufender oder auch halbaufgesetzter Spitze, 1½—1¾" breit, 2½—3" lang, oft auch elliptisch und lanzettförmig, undeutlich gezahnt, oft ganzrandig, flach, am Rande nur etwas wellenförmig, etwas lichtgrün, feingeadert, unterhalb sehr graugrün. (Die Blätter der Sommerzweige gibt Diel größer, 2—2¼" breit, 4" lang an.) — Blüthenknospen kegelförmig, ziemlich stumpfgespitzt, kastanienbraun. — Sommerzweige dunkelgelbbraun mit einigen feinen ockergelben Punkten.

NB. Der Abriß ist aus Mayer Pom. francon. Tab. XL. In derselben Form, nur etwas kleiner, habe ich die Frucht oft auf dem Besitzthum des Hrn. von Könitz zu Jerusalem bei Meiningen an einem Spaliere wachsen gesehen.

* Die französischen Schriftsteller z. B. Liron d'Airol. II, 10 u. 11 Livr., auch schon Duhamel, bilden sie mehr rein kegelförmig ab, und sind überhaupt geneigt, die stark kegelförmigen Früchte Colmarbirnen zu nennen.

No. 173. Die Osterbergamotte. II, 2 (3). 3. Diel; VI, 2 b. Luc.; III, 3. Jahn.

Die Osterbergamotte. Diel (Duhamel) * † (meist nur K.).

Heimath und Vorkommen: alte französische Birne, die Duhamel und Merlet bereits kannten; der Letztere trennte sie von der Bugi und von der Holländischen Bergamotte, die man nicht gehörig von einander unterschieden hatte.

Literatur und Synonyme: Diel VII. S. 119: Die Winterbergamotte. Die Osterbergamotte. Berg. d'hiver. Berg. de Pâques. — Duham. III.

S. 42 tab. 24. — Mayer in Pom. franc. III. S. 221 tab. 36 gibt außer der schon von Merlet genannten Grillière seiner Bergamotte tardive als Beinamen noch Careme, de Venise, Caraville d'Italie, Grillan roux, Bon Amet, Verte dupereux oder de Pereus hinzu, von denen indessen im Album de Pom. IV. S. 55, wo sie als Berg. de Paques aufgeführt ist, keiner mehr erwähnt wird. — Vergl. noch Dittrich I. S. 758; Christs Hdwb. S. 155; Oberdieck S. 270; Liegel u. Obstf. II. S. 109. — Liron d'Airoles III. und IV. S. 17 hat als Synon. Bergamotte Soldat und wie der Cat. Lond. auch Berg. de Bugi; in letzterem sind außerdem noch Bergamotte Easter (so heißt die Birne in England besonders und wir wählten deshalb auch Osterbergamotte zur Ueberschrift), Berg. de Toulouse, Roberts Keeping, Terling, Royal Tairlon und Paddington aufgezählt. — Was ich vor etwa 10 Jahren als Bergamotte de Soulers von Metzger erhielt, wird auch nur die vorliegende gewesen sein, doch ging mir der davon gefertigte Probezweig bereits wieder ein.

Gestalt: am Spaliere meist bergamottförmig, am freien Pyramidbaume auch mehr länglich (und dann der Soulers ähnlich), meist nach dem Stiele zu stumpfspitz, 3" breit und ebenso hoch, am freistehenden Baume oft 3½" lang.

Kelch: kleinblättrig, ziemlich hartschalig, oft fehlerhaft, offen, mehr oder weniger eingesteckt, mit etwas Unebenheiten umgeben.

Stiel: stark, holzig, oft krumm, selten bis 1¼" lang, in schöner Grube oder wie eingesenkt, oft durch einen Fleischwulst schief.

Schale: dünn, glatt, in der Reife zähe fettig, anfangs blaßgrün, später citronengelb mit Grün. (In schlechten Jahren und in nassem Boden bleibt sie ganz grün, erhält auch schwärzliche Rostflecken.) Selten etwas erdartig geröthet, in der Reife dann nur mehr goldartig. Mit zahlreichen braunen Punkten und feinen Rostanflügen.

Fleisch: weiß, ums Kernhaus grobkörnig, sehr saftvoll, markigt, halbschmelzend, von zuckerartigem, erfrischenden, weinhaften Geschmack.

Kernhaus: groß, lang-hohlachsig, Kammern muschelförmig, mit oft vielen, sehr starken, langen, kaffeebraunen, oft auch tauben Kernen.

Reife und Nutzung: Januar bis März, hält sich oft noch länger. Welkt nach Diel nicht. — In Meiningen bleibt die Frucht an freistehenden Pyramiden immer nur grün, schrumpft und fault gewöhnlich bis Weihnachten. Oberdieck ist ebensowenig von ihr befriedigt. Liegel hat zwar davon einen alten Baum an freiem Geländer in warmer Lage, aber die Früchte werden auch lange hängend nicht schmelzend, bleiben Kochbirnen, die überdies stark welken. Nur einmal erzog er sie wahrhaft butterhaft. Aber auch Hörlin bekam sie selten gut und selbst in Belgien verlangt nach Bivort der Baum einen ausgezeichneten Standort. Die Sorte paßt deshalb nicht in unser Clima, oder wer sie erzieht, gebe ihr eine heiße Wand.

Eigenschaften des Baumes: dieser wächst sonst gut, macht schöne Pyramiden, setzt auch in Meiningen viele Früchte an und gedeiht auf Quitte. — Blätter eiförmig, fast eirund mit auslaufender Spitze, 1½" breit, 2¼—2½" lang, oft auch nur eirund, glatt, gesägt, etwas schiffförmig und wellenförmig, auch sichelförmig. Blüthenknospen kegelförmig, länger oder kürzer gespitzt, hellbraun. — Sommerzweige olivengrün mit röthlichem Anhauch und feinen weißgelben Punkten.

J.

No. 174. **Schönlins Winterbutterbirne.** I, 3. 3. D.; V, 1 a. L.; IV, 3. 3.

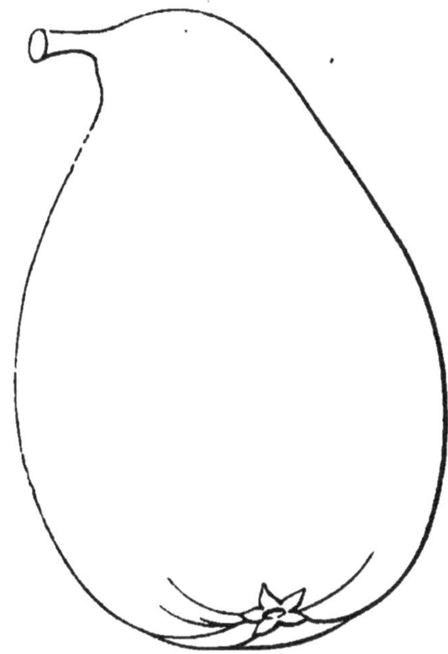

Schönlins Winterbutterbirne. Diel. Selten *, meist K. W.

Heimath und Vorkommen: in Gaisburg bei Stuttgart als Sämling vom Obristlieutenant v. Schönlin aufgefunden, ist sie jetzt mehrfach in dortiger Gegend verbreitet, wird aber öfters Stuttgarter Bergamotte genannt, während als Schönlins Birne Hrn. Oberkriegsrath v. Schönlin in Stuttgart, der Bruder des Erziehers der vorliegenden, die Köstliche von Charneu kultivirt.

Literatur und Synonyme: Diel N.K.O. III. S. 140. Dittr. I. S. 765. Oberd. S. 310. Luc. S. 204. Monatsschr. für Pom. V. S. 42. — Diel änderte den ihr damals schon beigegebenen Namen Stuttgarter Bergamotte in Schönlins Stuttgarter späte Winterbutterbirne um.

Gestalt: der St. Germain ähnlich, länglich eirund oder bauchig kegelförmig, $2^{1}/_{2}$" breit, $3^{1}/_{2}$" lang.

Schale: glatt, ziemlich stark, hellgrün, später hochcitronengelb, oft fein goldartig geröthet oder punktirt, mit etwas verlornem Rost.

Kelch: spitzblättrig, offen, sternförmig, schwach- und eng-eingesenkt, in etwas Beulen.

Stiel: stark, oft fleischig, 1″ lang, obenauf, wie eingesteckt, doch durch einen Wulst meist seitwärts stehend.

Fleisch: weiß (überfließend, körnigt, butterhaft, von erfrischendem, fein muskatellerartigen Zuckergeschmack, Diel), wird nach Oberdieck und v. Flotow, auch nach eigenen Erfahrungen in den wärmsten Jahren kaum halbschmelzend (auch nach Hörlin selten schmelzend) und der Geschmack ist nicht angenehm (Naumb. Ber.). — „In Herrnhausen trug sie mehrmals und stets schlechte Früchte,“ bemerkt hierzu nachträglich Oberdieck.

Kernhaus: nicht hohlachsig, klein, Kammern muschelförmig mit langen starkgespitzten Kernen.

Reife und Nutzung: die Birne reift im Februar und März oder April und fault wegen starker Schale nur schwer. Sie ist besonders wegen Schönheit und langer Haltbarkeit noch schätzbar und mag auch als Compotfrucht für den Nachwinter hauptsächlich werthvoll sein.

Eigenschaften des Baumes: derselbe wächst lebhaft mit feinem Holze, ist aber selbst in Württemberg empfindlich und leidet häufig an Grind, gedeiht auch nicht auf Quitte. Die Tragbarkeit wird von Lucas gelobt. — **Blätter** elliptisch, doch oft stark in die Länge gezogen, mit auslaufender Spitze, fast lanzettförmig, doch auch eiförmig, meist jedoch nach dem Stiele zu verschmälert, glatt, feingesägt, $1\frac{1}{2}$″ breit, $3\frac{1}{4}$″ lang. — **Blüthenknospen** z. Z. klein, kegelförmig, fast stechendspitz. — **Sommerzweige** gelblich leberfarben, unterwärts braunpunktirt.

Nachschrift. Wie Hr. Leberbogen in Benneckenbeck bei Magdeburg in der Monatsschrift (V. S. 41) mittheilt, kultivirt er die oben beschriebene Sorte seit mehreren Jahren und erhält oft Früchte von $3\frac{1}{2}$″ Länge und $2\frac{1}{4}$″ Breite, die bis jetzt (wahrscheinlich weil der Baum in einem mit guter schwarzer Erde ausgefüllten früheren Teiche steht, welcher wohl 10 Fuß Tiefe hatte — wonach also die Sorte tiefgründigen, nahrhaften und hinlänglich feuchten Boden zu verlangen scheint) immer schmelzend und gut von Geschmack gewesen sind, auch waren die von ihm an Lucas gesendeten Früchte so schön und wohlgebildet, wie sie der Letztere bis daher selbst nie sah. — Auch Hr. Dr. Löper in Neubrandenburg sendete mir im December 1858, neben mehreren anderen von ihm erzogenen, meist sehr großgewachsenen Früchten, die Schönlins Stuttgarter Winterbirne in sehr hübschen Exemplaren; die Birnen hielten sich bis Mitte Februar recht gut, bekamen dann aber Faulflecken; an den noch gut erhaltenen Theilen der Frucht war das Fleisch zwar etwas weich, aber nicht schmelzend, sondern mehr speckartig, und der Geschmack bot nichts Vorzügliches dar.

J.

No. 175. **Der Löwenkopf.** III (VI), 1. 3. Diel; XII. 1 b. Luc.; III, 3. J.

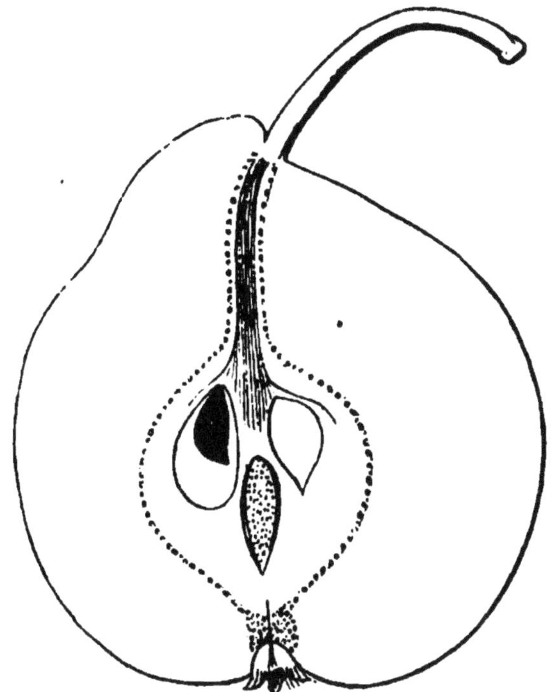

Der Löwenkopf. Diel †† W. K.

Heimath und Vorkommen: Diel erhielt sie unter ihrem französischen Namen Le Rateau blanc aus Metz und wählte den deutschen Namen Gelber Löwenkopf, um die Zahl der Pfundbirnen — was Rateau (abgeleitet von Rastrum, ein Schlegel) ungefähr bedeutet, und die der Katzenköpfe nicht zu vermehren. Zur Vereinfachung haben wir das Beiwort „Gelb", da es eine andere Birne des Namens nicht gibt, gestrichen. — Wie es scheint, ist die Birne bereits ziemlich in Norddeutschland verbreitet. Ich sah sie früher schon von Oberdieck, der sie als gute Kochbirne lobt, auch kürzlich noch in schönen Früchten aus Meklenburg, sowohl von Hr. Dr. Rudophi in Mirow, wie auch von Hr. Dr. Loeper in Neubrandenburg.

Literatur und Synonyme: Diel IV. S. 227. Er vermag keinen früheren Autor für sie anzugeben. Oberd. S. 372. — Synonyme sind nicht bekannt.

Gestalt: veränderlich, platt, bergamottähnlich, oder etwas kugelförmig, bisweilen, wenn sie kleiner bleibt, selbst einigermaßen birnförmig, mit einer kurzen, abgestumpften Stielspitze. Auf Hochstamm meist 3½ bis 4" breit und oft nur 3" hoch, selten so hoch als breit, wie es aber doch nach obiger Durchschnittszeichnung auch vorkommt.

Kelch: kurzblättrig, hartschalig, offen, mit den Ueberbleibseln der Staubfäden erfüllt, in enger und seichter Einsenkung.

Stiel: holzig, grünbraun, sehr stark, ¾—1½" lang, meist krumm, auch schief, wie eingedrückt, neben einem Fleischwulst.

Schale: charakteristisch durch Erhabenheiten, als ob kleine Körnchen unter der Schale lägen, uneben (wie dieses beim Kleinen Katzenkopf übrigens auch öfters vorkommt), theilweise auch gerunzelt, wie gewelkt, und auch sonst ist die Rundung öfters durch flache Beulen entstellt. Die Farbe ist mattgrün, an der Sonnenseite grünlichgelb, später citronengelb mit feineren und gröberen bräunlichen Punkten, bisweilen leicht erdartig geröthet und um den Kelch auch etwas Rost.

Fleisch: fest, gelblichweiß, unter der Schale grünlichweiß, überhaupt gegen das des Katzenkopfs mehr grünlich, läuft auch gegen das letztere viel schneller bräunlich an und ist mehr herbe, sonst in Allem ähnlich demselben, und, wie es Diel schildert, saftig, grobkörnig, abknackend, von einem (muskatellerartigen?) herben, weinsäuerlichen Geschmack. Beim Kochen verliert sich das Herbe.

Kernhaus: hat eine hohle Achse, doch ist diese kurz, aber weit, mit mehligten Körnern ausgekleidet, Fächer muschelförmig, groß, runder als die des Katzenkopfs, die Kerne sind denen von diesem ähnlich, schwarzbraun.

Reife und Nutzung: Februar, kühl aufbewahrt bis in den Sommer. Wegen dieser langen Haltbarkeit für die Küche sehr schätzbar. Liefert gedämpft ein vortreffliches Gericht. — Verdient auch anderweits häufige Anpflanzung, da nach Oberdieck der Baum gerne trägt.

Eigenschaften des Baumes: derselbe wächst gut und wird groß, ist fruchtbar und auch in trockenerem Boden gesund. — Blätter eiförmig, meist mit kurzer, wenig vortretender, doch scharfer Spitze, 1½" breit, 2½" lang, oft auch eirund und elliptisch, glatt, gesägt, im Ganzen klein. — Sommerzweige lang und stark, dunkellederfarb und glänzend, gegenüber in's Olivengrüne spielend, glatt, vielfach bräunlichgrau punktirt. Die Augen daran sind ziemlich abstehend und sitzen auf abgerundeten, sehr stark vorstehenden Augenträgern (Diel).

J.

No. 176. Die Juliusdechantsbirne. I, 1. 1. Diel; II, 1 a. Luc.; VI, 1. Jahn.

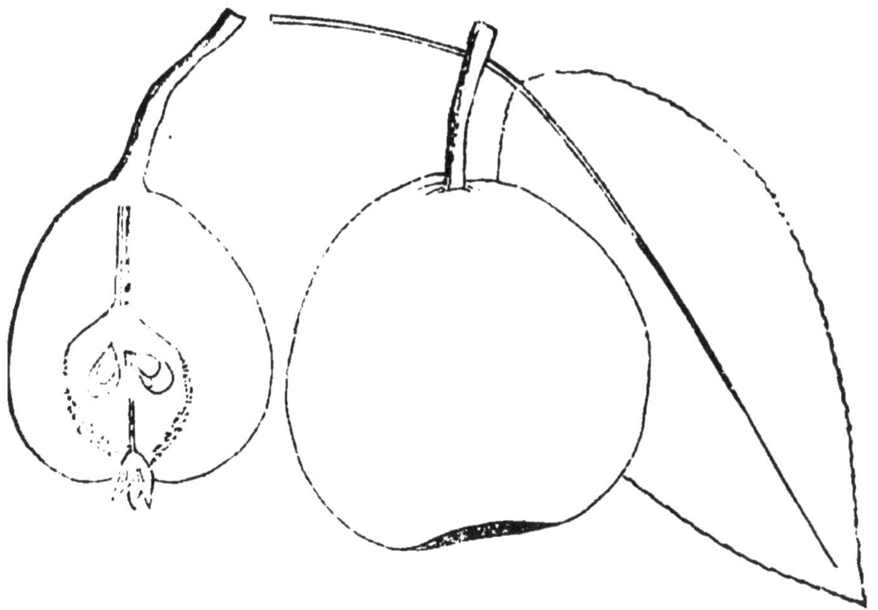

Die Juliusdechantsbirne. Decaisne, Bivort (van Mons) **?, Ende Juli.

Heimath und Vorkommen: wird meistens, doch mit hinzugesetztem halbem Zweifel, als ein Sämling des Herrn van Mons betrachtet, in dessen Cataloge vorkommen: 1) Serie 2, Nr. 1 eine Doyenné d'été, als von ihm erzogen, 2) Serie 2, Nr. 136 eine Doyenné de Juillet ohne Angabe des Erziehers. Decaisne nimmt an, daß diese beiden überein seien; Bivort in den Annales spricht weniger entschieden: Cette variété nous a toujours paru appartenir aux semis de Van Mons; on la trouve, en effet, mentionée comme telle dans son Cataloque de 1823; de plus elle faisait partie de l'envoy, composé d'environ 320 variétés de poires, provenant la plupart de ses semis, que van Mons expediait en 1833 à Mr. Poiteau. Aus dem letzteren Grunde würde bei Hrn. v. Mons großer Ungenauigkeit nichts folgen. Die Doyenné d'été besitze ich von v. Mons durch Burchardt, und scheint die Vegetation doch merklich verschieden. Früchte sah ich noch nicht. Obige besitze ich von Herrn Behrens zu Lübeck und von der Société van Mons. Letztere trug noch nicht, hat aber dieselbe Vegetation, und kann man bei der Frühzeitigkeit der Frucht und dem schmalen Blatte, namentlich an kürzern Trieben, welche auch die Annales abbilden, über die Aechtheit der Sorte nicht in Zweifel sein. In Belgien und Frankreich wird sie als eine der besten Frühbirnen geschätzt, wiewohl Baltet in „les bonnes poires" doch schon sagt, sie sei gewöhnlich gut. Nach den Früchten, die ich in den heißen Sommern 1858 und 1859 auf gesundem Probezweig erhielt, kann ich zwar die sehr reiche und frühe Tragbarkeit bestätigen, aber ziemlich bestimmt sagen, daß sie hochstämmig für unsere nördlichen Gegenden keinen Werth hat, daß sie zu klein bleibt, so daß man beim Genusse zu sehr nur Kernhaus und Schale im Munde hat. Ich aß die zugleich reifende Abdonsbirne lieber. Sie würde also in Zwergform erzogen werden müssen, wie ich jetzt versuche, und schreibt mir Herr Behrens aus Travemünde, daß sie in Zwergform und gut cultivirt selbst bei ihm werthvoll sei. Ich gebe, neben der Durchschnittszeichnung einer meiner Früchte, auch einen Umriß aus den Annales, wo die Sorte sehr anlockend abgebildet ist. Decaisne zeichnet sie indeß schon ganz merklich kleiner, nur 1³/₄", so breit und hoch.

Literatur und Synonyme: Annales 1853 p. 57 nebst Abbildung; Decaisne Taf. 63; Abbildung merklich weniger schön als in den Annales, aber vielleicht naturgetreuer. Poiteau Ann. de la Société hortic. de Paris XV. p. 360, Prevost Pom. Seine inferieure p. 140. Verglichen auch Downing p. 336 Doyenné d'été. Als Synonym geben die zu Lyon 1857 versammelten Pomologen an: Roi Jolimont. Auch Decaisne hat als Synonym Jolimont, setzt aber hinzu, daß man mit dem Namen Jolimont die Duchesse de Berry und St. Germain d'été bezeichne, sagt auch noch, daß obige auch wohl St. Michel d'été (wegen ihrer Aehnlichkeit mit einer Beurre blanc) genannt werde, und sie ihm große Aehnlichkeit mit Archiduc d'été zu haben scheine.

Gestalt: etwas veränderlich; meistens die obige, doch hatte ich auch Früchte, die mit einer ganz kreiselförmigen Spitze in den Stiel ausliefen, und Decaisne gibt auf einer Durchschnittszeichnung die Frucht auch nach dem Kelche so verjüngt, daß sie vollkommen eiförmig ist. Bauch immer mehr nach dem Kelche hin, um den sie sich gewöhnlich flachrund wölbt, wobei jedoch auch meine Früchte, wegen des stark vorstehenden Kelches, nicht aufstehen konnten. Die nach den Umständen sehr verschiedene Größe ist schon angegeben; die Mehrzahl meiner Früchte war noch kleiner als obige mit Kernhauszeichnung versehene Figur. Bauch bei vollkommeneren Exemplaren schön rund.

Kelch: langgespitzt, offen, in die Höhe stehend, wobei in der Kelchhöhle sich zahlreiche lange Staubfäden zeigen. Seine Ausschnitte sind nach den Annales gewöhnlich verdorrt und verstümmelt (caduques), was sie hier nicht waren, und sitzt er sehr flach vertieft oder oben auf.

Stiel: stark, gewöhnlich 1" lang, häufig etwas fleischig, besonders an der Basis, theils gerade, theils etwas zur Seite gebogen, sitzt wie eingesteckt.

Schale: fein, matt hellgrün, in der Reife nach den Annales und Decaisne hochgelb mit verwaschener schöner, fast carmoisinartiger Röthe auf der Sonnenseite, in welcher die zahlreichen Punkte als gelbliche Stippchen in die Augen fallen. Bei mir wurde die Grundfarbe nur rasch am Baume gelbgrün und war dann die Frucht schon mürbe und fiel ab, wobei die Sonnenseite nur mit einer bräunlichen, unansehnlichen Röthe matt, etwas gestreift war. Rost fand sich wenig, der nach den Annales in Belgien sich mehr findet. Die zahlreichen feinen Punkte bildeten auch bei mir in der Röthe feine gelbliche Stippchen.

Das Fleisch ist nach den Annales gelblich weiß, etwas körnig, halbschmelzend, gezuckert und etwas müskirt. Decaisne sagt: eau abondante, sucrée, legerement acidulée d'une saveur particulière qui rappelle celle du Doyenné. Bei mir war das Fleisch um das Kernhaus nur fein körnig, mattweiß, halbschmelzend, der Geschmack etwas gezuckert, doch ziemlich nichtssagend und fade.

Reifzeit und Nutzung: zeitigte in den warmen Jahren 1858 und 1859 auch hier Ende Juli. Nur Tafelbirne. Nach Baltet soll man pflücken, wenn die Haut gelb werde, so passire sie weniger schnell. Bei mir war sie schon bei grüngelber Haut mürbe, mürbete auch grün gebrochen rasch und hielt sich kaum 2 Tage. Nach Bivort gedeiht der Baum auf Quitte und werde darauf so fruchtbar, daß er kaum Triebe mache.

Der Baum wächst rasch und gesund, wird früh und so reich tragbar, daß ich über die Hälfte der sitzen gebliebenen Früchte am Probezweige auspflücken mußte, um vollkommene Exemplare zu erhalten. Die Triebe sind lang und schlank, ziemlich dünn, mit entferntstehenden Augen, ledergelb, ins Olive spielend, noch oben oft mit röthlichem Schimmer überlaufen, mäßig zahlreich und nicht in die Augen fallend punktirt. Blätteraugen sind an den Trieben sehr zahlreich mit schmalen lancettförmigen Blättern. Blatt in der Mitte des Triebes elliptisch, theils flach, theils etwas schiffförmig aufwärts gebogen, glatt, mit scharfen ziemlich tief gehenden Sägezähnen. Blatt der Fruchtknospen so wie an kleineren zu Fruchtholz sich bildenden Trieben lancettförmig. Afterblätter fadenförmig. Augen dickbauchig, konisch, etwas abstehend. Oberd.

No. 177. Die Roberts Muskateller. II, 2. 1. Diel; II, 2 a. Luc.; III, 1. J.

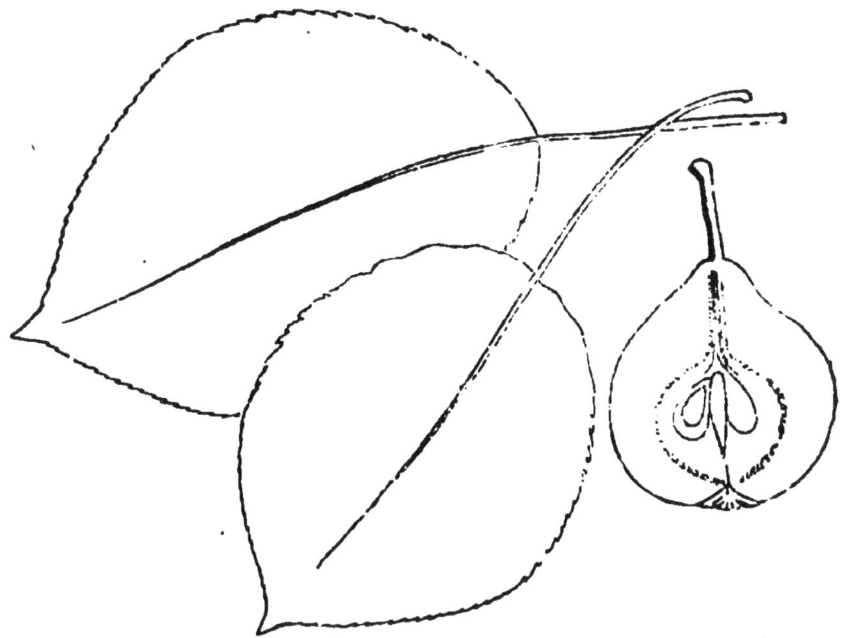

Die Roberts Muskateller. Diel (Quintinye) †, kaum * S.

Heimath und Vorkommen: von dieser alten, kleinen, ursprünglich jedenfalls französischen Birne handeln alle Schriftsteller von Merlet an, doch haben sie dieselbe nicht sämmtlich richtig geschildert, ihr auch meist übertriebenes Lob gespendet. Die Abstammung des Namens ist unbekannt.

Literatur und Synonyme: Diel beschrieb sie Hft. III. S. 89 als Roberts Muskatellerbirne, le Muscat Robert. Er macht darauf aufmerksam, daß Christ (Handb. S. 198) und Sickler (T.O.G. I. S. 180 Nr. 4), auch Mayer (Pom. Franc. p. 179 tab. V) der Birne mit Unrecht Röthe beilegen, und erklärt deßhalb die Frucht des T.O.G. für die Englische Muskateller aus Chio, diejenige Zinks Taf. I. Nro. 8 aber sogar für falsch, wozu Diel jedenfalls bewogen wurde, weil Zink sie erst in Mitte des August reifen läßt, wie es indessen öfters hier der Fall ist. — Mayer hat sie sonst gut, nur viel zu groß abgebildet, ebenso auch schon Kraft in Pom. Austriac. tab. 72 Fig. 1, Knoop tab. IV und Duham. III. S. 6 tab. 2, doch mögen es sämmtlich Spalierfrüchte sein. — Synonyme: Poire à la Reine, Poire d'Ambre, Pucelle de Xaintonge Quint. und Duham.; Grand Muscat, Gros Musqué, de France, Gezegonde Peer, la Princesse Knoop, Poire de la Reine, Muscat Robert, Zuckerbirne Zink; Musk

Robine nach Sickler auf Englisch, Robine nach Miller, der aber dieselbe mit der Sommer-Robine verwechselt. Robertus Muskateller und der Königin Birne nennt sie Kraft und Cat. Lond. fügt noch Saint Jean musqué gros, Early Queen und Queen's hinzu. In Liron d'Airol. Liste synon. von 1857 S. 63, auch in Tougards Tableau S. 5 hat sie die Beinamen Quint. und Duhamels, im Bulletin von Rouen S. 173 nach Claude St. Etienne noch Eau rose ronde. — Vergl. noch Dittr. I. S. 526, Oberd. S. 383; Luc. S. 164.

Gestalt: rundbauchig kreiselförmig oder bauchig kegelförmig, klein, auf Hochstamm 1¼" breit und ebenso hoch oder ¼" höher; nur am Spaliere erhält sie die von Duham. angegebene Größe von 23''' in der Breite und 25''' in der Höhe und wird dann lang, birnförmig, am Stiele spitzig, Diel. — An meinem freistehenden Pyramidenbaum wird sie zum Theil noch kleiner als oben gezeichnet, und es sind mir deßhalb die Benennungen Grand Muscat, Gros musqué u. s. w. sehr ungeeignet vorgekommen.

Kelch: scharf und langgespitzt, halboffen, obenauf, oft mit etwas Fleischwärzchen umgeben.

Stiel: dünn, von der Farbe der Birne, an seinem Ende bräunlich, obenauf, meist mit Höckern umgeben und nur kurz, — so lang als Zink, Knoop und T.O.G. ihn zeichneten, sah ich ihn hier nicht.

Schale: dünn, gelblichgrün, am Stiele gelb, überreif auch hellgelb, doch meist noch vermischt mit etwas Grün, ohne Röthe nach Diel (doch finde ich unter 10 vor mir liegenden Früchten wenigstens 2, die einen schwachen, matt orangerothen, etwas streifigen Anflug haben; — auch das Rouener Bülletin sagt: parfois un peu rosé d'un coté, au moment de sa maturité), mit feinen grünen, in der Reife verschwindenden Punkten und mit etwas Rost um den Kelch.

Fleisch: mattweiß, feinkörnig, saftvoll, rauschend, aber auflöslich, von erhabenem gewürzhaft süßen Muskatellergeschmack nach Diel, bleibt hier wie bei Oberd. ziemlich saftarm, zwar sehr doch fadesüß, weil das Gewürz nur schwach ist. Doch verbreitet die Birne, besonders wenn man in eine damit gefüllte Schachtel riecht, einen ziemlich stark müskirten Geruch.

Kernhaus: etwas hohlachsig, Kammern mäßig weit, mit nicht zu großen, meist vollkommenen, erst in der Ueberreife völlig schwarzen Kernen.

Reife und Nutzung: die Birne reift nach Diel und nach den meisten übrigen Schriftstellern im halben Juli, in Meiningen aber, 1859 wenigstens (wo übrigens Alles früher zur Reife kam) im Anfang des August und zwar nach der Gelben Frühbirne, aber zugleich mit der Grünen Magdalene, die bereits zum Theil schon vorüber war und eine ungleich edlere und größere vortreffliche Frucht ist, und welche auch, wie noch die Sparbirne und Juliusdechantsbirne, auch Beurré Giffard vom Rouener Bülletin vorgeschlagen werden, die wenig werthvolle Muscat Robert zu ersetzen. Und doch soll diese letztere nach Zink immer noch besser, als die ihr in der Gestalt ähnliche, mir aber zur Zeit nicht bekannte Margarethenbirne sein.

Eigenschaften des Baumes: derselbe wächst ausgezeichnet stark und kann in Zwergform nur auf Quitte erzogen werden, liefert aber ausgewachsen sehr reichliche Erndten, die immer noch auf den Märkten wegen der frühen Reife Absatz finden dürften. Der Baum ist vor vielen andern an seinem ausgezeichnet gelben Holze kenntlich. Die Blätter sind vielversprechend groß, schön eiförmig mit oft scharfer und langer halbaufgesetzter Spitze, oft nach dem Stiele zu verschmälert und dann etwas breitelliptisch oder elliptisch, 1¾'' breit, 2½ bis 2¾'' lang, oft größer, besonders an jugendlichen Bäumen, glatt, regelmäßig ziemlich scharf gesägt, oft, besonders nach dem Stiele zu stark wellenförmig gekräuselt, auf der Mittelrippe schwarzborstig. — Blüthenknospen ziemlich groß, kegelförmig, sanftgespitzt, dunkelbraun, mit klaffenden Deckblättern. — Sommerzweige unten schön gelb mit wenigen feinen gelbweißen Punkten, oben und sonnenwärts hellroth, nach Duhamels Ausdruck aurorafarben.

J.

No. 178. Wahre Canning. II, 2. 1. Diel; I, 2 a. Lucas; II, 1. Jahn.

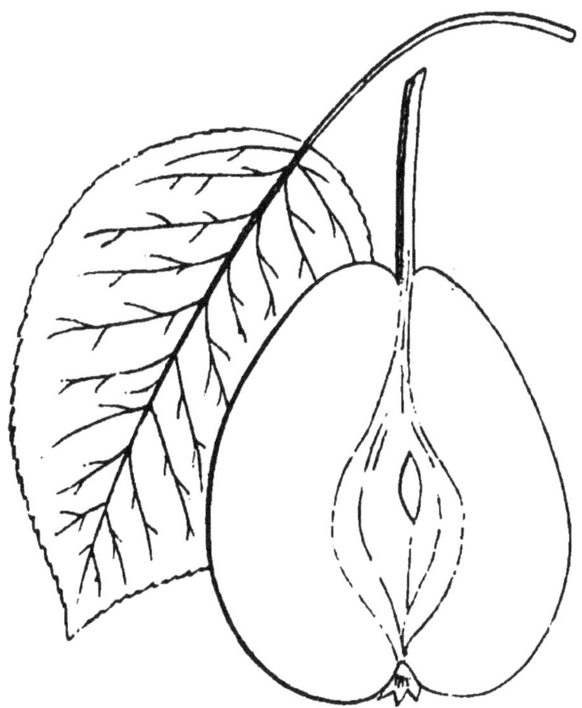

Wahre Canning. Liegel. † (vielleicht *) S.

Heimath und Vorkommen: in Deutschland wohl noch wenig bekannt. Durch Diel verbreitet, welcher im Jahre 1824 Edelreiser davon an Liegel sandte, dieselbe jedoch nicht beschrieben hat.

Literatur und Synonyme: Liegel beschrieb diese Frucht 1851. Sie ist aufgeführt S. 85 unter Nr. 169 im II. Hefte von dessen Beschreibung neuer Obstsorten. Auch im Londoner Catalog von 1831 ist sie notirt, (jedoch in dem von 1842 nicht mehr enthalten; dieser gibt, wie Downing, Canning als Synonym der Winterdechantsbirne an. Jahn.)

Gestalt: zum Theil eiförmig, meistens abgestumpft kegelförmig; 2 Zoll breit, 2¼ Zoll hoch. Der Bauch sitzt zwei Drittel nach oben.

Kelch: kurzblättrig, steht in einer flachen Einsenkung.

Stiel: 1 bis 1¼ Zoll lang, in nur geringer Vertiefung sitzend, wird bei vielen Früchten durch eine wulstige Erhabenheit etwas schief gedrängt.

Schale: glatt, hellgrün, mit der Zeitigung grünlich gelb. Die Sonnenseite hellröthlich angelaufen, verschwommenen Streifen ähnlich. Bei beschatteten Früchten fehlt diese Röthe. Punkte weitläuftig vertheilt.

Fleisch: geruchlos, weiß, nicht vollsaftig, im Kauen rauschend, beim rechten Reifpunkt fast schmelzend, ohne Gewürz, von einem angenehmen Geschmacke. Die Frucht muß mindestens 8 Tage vor völliger Reife abgenommen werden, sonst wird sie schon am Baume mehlig.

Kernhaus: klein und geschlossen. Die Kammern enthalten vollkommene Kerne.

Kelchröhre: ganz kurz.

Reifzeit und Nutzung: in warmen Sommern zeitigt die Frucht schon gleich nach der Mitte des Augusts und hält sich nicht lange. Recht brauchbar für die Oekonomie.

Eigenschaften des Baumes: der Baum bildet eine hochstrebende Krone, ist früh und sehr fruchtbar. Die zwei- und mehrjährigen Zweige sind charakteristisch mit einem Silberhäutchen ganz belegt. Sommertriebe stark punktirt. Das kleine Blatt ist nur ganz seicht gezahnt. Die Blätter des Tragholzes, wie sie Hr. Oberförster S. beilegte, sind der Mehrzahl nach mehr eirund als eiförmig, oft etwas herzförmig, mit meist etwas aufgesetzter zum Theil ziemlich langer Spitze, 1¾ Zoll breit, bis 3 Zoll lang, glatt, zum Theil sehr verloren gezahnt, meist aber doch nach vorn hin deutlich feingesägt; Stiel an manchen Blättern auch über 2″ lang. — Blüthenknospen etwas länglich kegelförmig, fast walzenförmig, sanft gespitzt, hellbraun, glatt.

Wegen großer Fruchtbarkeit verdient diese Sorte Beachtung, um so mehr als der Baum auch in rauher Lage gut gedeiht.

Schmidt.

No. 179. **Woltmanns Eierbirne.** II, 3. 1. Diel; I, 2 b. Luc.; III, 1. Jahn.

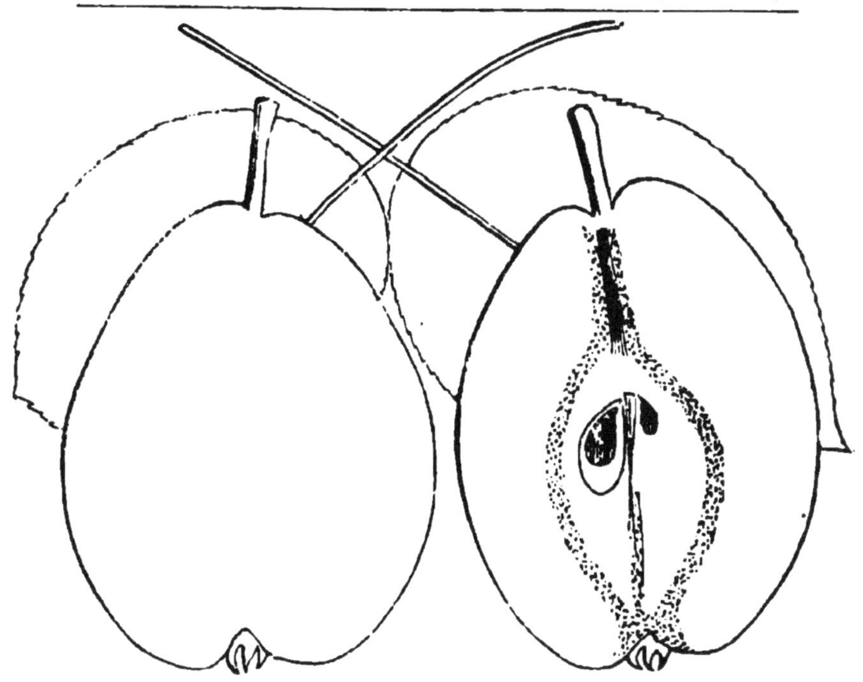

Woltmanns Eierbirne. Woltmann. * †† S.

Heimath und Vorkommen: sie findet sich in der Gegend von Zeven vielfach angebaut. Herr Amtsrentmeister Woltmann daselbst, der sie selbst länger cultivirt und beobachtete und den richtigen Namen der bei ihm allgemein als „Jakobsbirne" bekannten Frucht zu wissen wünschte, da er sie weder in Diels noch in einem andern pomologischen Werke auffand, sendete Früchte an die Herausgeber des Illustr. Handbuchs, welche die Birne jedoch nicht kannten und dahin übereinkamen, sie wie oben zu benennen und als eine frühe, schätzenswerthe Frucht zur Weiterverbreitung zu empfehlen.

Literatur und Synonyme: die Birne ist zur Zeit jedenfalls noch nicht beschrieben. Von der Sommer-Eierbirne Diels, unter Nro. 8 S. 39 des Handbuchs bereits abgehandelt, der sie einigermaßen ähnlich sieht, ist sie durch eine andere Form und Vegetation verschieden. Durch die letztere unterscheidet sie sich auch ganz bestimmt von Beyer's Meißener Eierbirne und habe ich zu diesem Ende auch zu jeder von diesen beiden das ihr zukommende Blatt gezeichnet. J.

Gestalt: eiförmig, oval oder auch eirund, kleinere Früchte nach dem Stiele zu meist etwas kegelförmig, 2" breit und 2¾ bis 3" hoch.

Kelch: kurzblättrig, hornartig, offen, Blättchen aufrechtstehend, bräunlichgrün in seichter schüsselförmiger Einsenkung, mit schwacher Andeutung von Erhöhungen und Rippen umgeben.

Stiel: an den größeren Früchten dünn wie vorliegend, an den kleineren besonders oft stark und dick, oft fleischig, grünbraun, ¾ bis 1" lang, meist in schwacher Vertiefung oder obenauf neben einem Höcker und hierdurch schief stehend.

Schale: zart, glänzend, glatt, etwas fettig, hellgrün, später nur blaßgelb durchschimmernd, an der Sonnenseite hie und da mit schwacher erdartiger Röthe, die etwas streifig erscheint, rund herum dicht übersäet mit feinen dunkler grünen Punkten, die in der Röthe undeutlich werden, um Kelch und Stiel etwas gelbbrauner Rost und hie und da auch ein ebensolches Rostfleckchen auf der übrigen Schale. Die Birne ist überall schön abgerundet, doch setzen sich die Erhabenheiten um den Kelch zuweilen als verlorne Kanten über den Bauch hin fort.

Fleisch: gelblichweiß, zart, feinkörnig, sehr saftreich, halbschmelzend, doch auflöslich, von süßem, etwas zimmtartig gewürztem Geschmack. (Der mir etwas matt, weil nicht übrig süß und etwas schwach gewürzt erscheinende Geschmack soll in weniger trockenen Jahren anders und weit besser sein, was Oberdieck bestätigt, der die Frucht zwei Mal kostete nnd sie von gleicher Güte mit der gleichzeitig reifenden Grünen fürstlichen Tafelbirne fand. J.)

Kernhaus: mit nur feinen, aber ziemlich vielen Körnchen umgeben, nicht oder nur schwach hohlachsig, Kammern ziemlich groß, meist muschelförmig, mit großen spitzen, gelbbraunen, an der Spitze und im Umkreise schwärzlichen, zum Theil auch tauben Kernen, die keinen Höcker haben.

Reife und Nutzung: die Frucht reift in der zweiten Hälfte des August und hält sich nach und nach gebrochen 14 Tage bis 3 Wochen. Ist für Tafel und Wirthschaft recht brauchbar und bei Jedermann, da sie außer zum rohen Genuß auch als Koch- und Bratbirne und zum Einmachen dient, sehr beliebt.

Eigenschaften des Baumes: derselbe strebt kräftig und stark in die Höhe, bildet eine lichte Krone und wird eichengroß, gedeiht auf jedem Boden, trägt mit weniger Ausnahme jährlich wechselsweise mäßig und sehr reichlich, so daß der Baum bei uns allenthalben, in Gärten und auf uncultivirten Höfen zu finden ist. — Die Blätter sind eiförmig mit kurzer und stumpfer Spitze, glatt, regelmäßig tief- und scharfgesägt, am Sommerzweige größer, auch länger und mehr auslaufend zugespitzt, schifförmig aufwärts und etwas rückwärts gebogen, sehr dunkelgrün und glänzend. — Blüthenknospen kegelförmig, ziemlich scharfgespitzt, dunkelbraun, glatt. — Sommerzweige kräftig, fast gleichmäßig dick, gelblich braun, auf der Schattenseite olivengrün, mit graugelben feinen, jedoch recht deutlichen, auch einigen größern länglichen Punkten.

P. S. Die obige Beschreibung der Frucht und ihrer Vegetationsverhältnisse hat Hr. Amtsrevisor Woltmann selbst entworfen und habe ich mir nur erlaubt, in Gemäßheit der von mir selbst über dieselbe niedergeschriebenen Bemerkungen hie und da einige Worte hinzuzufügen.

J.

No. 180. **Schönste Sommerbirne.** II, 3. 1. Diel; I, (II) 2 b. Luc.; III, 1. J.

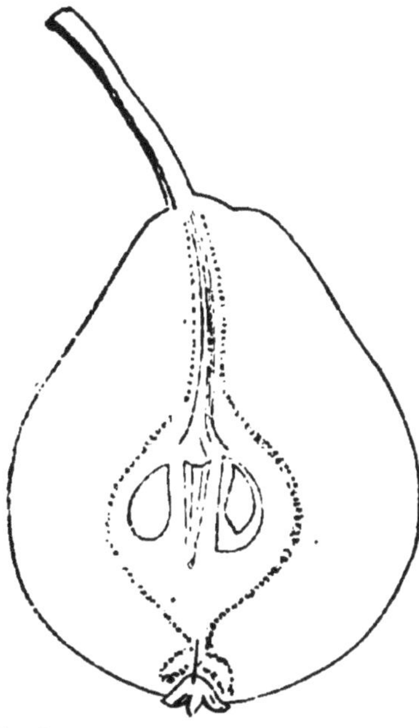

Schönste Sommerbirne. Diel (Duhamel) * † S.

Heimath und Vorkommen: eine Bellissime, Bellissime d'été, wegen ihrer Schönheit so benannt, findet sich bei fast allen älteren Autoren, so auch bei Duhamel, doch sagt letzterer schon, daß seine Bellissime d'été, die er nebenbei Suprême nennt, von Merlets Bellissime, mit dem Beinamen Figue musquée verschieden sei und er dessen Suprême nicht kenne. Auch Quintinye trennte die Suprême von der Bellissime, die bei ihm im August (wogegen die Suprême im Juli) zeitigte und setzt sie unter die schlechten Birnen. Man ist also über diese frühere Bellissime nicht im Klaren.

Literatur und Synonyme: Duhamel III. S. 64 tab. 42; Bellissime d'été, Suprême, die Schönste vom Sommer, der Uebers. — Diel V. S. 111. Dieser beschreibt als Gestreifte schönste Sommerbirne, Bellissime d'été rayée (weil seine in dortiger Gegend sehr verbreitete von den Obstweibern Muskatenbirne genannte Frucht oft auf der Sonnenseite nur gestreifte Röthe, auch die Sommertriebe nicht so geröthet und die Blätter charakteristisch stark stumpfspitz gezahnt seien, auch Duham. Sorte im Juli reife, eine nach seiner Meinung von dieser verschiedene, jedenfalls aber doch nur dieselbe Birne. Diel gibt jedoch zu, daß des T.O.G. (IX. S. 14 Nro. 49) Frucht ganz ächt, nur am Bauche zu breit sei; Mayers (in Pom. Franc. S. 249 tab. 61 Nro. 80) sei die Duhamels, doch ist sie bei Duham. keineswegs so abnehmend nach dem Stiele zu und so birnförmig wie bei Mayer, sie kann aber wohl unter Umständen auch letztere Form annehmen. Meine Bellissime stammt von Liegel und ist ein Mittelding zwischen T.O.G. und Duham. Abbild.; ebenso sah ich sie von Lucas gezeichnet und sie stimmt auch ganz in der Blattform mit Duham., wie mit dem T.O.G. überein, ihre spätere Reife kann das verschiedene

Clima, die andere Form bei Mayer die Erziehung am Spaliere u. s. w. bedingen. — Synonyme: Red Muscatelle Pear, Rothe Muskatellerbirne (Lüder); Fairest Suprême (T.O.G.), doch hat Cat. Lond. dieses nicht und gibt Bellissime d'été als Syn. der Jargonelle (of the French) nebst den Beinamen Suprême, Bellissime Suprême, Bellissime Jargonelle, Vermillon d'été, Sabine d'été, Red Muscadel an, so daß also die Engländer unter „Jargonelle der Franzosen" die Schönste Sommerbirne verstehen. — Sommerwunderschöne, Bellissime d'été, Figue musquée, Gros muscat rouge nennt sie Mayer und hält sie mit Manger für gleich mit Knoops im Juli reifender Belle fille (Belle Cornelia, Belle pucelle, Moye Neeltje), die bei Christ, Handb. S. 192, Schöne Mädchensbirne, Schöne Cornelia, Corneliusbirne heißt. Auch die Große rothe Muskateller, Grosses Muscadelles, Muscadelles rouges hat Christ daselbst Seite 198 mit den Beinamen Poire de Jesus ähnlich, doch als plattgedrückt, 2" hoch und dick, Ende Juli oder Anfang August reifend, beschrieben. — Zink wird die vorliegende als Suprême ou Bellissime unter Nro. 20 haben, zu Anfang September reifend. Seine Mitte August zeitigende Bellissime ou Figue musquée Nro. 4 ist eine andere Frucht. — Dochnahl S. 15 gibt als Syn. noch Prinzenbirne nach Hinkert, auch Grand Muscat, Große Muskatellerbirne nach Bechstedt und Franzmadam, Prinzmadam, Fürstliche Tafelbirne an, unter letzteren 3 Namen wird aber in Thüringen die Römische Schmalzbirne verstanden. S. diese S. 55. — Decaisne hat die vorliegende als Poire Bassin mit den Syn. Bellissime d'été (partim), Saint-Laurent, Just, Belle Cornelia, Jargonelle (partim) II. tab. 44 beschrieben. Bassin werde die Birne auf den Pariser Märkten genannt.

Gestalt: abgestumpft kegelförmig, um den Kelch plattrund, nach dem Stiele zu meist ohne Einbiegung. Mittelgroß, 2" breit und bis $2^{1}/_{2}$" lang, doch oft kleiner.

Kelch: hartschalig, offen, oft etwas verschoben, seicht, in feinen Wärzchen.

Stiel: 1" lang, oft fleischig, obenauf, bisweilen schief.

Schale: glatt, glänzend, gelblich hellgrün, auf der Sonnenseite sehr schön fast dunkel carminroth verwaschen. Auf der Schattenseite und bei beschatteten Früchten ist das Roth nur streifenartig. Mit vielen feinen gelblichen Punkten in dem Roth und mit etwas Rost und schwärzlichen Fleckchen auf der übrigen Schale

Fleisch: gelblichweiß, grobkörnig, rauschend, doch ziemlich saftig und von süßem angenehmem, aber wie bei Duham. nicht viel erhabenem Geschmack. Von Muskatellerartigem oder von Zusammenziehendem wie bei Liegel (Anw. 1842 S. 90) ist mir nichts aufgefallen und auch Oberdieck fand dies nicht.

Kernhaus: mit etwas Steinchen umgeben, hohlachsig, Kerne gelbbraun oder halbweiß, oft taub.

Reife und Nutzung: die Birne zeitigt bei mir wie bei Liegel Ende August. Nach Duhamel würde sie im Juli, nach dem T.O.G. zu Anfang und nach Diel im halben August reifen, vielleicht ist dies am Spaliere der Fall. Doch gibt auch Decaisne die Reife im August und Loisel, den er citirt, Ende August oder Anf. September an (wie Zink). — Ist vor der Reife zu brechen, wenn sie sich länger als 8 Tage halten soll, und überhaupt mehr schön als gut, doch auf dem Markte gesucht.

Eigenschaften des Baumes: derselbe wird groß und ist fruchtbar, scheint aber nahrhaften und tiefgründigen Boden zu verlangen, wenn die Früchte schön und groß werden sollen. — Blätter länglich eiförmig, auch öfters eirund, mit oft langauslaufender Spitze, mittelgroß, $1^{1}/_{2}$" breit, $2^{1}/_{2}$ bisweilen auch 3" lang, oben glatt und ziemlich dunkelgrün und glänzend, unten mattgrün und meist etwas feinwollig, gewöhnlich undeutlich und weitläufig stumpfgezähnt (Diel, der sie „am Rande charakteristisch mit schönen, starken etwas stumpfspitzen Zähnen besetzt" schildert, hat den Sommerzweig beobachtet, der mir im Augenblick fehlt), etwas schiffförmig, auch etwas sichelförmig, und besonders ist die Spitze stark nach unten gekrümmt. Blattstiele dünn, gelblichgrün, etwas wollig. — Blüthenknospen kegelförmig, sanftgespitzt, mehr hell- als dunkelbraun. — Sommerzweige nach Duham. röthlichbraun, fast dunkel violett, sehr fein, fast undeutlich punktirt, nach Diel rundherum grünlich lederfarben, mit vielen starken hell- oder lichtbraunen charakteristischen Punkten. Jahn.

No. 181. Die Troppauer Muskateller. II, 2, 1. Diel; II, 2 a. Luc.; III, 1. J.

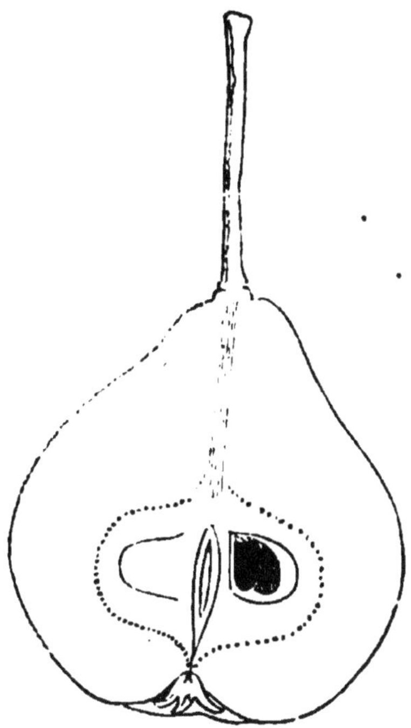

Die Troppauer Muskateller. Liegel (Rossy) * † S.

Heimath und Vorkommen: Liegel erhielt die Zweige vom Bürgermeister Rossy in Troppau 1835.

Literatur und Synonyme: Die Frucht ist beschrieben von Liegel in seinen N.O. II. S. 84 als Troppauer goldgelbe Sommermuskateller. Unter welchem Namen sie in ihrer Heimath vorkömmt, erwähnt L. nicht.

Gestalt: kegelförmig, stark hochbauchig, am Kelche platt abgerundet, nach dem Stiele zu stark eingebogen und mit kegelförmiger Spitze endigend, mittelgroß, 2¼" hoch, 1¾" dick, so beschreibt sie Liegel. — Nach unserer Formentafel können wir die Birne kreiselförmig, nach dem Stiele zu kegelförmig stumpfspitz nennen.

Kelch: großblättrig, graugelb, offen, sternförmig, in schöner schüsselförmiger Einsenkung.

Stiel: 1¼" lang, dünn, aber stark; an seinem Ende braun, nach der Birne zu gelb, am Grunde fleischig oder mit Fleischringeln umgeben, obenauf wie eingesteckt, oder neben einem Höcker schief.

Schale: etwas uneben, wie die der Pomeranzenbirnen, durch vertieft stehende grünliche oder bräunliche Punkte; von Farbe goldgelb mit grünlichem Schimmer, auch mit bräunlichen Flecken und etwas Rost um den Kelch, der sich oft stark zeigt und die ganze Schale überzieht.

Fleisch: weiß, gröblich, nicht zu saftig, fast halbschmelzend, von einem zuckersüßen, recht angenehmen, aber kaum merklich muskatellerartigen Geschmack. — (Ich bemerkte mir es rauschend, von schwach muskatellerndem oder zimmtartigen Zuckergeschmack. J.)

Kernhaus: durch feine Körnchen angedeutet, breit aber kurz, mit engen Fächern und mit vielen vollkommenen länglich eirunden schwarzbraunen oder schwarzen Kernen.

Reife und Nutzung: die Frucht zeitigt Ende August (in Meiningen zeitigte sie 1858 Mitte September), hält sich mehrere Wochen und wird dann langsam teig. — Verdient wegen ihrer schönen gelben Farbe, regulären Form und langen Haltbarkeit Empfehlung, ist für den Obstmarkt ganz geeignet, wenn auch zweiten Ranges.

Eigenschaften des Baumes: der Baum ist nach Liegel mittelgroß und tragbar. — Die Blätter sind eiförmig, mit längerer oder kürzerer auslaufender Spitze, die kürzer gestielten auch eirund, bisweilen etwas herzförmig, 2" breit, 3¼" lang, meist etwas wollig, ganzrandig, etwas schiffförmig und sichelförmig, dunkelgrün, reichgeadert, deßhalb und wegen des wolligen Ueberzugs nur mattglänzend. Stiele bleichgrün, wollig, bis 2¼" lang, geradeausstehend, Blätter aber fast alle daran hängend. — Blüthenknospen zur Zeit eirund, stumpfspitz, dunkelbraun, an der Spitze hellbraun, etwas wollig. — Sommerzweige grünlich gelbbraun, nach oben wollig und röthlich, mit erhabenen gelblichen Punkten. Der Trieb des Baumes ist bei mir stark.

J.

No. 182. Große gelbe Weinbirne. II, 2. 1. D.; II, (I), 2 a. Luc.; III, 1. 3.

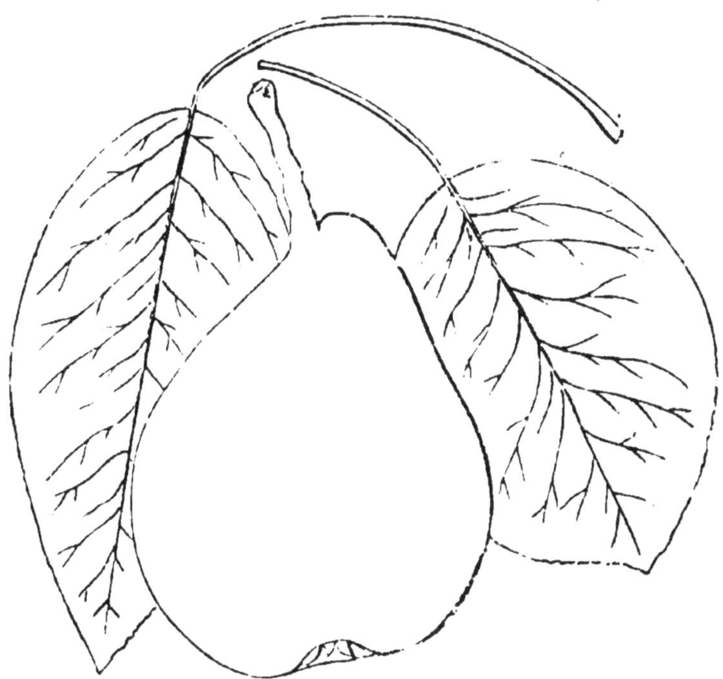

Große gelbe Weinbirne. Diel. *?, mehr †, S.

Heimath und Vorkommen: stammt aus dem Nassauischen und kommt in Norddeutschland nicht selten vor.

Literatur und Synonyme: Diel H. IV, S. 49. Dochnahl's Führer Nr. 251. Synonyme nicht bekannt. Doch meint Diel, daß sie (oder die Gelbe Sommerherrnbirne) mit Mayers Großer Wasserbirne, Grosse aqueuse, tab. VIII. Nro. 13. b, identisch sein könne. Uebrigens sind, wie aus Metzgers und Lucas Schriften hervorgeht, in Süddeutschland verschiedene Weinbirnen bekannt.

Gestalt: rundbauchig mit einer sehr kurzen Spitze nach dem Stiel, öfters auch kreiselförmig. Die kugelförmige Kelchwölbung gestattet das Aufstehen der Frucht. Sie mißt vom Hochstamm 2 bis $2^3/_4$″ in der Breite, selten $^1/_4$″ mehr in der Höhe.

Kelch: offen, stark, weißgrau, mit feinen Einschnitten, gewöhnlich zurückliegend in einer etwas weiten Einsenkung, welche oft nicht ganz eben ist.

Stiel: für die Frucht ansehnlich stark, $^1/_2$—1" lang, höckerig, von Fleischbeulen umgeben, welche ihn auf die Seite drängen.

Schale: abgerieben glänzend, grünlich hellgelb, in voller Zeitigung schön citronengelb. Bei besonnten Früchten zeigt sich öfters ein kleiner Anflug von einer erdartigen Röthe. Punkte äußerst zahlreich; auch sind Rostanflüge um die Kelchwölbung nicht selten.

Fleisch: schön weiß, etwas grobkörnig, triefend von Saft, halbschmelzend von einem etwas einschneidenden süßweinsäuerlichen Geschmack.

Kernhaus: länglich mit kleinen Kammern, wenige vollkommene Kerne enthaltend.

Reife und Nutzung: zeitigt zu Ende August, hält sich aber nicht über 8 Tage. (Auch Oberdieck klagt über ihre geringe Dauer.) Treffliche Frucht für die Oekonomie, wird aber vom Landmann gerne auch roh genossen.

Eigenschaften des Baumes: derselbe wächst lebhaft, wird sehr groß und ist fast jährlich recht fruchtbar.

Die Sommertriebe sind rund herum dunkel olivengrün, fast lederfarbig, ohne Wolle und mit vielen starken röthlichbraunen Punkten besetzt. Blatt klein, länglich eiförmig mit kurz auslaufender Spitze, 2" breit, 3" lang. Es liegt mit seiner Fläche platt ausgebreitet, ist glattrandig oder nach obenhin eine feine Zahnung nur angedeutet. Afterblätter fehlen. Die spitzherzförmigen, dunkelbraunen Augen stehen nur wenig vom Zweig ab und ruhen auf breiten, sehr erhabenen Trägern. Blüthenknospen groß, eirund, dunkelbraun, sanftgespitzt, glatt.

Schmidt.

Die Blätter der Fruchtknospen sind ebenfalls eiförmig, ziemlich groß, $1^3/_4$" breit, $2^1/_4$ bis über 3" lang, die kürzer gestielten ziemlich rundlich, vorn kurz zugespitzt, die langgestielten mit oft langer auslaufender Spitze, oft nach dem Stiele zu stark verschmälert; ebenfalls glatt und ganzrandig. J.

No. 183. Große Sommerbergamotte. I, 2. 1. Diel; II, 1 (2) a. Luc.; III, 1. J.

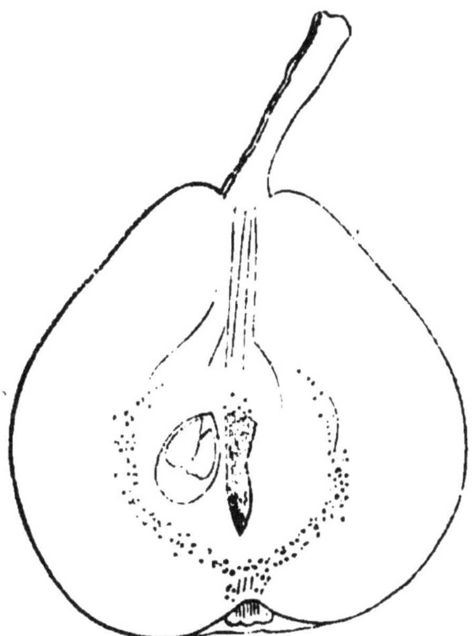

Große Sommerbergamotte. Diel. * †† Sept.

Heimath und Vorkommen: gehört zu den alten lange bekannten, nach Diel auch in Deutschland weit verbreiteten, aber oft verwechselten Sorten. Doch habe ich sie im Hannoverischen wenig gefunden. Sie bleibt aber für Haushalt und Markt immer schätzbar, wenn sie in schlechtem, zu trocknen Boden auch etwas merklich körnigt wird. — Woher sie Diel hatte, gibt er nicht an.

Literatur und Synonyme: Diel III. p. 31 Große Sommerbergamotte, Bergamotte d'été; Dittrich I. p. 558. Nach Diel findet sie sich bei Merlet als Bergamotte d'été ou ordinaire, auch La Beuvrière; bei Quintinye als Milan de la Beuvrière ou Bergamotte d'été; Duhamel III. Nr. XLV. Bergamotte d'été, Milan de la Beuvrière. Knoop hat sie nur im Register; Miller III. Nr. 31 Bergamotte d'été, Hamdens Bergamott; Abercrombie: Summer Bergamott pear. Henne p. 184 hat als Sommerbergamotte die rechte. Die Runde Sommerbergamotte des T.O.G. I. Nr. 7, Krafts Sommerbergamotte 197 und Christs Sommerbergamotte Handbuch p. 584, so wie die (nach dem T.O.G.) im Wörterbuch p. 157 gegebene Runde Sommerbergamotte sind nicht die obige. Eher hat Christ die rechte: Vollst. Pomol. Nr. 174. Der Lyon. Bericht versteht unter Grosse Bergamotte d'été nach mehreren der aufgezählten Synonymen (Belle de Bruxelles, Belle d'Aout, Bergamotte des Paysans, Fanfarean, Bergamotte de Hamden, Belle sans Pepins) jedenfalls unsere Deutsche Nationalbergamotte, denn Decaisne hat diese letztere als Sans Pepins (mit den Syn. Bergamotte de Bruxelles, Belle de Bruxelles, Belle d'Aout, Belle de Luxembourg, Belle et Bonne, Fanfareau und Beuzard) sehr kenntlich abgebildet. Auch die in Paris versammelten Pomologen geben als Synon. zu Belle sans Pepins: Grosse Bergam. d'été, Belle de Bruxelles, Belle d'Aout, Fanfareau und Bergam. des Paysans, doch bezeichneten sie das Synon. Belle des Bruxelles als fraglich und einer anderen schlechteren Frucht zugehörig. — Im Lyon. Bericht, wie in dem über die Pariser Versammlung kömmt noch eine andere Bergamotte d'été vor mit den Synonymen: Beurré blanc (unsere Beurré blanc heißt nämlich dort Doyenné u. Doyenné blanc) Milan blanc, Milan de la Beuvrière, welches die Runde Mundnetzbirne ist, die auch Decaisne recht gut als Milan blanc abbildete. Als weitere Synon. für letztere außer den bereits genannten nennt auch Decaisne noch Bergamotte d'été, doch setzt er „non Miller" hinzu, ferner Franc Real d'été, Beurré d'été, Gros Misset (Micet) d'été, Royale, Coulesoif (Merlet), Hativeau blanc, Grosse Mouillebouche. — Es geht hieraus hervor, daß man in Frankreich unter Grosse Bergamotte d'été unsere Deutsche Nationalbergamotte und unter Bergamotte d'été unsere Runde Mundnetzbirne versteht, aber es bleibt fraglich, ob letztere nicht am Ende auch Duhamels (und Merlets) Bergamotte d'été gewesen ist. Doch scheint Downing (nach Thompson) S. 333 als Hampden's Bergamot mit den Syn. Summer Bergamot (Lindl. u. Miller), Bergamotte d'été (Duh.), und den weiteren auch vom Lond. Catal. angeführten Syn. Bergamotte d'Angleterre, Longueville, Scotch Bergamot, Fingal's und Ellanrioch nach der gelieferten Beschreibung die hier vorliegende Diel'sche Große Sommerbergamotte zu haben.

Gestalt: nach Diel schön kreiselförmig, 2½" breit und hoch, was auch obige Figur darstellt, doch gibt es auch Früchte, die merklich mehr abgestumpft konisch sind, und erhielt ich von nicht geschnittenen Pyramiden aus Herrenhausen 1859 derartige Früchte, stark 2¾" breit und stark 3" hoch. Der Bauch der Frucht ist durch breite Beulen oft etwas verunstaltet, oft auch schön geformt. Oft bemerkt man an der Frucht auf einer Seite derselben eine vom Kelche bis zum Stiele laufende Rinne.

Kelch: klein, ursprünglich mit langen, gewöhnlich oben verdorrten und abgefallenen Ausschnitten und dadurch hartschalig, allermeist offen, sitzt in kleiner, bald ebener, bald mit flachen Beulen besetzter Senkung.

Stiel: stark, an der Basis fleischig, sitzt auf der Spitze meist ohne Einsenkung, ist bald kurz, bald selbst gegen 1½" lang, und fast immer etwas zur Seite gebogen oder selbst durch einen Wulst zur Seite geschoben.

Schale: dünn, fein rauh, blaß und matt hellgrün, in der Zeitigung matt grüngelb, hellgelb, wenn die Frucht schon teig ist. Die Sonnenseite ist mit unansehnlicher bräunlicher Röthe leicht verwaschen, die bei irgend beschatteten als Anflug bleibt, oder fehlt. Punkte sehr zahlreich, stark, hellgrau in der Röthe, dadurch ins Auge fallend. Auch Anflüge und stellenweise Ueberzüge von Rost finden sich. Geruch angenehm, müskirt.

Fleisch: gelblich weiß, fein, saftvoll, nach Diel butterhaft schmelzend, hier nur halbschmelzend, von zuckerartigem, fein zimmtartigem Bergamottgeschmack.

Kernhaus: hat starke hohle Achse, die Kammern enthalten nur wenige, zu Zeiten jedoch auch zwei vollkommene braune Kerne. Kelchhöhle ganz flach.

Reifzeit und Nutzung: Zeitigt Anfangs September, oft schon im August, hält sich etwas grün abgenommen 14 Tage, bei mir fast 3 Wochen, wird südlicher eine gute Tafelfrucht sein und bleibt auch in meiner Gegend noch gute Haushalts- und Marktfrucht, so wie für die Tafel wenigstens brauchbar. In heißen Jahren brach ich wohl schon 21. oder 26. August, in kühlen Jahren 15.—20. September.

Der Baum wächst gesund und rasch, ist sehr fruchtbar, liebt auch nach Diel durchaus kein dürres Land, und wird nur in tiefgehendem Boden groß, wo er auch in der Blüthe nicht empfindlich ist. Er bildet eine etwas breite Kugelkrone. — Sommertriebe nur etwas stuffig, nach oben wenig abnehmend, ohne Wolle, ledergelb, auf der Sonnenseite oft matt röthlichgelb, nur wenig punktirt. — Blatt mittelgroß, breit, eiförmig, glatt, glänzend, mit ganz feinen seichten Zähnchen besetzt oder nur gerändelt. Afterblätter fehlen. — Blatt der schwärzlich geschuppten Fruchtaugen wechselt zwischen elliptisch, ziemlich oval und eiförmig, doch ist oval (Jahns eiförmig) die überwiegende Form, glatt, doch oft noch am Blattsaume etwas wollig, (Duhamel schildert es als „mit Mehl bestreut"), feiner oder auch stärker gesägt, mit auslaufender oder aufgesetzter Spitze. Augen dickbauchig, herzförmig, spitz, etwas abstehend, auf stark vorstehenden Trägern. Oberdieck.

No. 184. Meißener Eierbirne. III, 1 a Diel; III, 2 b. Luc.; II, 1. Jahn.

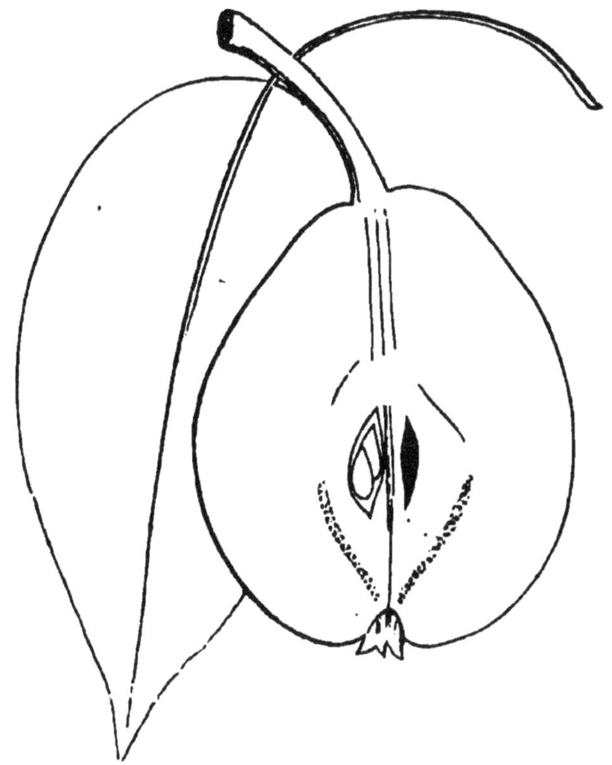

Meißener Eierbirne. Diel (Beyer) ✝✝ Sept.

Heimath und Vorkommen: diese gute Haushalts- und Marktfrucht erhielt Diel von Herrn Beyer in Meißen, der die Pomologie mit mehreren guten Sorten bereichert hat. Sie ist noch wenig verbreitet.

Literatur und Synonyme: Diel R.K.O. II. S. 229, Beyer's Meißener Eierbirne. Da es eine andere Eierbirne aus Meißen nicht gibt, so wird der Name wohl zweckmäßig etwas abgekürzt. Sonst finde ich sie nirgends, selbst nicht bei Dittrich.

Gestalt: Grundform ziemlich eiförmig, wie in obiger Figur, oft ist sie auch dickbauchig kegelförmig; 2½" breit, 3" lang, bei mir ein wenig kleiner. Bauch sitzt merklich mehr nach dem Kelche hin, um den sich die Frucht fast halbkugelförmig zurundet; nach dem Stiele oft deutliche Einbiegungen und dann stark abgestumpfte Kegelspitze. In der Rundung ist die Frucht durch einige flache Erhabenheiten oft verschoben.

Kelch: kurzblätterig, hartschalig, offen, flach, oft kaum etwas vertieft.

Stiel: stark, holzig, 1½" lang, in seinem Anfange oft fleischig, sitzt wie eingedrückt.

Schale: glatt, vom Baume gelblich grün, in der Zeitigung hellgelb, ohne alle Röthe. Um den Kelch verbreitet sich fast immer Rost als Ueberzug. Punkte sehr zahlreich, rostfarben, auf der Sonnenseite oft röthlich. Geruch fein und angenehm.

Fleisch: weiß, grobkörnig, saftvoll, halbschmelzend, von angenehmem rosenartig süßen Geschmacke.

Kernhaus: klein; die engen Kammern enthalten meist nur unvollkommene Kerne. Kelchhöhle kurzer, breiter Kegel.

Reifzeit und Nutzung: Zeitigt Anfangs September und hält sich, etwas vor der Zeitigung gebrochen, 14 Tage. Für Haushalt und Markt; gibt nach Diel gutes Birnmuß (Latwerge, Kraut).

Der Baum wächst stark, pyramidal, mit breiter schön belaubter Krone, mit großem dunkelgrünem Laube, bildet viel Quirlholz und liefert reiche Erndten. — Sommertriebe stark, nach oben wenig abnehmend, nur wenig gekniet, lebergelb, stark besonnt schwach röthlich überlaufen, unten etwas silberhäutig, nach oben etwas wollig, mit vielen länglichen schmutzig röthlichgelben Punkten gezeichnet. — Blatt groß, ziemlich flach ausgebreitet, nach Diel herzförmig, ich fand es noch öfter langeiförmig, theils auch oval, nach oben am Zweige mehr elliptisch, mit schöner halbaufgesetzter oder auslaufender Spitze, am Rande gar nicht gezahnt. Afterblätter fehlen allermeist. — Blatt der Fruchtaugen eiförmig (Jahns eirund), große oft recht lang eiförmig, manche fast oval. Augen unten am Zweige klein, in der Mitte dicker, spitz kegelförmig, oft nur wenig, meist merklich abstehend.

Oberdieck.

No. 185. **Kleine Schmalzbirne.** I, 2 a. Diel; II, 1 a. Luc.; II, 1. Jahn.

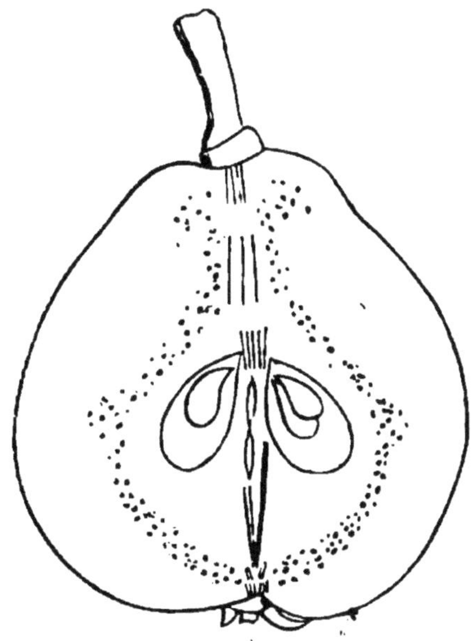

Kleine Schmalzbirne. Oberdieck. Wohl ** Sept.

Heimath und Vorkommen: diese sehr interessante Frucht ist unter dem Namen Fondante petite in neuerer Zeit nach Herrnhausen gekommen, ohne daß noch bekannt wäre, woher? Vielleicht könnte sie über Bückeburg (wo ein Bruder des früheren Plantagenmeisters Metz Hofgärtner war, und wohin van Mons Reiser gesandt hatte) von van Mons gekommen sein, in dessen Cataloge ich den Namen jedoch nicht finde. Die Frucht ist sehr kenntlich und hier sehr angenehm zum rohen Genuß selbst bei dem Fehler, daß sie etwas steinig ums Kernhaus ist. In anderem Boden oder weiter südlich wird sie diesen Fehler wahrscheinlich eben so verlieren, wie die von mir benannte von Flotows Colmar diesen Fehler schon in Dresden nicht mehr zeigte und dort delikat ist.

Literatur und Synonyme: fehlen. Ich finde nichts ihr Aehnliches.

Gestalt: ziemlich dickbauchig kreiselförmig, nähert sich an Gestalt den Dechantsbirnen; 2 1/2" breit und hoch; Bauch nur etwas mehr nach dem Kelche hin, um den sie sich ziemlich flachrund wölbt und gut aufsteht.

Nach dem Stiele endet sie mit fast flachrunden Linien ohne merkliche Einbiegung, und ist noch ziemlich stark abgestumpft. Der Bauch der Frucht ist eben und schön rund, doch die eine Seite oft stärker und bauchiger.

Der Kelch liegt in seiner Vollkommenheit mit den lederartigen Ausschnitten etwas auf; indeß fehlen die Ausschnitte meistens und erscheint er dann hornartig, ist offen und sitzt in flacher ebener Senkung.

Stiel: ist stark, 3/4" lang, geradeaus stehend, fast fleischig, an seiner Basis mit Fleischringeln umgeben, und sitzt in ganz flacher Vertiefung zwischen einigen ganz flachen Beulen.

Schale: stark, mattgrasgrün, nicht glänzend, in der Zeitigung kaum etwas gelblicher. Röthe fehlt, auch Rostanflüge finden sich nur wenig; dagegen sind feine Rostpunkte zahlreich.

Das Fleisch ist mattweiß, fein, schmelzend, um das Kernhaus in hiesigem Boden oder Klima ziemlich steinig, von fein zimmtartig gewürztem, süßem Bergamottgeschmack. Wo sie ums Kernhaus weniger steinig wird, gehört sie zu den vorzüglichen Tafelbirnen.

Das Kernhaus ist ohne merkliche hohle Achse, ziemlich fleischig. Die Kammern sind charakteristisch weit und groß und enthalten vollkommene lange, mit der Spitze etwas gebogene, oft noch weißliche Kerne. Die Kelchröhre ist ganz flach.

Reifzeit und Nutzung: Früchte, die ich 1858 am 3. Sept. aus Herrnhausen von einer Pyramide mitbrachte, zeitigten schon am 7. Sept. Wird hauptsächlich Tafelfrucht sein, und ordinär gegen Ende Sept. reifen.

Der Baum wächst rasch und gesund und ist recht tragbar. — Die Triebe sind stark, nach oben wollig, ledergelb, ins Olive spielend, oft an der Sonnenseite leicht röthlich überlaufen und besonders nach unten mit zahlreichen starken röthlich grauen Punkten gezeichnet. — Das Blatt ist glatt, ziemlich glänzend, fast flach ausgebreitet, eiförmig (eirund, Jahn) ungezahnt, nur etwas gerändelt. — Das Blatt der Fruchtaugen ist auch eiförmig (eirund, Jahn), oft langeiförmig, einzeln sowie an den Blätteraugen am Sommertriebe ziemlich lancettförmig. Die Afterblätter sind pfriemenförmig, fehlen meistens; die Augen stumpfspitz, ziemlich abstehend, unten breit, fast dreieckig, die Augenträger besonders nach oben am Zweige stark und lang gerippt und der Zweig davon streifig.

Oberdieck.

No. 186. **Der Grüne Sommerdorn.** I, 3. 1. Diel; I, 1 a. Luc.; II, 1. Jahn.

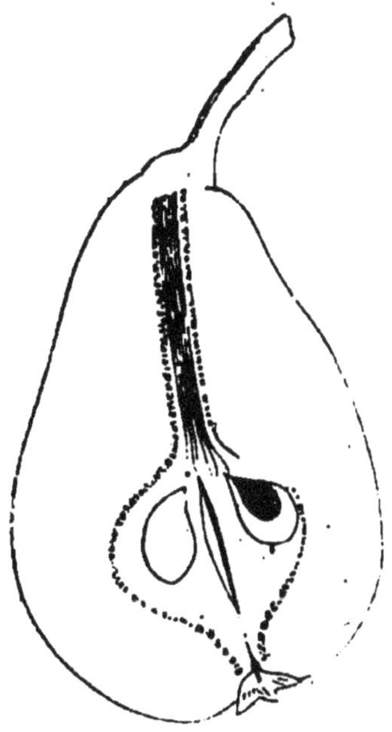

Der grüne Sommerdorn. Diel (Duhamel) * † S.

Heimath und Vorkommen: schon Duhamel kannte diese Frucht und erzählt, daß Ludwig XIV. sie gut, la bonne poire genannt habe. Er beschreibt sie als Epine d'été mit den Synonymen Fondante musquée, daraus machte der Uebersetzer die Sommer-Epine, die Zerfließende Muskateller. — Sie wird auch ziemlich häufig in deutschen Gärten gefunden.

Literatur und Synonyme: Diel beschrieb sie in Heft VI. S. 51 als Grüner Sommerdorn, Epine d'été verte. Danach Dittr. I. S. 569. — Vergl. ferner Oberd. S. 415. Duham. III. S. 51. tab. 30, Christ Hdwb. S. 214. In Italien heißt sie Bugiarda und Cat. Lond. gibt als Synonyme außer den obigen noch Satin vert an. — Zu bemerken ist, daß auch die Russeline mit Unrecht zuweilen Fondante musquée genannt und daß Epine d'été auch der Duhamels Rosenbirne und dem Punktirten Sommerdorn als Syn. beigegeben wird, weßhalb Diel „verte" hinzufügte.

Gestalt: lang kegelförmig, um den Kelch kugelförmig abgerundet, doch so, daß sie noch so eben stehen kann, nach dem Stiele zu entweder ohne oder mit einer kaum bemerklichen Einbiegung lang kegelförmig, etwas abgestumpft spitz endigend, gewöhnlich 2'' breit und 3'' hoch.

Kelch: ziemlich langgespitzt, oft fehlerhaft, sternförmig, seicht, bisweilen mit Erhabenheiten umgeben, die auf die Rundung des Bauchs Einfluß äußern.

Stiel: stark, bis 1" lang, orleansfarbig, obenauf wie eingesteckt, häufig auch durch einen Fleischwulst zur Seite gedrückt.

Schale: glatt, geschmeidig, wie fein fettig, gelblich hellgrün, nach der Stielspitze hin nur etwas hellgelb werdend, ohne wahre Röthe, doch besonders um die Kelchwölbung herum hellgrau gefleckt und fein punktirt, auch mitunter fein berostet.

Fleisch: mattweiß, körnigt, überfließend, butterhaft, von einem anfangs starken, aber flüchtigen parfümirten oder etwas müskirten Muskatellergeschmack, der im Kauen sich bald verliert. Auch riecht die Birne in Menge stark muskatellernd. Diel. — Nach Oberd. wird das Fleisch zwar schmelzend und zum Rohgenuß angenehm, doch nicht fein genug, ist etwas körnigt und der Muskatellergeschmack fast wirklich bisamartig, kaum eigentlich vorzüglich.

Kernhaus: klein und geschlossen, Kammern etwas enge mit häufig unvollkommenen Kernen.

Reife und Nutzung: die Frucht zeitigt im ersten Drittel des September, hält sich 8 Tage, verliert dann den Saft, muß volle 8 Tage vor der Reife gepflückt werden, wenn sie nicht am Baume schon mehligt werden soll. — Ist immer noch eine gute Markt- und Tafelfrucht, wenn sie auch dem Rothen und besonders dem Punktirten Sommerdorn im Werthe nachsteht, und auch Diel gibt ihr noch I. Rang.

Eigenschaften des Baumes: derselbe wächst lebhaft, belaubt sich stark, ist sehr fruchtbar und bildet schöne Zwergbäume. — Die Blätter sind länglich eirund mit meist langer auslaufender Spitze, 1¾" breit, 2½ bis 3" nach Diel, der die Form lang elliptisch, doch abnehmender nach vorne als nach dem Stiele, die untersten Blätter am Sommerzweige fast von der Form eines Lorbeerblattes angibt, oft 4" lang, oft auch kürzer gebaut und dann am Grunde bisweilen keilförmig, glatt, ziemlich stark- aber stumpf- und bogenförmig gesägt, hellgrün und glänzend, meist flach, nur die Spitze etwas gekrümmt. Stiel bis 2" lang. — Blüthenknospen z. B. klein, kegelförmig, mäßig spitz, dunkelbraun. — Sommerzweige grünlichgelb oder hell olivengrün, nach oben etwas schwachröthlich, weißlich punktirt.

J.

No. 187. Die Briel'sche Pomeranzenbirne. I, 2. 1. Diel; II, 2 b. Luc.; III, 1. J.

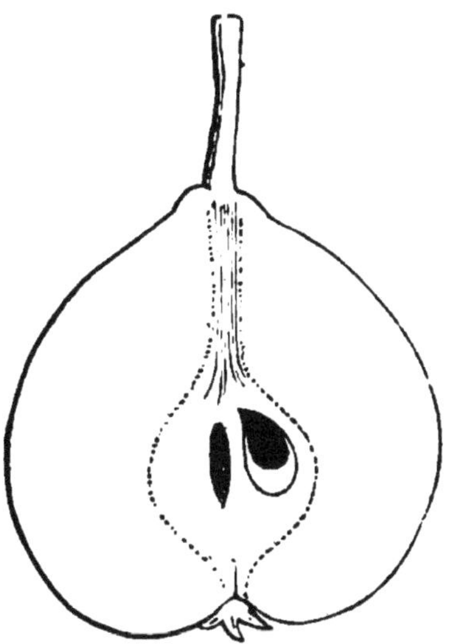

Die Briel'sche Pomeranzenbirne. Diel * ++ S.

Heimath und Vorkommen: Diel bekam sie vom Kunstgärtner Stein in Harlem als Briel'sche Orange Peer. — Ist wahrscheinlich holländischen Ursprungs und unter den Pomeranzenbirnen eine der besten, und da der Baum gesund ist und reichlich trägt, so verdient sie weitere Verbreitung, als sie bis jetzt bei uns gefunden hat.

Literatur und Synonyme: Diel beschrieb sie VII. S. 1; Oberd. S. 389; Luc. S. 171. — Vielleicht ist es nach Diel Knoops Admiralsbirne, die nach Christs Hdwb. S. 149 Admiral, Portugal d'été, Poire de Prince heißt, doch kommen unter diesen Namen verschiedene Früchte, z. B. als Portugal d'été auch die Cassolet und als Admiral bei Etienne die Amire vor. — Diel erhielt sie auch als Diamantbirne (was aber nach Knoop ganz falsch ist) und Oberd. als Orange tulipée. Diese, die als Gestreifte Pomeranzenbirne in Pom. franc. III. S. 256. tab. 68 abgebildet und beschrieben ist, und auch trotz der Größe, in welcher sie Mayer gezeichnet hat, doch wohl dieselbe sein wird, hat zu Syn. noch: Tulpenbirne, Mückenbirne, Bigarrade, Androgyne, Xaintongerbirne, Königliche Herbstbirne, Gelbe roth und grün gestreifte Birne, Guter Wildling (brutte bonne), die Häßliche Gute (Laide bonne), die Schlechte Anjouer oder Reatebirne (Vilaine d'Anjou ou de la Réate), und auch nach M. wäre die größere Verbreitung dieser guten Birne sehr zu wünschen. Auch Duhamels Orange tulipée, Poire aux mouches (Birne für die Fliegen) ist nach Beschreibung und Abbildung sicher dieselbe Frucht. Er hat die Form der Blätter ziemlich kenntlich gezeichnet. Duham. III. S. 64. tab. XLI.

Gestalt: etwas bergamottartig, um den Kelch flachrund, deßhalb breit und gut aufsitzend, nach dem Stiele jedoch viel stärker abnehmend und breit abgestumpft spitz, und durch letzteres wieder mehr den Pomeranzenbirnen ähnlich, 2" breit und ebenso hoch oder 1/8" niedriger, deßhalb schon etwas klein, in der Rundung meist durch unregelmäßige Erhabenheiten entstellt.

Kelch: hartschalig, offen, seicht oder auch ziemlich vertieft stehend.

Stiel: sehr stark, wie fleischig, 3/4" lang, auf der breiten Spitze in einer kleinen Höhle, die charakteristisch mit Beulen umgeben ist, von welchen sich eine an den Stiel anlegt, und wodurch die Frucht auf einer Seite höher als auf der andern wird.

Schale: glatt, ziemlich stark, grünlich hellgelb, später schön citronengelb, fast zur Hälfte mit etwas blutartigem Roth verwaschen und dazwischen gestreift, oder auch nur rothpunktirt. Mit zahlreichen feinen braunen Punkten und etwas Rost in Anflügen und Figuren.

Fleisch: weiß, körnigt, nicht saftreich, im Kauen sich markicht auflösend, von zuckerartigem etwas müskirtem, dem der Großen Sommerbergamotte ähnlichen Geschmack, den Oberdieck ebenso als schwach müskirt, weinartig gezuckert schildert. — Auch riecht die Frucht angenehm.

Kernhaus: sehr klein und geschlossen. Kammern sehr enge, jedoch mit ziemlich vielen, schönen, schwarzen und vollkommenen Kernen.

Reife und Nutzung: die Frucht zeitigt Anfangs September, hält sich 14 Tage und wird dann mehligt. Diel setzt sie in den I. Rang und auch Oberd. erklärt sie für eine der besten unter den Pomeranzenbirnen, und räth sie in warmen Jahren schon den 20. Aug., gewöhnlich aber gegen Ende Aug. zu pflücken.

Eigenschaften des Baumes: derselbe wächst gut, mit aufrecht stehenden Hauptästen, doch mit hängenden Nebenzweigen; er wird nur mittelgroß, aber bald und sehr fruchtbar, und belaubt sich stark, ist in seiner Vegetation sehr kenntlich und steht den wahren Bergamotten, wie Diel bemerkt, durch das Matte und Glanzlose seiner Blätter sehr nahe. — Die Blätter sind eiförmig, oft auch elliptisch, mit meist auslaufender, oft langer Spitze, 2" breit, 3" lang, oben und unten wollig (darin und überhaupt in der Form denen der Damenbirne ähnlich) ganzrandig oder sehr undeutlich gezahnt. (Diel beschreibt das Blatt des Sommerzweigs als etwas klein, lang elliptisch, schiffförmig, nach vorne stark sichelförmig, mit geradeauslaufender Spitze, oben und unten wollig, blaß hellgrün, [wegen der Wolle] fast gar nicht glänzend, regelmäßig fein spitz gezahnt, welches letztere an den Blättern der Sommerzweige allerdings schon deutlicher hervortritt.) — Blüthenknospen kegelförmig sanft gespitzt, dunkelbraun, mit etwas klaffenden Deckblättern, die fein hellbraun bewimpert sind. — Sommerzweige nach Diel gelblich lederfarben mit vielen feinen weißgrauen Punkten.

J.

No. 188. Brauner Sommerkönig. II, (I) 3 a. Diel; I, 2 b. Luc.; V, 1. Jahn.

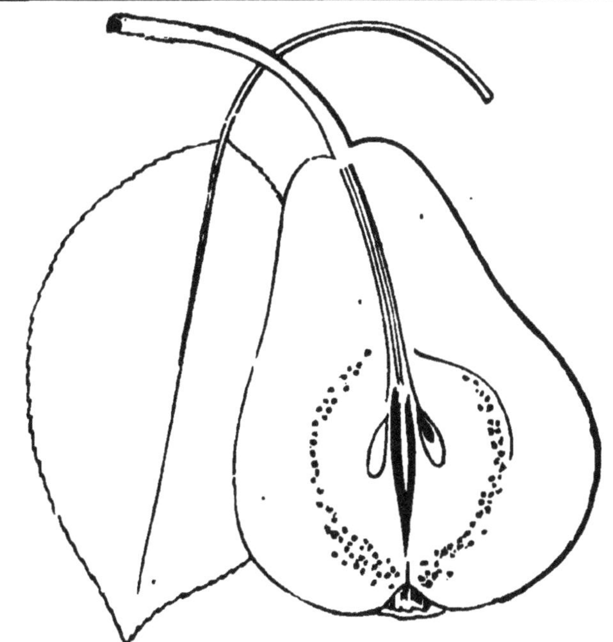

Brauner Sommerkönig. Diel. †† Sept.

Heimath und Vorkommen: Diel erhielt diese Frucht von Marechall aus Metz als Roi d'été gris und scheint sie sich sonst bei keinem Pomologen zu finden. Diel bezeichnet sie als angenehm zum frischen Genusse; sie ist aber als Tafelbirne nicht besonders zu empfehlen, da sie bei mir nur halbschmelzend war und sich nicht lange hält. Wird, wenn irgend zu spät gebrochen, schon nach wenigen Tagen taig. Bei der recht reichen Tragbarkeit und Gesundheit des Baums kann sie aber mit Vortheil für den Haushalt zum Kochen, zu Birnmuß (Latwerge, Kraut) und zum Welken gebaut werden.

Literatur und Synonyme: Diel K.K.O. II. p. 208 Brauner langstieliger Sommerkönig, Roi d'été gris. Muß nicht verwechselt werden mit der Großen Sommerrousselet, die auch Sommerkönig, Roi d'été heißt. Der Sommerkönig im T.O.G. XVI. Taf. 3 könnte obige wohl sein, da fast alle Züge stimmen, nur daß kein Rost angegeben ist und die Reifzeit schon Mitte August eintreten soll (vergl. unten Jahn). Auch Christ vollst. Pomol. Nro. 109 hat neben der Großen Sommerrousselet noch einen Sommerkönig, der mit dem aus dem T.O.G. gedachten zusammenfallen wird.

Der Unterschied der obigen von der ziemlich zugleich reifenden Großen Sommerrousselet, die ich noch nicht richtig kenne, würde nach Diels Beschreibungen hauptsächlich im Geschmack zu suchen sein, der bei der Großen Sommerrousselet als erfrischend süßweinsäuerlich, etwas fein muskatellernd angegeben wird, außerdem wird diese als etwas größer und das Blatt auch am Sommertriebe als elliptisch bezeichnet.

Gestalt: bauchig kegelförmig, oft mehr hinneigend zur Birnform. Der Bauch sitzt merklich mehr nach dem Kelche hin, um den sie sich halbkugelförmig so zurundet, daß sie noch aufstehen kann. Nach dem Stiele macht sie sanfte Einbiegung und endigt mit schöner Kegelspitze. Gute Früchte sind 2" breit und stark 2½" hoch. Obige Zeichnung wurde nach Frucht von unbeschnittener Pyramide zu Herrnhausen entworfen.

Kelch: kurzblättrig, hartschalig, offen, (ich fand ihn auch öfter halbgeschlossen) sitzt in seichter ebener Senkung und auch über den Bauch laufen keine merklichen Erhabenheiten hin, doch drängt sich zuweilen die eine Seite der Frucht stärker vor, als die andere.

Stiel: holzig, geradestehend, (ich fand ihn öfter auch stark gekrümmt) grün, 2 bis selbst 2½" lang, sitzt wie eingesteckt oder ist mit etwas Fleisch umgeben.

Schale: rauh, Grundfarbe hellgelblich grün, wovon man oft wenig zu sehen bekommt, indem die Schale mit einem rauhen, braunen Roste überzogen ist, der bei freihängenden Früchten auf der Sonnenseite mit einer erdartigen braunen Röthe überdeckt ist, die bei beschatteten Früchten fehlt. Ich fand hier die Röthe mehrmals gleich vom Baume ziemlich stark und auf der Sonnenseite verbreitet, die aber bei eintretender Reife sich etwas verlor. Punkte sind in der Grundfarbe, wo diese reiner erscheint, und im Roth, wo sie kleine Rostfleckchen bliden, zahlreich. Geruch fehlt.

Das Fleisch ist mattweiß, oft schwach gelblich, von Ansehen grobkörnig, nach Diel im wahren Punkte der Reife schmelzend, von angenehmem zimmtartigen Zuckergeschmack.

Das Kernhaus ist klein, hat zuweilen kleine hohle Achse; die engen Kammern enthalten meist taube, nur einzeln vollkommene kaffeebraune langgespitzte Kerne. Kelchhöhle flach.

Reifzeit und Nutzung: zeitigt nach Diel Anfangs September, bei mir Mitte, selbst Ende September und hält sich nicht lange. 1838 z. B. war die rechte Brechzeit 17. und 18. Sept., die letzteren waren die süßesten und hielten sich bis 9. Oct., wo sie rasch taig wurden. 1849 dagegen hatte ich am 7. Sept. schon etwas spät gebrochen und hielten die Früchte sich nur bis 25. Septbr. Muß etwas vor der Baumreife ab. und dann eine gute Haushaltsbirne, die gekocht schön roth und sehr wohlschmeckend war.

Der Baum wächst rasch und sehr gesund, belaubt sich schön, setzt viel kurzes Fruchtholz an und liefert recht reiche Erndten. Meine Probezweige saßen oft klettevoll. Sommertriebe lang und stark, gern etwas hornartig gebogen, etwas gekniet, nach oben mit schwärzlicher Wolle bekleidet, ohne Silberhäutchen oder doch nur schwach damit belegt, dunkelbraun, fast violettbraun, mit ziemlich vielen, aber wenig bemerklichen Punkten besetzt. Blatt klein, eiförmig, (unten am Zweig breiteiförmig, nach oben meist elliptisch, oft noch etwas wollig und etwas düster) glänzend, flach und spitz gezahnt. Afterblätter fehlen meist. Blatt der Fruchtaugen nach Diel fast rund herzförmig; ich fand es breit elliptisch oder einzeln ziemlich eiförmig. Augen stark, spitz kegelförmig braungeschuppt, abstehend, auf ziemlich vorstehenden Trägern.

Oberdieck.

Anm. Von der im Handbuch S. 79 bereits beschriebenen, ihr ähnlich sehenden, auch gleichzeitig reifenden Junkerbirne, von mir ebenfalls für Sicklers Sommerkönig gehalten, ist sie durch abweichende Vegetation verschieden, weßhalb ich das von Oberdieck mitgesendete Blatt zu einem etwaigen künftigen weiteren Vergleiche nebenan gezeichnet habe.

J.

No. 189. Liegels Honigbirne. III, 1. (2) 1. Diel; II, 2 a. Luc.; III, 1. Jahn.

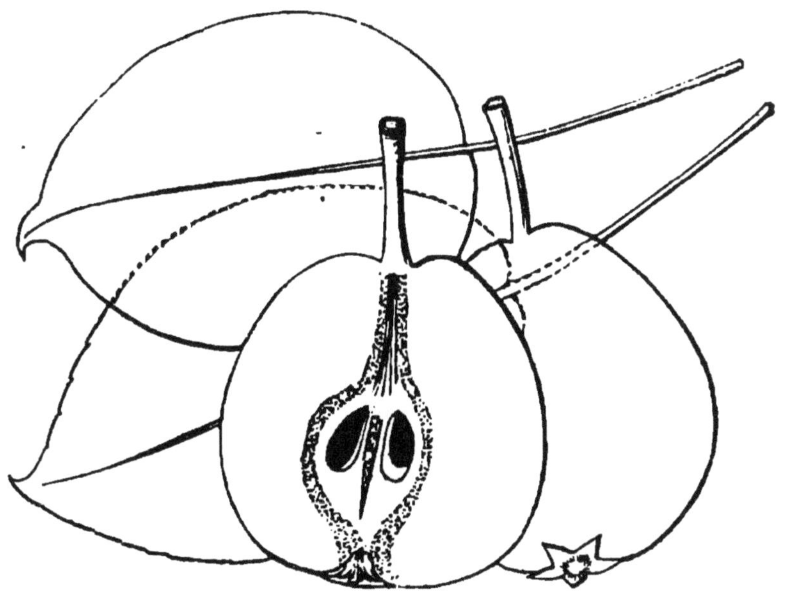

Liegels Honigbirne. Liegel. * †† S.

Heimath und Vorkommen: Liegel erhielt den Baum von einem Bamberger Baumhändler und es würde hiernach die Birne wohl noch unter einem anderen Namen verbreitet sein. Diel habe sie wahrscheinlich nicht beschrieben. Mit den von letzterem beschriebenen 5 Honigbirn-Arten hat sie nichts gemein, nur der Geschmack ist stark rein süß.

Literatur und Synonyme: Liegels Anw. v. 1842 und dessen N. D. II. S. 95.

Gestalt: rundlich kegelförmig, stets etwas breiter wie hoch, stark hochbauchig, oben platt abgerundet, nach dem Stiele zu stark abgestumpft spitz, fast mittelgroß, 1¾" hoch, und um 1‴ breiter. — In Meiningen bleibt sie öfters etwas kleiner.

Kelch: langblättrig, offen, bald etwas vertieft, bald flach stehend, bisweilen mit etwas Beulen umgeben.

Stiel: 9‴ lang, mäßig dick, meist ganz braun, flach oder etwas vertieft, wodurch die Birne bisweilen apfelförmig wird.

Schale: etwas rauh, gelblich grün, an der Sonnenseite stets rothbraun angelaufen und ebenso punktirt, auch mit einzelnen grauen Punkten.

Fleisch: weiß, abknackend, gröblich, saftig, von einem sehr angenehmen, äußerst honigsüßen Geschmack.

Kernhaus: geschlossen, Kammern geräumig mit vollkommenen hellbraunen Kernen.

Reife und Nutzung: die Frucht reift nach der Salzburger Birne im halben September, hält sich 4 Wochen und ist eine der ersten des zweiten Ranges. Ist eine recht gute Frucht (der nur das Gewürz fehlt, um recht vorzüglich zu sein) und verdient auch wegen der Tragbarkeit des Baumes alle Empfehlung. Sie muß noch grün gepflückt werden, indem sie etwas gelblich geworden von selbst abfällt, sie reift dann auf dem Lager nach, ohne zu welken.

Eigenschaften des Baumes: der Baum wird nur mittelgroß, ist aber frühzeitig und strotzend tragbar (auch in Meiningen) und gedeiht auch gut auf Quitte. — Die **Blätter** sind **eiförmig**, mit mehr oder weniger lang gezogener, nach unten oder etwas seitwärts gekrümmter Spitze, an zur Ruhe gekommenen Bäumen klein, 1³/₄" breit, 2¹/₂" lang, bei lebhaftem Wuchse aber auch 2" breit und selbst bis über 3" lang, oft etwas herzförmig, auch rundlich, unterhalb etwas undeutlich wollig, meist ganzrandig, am Rande mehrfach wellenförmig und schifförmig, dunkelgrün und ziemlich glänzend. Stiel oft sehr lang, bisweilen über 2". — **Blüthenknospen** kegelförmig, sanftgespitzt, gelblichbraun, oft etwas gelbwollig, am Grunde weißwollig. — **Sommerzweige** grünlichgelbbraun mit feinen ockergelben Punkten.

Die Frucht ist, wie Liegel noch bemerkt, der Salzburger Birne in Größe und Form ähnlich, doch wird letztere nie so gelb, der Geschmack ist weniger süß, auch zeitigt sie früher.

J.

No. 190. **Sageret's Weinbirne.** II, 2. 1. Diel; II, 2 b. Luc.; II, 1. Jahn.

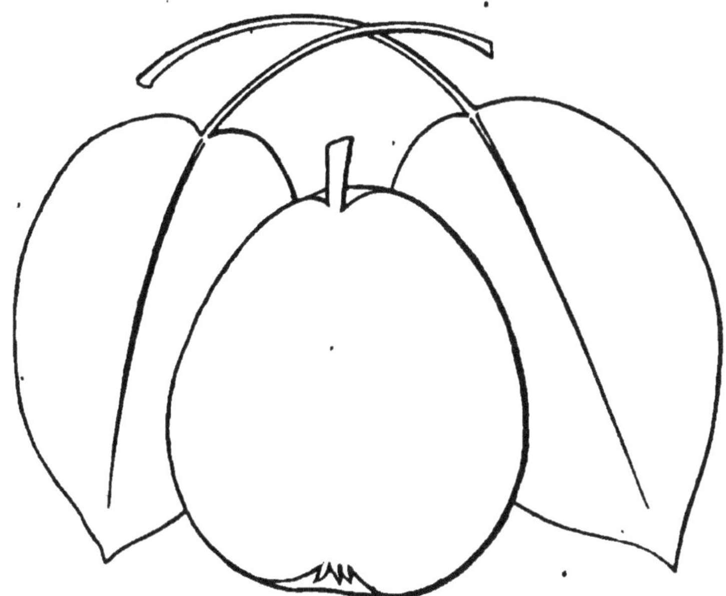

Sageret's Weinbirne. Schmidt (Sageret). * † S.

Heimath und Vorkommen: diese Frucht wurde mir 1839 direct von Herrn Sageret aus Paris in Edelreisern übersandt. Von ihm aus Samen erzogen und Poire au Vin benannt.

Literatur und Synonyme: bisher nicht beschrieben. — Nur in Liron d'Airoles Notice pom. 12 et 13 Livr. 1858 S. CXXXVIII. findet sich die von Sageret selbst gegebene Notiz über seine Poire au vin (mit Nro. 48 bezeichnet), daß sie innerlich und äußerlich röthlich, deßhalb merkwürdig, sonst von mittlerer Qualität und im September reifend sei.

Gestalt: rundlich, 2" breit und 2 1/8" hoch, etwas ungleich, bequem breit aufstehend.

Kelch: offen, manchmal verstümmelt, hartschalig, in einer mäßigen unebenen Vertiefung.

Stiel: kurz, holzig, stark 1/2" lang, nicht sehr vertieft stehend.

Schale: etwas rauh, trüb gelb, durch an einander gereihte blutrothe Punkte an der Sonnenseite gestreift scheinend, theilweise auch die nicht frei gewesene Fläche mit dergleichen charakteristischen großen Punkten besetzt.

Fleisch: körnig von Ansehen, schön rosenroth geadert, ziemlich saftvoll, rauschend, von einem angenehmen muskirten Geschmack. Die Frucht welkt nicht und hat nur einen schwachen Muskatellergeruch.

Kernhaus: geschlossen, selten hoch nach dem Kelche hin. Die vollkommenen Kerne füllen die schön rosenrothen Samenfächer vollständig aus. Die so gefärbten Kerngehäuse lassen die Frucht nicht verkennen.

Reife und Nutzung: Mitte September gebrochen vierzehn Tage haltbar. Ist zu allen Zwecken zu verwenden und besonders gedämpft sehr angenehm.

Eigenschaften des Baumes: derselbe bildet eine schön belaubte Krone, wächst sehr lebhaft und trägt alljährlich reichlich. Blätter eirund, oft eiförmig, meist etwas herzförmig, kurz, einzelne auch länger zugespitzt, glattrandig, besonders unterhalb stark bewollt, aufwärts schiffförmig gebogen, am Rande etwas wellenförmig, oft groß (größer noch, als sie oben neben die Frucht gezeichnet sind, über 2" breit und 3" lang). Der 1" lange Blattstiel hat fadenförmige Afterblätter. — Sommertriebe lang und stark, braunröthlich, oft nur oben bewollt, mit schönen weißen Punkten besetzt. Blüthenknospen ziemlich groß, spitz kegelförmig, dunkelbraun, wenig, oft auch gar nicht bewollt.

Schmidt.

No. 191. Williams Christbirne. I, 3. 1. Diel; I, 1 b. Luc.; IV (III), 1. Jahn.

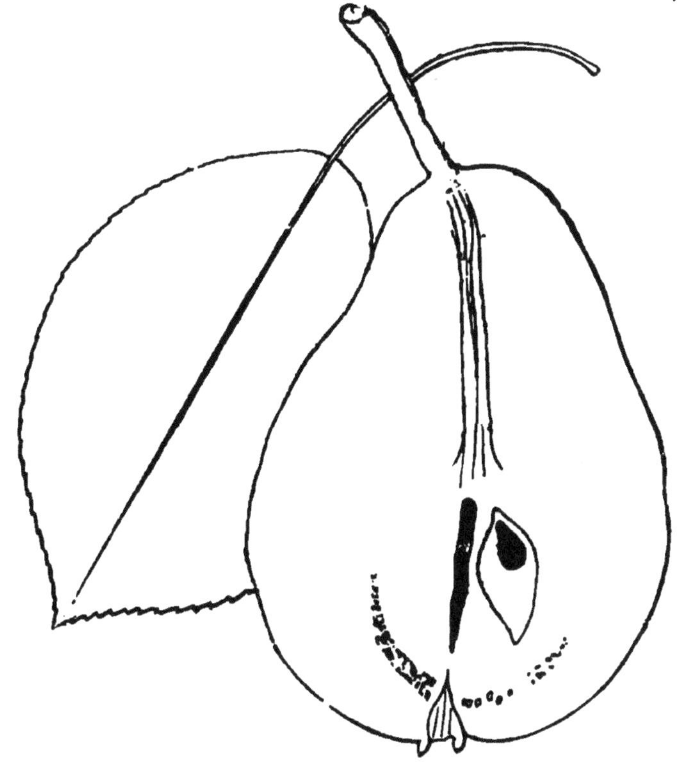

Williams Christbirne. ** † Sept.

(Bonchretien William's, Bivort; Salis, Oberdieck).

Heimath und Vorkommen: diese köstliche Tafelbirne, die in keinem Garten fehlen soll, ist nach Bivorts Mittheilung in den Annales in Berkshire in England entstanden, war dort schon um 1770 bekannt, und wurde nach ihrem Verbreiter, Herrn Williams zu London benannt. Nach Downing kam sie um 1799 ohne Namen nach Amerika zu einem Herrn Bartlett zu Dochester bei Boston, woher sie in Amerika allgemein Bartlett, auch Bartlett of Boston heißt. — Nach Belgien wäre sie nach Bivort gekommen unter dem Namen Poire d'Angleterre (welcher Name sich auch ohne einen Zusatz in van Mons Catal., Suppl. zu Serie I. unter Nro. 23 findet), sie geht aber auch dort unter dem Namen Delavault, da van Mons die letztere, welche Bivort für einen von dessen Sämlingen hielt, unter derselben Nummer 23 in seiner Baumschule hatte; die Identität dieser (der Delavault, die er übrigens der Grauen Dechantsbirne ähnlich, also wenig kenntlich abgebildet hat) mit der Williamsbirne sei jetzt anerkannt. — Unsere Frucht kam mittlerweile nach Herrnhausen (ohne Zweifel über Bückeburg) auch als **Passe Goemanns**, welcher Name sich in van Mons Catal. 2 Mal, Serie II. Nro. 526 und Serie III. Nro. 256 mit dem Zusatz „par nous“ findet. In Betracht dessen und daß man die Frucht in England nicht recht kennt, könnte man schließen, daß van Mons dieselbe erzogen und sie auch in England nur neu benannt sei. Doch hatte sie van Mons auch nach Decaisne als Poire d'Angleterre. Ich erhielt sie von van Mons mehrmals ohne Namen und benannte sie nach unserm Dichter **Salis**, unter welchem Namen sie in Deutschland durch mich verbreitet ist und überall gleichen Beifall fand, als in Amerika.

Literatur und Synonyme: Annal. III. p. 57 mit guter Abbild. nach Pyramidenfrucht. Bivorts Album. I. Taf. 44 als Bonchretien William's und II. S. 51 als Delavault. Downing p. 334 Bartlett or Williams Bonchretien (Thoms., Lindley) mit dem Synonym Poire Guillaume of the French. Pomologie nouvelle in den Annalen der Pariser Societät von 1854 gute Abbildung. Auch die zu Paris versammelten Pomologen haben als Synonyme Bartlett und Delavault. London. Catal. Nr. 105, wo sie als bald passirend in den zweiten Rang gesetzt wird, was nur auf ungenauer Beobachtung ruhen kann. Oberdiecks Anleitung S. 404: Die Salis. Daß diese meine Salis die Williams Bonchretien sei, bezweifle ich nach den Beschreibungen und der aus mehreren Quellen ganz überein mit meiner Salis erhaltenen kenntlichen Vegetation durchaus nicht mehr, gebe aber die Beschreibung ganz, wie ich meine Salis fand. — Dochnahl gibt im Führer als Synonyme noch an Willam, Willams Pear, Barnet's William, Bonchrétien Barnet, Davis William's, Weeler Berkshire, William prince, Charles Durieux. Ob alle richtig sind weiß ich nicht. Nach der Pomologie nouvelle (a. a. O.) wäre wenigstens Williams prince eine andere und geringere Frucht Amerikanischen Ursprungs (etwa Downings Williams early?) und unterschiede unsere Frucht sich als William musqué.

Gestalt: etwas veränderlich und allerdings den Bonchrétiens häufig ähnlich, meistens schwankend zwischen Eiform und Birnform. Die obige Figur zeigt die ordinäre Größe vom Hochstamm, häufig ist sie und namentlich an Zwergen weit größer, 3" breit und 4" hoch, und hat immer merklich beulige Oberflächen.

Kelch: hartschalig, kurzgespitzt, in die Höhe stehend, offen, flach, in Beulen.

Stiel: stark, holzig, 1 bis 1½" lang, schwachvertieft, meist neben einem Wulste.

Schale: gelblich grün, später grüngelb oder hellgelb, bisweilen mit etwas matter Röthe, auch mit feinen und stärkeren zimmtfarbigen Punkten und Rostanflügen.

Fleisch: gelblich weiß, sehr fein, ganz steinfrei, saftreich, ganz schmelzend, von delikatem, durch eine feine Säure und ein leichtes zimmtartiges oder kalmusartiges Gewürz erhabenem Geschmacke.

Kernhaus: hat kleine hohle Achse; die Kerne sind vollkommen, schwarz.

Reifzeit und Nutzung: zeitigt im September, muß in warmen Jahren schon Ende August, in kälteren etwa Mitte September gebrochen werden, ist indeß auf den Pflückepunkt nicht eigen und schmeckt bald verspeiset noch gut, wenn sie am Baume schon gelblich wurde, ist aber delikater und hält sich länger, wenn sie 8 Tage vor dieser Periode gebrochen wird. Auch Bivort räth Gleiches.

Baum: ist in allerlei Boden gesund und von prächtigem ganz pyramidalem Wuchse, mit schöner Belaubung, gibt früh und reichlich tragende Pyramiden auf Wildling, doch hat hochstämmig die Frucht gleiche Güte. Auf Quitte kommt er nach Bivort fort, erschöpft sich aber bald darauf. **Sommertriebe** lang und stark, wenig stufig, ledergelb, an der Sonnenseite oft etwas geröthet, wenig punktirt, oben etwas wollig. **Blatt** dunkelgrün glänzend, glatt, mittelgroß, meist elliptisch, nur etwas schiffförmig aufwärts gebogen, flach und fein gezahnt. Afterblätter fadenförmig. Blatt der Fruchtaugen elliptisch, oder wie das oben mitabgebildete Blatt auch eiförmig, nur am Grunde oft stark verschmälert, glatt, meist ziemlich scharf gesägt. Augen dreieckig, spitz, bilden aber an stärkeren Trieben fast lauter Blätteraugen und stehen dann stark ab auf stark vorstehenden Augenträgern.

Oberdieck.

No. 192. Die Schmelzende Britanien. I, 2. 1. Diel; I, 1 a. Luc.; III, 1. Jahn.

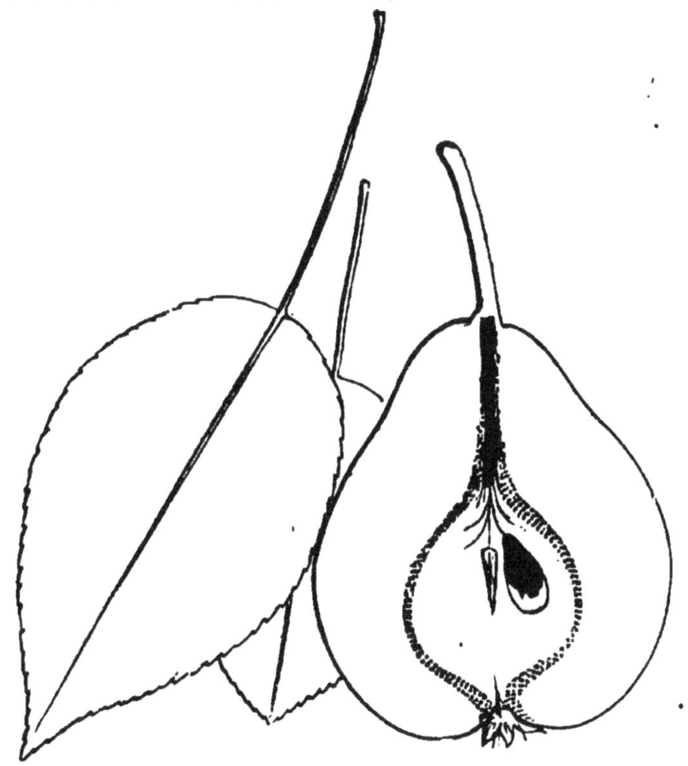

Die Schmelzende Britanien. Diel (van Mons) * † S.

Heimath und Vorkommen: Diel erhielt sie von van Mons, ohne Angabe des Ursprungs. Sie hat, wie es scheint, nicht viel Anklang im pomologischen Publikum gefunden.

Literatur und Synonyme: van Mons sandte sie als Bretagne fondante longue und Diel beschrieb sie in s. N.K.O. II. S. 164 unter dem Namen Lange schmelzende Britanien, meinte aber selbst schon, daß sie nach ihrer Form das Beiwort „lang" nicht verdiene, weßhalb wir es auch weggelassen haben. — Vergl. noch Oberd. S. 281.

Gestalt: etwas klein, kreiselförmig, selten etwas länglich zugespitzt. Bauch ²/₃ der Länge nach dem Kelche hin, um den sie sich häufig etwas flach abrundet, nach dem Stiele zu sanft eingebogen und meist kurz kegelförmig zugespitzt. In gewöhnlicher Größe und Form auf Hochstamm nach Diel stark 2" breit und 2¼" hoch, doch erreicht sie diese Größe nur selten und wird meist nur ¾ so groß, als sie oben abgebildet ist.

Kelch: kurz und schmalblättrig, weit offen, ganz seicht eingesenkt, öfters mit etwas fortlaufenden beulenartigen Erhabenheiten.

Stiel: stark, holzig, bis 1¼" lang, obenauf, mit etwas Fleischringeln.

Schale: glatt, gelblichgrün (im teigen Zustande gelb) mit dunkeler grünen Punkten, hie und da etwas erdartigem streifigen Roth, worin weißliche Punkte, mit dunklerem Roth umsäumt, bemerklich sind.

Fleisch: mattweiß, fein, saftreich, butterhaft, von sehr angenehmem süßen etwas muskatellernden, nach Diel von etwas zimmt- oder bergamottartigem Geschmack.

Kernhaus: klein und geschlossen, sein Umkreis ist durch sehr feine Körnchen angedeutet. Fächer klein und enge mit vielen mittelgroßen schwärzlichbraunen eirund zugespitzten Kernen.

Reife und Nutzung: die Frucht zeitigt Mitte September (1858 gegen den 20. in Meiningen), hält sich 14 Tage, worauf sie teig wird. — War im Jahr 1858 recht gut, doch erlangt sie diese Güte nur in warmen Sommern und in gutem Boden, wie dies auch Oberd. mittheilt, bei dem sie oft auch auf Pyramide klein blieb und voll von schwarzen Flecken und selbst Rissen war, und wonach er sie bei so vielen gleichzeitig reifenden anderen Früchten für entbehrlich hält. Sie dürfte sich also wenigstens nicht für Jedermann eignen!

Eigenschaften des Baumes: derselbe wächst lebhaft, wird groß, bald und reichlich tragbar, gibt nach Diels syst. Verz. schöne Hochstämme, doch kann ich selbst die Tragbarkeit meiner schon lange mit Zweigen von Liegel veredelten Probezweige nicht besonders rühmen. — Die Blätter sind mehr eiförmig, als eirund, doch kommt auch letztere Form öfters vor und sie sind auch zum Theil langherzförmig, wie sie Diel am Sommerzweige schildert, 1¾" breit, 2¼" lang, unterhalb mitunter etwas wollig und deßhalb graulichgrün, oben dunkelgrün und glänzend, etwas stumpfgesägt, die Endspitze ist oft lang auslaufend, oft auch sehr kurz. — Blüthenknospen dick und kurz, fast halbrund, ohne alle Spitze. — Sommerzweige bräunlichgelb, gegenüber grünlichgelb, mit sehr feinen gelblichen (und nach Diel länglichen) Punkten.

J.

No. 193. Esperens Herrenbirne. I, 1. 1 (2) Diel; I, 1 b. Luc.; VI, 1. Jahn.

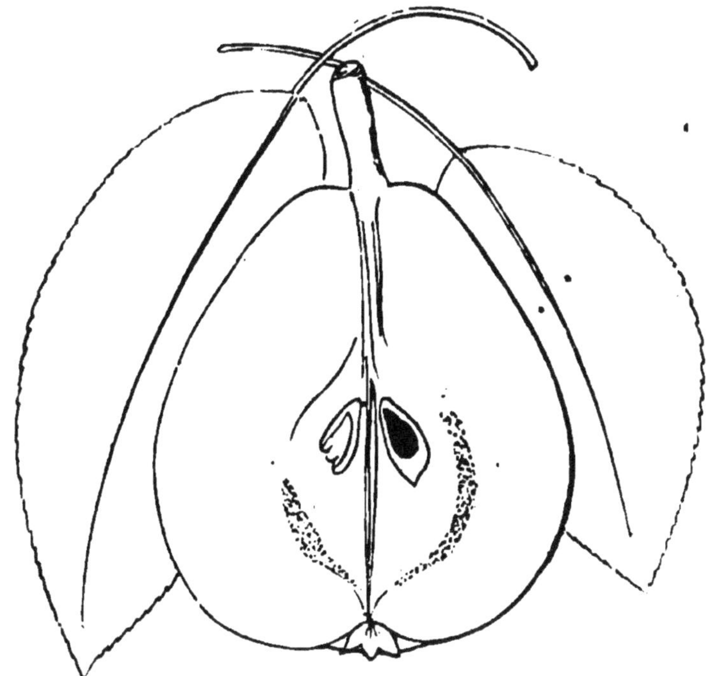

Esperens Herrenbirne. Bivort (Esperen) ** † Sept. Oct.

Heimath und Vorkommen: von dieser herrlichen Frucht sagt auch für unsere Gegenden Downing kaum zu viel, wenn er ihr für Amerika neben der Seckle den zweiten Platz einräumt. Gesundheit und schöner Wuchs in allerlei Lagen und Boden, frühe und reiche Tragbarkeit, wenig Eigenheit auf den Pflückepunkt, ziemlich lange Dauer der schon mürben Frucht, ganz schmelzendes Fleisch und vorzüglicher Geschmack zeichnen sie aus. Soll in keinem Garten fehlen. Ist bei uns noch wenig bekannt. Erzogen ist sie nach Bivorts Album II. p. 1 von dem bekannten Major Esperen zu Mecheln.

Literatur und Synonyme: ich lernte die Frucht zuerst kennen in 2 Probezweigen unter den ohne Namen von Hrn. van Mons erhaltenen Sorten, theilte sie Hrn. Dr. Liegel mit, der ihr meinen Namen beilegte, und habe ich sie als Oberdiecks Butterbirne sehr viel versandt, welcher Name jedoch dem obigen richtigeren weichen muß. Später, als neuer Verkehr mit den belgischen Pomologen sich eröffnete, erhielt ich sie aus Papeleus Collection als Seigneur (Esperen). Seit 1853 bekam ich sie auch noch als Bergamotte lucrative und von mehreren Orten als Fondante d'Automne (Schmelzende Herbstbirne), welches der Name der Frucht in England und Amerika ist, wohin sie auch ohne Namen gekommen sein mag. (Lond. Catal. S. 137, Nr. 229;

Downing S. 387, welcher noch bemerkt, daß nach Lindl. Man. und in einigen amerikanischen Gärten sie auch Belle lucrative heiße.) — Die zu Lyon 1857 versammelt gewesenen Pomologen setzen als Hauptname Seigneur (Esperen), als Synonyme Seigneur d'Esperen, Bergamotte Fievée, Bergamotte lucrative, Lucrate, Grésilière, Beurré lucratif, Fondante d'Automne, Arbre superbe, Excellentissime. Die zu Paris 1858 versammelten Pomologen wollen darunter als ungehörige Synonyme verwerfen Lucrate, Grésilière, Beurré lucratif, Arbre superbe und Excellentissime. Als Seigneur (Esperen) hat Bivort sie beschrieben Album II. S. 1. Die belgischen Cataloge und Biverts Album unterscheiden von obiger die Bergamotte Fievée (Bivort Album II. S. 85, auch Bergamotte Fievé und Fievez geschrieben), bei der De Jonghe als Synon. Fond. de Maubeuge angibt, das Album und der Bilvorder Catal. das Synonym Bergamotte lucrative haben, und meint Bivort, daß diese französischen Ursprungs sei. Verschiedenheit sollte man annehmen, insoferne Bivort die Bergamotte Fievée wie eine breite Bergamotte Crasanne, nach Stiel und Kelch gleich abnehmend abbildet, auch die Frucht im Texte als arrondi, deprimé ou en forme de Bergamotte bezeichnet und sagt, daß die Schale in der Reife stark gelbe. Für jetzt kann ich nicht bestimmter sagen, ob die Namen Bergam. Fievée und lucrative auch von obiger richtig gelten, wenngleich man es vermuthen mag, zumal andere Züge in der Beschreibung der Bergam. Fievée wieder stimmen. Dochnahl im Führer hat sie als Herrenbergamotte; sie dürfte aber nach unsern Begriffen mehr als Butterbirne angesehen werden.

Gestalt: etwas veränderlich, meist wie die obige Figur, oft auch etwas stärker kreiselförmig oder etwas zur Kegelform neigend; 2 1/2" breit, 2 3/4" hoch. Bauch merklich mehr nach dem Kelche, um den sie sich meist etwas flachrund wölbt. Nach dem Stiele nur kleine, oft keine Einbiegung und dicke, bald etwas, bald nur wenig abgestumpfte Spitze.

Kelch: hartschalig, kurzgespitzt, offen, in flacher, einige flache Beulen zeigender Senkung.

Stiel: dick, oft etwas fleischig, 1/2 bis 3/4" lang, sitzt wie eingesteckt, oder geht fast aus der Frucht heraus.

Schale: vom Baume mattgrün, in Reife nur etwas gelbgrün ohne alle Röthe. Punkte häufig, aber fein. Rost in gutem Boden meist wenig, oft aber auch zersprengt oder stellenweise als Ueberzug. Geruch fehlt.

Fleisch: mattweiß, zuweilen ein wenig grünlich, sehr fein, kaum ums Kernhaus etwas feinkörnig, ganz schmelzend, von süßem, bergamottartigen, delikaten Geschmack. Bivort bezeichnet den Geschmack als sucrée légerement musquée ou relevée. Downing: Flesh exceedingly juicy, melting, sugary rich and delicious.

Reifzeit und Nutzung: zeitigt allermeist noch im September; in warmen Jahren rechte Brechzeit schon 1/2 Sept. (10. Sept.), ja selbst 5. Sept., in späteren Jahren 24. Sept. Taugt selbst zum Kochen sehr gut.

Der Baum wächst schön pyramidal, rasch und gesund, wird früh und reich tragbar. Triebe stark, nur wenig stuffig, ledergelb, oft etwas mehr ins Olive spielend, ziemlich reich punktirt. Blatt glänzend, glatt, nur etwas schiffförmig aufwärts gebogen, oft fast flach, elliptisch, mit scharfen nicht tief gehenden Sägezähnen. Afterblätter fadenförmig. Blatt der Fruchtaugen meist elliptisch, ziemlich lancettförmig, weniger stark gezahnt. Augen spitz, mehr dreieckig als konisch, stehen nur etwas ab. Augenträger flach.

Oberdieck.

Anm. Liegel und ich wurden wegen neuer Benennung mancher van Mons'scher Früchte hin und wieder getadelt; die neue ausdrücklich nur als vorläufig bezeichnete Benennung war indeß damals, wo man aus Belgien nur hörte, daß Prof. Scheidweiler die zerstreuten Früchte des Herrn van Mons wieder zu sammeln suche, nicht unrecht, zumal ich mit Verbreitung der trefflichen Früchte nicht warten durfte, bis ich vielleicht nach 20 Jahren den rechten Namen erführe, und ließ nach van Mons Begleitschreiben sich selbst annehmen, daß das mir Gesandte hauptsächlich von seinen allerletzten Kernsaaten, mithin unbenannt sei. Die Schuld so mancher nicht bloß in Deutschland entstandener neuer Namen der Früchte des Mons'schen Catalogs liegt lediglich an van Mons, der so sehr häufig Reiser ohne Namen versandte.

No. 194. Die Prinzessin von Oranien. II, 1 (2) 1. D.; II, 2 a. Luc.; III, 1. 3.

Die Prinzessin von Oranien. Diel (van Mons, Coloma) * † S.

Heimath und Vorkommen: Diel bekam sie von van Mons, der sie erzogen und benannt hat. Ich erhielt die Pfropfreiser vor etwa zehn Jahren von Dr. Liegel und erzog an einem Probepyramidbaume, dessen Gipfel sie bildet, schon ziemlich oft Früchte.

Literatur und Synonyme: Diel gedenkt der Princesse d'Orange zuerst in der Vorrede zum VII. Hefte (erschienen 1812) S. XVII als eins der neuen belgischen Erzeugnisse. Er schildert sie kurz, in Form, Farbe und Größe als der Junker Hans ähnlich, an der Sonnenseite röthlich, sehr saftvoll, schmelzend, säuerlich, im December reif. Im system. Verz. II. Forts. (von 1833) S. 91 gibt er weitere etwas ausführlichere Nachricht von ihr, wonach sie aber Ende August reife. Diel sagt hier nicht, daß es eine andere, als die früher erwähnte sei, und ich nehme deßhalb an, daß er sich inzwischen über ihre Reifzeit aufgeklärt hat, so daß wir nicht nöthig haben, wie Dittrich I. S. 560 und S. 734 eine Sommer- und eine Winterfrucht unter diesem Namen festzuhalten. Auch nehme ich an, daß die in Dittr. III. S. 159 nach dem Pom. Magazin Vol. II. Nro. 71 und Hort. Soc. Cat. Nro. 515 beschriebene Prinzessin von Oranien mit dem Beinamen La Princesse Conquète und The Princess of Orange auf Englisch (die auch Downing hat und sie ebenso nennt, auch wie meine Frucht, selbst noch etwas kleiner zeichnete, sie aber im October und November reifen läßt), doch auch keine andere ist, denn wie schon Dittr. bemerkt, ist sie ganz ähnlich beschrieben, nur größer, 3" hoch und ebenso breit, welche Größe sie unter günstigen Umständen schon erlangen mag; auch mag sie in dem kühleren engl. Klima, wie von ihr angegeben ist, erst im October reifen. Uebrigens soll nach dieser

Beschreibung der Graf Coloma der Erzieher sein. — Ob Liron d'Air. in s. Notice Pom., resp. Liste synonymique historique von 1857 als Princesse d'Orange wirklich eine, wie er angibt, im März reifende von van Mons erzogene neue Frucht kennt, lasse ich an s. Ort gestellt sein, beschrieben hat er sie in seinen früheren Schriften nicht. — Erwähnen müssen wir jedoch, daß eine noch vorhandene Princesse Charlotte, Princesse Charlotte de Brabant, eine von Esperen erzogene, in Biv. II. S. 151 beschriebene, im Oct. und Nov. reifende andere neue Frucht ist, die Liron nicht aufzählt, und daß nach Dochnahl die Römische Schmalzbirne in Cat. auch Prinzessin von Oranien genannt wird, unter welchem Namen auch Oberdieck die genannte von Dittrich erhielt.

Gestalt: wahrhaft bergamottförmig, ähnlich der Rothen Bergamotte, mittelgroß, 2 bis 2 1/4" breit, 2" hoch, beschreibt sie Diel, und diese Größe und Form zeigt auch die Frucht öfters, wie sie oben abgebildet ist, leider, besonders in trockenen Sommern bleibt sie aber klein, wird oft nur 2/3 so groß und baut sich dann mehr kreiselförmig und spitzer nach dem Stiele zu.

Kelch: klein, halboffen, mit kurzen Kelchblättern, in einer kleinen und flachen Einsenkung.

Stiel: gelbbraun, etwas runzelig, ziemlich stark und fleischig, hat einige kleine Einschnürungen da, wo er auf der Birne aufsitzt, ist bis 1" lang.

Schale: grüngelb oder lichtcitronengelb, ohne Röthe nach Diel, doch hier auch bisweilen sehr angenehm dunkelcarminroth angeflogen und oft sehr zusammenhängend gelbbraun berostet, besonders um Kelch und Stiel, auch mit feinen braunen, im Roth schmutzigweißen Punkten.

Fleisch: fein, saftreich, butterhaft (bei mir bisweilen etwas rauschend oder halbschmelzend), von einem eignen (muskatellerartigen) fein weinsäuerlichen und also pikant süßen recht angenehmen Geschmack.

Kernhaus: geschlossen, mit nicht vielen vollkommenen oder auch unvollkommenen schwarzen Kernen.

Reife und Nutzung: die Frucht reift in Meiningen von Mitte bis Ende September, bei Diel also vielleicht schon im August, ist eine schon recht brauchbare gute noch frühe Tafelfrucht, die nur wie oben angegeben, den Fehler hat, öfters klein zu bleiben, und glaube ich deßhalb, daß sich der Baum nicht zur Hochstammform eignet. Die Frucht wird übrigens leicht teig und verliert damit schnell den guten Geschmack.

Eigenschaften des Baumes: nach dem Wuchs des Probezweigs zu urtheilen, wird derselbe nur mittelgroß, aber bald und reichlich tragbar. Blätter eiförmig, 1 1/2" breit, mit der besonders an einigen mehr länglichen und elliptischen Blättern vorkommenden 1/4" vortretenden Spitze oft 2 1/2" lang, glatt, gesägt, etwas sichelförmig und oft ziemlich stark schiffförmig, meist kurzgestielt. — Blüthenknospen ziemlich groß, etwas bauchig kegelförmig, fast stechendspitz, hellbraun, oft etwas gelbwollig, am Grunde silberhäutig. — Sommerzweige oft stuffig, grünlichgelb, fein gelbweiß punktirt.

J.

No. 195. Große St. Georgsbirne. III. 3. 1. Diel; I, 2a. Luc.; IV, 1 (2) 3.

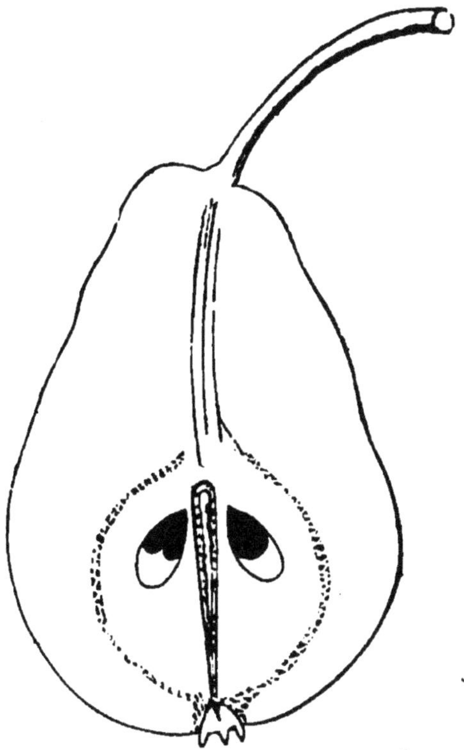

Große St. Georgsbirne. Diel †† Sept.

Heimath und Vorkommen: Diel erhielt das Reis aus Metz als Poire de St. George, und bemerkt, daß er den Namen in Obstverzeichnissen der Lothringer Baumschulen finde; da man aber aus Baumschulen oft gröblich getäuscht werde, so wisse er nicht zu sagen, ob er die rechte Poire St. George habe. — Aus Frauendorf erhielt ich die Sorte falsch; sie kam aber nach Herrnhausen von Diel ächt, und stimmten die Früchte, die ich dort fand, gänzlich mit Diels Beschreibung überein, so daß ich dessen Beschreibung ganz folgen kann. Nach Versicherung des Hrn. Hofgartenmeisters Borchers ist die Frucht unter obigem Namen schon ziemlich lange in Herrnhausen bekannt. Ist für die Oeconomie sehr brauchbar.

Literatur und Synonyme: Diel VII. S. 150 unter obigem Namen. Sonst finde ich sie nirgends.

Gestalt: ziemlich birnförmig, oft ist auch Aehnlichkeit mit einer Sommerapothekerbirne vorhanden, nur daß sie kleiner ist; 2½ bis 2¾" breit und 3¼ bis 3½" hoch. Bauch sitzt stark nach dem Kelche hin, um den die Frucht sich stumpf zuspitzt oder flachrund wölbt und in letzterem Falle aufstehen kann. Nach dem Stiele macht sie eine starke Einbiegung, und endigt mit stark abgestumpfter Kegelspitze.

Kelch: ziemlich stark, scharfgespitzt in die Höhe stehend, nicht fest geschlossen, sitzt bald der Frucht gleich, bald in kleiner Senkung, auf deren Rande sich flache Beulen erheben, die sich am Bauche unregelmäßig hervordrängen und die Form oft stark entstellen.

Stiel: stark, holzig, lang, 1½ bis 2" lang, sitzt auf der stumpfen Spitze wie eingesteckt, wo sich fast immer eine mehr oder weniger starke Fleischbeule an ihn anlegt und ihn zur Seite biegt.

Schale: glatt, abgerieben glänzend, vom Baume blaß hellgelb, in der Zeitigung citronengelb. Von Röthe, die in der Regel fehlt, nur selten ein Anflug, oder die Punkte sind nur fein roth eingefaßt. Punkte sehr zahlreich, fein, über die ganze Schale gleichmäßig verbreitet. Auch Rostanflüge oder Rostfiguren finden sich.

Das Fleisch ist weiß, etwas körnig, abknackend, saftreich, von rosenartigem süßen Geschmacke ohne besonderes Gewürz.

Kernhaus: klein und geschlossen. Eine hohle Achse ist nach meiner Wahrnehmung nicht eigentlich da, sondern findet sich nur, wenn man die Frucht gerade in der Mitte durchschneidet, durch streifenartig ausgeflossene feine Fleischwülste angedeutet. Die Kammern enthalten ziemlich viele eiförmige kaffeebraune Kerne. Kelchröhre, kurzer starker Kegel.

Reifzeit und Nutzung: zeitigt nach Diel im halben September, hält sich auf dem Baum bis in den halben October, auf dem Lager nicht wohl über 14 Tage. Mürbete auch hier, Mitte Sept. gebrochen, Ende Sept.; wie lange sie hier sich hält, vermag ich noch nicht anzugeben, fand sie aber auch zu rohem Genuß recht angenehm und für den Haushalt ist sie auch nach Diel sehr brauchbar.

Der Baum wächst stark, belaubt sich gut, geht mit den Hauptästen gut in die Luft, so daß nur die Seitenäste abstehend wachsen, und setzt viel Fruchtholz an, welches sehr bald reichliche Erndten liefert. — Sommertriebe nur nach oben mit etwas feiner Wolle belegt, nach unten und auf der Schattenseite trüb dunkelolivengrün, an der Sonnenseite röthlichbraun, zahlreich punktirt. — Blatt eiförmig (eirund Jahn), nach oben elliptisch (ich fand es meistens elliptisch, oft nur zur Eiform neigend), ist mit den Rändern aufwärts gebogen, auch unten ohne Wolle, glänzend, am Rande mit kleinen Zähnchen besetzt. Blätter der Fruchtangen einzeln langeiförmig, meistens ziemlich elliptisch. Afterblätter fadenförmig, fehlen oft. Augen stark, lang, spitz kegelförmig, stehen merklich, oft stark ab; Augenträger ziemlich flach.

Oberdieck.

No. 196. Jodoigner Leckerbissen. I, 2. 2. Diel; IV (III), 1 a. Luc.; III, 2. J.

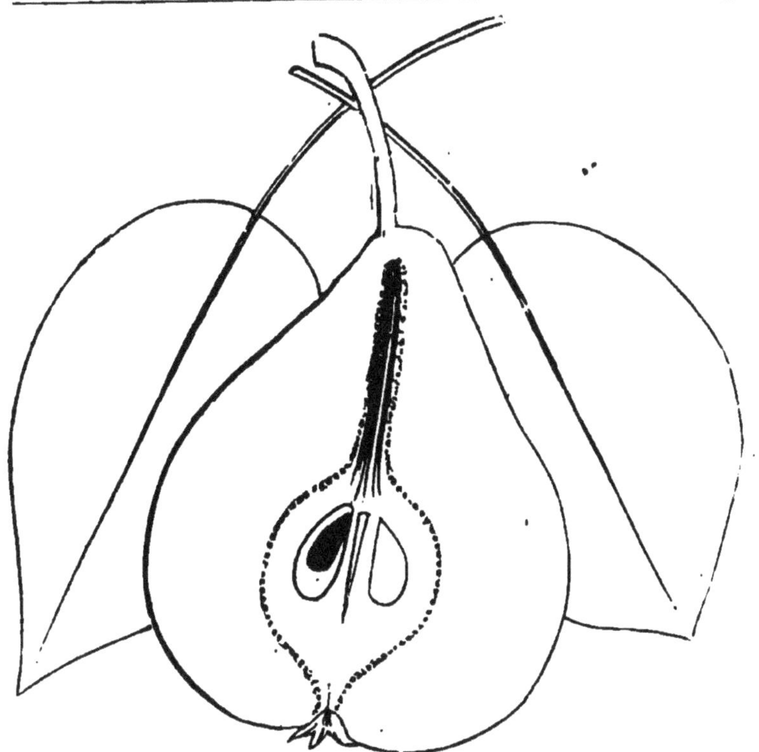

Jodoigner Leckerbissen. Bivort (Bouvier) ** H.

Heimath und Vorkommen: diese Birne* wurde von Simon Bouvier 1826 in Jodoigne aufgefunden und benannt.

Literatur und Synonyme: Bivort beschrieb sie im Album I. neben Taf. 34 als Delices de Jodoigne. — Sie ist auch beschrieben und abgebildet im Bulletin de la Société centrale d'horticulture de la Seine inferieure, Rouen 1847.* S. 138. — Die Birne soll nach dem Lyoner Bericht wie die Montgeron und Herbstsylvester häufig Medaille d'or genannt werden.

Gestalt: birnförmig, kreiselförmig, wie sie im genannten Bulletin beschrieben ist, dick und rundlich gegen den Kelch hin und sich pyramidal verjüngend nach dem Stiele zu, oder auch stumpfspitz endigend. In beiden Formen ist die Frucht daselbst abgebildet. Bivort hat ihre stumpfspitzige Gestalt gewählt. Sie ist mittelgroß, bisweilen groß, 3—3¼'' hoch, 2½—2¾'' dick.

* Von mir mit kurzen Worten a. a. O. das „Rouener Bulletin“ genannt.

Kelch: ziemlich regelmäßig, doch klein, spitzblättrig, aufrechtstehend, halboffen, fast obenauf oder in schwacher schüsselförmiger Einsenkung.

Stiel: meist ziemlich stark, holzig, braun, obenauf wie eingedrückt oder etwas seitwärts mit kleinen Höckern umgeben, $^{3}/_{4}$—$1^{1}/_{4}$" lang, bisweilen aber auch sehr kurz.

Schale: glatt, gelbgrün, später blaß citronengelb mit Grün, mit feinen bräunlichen Punkten und mit Rost um Kelch und Stiel, auch hie und da auf der übrigen Schale, sonnenwärts ein matter röthlicher Anflug, der in warmen Jahren, wie 1859, auch stärker hervortritt und in Frankreich häufiger vorkommen mag, denn in dem Bulletin wird die Sonnenseite der Frucht als roth beschrieben. In dem Roth sind die Punkte mit dunkeler rothen Kreischen umgeben.

Fleisch: als weiß, halbfein, schmelzend und als gezuckert und sehr angenehm gewürzt beschrieben, war auch an den von mir erzogenen Früchten recht gut und zwar habe ich mir dasselbe als gelblichweiß, fein, sehr saftig, butterhaft, von süßem, angenehmem, ziemlich stark, fast bittermandelartig gewürztem Geschmack angemerkt.

Kernhaus: wie oben abgebildet, nur mit feinen Körnchen angedeutet, die Achse ist schwach hohl, die Fächer sind muschelförmig, die Kerne meist vollkommen, groß, breit, kurz zugespitzt, mit einem kleinen Höcker und hellbraun.

Reife und Nutzung: die Reife tritt Ende September ein, und die Birne würde sich nach Biv. bis Ende October halten. Dies war aber, wenigstens bei den in beiden letzten Jahren hier erzogenen Früchten nicht der Fall; dieselben waren den 9. October bereits schon zum Theil teig oder mehligt. — Biv. gibt übrigens nebenbei an, daß die Sorte aus Versehen in seinem Verzeichnisse als im November und December reifend aufgezählt sei. — Da die Frucht auch im hiesigen Klima sehr gut und schmelzend wurde und zwar an freistehender Pyramide, so dürfte ihre Anpflanzung zu empfehlen sein, um so mehr, als die Frucht auch äußerlich recht schön, meist von eigenthümlicher Gestalt und schon ziemlich groß ist.

Eigenschaften des Baumes: derselbe ist von mittlerer Stärke und bildet sich gut zur Pyramide, wie Bivort von ihm angibt; nach dem Rouener Bulletin würde er sehr starkwüchsig sein, auch auf Quitte gedeihen und er soll büschelweise tragen. — Die Blätter an meinem noch jugendlichen, aus Zweigen, die ich von Papeleu empfing, erzogenen Baume sind mehr eiförmig, als eirund, bisweilen breit und rundlich, fast herzförmig, besonders die am Grunde der Sommerzweige stehenden, die schönst ausgebildeten an den Fruchtzweigen sind aber eiförmig mit auslaufender Spitze, $1^{1}/_{2}$" breit, bis 3" lang, fast durchaus ganzrandig oder nur an der Spitze etwas gesägt, glatt, oder nur an dem Blattsaume etwas wollig, meist flach, ziemlich dunkelgrün und glänzend; Stiel bis $1^{3}/_{4}$" lang. — Blüthenknospen z. B. kurzkegelförmig, kurzgespitzt. — Sommerzweige, wie sie Biv. beschreibt, grünlichbraun, gegenüber röthlichbraun, weißlich punktirt.

Anm. Die Jodoigner Leckerbissen hatte 1859 eines Theils Aehnlichkeit mit Bürgermeister Bouvier, andern Theils mit Holzfarbiger Butterbirne. Die Bürgermeister Bouvier zeigt jedoch bis jetzt eine abweichende Vegetation, auch scheint ihre Reife in gewöhnlichen Jahren später zu sein. Im Geschmack war sie ihr aber sehr ähnlich, und muß auf Identität noch genauer geprüft werden. — Von der Holzfarbigen ist sie durch ihren noch edleren Geschmack und durch ihre weniger düstere und nicht so braune Färbung verschieden, auch wurden die Fächer des Kernhauses der vorliegenden von mir muschelförmig, die der Holzfarbigen dagegen beutel- oder flügelförmig gefunden.

J.

No. 197. Die Liebart. II, 3. 1. Diel; III (südlicher 1). 2 b. Luc.; VI, 1 (2). J.

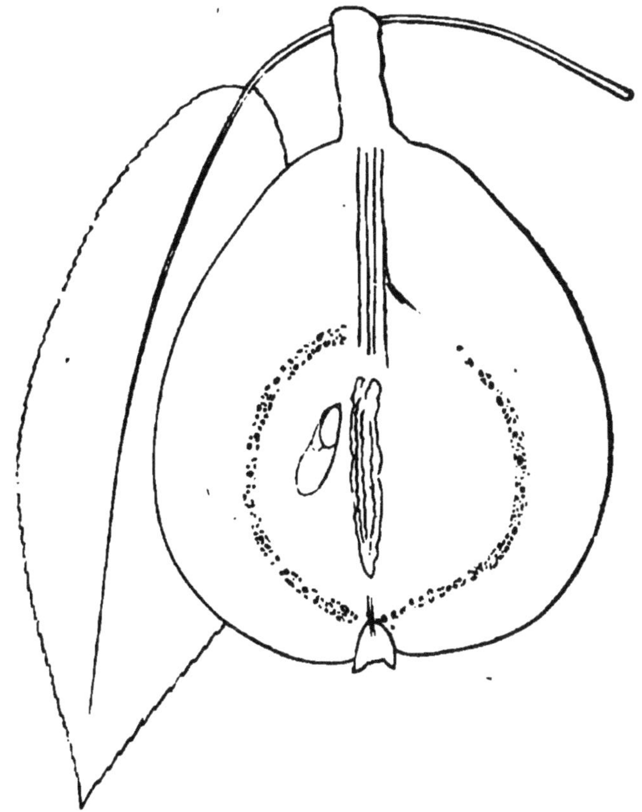

Die Liebart. Diel (van Mons) * ++ H.

Heimath und Vorkommen: diese für den Haushalt sehr schätzbare Frucht erzog Herr Professor van Mons, in dessen Cataloge sie Serie II. Nr. 512 als Beurré Liebart vorkommt, und von dem Diel das Reis erhielt. Sie ist nach einer von Herrn De Jonghe zu Brüssel gegebenen Nachricht nach einem Obstliebhaber (amateur) benannt. In Belgien scheint sie sich kaum erhalten zu haben, und findet man sie in belgischen Catalogen nicht, vielleicht weil sie auch dort, wie manche andere Frucht, die Herr v. Mons als Beurré bezeichnet, für die Tafel wenig Werth hatte. Verdient als Haushaltsfrucht häufigen Anbau.

Literatur und Synonyme: Diel N. K. O. VI. S. 174, Liebarts Butterbirne, Beurré Liebart. Im Cataloge erste Fortsetzung Nr. 301 führte er sie schon als Liebart ohne den Beisatz Butterbirne auf. Dittrich I. S. 617 nach Diel. Sonst habe ich sie nirgends erwähnt gefunden.

Gestalt: etwas veränderlich; gute große Exemplare maßen bei mir selbst auf Probezweig am Hochstamm stark 2½" Breite und 3" Höhe, neigten zum abgestumpft Konischen und hatten Gestalt und Größe der obigen, nach einer Frucht von Pyramide aus Herrnhausen entnommenen Figur. Kleinere waren mehr kreiselförmig, oder gingen nach einem ziemlich nach dem Kelche hin sitzenden Bauch rasch in eine dünne, in den Stiel auslaufende Spitze über. Ueberhaupt war die Form durch bald hie bald da stärker hervortretende Beulen häufig etwas entstellt. Diel bezeichnet die Frucht als abgestumpft kegelförmig, sagt, daß sie sowohl der Form als der Größe nach der Langen gelben Bischofsbirne ähnlich, 2" breit und 2¾—3" hoch sei, und der Bauch stark nach dem Kelche hin sitze, um den die Frucht sich halbkugelförmig runde und nicht aufstehen könne. Nur bei so gestalteten Exemplaren, die ich bisher weder selbst hatte, noch in Herrnhausen sah, kann die angezogene Aehnlichkeit passen, die (wie oft bei Diel) nicht glücklich gewählt ist und mich etwas zweifeln ließ, ob ich die rechte Frucht erhalten hätte, bis ich fand, daß sie von Diel nach Herrnhausen eben so gekommen war.

Kelch: kurzblättrig, hartschalig, offen, sitzt in seichter, nach Diel oft ganz fehlender Senkung, die oft einige flache Beulen zeigt.

Stiel: sehr stark, fleischig, ¾" lang, sitzt mit etlichen flachen Beulen umgeben, wie eingesteckt, oder die Spitze der Frucht geht ziemlich in ihn über.

Schale: stark, grünlich gelb, in der Zeitigung hellgelb. Röthe fehlt. Nach Diel finden sich nur hie und da Anflüge von Rost; in hiesiger Gegend war der Rost hellzimmtfarbig, ziemlich häufig, und bildet hie und da leichte Ueberzüge. Geruch fehlt.

Das Fleisch ist mattweiß, saftvoll; Diel gab es anfangs noch als schmelzend an, bei mir war es stets nur ziemlich halbschmelzend, und hat gewürzhaften, fein weinsäuerlichen Zuckergeschmack. Weiter nach Süden kann sie vielleicht schmelzend werden.

Kernhaus: ansehnlich groß, hat nach Diel keine hohle Achse, die ich öfter fand, die länglichen Kammern enthalten spitze schwarzbraune Kerne. Kelchröhre ist kurz.

Reifzeit und Nutzung: zeitigt Ende Sept. und hält sich nach Diel 3 Wochen. Bei mir hielten sich die Früchte immer (selbst auf der Obstkammer) 7—8 Wochen lang und verdarben dann von Innen heraus. Ist für die Tafel brauchbar, schätzbarer aber für die Küche.

Der Baum wächst lebhaft, geht nach Diel mit starken Aesten gut in die Luft und wird groß, was ich bei seiner frühen, auch von Diel angegebenen, ganz ungemeinen Fruchtbarkeit bezweifeln möchte, auch eine in Herrnhausen stehende Pyramide, die von mäßiger Größe fast schon ganz in Fruchtholz übergegangen ist, nicht bestätigt. — Sommertriebe rund herum ledergelb oder auf der Sonnenseite auch etwas röthlich, nach oben nicht stark abnehmend, wenig gekniet, mit vielen deutlich ins Auge fallenden Punkten besetzt, schwächere Triebe jedoch nur mäßig punktirt. — Blatt schmal, lancettförmig (Diel bezeichnete auch diese Form noch als elliptisch), nach oben klein, elliptisch, fein und stumpfspitz oder abgerundet gezahnt. Afterblätter fadenförmig; Blätter der Fruchtaugen recht lang, lancettförmig. Augen konisch, braungeschuppt, etwas abstehend.

Oberdieck.

No. 198. **Kanzler von Holland.** II, 3 a. Diel; I (III), 2 a. Luc.; IV, 1. J.

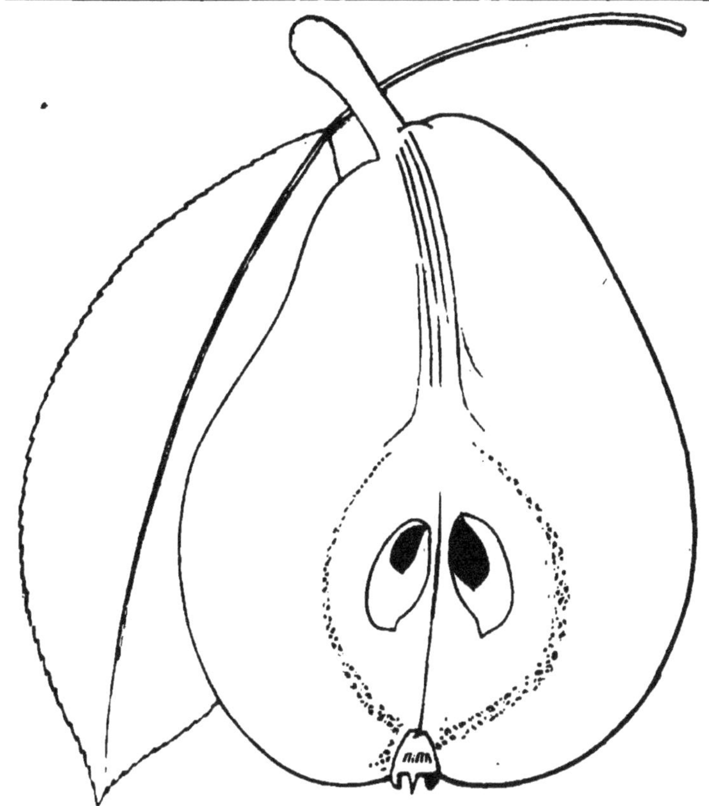

Kanzler von Holland. Diel (van Mons) †† Oct. Nov.

Heimath und Vorkommen: diese sehr achtungswerthe Haushaltsfrucht kam als Chancelier d'Hollande von v. Mons an Diel, findet sich aber nicht in v. Mons Cataloge. Sie muß in Belgien wieder verloren gegangen sein, und findet sich in Belgischen Verzeichnissen so wenig, als im Londoner Cataloge. Bei mir und in Herrnhausen, wohin sie gleichfalls von Diel kam, hat sie öfter getragen, und wird auch in Herrnhausen geschätzt.

Literatur und Synonyme: Diel R.K.O. IV. S. 215 unter obigem Namen. Sonst findet sie sich nirgends.

Gestalt: dickbauchig, kegelförmig, häufig fast ganz kegelförmig oder zapfenförmig; gute Früchte 3" breit und meistens 4" hoch. Der Bauch sitzt stark nach dem Kelche hin, um den die Frucht sich so zurundet, daß sie meistens noch stehen kann. Nach dem Stiel macht sie gewöhnlich auf der einen Seite eine oft nur schwache Einbiegung und endigt mit einer kegelförmigen etwas abgestumpften Spitze, die oft auch wenig abgestumpft ist. Breite Beulen machen die Form häufig etwas uneben.

Kelch: etwas breitblättrig, nicht hartschalig, offen, sitzt häufig nur sehr flach vertieft, immer nur mäßig vertieft, in einer Senkung, auf deren Rande einige flache Beulen sich zeigen, die oft deutlich in breiten Beulen über den Bauch hinlaufen.

Stiel: dick, fleischig, ³/₄—1" lang, sitzt wie eingedrückt mit Fleisch umringelt.

Schale: glatt, nicht fettig werdend, vom Baume gelblich grün, fast strohweiß, in der Zeitiguug schön gelb. Die Sonnenseite ist nach Diel gewöhnlich mit Röthe nur angespritzt und mit etwas rauh anzufühlenden kleinen Rostfiguren untermengt, und war die Färbung so in Herrnhausen, während ich mehrmals in meinem Garten Früchte hatte, die über die ganze Sonnenseite eine etwas gelbbräunliche, getuschte, ziemlich freundliche Röthe hatten, was indeß auch Diel als seltener vorkommend angibt. Punkte stark, sehr zahlreich, nach Diel nur deutlich in der Grundfarbe, wo sie grün umringelt sind, auf der Sonnenseite aber undeutlich, waren mehrmals bei mir auch in der Röthe sehr deutlich und gelblich roth. Geruch schwach.

Das Fleisch ist etwas gelblich weiß, nicht sehr saftreich, nach Diel ziemlich schmelzend, bei mir höchstens halbschmelzend, eher etwas abknackend, doch mürbe, von stark gezuckertem, gewürzreichem, etwas alantartigen Geschmacke.

Das Kernhaus ist klein und geschlossen; die engen Kammern enthalten vollkommene langgespitzte schwarzbraune Kerne. Die Kelchröhre ist flach.

Reifzeit und Nutzung: zeitigt nach Diel im halben Sept. und hält sich kaum 3 Wochen. Bei mir war die Brechezeit erst gegen Michaelis, die Früchte mürbeten im October und hielten sich wenigstens 4 Wochen. Für den, der nicht schmelzende Früchte sucht, selbst zum rohen Genusse angenehm und gekocht sehr schmackhaft; auch sicher zum Welken gut.

Der Baum wächst stark, geht schön und pyramidal in die Luft und ist bald und fast jährlich fruchtbar. Die Zweige sind mit schönem Laube reich belaubt, hängen sich aber gern etwas durch die Schwere der Früchte. — Sommertriebe stark, nach oben wenig abnehmend, leberfarbig, oft ins Olivengrüne spielend, nicht zahlreich, doch ziemlich stark punktirt. — Das Blatt ist dunkelgrün, nur etwas schiffförmig aufwärts gebogen, elliptisch oder eiförmig (eirund. Jahn), mehr gerändelt als gezahnt, einzelne sehr fein stumpfspitz gezahnt. Afterblätter fadenförmig. Blatt der Fruchtaugen lang-elliptisch, oft ziemlich lancettförmig, einzelne eiförmig (eirund. Jahn). Augen konisch, theils etwas flach gedrückt, nur wenig abstehend.

Oberdieck.

No. 199. **Butterbirne von Montgeron.** I, 2. 1 (2) D.; II (IV), 1 a. L.; II, 1 (2) J.

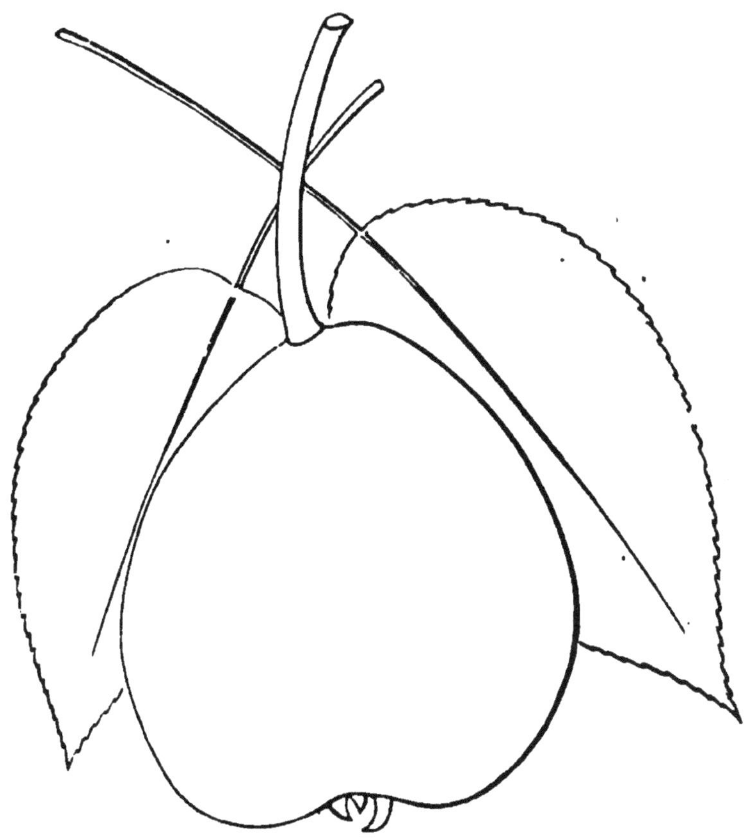

Butterbirne von Montgeron. Bivort * S. H.

Heimath und Vorkommen: sie soll aus Frankreich stammen, ist aber neben der Herbstsylvester seit länger als 10 Jahren in Deutschland wie in Belgien als König und Friedrich von Württemberg gepflanzt worden. Ich selbst bekam sie schon 1847 vom verstorbenen Fabrikanten Bornmüller in Suhl unter dem Namen König Friedrich von Württemberg. Doch ist nur die Herbstsylvester die Frucht, welcher diese Bezeichnung zukömmt, da sie unter diesem Namen nach Württemberg kam und jetzt noch so dort vorhanden ist.

Literatur und Synonyme: Bivort beschrieb sie im Alb. III. S. 159 als Beurré de Montgeron, bildete sie aber allzustark eirund ab, obgleich er sonderbarer Weise sie als meistens birnförmig schildert. Besser und ganz unserer Zeichnung entsprechend hat sie Liron d'Airoles in s. Notice pomolog. Nantes 1855 p. 38

Planche 9 Fig. 9 ihrem Umrisse nach gegeben, auch zeichnete er sie nicht größer als wir selbst. — Tougard schilderte sie, aber zu kurz in s. Tableau alphabet. et anal. Rouen 1852 p. 16, so daß man nichts über ihre Form daraus abnehmen kann. Beide schreiben übrigens „Mongeron." — Im Büllet. der Societ. in Rouen ist S. 97 Fig. 10 als Frederic de Württemberg jedenfalls die Herbstsylvester beschrieben. — Daß die Vorliegende, wie die Letztgenannte öfters auch Vermillon d'Espagne genannt wird, haben wir S. 101 bereits mitgetheilt.

Gestalt: kreiselförmig, um den Kelch meist ziemlich stark abgeplattet, nach dem Stiele zu eirund oder auch etwas kegelförmig, wird die Form am schicklichsten bezeichnen. (Liron d'Airol. beschreibt die Gestalt nicht, nennt sie nur schön: fruit moyen, d'un jolie forme). Mittelgroß, $2^{1}/_{2}$ bis $2^{3}/_{4}$" breit und kaum etwas höher.

Kelch: offen, mit braunen Blättern, meist in sehr weiter, jedoch seichter Einsenkung.

Stiel: $1^{1}/_{2}$ bis 2" lang, stark, etwas gekrümmt, braungelb, obenauf, doch meist etwas schief wegen einiger Höcker.

Schale: fein, glänzend, grün, später grüngelb mit vielen feinen grünen und braunen Punkten, die sich nach der Sonnenseite zu vermehren und in der Reife orangeroth aussehen, auch mit etwas Rost um Kelch und Stiel. Nach Liron wird die Birne in der Reife goldgelb und ist an der Sonnenseite lebhaft zinnoberroth, doch sah ich sie auch in Gotha wieder mehr grün als gelb und bräunlich geröthet, wie sie übrigens auch Bivort beschreibt, nach welchem sie in der Reife nur theilweise gelb wird und immer breite grüne Stellen behält, auch öfters schwarze Flecken, wie die Graue Dechantsbirne annimmt.

Fleisch: weiß, fein, fast butterhaft, schmelzend, saftreich, gezuckert, mit etwas Erhabenheit (un peu relevée) nach Liron — halbfein, halbbuttrig, schmelzend, saftreich, gezuckert, mit etwas Russeletgeschmack nach Bivort — aus welchen beiden Angaben wohl immer die auch bei uns beobachtete gegen andere feinere Birnen untergeordnete Beschaffenheit hervortritt.

Kernhaus: die genannten Schriftsteller geben nichts darüber an — ich selbst habe bei der Zeichnung der Birne vor einigen Jahren keine Achtung darauf gelegt.

Reife und Nutzung: die Frucht reift Ende September, doch hält sie sich noch ein gutes Stück in den October, wie mehrere Verzeichnisse sie auch als September- und Octoberfrucht bezeichnen. — Liron nennt sie eine der schönsten Früchte, die er kenne, und Bivort eine Frucht von guter Qualität. Indessen ist die oft mit ihr verwechselte Herbstsylvester sicher eine bessere Birne und es fragt sich, ob nicht gerade Einige diese im Sinne gehabt haben, die sie loben, denn auf dem Pariser Congresse wurde die Montgeron unter die zu verwerfenden Varietäten gestellt, Monatschr. V. S. 87, und der Lyon. Bericht bezeichnete sie ebenfalls als von mittelmäßiger Güte.

Eigenschaften des Baumes: derselbe wächst nach Bivort (auch in Meiningen) ausgezeichnet kräftig, selbst auf Quitte und zwar treibt er stark nach oben, so daß er Anfangs wenig Seitenzweige macht, ist deßungeachtet aber ziemlich fruchtbar. — Die Blätter, wie ich die Sorte früher von Bornmüller hatte und auch wieder von Oberdieck als Friedrich v. Württemberg in jungen kräftigen Bäumen haben werde, sind am Sommerzweige oben wie sie Bivort beschreibt, lanzettförmig (aber breit, was ich breitelliptisch nenne) unten eirund (oval, Bivort), oft sehr groß und breit, mitunter fast rundlich, ziemlich grob- und scharfgesägt; am Fruchtholze sind sie eirund mit oft langer auslaufender Spitze, bisweilen auch elliptisch, $1^{1}/_{2}$ bis $1^{3}/_{4}$" breit, $2^{1}/_{2}$ bis etwas über 3" lang, oft etwas herzförmig, regelmäßig feingesägt, glatt, etwas schiffförmig und sichelförmig, sehr dunkelgrün und glänzend, steif und lederartig. Stiel gelblich grün, bis $2^{1}/_{4}$" lang. — Blüthenknospen zur Zeit nicht zu beurtheilen, nach Bivort aber mittelgroß, kegelförmig, oft stumpfspitz, braun mit schwarzbraun und grau gemischt. — Sommerzweige sehr stark und lang, olivengrün, sonnenwärts braunröthlich, feiner und stärker schmutzigweiß punktirt (nach Biv. grau mit Braun an der Sonnenseite schattirt), gänzlich verschieden von den gelblichen Sommerzweigen der Herbstsylvester, die sich hierdurch gegen die Montgeron sehr kenntlich macht.

J.

No. 200. Die Gute von Ezée. II, 3. 2 (1) D.; III (1), 2 a. L.; III, 2 (1) J.

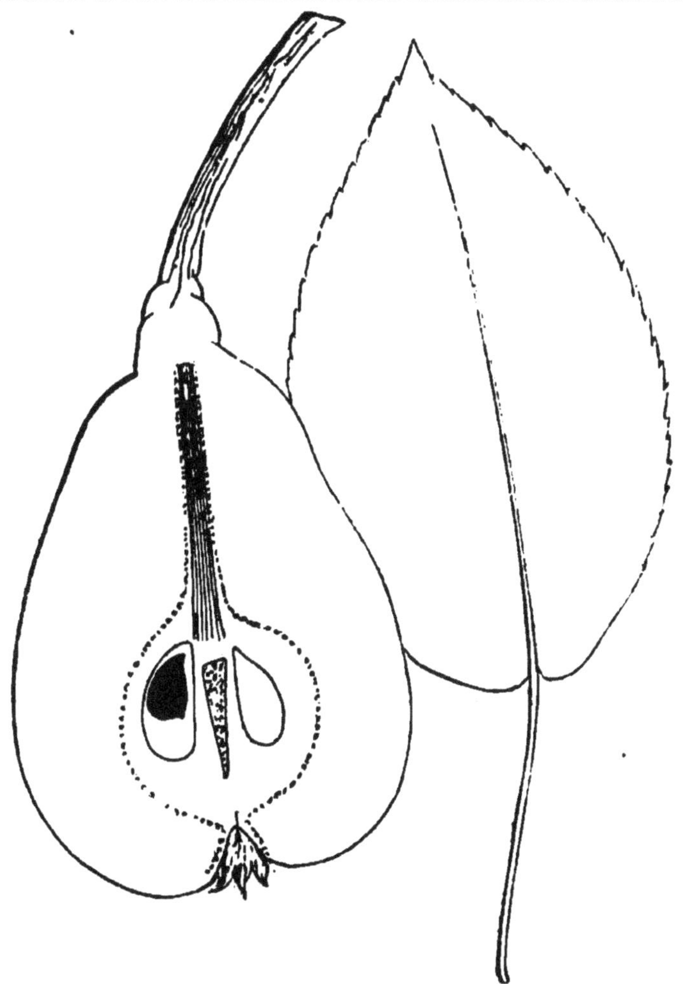

Die Gute von Ezée. Bivort. * † H. (S.)

Heimath und Vorkommen: der Baumschulenbesitzer Dupuy-Jamain in Paris fand diese Birne in dem Dörfchen Ezée in der Gegend von Loche (Indre-et-Loire) und verbreitete sie seit etwa 30 Jahren. Ich erhielt sie von Ad. Papeleu unter dem

Namen Bonne des Haies; sie ist in seinem Verzeichnisse als Frucht I. Ranges, im September oder October reifend, aufgezählt.

Literatur und Synonyme: Bivort beschrieb sie im Alb. I. neben Taf. 47, auch in den Annal. de Pom. V. S. 73 mit den Synonymen Belle et Bonne d'Ezée, Bonne des Zées. Er bildete sie in beiden Werken von stark länglicher, fast walzenförmiger Gestalt ab. Als weitere Synon. ergaben sich aus dem Lyon. Berichte noch Belle et Bonne des Haies und ich wurde hiedurch erst auf den richtigen Namen meiner Frucht geführt. Sie wird hierin als groß oder ziemlich groß, gut, im September reifend, der Baum als fruchtbar bezeichnet. Das Bülletin der Gartenbaugesellsch. zu Rouen, unter dem Berichterstatter Prevost, beschreibt sie S. 163 als sehr schmelzend, saftreich, süß, sehr angenehm, im Sept. reifend, I. Ranges; in dem einen Exemplare der Abbildung ist sie unserer Frucht oben ähnlich, in dem andern länglich eirund gezeichnet. Decaisne, der sie etwas kürzer gebaut, als oben, und mehr eirund abbildete (Lief. 27), hält die Birne Charles Frederix, angeblich von van Mons erzogen und nach dem Colonel Frederix benannt, Biv. in den Ann. de Pom. II. S. 1, für damit identisch.

Gestalt: (wie sie bereits von mir selbst erzogen vorliegt) eirund, nach dem Stiele zu birnförmig oder kegelförmig verlängert, 2¼" breit, 3" lang. — Bivort beschreibt sie als veränderlich, birnförmig oder flaschenförmig, öfters noch länglich stumpfspitz.

Kelch: kurzblättrig, braungelb, wollig, aufrecht, halboffen, in schwacher schüsselförmiger Einsenkung, mit etwas Unebenheiten oder Falten um die Wölbung herum.

Stiel: sehr lang nnd stark, nach der Birne zu fleischig oder mit Fleischringeln umgeben, obenauf, verliert sich auch ohne Absatz in der Frucht.

Schale: etwas rauh, gelblichgrün, rostfarbig gefleckt und punktirt, um den Kelch auch zusammenhängend berostet, an der Sonnenseite röthlich marmorirt und in diesem Roth mit schmutzigweißen Punkten.

Fleisch: weiß, etwas körnigt, halbschmelzend oder rauschend, saftreich, von angenehm gewürztem Zuckergeschmack, der dem der Sparbirne ähnelt, welcher sie auch äußerlich etwas ähnlich sieht. — Vielleicht wird sie auf anderem Standorte oder in weniger trockenen Jahren feinfleischig und völlig schmelzend, wie sie Bivort schildert, doch beschreibt auch Willermoz, wie Decaisne mittheilt, das Fleisch nur als halbfein, doch sehr saftreich und süß, und Decaisne selbst nennt sie zwar eine sehr gute Frucht, den Geschmack bezeichnet er aber als wenig erhaben.

Reife und Nutzung: Bivort gibt die Reife im September an, was sich aber öfters bis October verschiebe und bezeichnet überhaupt die Frucht als eine der besten ihrer Zeit. — Hier war die Birne Ende October, zum Theil auch erst Anfangs November reif, was sich indessen in andern Jahren ändern kann, wie wohl auch die von mir anders geschilderte Beschaffenheit des Fleisches.

Eigenschaften des Baumes: dieser wächst nach Bivort lebhaft, ist fruchtbar, bildet von Natur eine Pyramide und ist nicht empfindlich auf Bodenbeschaffenheit, gedeiht auch auf Quitte, doch wird die Erziehung auf Wildling empfohlen. — Die Blätter sind an meinem Baume eiförmig, öfters auch länglich elliptisch, bisweilen aber auch rundlich, 2" breit, mit der oft ½" langen etwas aufgesetzten Spitze bisweilen 4" lang, glatt, meist nur an der Spitze gezahnt. — Blüthenknospen groß, kegelförmig, sanftgespitzt, kastanienbraun, etwas feinwollig. — Sommerzweige (die meinem Baume im Augenblick fehlen) nach Bivort oft mit einer Blüthenknospe an der Spitze, hellgelbbraun, auf der Schattenseite olivengrün, fein grau oder hellröthlich punktirt.

J.

No. 201. Die Thielebirne. II, 1. 1. Diel; III, 2 b. Luc.; II, 2. Jahn.

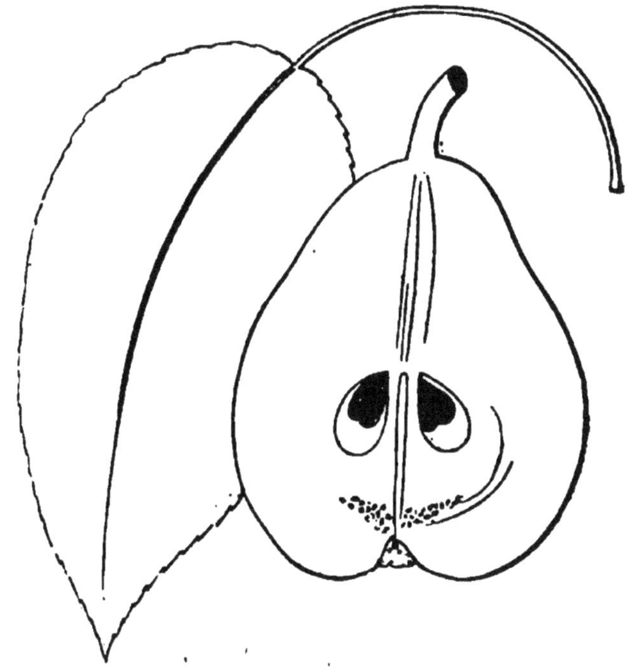

Thielebirne. Diel. * ++ Oct.

Heimath und Vorkommen: diese sehr achtbare, für Tafel und Haushalt brauchbare Provinzialfrucht ist im Hannover'schen und Bückeburgischen verbreitet, findet sich besonders auch in den Gärten des Landmanns sehr häufig. Ist wohl eine deutsche Nationalfrucht.

Literatur und Synonyme: ist bisher nirgend beschrieben, auch finde ich unter anderm Namen nichts ihr Aehnliches. Man möchte beachten, daß die Große Petersbirne des T.O.G. (XXII. S. 103 Taf. 11) auch Theilbirne genannt wird, doch wird diese anders beschrieben und ist der Name nur ähnlich.

Gestalt: neigt zur Birnform; gute Früchte sind 2″ breit und meist noch merklich höher (2 3/4″) als obige nach einem in trockenem Boden gewachsenen Exemplare entnommene Figur: Bauch sitzt etwas mehr nach dem Kelche hin, um den die Frucht gerundet zugespitzt abnimmt und oft noch ziemlich, oft aber auch sehr wenig abgestumpft ist, so daß sie, namentlich wenn die Hälften ungleich sind, nicht stehen kann. Nach dem Stiele macht sie rasche Einbiegung und dicke, kegelförmige, etwas abgestumpfte Spitze.

Kelch: halb oder ganz geschlossen, etwas hornartig, bald fast nicht vertieft, bald in flacher Senkung, aus der mehrere rippenartige Erhabenheiten entspringen, die ziemlich feinkantig bis zum Bauche hinlaufen, einzeln aber sich stärker aufwerfen und oft die beiden Hälften der Frucht ungleich machen. Ueberhaupt hat die Frucht etwas fein Beuliges.

Stiel: stark, ½ bis ¾" lang, holzig, in ziemlich weiter, mäßig tiefer Höhle und durch einen sich erhebenden Wulst fast immer etwas auf die Seite gebogen.

Schale: glatt, grasartig grün, in der Zeitigung nur gelblichgrün. Die Sonnenseite ist mit einem düstern, bräunlichen, fast blutfarbigen Roth verwaschen, das Streifiges nur nach den Seiten hin zeigt. Punkte zahlreich, im Roth weißgrau, besonders an der Schattenseite ins Auge fallend, wo sie grün umringelt sind. Rost findet sich nur wenig und Geruch fehlt.

Das Fleisch ist ziemlich weiß, nur um das Kernhaus etwas körnig, fein, saftreich, fast ganz schmelzend, von gezuckertem, etwas weinartigen erfrischenden Geschmacke.

Kernhaus geschlossen und klein; Kammern enthalten theils taube, theils starke, vollkommene eiförmige hellbraune Kerne. Kelchröhre kurzer Trichter.

Reifzeit und Nutzung: zeitigt bald nach Michaelis und ist gut 14 Tage brauchbar; in der schon eingetretenen Mürbe hält sie sich etwa 6 Tage lang. Ist zum frischen Genusse angenehm und wird zum Dörren und Einmachen in Senf benutzt.

Der Baum wächst stark und wird sehr groß, geht mit den Aesten gut und hoch in die Luft und liefert bald und mit der Zeit sehr reiche Erndten, da die langen Triebe schon im nächsten Jahre mit vielem kurzen Fruchtholze sich ganz besetzen. Sommertriebe lang und stark, nach oben merklich wollig, der junge Trieb ganz wollig, olivengrün, der reifere ledergelb, stark und in die Augen fallend punktirt. Blatt mattglänzend, oben am Zweige im Nachsommer noch fein wollig, weiter unten ziemlich glänzend, doch auf der untern Seite noch etwas fein wollig, langeiförmig (langeirund, Jahn), oft elliptisch, unten am Zweige breiteiförmig, manche herzförmig mit schöner auslaufender Spitze, seicht, theils scharf, theils etwas gerundet gezahnt. Afterblätter fadenförmig, meist fehlend; Augen konisch, nach unten anliegend, in der Mitte des Zweiges abstehend, auf stark vorstehenden Augenträgern. Blätter der Fruchtaugen langeiförmig (eirund, Jahn), an starken Trieben oft recht lang und spitz eiförmig oder vielmehr bis auf ⅔ der Länge langoval und dann verjüngt zu einer langen Spitze auslaufend. Oberd.

No. 202. Die Haller Rothbirne. III, 2. 2. Diel; IX, 1 b. Luc.; III, 2. Jahn.

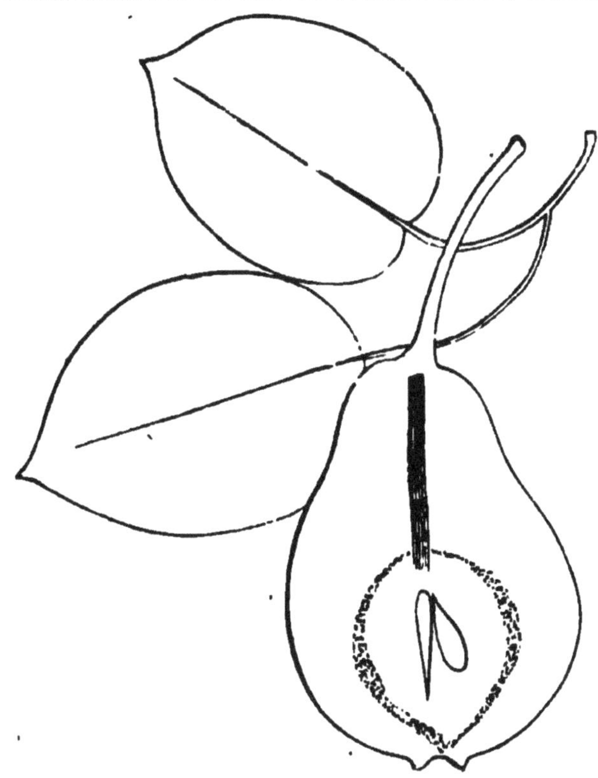

Die Haller Rothbirne. Hauser. † H. K. M.

Heimath und Vorkommen: man trifft diese Birne im Oberamtsbezirke Hall (Württemberg), und es scheint diese Gegend die ursprüngliche Heimath derselben zu sein. Sie ist dort in allgemeiner Verbreitung, namentlich in den Bauerngärten, wo der Baum die Größe einer Eiche und ein Alter von mehr als 100 Jahren erreicht. — Gewöhnlich wird sie kurzweg Blutbirne, häufig auch Weiße Blutbirne genannt. (Wir haben geglaubt, den von Hrn. Hauser der Birne beigegebenen Namen Haller Blutbirne, zur Vermeidung von Verwechslung mit einer eigentlichen Blutbirne, die rothgefärbtes Fleisch besitzen müßte, mit dem obigen vertauschen zu müssen. Die Red.)

Gestalt: mittelgroß, rundbauchig, öfters etwas länglich (deßhalb zur Classe IX bei Lucas zu zählen) mit etwas plattgedrückter Spitze; Bauch in der Mitte, in ihrer mittleren Größe 1" 6''' breit und 1''' mehr hoch oder wie vorliegend auch noch etwas höher.

Kelch: weit offen, unvollkommen, hornartig, sitzt ohne Einsenkung auf einer kaum merklichen Spitze, auf der die Frucht nicht aufsteht, mit Perlchen oder kleinen Beulen umgeben.

Stiel: stark, 1" lang, steht fast ohne Einsenkung senkrecht und von kleinen Höckern umgeben obenauf, doch ist er manchmal auch auf die Seite gedrückt und schief stehend.

Schale: glatt, Grundfarbe gelblichgrün, bis über die Hälfte der Frucht mit einem erdartigen Blutroth verwaschen, das gegen die Schattenseite oft streifenartig wird, und von dem die Birne ohne Zweifel ihren Namen hat. Feine graue Punkte sind in dem Roth sehr häufig, und laufen um den Kelch herum zu einem grauen Rost zusammen; außerdem finden sich fast an jeder Frucht graue und schwarze Flecken.

Fleisch: weiß, hart und fest, doch sehr saftig, von süßem Geschmack und starkem gewürzten Geruch.

Kernhaus: eiförmig, ziemlich groß, mit Steinen umgeben, hohlachsig; Kammern geräumig mit vollkommenen, schönen schwarzen Kernen.

Kelchröhre: eng.

Reife und Nutzung: reift in der ersten Hälfte des Octobers und hält sich mehrere Wochen, bis sie teig wird. Eignet sich zum Rohgenuß und zum Kochen und ist zu diesen Zwecken auf dem Markte gesucht. Zum Dörren von großem Werth und auch als Mostfrucht geschätzt.

Eigenschaften des Baumes: Wuchs kräftig; der Baum wird groß und bildet eine umfangreiche, hochgehende und starkästige Krone. Sommerzweige mittelstark, bewollt, dunkelbraun. Blatt blaßgrün, eiförmig, die untere Seite mit weißer, feiner Wolle bedeckt, ganzrandig, ohne Afterblätter. Blüthen groß, in Büscheln, schönweiß, frühzeitig erscheinend, aber nicht sehr empfindlich.

Der Baum ist sehr fruchtbar, namentlich in weniger warmen Lagen, weil da die Blüthen später hervortreten und also von Frösten weniger leiden.

Hauser in Hall.

No. 203. Die Brüsseler Herbstmuskateller. I, 2. 2. D.; IV, 1 b. L.; IV, 2. J.

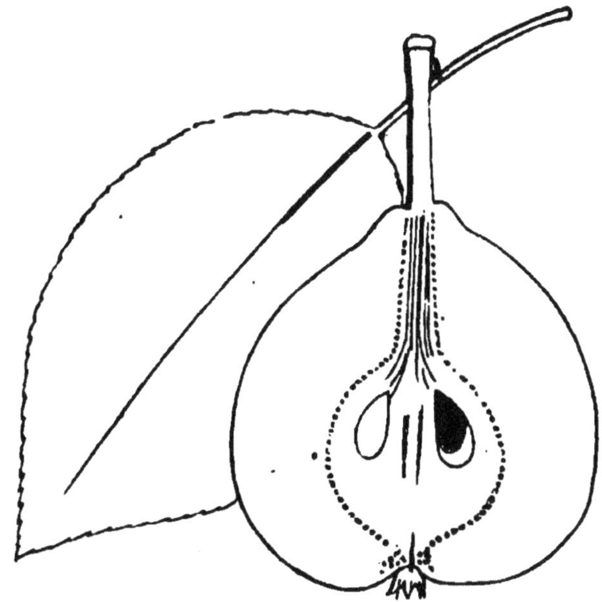

Die Brüsseler Herbstmuskateller. Diel (van Mons). * † H.

Heimath und Vorkommen: wahrscheinlich eine Kernfrucht von van Mons, der sie an Diel unter dem diesem selbst nicht recht erklärlichen Namen Grosse de Pepins sandte, indem alle neuen Früchte Kernfrüchte seien und die vorliegende auch bei Diel nur von sehr gewöhnlicher Größe blieb. Sie hat, wie es scheint, in Deutschlands Gärten wenig Verbreitung gefunden und kömmt auch nicht in Belgischen Verzeichnissen vor.

Literatur und Synonyme: Diel N.K.O. III. S. 92; Dittrich I. S. 695; Oberd. S. 380. Dochnahl II. S. 76 nennt sie Brüsseler Herbstbergamotte. Doch ist Bergamotte de Bruxelles bei Decaisne Synon. der Deutschen Nationalbergamotte. Siehe Große Sommerbergamotte. Dittrich nannte sie einfach Herbstmuskateller. v. Aehrenthal gibt Taf. 76 ganz gute, kenntliche Abbildung.

Gestalt: kreiselförmig, in Form und Größe oft ähnlich der Herbstbergamotte, um den Kelch halbkugelförmig abgerundet, doch flach, daß sie aufsitzen kann, nach dem Stiele zu mehr oder weniger abgestumpft spitz, gewöhnlich 2¾" breit und eben so hoch, so beschreibt sie Diel; doch habe ich sie in dieser Größe am Pyramidbaume hier noch nicht erzogen, sondern eher noch kleiner, als sie oben abgebildet ist.

Kelch: klein, kurzblättrig, hornartig, halboffen oder geschlossen, flach oder auch tiefer eingesenkt, oft mit feinen Falten oder Rippchen, die als Erhabenheiten bisweilen etwas fortlaufen, umgeben.

Stiel: ziemlich stark, gelbbraun, fast fleischig, öfters knospig, wie eingedrückt, oft neben einem Fleischwulst.

Schale: glatt, gelblichgrün, später grünlichgelb oder auch citronengelb, nach Diel ohne Röthe, hier jedoch, wie ich die Sorte von Liegel besitze, und auch bei Oberdieck öfters ziemlich bräunlich-, später fast carmingeröthet, in dem Roth fein weißgrau punktirt, und um Kelch und Stiel besonders hellbraun berostet.

Fleisch: weiß, körnigt, überfließend, ganz zerschmelzend von gewürzhaftem, erfrischenden, weinartigen Muskatellergeschmack nach Diel, wird hier nur halbschmelzend oder rauschend, so auch bei Oberdieck, der den Geschmack (den ich mir saftreich, süß, aber nur wenig muskatellerartig bemerkte) zwar nach Diels Angaben, doch oft als etwas herbe schildert, selbst in besserem Boden.

Kernhaus: mit feinen Körnchen umgeben, von Form wie oben gezeichnet (Diel beschreibt es herzförmig), nicht hohlachsig, Kammern eng, mit vielen kleinen eirunden, braunen Kernen.

Reife und Nutzung: die Birne zeitigt Anf. November mit der Weißen Herbstbutterbirne und hält sich auch nicht länger als diese, Diel. Ihre eigentliche Reife ist aber im October und auch Oberdieck hat sie in warmen Jahren schon Mitte Septbr., sonst um Michaelis gepflückt. Kann wohl immer noch als Tafelfrucht dienen, wozu sie Diel empfiehlt, doch verdient sie nicht den ihr beigelegten I. Rang und dürfte auch als Haushaltsfrucht von vielen andern in der Güte übertroffen werden, indessen mag sie noch als Kochbirne, sowie zum Mosten brauchbar sein und wäre immerhin noch weiter zu erproben, zu welchen Zwecken sie sich wegen ihres guten Ertrages schon eignen dürfte.

Eigenschaften des Baumes: derselbe wächst nach Diel stark (hier schwach), geht hoch, macht aber unten später Hängäste, so daß die Krone sich später breit baut. Er belaubt sich licht, wird aber früh und reichlich tragbar. Die Blätter sind elliptisch mit meist auslaufender, oft ziemlich starker Spitze, $1\frac{1}{2}$ bis $1\frac{3}{4}''$ breit, bis $2\frac{3}{4}''$ lang, öfters breitelliptisch, mitunter etwas wollig, fein- und meist stumpf-, oft aber doch auch ziemlich scharf-, meist jedoch nur von der Mitte an deutlich gesägt, flach, nur die Spitze etwas umgebogen. — Blüthenknospen z. B. klein, kurzkegelförmig, fast stechend, mit etwas borstigen Deckblättern. — Sommerzweige röthlichbraun, mit feinen gelblichen oder bräunlichen Punkten.

J.

No. 204. Wildling von Montigny. I, 2. 2. Diel; IV, 1 a. Luc.; V, 2. Jahn.

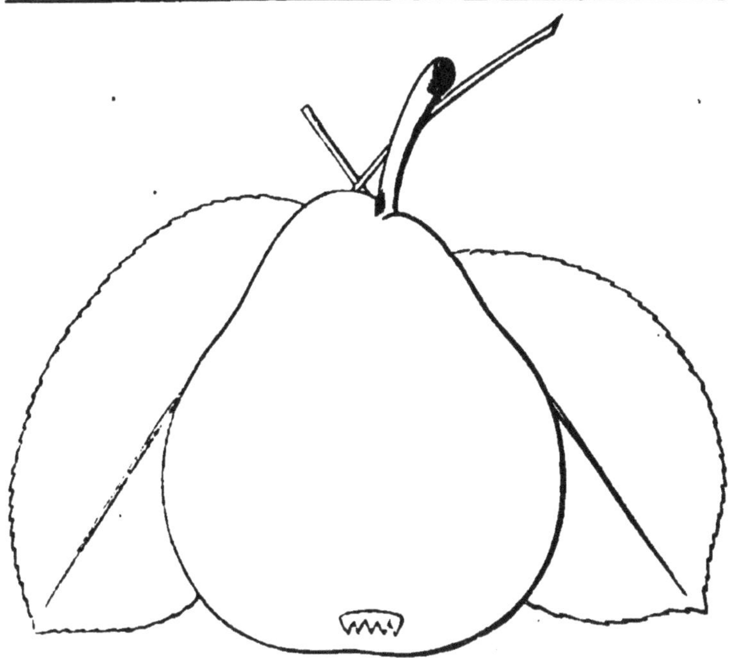

Wildling von Montigny. Diel (Duhamel). ** H.

Heimath und Vorkommen: unter den alten Schriftstellern hat sie zuerst Duhamel, jedoch ihren Ursprung gibt er nicht an. Sie findet sich jetzt mehrfach in französischen, wie auch in deutschen Gärten und verdient noch größere Vermehrung.

Literatur und Synonyme: Duhamel III. S. 67 tab. 44 Fig. 6. Bezi de Montigny. — Diel beschrieb sie jedoch genauer Heft 21 S. 180. (Danach Dittr. I. S. 650.) — Vergl. ferner Oberd. S. 428, Christ Handb. S. 195, vollst. Pomol. Nro. 15, Luc. S. 187. — Mayer in Pom. franc. S. 232 tab. 50 hat sie zu sehr plattrund, einer Bergamotte ähnlich abgebildet; auch Oberdieck hält sie für die Bergam. Crasanne. Recht schön und ganz unserer obigen Zeichnung entsprechend finde ich sie jedoch im Büllet. der Soc. zu Rouen v. 1846 Fig. 10 abgebildet und S. 126 beschrieben. * — Nach Mayer ist die Montigny wahrscheinlich Merlets Doyenné de

* Gelegentlich hier die Bemerkung, daß in dem genannten Bülletin, dessen Titel ich schon oben angab und dessen Bearbeitung der Vicepräsident Prevost (unter dem Präsidenten Tougard) unternahm, und welches in 7 Heften 1839—1850 viele Abbildungen und Beschreibungen älterer und neuerer Birnen enthält, die Früchte in sehr lobenswerther Weise nur in ihrer natürlichen Größe und nicht so übertrieben groß als in Biv. Album und in den Annalen der Pom. abgebildet sind, wie die meisten schwerlich in Belgien selbst oder doch nur unter ganz besonders günstigen Verhältnissen erzogen werden können.

Pontoise und im Cat. Lond. hat sie als Synon. Trouvé de Montigny. — Nach dem Lyon. Ber. wird die Doyenné musqué (Runde Rundnetzbirne) mit Unrecht auch Besi de Montigny genannt. Auch Decaisne gibt Doyenné musqué, öfters auch Doyenné gris als Synon. der Montigny an.

Gestalt: etwas länglich kreiselförmig, der Weißen Herbstbutterbirne ähnlich, um den Kelch kugelförmig, doch noch so abgeflacht, daß sie aufstehen kann. Nach dem Stiele zu ohne Einbiegung stark abgestumpft spitz, 2³/₄" breit und 3" hoch, nicht selten etwas höher, nach dem system. Verz. von 1818 S. 63 größer als die Beurré blanc, so beschreibt sie Diel. — Doch habe ich sie auf dem Jerusalem bei Meiningen immer nur in der Form und Größe, wie sie oben und im Bülletin 2c. gezeichnet ist, gesehen, auch ist sie nach dem Stiele zu oft etwas eingebogen, wie schon O. bemerkte.

Kelch: schön, kleinblättrig, offen, in seichter und ebener Einsenkung.

Stiel: stark, wie fleischig, bis ³/₄" lang, obenauf, wie eingesteckt, oder auch vertieft neben einem Höcker.

Schale: zart, glatt, schön hellgrün, später blaß- oder hellcitronengelb, ohne Röthe mit charakteristischen feinen hellzimmtfarbigen Punkten und etwas feinem gleichfarbigen Rost um den Stiel herum.

Fleisch: weiß, körnigt, saftvoll, butterhaft, von süßem erfrischenden fein müskirten Geschmack. — Herrliche Frucht, zerfließend im Mund, sagt Diel auch im Verz. v. 1818 S. 63, welchem Urtheile auch Oberdieck ganz beistimmt.

Kernhaus: hat keine hohle Achse, ist herzförmig, ziemlich groß. Kammern geräumig, mit ziemlich vielen schwarzbraunen langgespitzten vollkommenen Kernen.

Reife und Nutzung: die Birne reift im October und hält sich, zu rechter Zeit (gewöhnlich um Michaelis nach O.) gebrochen, 3 Wochen. Tafelfrucht vom I. Rang, auch nach Oberd., der sie als delicat, nicht leicht faulend, selbst im Sandboden trefflich gedeihend und ebenso in Monatsschr. II. S. 188 als köstlich, sehr schätzbar, bezeichnet.

Eigenschaften des Baumes: derselbe wächst sehr lebhaft, gleicht, wie schon Diel bemerkt, in Form und Belaubung dem der Beurré blanc, und ist wie dieser recht fruchtbar. — Wie ich die Sorte von Oberd. hatte und auch von Lucas wieder haben werde, sind die Blätter breitelliptisch, dabei oft ziemlich länglich, bisweilen auch rein eiförmig, 1¹/₂" breit, 2¹/₄" bis 3" lang, glatt, seicht- oft verloren und nur an der Spitze etwas gezahnt, grasgrün, schön glänzend, schwach schiffförmig und wenig sichelförmig. Stiel bis 2" lang. An meinem jetzigen noch sehr jugendlichen Baume, der noch kein Tragholz hat, sind sie am Grunde der Sommerzweige wie oben gezeichnet, blos eiförmig und länglich eiförmig. (Diel beschreibt das Blatt des Sommerzweiges bald herzförmig, bald elliptisch, dann mit schöner auslaufender Spitze und 3" lang, 2" breit, die Fruchtblätter ganz elliptisch, 4" lang, 2" breit, Blattstiel 2" lang, nur ganz seicht und nur nach vorne etwas bogenförmig gezahnt.) — Blüthenknospen zur Zeit fehlend. — Sommerzweige nach Diel grünlich rothgelb, auch lederfarbig roth, auf Quitte schön hellroth, ziemlich vielfach weißgrau punktirt.

Nachschrift. Auch Prevost, welcher die Blätter als oval oder oval lancettförmig bezeichnet (was in vielen Fällen wie bei Bivort mein „elliptisch" und „breitelliptisch" ist), findet die Frucht ähnlich der B. blanc, doch feiner und schmelzender, auch nicht so leicht teig werdend und sich besonders von jener durch ihren müskirten Geschmack unterscheidend. Der Baum komme aber auf kaltem freien Stande hochstämmig nicht fort, sonst gedeihe er in allen Formen, doch besser auf Wildling wie auf Quitte. — Dies dürfte für unsere rauheren Lagen in Deutschland um so viel mehr zu berücksichtigen sein.

J.

No. 205. Butterbirne von Albret. I, 3. 2. Diel; III, 1 b. Luc.; III, 2. Jahn.

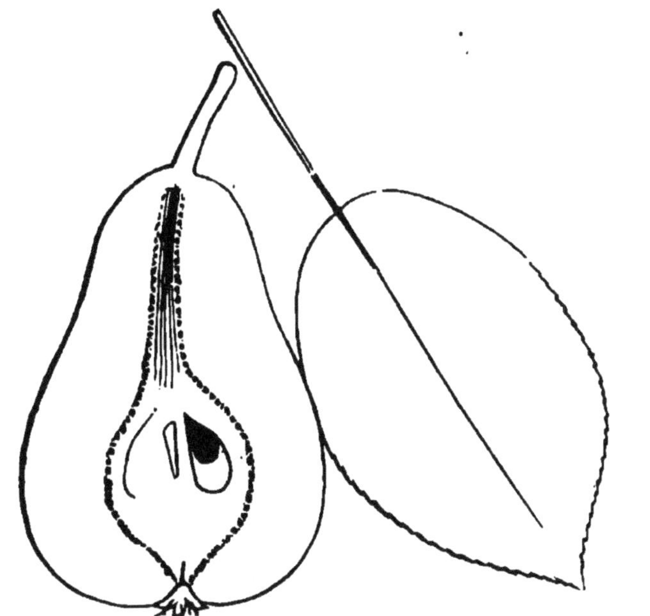

Butterbirne von Albret. Papeleu u. Jamin u. Durand. ** † H.

Heimath und Vorkommen: ich erhielt die Zweige von Herrn Hofrath Dr. Balling in Kissingen unter dem Namen Beurré d'Albret und erndtete davon seit einigen Jahren Früchte von einem damit bepfropften Hochstamme, die ich in dem Folgenden beschreiben werde.

Literatur und Synonyme: den Namen in derselben Schreibweise findet man in den Catalogen von Papeleu in Wetteren und von Jamin und Durand in Bourg-la-reine bei Paris. Ersterer hat sie 1856/57 unter den neuen Birnen und bezeichnet sie als mittelgroß, schmelzend, im Oct. zeitigend, I. Ranges, mit fruchtbarem, kräftigen, zu Hochstamm geeigneten Baume; Jamin und Durand schildern die Birne ziemlich ebenso. Da es eine Stadt Namens Albret in Guyenne gibt, so wäre vielleicht anzunehmen, daß sie dorther und also aus Frankreich stammt. Es ist aber auch möglich, daß der Name anders und zwar Dalbret (Name eines Pomologen) geschrieben werden muß, wie denn die in Paris versammelten Pomologen (nach Monatsschr. V. S. 86) eine Beurré Dalbret, Jamin (die in Jamins und D. Catal. sich jedoch nicht noch besonders findet) als mittelgroß, gut, fein, schmelzend, im Sept. oder Oct. reifend und den Baum als sehr fruchtbar, für alle Formen geeignet, bezeichneten. Auch Charles Baltet beschreibt in seinen Les bonnes poires, Troyes 1859, p. 16 eine Beurré Dalbret als ziemlich groß, birnförmig, isabellroth angehaucht auf grünem Grunde, mit feinem weichen, ziemlich schmelzenden Fleische, jedoch wenn nicht etwas vor der Zeit gepflückt, schnell den Saft verlierend. Die Reife gibt er im September an. Wahrscheinlich ist dies dieselbe Frucht. — Daß übrigens der Name Poire d'Albert oder Delbert als Synon. der Amanlis Butterbirne vorkommt, haben wir bei dieser S. 71 bereits bemerkt. Von der Pariser Versammlung wurde indessen außer „Wilhelmine" keines der Synon. des Lyon. Congresses mehr bei B. d'Amanlis genannt. — Der Vilvorder Catalog, auch Jamin und Durand haben nebenbei noch eine Beurre d'Elberg, doch ist dieses schwerlich die vorliegende und wohl noch eher die Holzfarbige, die auch dieses Syn. hat; sie wird aber auch von dieser getrennt gehalten und geschildert als groß, bauchig oval, I. Ranges, im Oct. und Nov. reif. Wahrscheinlich ist dieses die Beurré Delbecq (van Mons), welche der Bericht der Soc. van Mons von 1858 als geprüft empfiehlt und sie als groß, oval, goldgelb, berostet, im Octob. reifend, schmelzend, I. Ranges beschreibt.

Gestalt: wie sie oben gezeichnet ist. Einzelne Früchte sind auch breiter und kürzer gebaut, meist aber nicht größer, oft noch etwas kleiner.

Kelch: kurzblättrig, hartschalig, offen, in schwacher schüsselförmiger Einsenkung.

Stiel: ziemlich stark, holzig, oder nach der Birne zu auch etwas fleischig, obenauf oder auch ohne Absatz sich in die Frucht verlaufend. Oft neben einem Höcker.

Schale: stellenweise fein rauh durch gelbbraunen Rost, sonst glatt, hellgrün, später citronengelb, ohne wirkliche Punkte, doch öfters an der Sonnenseite erdartig geröthet.

Fleisch: gelblichweiß, sehr fein, saftreich, völlig schmelzend, von sehr angenehmem dem der Grauen Herbstbutterbirne ähnlichen Geschmack.

Kernhaus: durch sehr feine Körnchen nur angedeutet, schwach hohlachsig, Kammern muschelförmig mit wenigen, aber meist vollkommenen schwarzen Kernen.

Reife und Nutzung: die Frucht reift im October, 1859 war sie den 25. Oct. zeitig, und wird nicht zu schnell teig. — Ist eine sehr gute Birne, deren größerer Verbreitung nur die geringe Größe entgegensteht. Sie hätte bei früherer Zeitigung gleichen Werth, wie die Stuttgarter Gaishirtel. Zu ihrer Zeit gibt es aber eine Menge größerer anderer guten Früchte, die ihr den Rang streitig machen, so daß sie nur dem, der Mannigfaltigkeit liebt, hauptsächlich zu empfehlen ist.

Eigenschaften des Baumes: die damit veredelten Zweige zeigen ein gesundes Wachsthum und beweisen sich auch recht tragbar. — Die Blätter sind eiförmig, einzelne auch elliptisch mit mehr oder weniger langer auslaufender oder halbaufgesetzter Spitze, 1¹/₂ bis 2¹/₂" lang, 1¹/₂" breit, glatt, fein- und stumpfgesägt, einzelne kleinere ganzrandig, etwas schiffförmig und sichelförmig, ziemlich dunkelgrün, stark glänzend, steif- und lederartig, stark geadert. Stiel mäßig lang, steif, oft geröthet, die Blätter an demselben meist rechtwinklig abstehend. — Blüthenknospen ziemlich groß, kegelförmig, fast stechendspitz, kastanienbraun. — Sommerzweige grünlichgelbbraun, nach oben leicht geröthet, mit schmutziggelben oder weißlichen Punkten.

J.

No. 206. Die Doppelte Philippsbirne. I, 3 (2). 2. Diel; III (IV), 1 b. Luc.; IV, 2. J.

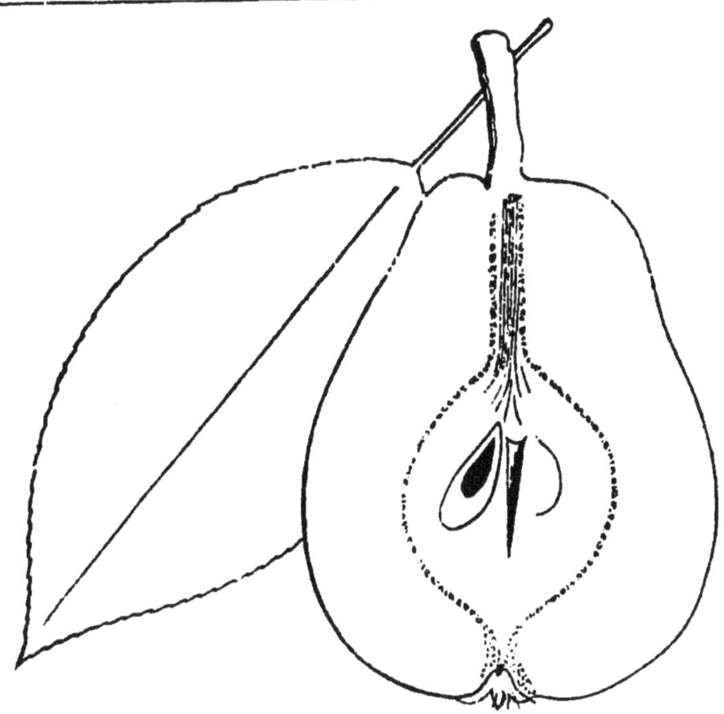

Die Doppelte Philippsbirne. Oberdieck (Bivort). ** H.

Heimath und Vorkommen: sie ist wahrscheinlich schon länger unter diesem Namen in Belgien bekannt und wird wahrscheinlich zum Unterschied von einer andern kleinen im October reifenden Birne Namens Philippe le bon (Diel, N.K.O. VI. 211, beschrieb sie als Philipp der Gute) die Doppelte genannt. Van Mons, der in ihren Besitz kam (v. Mons, l'obtenteur de cette variété), widmete sie, wie Bivort in den Annal. de Pom. mittheilt, dem Grafen von Mérode-Westerloo und sie heißt deßhalb zugleich Beurré de Mérode.

Literatur und Synonyme: Bivort hat sie im Album I. neben Taf. 26, und wiederholt in den Annal. de Pomol. V. S. 81, im ersteren Werke als Philippe double, im anderen unter der Ueberschrift Beurré de Mérode mit den Synonymen: Beurré de Mérode-Westerloo, B. de Westerloo, Poire de Mérode, Philippe Double, Double Philippe beschrieben. In Catalogen z. B. von Jamin und Durand in Paris heißt sie nebenbei noch Doyenné

Boussoch, bei Anderen Nouvelle Boussoch, Doyenné de Mérode, Gros Seigneur. — Oberdieck beschrieb sie bereits auch als Doppelte Philippsbirne S. 388; diese Beschreibung lege ich hier zu Grunde, indem ich die Vegetation nach der von Oberd. und Papeleu übereinstimmend erhaltenen Sorte schildere. Decaisne (Jardin fruitier du Museum) bildet sie Taf. 36 sehr naturgetreu ab.

Gestalt: ziemlich kegelförmig, meist hochbauchig, oben flach abgerundet, nach dem Stiele zu sanft eingebogen und hiedurch hauptsächlich von der Holzfarbigen Butterbirne, der sie äußerlich oft ähnlich sieht, unterschieden. Am Stiele endigt sie mit kurzer dicker, etwas abgestumpfter Spitze. Ihre Größe ist $2^1/_4$'' breit, $2^3/_4$—3'' hoch. — Von derselben Form, wie wir, hat sie auch Biv. in den Ann. abgebildet, nur breiter und weit größer, $3^1/_2$'' breit und ebenso hoch, und er gibt sie überhaupt als groß oder sehr groß an, wie sie bei uns hochstämmig nicht wird. Im Album ist sie kleiner und eirund gezeichnet.

Kelch: kurzblättrig, hartschalig, offen oder halboffen meist flachstehend, oft mit etwas Beulchen.

Stiel: stark, meist fleischig, runzelig, gelbbraun, bis 1'' lang, wie eingedrückt, oft schief neben einem Fleischwulst.

Schale: mattgrün, später hellgelb, bisweilen sanft geröthet, mit zahlreichen feinen bräunlichen Punkten (und im Roth mit etwas stärker rothen Fleckchen), auch mit etwas Rost um Kelch und Stiel.

Fleisch: mattgelb, fein, fast ganz schmelzend, ums Kernhaus etwas körnig, sehr saftreich, von weinartigem, gezuckertem, erfrischenden Geschmack. — Ich habe mir denselben an den 1857 und 1858 erzogenen Früchten ziemlich eben so als weinigt gezuckert, durch feine Muskatellersäure erhaben notirt. J.

Kernhaus: geschlossen mit flachen Kammern und meist tauben länglichen schmalen schwarzen Kernen.

Reife und Nutzung: die Frucht reift im October und hält sich 3 Wochen, 1858 hatte ich sie den 10. Oct. reif, in einem früheren Jahre Anfangs Nov. Bivort gibt die Reife für Mitte Sept. und bis Ende Oct. an, besonders durch Zwischenpflücken erlange sich größere Haltbarkeit. — Es ist immer eine schätzbare, sehr gute Frucht, auch nach Bivort I. Ranges, die aber wie viele andere Birnen gute Sommer zur vollkommenen Ausbildung des Wohlgeschmacks verlangt. — In der Gegend von Löwen und Mecheln wird der Baum allgemein hochstämmig gepflanzt und Bivort empfiehlt die Sorte auch anderwärts hin für Baumstücke, doch sagt er selbst, daß sie warmen und leichten Boden verlange, in einem kalten Erdreich sei die Frucht nur II. Ranges.

Eigenschaften des Baumes: derselbe wächst sehr lebhaft und ist sehr fruchtbar, für Gärten wird die Erziehung auf Quitte empfohlen, worauf sich auch die Frucht mehr färbe. — Die Blätter sind elliptisch (doch nach dem Stiele zu weniger spitz, als auf der Zeichnung oben), sehr oft auch eiförmig oder etwas eirund, $1^1/_2$—$1^3/_4$'' breit, mit der auslaufenden oder halbaufgesetzten Spitze bis $3^1/_4$'' lang, bisweilen am Blattsaume und unterhalb etwas wollig, weitläufig und seichtgesägt, bisweilen ganzrandig, etwas schiffförmig, Spitze seitwärts oder etwas nach unten gekrümmt. — Blüthenknospen kegelförmig, fast walzenförmig, spitz, doch nicht stechend. — Sommerzweige grünlich gelbbraun, gegenüber dunkelrothbraun mit wenigen ockergelben Punkten. J.

No. 207. Die Herbst-Amadotte. II, 3. 2. Diel; III, 2 a. Luc.; II, 2. Jahn.

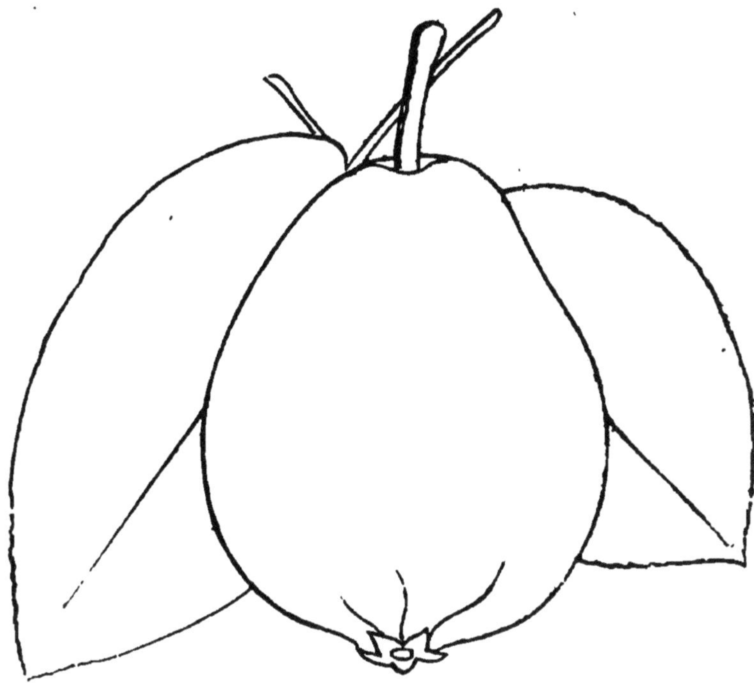

Die Herbst-Amadotte. Decaisne (Merlet) * † H.

Heimath und Vorkommen: zu der oben im Umriß gegebenen Frucht erhielt ich die Zweige von Papeleu unter dem Namen Beurré blanc des Capucins. Nach den neueren französischen Schriftstellern hat jedoch van Mons die alte, schon Merlet bekannte Amadotte (Amadotte blanc, Tougard) nur neu so benannt, es wird wenigstens von ihnen die Beurré blanc des Capucins, welche van Mons unter diesem Namen an Bouvier sandte, für identisch mit der genannten Amadotte betrachtet.

Literatur und Synonyme: Tougard, tableau alphabet. et anal. Rouen 1852. p. 14, 28 und 86: Amadotte blanc, Bourré blanc des Capucins; Decaisne Jardin fruitier: Amadotte mit den Syn.: Angobert de Mantoue, Madote, Damadote, Beurré blanc des Capucins. Prevost im Rouen. Bullet. von 1839 S. 9 hat als Synon. der Amadotte, Amadot noch St. Germain blanc. — Darf aber nicht mit Merlets Amadonte (Petit Oing, Merveille d'hiver, unserer Müskirten Schmeerbirne) verwechselt werden; ebensowenig mit Diels Müskirter Winter-Amadotte. Diel gibt bei dieser (IV. S. 166) nach Merlet 4 Amadots an, eine mit Dornen und eine ohne Dornen, eine Sommer-Amadotte und eine Müskirte; er beschrieb nur die letztere. — Die Beurré blanc des Capucins beschrieb Biv. im Alb. I. neben Taf. 2. Sie ist aber keine Butterbirne und auch äußerlich der B. blanc wenig ähnlich. Dochnahl hat dieselbe Capuziner Apothekerbirne (S. 180 seines Führers) genannt, weil sie nach Biv. oft beulig ist, was

Andere bei der Amadotte nicht erwähnen. — Der Capuzinerbirnen gibt es außer dieser B. blanc des Capuc. wenigstens jedenfalls noch zwei, a) eine Capucine van Mons, 1828 von Bouvier erzogen und nach ihrer Aehnlichkeit mit einer andern älteren Poire Capucine so benannt, reift nach Biv. (I. Taf. 11) im Februar und März, ist zwar schmelzend, aber wenig süß und gewürzt, am Spaliere ganz werthlos. b) Die von Dittrich (III S. 189) nach Poiteau beschriebene Capuzinerbirne, Poire Capucine, mit abknackendem auffällig grünem Fleische, wie es keine der obigen hat, von vortrefflich parfümirtem Zuckergeschmack, Ende December reif. — Liegels Capuzinerbirne, in seinen N.O. II. S. 108 beschrieben als von Diel stammend, süß, abknackend, im October reif, dürfte, wie ich sie bereits von ihm sah und ihre Vegetation kenne, die hier vorliegende Frucht sein. — Decaisne hat übrigens die Amadotte meiner B. blanc des Cap. so entsprechend beschrieben und abgebildet, daß ich an der Identität nicht zweifle.

Gestalt: länglich bauchig, nach dem Kelche stark abnehmend, so daß die Biegung einem stumpfen Winkel gleicht, auch beulig und rippig, besonders nach dem Kelche zu, sehr groß, so schildert Biv. die B. blanc des C., bildete sie aber ziemlich rein eirund, nur nach dem Kelche zu etwas vorgeschoben ab, 3¼" breit, 4" lang, einer recht großen Winterdechantsbirne ähnlich. Decaisne hat die Amadotte ebenfalls eirund, fast eiförmig gezeichnet und beschreibt sie als eiähnlich, ovoïde, am Stiele etwas abgestumpft. — Auf meinem Probebaume erzog ich die Frucht nur so groß, wie vorliegend, doch von sehr wechselnder Gestalt, eirund oder kreiselförmig, plattrund oder rundlich um den Kelch, nach dem Stiele zu kegelförmig oder mehr oder weniger stumpfspitz.

Kelch: schwärzlich, ziemlich groß, doch kurzblättrig, offen, steht oft etwas vorgeschoben auf einem kleinen Hügel, der sich dann auch wohl, wie ihn Biv. zeichnete, mitunter stark vergrößern kann.

Stiel: holzig, gelbbraun, bis 1¼" lang, obenauf, oder in kleiner Höhle. — Decaisne bezeichnet ihn als gekrümmt und an beiden Enden verdickt.

Schale: grasgrün, später blaß citronengelb mit Grün, mit gelbbraunem streifigen oder zu Figuren zusammentretenden Rost und etwas Punkten, um den Stiel oft stärker braun berostet, selten etwas geröthet.

Fleisch: weiß, rauschend, schmelzend, saftreich, süß und gut gewürzt nach Biv.; nach Decaisne mehr fest als rauschend, von mattem, zusammenziehendem, leicht säuerlichen Geschmack; nach Prevost noch halbfein, halbschmelzend, saftreich, fade süß. — Hier wird es an freistehender Pyramide höchstens halbschmelzend, ist oft etwas speckartig, von Geschmack süß weinigt, doch ohne besonderes Parfüm oder viel Gewürz. Auch wurde die Frucht, wie sie Decaisne schildert, bald teig.

Kernhaus: mit etwas Körnchen umgeben, ziemlich hohlachsig. Kammern geräumig mit ziemlich großen, schwarzbraunen, länglichen Kernen.

Reife und Nutzung: die Frucht reift nach Biv. von Mitte bis Ende Oct., und muß gegessen werden, sobald sie leicht gelb wird, sonst ist das Fleisch trocken. Darf auch schon deßhalb nicht zu lange am Baume bleiben, weil sie leicht abfällt. — In Meiningen zeitigt sie gewöhnlich Ende Oct., einigemal hatte ich sie etwas früher, einmal auch erst Mitte Nov. reif. — Sie ist eine schon noch brauchbare Tafelfrucht, auch zur Wirthschaft geeignet, und soll nach Prevost in leichtem warmem Boden wohlschmeckender werden, in kaltem Boden soll man sie nicht bauen.

Eigenschaften des Baumes: derselbe wächst ziemlich stark, macht schöne Pyramiden, trägt büschelweise. — Die Blätter stimmen mit Bivorts Beschreibung, sind eirund, oft herzförmig, oder auch länglich eirund mit auslaufender Spitze, 1½—1¾" breit, 2 bis etwas über 3" lang, ganzrandig oder sehr fein und undeutlich gezahnt, in der Jugend und unterhalb meist etwas wollig, am Rande in mehrfacher Weise gekrümmt, nach vorne halbspiralförmig, hellgrün, wenig glänzend. An nicht mehr triebigen Bäumen werden sie oft eiförmig und lancettförmig, wie sie Decaisne beschreibt, und sind dann meist auch oberhalb wie an den Stielen deutlich wollig. — Blüthenknospen kegelförmig, stumpfspitz, kastanienbraun, oft etwas gelbbraunwollig. — Sommerzweige bräunlich olivengrün, nach oben meist ziemlich stark wollig, unten mit ziemlich starken, erhabenen, schmutzig weißen Punkten.

J.

No. 208. Die Darimont. II, 2 (3). 2. Diel; III, 2 b. Luc.; III, 2. Jahn.

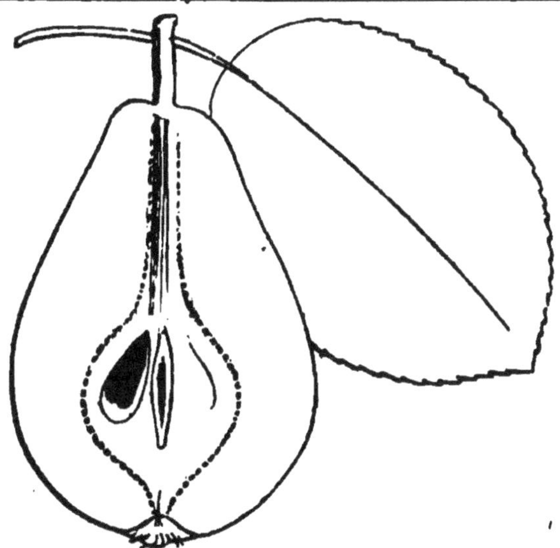

Die Darimont. Diel (van Mons) * † H.

Heimath und Vorkommen: van Mons erzog sie und nannte sie Darimont d'hiver. Indessen schon Diel, an den er die Pfropfreiser sandte, beobachtete, daß sie keine Winterbirne, sondern eine frühe in manchen Jahren schon am Baume reifende Herbstbirne sei und nannte sie deßhalb einfach Darimont.

Literatur und Synonyme: Diel N.K.O. V. S. 164. — Oberd. S. 325. Der letztere bemerkt, daß die kleine Frucht wegen zu geringer Güte völlig entbehrlich sei und van Mons mit allen ähnlichen Früchten die Welt hätte verschonen können, wogegen zu wünschen wäre, daß dafür manche wohl noch sehr schätzbare von ihm erzogene Frucht uns erhalten worden wäre, die verloren ging, weil van Mons zu große Massen von Kernfrüchten ohne strenge Sichtung ansammelte.

Gestalt: Diel beschreibt sie als bauchigt pyramidal, um den Kelch halbkugelig, nach dem Stiele zu ohne Einbiegung pyramidalisch, mit der Spitze gleichsam in den Stiel übergehend, 1½ bis 1¾" breit und 2" oder etwas darüber lang. Nach unserer Formentafel können wir die Gestalt kreiselförmig, nach dem Stiele zu kegelförmig nennen.

Kelch: hartschalig, oft etwas sternförmig, weit offen, seicht-, meist eben-eingesenkt, selten mit einigen flachen Erhabenheiten umgeben.

Stiel: fleischig, ½—1″ lang, verliert sich wie erwähnt ohne Absatz in die Frucht oder steht wie eingesteckt, mit etwas Fleisch umringelt.

Schale: wie etwas fein rauh, in der Reife hell citronengelb, doch meistens ringsum zimmtfarbig berostet und mit sehr zahlreichen feinen dunkler braunen Punkten.

Fleisch: weiß, körnigt, nicht saftreich, im Munde zergehend, von angenehmem stark zimmtartigen Zuckergeschmack nach Diel — bleibt bei mir wie bei Oberdieck meist rauschend, ist nur in guten Jahren halbschmelzend, zwar süß, doch ohne Gewürz.

Kernhaus: mit ziemlich feinen Körnchen umgeben, etwas hohlachsig, Kammern muschelförmig, mit vielen starken, eirunden, zugespitzten, schwarzbraunen Kernen.

Reife und Nutzung: die nach Diel im Anfang des November reifende Frucht zeitigte in Meiningen meist in Mitte des October und hielt sich nur kurze Zeit, ohne teig zu werden. Sie soll saftig und geschmackvoll werden, wenn sie 10—12 Tage vor der Reife gebrochen wird. Doch bemerkt Diel selbst, daß sie zu viele Mitcompetenten habe, er stellt sie aber doch in den ersten Rang, den sie nicht verdient, und nur der, welcher Absatz auf Märkten oder Kinder hat, die sie gerne essen, mag sie wegen ihrer Fruchtbarkeit pflanzen.

Eigenschaften des Baumes: derselbe wächst in der Jugend gut, bleibt aber klein und erreichte bei mir kein hohes Alter, was zufällig sein kann. Er lieferte aber fast jährlich eine Menge von Früchten und er erschöpfte sich so wohl vor der Zeit. — Die Blätter sind eiförmig, meist kurzgespitzt, 1½″ lang, 2½″ breit, oft auch elliptisch, glatt, meist nur nach vornehin gesägt, oft ganzrandig, etwas schiffförmig. — Blüthenknospen ziemlich groß, kurzkegelförmig, stumpfspitz, kastanienbraun. — Sommerzweige nach oben wollig, braungelb, fast orangegelb, mit sehr feinen gelbweißen Punkten (hellerdröthlich, ziemlich glänzend, gegenüber oft röthlichgelb, fein länglich braun punktirt. Diel).

J.

No. 209. Die Zimmtfarbige Schmalzbirne. II, 3. 1 (2). D.; III, 2 b. L.; IV, 2. J.

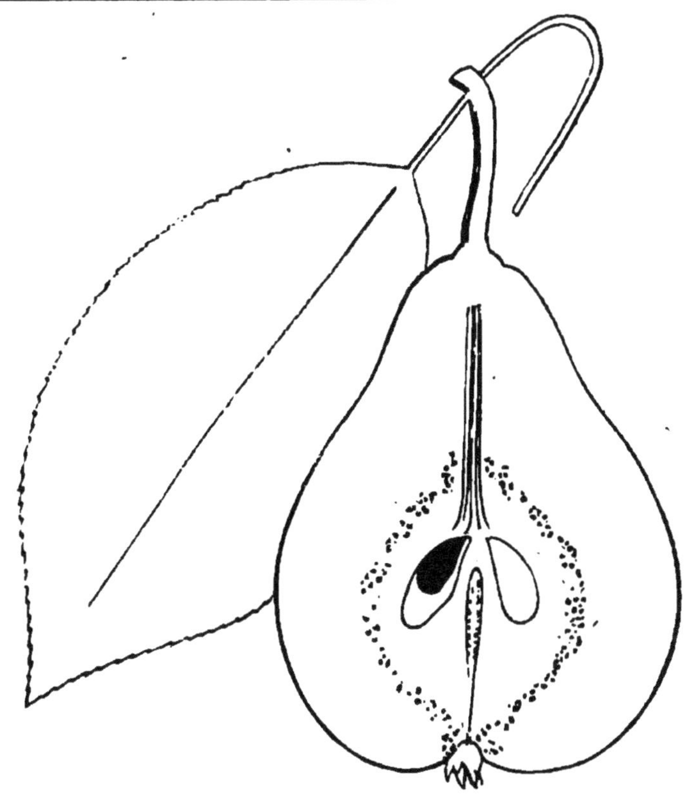

Die Zimmtfarbige Schmalzbirne. Diel (Fetz? Loire?) †† H.

Heimath und Vorkommen: sie wurde vom Hofgärtner Fetz in Dietz aus Samen erzogen. Oberdieck fand indessen, daß sie von der Gelben Winterschmalzbirne, die Diel von van Mons 1818 als Fondante d'hiver bekam und angeblich von Loire in Mons erzogen wurde, Diel N.K.O. VI. S. 205, nicht verschieden sei, aber er kann auch keinen rechten Unterschied finden zwischen diesen Früchten und Kick's Flaschenbirne, welche van Mons ebenfalls an Diel sandte, ohne Angabe des Ursprungs (Diel N.K.O. II. S. 233).

Literatur und Synonyme: Diel N.K.O. VI. S. 205, die Zimmtfarbige Schmalzbirne. — Oberd. S. 410: Gelbe Winterschmalzbirne und Zimmtfarbige Schmalzbirne; derselbe S. 337: Kick's Flaschenbirne. Letztere schien ihm nur zuweilen etwas längere Haltbarkeit zu besitzen. — Da die Birne keine Winterfrucht ist und sich auch bei Oberd. nicht flaschenförmig baut, so haben wir nach dessen Vorschlag den am passendsten erscheinenden Namen zur Ueberschrift gewählt. — Uebrigens unterliegt Kick's Flaschenbirne noch der weiteren Prüfung, und wir haben nur auf die vermuthete Identität aufmerksam machen wollen. — Nach Dochnahl S. 58 heißt die Zimmtfarbige Schmalzbirne in Mittelfranken: Lange Pfalzgräfler, Gänskragen, und nach dessen Pom. VII. S. 168 auch Storchschnäbler, welche Namen am Ende doch nach dem oben Mitgetheilten über ihre Form auf eine andere Birne, vielleicht die Flaschenkürbisbirne (Holländische Butterbirne) hindeuten.

Gestalt: Diel beschreibt sie pyramidal, aber am Stiele oft stark abgestumpft (als Gelbe Winterschmalzbirne länglich kreiselförmig, als Kick's Flaschenbirne unregelmäßig, bald flaschenförmig, bald Apothekerbirne-artig), um den Kelch halbkugelförmig, so daß sie oft nicht aufstehen kann, ansehnlich groß, 2½" breit und 3" lang. Sie wird aber bei Oberd. selten 3" lang, auch bei mir bleibt sie meist kleiner und am Hochstamm baut sie sich oft auch kürzer, als oben gezeichnet.

Kelch: hartschalig, offen, ziemlich vertieft, oder auch flach stehend, bisweilen in feinen Beulen oder Falten.

Stiel: stark, 1" lang, fleischig oder holzig, braungelb, schwach vertieft oder neben einem Höcker.

Schale: etwas fein rauh, grünlichgelb, später citronengelb (nach Diel ohne Roth, aber hier und bei Oberd. oft schön-, etwas streifig-geröthet), und oft fast ringsum hell zimmtfarbig berostet, doch bei sehr vielen Früchten auch nur an manchen Stellen oder um Kelch und Stiel.

Fleisch: nach Diel weiß, körnigt, markicht, halbschmelzend, saftvoll, von angenehm süßem, feinem, etwas rosenartigen Geschmack, ist hier nur rauschend oder etwas schmalzartig, von süßem aber matten Geschmack. Doch bezeichnet es Oberd. als zimmtartig gezuckert.

Kernhaus: mitunter etwas hohlachsig, Kammern lang muschelförmig mit wenigen langen, spitzen, zimmtfarbigen oder schwärzlichen Kernen. Im Umkreis des Kernhauses sind viele Steinchen abgelagert, und bei Kick's Flaschenbirne schildert Diel dies so, daß das Kernhaus nur eine Steinmasse ohne Kammern und Kerne sei.

Reife und Nutzung: die Birne reift im Oct. und hält sich, Michaelis oder etwas früher, wie es oft nöthig wird, abgenommen, mehrere Wochen, dient weniger zum Rohgenuß, sondern zum Kochen und Schnitzen, überhaupt zur Oekonomie. Den ihr von Diel beigelegten II. Rang verdient sie höchstens wegen der reichen Tragbarkeit des Baums.

Eigenschaften des Baumes: derselbe wächst gut, geht hoch, belaubt sich schön und ist, was Alle an ihm loben (so auch Haffner in Monatsschr. II. S. 326) ausgezeichnet fruchtbar. — Die Blätter sind, wie ich die Gelbe Winterschmalzbirne von Oberd. besitze, länglich elliptisch, einzelne auch eiförmig, ziemlich groß, 1¾—2" breit, bis 3¼" lang, fein, etwas stumpfgezahnt, glatt, etwas schifförmig oder auch flach. Stiel dünn, oft geröthet, öfters über 2" lang. — Blüthenknospen ziemlich groß, kurzkegelförmig, fast stechendspitz, hie und da etwas gelbwollig. — Sommerzweige bisweilen etwas stufig, oft mit einer gelbwolligen Endknospe, glänzend bräunlichgelb mit ockergelben Punkten.

J.

No. 210. Coloma's Herbstbutterbirne. I, 3. 2. Diel; III, 1 b. Luc.; VI, 2. J.

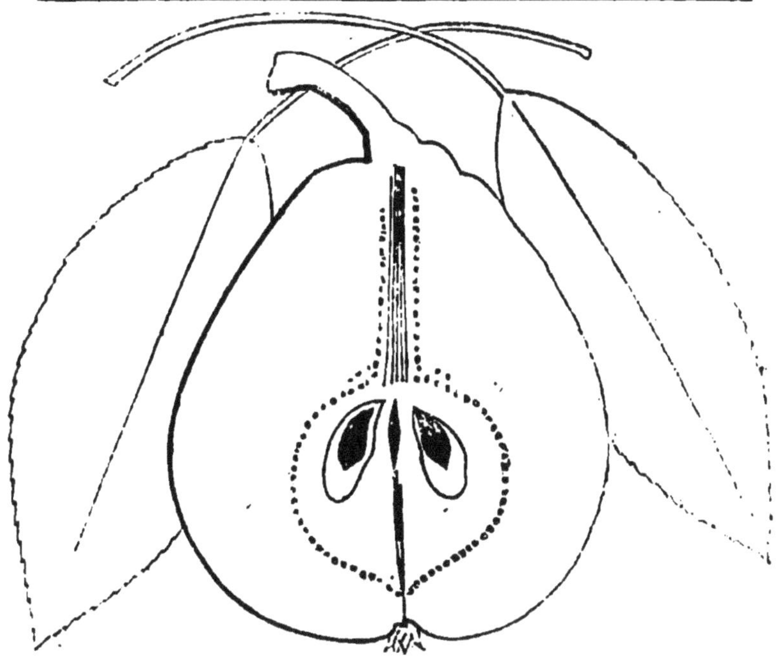

Coloma's Herbstbutterbirne. Diel (van Mons) ** † H.

Heimath und Vorkommen: nach van Mons, dessen Beschreibung Bivort adoptirt hat, wurde diese köstliche Birne, welche in Belgien auch Beurré Coloma, Coloma d'automne genannt wird, jedoch von Biv. im Alb. I. Taf. 23 als Poire Urbaniste und von Decaisne im Jard. fruit. I. Lief. 11 als Poire des Urbanistes als unter den am meisten gangbaren Namen aufgeführt ist, vom Grafen Coloma in Mecheln 1808 (im Garten der 1783 unterdrückten frommen Urbanisten, welchen Coloma besaß) aufgefunden. Die gute Frucht hat sich schnell verbreitet, ist auch in Deutschland schon länger bekannt, kömmt aber nach dem Folgenden unter sehr verschiedenen Namen vor.

Literatur und Synonyme: Diel beschrieb sie schon 1816 als Coloma's Herbstbutterbirne, Coloma d'automne, im VIII. Hefte S. 65. Danach Dittr. I. S. 631. — Biv. hat sie im Alb. I. 4 Mal, und in den Annal. de Pom. dann noch 4 Mal, hier meist als van Mons'sche, von diesem selbst noch benannte Sämlinge beschrieben (wenn die jetzt aufgetauchten Synonyme alle richtig sind), was bei der leicht kenntlichen Vegetation der Sorte sehr auffällig erscheint. Sie ist beschrieben 1) im Alb. I. Taf. 23 als Urbaniste, 2) ibid. Taf. 32 als Coloma d'automne, 3) ibid. Taf. 4 als Urbaniste Seedling, 4) ibid. Taf. 10 als Beurré Gens, 5) in Annal. II. S. 35 als Louise d'Orleans, 6) ibid. S. 59 als Louis Dupont, 7) in Ann. III. S. 69 als Beurré Drapiez, 8) ibid. S. 17 als Serrurier d'automne. — Beurré Picquery führt schon Biv. im Alb. als Synon. an, und der Lyon. Congreß, welcher 1, 5, 6, 7 und 8 als identisch mit B. Picquery, wie sie also auch sehr oft genannt wird, bezeichnete, gibt noch weiter Vergaline musquée hinzu, für die ich keinen Autor fand. 3 hielt ich sogleich bei meiner ersten Durchsicht des Albums mit der vorliegenden für identisch, und Decaisne ist gleicher Ansicht, fügte auch 4 hinzu, die zwar nicht im Alb., aber doch in den Annal. III. S. 91 die der Coloma's Herbstbutterbirne zukommende Vegetation hat, dagegen in den Annal. zu stark birnförmig erscheint. 2 ist oben von mir selbst mit eingereiht, doch scheint Poire Coloma d'automne in dem Album wegen ihres eiförmigen oder eirunden, dabei herzförmigen Blattes und des als halbfein, nur schmelzend beschriebenen Fleisches eine andere Frucht, als die unter Urbaniste von Biv. als synon. erwähnte Beurré Coloma d'automne zu sein. Die unter 5—8 genannten Früchte stimmen zwar nach der Abbildung der Frucht und des Blattes ziemlich gut mit der hier sehr bekannten, der Kürze wegen oft „Herbstcoloma" genannten Birne, doch hat Decaisne zu 5 und 7, die er nur aufgezählt, ein ? gesetzt und die Pariser Versamml. bezeichnete nur 5 und B. Picquery noch als feststehende Synonyme. Monatsschr. V. S. 83. — Nach Oberd. und von Flotow wird ferner Colomann, Diel N.K.O. III. S. 261, sowie eine von van Mons nach Bückeburg gekommene Tarde en rapport, nach meinen Erfahrungen auch die von Hrn. Oberförster Schmidt benannte Oberpräsident von Puttkammer (von van Mons an ihn unter Nr. 153 gelangt, Dochnahls Führer S. 200) von der vorliegenden nicht verschieden sein. Die Abbildung der Coloma's Herbstbutterbirne im Jenaer Obstcabinet ist nicht recht kenntlich ausgefallen, gut dagegen bei v. Aehrenthal und recht schön in Lucas Württemb. Kernobstsorten, auch in Biv. Album als Urbaniste (nur etwas klein), und in Decaisne als Poire des Urbanistes (hier etwas zu gelb).

Gestalt: veränderlich, eirund, oder kreiselförmig, bisweilen auch fast walzenförmig, nach dem Stiele zu stumpfspitz, mittelgroß, oft groß, 2¼" breit und 2¾" hoch, auf Zwergbäumen oft 3" breit und 3½" hoch.

Kelch: hartschalig, kurzblättrig, offen, meist flachstehend.

Stiel: stark und holzig, auch öfters nach der Birne zu fleischig, gelbbraun, ¾" lang, schwach vertieft oder wie aufgedrückt.

Schale: glatt, hellgrün, später licht citronengelb, selten mit etwas Röthe, dagegen mit feinem bräunlichen Roste, auch mit feinen Punkten (durch ihre glatte Schale macht sie sich vor den meisten gleichzeitig reifenden Sorten kenntlich).

Fleisch: weiß, feinkörnigt, überfließend, butterhaft, von gewürzhaftem, erhabenem zuckerartigen Weingeschmack, ähnlich dem der Rothen normännischen Herbstbutterbirne nach Diel, was Oberd. nicht recht passend findet und den Geschmack etwas flüchtig calmusartig nennt, während ihn Decaisne gezuckert, säuerlich, citronenartig beschreibt. Mir scheint es, als dürfe die Frucht überhaupt etwas mehr Gewürz haben.

Kernhaus: mit etwas Körnchen umgeben, meist vollachsig, ziemlich großkammerig, Kerne schwarzbraun oder schwarz, mit einem kleinen Höcker.

Reife und Nutzung: die Reife ist meist Mitte October und die Frucht hält sich etwa 14 Tage, bei kühler Aufbewahrung auch 3 Wochen. Ist immer eine vortreffliche Tafelfrucht, wenn sie auch, besonders in kühleren Jahren, von anderen Birnen, z. B. B. gris, Capiaumont u. s. w. in Erhabenheit des Geschmackes übertroffen wird.

Eigenschaften des Baumes: derselbe wächst auch als Hochstamm bei uns noch ziemlich gut, wird mittelgroß mit aufrechten, dünnbelaubten, doch dicht mit Tragholz besetzten Aesten. Indessen gingen durch die letzten kalten Winter an meinen drei hochstämmigen Bäumen der Gipfel und die Hauptäste zum Theil verloren, und da die Tragbarkeit ganz im Freien doch nicht sehr bedeutend ist, so will ich rathen, die Sorte unter ähnlichen klimatischen Verhältnissen mehr niederstämmig, zumal da sie schöne Pyramiden macht, zu pflanzen. Zur Unterlage kann auch die Quitte verwendet werden, auf welcher sie gut wächst. — Die Blätter sind lancettförmig, öfters auch noch etwas länglich eiförmig, 1¼" breit, 2¾" lang, glatt, meist regelmäßig fein-, doch nicht sehr scharfgesägt, etwas schiffförmig und nach vorne sichelförmig. Stiel steif, oft sehr lang, bis zu 3". Schon van Mons verglich die Blätter wegen ihrer geringen Breite und großen Länge denen der Grünen Hoyerswerder, St. Germain ꝛc. — Blüthenknospen ziemlich groß und dick, kegelförmig, stumpfgespitzt, braun, an der Spitze oft etwas gelbwollig. — Sommerzweige oft stufig, grünbraun, gegenüber rothbraun mit feinen schmutzigweißen Punkten. J.

No. 211. Die Fremion. I, 1 b. Diel; IV, 1 b. Lucas; V, 2. Jahn.

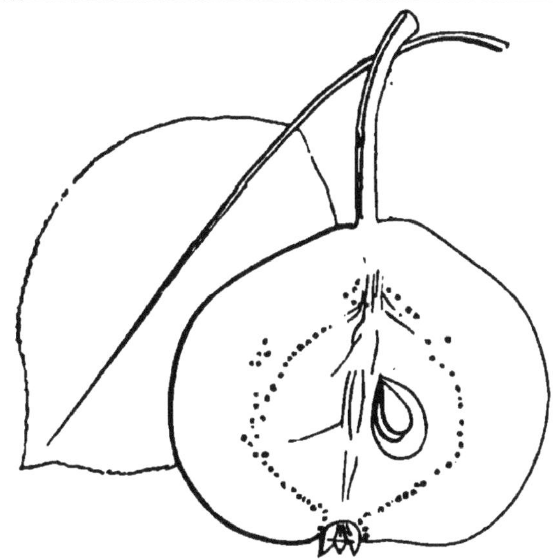

Die Fremion. Diel * Oct.

Heimath und Vorkommen: Diel erhielt diese Frucht aus Brüssel und ist sie in Frankreich schon lange bekannt. Sie wäre selbst in meiner Gegend eine schätzbare Tafelbirne, wenn sie nicht zu steinig ums Kernhaus würde, worüber selbst Diel klagt und sie darum als: noch vom ersten Range taxirt. Weit genug nach Süden wird dieser Fehler wegfallen. Das Reis habe ich aus Herrnhausen, wohin sie von Diel kam, und stimmten die Früchte der volltragenden, nicht beschnittenen Pyramide in Herrnhausen, nach denen obige Figur entnommen ist, gänzlich mit Diels Beschreibung überein.

Literatur und Synonyme: Diel VI. S. 3, die Fremion; Dittrich I. S. 639 nach Diel. Diel führt als Schriftsteller, die diese Frucht haben, nur Claude St. Etienne S. 55 an, und macht bemerklich, daß man die Fremion nicht mit der Fremont des Etienne und Merlet verwechseln müsse, die auch Fin-or genannt werde und eine Winterfrucht sei, wenngleich über diese Fremont Verwirrung herrsche. — Von Aehrenthal gibt Taf. 35 ziemlich gute Abbildung.

Gestalt: in der wahren Form bergamottartig, einer Rothen Bergamotte ähnlich, doch am Stiele etwas weniger eingezogen. Selten läuft sie etwas stumpfspitz nach dem Stiele aus. Bauch in der Mitte; um den Kelch wölbt sie sich flachrund, nach dem Stiel nimmt sie halbkugelförmig ab oder bildet eine etwas abgestumpfte Spitze. Gewöhnliche Größe 2" breit, 1 1/2 bis 1 3/4" hoch.

Kelch: hartschalig, kurzblättrig, weit offen, sitzt in weitgeschweifter, seichter, oft auch etwas tiefer Senkung, welche eben oder nur mit feinen Rippchen oder Falten besetzt ist, von denen nichts deutlich über die Frucht hinläuft, so daß der Bauch ziemlich rund ist.

Stiel: stark, holzig, öfters auch etwas fleischig, 1/2—1 1/4" lang, sitzt in bald kleiner, bald auch etwas tieferer, mit feinen Fleischbeulen umgebener Grube.

Schale: stark, oft fein rauh, vom Baume hell saatgrün, in voller Zeitigung hell citronengelb, bei gehörig frühem Brechen der Frucht jedoch nur grüngelb. Die Sonnenseite zeigt nur Anflug düsterer erdartiger Röthe, die beschatteten Früchten ganz fehlt. Punkte sehr zahlreich, gleichmäßig verbreitet, stark, rostfarben. Daneben sieht man an jeder Frucht Anflüge und Figuren, oft selbst wahre Ueberzüge von Rost. Geruch fehlt.

Das Fleisch riecht angenehm, ist weiß, fein, nach Diel nur um das Kernhaus steinig (hier ziemlich stark steinig), saftvoll, ganz schmelzend, von gewürzhaftem angenehmem säuerlichen Muskatellergeschmack, den ich mir als erquickend süß weinartig, jedoch ein Geringes herbe bezeichnete, so daß das muskatellerartige Gewürz wie bei manchen anderen Früchten hier schon fehlt. *

Kernhaus: geschlossen, groß, die geräumigen Kammern enthalten viele starke, lange schwarzbraune Kerne. Kelchhöhle gerundet.

Reifzeit und Nutzung: zeitigt im halben October und hält sich 14 Tage. Nur Tafelfrucht. Diel will sie als eine vorzüglich ökonomische Frucht und zu Birnmuß (Latwerge) sehr geeignet besonders dem Landmann zum Anbau empfehlen, dem ich nicht beistimmen möchte.

Der Baum wächst lebhaft, wird groß, setzt sehr viel kurzes Fruchtholz an und wird dadurch recht fruchtbar. — Sommertriebe mäßig stark, gekniet, ohne Wolle, lederfarben, ins Olivengrüne spielend, zahlreich aber fein punktirt. — Blatt ziemlich klein, breitelliptisch, oft ziemlich rund, fast flach ausgebreitet, glatt, gerändelt, seltener seicht gezahnt. Afterblätter, die meistens fehlen, fadenförmig. — Blatt des Fruchtholzes breitelliptisch, zur Eiform (eirund, Jahn) neigend, Augen stark, konisch, sehr spitz, etwas abstehend, auf gut vorstehenden Trägern.

Oberdieck.

* Die Frucht verhält sich auch in Meiningen so und habe ich ihr überhaupt wegen des mangelnden Gewürzes keinen rechten Geschmack abgewinnen können. J.

No. 212. **Die Goldbirne von Bilboa.** I, 3. 2. Diel; III, 1 a. Luc.; II, 2. J.

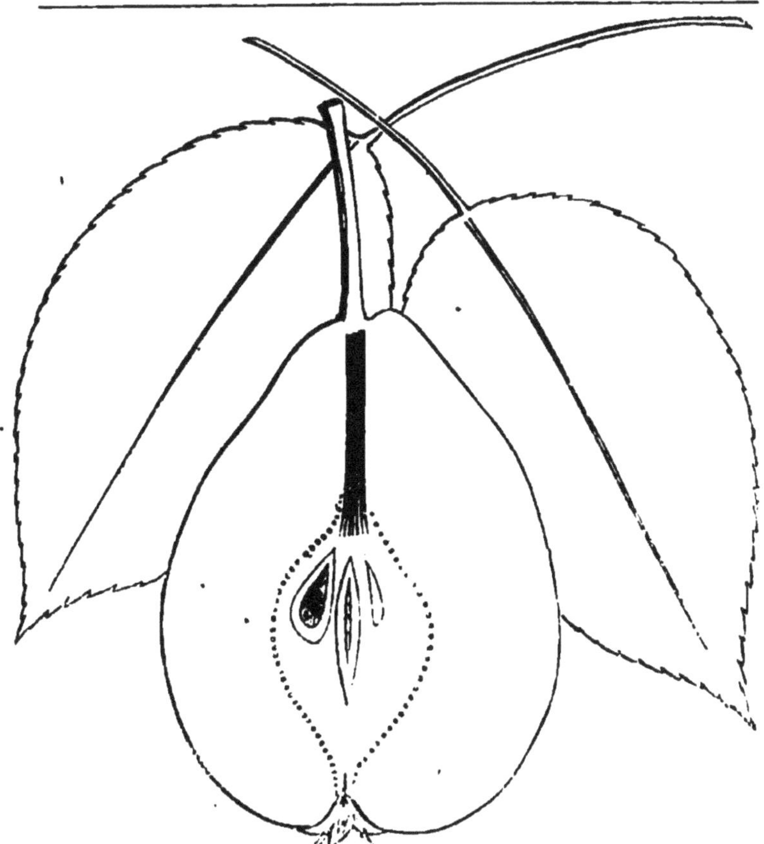

Die Goldbirne von Bilboa. Downing ** H.

Heimath und Vorkommen: diese Birne würde angeblich vor etwa 20 Jahren aus Bilboa (Bilbao) in Spanien nach Amerika gebracht, wie Downing mittheilt. Von Papeleu wird sie unter den neuen Birnen aufgezählt als Golden Beurré (Bilboa), was so aussieht, als ob Bilboa der Name des Erziehers wäre.

Literatur und Synonyme: Downing, the fruits and fruit trees of America. 14. Ausgabe, New-York 1855, S. 362: Golden Beurré of Bilboa. — Catalog von Ad. Papeleu 1856/57, S. 19. — Von Flotow in Monatsschr. II. S. 244. Derselbe schildert sie als mehr wie mittelgroß, gold- und bronceartig gefärbt, wahrhaft butterhaft, im October reif, sehr tragbar und demnach wirklich empfehlenswerth.

Gestalt: nach Downing regelmäßig eirund, groß, fast 2 3/4" breit und ebenso hoch oder etwas höher. — Ich erzog sie hier zwar ebenfalls schön eirund, doch nach dem Stiele zu kegelförmig, und wie die Abbildung zeigt, merklich höher als breit. Die Frucht wuchs in dieser Form und Größe an einem freistehenden nicht mehr beschnittenen Probe-Pyramidbaume.

Kelch (an meiner Frucht): groß- und graublättrig, offen, schwach eingesenkt. Downing schildert ihn klein und geschlossen, wonach die Beschaffenheit abändert.

Stiel: grünbraun, bis 1 1/2" lang, etwas dünn, obenauf wie eingedrückt, mit etwas Beulen umgeben.

Schale: schön glatt und dünn, gelblich grün, später goldgelb, gleichmäßig fein braunpunktirt und etwas berostet, besonders um Stiel und Kelch.

Fleisch: weiß, fein, butterhaft, von stark weinigtem Zuckergeschmack, recht angenehm, auch frei von Steinen.

Kernhaus: stark hohlachsig, Kerne länglich, schmal, schwarzbraun, oft taub.

Reife und Nutzung: die Birne zeitigt in Amerika in Mitte des September, bei Hrn. von Flotow jedoch wie in Meiningen in Mitte des October, und ist eine schöne gute Herbsttafelfrucht vom I. Rang, die auch an freien Standbäumen sich noch ganz gut ausbildet, was von einer spanischen Frucht kaum zu erwarten war. — Auch Oberd. erzog sie, wie er mir schrieb, 1858 völlig schmelzend und gut.

Eigenschaften des Baumes: derselbe kömmt nach Downing in allerlei Boden fort, gedeiht auf Quitte, trägt regelmäßig und meist reich. Der schwache Probezweig liefert auch hier fast jährlich ein Paar Früchte. — Die schönsten Blätter des Fruchtholzes sind länglich eirund mit auslaufender oft scharfer Spitze, einzelne länger gestielt und dann auch die schmäleren Blätter elliptisch, sie sind 1 1/2—1 3/4" breit, bis 3" lang, glatt, regelmäßig fein und besonders nach vorne hin scharf gesägt, schwach schiffförmig und etwas wellenförmig, die Spitze geradeausstehend, angenehm grasgrün und glänzend. Stiel oft dünn, bis 2 1/4" lang. — Blüthenknospen kegelförmig, spitz, doch nicht stechend, an der Spitze etwas gelblichwollig, sonst dunkelbraun. — Sommerzweige hellgelbbraun, gegenüber grünlich gelbbraun, mit etwas warzigen schmutzig weißen Punkten.

Nachschrift. Wie ich bereits irgendwo las und mir auch Hr. von Bose in Emmaburg schreibt, soll die Goldbirne von Bilboa (und auch der Monstrous Pepping) sich leicht durch Absenker fortpflanzen lassen.

J.

No. 213. Der Leckerbissen von Angers. II, 2. 2. Diel; IV, 2 a. Luc.; II, 2. 3.

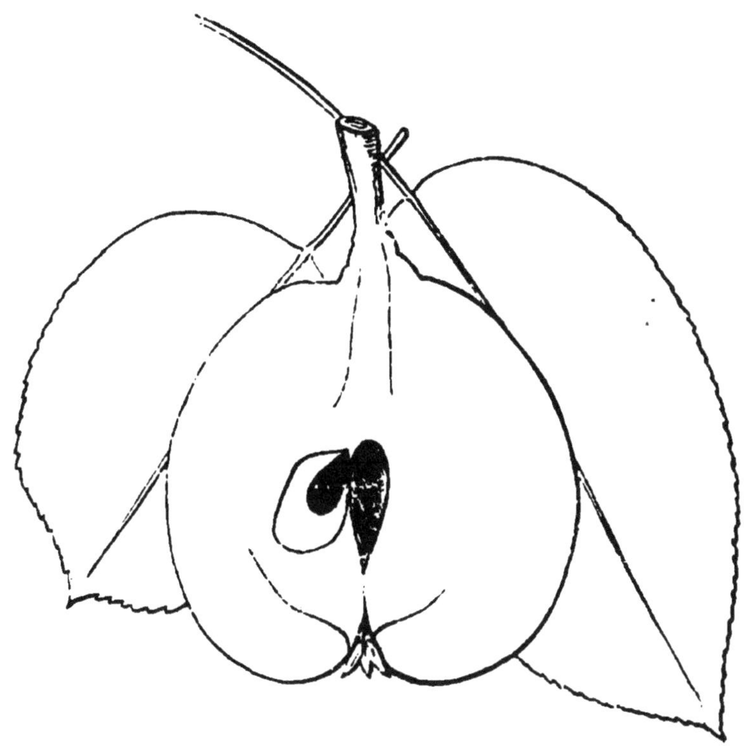

Der Leckerbissen von Angers. Bivort (Willermoz). ** H.

Heimath und Vorkommen: diese Birne ist längere Zeit in der Gegend von Angers als Delices d'Hardenpont gepflanzt worden, und erst später, nach Erkenntniß des Irrthums, hat man sie Delices d'Hardenpont d'Angers zur Unterscheidung von der ächten genannt.

Literatur und Synonyme: zuerst hat sie eigentlich Willermoz im Büllet. der Gartenbaugesellschaft des Rhone-Departements vom Jahre 1848 beschrieben, doch gab er ihre Reife nach Biv. zu spät, auf Nov. und Dec. an. Bivort beschrieb sie dann im Album III. S. 31, und bildete sie ziemlich mit unserer Zeichnung übereinstimmend, nur etwas höher als breit, neben der richtigen Delices d'Hardenpont ab. Unsere Zeichnung hat Lucas nach einer Belgischen Frucht bewirkt. — Die Birne wurde auch von Liron d'Airoles Notice pom. von 1855 S. 41 beschrieben und Planche 10 Fig. 7 abgebildet, und hat hier eine mehr nach dem Kelche abnehmende kreiselförmige Gestalt. — Im Büllet. der Soc. zu Rouen ist S. 23 tab. 14 als Delices „d'Hardampon" jedenfalls die vorliegende kurz beschrieben und abgebildet. Ob aber die ebend. S. 83 tab. 4 als Delice d'Hardenpont mit den Syn. Beurré d'Hardenpont nach

Couverchel (was der Berichterstatter Prevost indessen selbst als irrig bezeichnet) und mit den noch folgenden Syn. Poire Pomme und Beurré royal noch weiter beschriebene, in dem einen Exemplare ganz apfelförmige Frucht auch dieselbe ist, scheint schon nach der Vegetation fraglich, da nämlich die Blätter als lancettförmig, sehr zugespitzt und schmal, mehr als zweimal so lang als breit geschildert werden, aber es wird auch die Frucht, welche Ende Oct. reift und sich bis in den December hält, als sehr schmelzend, zuckerig und gewürzhaft beschrieben. Doch führt nach dem Lyon. Ber. die Delices d'Hardenpont d'Angers die Synonymen Poire Pomme und De Racqueingheim. Indessen auch Decaisne, der sie in 29. Lief. als Delices d'Angers beschrieb und abbildete, macht darauf aufmerksam, daß sie von der Poire Pomme ou Beurré de Rackenghem, einer zu den Caillots gehörigen Frucht, verschieden sei.

Gestalt: rundlich oval, etwas beulig, etwas der Beurré d'Aremberg ähnlich, mittelgroß, beschreibt sie Biv. und bildete sie 2¹/₂'' breit und fast 3'' hoch ab. Nach unserer Formentafel können wir unsere und seine nach dem Stiele zu nur noch etwas mehr zugespitzte Frucht rundlich kreiselförmig nennen.

Kelch: klein, mit hinfälligen Blättern, ziemlich eingesenkt, verschoben durch Beulen.

Stiel: dick, unten stark und fleischig, hellbraun, bald obenauf auf einem Höcker, bald etwas vertieft.

Schale: dick, grün, später goldgelb, bräunlich geröthet und stark berostet um Kelch und Stiel, auch rostig punktirt.

Fleisch: weißlichgelb, halbfein, halbschmelzend (nach Liron ziemlich gröblich, mehr brüchig als schmelzend), saftvoll und sehr gezuckert, auch angenehm, doch nicht stark gewürzt.

Kernhaus: wie oben gezeichnet. Die Kerne sind groß, spitzoval, schwarz, auf beiden Seiten convex.

Reife und Nutzung: die Birne zeitigt in der Mitte des October und ist nach Biv. eine gute Frucht. Auch Lucas, der sie Ende October kostete, bezeichnet sie als sehr wohlschmeckend, gab ihr sogar **!. Auf dem Lyon. Congr. gab man ihr ebenfalls das Zeugniß einer sehr guten Frucht.

Eigenschaften des Baumes: derselbe wächst nach Biv. mittelstark auf Quitte, gibt darauf und auf Wildling schöne Pyramiden, auf welcher letztern Unterlage er viel lebhafter wächst, und ist sehr fruchtbar (auch nach dem Lyon. Congr.). — Die Blätter schildert Biv. als klein oder mittelgroß, oval, in eine rundliche Spitze ausgehend, fein gesägt, gekrümmt, flach oder schiffförmig, hellgrün. Wie ich die Sorte von Papeleu habe, die aber noch keine Früchte brachte, sind die Blätter eirund mit mehr oder weniger, bei den Blättern am Grunde der Sommerzweige oft sehr langgezogener Spitze, an dem jetzt nicht mehr triebigen Baume aber auch ganz stumpfspitz, (und so der Beschreibung Biv. entsprechend) 1¹/₂—2'' breit, 2¹/₄—3¹/₂'' lang, glatt, fein und stumpf-, hie und da auch schärfer gesägt, etwas schiffförmig und etwas wellenförmig, besonders stark aber sichelförmig und nach unten gekrümmt und zwar so, daß das Blatt mit dem Blattstiele oft einen spitzen Winkel bildet, was besonders das Rouener Bülletin hervorhebt und wonach die Sorte doch dieselbe sein könnte. Die Farbe der Blätter ist hellgrün dadurch, daß gelbliche Stellen mit dunkler grünen abwechseln und die Adern ziemlich sichtbar sind. Blattstiel bis 2'' lang. — Blüthenknospen nach Biv. sehr länglich, spitz, hellbraun, an der Spitze braungelb, kastanienbraun schattirt. — Sommerzweige schwach grünlich braungelb, sonnenwärts und nach oben röthlichbraun mit feinen gelblichen Punkten. J.

No. 214. Die Schönste Herbstbirne. II, 3. 2. Diel; III, 2 a. Luc.; II, 2. J.

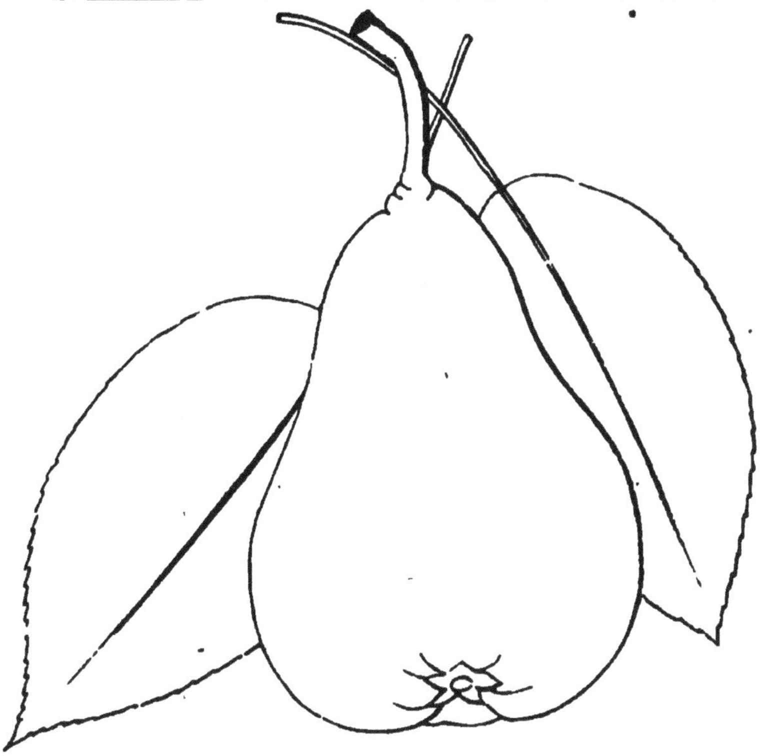

Die Schönste Herbstbirne. Diel (Duhamel). * † H.

Heimath und Vorkommen: alte französische Sorte, welche zuerst Duhamel genauer beschrieb und auch schon lange in Deutschland bekannt zu sein scheint, obgleich sie nicht gerade häufig gepflanzt wird. Diel erhielt sie von Sennholz, Kunstgärtner in Wilhelmshöhe bei Cassel. — Ich bekam sowohl die Frucht, wie auch Pfropfreiser von Hrn. Dr. Liegel.

Literatur und Synonyme: Duhamel III. S. 13 tab. 19 Fig. 1: Bellissime d'automne, Vermillon, die Schönste Herbstbirne (der Uebersetzer). — Diel II. S. 112. — Knoop S. 36 tab. II.: Vermillon, Bellissime, Muscat rouge, Muscadille rouge, Grosse Muscadille, Rode of grote Muscadel, doch zweifelt Diel, weil Knoop sie etwas zu stark bauchigt gezeichnet, auch dickbauchigt beschreibt und ihre Reife früher angibt, an der Richtigkeit von Knoop's Frucht. — Mayer in Pom. Franc. III. tab. 63 hat sie schön, aber sehr bunt abgebildet.* — Christs Hdwb. und Dittrich, auch Sickler haben sie nicht, ebenso Oberdieck und Lucas; doch findet sie sich in Christ's vollständiger Pomologie mit ziemlich guter Figur, auch bei Kraft II. Taf. 131. — Cat. Lond. gibt als Synonyme noch Petit Certeau an. — Tougard in seinem Tableau setzt

* Er nennt sie Wunderschöne Herbstbirne, Bellissime d'automne.

Vermillon als Synon. neben Bellissime d'été, die er übrigens als sehr länglich, aber im Aug. und Sept. reifend, beschreibt. Man wird die obige also Vermillon d'automne nennen müssen. (Die Societ. in Rouen hat übrigens die Bellissime d'été ebenso kurzgebaut, wie sie vorne in unserem Hdb. unter Nr. 180 gezeichnet ist, in ihrem Bülletin S. 14 abgebildet und beschrieben, und Tougard scheint demnach im Irrthum gewesen zu sein.) — Auch Decaisne hat sie wahrscheinlich als Poire Vermillon in 26. Lief. abgebildet und hält nach der hinzugegebenen Beschreibung Merlets (lange und zugespitzte) Belle et bonne, auch Dom Claude St. Etienne's Poire Frizcus für dieselbe Frucht. Aehnlich ist derselben auch seine in 14. Lief. enthaltene Poire de Coq, mit den Syn. Belle de Bruxelles, Bellissime d'été (partim), Madame, Suprême, Niel, sie ist fast ebenso bunt als Mayers Frucht, reift aber schon Ende Juli und hat einen auffällig starken schiefstehenden Stiel. Ferner auch noch dessen sehr länglich birnförmige, fast walzenförmige und sehr bunte Fusée in 29. Lief., im Oct. reifend. Die Anpflanzung dieser 3 Decaisne'schen Sorten bei uns muß weiteren Aufschluß über die wirkliche Identität einer oder der andern geben.

Gestalt: lang und schmal, wahrhaft birnförmig, stark hoch- aber schmalbauchig, um den Kelch schön abgerundet, nach dem Stiele zu etwas eingebogen und mit langer, wahrhaft kegelförmiger Spitze endigend, 2" breit und 3½" lang, so schildert sie Diel. — Sie hat die nämliche Gestalt, wie die Cuisse Madame, ist aber länglicher und von mittelmäßiger Dicke, Duhamel.

Kelch (meiner von Liegel erhaltenen Frucht): groß, aber kurzblättrig, offen, sternförmig, in geräumiger, schöner, mit feinen Rippen besetzter Einsenkung, die als Erhabenheiten fortlaufend noch hie und da auf dem Bauche bemerklich sind.

Stiel: bis 1½" lang, von der Farbe der Frucht, um das Ende braun, auch nach Diel anfänglich fleischig oder mit Fleischfalten umgeben, obenauf.

Schale: fein, glatt, blaß strohgelb, auf der Sonnenseite lebhaft carmoisin-, fast zinnoberroth verwaschen (woher der Name Vermillon), auf der Schattenseite blaß rosenroth; an beschatteten Früchten ist jedoch die Grundfarbe vielfach sichtbar. Mit feinen und starken weißgrauen Punkten, besonders grell im Roth.

Fleisch: weiß, feinkörnigt, saftvoll, rauschend, doch auflöslich, von gewürzhaftem, erhaben süßen Geschmack, Diel — von süßem, lieblichen angenehmen Geschmack, Knoop — wenig saftreich, süß, wenig parfümirt, leicht weinigt, russeletähnlich, Decaisne, Poire Vermillon.

Reife und Nutzung: die Frucht reift nach Duhamel und Mayer zu Ende des October, nach Diel Anfangs Nov., nach Knoop im Sept. und Oct., nach Decaisne Mitte Sept. — Von Liegel kam die Birne Mitte Oct. schon im überreifen Zustande an. Sie möchte deßhalb unter Umständen früher reifen, sich aber am Baume auch länger halten. — Herr Dr. Liegel bemerkte zu der in ihrer eigenthümlichen, bleichgelben, fast milchweißen Grundfarbe mit carminrother Abzeichnung sehr schönen und nicht zu verkennenden Frucht „Nicht zu empfehlen, weil sie zu schnell teig wird." Deßungeachtet mag sie der Liebhaber schöner Obstfrüchte immerhin in seinen Garten aufnehmen. Diel gibt ihr I. Rang und sagt: „am Spaliere wird die Frucht fast schmelzend."

Eigenschaften des Baumes: derselbe wächst stark, belaubt sich sehr schön, gedeiht auf Quitte wie auf Wildling. — Die Blätter sind, wie sie Diel und Duhamel beschrieben, am Sommerzweige meist elliptisch, oft spitzer nach dem Stiele als nach vorne; allein am Tragholze ist die Mehrzahl länglich eirund, und von 6 Blättern um eine Blüthenknospe sind etwa 2 der längst gestielten elliptisch, die 3 bestausgebildeten sind eirund, ein gewöhnlich dabei befindliches kleines ist lancettförmig. Sie sind 1½" breit, mit der länger oder kürzer auslaufenden Spitze bis 3" lang, etwas undeutlich wollig, meist ganzrandig oder doch nur seicht und nach vorne zu gesägt, etwas schiffförmig und wellenförmig, auch schwach sichelförmig, ziemlich dunkelgrün. — Blüthenknospen zur Zeit kegelförmig, mäßig-, fast stumpfspitz, hellbraun, am Grunde dunkelbraun. — Sommerzweige nach oben etwas wollig und, wie sie Diel schildert, braunröthlich, ins Violette spielend, an beschatteten Stellen olivengrün, mit ziemlich vielen schmutzig weißen Punkten.

J.

No. 215. Andenken an Bouvier. I, 3. 2 (1) D.; III (I), 1 a. L.; III, 2 (1) J.

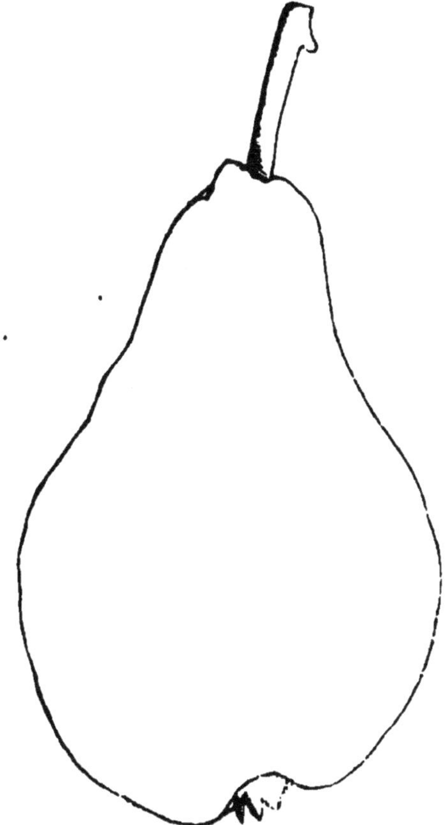

Andenken an Bouvier. Bivort (Gregoire). ** ! H. S.

Heimath und Vorkommen: Gregoire, Rothgerber zu Jodoigne, erzog sie und benannte sie so, weil es die letzte Frucht war, welche er Simon Bouvier noch kurz vor dessen Tode zur Prüfung vorlegen konnte, was ungefähr um 1846 gewesen sein wird, da der Baum in diesem Jahre zum ersten Male, wie Bivort mittheilt, trug.

Literatur und Synonyme: Bivort beschrieb sie im Album I. neben Taf. 28 als Souvenir de Simon Bouvier. — Dochnahl im Führer II. S. 64 hat sie unter Nr. 340 als Simon Bouvier's Birne aufgezählt. — Mit dieser Frucht ist nun aber nach der bereits gelieferten Frucht und nach der Vegetation des Baumes sicher identisch Auguste von Krause, wie ich sie von Herrn Oberförster Schmidt vor mehreren Jahren in Frucht und Zweigen erhielt. Derselbe bekam sie in Pfropfreisern mit Nr. 245 bezeichnet von van Mons, und da er keine Uebereinstimmung mit einer anderen Birne fand, so benannte er sie wie oben, hat sie auch bereits in Dochnahls Pomona II. S. 10 beschrieben. Ich selbst gab im V. Hefte der Verhandl. des Ver. für Pom. und Gartenb. in Meiningen S. 24 einige Notizen über sie. Dochnahl hat sie im Führer II. S. 127. — In französischen Schriften fand ich sie bei Tougard in seinem Tableau, Rouen 1852 S. 57, und bei Liron d'Airol. als Poire Souvenir Simon Bouvier in seiner Liste synon. I. S. 96, Nantes 1857. Vom Ersteren ist sie nur sehr kurz, vom Zweiten nach Bivort geschildert; von Beiden als Frucht I. Ranges. — Papeleu, von welchem ich die Souvenir de Sim. B. empfing, hat ihr dagegen nur II. Rang beigegeben.

Gestalt: birnförmig, nach dem Stiele zu mehr oder weniger abgestumpft (so beschreibt sie Bivort), doch baut sie sich auch, wie sie Schmidt beschrieb, stumpf kegelförmig, ist mittelgroß oder groß, $2^1/_2$'' breit, $3^1/_2$'' hoch. Sie ist oft nicht regelmäßig in der Rundung und zeigt auch öfters Beulen, wie Kronprinz Ferdinand oder wie die Grumkower Butterbirne, der sie auch bisweilen in der Form ziemlich ähnlich ist.

Kelch: spitzblättrig, sternförmig oder aufrechtstehend, offen oder etwas geschlossen, in einer kleinen schüsselförmigen Einsenkung, die mit einigen Beulen oder Falten besetzt ist.

Stiel: $^3/_4$—$1^1/_4$'' lang, stark, holzig, grünlich- oder gelbbraun, obenauf, wie eingedrückt, oder in Fleischringeln vertieft, öfters auch neben einem Höcker schiefstehend.

Schale: etwas fein rauh, mattgrün, mit vielen feinen grünen Punkten und etwas Rost, der auf der ganzen Oberfläche zersprengt ist und am meisten um Kelch und Stiel noch zusammenhängt. Später wird die Grundfarbe blaßgelb oder citronengelb, hie und da noch mit etwas Grün, und die Punkte werden mehr bräunlich. Selten und nur wie 1859 am Hochstamme hat die Frucht etwas matte Röthe.

Fleisch: weiß, fein, saftreich, butterhaft, von köstlichem rosenartigen Zuckergeschmack, durch etwas feine Säure sehr pikant, nach Schmidt etwas ähnlich dem der Napoleons Butterbirne.

Kernhaus: von Form eirund, nach beiden Enden zugespitzt, in seinem Umkreise finden sich öfters etwas feine Steinchen, die aber 1859 sehr unbedeutend waren, gleichwie auch Biv. das Kernhaus nur als mit etwas Körnchen umgeben schildert. Die Kammern sind muschelförmig, die Kerne groß und vollkommen, spitz, oben mit einem Höcker, hellbraun.

Reife und Nutzung: die Birne reift nach Bivort zu Ende des Oct., hielt sich in anderen Exemplaren auch bis Dec., doch sei die eigentliche Reife noch nicht festgestellt. Auch Schmidt gibt die Reifzeit für Ende Oct. und ihre Dauer auf 3 Wochen an. In den beiden letzten warmen Sommern hatte ich sie in Meiningen schon Ende Sept. reif, und auch die von Hrn. Schmidt vor mehreren Jahren gesendete Frucht, wie sie oben gezeichnet ist, war um dieselbe Zeit reif, doch hatte das Fleisch der letzteren noch etwas Zusammenhang und der frühere Eintritt der gelben Färbung kann auch an ihrer etwas zu frühen Abnahme gelegen haben. — Ist immer eine schon merklich große und schöne, in ihrer grünen Färbung und mit ihren Punkten der Köstlichen von Charneu etwas ähnlich sehende sehr schätzbare Tafelfrucht, aller Empfehlung werth, nur wurde sie 1859 etwas schnell teig (was in der gerade herrschenden sehr warmen Witterung seinen Grund gehabt haben wird).

Eigenschaften des Baumes: derselbe wächst lebhaft, setzt viel Fruchtholz an und ist alljährlich mit Früchten beladen (auch in Meiningen recht tragbar). — Die Blätter sind stark länglich eiförmig mit längerer oder kürzerer meist auslaufender Spitze, $1^3/_4$'' breit, $2^3/_4$'' lang, kleinere Blätter auch lancettförmig, fein- und stumpfgesägt, oft ganzrandig, unterhalb meist etwas undeutlich wollig, schiffförmig, auch oft etwas sichelförmig, ziemlich dunkelgrün, doch nur mattglänzend. Stiel bleichgrün, ziemlich stark und steif, bis $2^1/_4$'' lang, gerabeausstehend, die Blätter aber meist daran abwärts hängend. — Blüthenknospen groß, schön kegelförmig, sanftgespitzt, kastanienbraun, mit etwas klaffenden Schuppen. — Sommerzweige grünlich braungelb, gegenüber und oft fast ringsum trüb blutartig geröthet, mit feinen schmutzigweißen Punkten.

J.

No. 216. **Schweitzer Wasserbirne.** III oder IV, 2. 2. D.; X, 1 a. L.; III, 2. J.

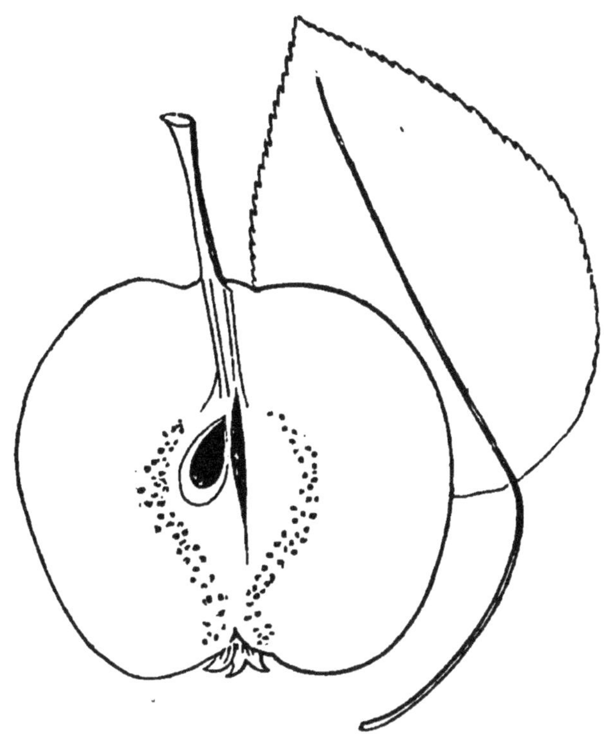

Schweitzer Wasserbirne. Metzger (Lucas). †† M. ! K. H.

Heimath und Vorkommen: in Württemberg und Baden, besonders am Bodensee und im Odenwald stark verbreitet, so daß sie, wie Metzger sagt, dort jedes Kind kennt.

Literatur und Synonyme: Metzger Kernobstf. S. 191, Luc. Kernobstf. S. 236. Heißt auch Weingifterin, Marzenbratbirne, Kesselbirne (im Remsthal bei Heynach), Schweitzerbirne (O.A. Riedlingen), Wasserbirne, Späte Wasserbirne (auf den Fildern), Graitenbirne, Kugelbirne (Göppingen).

Gestalt: fast kugelrund und mittelgroß, so beschrieb sie Lucas in seinen Kernobstf., auch in der Monatsschr. II. S. 34 und bildete sie in letzterer auch in dieser Form und fast 2½" breit und nur etwa 1''' höher ab. Doch hat derselbe jetzt zu ihrer Beschreibung eine etwas andere Zeichnung gegeben, die ihre Form also wohl noch besser repräsentirt.

Kelch: vollkommen, blättrig.

Stiel: etwa 1" lang.

Schale: grünlich gelb, auf der Sonnenseite trübroth verwaschen, mit zahlreichen Punkten und angesprengtem Rost besonders auf der Sonnenseite.

Fleisch: weißlich, saftreich, hart; lagerreif genießbar.

Reife und Nutzung: Mitte Octob., 4—6 Wochen, nach Metzger oft bis gegen den Winter. Dient zum Dörren, hauptsächlich aber zum Obstwein, der sehr vorzüglich wird, aber nicht sehr lang dauernd ist. Die Birne darf zum Mosten nicht zu reif werden, indem der Most sonst leicht zähe wird, überhaupt wird empfohlen, sie mit anderen herberen Birnen oder säuerlichen Aepfeln vermischt, zu mosten.

Eigenschaften des Baumes: er wird sehr groß, hat eichenähnlichen Wuchs, kommt in rauhen Lagen sehr gut fort, wird nicht selten 100—150 Jahre alt, ist auch dauerhaft in der Blüthe und ungemein ertragreich. Blätter (wie ich die Sorte von Metzger hatte), eirund, mit auslaufender oder auch etwas vortretender Spitze, $1^3/_4$" breit, $2^1/_2$" lang, mitunter eiförmig und breitelliptisch, glatt, nach vorne deutlich und ziemlich stark, nach dem Stiele zu jedoch nur bogenförmig und stumpf gesägt. — Sommerzweige und junges Holz buntstreifig wie das der Schweitzerhose und Schweitzerbergamotte, Blätter jedoch von Farbe durchaus grün.

J.

No. 217. Langstielerin. III, 3. 2. Diel; IX, 1 a. Luc.; V, 2. Jahn.

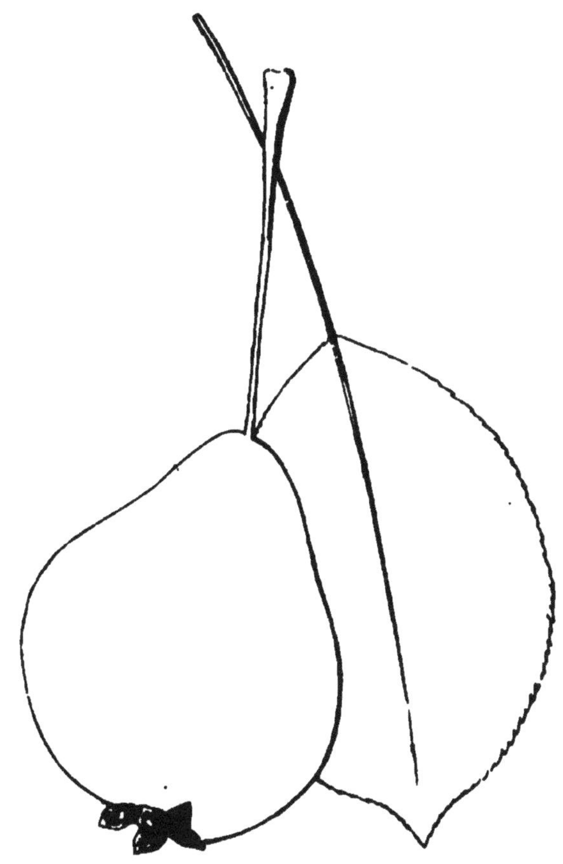

Langstielerin. Lucas. †† M.! K. H.

Heimath und Vorkommen: am Bodensee, auf den Fildern, bei Cannstatt und Eßlingen und in den meisten andern Obstbau treibenden Gegenden von Württemberg häufig verbreitet.

Literatur und Synonyme: Luc. Kernobstſ. S. 230, Metzger S. 185 (ebenfalls nach Luc.). Friese- und Griesebirne (am Bodensee, von dem körnigen und griesfichen Fleisch), Aumerbirne (Cannstatt, Eßlingen), Grünhülserin, Regelbirne, Pfitzenmaierlesbirne (a. a. O.).

Gestalt: bauchig birnförmig oder kegelförmig, klein, nach der Abbildung $1^3/_4$" breit, 2" und etwas drüber lang (hier kaum $^2/_3$ so groß. Auch von Metzger ist die Größe auf ungefähr 1" angegeben.)

Kelch: charakteristisch groß und breitblättrig, obenauf.

Stiel: stark, $2^1/_2$—3" lang, dünn, grünbraun, in etwas Beulen.

Schale: grasgrün, später weißlichgrün, häufig leicht trüb geröthet. Mit vielen feinen Punkten und öfters etwas Rost, besonders an alten Bäumen und in rauher Lage.

Fleisch: gelblichweiß, sehr saftreich, bei voller Reife angenehm und fast halbschmelzend, sonst hart und sehr zusammenziehend. Zum Rohgenuß ist die Birne nicht zu brauchen.

Reife und Nutzung: dient ausschließlich zu Obstwein, am Bodensee auch zur Brennerei. Ist eine der schätzbarsten württembergischen Mostbirnen, die aber auch zu Hutzeln sehr beliebt ist. Die Reife tritt Mitte October, mitunter auch früher ein und die Frucht hält sich einige Wochen lang.

Eigenschaften des Baumes: derselbe wird ungemein groß, zeichnet sich durch sein schönes großes, dunkelgrünes, glänzendes Blatt sowie durch starkes Holz aus, bildet eine breitpyramidenförmige oder hochgewölbte Krone mit starken abstehenden Aesten, deren Zweige reich mit Fruchtholz besetzt sind, kommt überall gut fort und ist recht tragbar. Wenn ich die Sorte von Metzger (wie es doch nach der mehrmals gelieferten, der Beschreibung entsprechenden, nur merklich kleinern Frucht scheint) richtig habe, so sind die Blätter breitelliptisch, (oft fast breitlanzettförmig), 2" breit, $2^3/_4$" lang, meist vorne am breitesten, unterhalb alle wollig, zum Theil auch oberhalb, wenigstens am Blattsaume wollig, deßhalb zwar dunkelgrün, doch mattglänzend, vorne feingesägt, bisweilen ganzrandig, flach, nur hie und da am Rande wellenförmig. Stiel 2" lang. — Blüthenknospen etwas kurzkegelförmig, stumpfspitz, groß (nach Lucas die größten wohl, die bekannt sind), an der Spitze oft etwas gelbwollig. — Sommerzweige grünlichbraun, sonnenwärts einfarbig braunroth, wenig und sehr fein schmutzig weiß punktirt.

Anm. Zu obiger Umrißzeichnung wurde die Abbildung der Birne von Lucas in Monatsschrift II. Heft I. benutzt und die Form des Blattes von mir hinzugegeben.

J.

No. 218. Champagner Bratbirne. III (ob. IV), 1. 3. D.; X, 2 a. L.; III, 2. J.

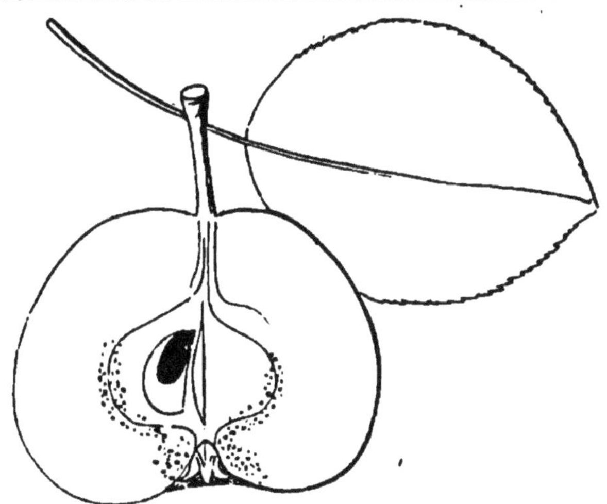

Champagner Bratbirne. Metzger. †† M.! H.

Heimath und Vorkommen: ist durch ganz Württemberg und die angränzenden Länder verbreitet und als Mostbirne sehr geschätzt.

Literatur und Synonyme: Metzger, Kernobstf. S. 161. — Luc. S. 241. Dessen Abbild. württemb. Obstf. Nro. 140 tab. VI. — Ist nicht die Kleine gelbe Bratbirne Diels VII. S. 175, sie wird aber die in dessen N.K.O. V. S. 221 beschriebene Champagner Weinbirne, die schon Christ (Hdwb. S. 219) als die allerbeste zur Weinbereitung bezeichnet, nach der von Diel gegebenen Beschreibung sein. Auch Hr. Pfarrer Hörlin nennt sie nach ihrer Abbildung im N. Obstcab., Jena 1857, so. — Heißt noch Deutsche Bratbirne, Aechte Bratbirne, nach Metzger auch Ciderbirne, Kopfbirne und gewöhnlich schlechtweg Bratbirne. In dem Bollweiler Catalog heißt sie „Bratbirne à feuilles luisantes, Glanzlaubige Bratbirne.“

Gestalt: nach Metzger mehr klein als groß, breitgedrückt und kreiselförmig (unedel aussehend, nach Diel), 2" breit, nicht ganz 1³/₄" hoch.

Kelch: flach eingesenkt, mit wenigen Erhabenheiten.

Stiel: bis ³/₄" lang, etwas vertieft, wie eingesteckt.

Schale: gelblich grün, später hellgelb, zuletzt braun wie die teige Birne, mit vielen Punkten und etwas Rost.

Fleisch: rauh und hart, ums Kernhaus steinigt, nicht zum rohen Genusse.

Reife und Nutzung: reift nach Metzger Mitte September, und dauert 7—8 Tage, nach Lucas dagegen, welcher mir brieflich diese Angabe Metzgers als irrig bezeichnete, reift sie Mitte October, ist oft vier Wochen haltbar und wird bei der Ueberreife schwarzbraun. Gibt herrlichen moussirenden Wein, weßhalb das Simri (33 Pfd. Birnen) schon mit 1 fl. 40 kr. bezahlt wurde. — Die lange grünbleibende Frucht wird Ende October gelb, bleibt im teigen Zustande fest und darf erst hochreif, wenn die Schale bereits einzelne braune Flecken hat, gemostet werden. Schon Christ (Vollst. Pomologie S. 158 Nro. 142) sagt, daß sie, mit 1/3 Aepfel gekeltert, einen dem ächten Champagner ähnlichen Wein gebe, der weiß sei, und moussirend zur Flasche herausspringe, wenn der Propf ausgezogen werde, auch seine Güte und fixe Luft Jahre lang behalte.

Eigenschaften des Baumes: derselbe wächst in der Baumschule nur schwach und ungerne in die Höhe, so daß man wohl thut, bereits fertige Kronenbäume anderer Sorten damit zu bepfropfen. Er wird im Württembergischen fleißig gepflanzt und es werden dergleichen Bäume theurer als andere bezahlt. Der Baum macht eine eirunde, reichholzige Krone, deren Zweige stets etwas herabhängen, blüht früh, gehört aber doch zu den recht tragbaren Sorten, besonders in freien offenen Lagen. — Die Blätter sind nach Lucas glatt, glänzend, klein und rundlich. Ich besitze die Sorte von Metzger und habe mir die Form als eiförmig, mit kurzer halb aufgesetzter Spitze, 1 1/2" breit, 2" lang, unterhalb schwach wollig, feingesägt, zum Theil ganzrandig, etwas wellenförmig, die Spitze etwas zurückgekrümmt, hellgrün, stark glänzend angemerkt. — Blüthenknospen klein, stumpfspitz, fast gelbbraun. — Sommerzweige von Knospe zu Knospe etwas kantig, grünlich braun, sehr fein ockergelb punktirt. Nach Luc. sind sie schwärzlich, nach Diel violettartig braunroth, welche dunklere Färbung wahrscheinlich das wärmere Clima bedingt.

J.

No. 219. Wildling von Einsiedel. III (od. IV). 2. 2. D.; X. 2 b. L.; I. 2. 3.

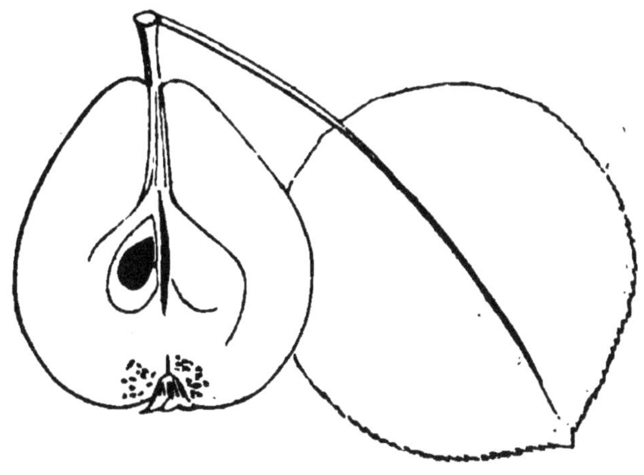

Wildling von Einsiedel. Lucas. †† M.! H.

Heimath und Vorkommen: diese Birne wurde auf der Kgl. Domaine Einsiedel bei Tübingen aufgefunden. Sie ist auf den Fildern, bei Stuttgart, Ludwigsburg u. s. w. von der Hohenheimer Baumschule aus durch ganz Württemberg verbreitet.

Literatur und Synonyme: Metzgers Kernobstsl. S. 187 (Beschreibung darin ist von Lucas). — Luc. Kernobstsl. S. 248. Dessen Abb. württemb. Kernobstsl. No. 143 tab. VI. — Derselbe in Monatsschr. II. S. 34. — Heißt im Württembergischen häufig auch Extra-Mostbirne.

Gestalt: stumpf kegelförmig oder abgestumpft kreiselförmig, nur wenig höher als breit, oft in den Hälften ungleich, ungefähr 1½" breit und ebenso hoch.

Kelch: unvollkommen, hornartig, flach, mit einigen Erhabenheiten umgeben.

Stiel: sehr kurz, ¼—⅓" lang, stark holzig, meist etwas seitwärts stehend.

Schale: schmutziggrün, später weißgelb, mit etwas Röthe, zimmtfarbigem Rost und vielen Punkten.

Fleisch: ungenießbar, im Geschmack nicht von der Holzbirne verschieden.

Reife und Nutzung: October und November. — Gibt eine

reichliche Menge Saft und sehr beliebten hellen, mehrere Jahre haltbaren Most, der am besten wird, wenn die Birne vollkommen reif verwendet wurde. — Nach Metzger gehört die Birne als Tafelbirne in den letzten, als Mostbirne aber in den ersten Rang.

Eigenschaften des Baumes: derselbe gedeiht überall in den ungünstigsten Lagen, gibt sehr alte starke hohe Stämme. Die Aeste stehen aufrecht und sind dicht mit kurzem Fruchtholze besetzt. Sie bilden aber eine lichte Krone und schließen deßhalb den Regen vom Boden nicht ab, weshalb sich der Baum auch zu Feldpflanzungen eignet. Ist ausnehmend fruchtbar und kann als Mostbirne nicht genug gepflanzt werden. Blätter (wie ich die Sorte von Metzger habe) rundlich mit etwas vortretender oft kurzer Spitze, 1¾—2" lang, 2" breit, oft auch eiförmig, dann länger, unterhalb meist wollig, ganzrandig oder undeutlich und nur an der Spitze gesägt, schiffförmig, und meist auch wellenförmig. Stiel 1—1½" lang. — Blüthenknospen ziemlich groß, fast stechend spitz, schwarzbraun. — Sommerzweige an der Spitze verdickt, bisweilen etwas stuffig, dunkelgrünbraun, mit vielen größeren und kleineren erhabenen schmutzigweißen Punkten.

Anm. Zu den hier nach einander abgehandelten 4 süddeutschen Mostbirnen gab Lucas die Zeichnung und ich selbst fügte die Blattform hinzu, welche die betreffende Sorte, wie ich sie von Metzger empfing, vorzugsweise besitzt. — Der sel. Hr. Gartendirektor Metzger sandte mir diese Birnensorten schon im Jahre 1848, und ich vertheilte sie auf mehrere Probebäume, erhielt auch bereits von den betreffenden Zweigen mehrfach Erndten, doch nicht in dem Maaße, als ich gehofft hatte, denn sehr oft schlagen auch diese Sorten bei uns fehl und fast scheint es, als ob unser Clima mit seinen kalten Wintern und der wechselnden Temperatur in den Frühlingsmonaten für dieselben schon nicht angemessen sei, denn in einem früheren Winter, ebenso in dem von 1855/56 war an den Bäumen fast sämmtliches Tragholz erfroren. Auch blieben die Früchte der hier vorliegenden Wildling von Einsiedel, Langstielerin und einiger andeger anderer noch empfangener ähnlicher Birnen sehr oft unter der Normalgröße zurück und konnten deßhalb nicht wohl verwendet werden, weil ihre Quantität zum Mosten zu gering, die Birnen selbst aber zu klein waren, als daß taugliche Hutzeln davon zu erwarten gewesen wären. Obgleich nun die betreffenden Sorten sich auf selbstständigen und älteren Bäumen anders wie auf Probebäumen verhalten mögen, so glaube ich doch, daß die Pflanzung dieser Sorten, die in ihrer Heimath große, starke, äußerst fruchtbare Bäume machen, im mittleren und nördlichen Deutschland, wenigstens in den rauheren Lagen, nicht als besonders vortheilhaft zu bezeichnen ist, am wenigsten wird man wohlthun, die kleinfrüchtigen Arten da, wo sich der Genuß des Bieres bereits eingebürgert hat, anzubauen, oder ihnen vor anderen größeren wirthschaftlichen Birnen den Vorzug zu geben.

J.

No. 220. **Das Ochsenherz.** III, 3 b. Diel; III, 2 b. Luc.; II, 2. Jahn.

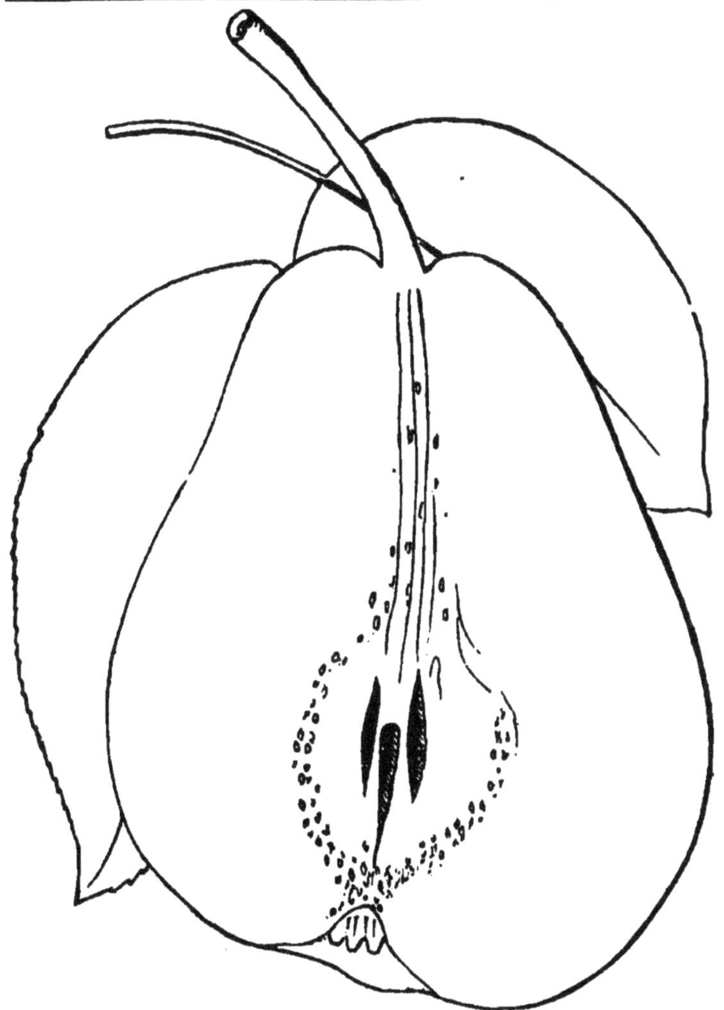

Das Ochsenherz. Diel. † Ende Oct.

Heimath und Vorkommen: Diel erhielt diese Frucht aus Trier als Coeur de Boeuf, und vermuthet, der Name möge von der rothen Farbe der Schale kommen. Die Frucht ist im Ganzen nur von mittelmäßiger Güte; frisch genossen schmeckt sie mir bei ihrem merklichen und gewürzten Zuckergeschmack noch ganz angenehm, und sagt auch Diel, daß sie dem gemeinen Manne zum rohen Genusse angenehm sei; gekocht ist sie wohl roth, doch etwas zu säuerlich und zu weichlich. — Von Diel erhielt ich diese Sorte falsch, doch ist sie von ihm auch nach Herrnhausen gekommen, und kann ich an der Aechtheit nicht zweifeln, sah auch 2 schon ziemlich große Bäume bei Hildesheim, die aus Herrn Liekens Baumschule dort gepflanzt sein werden.

Literatur und Synonyme: Diel I. S. 292: Das Ochsenherz. Findet sich sonst bei keinem Pomologen, und vermuthet Diel nur, daß sie etwa Cordus Probstbirne sein könne.

Gestalt: nach Diel wahrhaft birnförmig; ich fand diese Form nur bei schmaleren nur 3" breiten Exemplaren, und möchte die großen eher glockenförmig nennen. Große Früchte 3½" breit und 4¼ bis 4½" lang. Hier maß die größte Frucht, die ich auf ziemlich volltragendem Baume fand, nur 3¾ und 4¼", andere ¼" weniger. Bauch stark nach dem Kelche hin, um den sie sich sanft gerundet wölbt. Nach dem Stiele gewöhnlich nur auf einer Seite Einbiegung und nach Diel lange stark abgestumpfte Spitze, die ich als lang nur bei schmalen Exemplaren bezeichnen konnte und vielmehr kurz und dick finde.

Kelch: klein, halboffen, oft etwas geschnürt, ziemlich hornartig, sitzt in seichter Senkung, meistens mit einer oder mehreren Beulen umgeben, wobei jedoch die Form der Frucht gefällig und schön gerundet bleibt, aber (was Diel nicht anmerkt), fast immer die eine Seite der Frucht viel stärker bauchig vortritt, als die andere.

Stiel: stark, unten etwas fleischig, 1¼—1½" lang, sitzt in kleiner Vertiefung mit einigen Fleischbeulen umgeben, und gewöhnlich zur Seite gebogen oder geschoben.

Schale: vom Baume hellgrün, in der Zeitigung citronengelb (bei mir noch etwas grüngelb) und ist nach Diel der größte Theil der Frucht mit einem hellen, aber etwas trüben Roth leicht verwaschen und hie und da undeutlich gestreift. Hier fand ich die Röthe bei manchen Früchten nicht ausgebreitet und matt, bei andern stärker und die ganze Sonnenseite einnehmend und etwas blutartig braun, nach den Seiten mit Spuren von Streifen; die zahlreichen Punkte sind fein, grün umringelt, in der Röthe gelbgrün. Um die Kelchwölbung finden sich häufig Rostanflüge, auch wohl hie und da Rostflecken, und um den Stiel oft etwas Ueberzug. Geruch stark, muskirt.

Das Fleisch riecht ebenso, ist mattweiß, wenig körnig als nur ums Kernhaus, nicht saftreich, weich, fast halbschmelzend, doch etwas schmierig oder schmalzartig, von etwas zimmtartigem merklichen Zuckergeschmack, der zugleich doch noch eine ganz feine Säure durchmerken läßt, die bei der gekochten Frucht stärker hervortritt.

Kernhaus: geschlossen; die engen langen, oft nur angedeuteten Kammern enthalten lange taube Kerne.

Reifzeit und Nutzung: zeitigt Ende October, oft etwas früher, hält sich drei Wochen und wird dann taig. In dem warmen Jahre 1859 war sie schon Ende September mürbe.

Der Baum wird groß und recht fruchtbar, macht eine etwas flatterhafte Krone und belaubt sich dadurch licht. Triebe schlank, oft etwas hörnerartig gebogen, bräunlichgelb, nur wenig mit großen matten Punkten besetzt. Blatt groß, flachliegend, eiförmig (eirund Jahn), öfter noch fast oval mit aufgesetzter kurzer Spitze, glatt, glänzend, sehr seicht fein und spitz gezahnt. Afterblätter pfriemenförmig, fehlen meist. Blatt der Fruchtaugen von Gestalt wie das der Triebe. Augen spitz kegelförmig, abstehend, etwas weißgeschuppt.

Oberdieck.

No. 221. Die Neue Crasanne. I, 2. 2. Diel; IV, 1 a (b). Luc.; II, 2. Jahn.

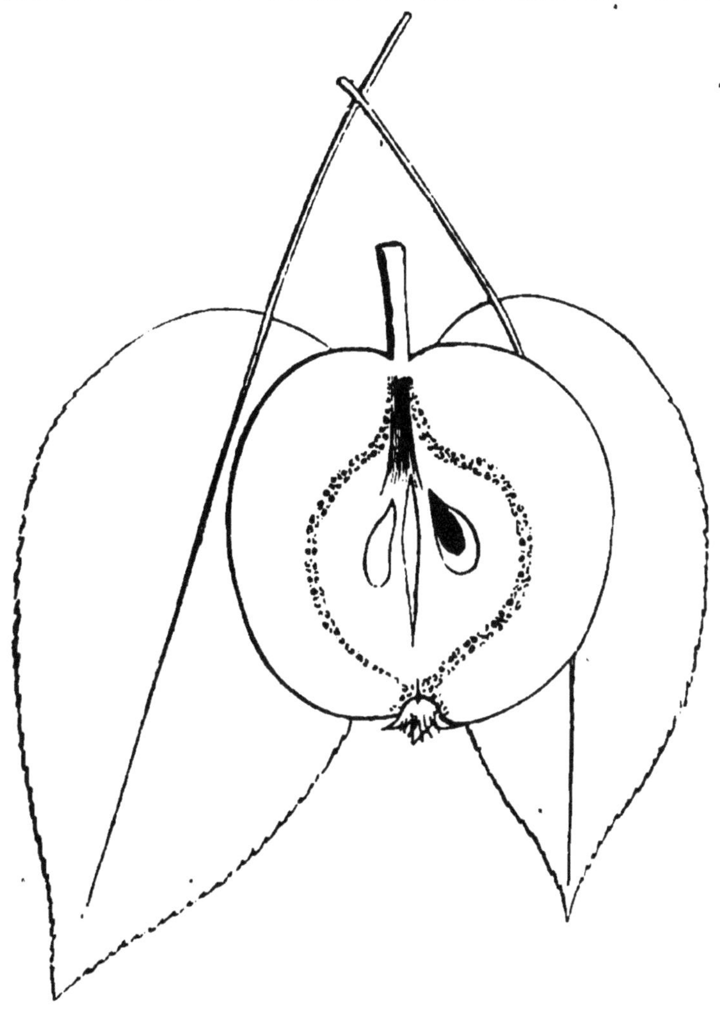

Die Neue Crasanne. Bivort (van Mons). * H.

Heimath und Vorkommen: ein Sämling von van Mons, von ihm Surpasse Crasanne benannt. Bivort, der sie beschrieb, bezeichnet sie als eine veredelte oder verbesserte Crasanne (Crasanne régénérée), sie habe viel von deren Geschmack, aber mehr Zucker und weniger Steine, zerspringe nicht und werde auf Pyramide vollkommen.

Literatur und Synonyme: Bivort im Alb. I. Taf. 40. — Nach Biv. Cat. zählt sie auch Tougard in seinem Tableau S. 41 auf, doch ohne eignes Urtheil. — Dochnahl hat sie Verbesserte Crasanne genannt, in seinem Führer S. 80. Da ich sie aber zur Zeit keineswegs besser als die alte finde, so trage ich Bedenken, diesen Namen zu adoptiren.

Gestalt: rundlich, fast etwas plattrund oder bergamottförmig, nach Biv. mittelgroß, 2³/₄" hoch und breit. Ebenso groß (dabei von gleicher runder Form wie meine Frucht oben) hat er sie auch abgebildet, allein in Meiningen wurde sie an einem freistehenden Pyramidenbaum, woran andere gleichzeitig daraufgepfropfte Sorten meist ziemlich große Früchte brachten, nie größer, als sie oben gezeichnet ist, meist sogar nur ²/₃ so groß.

Kelch: blättrig oder hartschalig, oft verstümmelt, überhaupt klein, meist offen, schwach eingesenkt.

Stiel: holzig, gelbbraun, bisweilen 1" und mehr lang, meist etwas vertieft stehend.

Schale: (nach Bivort etwas körnigt) glatt, grün, später grünlichgelb mit feineren und gröberen Rostpünktchen und Fleckchen, an der Sonnenseite etwas erdartig geröthet, auch mit zusammenhängendem Rost, besonders um den Kelch.

Fleisch: gelblichweiß, fein, schmelzend und von gutem Zuckergeschmack, doch ohne ein besonders vortretendes Gewürz, was Bivort an ihr rühmt.

Kernhaus: mit sehr vielen und ziemlich starken Steinchen umgeben (sie werden auch im Album erwähnt als einzeln vorhanden), schwach hohlachsig, Kammern muschelförmig mit schwärzlichen, länglichen, spitzigen, oben etwas höckerigten Kernen.

Reife und Nutzung: die Birne reift auch hier wie bei Bivort Ende October und hält sich durch ²/₃ des November und würde auch noch eine brauchbare Tafel- und Haushaltsfrucht abgeben, wenn sie größer würde. Vielleicht ist dies aber auf einem selbstständigen in gutem Boden stehenden Baume oder am Spaliere der Fall, da ich sie aber schon mehrere Jahre in gleicher Niedlichkeit erzog, so dürfte sie bei uns im Freien am Ende doch nicht umfangreicher wachsen. Die alte Crasanne erreicht sie übrigens in der Güte durchaus nicht, diese ist eine viel edlere Frucht.

Eigenschaften des Baumes: der Baum wächst nach Bivort nicht besonders stark (auch meine Probezweige werden von andern überholt, doch bleibt ein davon angezogener junger Baum nicht gegen andere zurück), bequemt sich gerne zur Pyramidform und verspricht glücklich und reich zu tragen. Die Blätter meines jungen Baumes sind schön länglich eirund oder eirund mit meist sehr langgezogener Spitze, nach dem Stiele zu oft etwas schmal und dann fast eiförmig, auch elliptisch, meist groß, bisweilen über 2" breit und 3³/₄" lang, die Blätter der nicht triebigen Probezweige haben eben diese Form, sind aber kürzer und haben bei 1³/₄" Breite 2¹/₂" Länge. Sie sind glatt, im hintern Drittel ganzrandig, sonst stumpfgesägt, oft undeutlich; meist sind sie flach oder etwas entfernt spiralförmig gedreht, so daß die Spitze schief steht, dunkelgrün, doch matt glänzend, ziemlich stark geadert. Stiel oft bis 2¹/₂" lang. — Blüthenknospen zur Zeit kurzkegelförmig, stumpfspitz, hellbraun. — Sommerzweige oft etwas stufig und oben verdickt, grünlich gelbbraun, mit wenigen feinen gelblichen oder auch größeren fühlbaren weißlichen Punkten. J.

No. 222. Marianne von Nancy. I, 3 c. Diel; V, 1 b. Luc.; IV, 2. Jahn.

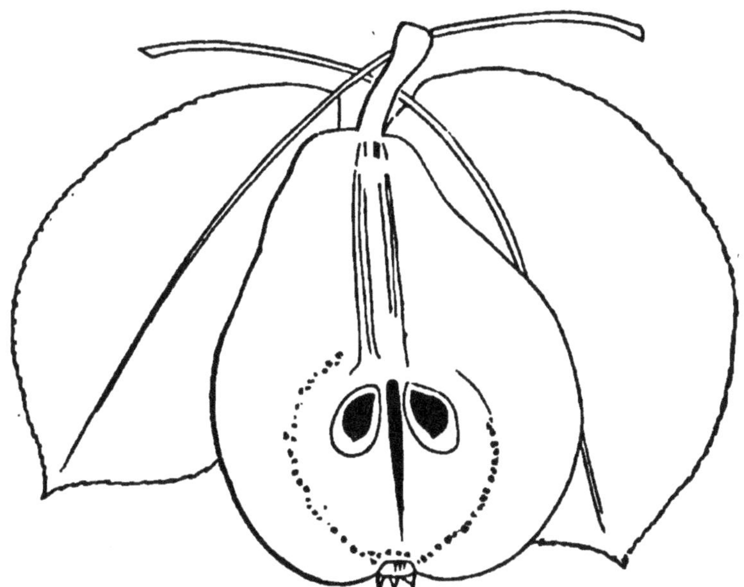

Marianne von Nancy. Bivort (van Mons) ** † Nov.

Heimath und Vorkommen: diese delikate, zu den vorzüglich guten Tafelbirnen gehörende Frucht stammt aus den Kernsorten des Hrn. van Mons, dessen Sohn an Herrn Millot zu Nancy 100 Birnstämmchen (oder Reiser) von der 6ten Generation gesandt hatte, um ein Versprechen des Vaters zu erfüllen, der diese Herrn Millot noch kurz vor seinem Tode zugesagt hatte, um ihm auf geäußerte Zweifel dadurch zu erweisen, daß lauter Ausgesuchtes darunter fallen und die Stämmchen in 4 Jahren tragen würden. Diese Erwartung des Hrn. van Mons wird sich nun auch bei Millot nur sehr zum Theil erfüllt haben, indeß die obige trug schon 1848 und bewährte sich gut, so daß Millot sie nach seiner Gattin benannte, und kam darauf an Bivort. Mein Reis erhielt ich von Herrn Behrens zu Travemünde, und stimmt die Frucht so weit mit der Beschreibung, daß ich glaube, die rechte Sorte zu haben. Verdient recht häufigen Anbau und trug bei mir schon 3 Mal.

Literatur und Synonyme: Biv. Alb. III. p. 11. Marie Anne de Nancy. Anderweit habe ich sie nicht beschrieben gefunden. Darf nicht verwechselt werden mit der Prinzessin Marianne (Bosc's frühzeitiger Flaschenbirne, Salisbury, Spindelförmiger Rehbirne, Diel).

Gestalt: stand bei mir zwischen Kreiselform und Birnform, die kleinern Exemplare dickbauchig kreiselförmig oder auch zur Eiform neigend. Bivort bildet die Frucht ab etwa wie eine recht große Englische Sommerbutterbirne, die man stark abgestumpft hätte. Gute Früchte stark 2" breit und 2 1/2" hoch. Bauch immer etwas, meistens merklich mehr nach dem Kelche hin, um den die Frucht sich sanft zurundet und so abstumpft, daß sie gut aufsteht. Nach dem Stiele bald fast keine, bald auch schöne Einbiegung und dicke, ziemlich abgestumpfte Spitze.

Kelch: hartschalig, in die Höhe stehend, offen, in flacher enger Senkung.

Stiel: stark, fast fleischig, 1/2 bis 1" lang, oft etwas zur Seite gebogen, oben auf der Spitze in flacher Höhlung, oder wie eingesteckt.

Schale: fein, hellgrün, in der Zeitigung grünlich gelb mit zurückbleibenden mehr grünlichen Stellen. Röthe fehlt. Zimmtfarbiger Rost ist häufig und bildet stellenweise, namentlich um den Kelch, Ueberzüge, während er an andern Stellen zersprengt, oft auch nur Anflug ist. Punkte fein, nicht in die Augen fallend. Geruch fehlt.

Das Fleisch ist etwas grüngelblichweiß, fein, steinfrei, ganz schmelzend, von süßweinigem gewürzten, schwach kalmusartigen Geschmack, etwas ähnlich dem der Colomas Herbst-Butterbirne.

Kernhaus: hat hohle Achse; die geräumigen Kammern enthalten je zwei spitzeiförmige, auch oben mit einem kleinen Knöpfchen versehene Kerne. Kelchröhre flach.

Reifzeit und Nutzung: mürbete bei mir 1857, Anf. Oct. gebrochen, in der Hälfte November, 1858 in einem recht warmen Jahre, 24. Sept. gebrochen, schon Anf. Oct. und hielt sich ziemlich lange im schon mürben Zustande. Im Album ist die Reifzeit Ende Sept. bis gegen Ende Oct. angegeben. Hauptsächlich Tafelfrucht, wird sich indeß auch in der Küche brauchen lassen.

Der Baum wächst mir in der Baumschule gesund und gut, doch bisher gemäßigt, so daß er sicher gute Zwerge auf Wildling gibt. Auch der Bilvorder Catalog sagt Arbre peu vigoureux. In dem Ansehen seiner Triebe hält er das Mittel zwischen einer Herbstsylvester und Napoleons Butterbirne. Er wird nach den bisherigen Fruchtproben früh und reichlich tragen. Sommertriebe fast schlank, sehr wenig stuffig, nur ganz an der Spitze mit etwas Wolle besetzt, ledergelb, zerstreut, mäßig zahlreich und nicht in die Augen fallend punktirt. — Blatt eiförmig (eirund, Jahn), oft ziemlich elliptisch, fast flach ausgebreitet, ohne Wolle, glänzend, mit schöner auslaufender Spitze, seicht und fein, doch regelmäßig und spitzig gezahnt. Afterblätter fadenförmig. Blätter der Fruchtaugen mehr elliptisch, als oval (eiförmig, Jahn), doch sind sie am Stiele weniger spitz, als das eine Blatt oben auf dem Holzschnitte gegeben ist, einzelne große sind auch rein oval, regelmäßig etwas stumpfgezahnt. Augen des Triebes spitz, mehr herzförmig als konisch, braungeschuppt, ziemlich abstehend.

Oberdieck.

No. 223. Senteletś Dechantsbirne. I, 2. 2. Diel; IV, 1 a (b). Luc.; IV, 2. Jahn.

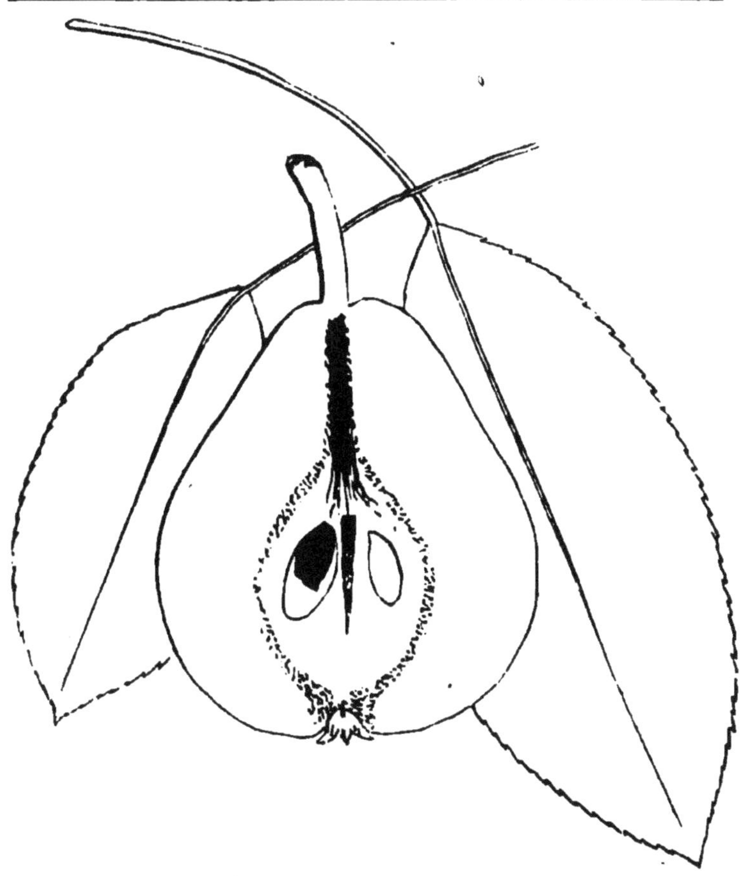

Senteletś Dechantsbirne. Bivort (van Mons). ** H.

Heimath und Vorkommen: van Mons erzog sie aus Samen, gibt aber keinen weiteren Aufschluß über die Zeit ihrer Entstehung, oder auf wen sich der Namen bezieht.

Literatur und Synonyme: Bivort beschrieb sie als Doyenné Sentelet im Album II. S. 25. — Dochnahl nannte sie im Führer II. S. 118: Senteletś Butterbirne, doch hielt ich für besser, statt letzteren Wortes dem französischen Namen entsprechend Senteletś Dechantsbirne zu setzen. — An Hrn. Lieut. Donauer in Coburg sandte sie übrigens van Mons blos als „Sentelet", doch hat er sie im Catal. descript. Serie II. unter 1331 Doyenné Sentelet genannt.

Gestalt: kreiselförmig-oval, von Form der Doyenné (Weißen Herbstbutterbirne) oder der St. Michel Crotté (Grauen Dechantsbirne), gewöhnlich 3 1/2" hoch und 2 3/4" breit — so beschreibt sie Bivort. Sie wechselt indessen in der Form und ich erzog sie bereits selbst sowohl in der obengezeichneten Gestalt, die mit der Abbildung in Biv. übereinstimmt, wie auch mehr rundlich, fast bergamottähnlich, kurz und stumpfspitz nach dem Stiele zu abnehmend oder auch mit kurzer Kreiselspitze sogleich in den Stiel übergehend. In letzter Gestalt sah ich sie schon 1849 von Donauer. Doch erreichte sie weder bei mir noch bei Donauer die von Bivort angegebene Größe.

Kelch: spitz- aber hartblättrig, gelbbraun, meist offen, oft sternförmig, in schwacher schüsselförmiger Einsenkung.

Stiel: meist kurz, braun, nach der Birne zu gelb und oft etwas fleischig, in schwacher Höhle oder wie eingedrückt.

Schale: glatt oder auch etwas rauh, grün, später citronengelb mit feinen bräunlichen Punkten und stellenweise vertheiltem Rost, der sich besonders um Kelch und Stiel herum mehr anhäuft, bisweilen nach Biv. auch schwarzfleckig, worüber ich nicht klagen kann.

Fleisch: weiß, fein, weich, butterhaft, zuckersüß ohne Säure und mit schwachem zimmtartigen Gewürz.

Kernhaus: mit ziemlich vielen, doch feinen Steinchen umgeben, Achse etwas hohl, Kammern eirund oder eiförmig, Kerne mittelgroß, länglich, spitz, schwärzlichbraun, mit einem kleinen Höcker.

Reife und Nutzung: die Frucht reift nach Bivort Ende October und hält sich durch den November. Wie ich sie selbst erzog und von Donauer sah, war sie Anfangs bis Mitte November, doch 1859 selbst schon Mitte Sept. reif. — Auch Donauer schrieb damals hinzu „Gute Herbstbutterbirne vom I. Rang," welchem Urtheil ich beitrete. — Bivort bezeichnet sie als eine wahre verbesserte Weiße Herbstbutterbirne (un vrai Doyenné régénéré), sie habe alle guten Eigenschaften der letztgenannten und sei frei von ihren Fehlern. Auch in den Berl. Verhandl. wird sie „ausgezeichnet gut" genannt. Doch erzog ich sie an meinen Probezweigen seither noch zu selten, um dem beipflichten zu können. Im Geschmack kömmt sie aber der Genannten doch wohl nicht gleich.

Eigenschaften des Baumes: derselbe ist nach Bivort mittelstark, pyramidal, sehr fruchtbar, schon in seiner Jugend und selbst wenn er auf Wildling gepfropft ist. — Die Blätter sind elliptisch, 1 1/4 — 1 1/2" breit und 2 1/2" lang, an jungen sehr kräftig treibenden Bäumen sind sie oft sehr groß und lang, 1 3/4" breit und 3 1/2" lang (der Stiel über 2" lang), so daß sie wie das große Blatt oben ziemlich rein lanzettförmig erscheinen (Bivort beschreibt die Blätter der Sommertriebe auch als groß, oval lancettförmig, zugespitzt, die des Tragholzes schmäler und weniger lang), regelmäßig gesägt, glatt, etwas schiffförmig und sichelförmig, dunkelgrün, ziemlich aderigt. — Die Blüthenknospen fast walzenförmig, sanftgespitzt, gelbbraun. — Sommerzweige grünlichgelb oder rothbraun, gegenüber stärker geröthet mit feinen schmutzigweißen oder röthlichen erhabenen Punkten.

J.

No. 224. Emilie Bivort. I, 2 (1). 2 (1). Diel; IV (II). 1 a. Luc.; II, 2 (1). J.

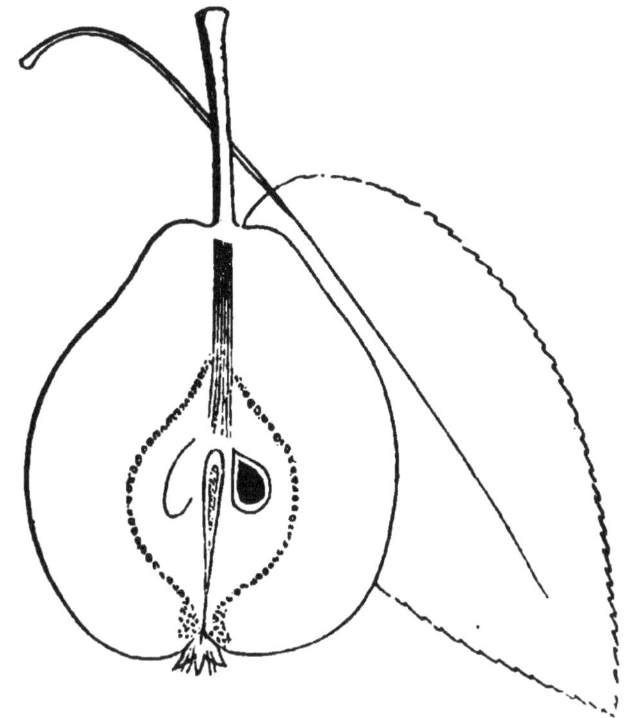

Emilie Bivort. Bivort (Bouvier). * (**) H. (zuweilen S.)

Heimath und Vorkommen: Simon Bouvier in Jodoigne erzog sie aus Samen und benannte sie nach der ältesten Tochter von Bivort, einer eifrigen Früchtemalerin, Emilie Bivort.

Literatur und Synonyme: Bivort beschrieb die Frucht zuerst im Album I. neben Taf. 8, darauf nochmals in den Annal. III. S. 39. Im ersten Werke ist sie klein und bergamottförmig, in den Annalen dagegen in derselben Form, wie wir sie oben gaben, nur ungleich größer abgebildet, und es wird von ihr erzählt, daß sie sich in den weiteren Trachten in der Größe verbessert habe.

Gestalt: wie oben gezeichnet, kreiselförmig, nach dem Stiele zu etwas birnförmig, oder auch kurz und stumpfspitz, so daß dann nach Biv. die Form der Doyenné roux (Grauen Dechantsbirne) herauskömmt. Bivort zeichnete in den Annalen die Frucht 3" breit und 3" 1½"' hoch, nebenbei hat er aber auch kleinere Früchte von 2" 10½"' Breite und 2½" Höhe in der mehr gedrückten Form abgebildet. — Verl. Verh. bezeichnen die Birne als etwas abgerundet.

Kelch: an den von mir erzogenen Früchten kurzblättrig, aufrechtstehend, offen oder halboffen, in flacher schüsselförmiger Einsenkung mit etwas Beulchen umgeben.

Stiel: grüngelb oder bräunlich, holzig, oft 1½" lang, meist neben einem Höcker schief, oder auch obenauf wie eingedrückt.

Schale: glatt, grünlichgelb mit abgesetztem streifigen Roth an der Sonnenseite, worin viele gelblichweiße Punkte, die mit einem dunkler rothen Hofe umgeben sind, auf der Schattenseite mit feinen bräunlichen Punkten und mit etwas wenigem Rost um Kelch und Stiel. — Von Röthe sagt Bivort nichts und gibt auch die Abbildung nichts zu erkennen, doch wird die Farbe stark röthlich goldgelb an der Sonnenseite geschildert.

Fleisch: gelblichweiß, fein, schmelzend oder halbschmelzend, in guten Sommern wie 1859 auch ganz butterig, von sehr süßem, angenehm, etwas zimmtartig gewürzten und durch feine Säure gehobenen Geschmack. — Biv. schildert das Fleisch als weiß, fein, schmelzend, halbbutterig, saftreich, gezuckert und stark gewürzt, zwischen einer Russelet und Bergamotte innestehend; Papelen gibt Quittengeschmack an.

Kernhaus: durch sehr feine Körnchen nur angedeutet, hohlachsig, Fächer klein, mit ziemlich vielen, doch oft tauben Kernen; die vollkommenen sind klein, eirund zugespitzt, halb schwarz, halb gelblich gefärbt, oder auch wie 1859 ganz schwarz.

Reife und Nutzung: die Reife wird für Mitte bis Ende Nov. angegeben und sie soll sich auch länger halten; Papelen gibt Nov. und Dec. an. In Meiningen war sie 1858 theilweise schon Ende Sept. reif, andere Exemplare aber kamen erst später zur Zeitigung. In einem früheren Jahre hatte ich sie auch erst im November. Bivort gibt aber an, der richtige Reifpunkt sei schwer zu finden und dann erst eingetreten, wenn die Frucht am Stiele sich etwas drücken lasse, früher gekostet zeige sie nicht ihre Vorzüglichkeit und ich will hiezu bemerken, daß ich dies wohl nicht genau beachtet habe und die Birne, welche sich lange vor der eigentlichen Reife färben und somit reif erscheinen soll, später gekostet wahrscheinlich immer völlig schmelzend und von noch besserem Geschmacke gefunden haben würde.

Eigenschaften des Baumes: der Wuchs desselben ist nach Biv. pyramidal und stark, nach den Berl. Verh. gemäßigt; er hat auch an meinen Probezweigen kurzes, dunkelbraunes Holz und setzte bald Frucht an. — Die Blätter, wie ich die Sorte von Hrn. Hofrath Dr. Balling in Kissingen habe, sind eirund mit langer auslaufender Spitze, glatt, 1½" breit, fast 3" lang, einzelne eiförmig und elliptisch, fein- und scharfgesägt (weniger grobgesägt als auf obigem Holzschnitte), etwas schiffförmig, an der Spitze ein wenig zurückgekrümmt, sehr dunkelgrün und glänzend. — Blüthenknospen groß, kegelförmig, meist stumpfgespitzt. — Sommerzweige sind (wie sie Biv. schildert) stufig, gelbgrün, gegenüber und nach oben carminroth, röthlich oder gelblich punktirt. (Biv. hat die Form der Blätter im Album ebenso wie ich gezeichnet, und ich zweifle danach ebenfalls nicht an der Richtigkeit meiner Sorte, wenn er deren Gestalt auch mit etwas anderen Worten beschreibt.)

Nachschrift. Decaisne, welcher in Lief. 34 die Doyenné roux mit dem Syn. Doyenné gris und in Lief. 25 eine Poire crotté mit den Syn. Doyenné crotté und D. galeux beschreibt, also zwischen den genannten zwei Früchten unterscheidet, meint, daß Emilie Bivort der Doyenné roux (der Grauen Dechantsbirne) sehr nahe stehe, was ich indessen in Frage stellen muß. Auch bei Oberdieck zeigte Obige sich von Doyenné roux ganz verschieden.

J.

No. 225. **Köstliche von Lovenjoul.** I (II), 1 b. D.; III, 1 (a) b. L.; II, 2. J.

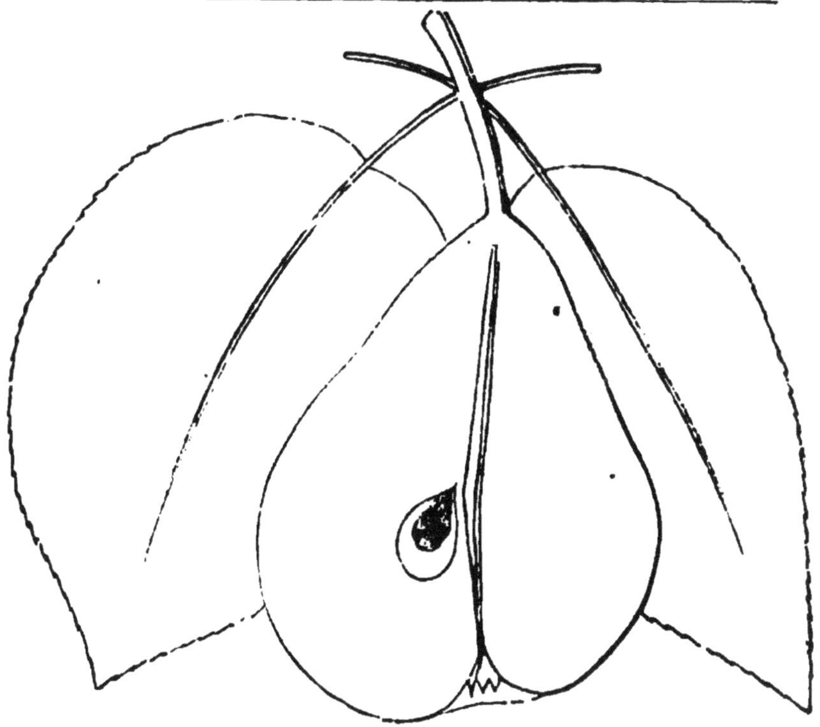

Köstliche von Lovenjoul. Bivort (van Mons?) * † Oct.

Heimath und Vorkommen: diese in meiner Gegend nur sehr mäßig gute, in Belgien jedoch geschätzte Frucht, findet sich unter dem Namen Delices de Lovenjoul in van Mons Catalog Serie 3 Nr. 521 mit dem Beisatze „par nous". Da indeß Lovenjoul ein Dorf unweit Löwen ist, so wurde die Frucht von Hrn. Professor van Mons dort wohl nur aufgefunden und ist nicht von ihm erzogen. Da ich die Sorte von Booth durch Hrn. von Flotow und durch Urbanek aus Papeleu's Collection überein habe, und sie eben so von Herrn De Jonghe nach Herrnhausen kam, so darf ich wohl bestimmt annehmen, daß ich sie ächt habe und beschreibe sie nach ihrem hiesigen Verhalten.

Literatur und Synonyme: nach dem Lyon. Ber. und nach De Jonghe ist die Frucht einerlei mit Jules Bivort, die nach Bivorts Album III. S. 77 von Bivort nach einem seiner Söhne benannt wurde. Die Annales de Pom. VI. p. 65

bestätigen diese Identität und setzen der Delices de Lovenjoul das Synon. Jules Bivort sogleich hinzu. Die nochmalige Benennung entschuldigt Biv., von welchem auch diese letztere Beschreibung stammt, damit, daß in van Mons Baumschule, als er sie übernahm, Unordnung geherrscht habe, der betreffende Baum habe kein Veredlungsmerkmal gezeigt und unter andern Sämlingen mit Nr. 1658 bezeichnet gestanden. — Die Frucht ist in den Annalen eiförmig (eirund, Jahn), nach dem Stiele zu kegelförmig, fast $3^1/_4$" breit und $3^3/_4$" hoch, im Album dagegen ziemlich rein kegelförmig, gut 3" breit und $3^3/_4$" hoch abgebildet, und wird im ersteren als groß oder sehr groß, im Album als groß beschrieben, wie sie am Spaliere wohl schon werden kann. Doch bezeichnet sie der Vilvorder Catalog auch nur als moyen, der von 1856/57 als asses gros. — Im Ber. der Soc. van Mons in Brüssel von 1857 ist dieselbe unter die geprüften, zu empfehlenden Sorten gestellt. — Der Vilvorder Catalog merkt noch an, daß sich der Name corrumpirt als Dolices de Lavoyan oder de Lavienjan finde.

Gestalt: mehr kreiselförmig als konisch; $2^1/_3$—$2^1/_2$" breit, 3" hoch. Bauch etwas, oft merklich mehr nach dem Kelche hin, um den die Frucht sich oft selbst ziemlich rasch zurundet und meistens, durch einzelne breit sich vordrängende Fleischbeulen ungleiche Hälften und eine schiefstehende Kelchfläche hat. Ueberhaupt hat die Frucht manche feine Beulen. Nach dem Stiel macht sie meist nur schwache Einbiegung, und kreiselförmige sehr wenig abgestumpfte, oder mit einigen Fleischringeln in den Stiel übergehende Spitze.

Kelch: offen, nicht hartschalig, meist verstümmelt, in flacher oder mäßig tiefer Senkung.

Stiel: holzig, stark, fast gerade, 1—$1^1/_2$" lang, sitzt auf der Spitze wie eingesteckt, oder diese geht fast in ihn über.

Schale: fein glänzend, vom Baume grünlich gelb, in der Zeitigung schön gelb; die Sonnenseite zeigt nur schwache Spuren von Röthe oder ist nur goldartiger. Zimmtfarbiger Rost ist ziemlich häufig, bald wie angesprengt, bald wie zersprengt, stellenweise auch als Ueberzug. Punkte zahlreich, doch fein. In der Reife zeigt die Schale allermeist noch manche ganz grüne kleine Flecke, so wie auch einzelne schwärzlich eingesenkte Flecke sich finden. Geruch nicht stark.

Das Fleisch ist gelblich weiß, ziemlich fein, um das Kernhaus nur etwas körnig, bleibt bei mir, auch bei frühem Pflücken, meistens etwas rauschend, kaum halbschmelzend, von gezuckertem, durch eine fein einschneidende Säure, die jedoch selbst etwas fein herbe werden kann, gewürzten Geschmacke.

Das Kernhaus ist geschlossen; die geräumigen Kammern enthalten vollkommene, eiförmige, schwarze Kerne. Die Kelchröhre ist kurzer Kegel.

Reifzeit und Nutzung: die Cataloge von Papeleu und De Jonghe setzen die Reifzeit in Nov. und Dec.; Bivort und die Annalen Ende Oct. bis Mitte und Ende Nov. In warmen Jahren zeitigte die obige mir schon um Michaelis, und wird in regelmäßigen Jahren gegen Ende Oct. zeitigen. Wo bei mehr Wärme die feine Säure der Frucht sich süßer ausbildet, wird die Sorte eine gute Tafelbirne sein und mag passen, was Bivort von Jules Bivort sagt, mi beurrée, eau abondante sucrée, vineuse, parfum delicieux. Auch die Annal. bezeichnen den Geschmack als durch feine Säure und delicates Parfüm erhaben süß.

Der Baum, den auch die Belgischen Cataloge als stark treibend bezeichnen, wächst in meiner Baumschule stark und schön pyramidal und belaubt sich reich. Triebe lang, wenig gekniet, nach oben etwas abnehmend, olivenfarbig, stark besonnt meist etwas röthlich überlaufen, nach der Spitze oft noch etwas fein wollig, mit zahlreichen gelbgrauen Punkten gezeichnet. Blatt glatt, glänzend, etwas schiffförmig aufwärts gebogen, 3" lang, $1^3/_4$" breit, elliptisch, doch nach der langen auslaufenden Spitze etwas stärker abnehmend, am Rande mit scharfen schönen Sägezähnen besetzt. Afterblätter fadenförmig. Blatt der Fruchtaugen von ziemlich verschiedener Gestalt, ganz beträchtlich größer als das der Triebe; die recht großen sind eiförmig (eirund, Jahn), andere verlängern sich bis zum Ei-Lancettlichen, oder sind fast oval, oft deutlich und regelmäßig, aber etwas seicht- und stumpf gezahnt, oft auch fast durchaus ganzrandig, am Rande oft etwas wollig. — Augen unten am Zweig klein spitz, nach oben stärker, ziemlich abstehend.

Oberdieck.

No. 226. Die Lothringer Dechantsbirne. I, 2. 2. Diel; IV, 2 b. Luc.; IV, 2. J.

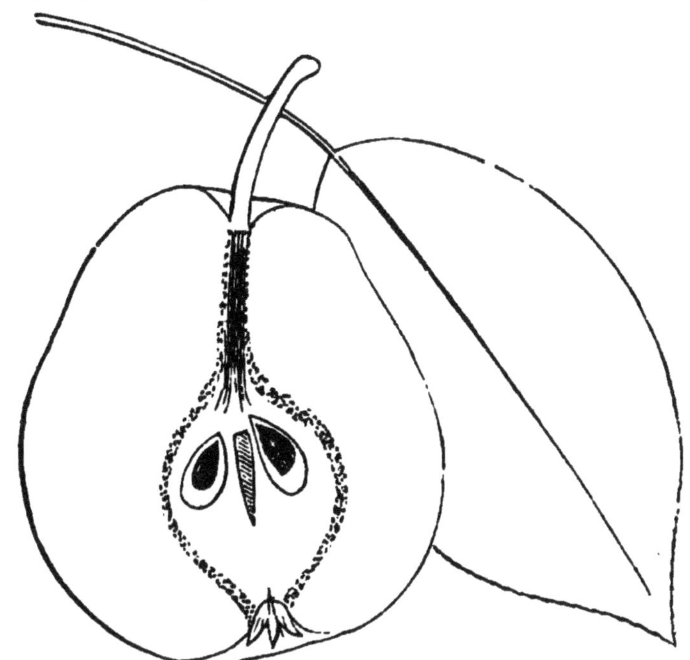

Die Lothringer Dechantsbirne. Diel. Selten *, meist K. H.

Heimath und Vorkommen: Diel erhielt sie aus Metz als Doyenné d'Austrasie und meint, daß sie wahrscheinlich aus dem Kerne der Weißen Herbstbutterbirne entstanden sei, mit welcher sie auch große Aehnlichkeit, selbst in ihrer Vegetation hat, nur steht sie ihrer vermeintlichen Mutter in der Güte und Brauchbarkeit weit nach.

Literatur und Synonyme: Diel VII. S. 26; Dittrich I. S. 630; Oberdieck S. 328; Lucas S. 199. — Eine ziemlich gute Abbild. gibt das Neue Obstcab. Jena 1857. II. Sect. 4. Lief.

Gestalt: stark abgestumpft kreiselförmig, oder auch eirund, oben stark abgeplattet zugerundet, nach dem Stiele zu ohne Einbiegung kürzer oder länger stumpfspitz, 2½'' breit und ebenso hoch. Kleinere Früchte sind oft fast bergamottförmig, d. h. kürzer gebaut.

Kelch: klein, kurz- und hartblättrig, offen oder halboffen, sitzt der Frucht gleich oder in seichter schüsselförmiger Einsenkung, mit einigen flachen Erhabenheiten umgeben.

Stiel: gelbgrün, an seinem Ende braun, bis 1¼" lang, obenauf wie eingedrückt oder neben einem Höcker schief.

Schale: schwach fettig, glatt, gelblich grün, später schön hochcitronengelb, selten mit einem Anhauch von Röthe, doch mit sehr zahlreichen bräunlichen, etwas vertieft stehenden Punkten über die ganze Frucht hin und mit etwas zersprengtem Rost, besonders um Kelch und Stiel, auch häufig mit schwärzlichen Rostflecken.

Fleisch: nach Diel schneeweiß, fein, saftvoll, butterhaft, von einem süßen, angenehmen, fein rosenartigen Geschmack. Ich finde es dagegen grobkörnig, sehr saftreich, rauschend, von süßem, etwas zimmtartig gewürzten Geschmack, jedoch auch selbst alsdann nicht schmelzend, wenn schon die Achsenhöhle bräunlich gefärbt ist, und zwar verhielt sie sich so am freien Pyramidbaum selbst in den warmen Sommern 1857 und 1858.

Kernhaus: mit ziemlich vielen stärkeren Körnchen umgeben, die in kalten Sommern sich noch vergrößern und vermehren, Achse etwas hohl. Fächer klein mit länglichen schwarzen, am spitzigen Ende etwas weißlichen, zum Theil tauben, mit einem kleinen Höcker versehenen Kernen.

Reife und Nutzung: die Frucht zeitigt nach Diel zu Anfang Oct. und hält sich 14 Tage, worauf sie teig wird. — Gewöhnlich hält sie sich jedoch länger, bis Mitte Nov., 1858 selbst bis zum 20. Nov., und kann so als ziemlich haltbare gute Kochbirne benutzt werden, wozu sie auch Oberdieck empfiehlt, bei welchem sie ebensowenig schmelzend wurde. Bei Donauer wurde sie nur 1834 delicat. Jedenfalls verlangt der Baum, wenn die Frucht die an ihr gerühmten guten Eigenschaften erlangen soll, einen sehr günstigen Stand und die Sorte ist deßhalb nicht für Jedermann geeignet. Doch wird sie als Haushaltsfrucht noch schätzbar bleiben.

Eigenschaften des Baumes: derselbe wächst lebhaft, kömmt sehr gut auf Quitte fort und hat in Allem viel Aehnliches mit der Weißen Herbstbutterbirne, ist auch in meinem Garten sehr fruchtbar. — Die Blätter sind elliptisch, 1¾" breit, mit der ziemlich lang hinausgezogenen Spitze 3" lang, einzelne eiförmig und lancettförmig, glatt, ganzrandig, nur nach ihrer Spitze hin deutlich gesägt. Stiel dünn, gegen 2" lang. — Sommerzweige nach Diel fein weißgrau wollig, sonnenwärts stark und schön braunroth, gegenüber olivengrün, sehr fein punktirt. An einigen etwas schattigwachsenden Probezweigen, wie sie mir jetzt vorliegen, sind sie gelblichgrün, nach oben ziemlich geröthet, sehr fein gelblichweiß punktirt.

J.

No. 227. Die Hofrathsbirne. I, 3. 2. Diel; III, 1 b. Lucas; V, 2. Jahn.

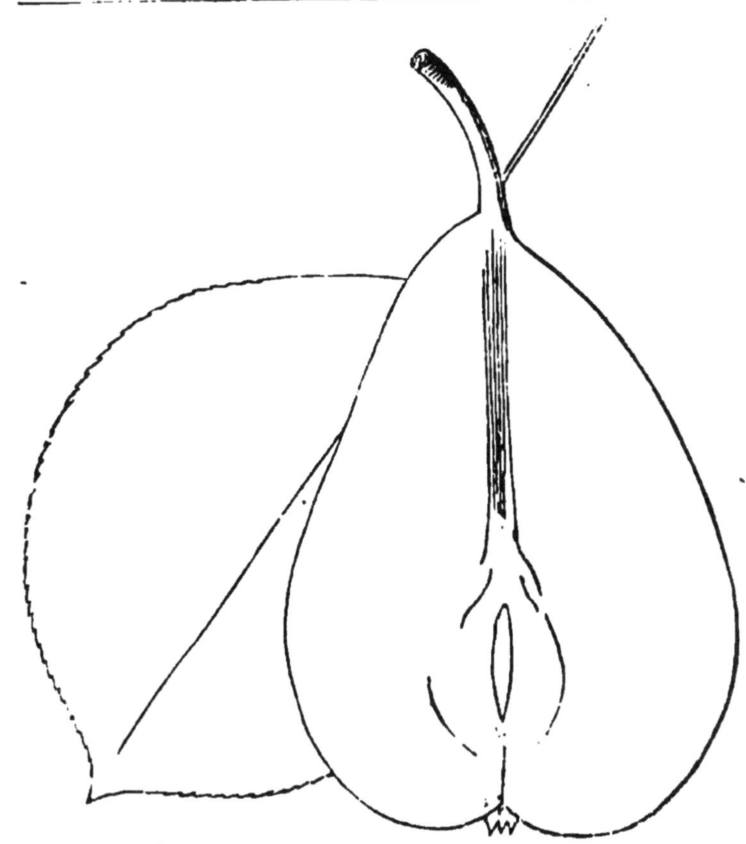

Die Hofrathsbirne. Bivort (van Mons). ** H.

Heimath und Vorkommen: van Mons erzog sie aus Samen und sie trug zuerst um das Jahr 1840. Er nannte die Frucht nach seinem Sohne, dem Hofgerichtsrathe zu Brüssel: Conseiller de la cour.

Literatur und Synonyme: Bivort beschrieb sie in den Annal. de Pom. I. S. 9. — Nach dem Lyon. Bericht, auch nach Dochnahl S. 72 ist aber damit identisch die Birne Marechal de cour, die Biv. im Alb. I. neben Taf. 17 ebenfalls als einen van Mons'schen Sämling beschrieb, ohne den Namen anders zu erklären, als daß ihn van Mons an die von ihm erhaltenen Pfropfreiser angeschrieben habe mit dem Beisatz: „die beste von allen (la meilleure existante),“ was indessen Biv., wenn er sie auch sonst günstig schildert, doch in Zweifel zieht. Von der erwähnten Identität sagt Biv.

in den später erschienenen Annalen nichts, doch kann ich dieselbe nach der ganz übereinstimmenden sehr kenntlichen Vegetation, wie ich die Conseiller de la cour von der Société van Mons in Brüssel und die Marechal de cour von Papeleu empfing, nur bestätigen. Im Lyon. Bericht werden als Synonyme auch noch Bô ou Baud de la cour (was aber die Pariser Pomologen als irrig bezeichneten) und Grosse Marie genannt, und nach den Berl. Verhandl. ist die nach ihrer Beschreibung im Nov. und Dec. reifende, von Biv. im Alb. III. 41 und in den Ann. III. 67 als von ihm benannter van Mons'scher Sämling beschriebene Duc. d'Orleans der Cons. de la cour sehr ähnlich. Auch die Vegetation beider, wie ich die Duc. d'Orleans aus Brüssel und von Oberd. habe, ist gleich, doch lieferten mir die Bäume noch keine Früchte.

Gestalt: Bivort beschreibt sie im Album als kreiselförmig, oben stark abgeplattet, vom zweiten Drittel ihrer Länge an sich rasch verjüngend und mit kurzer stumpfer Spitze endigend; in den Annalen dagegen als regelmäßig, birnförmig, in der Mitte bauchig aufgeblasen, nach oben und unten abnehmend, doch stärker nach dem Stiele zu, auf freiem Standbaume 3½—4" hoch und 3" dick; auf Pyramide in reichem Boden werde sie bis 4½" lang auf 3¾" Dicke, und so ist sie in den Ann. auch fast 4" breit und 4¾" lang abgebildet, welchen Umfang aber sie auf der von Luc. wahrscheinlich nach einer De Jonghe'schen Frucht gefertigten Zeichnung oben bei weitem nicht erreicht.

Kelch: unregelmäßig, schwarzblättrig, hornartig, oft unvollkommen, in schwächerer oder stärkerer Einsenkung.

Stiel: dünn, holzig, grünlich, etwas krumm, bis 1" lang, obenauf in schwacher Vertiefung.

Schale: hellgrün, später grüngelb, sehr fein röthlichbraun punktirt und gestreift und um den Stiel berostet.

Fleisch: nach den Ann. weiß, fein, halbschmelzend, halbbutterig, saftreich, gezuckert und sehr angenehm gewürzt; im Album ist es halbfein, schmelzend und butterigt, sehr saftreich geschildert, von weinigt gezuckertem vortrefflichen Geschmack. Die Birne habe etwas von der Herbigkeit der Crasanne und erinnere im weinigten Geschmack an die B. gris oder Amboise. Auch Lucas bezeichnete den Geschmack als delicat und setzte **! hinzu. Doch wurde sie im Lyon. Ber. nur als ziemlich gut bezeichnet.

Kernhaus: ist (nach dem Album) mit etwas Steinchen umgeben, die Kerne theilweise verkümmert oder, wie auch Lucas fand, ganz fehlend, die vorhandenen sind mittelgroß, dick, schwarzbraun.

Reife und Nutzung: die Reife tritt zu Ende des Oct. ein, doch halten sich die mittelgroßen Früchte auch bis Ende Nov. In den Ann. wird die Birne als eine schöne schon größere Tafelfrucht und als eins der besten und schönsten Erzeugnisse des Prof. van Mons bezeichnet.

Eigenschaften des Baumes: der Wuchs desselben ist sehr stark und seine Fruchtbarkeit groß, er trägt büschelweise, gibt schöne Pyramiden sowohl auf Wildling, wie auf Quitte, und gedeiht in allerlei Boden. Die Blätter sind breitelliptisch, besonders an jugendlichen Bäumen denen der Sparbirne ähnlich, groß, 1¾" breit, mit der oft über ¼" vortretenden Endspitze und dem Keile an der Basis des Blattes bis 3" lang, oft auch lanzettförmig, einzelne etwas wollig, besonders nach vorne hin fein-, etwas stumpfgesägt, meist flach. Stiel 2—2¼" lang, dünn, biegsam. — Blüthenknospen kegelförmig, ziemlich scharf-, fast stechendspitz, hellbraun. — Sommerzweige nach Biv. graubraun auf der Sonnenseite, gegenüber graugrün, röthlichgrau, erhaben, sehr auffällig, aber unregelmäßig vertheilt punktirt. — Am jungen Holze finden sich sehr starke spitze Dornen.

J.

No. 228. Die Millot von Nancy. II, 3. 2. Diel; III, 2 b. Luc.; VI, 2. Jahn.

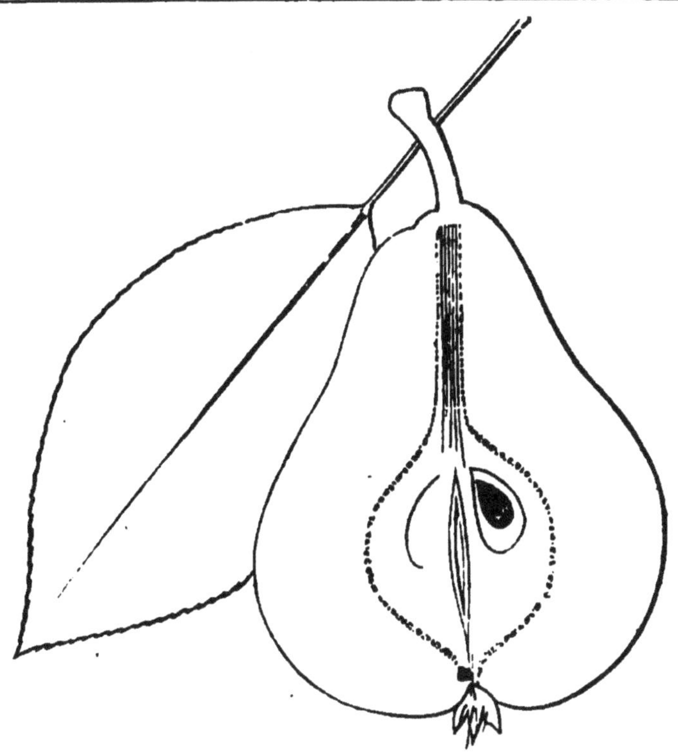

Die Millot von Nancy. Bivort (van Mons) * † H.

Heimath und Vorkommen: fand sich in der Baumschule des Prof. van Mons mit 2670 bezeichnet und ist demnach einer seiner Sämlinge; der Baum trug zuerst 1843. Die Söhne von van Mons benannten die Birne nach einem alten Cavallerie-Officier Millot in Nancy, einem ausgezeichneten Pomologen. — Ich erhielt die Pfropfreiser von Papeleu in Wetteren.

Literatur und Synonyme: Biv. im Alb. II. S. 47. — Man findet die Sorte außer diesem nur in Catalogen erwähnt. Tougard, in s. Tableau, Rouen 1852, hat sie zwar mit kurzen Worten aufgezählt, allein mit Bezug auf Biv. Album. — Dochnahl hat sie Millots Butterbirne genannt. Führer S. 118, allein nach mehrjährigen Prüfungen kann man sie bei uns wohl schwerlich Butterbirne nennen.

Gestalt: regelmäßig birnförmig, klein oder mittelgroß, 3¼" hoch,

2³/₄″ breit, beschreibt sie Biv. und hat sie ebenso wie ich oben abgebildet, wonach man ihre Form wohl kreiselförmig birnförmig nennen kann. In einigen vorhergehenden Jahren erzog ich sie nur etwa ²/₃ so groß, im Jahr 1858 bildete sie sich aber auf Hochstamm doch so hübsch, wie sie vorliegt, aus.

Kelch: aufrechtstehend, offen, schwarzbraun, schwach eingesenkt.

Stiel: ziemlich dick, holzig, etwas über 1″ lang (oder, wie die obige Abbildung zeigt, auch kürzer), obenauf, oft neben einigen Höckern.

Schale: hellgrün, später noch lange vor der eigentlichen Zeitigung gelb, braungelb punktirt und dunkelbraun berostet, auch mit schwärzlichen und rothbraunen Flecken. (Die Färbung ist ziemlich ähnlich derjenigen der Prinzessin Marianne, auch fühlt sie sich trotz des Rostüberzuges an den meisten Stellen wie die genannte glatt an.)

Fleisch: gelblichweiß, butterhaft, schmelzend, saftreich, wohl gezuckert und sehr angenehm gewürzt, so beschreibt es Biv. — Doch wurden die in verschiedenen Zeitperioden versuchten, in Meiningen gebauten Früchte immer nur halbschmelzend, und nur im Januar im Beginne des Teigwerdens noch etwas mehr schmelzend, ohne wirklich butterhaft zu sein. Der Geschmack ist im richtigen Punkte der Reife fein zimmtartig gezuckert, noch nicht ganz ausgereift ist er besonders durch feine, etwas herbe Säure sehr pikant.

Kernhaus: wie oben gezeichnet. Es ist nur von feinen Körnchen umschlossen.

Reife und Nutzung: die Frucht reift im Oct. und hält sich bis Mitte Nov., doch dauert sie, wie oben erwähnt, auch länger. Ist immer eine schöne und gute Frucht, die Fortpflanzung verdient, und zur Noth als etwas länger haltbare Kochbirne gewiß Beifall finden, vielleicht auch am Spaliere ganz schmelzend wird.

Eigenschaften des Baumes: der Mutterbaum ist hoch und stark gewachsen, seine Zweige läßt er später etwas hängen und hat an ihnen ziemlich lange Dornen, ist sehr fruchtbar, trägt schon am einjährigen Holze und an den Dornen. — Von Dornen bemerke ich an meinen Zweigen nichts, aber er beweist auch in Meiningen große Fruchtbarkeit und gutes Wachsthum. — Die Blätter sind lancettförmig, meist etwas breiter als der Lancettform eigentlich zukömmt, sie sind aber für breitelliptisch etwas klein und nach dem Stiele zu besonders stark verschmälert, weßhalb ich sie als hierher gehörig betrachte. Sie sind 1¹/₄—1¹/₂″ breit, 2¹/₂″ lang, glatt, fein-, oft auch ziemlich scharfgesägt, meist etwas schiffförmig und schwach sichelförmig, dunkelgrün, starkgeadert. Stiel dünn, bis 2″ lang. — Blüthenknospen kegelförmig, oft stechendspitz, dunkelbraun, mit etwas klaffenden Schuppen. — Sommerzweige grünlich gelbbraun, gegenüber mehr röthlichbraun, mit weißlichen oder röthlichen Punkten.

J.

No. 229. Die Esperine. I, 3. 2. Diel; III, 1 a. Luc.; IV, 2. Jahn.

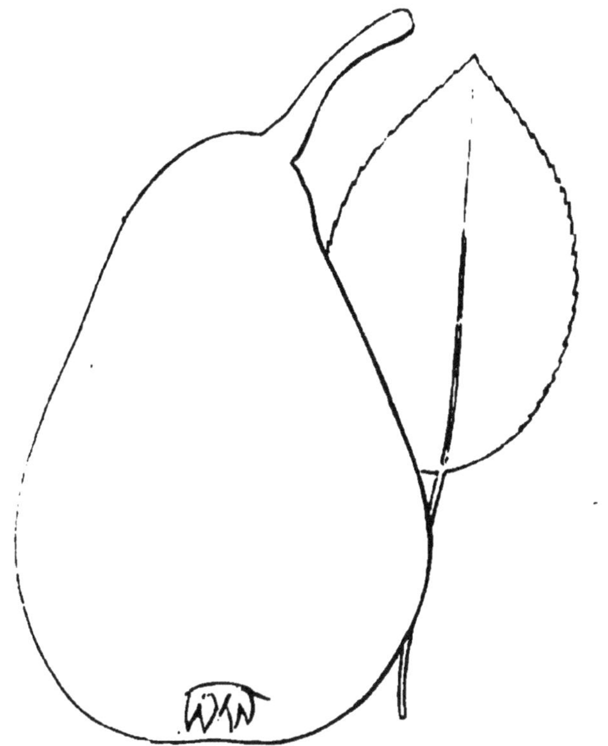

Die Esperine. Bivort (van Mons). ** H.

Heimath und Vorkommen: ein Sämling von van Mons, den er nach dem verstorbenen Major Esperen in Mecheln benannte. — Ich erhielt die Pfropfreiser von Papeleu und erzog die Frucht, wie sie vorliegt, an einem freistehenden Probe-Pyramidbaume.

Literatur und Synonyme: Bivort beschrieb sie im Album II. S. 97 als Poire Esperine. — Auch die Annal. de Pom. IV. S. 73, ferner Liron d'Airol. in s. Notic. pom. 1855 S. 25; Tougard in s. Tabl. S. 54 haben sie. Ebenso geben die Berl. Verhandl. und der Lyon. Ver. derselben I. Rang. Synonyme sind nicht bekannt. — Sie ist in den 3 ersterwähnten Werken, wie oben gezeichnet, nur größer, aber ebenso, mehr kegelförmig als birnförmig abgebildet.

Gestalt: länglich birnförmig, bisweilen flaschenförmig, ziemlich groß, schildert sie Biv. und bildete sie 2³/₄" breit, 3³/₄" lang ab. Sicher kann man sie jedoch meist als eirund, nach dem Stiele zu kegelförmig bezeichnen.

Kelch: aufrechtstehend, offen, fast flachstehend, die Blätter sind grünbraun, oft hinfällig.

Stiel: etwas fleischig, mittelstark, $^1/_2$—1" lang, verliert sich ohne Absatz in der Frucht, steht aber meist durch die Erhöhung der einen Seite der Fruchtspitze schief.

Schale: glatt, hellgrün, später hellgelb, mit etwas schwachem streifigen Carminroth oder nur etwas mehr goldartig auf der Sonnenseite, auch netzartig fast ringsum berostet, doch so, daß die Grundfarbe fast überall durchblickt.

Fleisch: gelblichweiß, etwas körnigt, doch saftreich, butterhaft, von schwach zimmtartigem Zuckergeschmack.

Kernhaus: ziemlich groß, hohlachsig, Kerne meist groß, vollkommen, länglich, hellbraun.

Reife und Nutzung: die Birne reift zu Ende des October oder im Anfang des November, wie solches auch Biv. und die Annal. angeben, und diese längere Dauer wird durch Zwischenpflücken erreicht, denn nach den Berl. Verh. wird sie schon gegen Ende des September eßbar und dauert nur bis Ende des October. — Ist eine recht schätzbare und schöne Tafelfrucht, welche auch in den erwähnten Schriften sehr gelobt wird, und auch bei uns im Freien noch ihre Ausbildung erlangt.

Eigenschaften des Baumes: derselbe hat nur ein gemäßigtes Wachsthum, weßhalb Bivort räth, ihn auf Wildling zur Pyramide zu erziehen. Die Berl. Verh. sagen indessen, daß er hauptsächlich auf Quitte gedeihe, doch sei er auch auf Wildling nach 6—7 Jahren schon fruchtbar. Die Tragbarkeit wird überhaupt sehr hervorgehoben, worüber mir zur Zeit noch die eigene Erfahrung abgeht. — Die Blätter sind elliptisch mit halbaufgesetzter nicht langer Spitze, bei schwächerer Vegetation jedoch, wie das dem Holzschnitt beigegebene Blatt, sehr oft auch eiförmig, doch scheint die elliptische Form die ausgebildetste zu sein, $1^1/_2$" breit, $2^1/_2$" lang, glatt, doch einzelne am Blattsaume wollig, feingesägt, flach, nur hie und da etwas schiffförmig, dunkelgrün, doch mattglänzend. — Blüthenknospen ziemlich groß, kegelförmig, etwas stechendspitz, kastanienbraun. — Sommerzweige grünlichbraun, wenig punktirt, nach Biv. hellbraun oder haselnußbraun mit Grau vermischt, fein röthlich punktirt.

J.

No. 230. Hardenpont's Leckerbissen. I, 3. 2. Diel; III, 1 a Luc.; IV, 2. J.

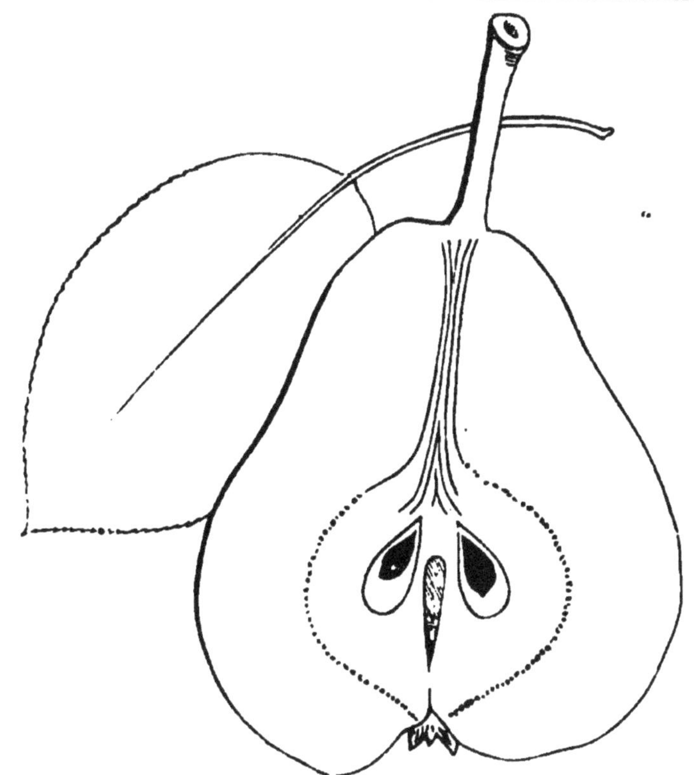

Hardenpont's Leckerbissen. Diel (Hard enpont) **! H.

Heimath und Vorkommen: sie wurde 1759 von Abbé Hardenpont in Mons erzogen, wie Bivort im Album mittheilt. Von einer andern Birne, die, wie sie, Delices d'Hardenpont jedoch mit dem Zusatz d'Angers heißt, wie sie im Vorausgehenden beschrieben wurde, ist sie verschieden.

Literatur und Synonyme: Diel! R.K.O. IV, S. 191: Die Hardenpont's Leckerbissen, Delices Hardenpont. Er erhielt die Pfropfreiser von van Mons. — Biv. Album III, S. 29: Poire Delices d'Hardenpont. Zum Unterschied von der Namensschwester schreibt Bivort unter ihre Abbildung Delice d'Hardenpont belge. Sie ist hier ebenso fast rein kegelförmig, wie ich sie oben nach einer Zeichnung von Dr. Liegel gebe, abgebildet. — Auch die Ann. de Pom. III, S. 7 bildeten sie so ab, doch erscheint sie schon mehr eirund, nach dem Stiele zu kegelförmig.

In dem anderen beigegebenen Exemplar ist sie mehr länglich und zwar birnförmig kegelförmig gezeichnet, wie überhaupt schon Diel, auch Biv. und die Ann. ihre Gestalt als veränderlich angeben. — In Frankreich wird die Frucht, wie die Ann. bemerken und das Tableau von Tougard S. 33 nachweist, wo beide Namen neben einander stehen, oft Beurré d'Hardenpont genannt oder mit dieser verwechselt, die dort als Beurré d'Arenberg geht. — Liron d'Airol. hat sie in s. Notice pom. I. S. 46. Planche 12, Fig. 5 ganz wie Biv. — Vgl. noch Dittr. I. S. 669; Oberd. S. 369; Luc. S. 183. — Nach Decaisne (Lief. 29 unter Poire Delices d'Angers) würde Hardenpont's Leckerbissen, Delices d'Hardenpont des Belges identisch mit Markgräfin, la Poire Marquise, sein, welchem ich durchaus nicht beitreten kann; auch schon in der Vegetation sind beide Sorten deutlich verschieden.

Gestalt: oft unregelmäßig, dickbauchig kegelförmig, dagegen auch häufig flaschenförmig, mittelgroß, $2^1/_2$'' breit und $3^1/_2$'' lang in ihrer flaschenförmigen Gestalt; $2^1/_4$'' breit und 3'' lang in der kegelförmigen meist kleineren Form. Diel. — Die belgischen Schriftsteller schildern sie ziemlich ebenso: bisweilen einer Colmar ähnlich, bisweilen länglich und beulig; am Spaliere groß, wenig beulig, kreiselförmig birnförmig. Bivort hat sie $3^1/_4$'' breit und etwas über $3^1/_2$'' lang abgebildet.

Kelch: kurzblättrig, hartschalig, offen, in oft starker, meist schiefer Einsenkung.

Stiel: dick, fleischig oder holzig, $^3/_4$'' lang oder auch länger oder kürzer, in Fleischringeln und schief, oder auch nur wie eingesteckt.

Schale: glatt, hellgrün, später hellcitronengelb, am Spaliere nach Biv. bisweilen mit etwas Röthe, mit zahlreichen Rostpunkten und angesprengtem Rost besonders um die Kelchwölbung.

Fleisch: weiß, fein, überfließend, butterhaft, von sehr angenehmem zuckersüßen, fein zimmtartigen Geschmack, ähnlich dem der B. blanc. Diel. — Es fehlt ihm nichts als etwas mehr Gewürz und ein wenig Säure, um ganz vollkommen zu sein (Royer in den Ann.).

Kernhaus: klein, schwachhohlachsig, Kammern muschelförmig, mit schwarzen eirunden, scharfzugespitzten Kernen.

Reife und Nutzung: die Birne reift Ende October oder Anfangs November, aber hält sich nicht über 14 Tage. Ist eine sehr schätzenswerthe Tafelfrucht, nach Diel vom allerersten Rang, auch von allen Anderen sehr gelobt.

Eigenschaften des Baumes: derselbe wächst rasch und prächtig, liefert auf Wildling schöne Pyramiden, gedeiht nach Diel auch auf Quitte, ist aber nach von Flotow auf die Witterung empfindlich (Naumb. Ber.), verdient desungeachtet weitere Verbreitung (derselbe in Monatsschrift II. S. 247). — Die Blätter sind, wie ich die Sorte von Liegel hatte, etwas undeutlich elliptisch, oft auch eiförmig, $1^1/_4$'' breit, $2^1/_4$ bis $2^1/_2$ lang, mit meist auslaufender Spitze, bisweilen eirund, glatt, fein- und stumpfgesägt, oft undeutlich und nur nach vorne hin, meist flach, nur etwas wellenförmig am Rande gebogen. Stiel $1^1/_2$'' lang. — Blüthenknospen fast klein, kegelförmig, zugespitzt, doch nicht stechend, hellbraun. — Sommerzweige etwas stufig und oben verdickt, grünlich gelbbraun mit wenig wahrnehmbaren lichten gelben Punkten. Diel beschreibt sie glänzend gelblich, olivenfarben mit sehr vielen deutlichen feinen, eiförmigen, hellbraunen Punkten. Die Blätter des Sommerzweigs sind nach ihm eiförmig mit kurzer aufgesetzter Spitze. In den Ann. und im Album werden sie nach beiden Enden zugespitzt, doch breiter nach dem Stiele zu beschrieben, was meiner Schilderung entspricht.

J.

No. 231. Die Spoelberg. II, 3. 2. Diel; III, 2 (1). a (b). Luc.; IV, 2. Jahn.

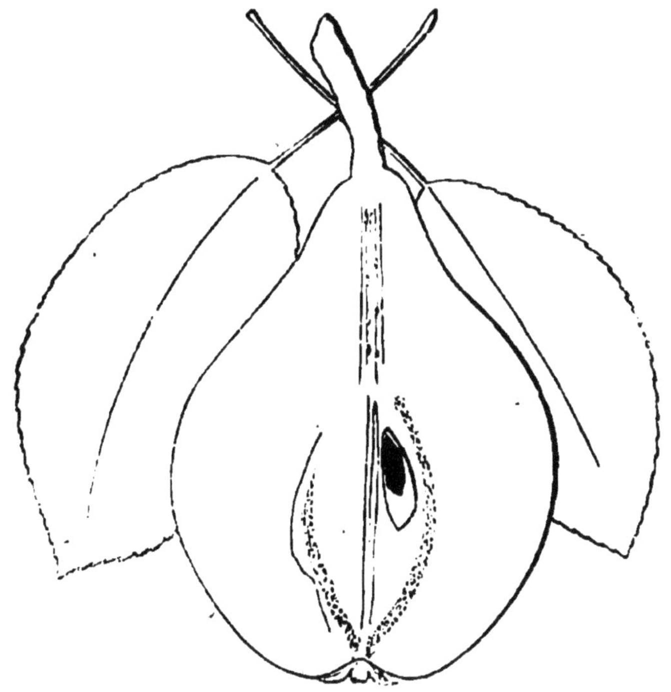

Die Spoelberg. Bivort (van Mons). * † Oct. Nov.

Heimath und Vorkommen: diese Frucht erzog nach den Ann. und Bivorts Album Hr. Professor van Mons um 1827, der sie zuerst 1830 in der Revue des Revues beschrieb. In seinem Cataloge von 1823 ist sie jedoch nicht mit aufgeführt. Benannt ist sie nach dem Vicomte de Spoelberg zu Lovenjoul, unweit Löwen. Ich erhielt die Sorte aus Papeleu's Collection und von Herrn De Jonghe zu Brüssel überein, sah sie auch eben so unter den Früchten des Herrn Behrens zu Lübeck in Gotha, so daß ich sie bestimmt ächt habe; wie sie denn auch mit der Beschreibung so weit stimmt, daß die Belgische Frucht nur merklich größer und schöner angegeben, und als ganz schmelzend und für die Tafel schätzbar bezeichnet wird. Indeß wird sie auch in Belgien wegen großer Tragbarkeit und Rusticität als besonders für Hochstamm in freiliegenden Obstgärten geeignet, bezeichnet. Ihre Fruchtbarkeit, die sich auch hier bewährte, dürfte wenigstens in Norddeutschland ihr Bestes sein.

Literatur und Synonyme: Bivorts Album III. S. 157, Beurré de Spoelberg mit dem Synonym Vicomte de Spoelberg. So auch Ann. 1857 S. 35. Der Bilvorder Catalog führt sie blos als De Spoelberg auf. Jamin und Durand haben in ihrem Catalog noch das Synonym Poire de Mons. Auch der Bericht der Soc. v. Mons von 1857 stellt die Frucht in erste Reihe und bezeichnet das Fleisch als butterhaft schmelzend.

Gestalt: steht zwischen dickbauchiger Kreiselform und Birnform, $2^{1}/_{4}$" breit, $2^{3}/_{4}$" hoch. Die Frucht ist dadurch kenntlich, daß der Bauch bei manchen Exemplaren auf der einen Seite weit stärker aufgetrieben ist, als auf der andern, ohne Einbiegung nach dem Stiele, und die andere Seite dagegen eine desto merklichere Einbiegung macht, wodurch die Stielspitze sich etwas überbiegt. Regelmäßige Exemplare haben den Bauch ziemlich in der Mitte, nehmen nach dem Kelche verjüngt und wenig abgestumpft ab, so daß die Frucht nur eben stehen kann; nach dem Stiele macht die Frucht eine schöne, fast in den Stiel auslaufende Kreiselspitze.

Kelch: kurzgespitzt, in seiner Vollkommenheit etwas hartschalig, doch nicht eigentlich hornartig, mit zurückgebogenen Ausschnitten, sitzt in flacher enger Senkung, aus der unregelmäßige flache Beulen sich über die Frucht hinziehen.

Stiel: stark, stark 1" lang, fast gerade, häufig ziemlich fleischig, und oft auch durch die Spitze etwas zur Seite gebogen.

Schale: vom Baum mattgrün, in der Reife etwas unansehnlich gelb. Die Sonnenseite hat meist nur Anflug von brauner Röthe, Punkte sehr häufig, fein, in der Grundfarbe fein grün umringelt. Rost mäßig häufig, um Kelch und Stiel oft etwas Ueberzug davon, sonst wie angespritzt. Geruch fehlt.

Das Fleisch ist mäßig saftreich, fein, um das Kernhaus stark körnigt, halbschmelzend, etwas schmierig, von gezuckertem, nur durch etwas feine Säure gehobenen Geschmacke, so daß sie, zumal sie auch in den heißen Jahren 1857—59 nicht besser war, für die Tafel bei uns zu viele Rivalen hat. Da sie sich länger hält, wird sie jedoch als Kochbirne recht brauchbar sein.

Das Kernhaus hat eine kleine hohle Achse; die Kammern sind ziemlich geräumig und enthalten meist 2 vollkommene hellbraune Kerne, die auch am Kopfe ein Knöpfchen haben. Kelchhöhle klein.

Reifzeit und Nutzung: die Frucht saß in den warmen Jahren 1858 und 59 schon Ende Sept. am Baume lose, wird in kühleren etwa $^{1}/_{2}$ Oct. zu brechen sein, zeitigt Ende Oct. oder im Nov. und hält sich einige Wochen.

Der Baum wächst gut und gesund und hat im Triebe Aehnlichkeit mit dem der Herbstsylvester, setzt früh kurzes Fruchtholz an und wird äußerst fruchtbar selbst in ungünstigen Jahren. Triebe schlank, nach oben nicht stark abnehmend, schmutzig ledergelb, oft mit etwas zerstreutem Silberhäutchen, nur nach oben etwas wollig, ziemlich zahlreich punktirt. Blatt mäßig groß, stark schiffförmig aufwärts gebogen, glänzend, langelliptisch, fein und seicht, doch scharf gezahnt. Afterblätter pfriemenförmig, fehlen meist. Blatt der braungeschuppten Fruchtaugen langelliptisch, oft fast lancettförmig; Augen stark, spitz, etwas weißgeschuppt, ziemlich konisch, etwas abstehend.

Oberdieck.

No. 232. Die Chevalier. I, 2. 2. Diel; III (IX?), 1 b. Luc.; III, 2. Jahn.

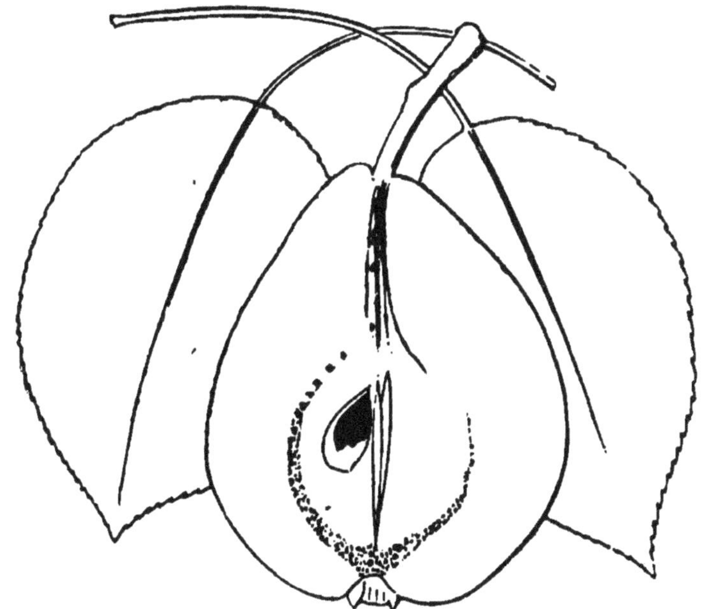

Die Chevalier. ††? ♁.

Heimath und Vorkommen: diese Frucht, die wegen ihres adstringirenden Saftes wenigstens für Norddeutschland als Tafelbirne ohne allen Werth ist, bei ihrer außerordentlichen und jährlichen Tragbarkeit aber höchst wahrscheinlich eine sehr schätzenswerthe Mostbirne sein dürfte, erzog Herr Professor van Mons. Diel bezeichnet sie übrigens als eine schätzbare Tafelbirne, und wird sie in Süddeutschland besser sein.

Literatur und Synonyme: van Mons Catalog Serie II, Nr. 1004 Chevalier d'hyver. Diel N.K.O. III, p. 88; von Aehrenthal gibt Taf. 39 ganz gute Abbildung. Diel beschrieb sie nochmals N.K.O. V, pag. 143 als Wilhelmine, die er auch von van Mons erhielt und die in van Mons Catalog Serie II, Nr. 1030, gleichfalls als von ihm erzogen vorkommt. Letzter Name ist jedoch jetzt in Belgien und Frankreich Synonyme der Beurré d'Amanlis. Nach Liron d'Airoles Notice pomolog. II, 60 hätte van Mons auch die Beurré d'Amanlis als Wilhelmine erzogen, während die Annales (1858, p. 25) zwar der gewiß richtigen Meinung sind, daß die Butterbirne von Amanlis (von der es ja selbst schon eine gestreifte Varietät gibt), keine neue Frucht mehr sei, da man schon viele große Stämme von ihr finde, indeß hinzusetzen, da Herr van Mons sie bestimmt als einen seiner Zöglinge, unter dem Namen Wilhelmine aufführe, so sei sie als von ihm erzogen anzunehmen. Ob nun Diel unter dem

Namen Wilhelmine von van Mons ein unrichtiges Reis erhalten, oder Herr van Mons, was so unwahrscheinlich bei der höchst flüchtigen Abfassung seines Catalogs nicht wäre, die Chevalier im Cataloge nur nochmals unter dem veränderten Namen Wilhelmine aufgeführt hat, und man diesen Namen nur durch Irrung auf die Beurré d'Amanlis übertragen hätte, läßt sich vor der Hand nicht sagen. Daß Diel nicht etwa mir als Wilhelmine ein verwechseltes Reis gesandt hat, ist, abgesehen von der Aehnlichkeit der Beschreibungen, dadurch gewiß, daß beide Sorten ebenso von Diel nach Herrnhausen gekommen sind, wo man sie gleichfalls, wie ich schon früher erklärte, für völlig identisch betrachtet.

Gestalt: Diel bezeichnet sie als abgestumpft kreiselförmig, in Form einer Grünen Pommeranzenbirne ähnlich und habe ich sie so auch gehabt und auch 1858 nach Früchten aus Herrnhausen so gezeichnet. Noch öfter indeß scheint sie, wie obige 1859 gezeichnete Figur, mehr zur Eiform zu neigen oder selbst noch höher ziemlich konisch zu sein, wie v. Aehrenthal sie abbildet; wie denn auch Diel bei der Wilhelmine sagt, daß sie häufiger hochaussehend, abgestumpft kegelförmig bauchig, als kreiselförmig sei. Die Größe gibt Diel 2½" breit und 2¾" hoch an; ich hatte sie ganz so groß nicht. Bauch sitzt mehr nach dem Kelche hin, um den sie sich meistens so wölbt, daß sie noch stehen kann. Nach dem Stiele macht sie unbedeutende oder keine Einbiegung und endigt mit bald nur etwas, bald etwas merklicher abgestumpfter Spitze.

Kelch: hartschalig, weit offen (bei der Chevalier bezeichnet ihn Diel als oft sternförmig aufliegend), sitzt der Frucht gleich, oder nur wenig vertieft in meist ebener Senkung. Auch über die Frucht laufen meistens keine deutlichen Erhabenheiten hin, doch ist diese öfter etwas in die Breite verschoben.

Stiel: ¾—1" lang, stark, holzig, sitzt in enger flacher Grube mit einigen Fleischwülsten umgeben, oder von einem sich erhebenden Wulste zur Seite geschoben.

Schale: vom Baume nach Diel strohgelb, bei mir auch spät gebrochen noch gelblich grün, später hellcitronengelb. Ganz frei hängende Früchte sind mit einer leichten erdartigen Röthe leicht verwaschen, die allermeist fehlt. Rostpunkte sowie Anflüge von Rost oder stellenweise Ueberzüge (namentlich um Kelch und Stiel) sind häufig. Geruch fehlt.

Fleisch: etwas gelblich weiß, nach Diel überfließend von Saft, schmelzend, sich ganz auflösend, von etwas einschneidendem, angenehmem süßen Weingeschmack. Ich fand das Fleisch, wenn die Früchte etwas spät gebrochen waren, zwar meistens auch schmelzend, jedoch den Geschmack zu abstringirend, und ein paar Mal wurden die Früchte nur halbschmelzend.

Kernhaus: klein, die etwas engen Kammern enthalten viele eiförmige schwarzbraune Kerne. Kelchhöhle flach.

Reifzeit und Nutzung: zeitigt Ende Oct. oder im Nov. und hält sich ein paar Wochen. Nach Diel gute Tafelbirne.

Der Baum wächst lebhaft, belaubt sich stark und treibt viel Holz, dürfte aber bei seiner ungemeinen, jährlichen Fruchtbarkeit nicht groß werden, obgleich Diel bei der Wilhelmine sagt, daß er groß werde. Sommertriebe lang, nach oben etwas mit Wolle belegt, trüb leberfarben, nach oben röthlich überlaufen, in warmen Jahren braunroth, mit ziemlich vielen feinen, nur nach unten ins Auge fallenden Punkten. Blatt klein, breitelliptisch, etwas schiffförmig aufwärts gebogen, glänzend, nur fein und wie angedeutet gezahnt. Afterblätter schmal, fast fadenförmig. Blatt der Fruchtaugen ei-oval (eiförmig Jahn), mit sehr langem Blattstiele. Augen stark kegelförmig, stechend spitz, schwarzbraun geschuppt, merklich abstehend.

Oberdieck.

No. 233. Die Vanassche. I, 2. 2. Diel; III, 2 (1) a. Luc.; II, 2. Jahn.

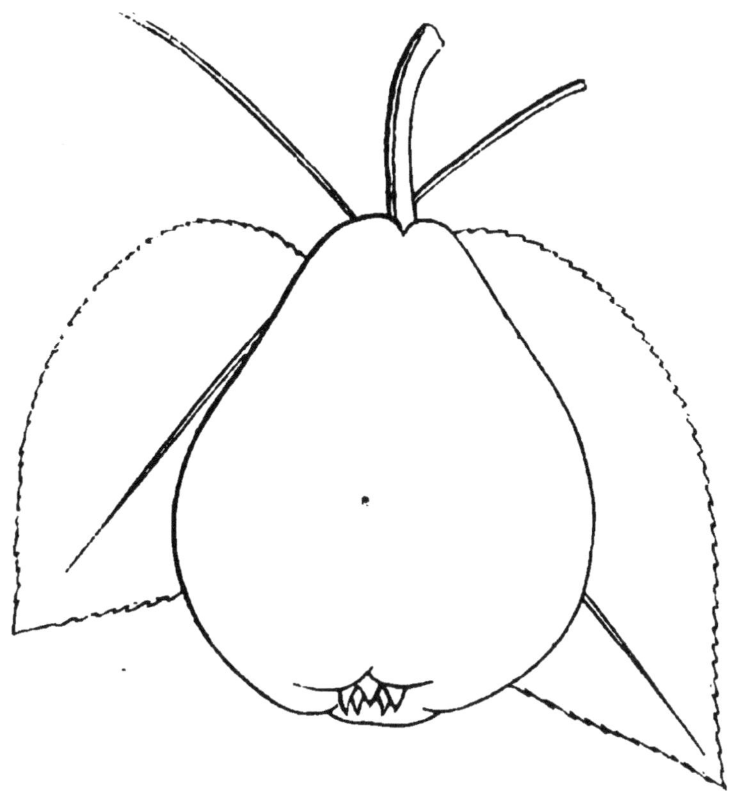

Die Vanassche. Bivort (Bouvier) * † H.

Heimath und Vorkommen: dieselbe wurde vom Notar Bouvier 1825 aufgefunden und von ihm nach dem Landschaftsmaler Van Aßche benannt. — Ich bekam sie von Papeleu.

Literatur und Synonyme: Bivort beschrieb sie im Album I, Taf. 44. als Poire Vanassche. Andere Schriftsteller haben sie nur nach Bivort, z. B. Tougard in seinem Tableau, S. 42. — Der Namen wird nebenbei bald Van Asche, bald Vannasche, auch Vannach geschrieben. — Eine vor mehreren Jahren von Donauer an mich gelangte Van Asteche wird wahrscheinlich dieselbe Birne sein.

Gestalt: rundlich oval, fast so breit wie hoch, in der Mitte am breitesten, nach beiden Enden abnehmend, etwas beulig und rippig um den Kelch, sehr groß, $3^3/_4$'' hoch, $3^1/_2$ breit, beschrieb sie Bivort und bildete sie auch in solcher Größe ab, doch ist sie nach der Zeichnung Bivorts ziemlich wie auf der meinigen, eirund, nach dem Stiele zu stumpfkegelförmig und ich würde sie nach den bereits mehrmals an freistehender Pyramide geernteten Früchten im Allgemeinen rundlich oder rundbauchig, nach dem Stiele zu stumpfkegelförmig nennen. So groß als Bivort erzog ich sie freilich nicht.

Kelch: aufrecht stehend, klein, mit kurzen Blättern, offen, in flacher, geräumiger Senkung, in etwas Beulen.

Stiel: graugrün, 1—$1^1/_2$'' lang, ziemlich stark, obenauf oder zwischen einigen Höckern vertieft.

Schale: fein, glatt, grün, später gelb mit etwas Rost, an der Sonnenseite bisweilen lebhaft carminroth, oft aber auch ohne Röthe, mit vielen rostfarbenen Punkten und Flecken, besonders um den Kelch,

Fleisch: gelblich weiß, halbschmelzend, pikant säuerlich süß, recht gut. Nach Bivort ist es halbfein, butterhaft schmelzend, sehr saftreich. süß und angenehm gewürzt. Vielleicht wird es in anderem, mehr leichten Boden und in wenigen trockenen Jahren auch bei uns noch ganz schmelzend.

Kernhaus: geschlossen, Kammern ziemlich groß, die Kerne sind länglich, etwas plattgedrückt, schwarzbraun.

Reife und Nutzung: die Frucht reift im October und November und nach Bouvier selbst im December, bis wohin sie Bivort aber nicht erhalten konnte. In Meiningen zeitigte sie Mitte November. Ist immer eine schätzbare schöne und gute Tafelfrucht, welche Bivort wegen ihrer Größe und Güte in den ersten Rang stellt. Am Spaliere wird sie bei uns gewiß auch sich vollkommener ausbilden, und den Angaben Bivorts auch in der Größe mehr entsprechen.

Eigenschaften des Baumes: derselbe wächst als freistehende Pyramide ziemlich lebhaft mit nicht sehr aufwärts stehenden Zweigen, wird bald und alljährlich fruchtbar. — Die Blätter sind eirund, mit oft langer auslaufender Spitze, oft auch kürzer gespitzt und dann oft herzförmig und rundlich, auch öfters bei nicht kräftigem Triebe eiförmig, an den Sommerzweigen oft breitelliptisch, wie sie Bivort abgebildet hat. Sie sind etwa $1^1/_2$ bis 2'' breit, $2^1/_4$'' und bei recht kräftigem Wuchse $3^1/_2$'' lang, glatt, mehr oder weniger fein und scharfgesägt, schiffförmig und etwas sichelförmig oder gegen den Stiel rechtwinkelig gestellt, sehr dunkelgrün und glänzend. Stiel verschieden, oft $2^1/_2$'' lang. — Blüthenknospen kegelförmig, sanftgespitzt, kastanienbraun. — Sommerzweige dunkel olivengrün, an der Sonnenseite bräunlich violettroth mit feinen gelblichen oder weißlichen Punkten.

J.

No. 234. Lange grüne Winterbirne. I, 3. 3. Diel; V, 1 a. Luc.; I, 3. Jahn.

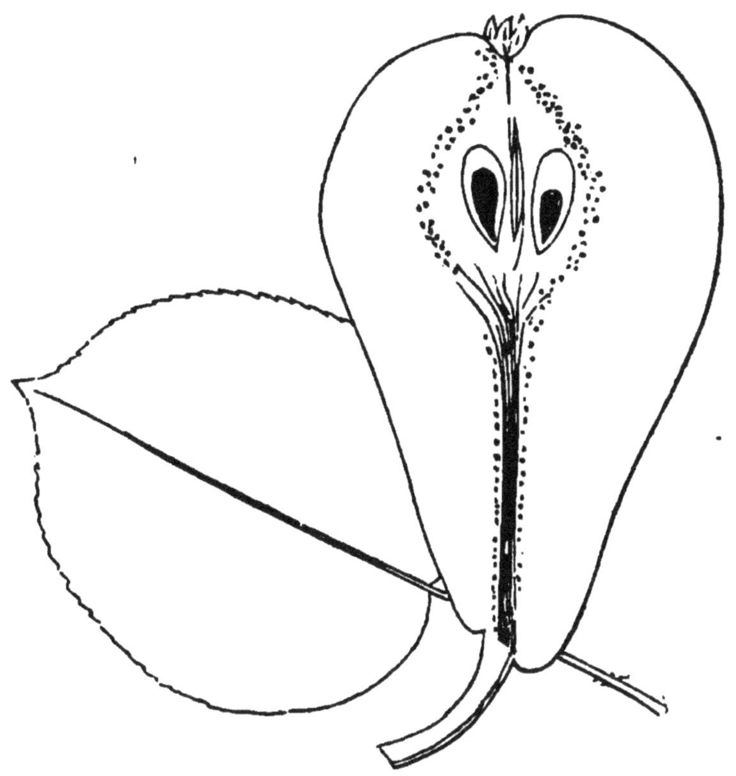

Lange grüne Winterbirne. Diel (Sickler). ** † H. W.

Heimath und Vorkommen: diese Frucht ist jedenfalls ursprünglich deutschen Ursprungs und wird auch jetzt noch besonders in Thüringen und Sachsen gepflanzt. Bei den alten Schriftstellern findet man zwar eine Verte longue d'hiver, z. B. bei Quintynie, auch bei Henne, allein dieß war die Jagdbirne. Mehrfach wurde sie aber, wie Diel bemerkt, mit der Langen grünen Herbstbirne verwechselt, z. B. von Sickler, obgleich er hinsichtlich der Reifzeit Zweifel hatte. Doch scheint selbst Diel von diesem Vorwurfe nicht ganz frei gewesen zu sein.

Literatur und Synonyme: Diel VII, S. 53: Die Sächsische lange grüne Winterbirne, Verte longue d'hiver. — Sickler im T.O.G. III, S. 95, tab. 5, nannte sie Lange grüne Winterbirne, was wir der Kürze wegen beibehalten. Er bildete sie sehr stark bauchigt ab, wie ich sie zur Zeit nie gesehen habe. Meine Zeichnung oben stimmt mit Früchten, wie ich sie von Donauer und Liegel sah. Sie heißt auch Meißener lange grüne Winterbirne und in

Thüringen Grüne Winterbergamotte. — Vergl. noch Dittr. I, S. 748, Christ's Hdwb. S. 220, vollst. Pomologie Nr. 30; Luc. S. 203.

Gestalt: langaussehend, abgestumpft kegelförmig, ähnlich der Guten Luise und St. Germain, um den Kelch schön, doch meist etwas schief zugerundet, weßhalb sie nicht gut aufstehen kann, nach dem Stiele zu öfters eingebogen und mehr oder weniger länglich kegelförmig, 2—2¹/₄" breit und 3¹/₄" lang. — Stark abgestumpft kegelförmig nach dem Stiele zu und 2¹/₂" breit, wie sie Diel beschreibt, möchte sie seltener vorkommen.

Kelch: klein, oft fehlend, offen, flach oder seicht, bisweilen mit Erhabenheiten, die am Bauche die Rundung verderben.

Stiel: ziemlich stark, nach der Birne zu fleischig, bis 1" lang, obenauf, oft neben einem Höcker, oder schwach vertieft.

Schale: etwas stark, schön grasgrün, später blaß- oder- weißlichgrün, bisweilen schwach erdartig geröthet, fein braunpunktirt und ebenso, doch selten zusammenhängend berostet, auch öfters mit etwas schwärzlichen Rostflecken.

Fleisch: mattweiß, saftreich, butterhaft, von angenehmem gewürzhaften, zuckerartigen Geschmack, durch etwas beigemischte feine Säure an den der Langen weißen Dechantsbirne erinnernd.

Kernhaus: klein, Kammern sehr enge, selten mit vollkommenen Kernen.

Reifzeit und Nutzung: die Frucht reift im December, oft früher und hält sich bis in den März. Vom allerersten Range. (Diel.) — In Meiningen erzogene Früchte waren meist Ende October und Anfang November reif, so auch die Früchte von Donauer und Liegel, und es ist sonach die Frucht eigentlich mehr Herbst- als Winterbirne, wenn gleich sich die Früchte bei guter Aufbewahrung zum Theil bis durch December halten.

Eigenschaften des Baumes: derselbe wird mittelgroß, nicht stark belaubt, trägt seine Aeste fast pyramidal, setzt viele Fruchtspieße an, ist sehr fruchtbar und gedeiht auf Quitte. Er will aber guten Boden, sonst werden die Früchte, wie auch in nassen Jahren, oft rauh und schwarzfleckigt. — Die Blätter des Sommerzweiges beschreibt Diel als klein, etwas schiffförmig, eiförmig, oft auch mehr elliptisch mit einer scharfen, kleinen, aufgesetzten Spitze, 2¹/₄" lang, 1¹/₂" breit, glatt, charakteristisch fein und spitz gezahnt. Dieß trifft der Hauptsache nach auch zu, am alten Holze sind sie aber, wie Sickler sie schildert und auch ein solches Blatt abgebildet hat, großentheils rundlich, meist herzförmig, mit oft etwas kurzer, aufgesetzter Spitze, an nicht triebigen Bäumen klein, 1¹/₂" breit und 1³/₄" lang, an jungen kräftigen Bäumen aber auch groß, 2" breit, 2¹/₂" lang, oft auch eirund und breitelliptisch, glatt, zum Theil ganzrandig, doch meist, wenn auch nur nach vorne verloren gesägt, etwas schiffförmig und sichelförmig, dunkelgrün und glänzend. — Blüthenknospen klein, kegelförmig, fast stechend spitz, dunkelbraun. — Sommerzweige oft nach der Spitze hin verdickt und stufig, grünlich graubraun, gegenüber rothbraun mit schmutziggelben Punkten.

J.

No. 235. Van Mons Butterbirne. I, 3, 2 Diel; III, 1 a. Luc.; III, 2 Jahn.

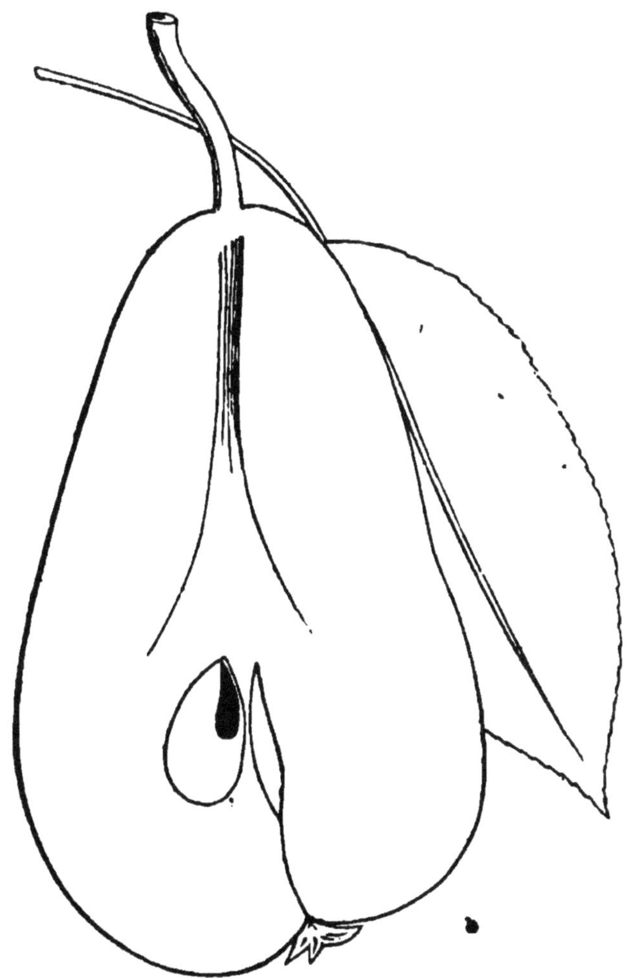

Van Mons Butterbirne. Bivort (Leon Leclerc) **1 H.

Heimath und Vorkommen: Leon Leclerc erzog sie aus Samen und benannte sie nach van Mons. Sie ist bereits seit länger als 20 Jahren in Belgien, in Deutschland aber noch wenig bekannt. — Ich erhielt dieselbe aus zweiter Hand von Noisette und dann auch von Papeleu überein, und erzog an freistehendem Probebaum zur Zeit einige der Beschreibung entsprechende aber nur mittelgroße Früchte (2" breit, 2³/₄" lang), weßhalb ich gerne die von Lucas nach einer aus Belgien erhaltenen Frucht entworfene Zeichnung benutzte, um die Beschreibung zu liefern.

Literatur und Synonyme: Bivort I neben Taf. 22: Poire van Mons. Die Birne hat auf seiner Abbildung eine stärker eirunde Gestalt, als wir sie oben gezeichnet haben; sie ist aber im Bullet. de la Societ. etc., Rouen 1847, Fig. 12, pag. 153 und im Decaisne's Jardin fruitier, 20ste Lief. eben so länglich eirund, nach dem Stiele zu birnförmig kegelförmig abgebildet, und auch Charles Baltet in Les bonnes Poires S. 28 gibt ihre Form als lang, wie eine St. Germain an. — Liron d'Airol. Notice pom. 1853 hat sie ebenfalls, doch ganz nach Bivort. — In Catalogen wird sie öfters auch Beurré van Mons genannt. Sie ist aber von van Mons Frühlingsbutterbirne verschieden, welches die Winterdechantsbirne ist.

Gestalt: Bivort beschreibt sie als pyramidal, länglich eirund (oviforme), stumpfspitz, groß (nach der Abbildung 3¹/₄" breit, fast 4³/₄ lang). Nach meiner Formentafel kann ich sie länglich eirund, nach dem Stiele zu kegelförmig nennen.

Kelch: langblättrig, sternförmig, aufliegend, etwas seitwärts stehend, flach eingesenkt in etwas Erhabenheiten.

Stiel: ³/₄" lang, dick, holzig, hellbraun, oft ohne Absatz, obenauf.

Schale: dünn, rauh, sehr hellgrün, stark und fast durchaus rothbraun berostet, oft in figurenartiger Abzeichnung.

Fleisch: weiß, halbfein, schmelzend, saftreich, gezuckert und angenehm gewürzt.

Kernhaus: klein und geschlossen, wenigsamig.

Reife und Nutzung: die Frucht reift im October und hält sich bis in den December, und wird von allen Autoren als eine vortreffliche Frucht gelobt. — Das Fleisch war auch an meinen Früchten ganz steinfrei, und völlig schmelzend, von gezuckertem, durch seine Säure und Gewürz (was Decaisne als anisartig bezeichnet) höchst angenehmen und pikanten Geschmack, Mitte October reif. Die Schale ist sehr dünn und die Frucht bekömmt deshalb leicht Druckflecken. — Auch Herr Behrens schildert, brieflich an Oberdieck, die van Mons, Leon Leclerc, als eine der besten neuen Birnen, sie wolle aber guten Boden und warme Lage und am liebsten das Spalier.

Eigenschaften des Baumes: derselbe wird mittelstark und ist sehr fruchtbar, macht auf Wildling schöne Pyramiden, wollte aber in Bivorts Boden auf Quitte nicht gut fort. Nach Baltet gedeiht er in allen Formen, aber ein mittägliches Spalier ist für ihn zu heiß, seine Rinde springe und spalte sich in allen ihren Theilen. Prevost im Büllet. räth die Erziehung als Pyramide, doch werde die Frucht auch allda nicht immer sehr umfangreich. — Die Blätter sind der Mehrzahl nach länglich eiförmig, oft nach dem Stiele zu stark verschmälert, einzelne langgestielte auch länglich und schmal und rein lancettförmig (welche letztere Form die Blätter auch bei unkräftigem Triebe des Baumes annehmen), sie sind 1¹/₄—1¹/₂" breit, mit der oft langgezogenen Endspitze bis 3" lang, glatt, hie und da unterhalb etwas wollig, stumpf- oder auch nur an der Spitze gesägt, auch ganzrandig, am Rande einigemal wellenförmig, Spitze meist nach unten oder etwas seitwärts gedreht. Die Fläche des Blattes ist etwas rauh und uneben, auch nicht sehr glänzend, doch dunkelgrün, aber ziemlich stark geadert. Der Stiel dünn, bisweilen bis 2¹/₄" lang. — Blüthenknospen dick, kurzkegelförmig, stumpfgespitzt, kastanienbraun, oft etwas wollig. — Sommerzweige oft bis zur Hälfte herab wollig, dunkelolivengrün, auf der Sonnenseite grauröthlich, schmutzig oder gelblich weiß, etwas warzig punktirt.

J.

No. 236. Die Veldenzerbirne. III, 2. 3. Diel; XI, 1 a. Luc.; II, 3. Jahn

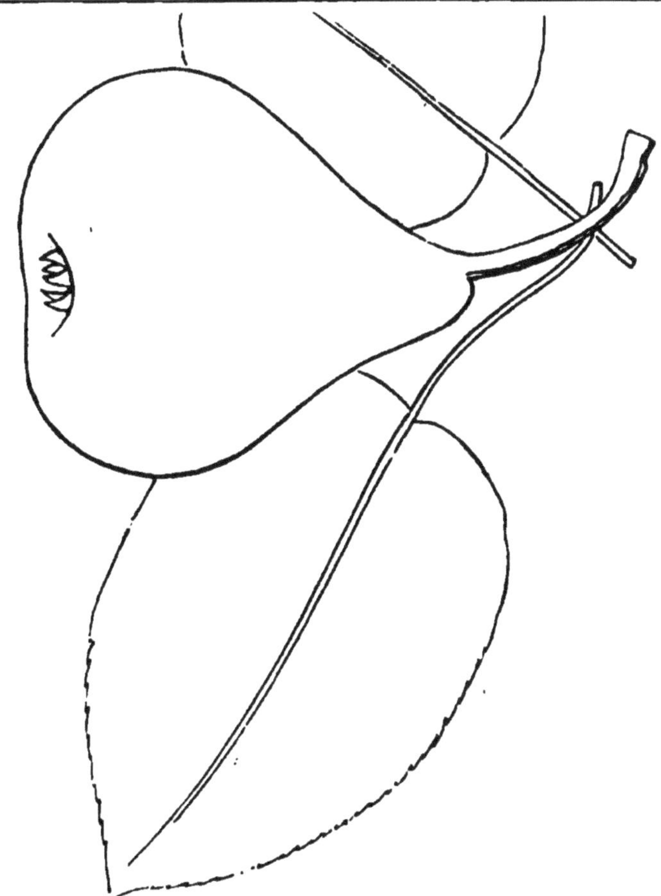

Die Veldenzerbirne. Metzger. (Diel) ++ W. K.

Heimath und Vorkommen: die Verbreitung dieser Birne erstreckt sich über einen großen Theil von Süddeutschland. Sie wird in Baden, Rheinbayern (auch im Elsaß), in Franken (am Main) und im Nassauischen häufig gebaut, und ist jedenfalls eine ursprünglich deutsche Frucht.

Literatur und Synonyme: Metzger beschrieb sie in seinen Kernobstsorten, S. 271 und bemerkt, daß er sie bei keinem Autor finde. — Nach Dochnahl aber S. 168 ist sie identisch mit Diels Großer Winterrusselet, Le Gros Rousselet d'hiver, und Diel sagt auch, Heft I, S. 258, daß diese um Worms Faullenzerbirn (wegen ihrer späten Zeitigung), welches Syn. auch Metzger angibt, genannt werde. Wahrscheinlich ist auch die Große Winterrusselet, wie ich sie von Dochnahl besitze, nach der mir noch bekannten Vegetation der von Metzger erhaltenen Veldenzerin nicht verschieden, und ich glaube selbst, daß Diel dieselbe Birne vor sich gehabt hat, er hat sie nur zu rein kegelförmig und nach dem Stiele als stumpfspitz beschrieben, wie letzteres selten wohl der Fall sein mag. Doch sah ich von Dochnahls Sorte noch keine Frucht. — Metzger hat sie übrigens recht gut beschrieben, weßhalb ich mich auf diesen bezog. — Ihre Synon. sind noch: Fellenzer, Süße Fellenzer, Fallenzer, Winter-Frankfurter (Luc. S. 249), und verwandt sind ihr nach Metzger die Gewürzbirne (Landau), Pfullinger Knausbirne, Esels- und Knechtsbirne (Kreuzwerthheim).

Gestalt: schön abgerundet und rein birnförmig, hochbauchig, doch um den Kelch platt abgerundet, so daß die Frucht gut aufsteht, nach dem Stiele zu stark eingebogen und mit kegelförmiger, scharfer Spitze endigend, mittelgroß, 2" breit, 3⅛" hoch, so beschreibt sie Metzger. — Diese Höhe erlangte aber die Frucht in Meiningen bei mehrmaligem Tragen nie, sondern wurde nur wie oben. Auch Diel gibt die Größe der Großen Winter-Russelet nur auf 2⅛" breit und 2¼" hoch an.

Kelch: halboffen, aufrecht, kurzblättrig, mehr oder weniger tief eingesenkt.

Stiel: 1" lang, holzig und stark, obenauf, nicht vertieft, doch neben einem Höcker und deßhalb schief.

Schale: hellgrün, später gelb, auf der Sonnenseite mit starkem Blutroth (in der Reife Carminroth) verwaschen und mit vielen dunkelgrauen und im Roth hellgrauen Punkten, auch öfters stellenweise dünn braungelb berostet.

Fleisch: weiß, feinkörnig, etwas rübenartig, unreif sehr zusammenziehend, bei der Reife zartfleischig und angenehm süß.

Kernhaus: klein und geschlossen, die Kerne färben sich erst spät völlig braun. — Nach Diel ist es sehr klein, auch die Kammern sind sehr enge, wie zugedrückt, und enthalten selten vollkommene, oft keine Kerne.

Reife und Nutzung: die Birne reift im Oct. und dauert bis in den Winter, mitunter bei guter Behandlung bis gegen den Frühling, eignet sich vorzüglich zum Mosten und Schnitzen und ist auch zum Rohgenuß dem Landmann nicht unangenehm. M. — Nach Diel zeitigt sie im Februar und März, öfters im April und dauert bis in den Sommer. — In Meiningen färbten sich die Kerne erst im Januar und die Birne hielt sich bis Februar, welkt aber bei zu langer Aufbewahrung etwas, weßhalb ihr Verbrauch als Kochbirne von Dec. bis durch Jan. am meisten zu empfehlen ist.

Eigenschaften des Baumes: derselbe wuchs auch in Meiningen sehr rasch empor, trug schon frühzeitig und sehr reichlich.*) Die Aeste stehen nach M. stark auseinander und brechen bei Volltragen deßhalb gerne ab; derselbe eignet sich zur Pflanzung an Straßen, weil die Früchte vom Baum roh ungenießbar sind. Die Blätter sind eirund, mit längerer oder kürzerer Spitze, meist etwas herzförmig, am Sommerzweige auch elliptisch, am Tragholze sehr oft auch rundlich, 1¾—2¼" breit, 2 bis selbst noch etwas über 3" lang, besonders am Sommerzweige oft sehr groß, unterhalb öfters etwas wollig, verloren und undeutlich gesägt, oft ganzrandig, meist etwas spiralförmig gegen die Spitze hin gekrümmt oder am Rande wellenförmig, sehr angenehm grün und feingeadert. — Blüthenknospen mittelgroß, halb rundlich, kurz- und stumpfgespitzt, schwarzbraun, oft etwas silberhäutig. — Sommerzweige nach oben wollig, grünlich gelbbraun, gegenüber stark rothbraun, mit ziemlich vielen schmutzigweißen Punkten.

J.

*) Leider hat auch diese Sorte, zu welcher ich sehr große Hoffnung für die Weiterverbreitung in unserer Gegend hegte, den Winter von 1855 bis 56 mit 26° Kälte nach R. nicht ausgehalten. Der Baum erfror völlig.

No. 237. Die Erzherz. Carls Winterb. I, 3. 3. Diel; V, 1 b. Luc.; I, 3. Jahn.

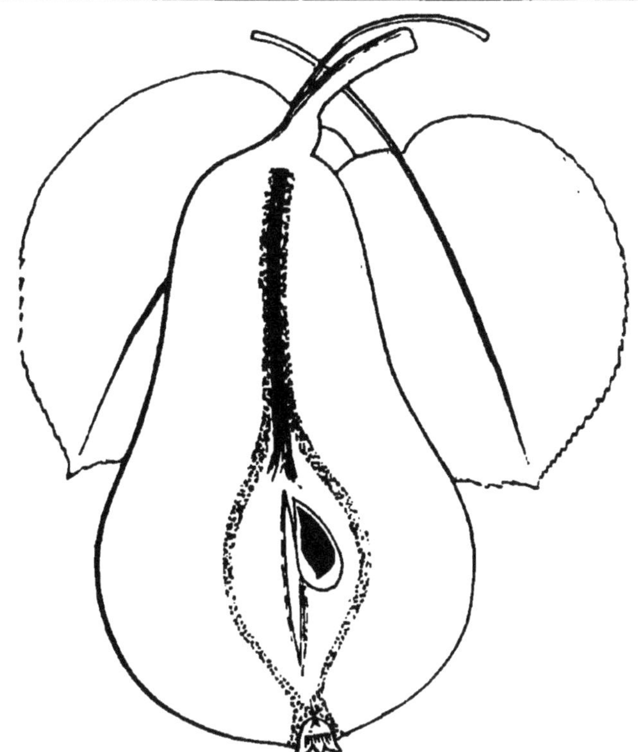

Die Erzherzog Carls Winterbirne. Diel (van Mons) ** H. W.

Heimath und Vorkommen: Diel erhielt sie von van Mons 1810 und die Sommerbirne gleichen Namens 1814 von demselben, er weiß aber nicht, ob die einzige im van Mons'schen Catal. abrégé aufgezählte Charles d'Autriche die vorliegende oder die andere ist, weil sich über die Reifzeit wie bei den meisten Sorten nichts angegeben findet. Auch weiß er nichts über den Erzieher oder über die Herkunft zu berichten.

Literatur und Synonyme: Diel N.K.O. V. S. 202: Erzherzog Carls Winterbirne, Charles d'Autriche; Dittr. I, S. 742; Oberd. S. 430. — In Belg. Schriften findet man nichts über sie und den Namen Charles d'Autriche nur als ein Synon. der Napoleons Butterbirne. — Eine ziemlich gute Zeichnung nach von mir selbst erzogenen Früchten gibt das Neue Obstcabinet Jena 1837. — Ob die von Decaisne Lief. 5 gezeichnete und beschriebene Archiduc Charles die richtige oder eine andere ist (er bildete sie sehr breitbauchig in dem einen Exemplare der Napoleons Butterbirne ähnlich ab), ist schwer zu entscheiden, die Blätter werden von ihm oval, zugespitzt, mehr oder weniger gezahnt, dünn-, sehr langgestielt geschildert. Als Synon. gibt auch er Charles d'Autriche an.

Gestalt: abgestumpft kegelförmig, ähnlich der St. Germain und guten Luise, hochbauchig und um den Kelch halbkugelförmig, doch oft so, daß sie nicht gut aufstehen kann. Nach dem Stiele zu auf einer Seite oft stark eingebogen und mit dicker abgestumpfter Kegelspitze, nach der Seite der Einbiegung hin öfters gekrümmt, endigend, ansehnlich groß. 2½" breit und 3—3½" lang. Diel.

Kelch: hartschalig, spitzblättrig, ziemlich offen, seicht oder flach, oft in etwas Falten, die bisweilen als Erhabenheiten über den Bauch fortlaufen.

Stiel: stark, oft fleischig, ½ selten ¾" lang, obenauf wie eingesteckt, häufig neben einem Fleischwulste.

Schale: glatt, hellgrün, später hellgelb oder gelblich grün, bisweilen erdartig geröthet, mit zahlreichen Punkten und zuweilen etwas Rost.

Fleisch: fein, saftreich, weiß, butterhaft, von angenehmem fein rosenartigen Geschmack, der mit dem der Guten Luise Aehnlichkeit hat. Ich habe mir den Geschmack als recht gut, durch etwas feine Säure pikant säuerlich süß angemerkt; von etwas Herbem, worüber Oberdieck klagt, ist mir gerade nichts aufgefallen.

Kernhaus: nicht hohlachsig, klein, Kammern enge, mit nur wenigen vollkommenen Kernen, die schwarzbraun, lang und spitz sind und einen kleinen Höcker haben.

Reifzeit und Nutzung: nach Diel zeitigt die Birne im December, oft erst im Jannar und hält sich vier Wochen. — Wie aber schon Oberdieck bemerkt und deshalb die Sorte, wie ich selbst, nochmals von Liegel bezog, tritt die Reife oft merklich früher, Ende October schon ein und so verhält sich die Frucht auch bei mir, indessen hält sie sich längere Zeit gut, ohne zu erweichen und kann sonach unter Umständen als Winterbirne angenommen werden. Ihre eigentliche Reifzeit wird für Anfang November festzusetzen sein. Diel gibt ihr den ersten Rang, den sie als recht gute schöne Tafelfrucht ganz wohl verdient.

Eigenschaften des Baumes: der Baum wächst nach Diel lebhaft, wird groß, geht fast pyramidal in die Luft, trägt bald und reichlich, selbst in ungünstigen Jahren. Mein Baum dagegen hat kein starkes Wachsthum, bleibt gegen andere Sorten zurück, doch mag ihm das Erdreich wohl zu fest und bindend sein. Wie Diel nachträglich zufügt, will er überhaupt warmen Stand, indem die Frucht sonst fade schmecke, und weil, wie Oberdieck bemerkt, auch der Baum nach der Blüthe zum Fruchtansatz Wärme haben will. — Die Blätter des Sommerzweigs beschreibt Diel als klein eiförmig, oft elliptisch rc. mit kurzaufgesetzter Spitze, seicht und spitz, oft nur wie angedeutet, gezahnt. Die Blätter des alten Holzes sind dagegen rundlich, die länger gestielten darunter auch eirund und eiförmig, meist etwas herzförmig, mit kurzer aufgesetzter Spitze, 1¾" breit, 2" lang, glatt, undeutlich und stumpfgesägt, bisweilen ganzrandig, meist stark schiffförmig und sichelförmig, überhaupt gegen den geradeausstehenden gelblich gefärbten Stiel meist stark rechtwinkelig gekrümmt, sehr dunkelgrün und sehr stark glänzend. Stiel ¾—1¾" lang. — Blüthenknospen ziemlich groß kegelförmig, fast stechend spitz, dunkelbraun. — Sommerzweige grünlich graubraun, sonnenwärts etwas trübrothbraun mit ziemlich vielen schmutzigweißen feinen Punkten.

Nachschrift. Die Frucht sowohl wie der Baum gleicht sehr der oder dem der Langen grünen Winterbirne, wie ich diese von Hrn. Dr. Liegel habe und ich war auch nach dem ähnlichen Geschmack der vor mehreren Jahren gleichzeitig reifen und so gekosteten Früchte geneigt, beide für gleich zu halten. An einigen neu angezogenen jungen Bäumen tritt indessen zur Zeit doch der Unterschied in der Vegetation hervor, daß die Blätter der Erzherzog Carl weit stärker sichelförmig und schiffförmig gekrümmt, auch etwas mehr länglich als die der Langen grünen Winterbirne sind, und muß ich wenigstens beide Sorten noch längere Zeit hindurch nebeneinander beobachten. Oberdieck, dem ich von dieser Aehnlichkeit Mittheilung machte, gibt diese zwar zu, meldet aber unter Anderem besonders noch, daß der Baum der Langen grünen Winterbirne in demselben Garten, wo Erzherzog Carl sehr kräftig wächst, nicht fortwollte und grindige Zweige bekam.

J.

No. 238. Die Junker Hans. III, 2. 2. Diel; X, 1 a (b). Luc.; II, 2. Jahn.

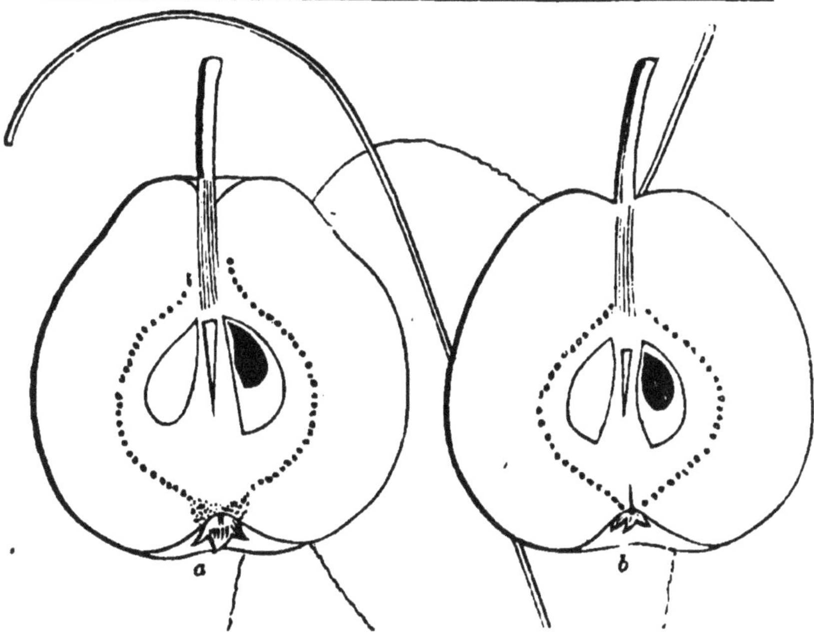

Die Junker Hans. Diel (Duhamel, Merlet) † H.

Heimath und Vorkommen: alte französische Sorte, die früher auch in Deutschland mehrfach gefunden wurde, jetzt aber durch neuere Birnen verdrängt ist. Doch wird sie nach Metzger an der Bergstraße, in der Neckargegend und am Haardtgebirge noch häufig gepflanzt.

Literatur und Synonyme: schon Merlet kannte die Messire-Jean und unterschied sogar von ihr 7 Sorten. Quintinye I, pag. 155 und Duhamel III, S. 44, tab. XXVI wollten aber nur eine Sorte gelten lassen und Letzterer erklärt die Graue, Weiße und Vergoldete Messire-Jean, wie sie Andere annahmen, für einerlei, indem sich die Farbe der Frucht nach dem Alter und der Stärke des Baumes verändern, so daß auf alten und schmachtenden Stämmen die Birne bleichgelb, fast weiß, auf jugendlichen, besonders auf Birnwildling gepfropften Bäumen dagegen grau, aber nicht so groß und steinigter werde. Auch Knoop, tab. II, S. 84 erklärt die Weiße und Grüne Messire Jean, wie Mayer S. 292 die Braune und Weiße nur durch die Farbe verschieden, dagegen hält Zink die gris von der d'oré getrennt, bildete letztere auch stärker gelb und rothgestreift tab. VIII, Nr. 75 gegen die andere, die tab. VII, Nr. 69 viel grüner erscheint, ab, doch gibt er keinen sonstigen wesentlichen Unterschied an. — Diel versicherte bestimmt, Heft I, S. 250, zwei verschiedene Sorten, die graue und gelbe, also M. J. gris und d'oré aus Nancy zu besitzen, beschrieb aber nur die erstere, die er auch im syst. Verz. von 1818, S. 94 (also nach 17 Jahren) wieder aufzählt, mit der Anmerkung „Die gelbe Junker Hans mit zimmtfarbiger Schaale hat nur ein feineres Fleisch.“ Wenn aber auch französische Pomologen noch bis vor Kurzem die genannten zwei Arten annahmen, z. B.

Tougard, im Tableau, S. 36 eine Messire Jean, ou Messire Jean Chaulis und eine M. J. d'oré, so gibt dagegen der Lyon. Ver. Messire Jean d'ore als Syn. von M. J., M. J. gris, Mi-Sergeant, Chaulis an. — Metzger beschreibt außer einer Junker Hans, welches die Diel'sche sei, in seinen Kernobstsorten S. 182 noch eine in seiner Gegend vorkommende andere Graue Junker Hansbirne als eine Spielart der ersteren. Die angegebenen Differenzen, in Geschmack, Form u. s. w. sind sicher nur durch verschiedenen Standort, Jahreswitterung u. s. w. bedingt, aber ich habe aus seinem Reise auf demselben Baume die Frucht auch in den zwei Formen, wie sie oben abgebildet ist, erzogen. — Vergl. noch Christ Obstwb. S. 180; Dittr. III, S. 159: Die Vergoldete Junker Hans; Mayer in Pom. Franc. III, S. 292. — S. 206 Letzterer gibt „Goldene Hansbirne" der Aechten Goldbirne, Poire d'or ou d'Amydon Bauh. als Syn. hinzu. Die Junker Hansenbirn, Messire Jean, heißt sonst nebenbei bei Mayer Poire de Coulis, de Couvent, de Communauté, und sei sie die Cacnoviana des Cordus. Fernere Syn. sind noch nach Metzger: Meister Hans, Goldner Hans, Graubirne, Wintergraubirne, Grauer Hans, Graue Bergamotte, Späte Bergamotte, Lederbirne, Bruderbirne, Hansenbirne, Späte Zuckerbirne, Rhabarberbirne, Römische Eierbirne, Junkerbirne, Spulerbirne und nach dem Lond. Cat. Monsieur John und John.

Gestalt: rein kreiselförmig, ein Muster der kreiselförmigen Früchte,*) oft beulig und uneben, der starke Bauch nach dem Stiele zu etwas eingebogen (doch vergl. man oben) und mit kurzer dicker Spitze endigend, 3" breit und 3" hoch, zuweilen etwas höher, so beschreibt sie Diel. Ich erzog sie nie größer als oben.

Schale: stark, etwas rauh, trübgrün, später gelblichgrün, doch fast ringsum fein, graubraun berostet, stellenweise auch ziemlich stark weißgrau punktirt.

Fleisch: schön weiß (an meinen Früchten gelblich- oder schwach grünlichweiß), feinkörnigt, abknackend oder rauschend von erhabenem Zuckergeschmack (ich schrieb „von süßem nicht unangenehmem Geschmack" dazu nieder).

Kelch: kurz- und breitblättrig, oft klein, halboffen, meist tief, doch bisweilen auch flachstehend, in beulenartigen Erhöhungen.

Stiel: ziemlich stark, holzig, bis $2^1/_2$" lang, in Höckern, oft schief.

Kernhaus: mit starken Steinchen umgeben, schwach hohlachsig. Kammern groß (nach Diel etwas enge), mit vollkommenen großen hellbraunen Kernen.

Reife und Nutzung: die Frucht zeitigt im November. Die Reife zum Rohgenuß ist, wie Diel im Verz. bemerkt, „sehr kitzlich zu finden, entweder schon teig oder noch nicht ganz reif, so unter sechs wohl fünf Mal der Fall." — Dient übrigens auch in Frankreich jetzt nur als sehr gute Kochbirne für November. Lyon. Ver.

Eigenschaften des Baumes: derselbe wächst sehr stark, belaubt sich dicht, macht schöne Pyramiden, gedeiht besonders gut auf Quitte, litt aber bei Diel in kalten Wintern mehr als seine Pfirschen und ist schon nach Quintin. eigensinnig auf Boden und Witterung. Nach Metzger trägt er gern, ist gesund, gedeiht auf dem Felde, jedoch nur in tiefgründigen Thälern und auf dem flachen Lande, und er empfiehlt dessen Vermehrung. — Die Blätter sind länglich eirund, mit oft sehr langer auslaufender Spitze, öfters nach dem Stiele zu keilförmig, selten herzförmig, meist groß, $1^3/_4$—2" breit, 3—$4^1/_4$" lang, verloren wollig, im Alter glatt und dunkelgrün, starkglänzend, verloren gesägt, oft fast ganzrandig, schiffförmig und stark sichelförmig (Duham. hat sie ziemlich ebenso abgebildet). — Blüthenknospen zur Zeit nicht sehr groß, kegelförmig, ziemlich stechendspitz, schwarzbraun. — Sommerzweige, wie sie Diel beschreibt, düster braungrau, etwas silberhäutig, mit vielen schmutzigweißen länglichen Punkten.

Jahn.

*) Hiernach wissen wir also, da Diel Duhamels Zeichnung, mit welcher *a* oben ganz stimmt, als sehr getreu erklärte, was Diel unter „kreiselförmig" verstanden hat.

No. 239. Die Pichelbirne. III, 2. 2. Diel; X (IX), 2 a. Luc.; V, 2. Jahn.

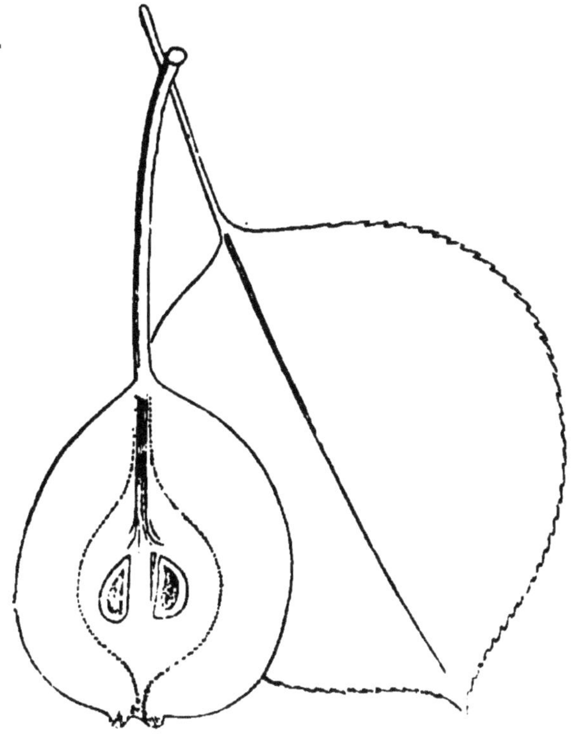

Die Pichelbirne. Liegel ++ M. H. W.

Heimath und Vorkommen: sie wird in Oberösterreich, aber auch noch in Unterösterreich in großer Menge gepflanzt und mag jetzt auch in Bayern mehrfach vorkommen, da zur Bepflanzung der Landstraßen mit Obstbäumen viele junge Bäume aus Oesterreich, worunter viele von dieser Sorte, bezogen worden sind.

Literatur und Synonyme: Liegel beschrieb sie kurz in s. Anweis. Salzburg 1842, S. 99, gab auch weitere Nachricht über sie in Monatschr. III, S. 62. Sie wird bald Pichelbirne, bald Pihlerbirne genannt und wie aus Lieg. Anw. ibid. zu ersehen, so hat man auch eine Rothe Pichelbirne, die aber groß, fast kegelförmig, grün mit vieler brauner Röthe und ebenfalls eine im October zeitigende Mostbirne ist.

Gestalt und Farbe: Hr. Dr. Liegel hat die Zeichnung zum Holzschnitt oben selbst entworfen. In seiner Anweisung beschreibt er sie als klein, von Farbe grün, in der Gestalt sich der Eiform nähernd.

Kelch: ist nach der Zeichnung kurzblättrig, offen, niederliegend, flachstehend.

Stiel: auffällig lang, dünn, aber stark und holzig, obenauf.

Fleisch: härtlich, fest und rübenartig, im frischen Zustande nicht zu genießen.

Kernhaus: wie oben gezeichnet.

Reife und Nutzung: die Reife tritt spät im October ein, und es ist dieß vortheilhaft zur Erzeugung des Mostes, wozu sie am meisten benutzt wird. Sie wird aber auch im teigen Zustande häufig gegessen, in welchem sie sich lange gut und fest erhält, so daß sie noch im Winter vielfach auf die Märkte gebracht wird.

Eigenschaften des Baumes: derselbe wächst stark, wird groß, baut sich schön pyramidal, paßt ganz für das österreichische Klima, so daß er überall gedeiht und trägt ein Jahr um das andere reichlich. Die Blätter des Tragholzes, wie sie Hr. Dr. Liegel mitsandte, sind groß, schön breitelliptisch, auch rundlich, doch immer nach dem Stiele zu, wenn auch nur schwach keilförmig, 2¼—2½" breit, mit der meist vortretenden oft langen und starken Spitze und dem keilförmigen Ansatz nach dem Stiele zu 2¾—3" lang, glatt, mehr oder weniger scharfgesägt, wie es scheint, sehr dunkelgrün und glänzend, feingeadert. Der Blattstiel ist mäßig lang, von 1—1½" Länge.

J.

No. 240. Pastorenbirne. I (II), 3. 2. Diel; III, 1 (2) b. Luc.; V, 2. Jahn.

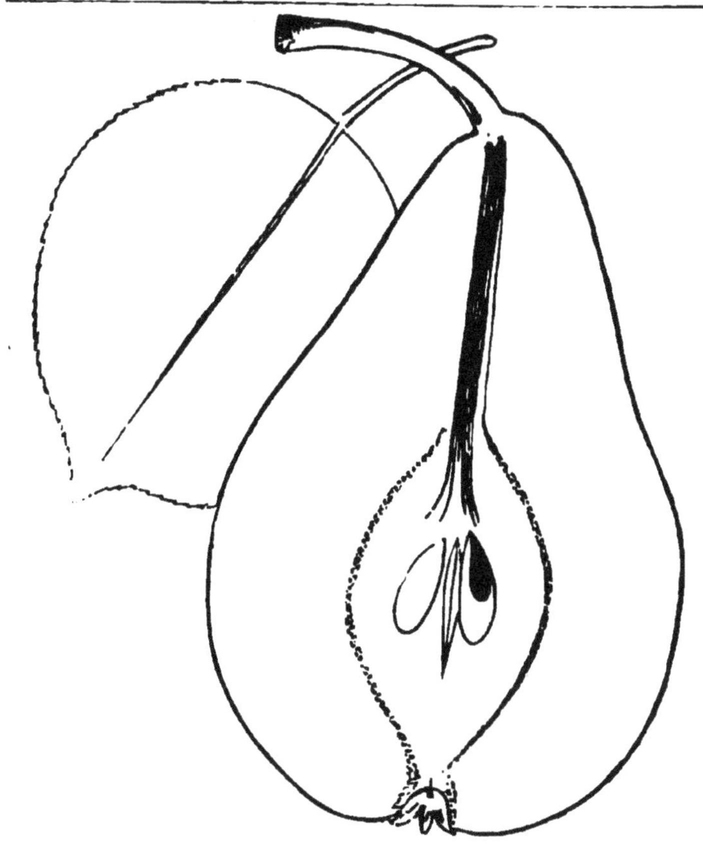

Pastorenbirne. Dittrich u. Bivort (Clion). * † H. oft W. (oft K.)

Heimath und Vorkommen: die nach Oberdieck S. 378 von einem französischen Pfarrer, curé, Namens Clion, in einem Walde aufgefundene, von Einigen mit der St. Lezain (welche noch weniger gut sein soll) verwechselte Birne wird in allen belgischen und französischen Catalogen und Schriften genannt und gerühmt und ist bereits unter sehr vielen Namen verbreitet. Doch scheint sie in Deutschland nur unter besonders günstigen Verhältnissen gut zu werden.

Literatur und Synonyme: Dittrich beschrieb sie in Bd. III, S. 219 nach Couverchel S. 145 als Schöne Andrine (Belle Andréine, Poire Andréine), darauf später Bivort im Alb. IV, S. 101 unter dem auch von Dittrich citirten Namen Poire de Curé mit dem Syn. Poire de Clion, de Monsieur, Bon Papa, Pater notte, Belle de Berry, Belle Andréane, als L'Andréane, Poire grosse allongée, Große verlängerte Birne hat Dittrich III, S. 216 nach Couverchel sicher dieselbe Frucht), Belle Heloise, Cueillette d'hiver. Vicar (Wicar) of Wackfield oder Winkfield und Dumas sind nach dem Londoner Catal. Syn. der Monsieur le Curé oder auch Du Curé, wie sie in Belgien am meisten genannt wird. Decaisne, 2. Lief., setzt diesen Syn. noch du Pradel hinzu, schließt aber Pater notte aus, während er die Clairgeau wahrscheinlich als Paternoster beschreibt und bei dieser angibt, daß die Du Curé bisweilen Pater Notte genannt werde. — Dochnahl hat sie nach dem Vorschlage von Oberdieck Pastorenbirne genannt und wir wählten zur Ueberschrift denselben Namen, weil er dem französischen Du Curé am meisten entspricht und auch dem englischen Vicar nicht ferne steht. Duchesse de Berry, welches Syn. die vorliegende (und die Weiße Herbstbutterbirne) nach Dochnahl führen soll, ist nach Liron d'Airol eine andere von dessen Vater benannte Sommerfrucht; Decaisne in Lief. 1 erwähnt, sie dürfe nicht mit der Duchesse de Berry d'eté ou Doyenne d'eté, also mit der Juliusdechantsbirne verwechselt werden. — Im Lyon. Ver. wird die Du Curé als identisch mit der neuaufgetauchten, in den Ann. II. S. 21 von Liron beschriebenen und von der Toulоner Gesellschaft 1852 gekrönten Comice de Toulon erklärt; Decaisne gibt Comice de T. als Syn. der Du Curé an.

Gestalt: pyramidal, sehr länglich, stumpfspitz, groß oder sehr groß (nach der Abbildung $3^1/_4$'' breit, $5^1/_4$'' lang), beschreibt sie Bivort — pyramidal, bauchig birnförmig, bisweilen flaschenförmig, beulig und rippig um den Kelch, so schildert Liron die Form der Comice. In seiner Notice pomol. von 1855, S. 25 macht L. darauf aufmerksam, daß das Ende der Frucht wegen des stets schiefstehenden Stieles einem Vogelkopfe gleiche, von welchem der Stiel den Schnabel vorstellt.

Kelch: langblättrig, sternförmig, oft auch unvollkommen, offen, seicht, bisweilen schief stehend.

Stiel: holzig, auf einem Höcker, oder etwas seitwärts schief stehend.

Schale: glatt, grün, später gelb, bisweilen, wie ich sie von Donauer sah, mit schwachem Roth an der Sonnenseite und mit feinen, im Roth auch gröberen Punkten, auch mit etwas Rost besonders nach dem Kelche hin.

Fleisch: wie ich es früher schon notirte und 1859 es wiederholt so fand, weiß, etwas gröblich, doch sehr saftig, ziemlich schmelzend, süß und von angenehm gewürzten Geschmack. Ebenso und als schmelzend beschreiben es Bivort und Tougard, nur ist es nach letzterem wenig gewürzt, allein er bemerkt, daß die Frucht in manchem Boden excellent werde. — Dasjenige der Comice hat Liron als fein, schmelzend, saftreich, gezuckert, weinigt, durch etwas Säure erhaben und sehr angenehm gewürzt beschrieben.

Kernhaus: verhältnißmäßig klein, Fächer muschelförmig, mit wenigen, meist unvollkommenen, länglichen gelbbraunen Kernen.

Reife und Nutzung: die Reife wird verschieden vom October bis Januar angegeben, meist aber für November und December, doch hält sie sich auch bis März. — Leider wird die Frucht vielfach nicht schmelzend, so bei Oberdieck, der sie als abknackend, fade, ohne alle Vorzüge und gekocht zu weich bezeichnet. Auch Lucas bemerkte auf der Zeichnung, daß sie nur Kochbirne sei und in seinem Syst. XI. 1 b. habe. Doch lobt sie Hr. Donauer als gut und brauchbar, sandte mir auch schon 1857 davon eine Frucht, die sich wie oben verhielt. Man wird sie bei uns am besten am Spaliere ziehen und Bivort schlägt wegen ihres starken Triebes als Unterlage die Quitte vor, auf welcher sie nach meinen Erfahrungen, bis jetzt wenigstens, ganz gut fortkömmt.

Eigenschaften des Baumes: auch Donauer schildert ihn als recht tragbar. Die Blätter sind breitelliptisch mit halb aufgesetzter längerer oder kürzerer Spitze, $1^3/_4$'' breit, $2^1/_4$—$2^1/_2$'' lang, auch eirund und eiförmig, an den Sommertrieben, wie auf der Abbildung oben, oft rundlich, glatt, feingesägt, meist flach, dunkelgrün und glänzend. — Blüthenknospen kegelförmig, mäßigspitz, dunkelbraun. — Sommerzweige nach Bivort graubraun oder haselnußfarben, feinröthlich punktirt — an der Comice de Toulon, die ich aus Brüssel von der Soc. van Mons habe, sind sie graubraun, schmutzigweiß punktirt.

J.

No. 241. Clairgeau's Butterbirne. I, 3. 2. Diel; III, 1 b. Luc.; IV, 2. J.

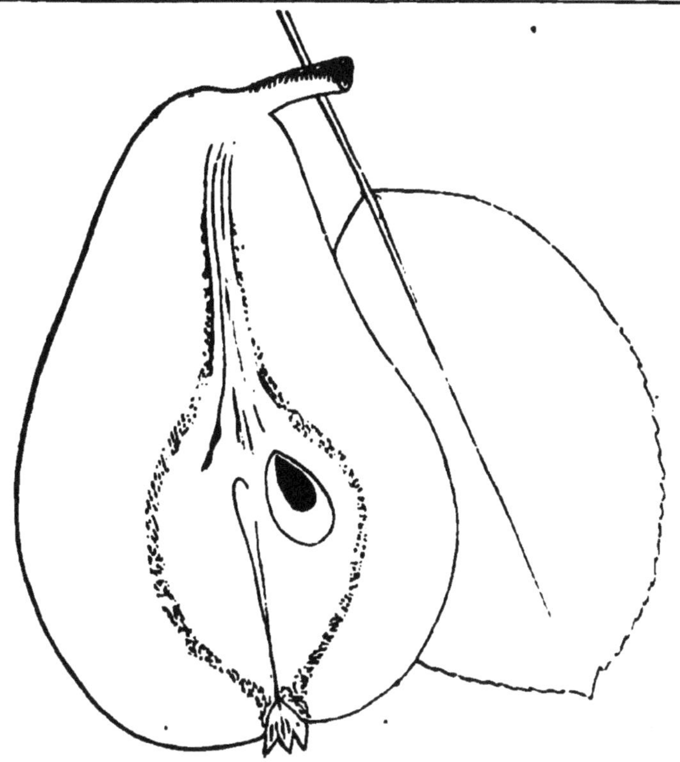

Clairgeau's Butterbirne. Bivort (Clairgeau). ** ! H.

Heimath und Vorkommen: der Gärtner Clairgeau in Nantes erzog sie aus Samen und nach der Pariser Pomolog. nouvelle hat sie Jul. de Liron d'Airoles zuerst verbreitet. Der Baum lieferte 1848 die erste Frucht. Die Güte und Schönheit haben nach Biv. dieser Birne schnell Ruf verschafft und sie wird bereits in Amerika, wie in Belgien und Frankreich gepflanzt und geschätzt.

Literatur und Synonyme: Biv. Album IV. S. 143: Beurré Clairgeau; De Jonghe beschrieb den Baum, Bivort die Frucht. In die Annal. de Pom. II. S. 103 ist eine Beschreibung von Bivort selbst aufgenommen und daneben ein ausgereiftes, weit stärker gefärbtes, auch geröthetes Exemplar abgebildet. — Bereits gaben auch die Berl. Verhandl. Nachricht von ihr. — Als Synon. findet sich in Catalogen Clairgeau de Nantes. — Sehr ähnlich in Form und Geschmack ist nach Biv. die Poire de Tongres. — Nach Decaisne, 20. Lief., scheint sie ursprünglich Paternoster zu heißen und schon van Mons, der eine Birne des letzteren Namens im Cat. descript. Ser. II. p. 29 aufzählt, bekannt gewesen zu sein. Decaisne bildet die Paternoster ähnlich, doch nicht geröthet, ungefähr wie Biv. im Album die Clairgeau ab. Er macht darauf aufmerksam, daß sie von der Pastorenbirne, Curé, die auch Paternoster genannt werde, verschieden sei. — Die Annal. de Pom. VI. S. 33 bringen indessen die Paternoster, welche ein Apotheker Namens Paternoster im Hennegau (Hainaut) erzogen habe, als selbstständige Frucht und bildeten sie in zwei Formen ab, einmal lang, groß und sehr gelb, am Spaliere erzogen, das andere Mal von Pyramide so wie oben und auch nicht größer; in dieser kleinen Frucht glaube ich meine Clairgeau nicht zu verkennen, doch nehmen die Annalen auf letztere nicht Bezug. — Vergl. noch Liron d'Airol. Notice pom. Nantes 1855 S. 1; Charles Baltet S. 27; Prevost im Bülletin von Rouen S. 149 (letzteres in Betreff der Paternoster).

Gestalt: Biv. schildert sie als pyramidal, kreiselförmig birnförmig, meist auf einer Seite etwas gekrümmt und aufgeworfen, oft aber auch mehr rundlich, regelmäßig abgestumpft, zugespitzt. (Decaisne nennt die Form der Paternoster länglich abgestumpft oder birnförmig, hat sie auch in diesen beiden Formen abgebildet.) Die Frucht wird als sehr groß bezeichnet, in den Annal. ist sie 3½" breit, 4½" lang abgebildet. Nach den Berl. Verhandl. soll sie bisweilen 500 Grammen, gut 34 Loth preuß., nach Liron sogar 750 Grammen wiegen. — An meinem freistehenden Baume wurde sie aber seither nicht größer, als sie oben gezeichnet ist.

Kelch: blättrig oder hornartig, weit offen, oft unregelmäßig, in engerer oder weiterer schüsselförmiger Einsenkung, oft mit etwas fortlaufenden Beulen umgeben.

Stiel: sehr stark, holzig oder auch fleischig, sehr kurz, braun, obenauf oder in schwacher Vertiefung, stets schief oder in rechtem Winkel stehend wegen eines Wulstes.

Schale: grün, später goldgelb, sonnenwärts bräunlich geröthet, mit graurostigen Flecken und graugelben Punkten, auch hie und da, besonders um Kelch und Stiel, mit zusammenhängendem oft scharf abgegrenzten Roste.

Fleisch: weiß, fein, schmelzend, butterig, saftvoll, stark gezuckert und sehr angenehm gewürzt, so beschreibt es Bivort (an der Paternoster schildert es Decaisne kaum körnigt, fest, saftreich, säuerlichsüß, mit etwas Herbem und einem Gewürz, ähnlich dem der Crasanne); ich bemerkte mir 1859 darüber: Fleisch gelblichweiß, fein, nicht zu saftreich, auch nicht ganz butterhaft, sondern halbschmelzend, fast etwas speckartig, doch von gewürzt süßem guten Geschmack. Baltet bezeichnet das Fleisch der Clairgeau als halbfein, nicht immer schmelzend und wohlschmeckend, besonders bei zu früher Erndte.

Kernhaus: war an meiner Frucht von ziemlich viel Steinchen umgeben, vollachsig, Kammern muschelförmig mit vollkommenen braunen, mit einem kleinen Höcker ausgestatteten Kernen. — Die auch von Biv. bemerkten steinigten Concretionen um das Kernhaus herum vermehren sich, wie er sagt, bei den auf Quitte erzogenen Früchten und werden dann auch im Fleische gefunden, so daß sie die Güte derselben beeinträchtigen.

Reife und Nutzung: die Birne reift von Anfang des November an und ist bisweilen, kühl aufbewahrt, noch im Januar vorhanden; sie wird überhaupt nicht leicht teig. In vollkommener Ausbildung ist sie eine Tafelfrucht I. Ranges, und so erhielt sie nach Liron 1851 in Paris den ersten Preis. Biv. räth, damit die Frucht gut werde, die Erziehung am östlichen und niedrigen Spaliere, was für uns um so mehr gilt.

Eigenschaften des Baumes: derselbe treibt ziemlich stark, seine Anpflanzung ist nach den Berl. Verhandl. um so mehr zu empfehlen, als derselbe in jeder Form und auf jedem nur nicht zu festen und kalten Boden gedeihe, schnell wachse und bald trage, welches letztere ich bestätigen kann. — Wie ich die Sorte von Papeleu, auch von Behrens durch Oberd., unzweifelhaft richtig besitze, sind die Blätter elliptisch (auch sind sie ebenso im Album, wie in den Annalen abgebildet — in letzterem werden sie als lanzettförmig oder oval lanzettförmig bezeichnet), 1¾—2" breit, mit der meist auslaufenden oder halbaufgesetzten Spitze, die bald länger, bald kürzer ist, bis 2¾" lang, glatt, fein-, etwas stumpfgesägt (feiner als oben auf dem Holzschnitte), etwas gekrümmt und schiffförmig gebogen. — Blüthenknospen nach den Ann. dick, kegelförmig, zugespitzt, dunkelbraun. — Sommerzweige röthlichbraun, an der Sonnenseite lebhafter gefärbt, weißgrau punktirt.

J.

No. 242. Die Seutins-Birne. II, 3 (2). 3 (2). Diel; V (VI), 2 b. Luc.; IV, 3 (2). J.

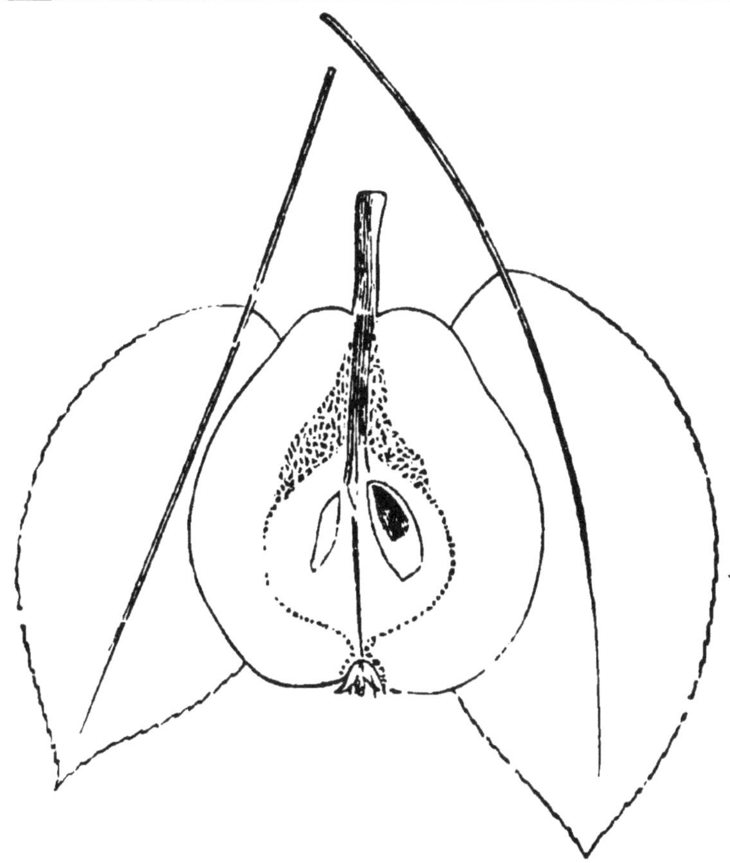

Die Seutins-Birne. Bivort (Bouvier). * † W. oft H.

Heimath und Vorkommen: sie wurde von Bouvier aufgefunden und nach dem Doctor der Medicin Seutin in Brüssel benannt.

Literatur und Synonyme: Bivort beschrieb sie als Poire Seutin im Alb. I. neben Taf. 34 und bildete sie eiförmig, nach beiden Enden sich ziemlich gleich und stark verschmälernd ab. Er beschreibt sie auch als länglich eiförmig, beulig, am Kelche abgestumpft und fast spitz nach dem Stiele zu, deßungeachtet kann ich nicht zweifeln, zumal da die Vegetation meiner von Papeleu erhaltenen Sorte mit seiner Beschreibung stimmt, daß ich die richtige Sorte habe; wahrscheinlich nimmt die Birne zweierlei Form an, aber die Frucht kann sich überhaupt bei uns auch anders als in Belgien ausbilden. — Man findet die Poire Seutin oder auch blos Seutin in den meisten Belgischen Verzeichnissen, sie wird als mittelgroß, halbschmelzend, II. Ranges, im December und Januar reifend geschildert, Biv. beschreibt sie als schmelzend. Liron d'Airol. in s. Notice pom. Nantes 1857 bezeichnet sie als halbschmelzend und gibt als Syn. Beurré Seutin an. — Dochnahl zählt sie als Seutins Apothekerbirne auf, doch hat sie auch im Album gerade nichts Beuliges. — Die hier am freistehenden nicht mehr beschnittenen Pyramidbaume erzogenen Früchte verhalten sich wie folgt:

Gestalt: kreiselförmig, oben oft noch stärker, als die Abbildung zeigt, abgeflacht, nach dem Stiele zu bisweilen spitz, noch öfters aber auch stumpfspitz endigend, 2—2¼" breit und meist ebenso hoch.

Kelch: meist kurzblättrig, hornartig, offen, seicht- oder auch etwas tiefer eingesenkt, oft mit etwas Beulen umgeben.

Stiel: meist kurz, holzig, gelbbraun, obenauf, wie eingedrückt oder schwach vertieft.

Schale: glatt, grün, später gelb mit feinen bräunlichen Punkten und etwas Rost, besonders um Kelch und Stiel, bisweilen auch mit einem Anflug von flammigem oder auch etwas streifigen Roth.

Fleisch: weiß, halbfein, nicht zu saftreich, halbschmelzend oder rauschend, bisweilen in günstigen Sommern, wie 1859, auch schmelzend, von angenehmem, recht süßen, durch etwas feine Säure weinartigen, wenn auch nur schwach gewürzten Geschmack.

Kernhaus: mit ziemlich vielen, wenn auch nicht zu starken Körnchen umgeben, nicht oder nur schwach hohlachsig, mit eirunden länglichen Kammern und vielen meist vollkommenen schwärzlichbraunen, mit einem kleinen Höcker versehenen Kernen.

Reife und Nutzung: wie mehrere Belgische Früchte reift auch diese bei uns früher, meist im November, einmal hatte ich sie auch schon Ende Oct., im Jahr 1858 hielt sie sich aber auch bis Dec., doch war sie bis 20. Dec. bereits geschmacklos und innen teig.* — Ist in guten Sommern eine wohlschmeckende Tafelfrucht, sonst immer noch eine gute Compotfrucht, und auf einem mehr im Schnitt gehaltenen oder in gutem Gartenlande stehenden Baume wird sie auch schon größer werden.

Eigenschaften des Baumes: die davon gefertigten Probezweige wachsen kräftig und liefern fast jährlich ziemlich viel Früchte, wenn andere neben ihnen befindliche Sorten auch leer ausgehen. Bivort gibt über die Tragbarkeit nichts an, schildert aber den Wuchs auf Wildling als lebhaft. — Blätter elliptisch, oft auch fast breitelliptisch, 1½" breit und gegen 3" lang, einzelne auch eiförmig, bei schwächerem Triebe lancettförmig und die kleineren eiförmig, glatt, fein-, etwas stumpfgesägt, die größeren auch stärker und etwas bogenförmig gesägt, wenig schiffförmig, doch immer halbsichelförmig gekrümmt. Die Mittelrippe des Blatts ist, was auch Biv. hervorhebt, stark und in die Augen fallend. Stiele oft gegen 2" lang, weißlich, auf der oberen Fläche oft röthlich gefärbt, meist aufrechtstehend. — Blüthenknospen mittelgroß, kurzkegelförmig, aber starkgespitzt, doch nicht stechend, dunkelbraun. — Sommerzweige grünlich gelbbraun, an der Sonnenseite röthlich angelaufen, mit ziemlich starken, fast warzigen, schmutzigweißen oder gelbbraunen Punkten. J.

* Auch Biv. räth, sie nicht zu lange aufzuheben, weil sie, zu stark ausgereift, den Saft und damit den Geschmack verliere.

No. 243. Vicekönigin. III, 3. 2. Diel; IV, 2 b. Lucas; IV, 2. Jahn.

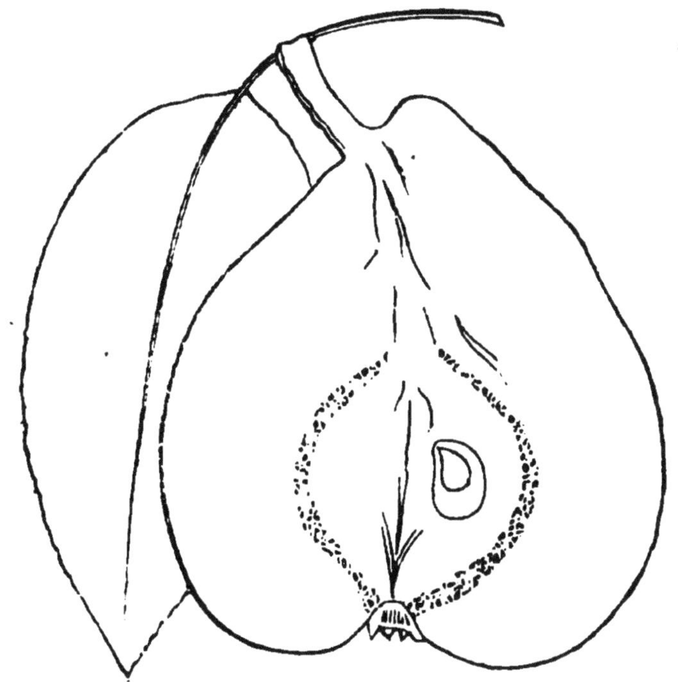

Vicekönigin. Diel (van Mons?) †† Nov. 4. W.

Heimath und Vorkommen: wurde vielleicht erzogen von van Mons, in dessen Cataloge sie sich jedoch nicht findet. Wenigstens erhielt Diel von ihm das Reis unter dem Namen Proche le Roi. Meine von Diel direct erhaltene Sorte verlor ich wieder, doch kam sie auch nach Herrnhausen von Diel ächt, woher ich sie wieder habe. — Ist eine schätzbare, aber noch höchst wenig gekannte Haushaltsfrucht.

Literatur und Synonyme: Diel N.K.O. IV. S. 309, Vicekönigin, Proche le Roi. Dittrich I. S. 708, nach Diel. Sonst finde ich sie nirgends.

Gestalt: nach Diel ziemlich pyramidalisch oder noch besser länglich kreiselförmig, 2¼" breit und 2¾" lang. In Herrnhausen auf Pyramide waren die Früchte von der Größe und Form der obigen Figur, also kreiselförmig; auf Hochstamm hatte ich sie in der von Diel angegebenen Größe. Der Bauch sitzt merklich nach dem Kelche hin, um den die Frucht sich plattrund wölbt. Nach dem Stiele nimmt sie schnell ab, macht gewöhnlich auf einer Seite eine Einbiegung, und endigt mit einer mehr oder weniger langen Kegelspitze.

Kelch: kurz, hartschalig, weit offen, sitzt in geräumiger, ziemlich tiefer, fast ebener Senkung. Ueber den Bauch laufen jedoch deutlich mehrere breite und starke Erhabenheiten hin.

Stiel: nach Diel dünn, holzig, 1¼" lang, wie eingesteckt sitzend, war an den Früchten in Herrnhausen ziemlich dick, ¾" lang und durch die in einem Fleischwulst sich erhebende Spitze der Frucht ganz zur Seite geschoben.

Schale: glatt, vom Baume strohgelb oder schon hellgelb, in der Reife hoch citronengelb. Die Sonnenseite ist mit einem angenehmen, durch die durchscheinende Grundfarbe gelblichröthlichen Roth leicht verwaschen. Oft ist die Röthe nur punktirt aufgetragen. Punkte zahlreich, rostfarben, fein; nach Diel ist die ganze Schale damit wie übersäet. Geruch fehlt. Nach Diel welkt die Frucht etwas, was hier nicht der Fall war, und nur von zu frühem Brechen gekommen sein mag.

Das **Fleisch** ist gelblich weiß, saftvoll, etwas körnig, abknackend, von angenehmem, sehr süßen, zimmtartigen Geschmack. Das Zimmtartige im Geschmack war hier etwas schwach.

Kernhaus: klein; die engen Kammern enthalten viele dicke, kleine, eiförmige Kerne. Kelchröhre sehr flach.

Reifzeit und Nutzung: zeitigt im halben November und hält sich nach Diel keine 14 Tage. Hier hielt sie sich länger und mindestens 4 Wochen. Bei ihrem starken Zuckergeschmack eine recht gute Frucht zum Kochen und Welken und kann dazu schon bald nach Michael gebraucht werden.

Der **Baum** wächst lebhaft, belaubt sich nicht stark, setzt früh Fruchtholz an und liefert baldige Erndten. **Sommertriebe** stark, nach oben wenig abnehmend, steif, wenig gekniet, dunkel lederfarben oder vielmehr schmutzigbraun, mit matten Silberhäutchen gefleckt, an starken Trieben mit starken, länglichen, grauen oder gelben Punkten matt gezeichnet, nach Diel jedoch nur wenig und nicht ins Auge fallend punktirt. Blatt klein, langeiförmig, oft elliptisch, mit schöner auslaufender Spitze, ziemlich flach ausgebreitet, ganzrandig oder nur mit kleinen Zähnen besetzt. **Blatt der Fruchtaugen elliptisch** oder langelliptisch, oft auch noch einige eiförmig. Afterblätter fadenförmig. Augen klein, konisch, abstehend (nach Diel herzförmig und anliegend), stumpfspitz.

Oberdieck.

No. 244. Die Verschwenderin. II, 2. 3. Diel; III, 2 a (b). Luc.; III, 3. J.

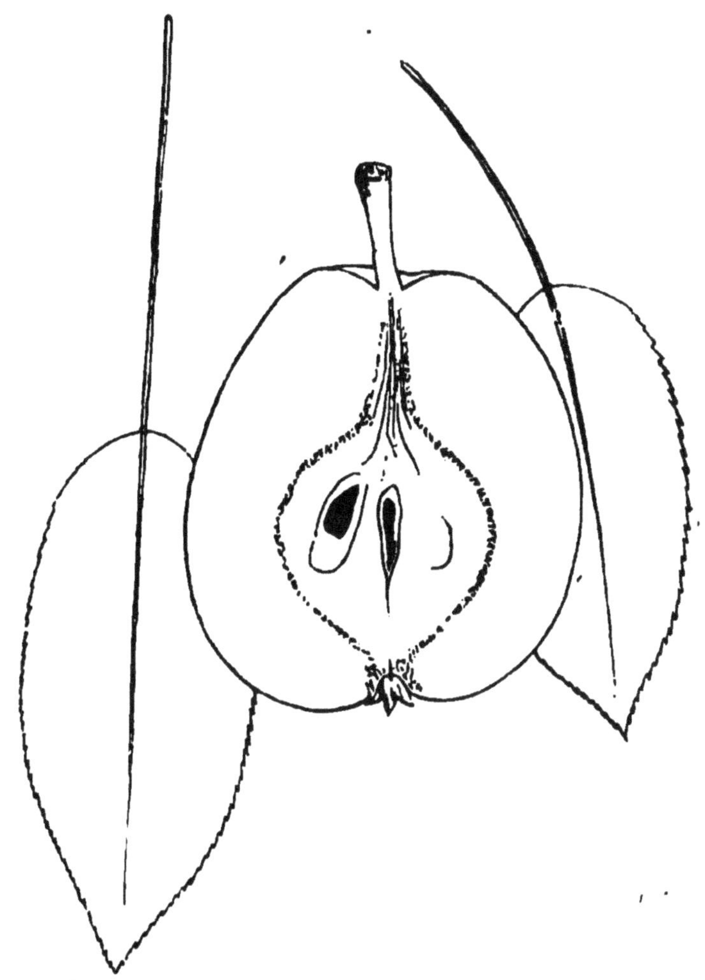

Die Verschwenderin. Bivort (van Mons). † (kaum *) W.

Heimath und Vorkommen: Bouvier erhielt sie unter dem Namen Enfant prodigue aus van Mons Baumschule, der sie demnach erzogen und wahrscheinlich nach ihrer Fruchtbarkeit, die sie auch in meinem Garten beweist, benannt hat.

Literatur und Synonyme: Bivort beschrieb sie im Album I. neben Taf. 3 nach Früchten, die er von Bouvier erhielt; die Vegetation schilderte er nach einem bereits seit 4 Jahren gepfropften jungen Baume. — Dochnahl gab ihr in s. Führer S. 116 den Namen Kinder-Butterbirne, doch hat sie wenig Butterhaftes und ihr van Mons'scher Name soll wohl auch nicht ausdrücken, daß sie nur für Kinder bestimmt ist, weshalb wir den obigen möglichst im Einklang mit ihrer französischen Benennung gewählt haben. — Jamin und Durand in Paris haben sie in ihrem Verzeichnisse S. 28 als Rousselet enfant prodique und es zeigen auch die kleineren Früchte viel Rousseletartiges, doch dürfte der Name „Vieltragende Rousselet", an den wir dachten, auf eine gutausgebildete Frucht, wie sie oben vorliegt, wenig passend sein.

Gestalt: eirund und, wie Bivort hinzusetzt, bisweilen kreiselförmig birnförmig, die kleineren Früchte, wie sie beim Volltragen des Baumes oft vorkommen, auch rousseletartig, d. h. nach dem Stiele zu kegelförmig, oft uneben und beulig, mittelgroß, nach Bivorts Abbildung etwas über 2¹/₄" breit und etwas über 3" hoch, welche Größe und Höhe sie aber in Belgien selbst, wie die obige von dort aus erhaltene Frucht es beweist, wohl nur selten erlangt. Die größten der von mir seit mehreren Jahren erzogenen Früchte sind 2" 1''' breit und 2" 1¹/₂''' hoch gewesen, in der Form ganz mit der von Luc. hier gegebenen Abbildung stimmend.

Kelch: offen, sternförmig, blättrig oder hornartig, schwärzlich, in schwacher Einsenkung, oft etwas seitwärts stehend.

Stiel: kurz, dick, fleischig, in einer kleinen Höhle oder obenauf, etwas schief, neben einem Höcker.

Schale: lichtgrasgrün, später mattgoldgelb mit grünen Stellen, ohne Röthe, mit vielen zimmtfarbenen feinen Punkten und wegen vielen mehr oder weniger zusammenhängenden Rostes besonders im unreifen Zustande etwas düster aussehend.

Fleisch: nach Biv. fein, schmelzend, butterhaft, gut parfümirt, war an den hier erzogenen Früchten ziemlich trocken, zwar süß, aber wenig gewürzt und wurde nie butterhaft oder schmelzend, sondern blieb speckig. Lucas muß es an dieser belgischen Frucht ähnlich gefunden haben, denn er schrieb hinzu „Etwas trocken, II. Ranges."

Reife und Nutzung: Biv. gibt die Reife für Februar und März an, schwerlich dürfte sie sich aber so lange halten, denn schon Ende November wurden die meisten Exemplare weich, und teig und die noch übrigen gewelkt getroffen und die eigentliche Reife ist also Anfangs November, wie solches auch Lucas fand. Auch Jamin und Durand geben November und December an. Nur an einer Wand dürfte sie zur wirklichen Tafelfrucht bei uns werden, und sonst nur als Kochfrucht zu benutzen sein, wozu sie ihre reiche Tragbarkeit empfiehlt.

Eigenschaften des Baumes: dessen Wuchs ist nach den damit gefertigten Probezweigen, die ich aus Papeleus Reisern erzog, gut, doch nicht sehr aufwärts strebend, er gibt aber nach Bivort schöne Pyramiden. Die Blätter sind sehr länglich eiförmig, fast lanzettförmig, 1¹/₄ selten 1¹/₂" breit, bis 2³/₄" lang, glatt mit auslaufender Spitze, nur hie und da unterhalb etwas verloren wollig, regelmäßig feingesägt, ziemlich stark schiffförmig und sichelförmig, etwas lichtgrün, doch glänzend, starkgeadert. Blattstiel bisweilen bis 2" lang, dünn und steif, das Blatt rechtwinkelig daran hängend. — Blüthenknospen z. Z. kurz kegelförmig, sanftgespitzt, kastanienbraun, (nach Biv. oval, schuppig, röthlichbraun mit Dunkelbraun schattirt.) — Sommerzweige trübrothbraun, auf der Schattenseite braungelb mit sehr feinen ockergelben Punkten (nach Biv. grünlichbraun schmutzigweiß punktirt.) J.

No. 245. Graue runde Winterbergamotte. I (III), 2. 3. D.; VI, 1 (2) b L.; II, 3. J.

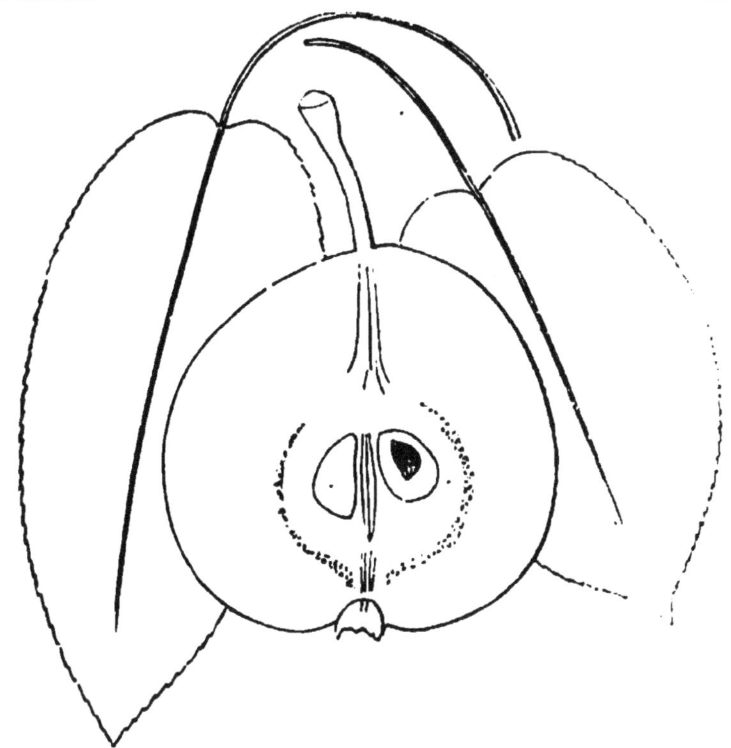

Graue runde Winterbergamotte. Diel. †† W.

Heimath und Vorkommen: diese in meiner Gegend nur eine gute und haltbare Kochfrucht abgebende Sorte erhielt Diel vom Hofgärtner Zeyher in Runkel und dieser bezog sie aus Weilburg. Weiter ist bisher nichts über sie bekannt und vermuthet Diel nur, daß sie holländischen Ursprungs sein möge. Ist noch höchst wenig bekannt, verdient aber wegen Gesundheit und Tragbarkeit des Baumes allen Anbau. Diel bezeichnet sie im Systeme überhaupt, im Cataloge jedoch schon „nur an Spalierwänden“ als vorzügliche Tafelbirne, was sie weit genug nach Süden wirklich sein wird.

Literatur und Synonyme: Diel V. p. 24 Graue runde Winterbergamotte, Bergamotte grise d'hyver; Dittrich I. p. 714. — v. Aehrenthal gibt Taf. 20 falsche, Tafel 43 dagegen gute Abbildung. — Englische Winter-Butterbirne, was Dochnahls Führer als Synonym aufführt, ist eine andere Frucht.

Gestalt: meistens fast kugelförmig, doch oft nach dem Stiel stumpf, etwas zugespitzt; etwas höher als breit, so wie manche Früchte auch nach dem Kelche sich stumpf etwas zuspitzen, und nicht gut aufstehen können. Mehr gerundete Früchte sind auf

Hochstamm 2¼ — 2½'' breit und hoch; die mit etwas erhabener Stielspitze hatte ich 2½'' breit und 3'' hoch. Nach Diel ist sie nur selten einige Linien höher als breit. v. Aehrenthal bildet sie höher als breit und merklich größer ab, als Diel angibt.

Kelch: hartschalig, offen, sitzt wenig vertieft, oft auch sternförmig oben auf, umgeben mit flachen Erhabenheiten, die auch über die Frucht sich breit hinziehen, einzeln vordrängen und die Rundung oft verschieben.

Stiel: ziemlich stark, 1'' lang, holzig, sitzt bald in kleiner Höhle, bald wie eingesteckt, und ist mit Falten und kleinen Fleischbeulen umgeben.

Schale: fein rauh, vom Baume blaßgrün, in der Zeitigung grünlichgelb, zuletzt hellgelb. Die Sonnenseite zeigt oft Spuren von bräunlicher erdartiger Röthe, die oft auch ganz fehlt. Kenntlich wird die Frucht besonders durch die vielen starken, fleckenartigen braunen Punkte, womit die Schale übersäet ist, wozu sich noch viele fleckenartige zersprengte Anflüge von in der Reife schmutzig zimmtfarbigem Roste gesellen. Geruch schwach. Nach Diel welkt die Frucht nicht, was sie bei mir that, wenn sie nicht bis gegen Ende Oct. am Baume hing.

Fleisch: etwas gelblich, angenehm riechend, ziemlich fein, nach Diel butterhaft schmelzend und von süßem, zuckerartigen, wahren Bergamottgeschmacke, den ich hier so nicht bezeichnen konnte und vielmehr merklich zimmtartig gezuckert fand, so daß die gekochte Frucht Manchem allzusüß war, sowie sie selbst bei spätem Brechen nicht völlig halbschmelzend wurde.

Kernhaus: läuft nach Diel spitz bis unter den Kelch, was ich nicht ganz fand, die geräumigen Kammern enthalten schöne schwarzbraune lange vollkommene Kerne. Kelchhöhle gerundet, ziemlich stark.

Reifzeit und Nutzung: zeitigt Ende November oder Anfangs December, hält sich nach Diel, kühl aufbewahrt, gegen 4 Wochen, wo sie schnell teig wird. Bei mir hielt sie sich weit länger. Ist bei uns gute Kochfrucht.

Der Baum wächst kräftig und gesund, geht prächtig pyramidal in die Höhe, wird bald und sehr fruchtbar. Er hat in seiner ganzen Vegetation (die Diel im V. Hefte falsch angegeben hat, was er in der Vorrede zu Heft VIII. p. XXI. bemerklich macht, jedoch nur unvollständig verbessert), sehr viel Aehnliches mit der Franc real (Diel III. p. 245) die jedoch nicht mit obiger identisch ist; die Triebe sind lang und stark, merklich gekniet, nach oben wollig (der ganze Trieb stark wollig), mehr olivenfarben als lebergelb, mit zerstreuten, aber starken Punkten. Blatt im Frühlinge wollig, später etwas düster, mit Resten von Wolle, elliptisch mit lang und schmal auslaufender Spitze, oft auch lang und schmal eiförmig, gerundet und flach gezahnt, häufig nur gerändelt, Afterblätter pfriemenförmig oder fein lanzettförmig. Blatt der Fruchtaugen langeiförmig (eirund, Jahn) oder langoval, nach der Spitze etwas verjüngt und in eine lange Spitze auslaufend, am Grunde oft herzförmig, seicht- oft verloren, gezahnt, unterhalb hie und da etwas verloren wollig. Augen dick, geschwollen, kurz, fast herzförmig, etwas abstehend, auf stark erhobenen Trägern.

Oberdieck.

No. 246. Die Dumas Herbstdorn. I, 3. 2. Diel; III, 1 a. Luc.; III, 2. J.

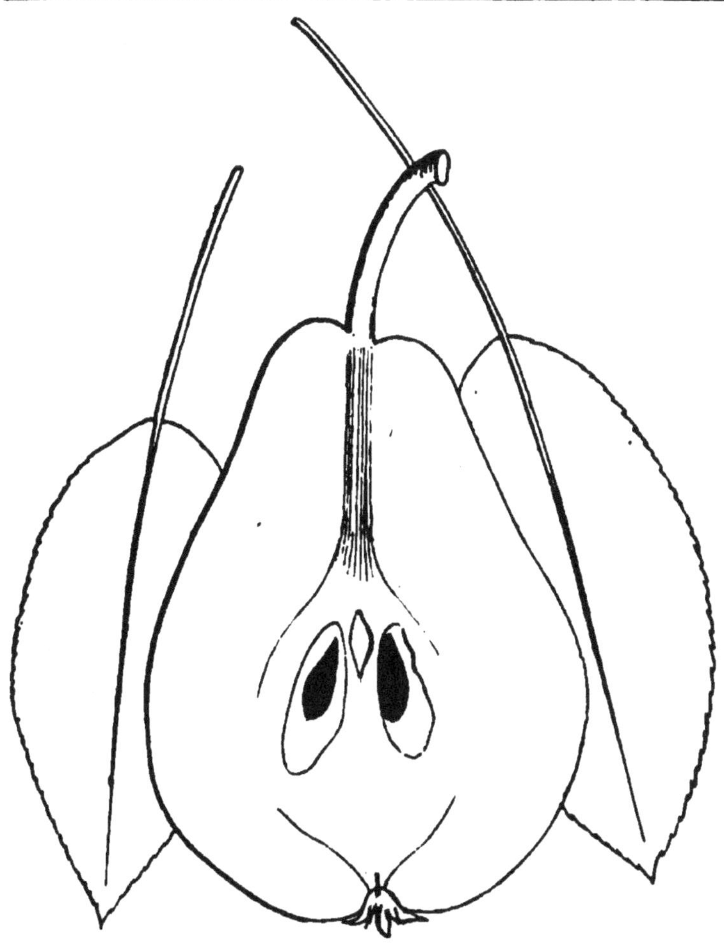

Die Dumas Herbstdorn. Bivort. * H.

Heimath und Vorkommen: die ursprüngliche und erste Benennung dieser nach Bivort wahrscheinlich aus Frankreich stammenden Frucht ist unbekannt, sie kommt aber jetzt unter allerlei Namen in Belgischen Gärten vor, am meisten als Belle epine Dumas; unter dieser Ueberschrift hat sie auch Bivort im Album abgehandelt, doch zeigt der Baum in meinem Garten zur Zeit gerade keine Dornen, an die man bei dem Namen denkt.

Literatur und Synonyme: Biv. Alb. II. S. 77. Als Synonyme werden angegeben Du Mas, Du Mas de Rochefort, Duc de Bordeaux, de Rochechonart, Epine du Rochois (Prévost), Epine de Rochoir, Belle Epine de Limoges, Limousine, und nach dem Lyon. Bericht auch Colmar du Lot. — Dochnahl hat dieselbe im Führer II. S. 66. Französische Schmalzbirn genannt. Doch ist es nicht gewiß, ob sie aus Frankreich stammt, denn Tougard im Tabl. alphabet. et analyt., Rouen 1852 beschreibt sie nur kurz nach Bivorts Album, weshalb wir den obigen Namen vorzogen, als dem Französischen ähnlich.

Gestalt: meist birnförmig stumpfspitz, doch auch bisweilen oval und beulig, so beschreibt sie Bivort und zeichnete sie ähnlich der hier gegebenen Abbildung, doch stärker und länger spitz nach dem Stiele zu, fast der Punktirten Sommerdorn auf S. 69. dieses Handb. gleichend, also mehr kegelförmig, auch größer 2³/₄" breit, 3³/₄" hoch ab. — Selbst erzogen habe ich die Frucht z. B. nicht, sondern Lucas gab die obige Zeichnung nach der aus Belgien nach Wiesbaden zur Ausstellung 1858 von Hrn. De Jonghe gesendeten Birne; doch hat sie sich bei Oberd. ziemlich ebenso gebaut und ist auch ebenso groß geworden. — Von der Punktirten Sommerdorn, die an kräftigen Bäumen ihr an Größe fast gleichkömmt, und welcher sie auch durch ihre vielen Punkte ähnlich ist, unterscheidet sie sich wie bei jener bereits gesagt ist, durch geringere Güte und eine andere Vegetation.

Kelch: klein, aufrecht, wollig, oft blattlos, in geräumiger rundlicher Einsenkung.

Stiel: 1" lang, ziemlich dick, holzig, braun, meist krumm, wenig vertieft, und oft etwas schief-stehend.

Schale: glatt, glänzend, hellgrün, später gelb, leicht roth verwaschen und ebenso punktirt auf der Sonnenseite und mit vielen grünlichgrauen Punkten auf den übrigen Theilen der Oberfläche.

Fleisch: gelblich weiß, halbfein, schmelzend, saftreich, gezuckert mit angenehmem doch schwachen Gewürz.

Kernhaus: nach Luc. wie oben; Bivort schildert es als klein, herzförmig, die Kerne, 4 bis 6 an der Zahl, sehr länglich hellbraun.

Reife und Nutzung: die Reife tritt gewöhnlich im November ein und verlängert sich bisweilen bis Januar. Die Frucht wird von Bivort als sehr empfehlenswerth bezeichnet, wenn auch nicht vom ersten Range. — Lucas, der dieselbe b. 1. Nov. zeichnete, schilderte übrigens den Geschmack als sehr gut, gab auch * * hinzu.

Eigenschaften des Baumes: derselbe wächst ziemlich lebhaft und ist fruchtbar, gibt auf Wildling schöne Pyramiden, kann aber auch auf Quitte erzogen werden. Seine Anfangs aufstrebenden Aeste nehmen später eine horizontale Richtung an. Die Blätter sind, wie ich die Sorte von Papeleu und von Bivort selbst durch Oberd. habe, (der Beschreibung Biv. entsprechend schmal, länglich oder oval-lancettförmig), doch nenne ich sie länglich eiförmig mit auslaufender Spitze, bis 1¹/₂" breit und 3" lang, bisweilen, wie das eine größere mitabgebildete Blatt, am Stiele stark verschmälert und dann lancettförmig, glatt, meist ziemlich stark, aber stumpfgesägt, etwas schiffförmig und sichelförmig, nicht sehr dunkelgrün, weil ziemlich reichgeadert. Stiel bis 2" lang, sehr dünn, oberhalb meist stark geröthet. — Blüthenknospen nach Biv. mittelgroß, oval, zugespitzt, dunkelbraun mit Grau verwaschen. — Sommerzweige rothbraun, auf der Schattenseite grünlichgrau mit grauen oder röthlichen Punkten. J.

No. 247. Henriette Bouvier. I, 2. 3. Diel; IV (VI), 1 (2) a. Luc.; V, 3. Jahn.

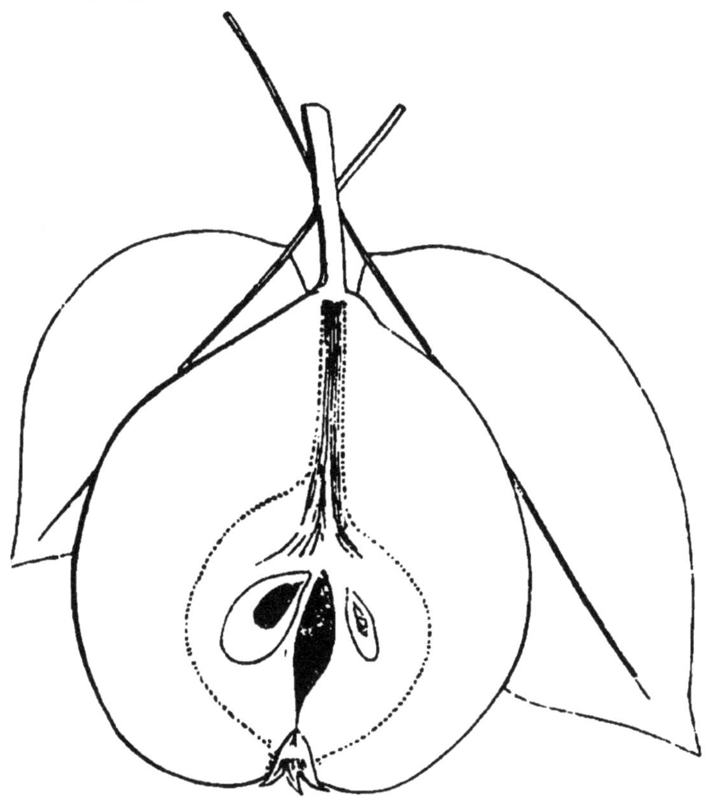

Henriette Bouvier. Bivort (Bouvier). ** W.

Heimath und Vorkommen: ein Sämling von Simon Bouvier in Jodoigne; der Baum brachte die ersten Früchte 1825.

Literatur und Synonyme: Bivorts Album II. S. 83; Annal. de Pom. VI. pag. 37. Die in beiden gegebene Abbildung stimmt gut mit der unsrigen, welche Lucas nach einer ihm aus Belgien zugegangenen Frucht bewirkt hat. Sie wird einfach Poire Henriette mit dem Zusatz Bouvier in Parenthese genannt, und ist bezeichnet als verschieden von einer anderen Henriette, die auch Belle Henriette genannt wird und von van Mons erzogen wurde (Liron d'Airol. in Liste synon. II. S. 55.), sieht dieser aber nach ihrer Abbildung (im Büllet. der Soc. zu Rouen. S. 80 Fig. 2) sehr ähnlich, hat auch ziemlich gleiche Reifzeit und gleichen Werth. — Uebrigens gibt es nach dem Cat. von Papeleu noch eine Henriette van Cauwenberg und eine Henriette Edwards (beides Septemberfrüchte), so daß es nicht an Henrietten fehlt.

Gestalt: kreiselförmig, klein oder mittelgroß, auch nach Bivort, der sie aber im Alb. 3" breit und ebenso hoch abbildete. — Wir Deutschen würden eine Frucht von diesem Umfange schon groß nennen. — Biv. zeichnete sie im Album meiner Kreiselform S. 3 des Handb. entsprechend, nur nicht ganz so hoch, auch ein wenig mehr abgeflacht um den Kelch; in den Annalen ist sie von ihm, der auch da die Beschreibung lieferte, noch mehr meiner Kreiselform ähnlich, aber ebenso hoch wie breit abgebildet und er beschreibt sie hier als arrondi-turbiné, woraus ungefähr hervorgeht, was er unter kreiselförmig versteht.

Kelch: sehr klein, fast blattlos, nach Bivort meist sehr eng und tief eingesenkt, oft so hierdurch gedrückt, daß nur Spuren von ihm sichtbar bleiben.

Stiel: dünn, holzig, braun, 1¼" lang, obenauf oder etwas vertieft, in Fleischringeln.

Schale: rauh, fast durchaus graubraun berostet und punktirt und an der Sonnenseite bräunlich carmingeröthet.

Fleisch: weiß, halbfein, schmelzend, saftvoll, gezuckert, und angenehm parfümirt.

Kernhaus: wie oben gezeichnet. Biv. schildert es herzförmig, die Kerne oval, spitz, hellbraun.

Reife und Nutzung: die Birne reift im November und dauert bisweilen bis Januar. Biv. bezeichnet sie als eine sehr gute Frucht und auch Liron gibt ihr I. Rang. — Lucas schrieb aber hinzu „mittelgut", allein er hat sie vielleicht nicht im richtigen Punkte der Reife gekostet. Ob sie überhaupt bei uns so vorzüglich wird, und nicht am Ende klein bleibt, wenn sie nicht unter besonders günstigen Verhältnissen erzogen wird, dies muß erst noch die Zeit lehren.

Eigenschaften des Baumes: der Baum ist schön und ziemlich lebhaftwachsend, sehr fruchtbar und macht eine hübsche Pyramide. Die Blätter beschreibt Biv. als ziemlich groß, dicht von Gewebe, spitzoval (ovales aiguës) ganzrandig, selten gezahnt und dann rundlichgezahnt oder nur gekerbt, flach, wellenförmig, bisweilen gekräuselt, dunkelgrün und glänzend. Stiel 1, an dem Tragholze 2" lang, etwas röthlich und wollig. — Wie ich die Sorte von Papeleu habe, die aber noch keine Früchte brachte, stimmt sie mit dieser Beschreibung der Blattform, ich nenne die letztere nur breitelliptisch und diese Form tritt am meisten an den Blättern eines mit der Sorte bepfropften Hochstammes, an welchen die Blätter kleiner sind als an einem jungen Pyramidenbaume hervor. Sie sind 1½" breit, 2¼" lang, an dem jugendlichen Baume breiter, oft fast bis 2" breit, länger oder kürzer gezogen, bis 3¼" lang, so daß das Blatt mit seiner ziemlich langen halbaufgesetzten Spitze elliptisch oder auch eirund, fast etwas herzförmig, doch am Stiele nicht ausgeschnitten sondern etwas keilförmig erscheint, glatt, meist ganzrandig, dunkelgrün und glänzend; Blattstiel, wie ihn Biv. schildert. — Blüthenknospen kegelförmig, ziemlich starkgespitzt, kastanienbraun. — Sommerzweige, wie sie Biv. beschreibt, durch Längsstreifen von Knospe zu Knospe etwas kantig, grünlichbraun, oberhalb rothbraun, schmutzigweiß punktirt. — Die Blätter haben mit denen der Bürgermeister Bouvier (Bouvier Bourgmestre) viel Aehnlichkeit, sind aber in der Mitte meist breiter, auch stärker keilförmig.

Nachschrift. Obige Henriette Bouvier wird auch, wie ich nachträglich finde, im Berichte der Soc. van Mons v. 1858 als geprüft und als mittelgroß, kreiselförmig, ringsum graubraun, rauh berostet, a. d. Sonnenseite schwach geröthet, mit halbschmelzendem, halbfeinem Fleische, I. Ranges, im Nov. bis Jan. reifend, zur Anpflanzung für Pyramide empfohlen. Der Baum sei mittelgroß, sehr tragbar. J.

No. 248. Der Winterdorn. I, 3. 2. Diel; V, 1 b. Lucas; IV, 2. Jahn.

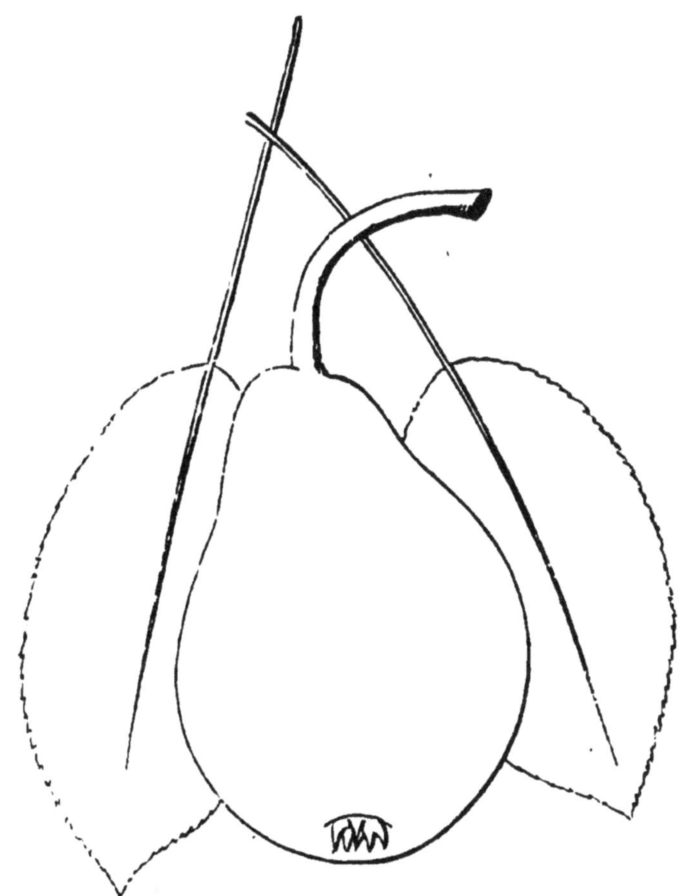

Der Winterdorn. Diel (Duhamel, Quintinye) ** H. W.

Heimath und Vorkommen: Schon die älteren französischen Pomologen kannten und schätzten sie, wußten aber auch, daß der Baum eigensinnig auf den Boden sei und nicht überall gut gedeihe, auch besonderer Abwartung bedürfe.

Literatur und Synonyme: Duhamel III. S. 52. tab. 44, Fig. 2. Epine d'hiver (die Winter-Epine d. Uebers.) Merlet nannte sie Espine Rose d'hiver, Quintinye nebenbei Merveille d'hiver und schreibt ebenfalls „Espine". Diel beschrieb sie genauer Heft I. S. 147. Miller nennt sie Winter Thorn Pear, ebenso Cat. Lond. — Dochnahl S. 111 führt als Syn. bei Münchhausen: Epine ovale und bei Müller: Dornigte Winterbirne und nach Catalogen: Milan d'hiver an. — Jamin und Durand geben dem Epine d'hiver: Ambrette und Liron d'Airol. in Notice pom. 1857 diesem noch Ambrette epineuse hinzu. Schon Diel macht darauf aufmerksam, daß die Frucht des T.O.G. V. S. 317 Taf. 15 nicht ächt sei; auch die beigegebenen Blätter sprechen für eine andere Birne. Vergl. noch Dittrich I S. 710: Pom. franc. III. S. 198 tab. 21. Christs Hdwb. 221; Knoop S. 112 Tab. VI. (sie ist in der Form schon richtig, doch zu wenig grün); recht schön hat sie die Soc. zu Rouen im Büllet. von 1846. S. 124 Fig. 9 abgebildet.

Gestalt: etwas breit kegelförmig, oft nur breit erscheinend, um den Kelch platt abgerundet und nach unten mit oder ohne Einbiegung mit kurzer, dicker kegelförmiger Spitze endigend, 2¹/₂" breit und 2³/₄ — fast 3" lang. Diel. — Noch spitzer nach dem Stiele zu als bei Knoop und gar nicht um den Kelch plattrund, wie Mayer sie hat, ist sie in Duhamel und im Rouener Bülletin abgebildet, welches ihre Form als länglich, fast birnförmig, um den Kelch rundlich, nach dem Stiele zu nach und nach stumpfspitz auslaufend angibt und wie ich sie, wie oben gezeichnet, vor mehreren Jahren von Donauer sah. — Bei Oberd. wurde sie indessen selbst auf kräftigen Probezweigen nur etwa ²/₃ so groß als oben.

Kelch: klein, offen, bald seicht, bald tiefer eingesenkt, oft auch flachstehend.

Stiel: ziemlich stark, bis 2" lang, obenauf wie eingesteckt, meist etwas gekrümmt.

Schale: glatt, etwas geschmeidig, schön grün, auch später kaum etwas gelblich, ohne Röthe, mit etwas sehr feinen grauen Punkten und Rostanflügen um den Kelch.

Fleisch: fein, geruchvoll, mattweiß, saftvoll, butterhaft, von erhabenem zuckerartigem Geschmack, den Jardin. solitaire mit dem der Pfirschen vergleicht, wenn die Frucht in warmem Clima, trockenem Erdreich und bei mäßiger Jahresfeuchtigkeit gewachsen ist.

Kernhaus: geschlossen, Kammern geräumig, halb herzförmig mit der Spitze nach unten, mit vollkommenen hellzimmtfarbenen Kernen.

Reife und Nutzung: Die Frucht reift im November und December, auch oft erst im Januar. — Ist eine vorzügliche Tafelfrucht, wenn sie richtig gewachsen ist, doch der geringste Fehler verdirbt sie, sagt Diel, indessen will sie Prevost (Rouener Bülletin) selbst hochstämmig in thonigem und kaltem Boden sehr gut und von derselben Größe, wie ich sie oben zeichnete, mehrfach erzogen haben. Auch die Herren Gartenmeister Borchers in Herrnhausen und Lieut. Donauer in Coburg lobten sie als werthvolle Tafelbirne, die jedoch viel Schutz oder heiße Sommer, auch nahrhaften Boden verlange. Ebenso ist Hr. Pfarrer Hörlin mit ihr zufrieden (Naumb. Ber.) und sie ist deshalb zur Anpflanzung unter den geeigneten Verhältnissen zu empfehlen. — Oberd. möchte ihr aber doch, wie er hinzufügt, immer nur II. Rang einräumen.

Eigenschaften des Baumes: Derselbe wächst nicht stark, belaubt sich aber schön, ist sehr fruchtbar, trägt büschelweise. — „Die Blätter sind ungefähr von der nämlichen Gestalt und von der nämlichen Zahnung, als die der Sommer-Epine. Wenn der Baum auf Quitte gepfropft ist, sind sie viel kleiner, am Rande etwas gerunzelt," sagt Duhamel. Ich finde sie am ähnlichsten denen des Punktirten Sommerdorns, den Duhamel auch nach der Abbildung unter Epine d'eté mag gehabt haben. Wie ich die Sorte jetzt von Oberd. besitze, die aber noch nicht trug, sind die Blätter elliptisch, oft auch eiförmig, mit meist auslaufender Spitze, einzelne, besonders die länger gestielten fast lanzettförmig, 1¹/₂" breit, bis 2¹/₂" lang, an einigen jungen Baumschulenbäumen jedoch größer und breiter und eiförmig, glatt, ziemlich regelmäßig, etwas bogenförmig feingesägt, etwas schiff- und sichelförmig, den schiefen Stand des Stiels im Blatte, wodurch es beim Auflegen eine starke Krempe macht (Diel), finde ich nicht auffälliger als bei andern sichelförmig gekrümmten Blättern. Blüthenknospen z. B. kegelförmig, ziemlich stechend spitz, dunkelbraun. Sommerzweige dunkelolivengrün, nach oben und an der Sonnenseite röthlich braun, gelblich oder weißlich punktirt, (nach Diel von schwer zu beschreibender Farbe, welches eine Art röthliches Braungrün ist).

J.

No. 249. **Die Wildling von Caissoy.** I, 2. 3. Diel; VI, 1 b. Luc.; III, 3. Jahn.

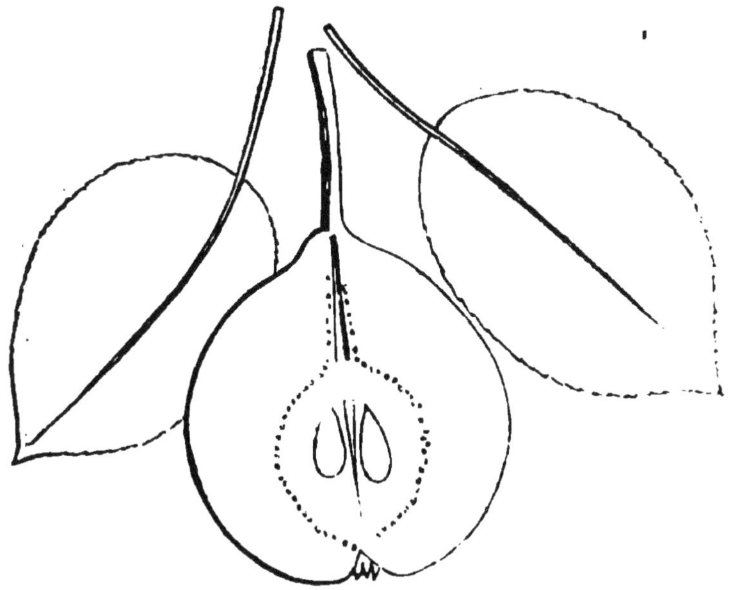

Die Wildling von Caissoy. Merlet (Duhamel). ** W.

Heimath und Vorkommen: nach Merlet stammt sie angeblich aus dem Walde Quesoy in der Bretagne. Nach Liron d'Airol. gibt es aber auch einen Flecken d. N. im Departement Cotes-du Nord, doch weiß er nicht, ob dies ihr Ursprung ist. Daß einige neuere französische Pomologen sie für geringer als die Russette von Bretagne halten, die, wie die vorliegende, nebenbei Roussette d'Anjou (Russette aus dem Anjou, d. Uebers. Duhamels), und jetzt von Liron d'Airoles zum Unterschied Grosse Roussette d'Anjou genannt wird, haben wir bei dieser S. 330 bereits gesagt.

Literatur und Synonyme: Duhamel III. S. 48 tab. 29 Bezy de Caissoy, Roussette d'Anjou. — Diel VIII. S. 46 glaubte, daß das erwähnte Synon. der vorliegenden nicht, sondern der Reussette von Bretagne zukomme, allein sie wird jetzt immer noch so genannt, so Tougard in s. Tableau S. 47: Bezy de Caissoy, Roussette d'Anjou. — Ob Jamin und Duraud unter ihrer als klein, halbschmelzend, zu Ende des Herbstes reifend bezeichneten Besi de Bretagne ou des Quesçois die obige oder die Roussette von Bretagne verstehen, ist ungewiß. Doch führt Decaisne als Synon. der Quessoy (10. Lief.) neben Roussette d'Anjou, Besi de Qnessoy, Besi de Caissoi, auch Besi de Bretagne a. — Merlet nannte sie auch blos Roussette und Petit beurré d'hiver, Etienne fälschlich Ambrette und Amboise und Cat. Lond. hat noch Small Winter-Beurré, Terreneauvaise, Nutmeg und Winter Poplin. Vergl. noch Dittr. III. S. 179; Christ Hdwb. S. 163; auch Pom. francon III. S. 234 tab. 52, doch ist sie in letzterer zu plattrund abgebildet. — Nach einigen Verzeichnissen würde die Sorte mit Poire des Chasseurs, van Mons identisch sein, v. Biedenfeld S. 81, doch erwähnt der Bericht der Soc. van Mons von 1858, in welchem die Des Chasseurs als geprüft empfohlen und als mittelgroß, birnförmig, und das rosenrothe Fleisch als butterhaft geschildert wird, von dieser Identität mit der Caissoy nichts.

Gestalt: dickbauchig eiförmig, mittelbauchig, so abnehmend nach dem Kelche als nach dem Stiele, bisweilen spitzer nach dem letztern, nicht selten aber auch nach dem Kelche mehr abnehmend, 2" breit und ebenso hoch oder nur etwas höher, ähnlich in Form der Besten Birn und Jagdbirn, in Farbe und Größe der Winterambrette, so beschreibt sie Diel. Nach der von Lucas gezeichneten, noch aus Diels Sortiment stammenden Frucht oben baut sie sich auch öfters kreiselförmig und bleibt überhaupt oft ziemlich klein.

Kelch: meist verstümmelt, weit offen, sternförmig, meist flach, oft sogar wie etwas über die Frucht herausgeschoben.

Stiel: stark, dick, holzig, oft kurz, selten über 1" lang, ziemlich vertieft in etwas flachen Beulen (so zeichnete sie besonders Duhamel und durch diesen vertieft stehenden Stiel weicht unsere Zeichnung hauptsächlich von der seinigen ab.)

Schale: fein rauh, stark, hellgrün, später nur etwas gelblichgrün, ohne Röthe, oft stark braunberostet und ebenso punktirt.

Fleisch: Diel beschreibt es als mattweiß, fein, sehr saft- und geruchvoll, butterhaft. Nach Liron würde es brüchig und 2. Qualität sein, während das der Roussette von Bretagne von ihm zwar auch als brüchig, aber als 1. Qualität bezeichnet und sehr gelobt ist. Ebenso schildert Decaisne es als halbabknackend, doch saftvoll und gut gewürzt. Indessen auch Lucas, der sie am 1. Febr. kostete, fand es delicat und setzte sogar **! hinzu, und schon Mayer rechnete sie zu den besten Birnen.

Kernhaus: nicht hohlachsig, geschlossen, Kammern geräumig mit vielen vollkommenen starken zimmtfarbigen Kernen.

Reife und Nutzung: Die Frucht reift im November, December und Januar, und Diel gibt ihr ersten Rang, sagt aber, daß der Baum kraftvollen kühlen Boden erfordere, was Tougard, der das Fleisch als gut und butterhaft bezeichnet, insofern bestätigt, als nach ihm die Frucht nur in geeignetem Boden vorzüglich, sonst geschmacklos und 2. oder 3. Ranges wird.

Eigenschaften des Baumes: Derselbe wächst gemäßigt, belaubt sich schön und dicht, wird nach einiger Zeit sehr fruchtbar, trägt büschelweise. — Das Blatt ist nach Diel klein, eiförmig, oft auch elliptisch, fast flach mit kurzer scharfer Spitze 2—2½" lang, 1½—1¾" breit, stark und lederartig, unten und selbst auch oben etwas fein wollig, regelmäßig fein und spitz gezahnt. Blattstiel meist keinen ½" lang. Blätter unten und am Fruchtzweige beträchtlich größer und stärker gezahnt. — Die Blätter des Fruchtzweiges, wie sie mir Lucas sandte, entsprechen dieser Beschreibung, sie sind auch regelmäßig fein, doch nicht gerade spitz gezahnt und auch nicht größer als angegeben und glatt — ich habe ihre Form neben die Frucht gezeichnet. Die Blätter des beigegebenen Sommerzweiges sind ebenso geformt, doch schon schärfer gezahnt und auf beiden Seiten, besonders die an der Spitze deutlich wollig. Beide sind nur kurzgestielt. — So eirund (und ganzrandig) fast rundlich wie sie Duham. zeichnete und so breit und der Beschreibung nach herzförmig, wie sie Decaisne hat, sind dieselben am Sommerzweige nicht. Die Blüthenknospen sind kegelförmig, etwas länglich, nicht scharfgespitzt, hellbraun. — Sommerzweige trüb dunkelolivengrün, mit etwas Schwärzlichem, oben gelbgrünlich, röthlichbraun punktirt. Diel.

J.

No. 250. Kleiner Katzenkopf. VI, (III), 2. 3. Diel; XII, 2 b. Luc.; III, 3. J.

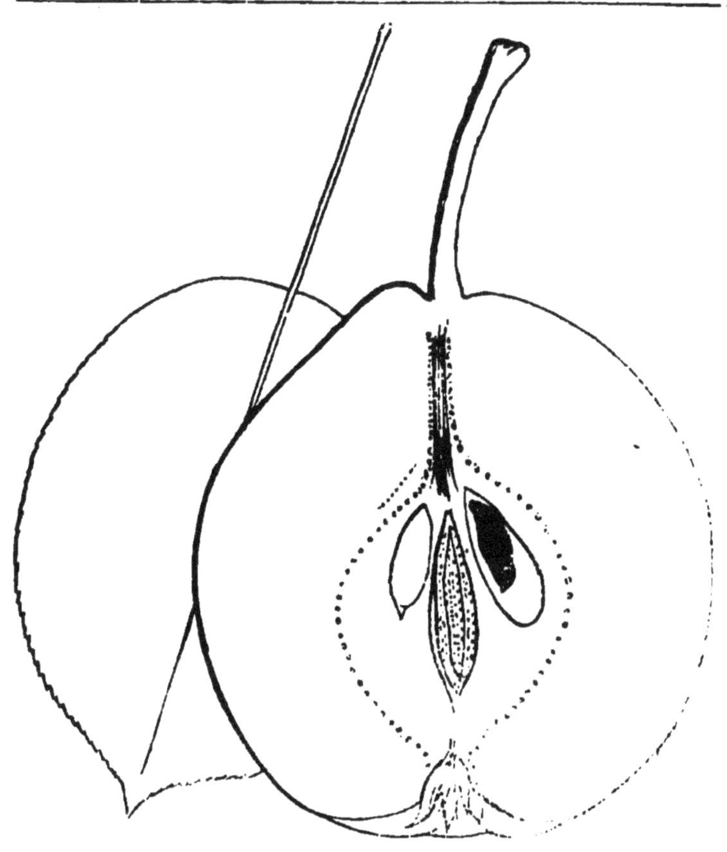

Kleiner (deutscher) Katzenkopf. Mayer (Zink). † † K ! W.

Heimath und Vorkommen: findet sich in hiesiger Gegend allgemein als Katzenkopf gepflanzt und glaubte ich selbst noch bis zum letzten Sommer, daß die Frucht, welche als Kochbirne sehr geschätzt, auch vom gemeinen Manne gerne roh genossen und zu gutem Preise gekauft wird, der Große französische Katzenkopf sei, obgleich ich hinsichtlich der Vegetation und des von Diel als wollig angegebenen Blattes längst Zweifel hegte. Erst durch die mir von Lucas gesendeten Blätter und später der Frucht des in Hohenheim noch vorhandenen Diel'schen Großen franz. Katzenkopfs überzeugte ich mich, daß dieser Letztere doch eine andere ähnliche, aber größere und schönere, wenn auch nicht bessere Varietät ist.

Literatur und Synonyme: Die hier vorliegende Frucht ist in Pom. francon.

III. S. 314 Tab. 105 recht gut als Kleiner Katzenkopf, Petit Catillac abgebildet und Mayer sagt, daß dieser in Deutschland und zwar in seiner Gegend gebaute Katzenkopf besser als der Große und wahrscheinlich die eigentliche Zellische Birne Bauhins und die Katzenbirne Quintinyes sei. Er habe ein milderes und zarteres Fleisch und sein Saft sei so lieblich und reichlich, daß man ihn auch gerne roh verspeise. — Auch Zink (danach Christ Hdwb. S. 187) unterschied diesen Kleinen Katzenkopf, und war geneigt, wie er beim Großen K., Taf. IX. Nr. 83, angibt, den Namen Katzenkopf von den vormals Gräfl. Hennebergischen, jetzt Meiningen'schen Dörfern „Katz, Ober- und Unterkatz," wo, wie in den benachbarten Oepfershausen, Stepfershausen, auch jetzt noch solche Birnen vielfach gebaut werden, abzuleiten. — Metzger, S. 206, gibt beim Kleinen deutschen Katzenkopf, den er recht kenntlich schildert, als Synon. Winterbirne, Schwabenbirne, irrthümlich auch Runde Mundnetzbirne (Werneck in Franken) und Gelber Löwenkopf (in Hohenheim) an, er wird aber, wie Luc. mir mittheilt, im Württembergischen ziemlich allgemein Große Betzelsbirne genannt. — Die von v. Könitz im T.O.G., IV., S. 28, Taf. 2, beschriebene Catillac erscheint von abweichender, nach dem Kelche zu stark abnehmender Form, nach Oberd. fast wie die Hildesheimer Kuhbirne, doch hatte v. Könitz in s. Pflanzung auch nur den Kleinen Katzenkopf, der die erwähnte Form bisweilen annimmt und dadurch mehr länglich wird. — Wahrscheinlich ist auch die Pfundbirne des T. O. G., VII., S. 164, Taf. 8, und vielleicht auch die Glockenbirne desselben, XXI., S. 71, Taf. 8, doch nur die vorliegende.

Gestalt: dem Großen französischen Katzenkopf ganz ähnlich, dickbauchig kreiselförmig, nach dem Stiele zu mehr als nach dem Kelche abnehmend, oft etwas beulig und ungleich, groß, doch immer kleiner als der Große K., 2¾" bis 3" breit und eben so hoch, bisweilen weniger breit und dann, wie oben erwähnt, mehr länglich.

Kelch: ziemlich groß, stumpfspitz, meist hartschalig, halboffen oder offen, mehr oder weniger eingesenkt, oft mit Erhabenheiten, die verloren fortlaufen, selten aber so stark als beim Großen hervortreten, umgeben.

Stiel: dick und stark, bis 1⅛" lang, grünbraun, schwach vertieft oder obenauf.

Schale: ebenfalls etwas uneben wie beim großen K., mattgrün meist mit bräunlichem Roth, später citronengelb mit schönem Hellroth, auch mit vielen Punkten, die aber feiner und meist undeutlicher, als beim Großen K. sind, auch mit etwas Rost, jedoch besonders nur um den Kelch. Die Schale des Kleinen ist im Allgemeinen doch mehr glatt und glänzend.

Fleisch: weiß, saftvoll, grobkörnigt, aber schon feiner als an dem Großen, abknackend und schwerlöslich, von etwas herbem, säuerlichsüßen Geschmack.

Kernhaus: mit ziemlich starken Körnchen umgeben. Achse stark hohl, mit mehligt-körniger Ablagerung ausgekleidet. Kerne groß, länglich, braun, oft taub.

Reife und Nutzung: die Frucht reift im November und dauert gewöhnlich bis Weihnachten, auch etwas länger, je nach der Aufbewahrung. — Man unterscheidet von ihr nach Größe, Färbung und Geschmack einige Spielarten, die aber doch wohl nur ihren Grund in dem verschiedenen Standorte des Baumes haben. Im Beginn des Teigwerdens ist sie zum Rohessen noch brauchbar, indem sich das Herbe ziemlich verliert, gekocht ist sie aber die beste unter allen mir bis jetzt bekannten Birnen.

Eigenschaften des Baumes: derselbe wächst stark, mit abstehenden Aesten, wird groß und einer der ältesten von allen Obstbäumen, trägt zwar jährlich, aber selten strotzend, paßt wegen der vom Baume ungenießbaren Früchte zu Feld- und Straßenpflanzungen und verdient, wie der von der Versammlung in Naumburg und Gotha empfohlene Große franz. K. allgemeine Verbreitung. — Blätter eiförmig mit etwas vortretender kurzer Spitze, auch eirund und rundlich, groß, bis 2¼" breit, 2¾" lang, glatt (doch sind die Blätter in der Jugend meist etwas verloren wollig), verloren und meist nur nach vorne deutlich gezähnt, flach, nur an der Spitze etwas umgebogen, sehr dunkelgrün. — Blüthenknospen groß, dick, kurzkegelförmig, dunkelbraun. — Sommerzweige glatt, dick, meist kurz, oben verdickt, auch meist stufig, grünlichgelbbraun, gegenüber trübröthlich, mit gelblichen Punkten.

J.

No. 251. Großer (franz.) Katzenkopf. VI, (III), 2. (1) 3. D.; XII, 2 b. L.; III, 3. J.

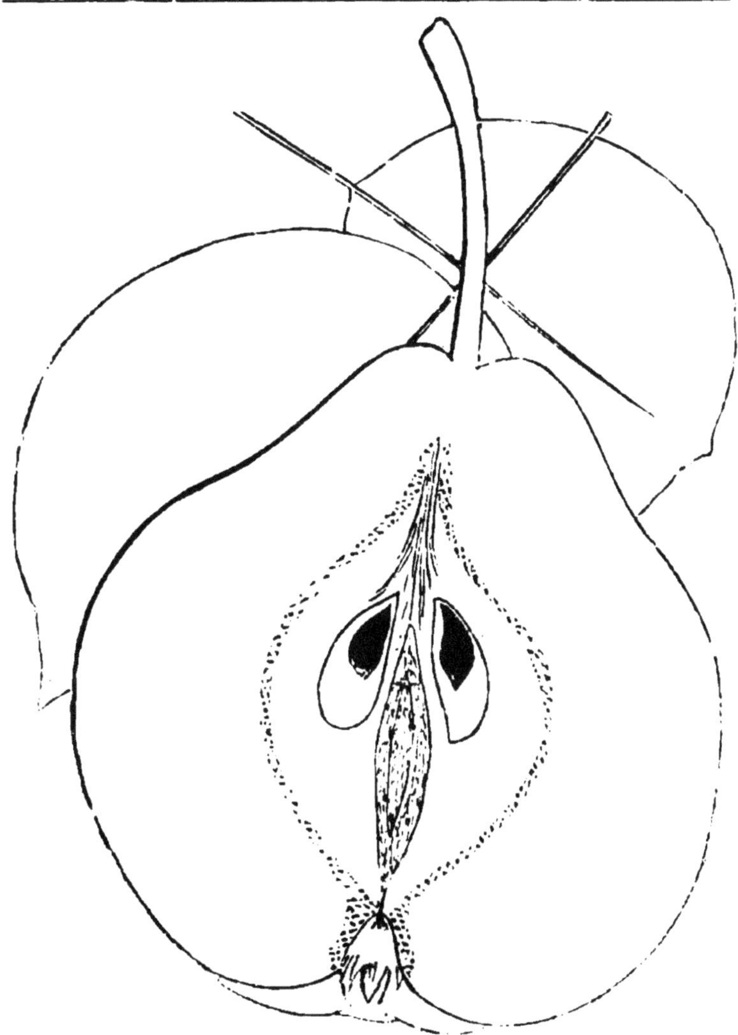

Großer (französischer) Katzenkopf. Diel (Duhamel). †† K.! W.

Heimath und Vorkommen: war schon Duhamel als Catillac bekannt.

Literatur und Synonyme: Diel III. S. 237. Großer französischer Katzenkopf, le Catillac. — Duhamel III. S. 85 Taf. LVIII. Fig. 4 — Dittrich hat keinen Katzenkopf. — Christ Hdwb. S. 165. — T.O.G. IV. S. 28 Taf. 2, ist wahrscheinlich der Kleine (siehe diesen). Dagegen wird der im Bd. IX. S. 199 beschriebene, Taf. 7 abgebildete Große Mogul, Grand Monarch, auch nach der beschriebenen Vegetation nur die vorliegende Frucht im unreifen noch grünen Zustande sein. — Synonyme, von denen aber sich viele auch bei andern großen Birnen finden: Pfund- Glanz- Klotz- Schlegelbirne, ferner Gros Thomas, Gilogile, Pequiny, Citrouille, De tout tems, Angoisse blanche, Rateau blanc, Tête de Chat, auch die Turriana, Turraniana, Tyrraniana, Severiana, Brassicana, und wahrscheinlich auch Thelyphonia (Weibersterben), Ingentia (sehr große), Pugillaria (Faustbirnen), Zellensia (Birnen von Zelle) der alten Autoren, Pomon. francon S. 314 — Weitere Synon. sind: Quenillac, Teton de Venus, Gros Gilot, Bonchretien d'Amiens, Monstrueuse des Landes, (Lyon. Bericht), Cadillac, Belle Pear, Grand Monarque, Grote Mogul, De Livre, Pound Pear (Cat. Lond.), Grand Monarch, Grote Monarch, Grote Tamerlan, Graciole ronde, Ronde Winter Graciole, Endegeester-Peer, Florusbey-Peer, Ys-bout-Peer (Knoop). Chartreuse nannte man sie nebenbei noch beim Pariser Congreß. — In Norddeutschland ist dieselbe vielfach als Winter-Christibirne, Bonchretien d'hiver, angepflanzt, wie mich mehrfache Zusendungen belehrt haben.

Gestalt: regelmäßig, einem recht dickbauchigen Kreisel vollkommen ähnlich, hochbauchig, um den Kelch plattrund, nach dem Stiele zu schnell abnehmend, mit abgestumpfter Kreiselspitze endigend, auf Hochstamm 3½" in der Breite und 3½" in der Höhe, oft aber ¼" weniger hoch (Diel). Das Gewicht ist oft 25, bisweilen 30 Loth.

Kelch: kurzgespitzt, hartschalig, halb oder ganz offen, in oft stark vertiefter, öfters verschobener, häufig mit starken und oft fortlaufenden Erhabenheiten besetzter Einsenkung.

Stiel: stark, holzig, braun, 1½" lang, oft vertieft in feinen Beulchen.

Schale: stark, von körniger Unterlagerung etwas uneben, mattgrün, an der Sonnenseite düster braun geröthet, später hellcitronengelb mit schönem freundlichen Roth, mit feinen bräunlichen Punkten und öfters auch etwas Rost.

Fleisch: mattweiß, saftvoll, grobkörnig, im Kauen hülsig, von herbem, süßsäuerlichem Geschmack, läßt sich zur Noth auch immer noch roh genießen.

Kernhaus: mit ziemlich vielen und starken Körnchen umgeben, Achse stark hohl, mit mehlartig markiger Auskleidung. Kammern und Kerne groß, letztere länglich, mit einem kleinen Höcker, oft sind sie taub.

Reife und Nutzung: die Frucht zeitigt Ende November und dauert bis in den Sommer, ungleich länger als die des Kleinen Katzenkopfs. Sie ist für die Küche eine der besten, doch steht sie nach Tougard darin der Winterchristbirne nach, wird auch, nach meiner Erfahrung, gekocht im Wohlgeschmack von dem kleinen K. übertroffen.

Eigenschaften des Baumes: derselbe belaubt sich etwas licht und düster, wächst in seiner Jugend stark, wird aber nur mittelgroß. Die Aeste trägt er breitabstehend und macht eine breit gewölbte Krone mit unregelmäßigen, sich oft kreuzenden Aesten, ist aber ungemein fruchtbar, Diel. — Die Blätter des Tragholzes sind der Mehrzahl nach eiförmig, groß, 2—2¾" breit, 2¼—2¾" lang, die größten nach der dem Stiele zu etwas abnehmend, die kürzer gestielten oft rundlich und fast ganz rund, mit meist kurzer, oft fast ganz fehlender Spitze, unterhalb (oft auch oberhalb) meist etwas wollig, ganzrandig oder nur nach vorne hin etwas seicht gekerbt, etwas matt und hellgrün, stark geadert, ziemlich steif und lederartig. Stiel von 1¼—1¾" lang. Die Blätter der Sommerzweige kürzer gestielt, oft breit elliptisch, länger gespitzt, vorne deutlicher, doch unregelmäßig gezahnt. — Sommerzweige stark und stufig, grünlichgelbbraun, an der Sonnenseite bräunlich roth, mit vielen länglichen gelben Punkten, an der Spitze grauwollig.

J.

No. 252. Winter-Nelis. I, 3. (2) c. Diel; V, (VI) 1 b. Lucas; VI, 3. Jahn.

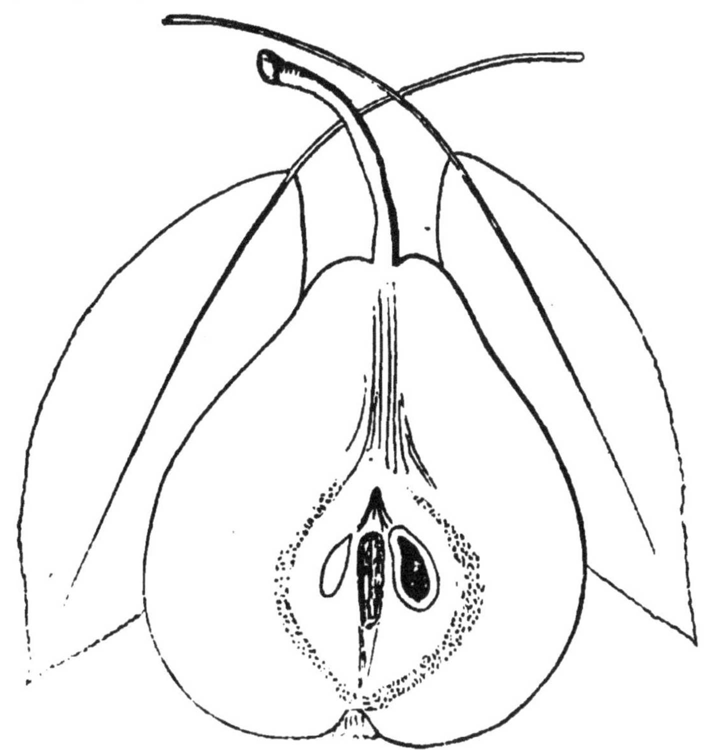

Winter-Nelis. Diel (Coloma) ** † Dec.

Heimath und Vorkommen: diese köstliche Tafelbirne, welche unter den spätreifenden eine der besten ist, und in keinem Garten fehlen darf, erzog ein Herr Nelis in Mecheln (Malines) woselbst auch Graf Coloma wohnte, der sie verbreitete. Sie ist auch bei uns schon ziemlich als Winter-Nelis und als Colomas Winterbutterbirne bekannt.

Literatur und Synonyme: Wie alle besten schon länger bekannten Früchte hat sie bereits mancherlei Namen. In v. Mons Catagloge findet sie sich Serie II, S. 41, Nr. 996 als Nelis d'hiver, kommt aber wohl schon vor Ser. II. S. 29 Nr. 56 als Coloma d'hiver, sicherer aber Ser. III. S. 54 Nr. 56 als Vrai Coloma de printemps, unter welchem Namen sie auch von v. Mons an Diel kam, der sie in der II. Fortsetzung seines Catalogs S. 95 als Colomas Winter-Butterbirne aufführt. Der gewöhnlichere Name in Belgien und Frankreich ist Colmar Nelis und in Bivorts Album II, S. 95 hat diese zu Synonymen Nelis d'hiver und Bonne de Malines. (Fondante de Malines ist eine andere von Esperen in Mecheln erzogene Octoberfrucht, Annal. VI S. 9.) — Decaisne hat Bd. 1 Taf. 25 als Poire Thouin mit den Syn. Bergamotte

Thouin, nach Schilderung ihres Fleisches und ihrer Blattform, jedenfalls auch nur unsere Thouin (S. 281 d. Hdb.), möchte dieselbe aber mit Jamin und Durand mit Nelis d'hiver für identisch halten, wonach er aber die letztere, die eine viel edlere Frucht ist, noch wenig kennt. — Ich selbst erhielt die Winternelis aus Prag als München de Gand (soll heißen Minchen von Gent) und von van Mons direct als Spreeuw (Staarenbirne), nicht zu verwechseln mit Faux Spreeuw, Spreeuw ové (Dittrich III. S. 169). — Im Lond. Catal. hat die Winternelis die Synon. Bonne de Malines, Beurré de Malines, La bonne Malinoise, Milanaise Cuvelier, Etourneau, auch ebenso bei Downing S. 450. — Ueber ihre Verschiedenheit von der Glücksbirne Fortunée vergleiche man diese.

Gestalt: obige Figur ist nach Frucht von meiner Pyramide gemacht, doch sah ich sie aus Süddeutschland vom Hochstamm eben so groß. Auch Downing und Decaisne geben die Figur ganz ähnlich. Hochstämmig waren gute Früchte bei mir stark 2 Zoll breit und 2—3''' höher, oft selbst nur so hoch als breit und dann mehr bergamottförmig als kreiselförmig. Bauch sitzt bei guten Exemplaren mehr nach dem Kelche hin, um den sie sich flachrund wölbt. Nach dem Stiele macht sie meistens eine Einbiegung und kurze etwas abgestumpfte Spitze. Der schön gerundete Bauch zeigt nur zuweilen einzelne flache Beulen.

Kelch: hartschalig, offen, klein, häufig blattlos, in flacher Senkung.

Stiel: holzig, häufig etwas gebogen, 1 bis 1½'' lang, meist schief neben einem Wulste, sitzt wie eingesteckt oder in kleine Beulen vertieft.

Schale: rauh, Grundfarbe ein mattes Grün, in der Zeitigung grüngelb, wovon indeß in manchen Jahren nur wenig, in anderen wieder mehr zu sehen ist, da ein bald zersprengter, bald auch dichter aufgetragener, in der Reife fast zimmtfarbiger Rost die Frucht überzieht, die dadurch nicht selten wie mit Rost gefleckt erscheint, woher der Name Etourneau (Spreeuw, Starenbirn) genommen sein mag. Punkte häufig, von Farbe wie der Rost, oft etwas sternförmig, häufig durch den Rost maskirt. Röthe fehlt ganz. Geruch schwach.

Fleisch: fein, mattgelblich weiß, ums Kernhaus nur wenig körnig, mehr als halbschmelzend, fast ganzschmelzend, von delicatem, fein weinartigen, recht süßen, durch ein feines zimmtartiges Gewürz gehobenen Geschmack.

Kernhaus: hat etwas hohle Achse; die Kammern sind geräumig und enthalten starke und lange, mit der Spitze etwas gebogene und am Kopfe mit einem Knöpfchen versehene, fast schwarze, vollkommene Kerne. Kelchröhre flach.

Reifzeit und Nutzung: muß in hiesiger Gegend in warmen Jahren bis zum halben Oct., oft bis gegen Ende Oct. am Baume hängen, zeitigt dann im December, und hält sich, kühl aufbewahrt, fast den Januar hindurch. Schätzbare Tafelfrucht.

Der Baum treibt gemäßigt, fast etwas fein und schickt sich dadurch gut zu Zwergen auf Wildling, wiewohl er in heißer, zumal eingeschlossener Lage die jungen Früchte in heißen Juniustagen gern verliert und hochstämmig voller ansetzt und ebenso schmackhafte Früchte liefert. Er ist in allerlei Boden gesund, setzt früh und reichlich an, und lieferte mir selbst aus vollem Sandboden vollkommene, delicate Früchte, die fast noch schmackhafter aus etwas feuchtem Boden waren. — Sommertriebe etwas stufig, starke Triebe häufig etwas hörnerartig gebogen, ledergelb, ins Olivenfarbige spielend, an der Sonnenseite häufig matt braunroth, stark punktirt. Blatt ziemlich klein, nur etwas schiffförmig aufwärts gebogen, ohne Wolle, glänzend, langelliptisch, meist lancettförmig, seicht und fein, doch oft auch scharf gezahnt; Afterblätter fein, pfriemen- oder fadenförmig. Blätter der Fruchtaugen länger oder kürzer lancettförmig, sehr fein, besonders nur nach der Spitze hin noch deutlich gesägt, die kleineren Blätter vorne auch oft ganzrandig, flach, nur wenig schiffförmig und nur vorne etwas sichelförmig gekrümmt, dunkelgrün und glänzend, unten sehr schön mattgrün, schön und fein geadert. Stiel nicht zu lang, bis 1½'' selten 2'' lang. Blüthenknospen länglich kegelförmig, fast walzenförmig, stechendspitz, dunkelbraun, mit etwas klaffenden Deckblättern. Blatt-Augen konisch, stark, abstehend, braungeschuppt.

Oberdieck.

No. 253. Dittrichs Winterbutterbirne. I, 2. 3. Diel; V, 1 a. Luc.; II, 3. Jahn.

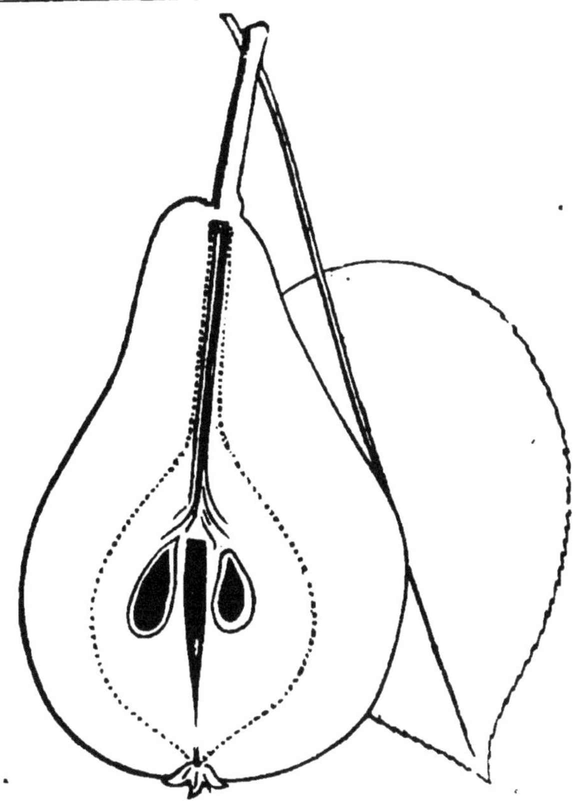

Dittrichs Winterbutterbirne. Liegel. ** W.

Heimath und Vorkommen: Liegel erhielt sie 1837 von Dr. Dörell, k. k. Bergwerks-Physikus zu Kuttenberg in Böhmen, als eine neu aus dem Kern erzogene vortreffliche Winterbutterbirne und benannte sie nach dem um die Pomologie so verdienstvollen, verstorbenen Küchenmeister Dittrich in Gotha.

Literatur und Synonyme: Liegels neue Obstsorten II. S. 70. — Synonyme sind nicht vorhanden. — Mit der ebenfalls von Liegel benannten, ihm als namenlose van Mons'sche Sorte durch Oberdieck zugegangenen Dietrichs Butterbirne (nach Professor Dietrich benannt*), darf die vorliegende nicht verwechselt werden. Liegel hat

* Sie ist im Handbuch S. 166 erwähnt, der Namen aber falsch geschrieben.

letztere ebenfalls in s. n. Obstf. II. S. 64 beschrieben. Sie ist aber nach den 1859 geernteten Früchten sicher nicht von der Regentin verschieden.

Gestalt: Liegel beschreibt sie als kegelförmig, bisweilen fast flaschenförmig, der Bauch liegt ²/₃ nach oben, wo sie sich flach abrundet, so daß sie gut auf dem Kopfe steht; nach dem Stiele zu macht sie eine starke Einbiegung und endigt mit einer selten abgestutzten Spitze, ferner als groß, 3" 2''' hoch, 2" 1''' breit und sandte auch obige Zeichnung, nach welcher ich indessen im Einklang mit meiner Formentafel die Form fast birnförmig, nach dem Stiele zu etwas kegelförmig werde nennen dürfen.

Kelch: offen, langblättrig, meist sternförmig aufliegend. Kelcheinsenkung flach, rostig, meistens durch Fleischbeulen entstellt.

Stiel: lang, mißt 15''', mäßig dick, grünlichbraun, stark punktirt, meist schief obenaufsitzend, neben einem Fleischwulst.

Schale: gelblichgrün, selten mit etwas bräunlicher Röthe, jedoch mit sehr zahlreichen kleinen grauen Punkten und mit Roststreifen und Rostflecken fast auf jeder Frucht. Die Haut ist dick und ungenießbar.

Fleisch: mattweiß, überfließend von Saft, körnig, butterhaft, bisweilen etwas steinig, von sehr edlem erhabenem rosenhaften Wohlgeschmack.

Kernhaus: groß mit starker hohler Achse. Die Kammern sind klein, rundlich und enthalten meist 2 vollkommene Kerne. — Kelchröhre ziemlich lang und ganz geschlossen.

Reife und Nutzung: Die Frucht zeitigt im December und hält sich gut durch den Januar, welkt nicht. Sie wird zuletzt fast ganz gelb, dann weich und endlich teig. Ist eine große, manchmal ansehnlich große, sehr empfehlungswerthe Tafelfrucht I. Ranges.

Eigenschaften des Baumes: Der Wuchs desselben ist kräftig, auch scheint er tragbar zu sein. — Die Blätter des Sommerzweigs beschreibt Liegel als klein, 2¹/₂" lang, 2" breit, eiförmig, zugespitzt, hängend, etwas rinnenförmig, zurückgebogen, glänzend, dick, steif, feingerippt, etwas runzelig, dunkelgrün, enge und fein scharfgesägt. Blattstiele 1" 4''' lang. Die Blätter des Tragholzes sind, wie ich die Sorte bereits in jungen Bäumen, aus Liegels Reisern erzogen, vor mir habe, eirund, 2" 2''' breit, mit der meist auslaufenden oder auch halb aufgesetzten Spitze 2³/₄" lang, bisweilen nach dem Stiele zu ein wenig abnehmend, so daß das Blatt Ansatz zur breitelliptischen Gestalt hat, die kürzer gestielten und kleinern fast rundlich, glatt, feingesägt, schwach schiffförmig und etwas sichelförmig, dunkelgrün, ziemlich stark geadert. Blattstiele bis 1³/₄" lang. — Blüthenknospen zur Zeit klein, kegelförmig, ziemlich stark zugespitzt, dunkelbraun. — Sommerzweige grünlich gelbbraun, nach oben und auf der Sonnenseite violettroth mit gelblichen Punkten.

J.

No. 254. Graf von Flandern. I, (II), 3. 3. D.; V, 1, (2) a (b), L.; III, 3. J.

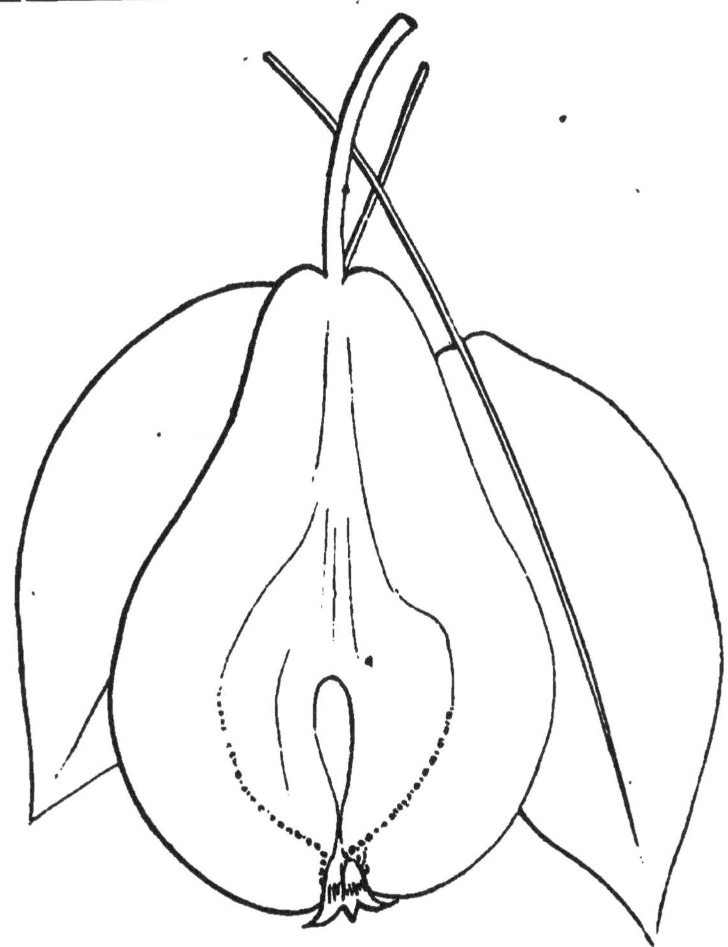

Graf von Flandern. Bivort (Bouvier). * * oder * W.

Heimath und Vorkommen: ein Sämling von van Mons; der Baum trug die ersten Früchte 1843. Im Einverständniß mit den Söhnen des verstorbenen Professors widmete S. Bouvier die Birne Sr. Königl. Hoheit dem Grafen von Flandern. Der Baum trug in der Löwener Baumschule die Nummer 2672.

Literatur und Synonyme: Bivort II. S. 49, Comte de Flandre. — Annal. de Pomol. II. S. 87. In ersterem Werke ist sie der obigen Abbildung mehr ähnlich doch stärker bauchig abgebildet. In den Annalen gleicht sie fast einer Regentin (Passe Colmar). — Die vorliegende Zeichnung lieferte Lucas nach ihm aus Belgien zugegangenen Früchten — übrigens erzog ich sie bereits in Meiningen von derselben Form nur weniger groß aus Reisern, die ich aus Wetteren empfing.

Gestalt: Bivort beschreibt sie als pyramidal, bauchig birnförmig, beulig und bisweilen mit etwas Rippen um den Kelch, ferner als groß, nach der Abbildung im Album ist sie 3" dick und $3^3/_4$" hoch, welchen Umfang sie auf der Vorlage oben jedoch noch nicht erreicht.

Kelch: an den in Meiningen erzogenen Früchten stark, groß, aufrecht, gleichsam vorgeschoben, hornartig, weit offen, doch, wie die Annalen bemerken, bisweilen geschlossen, flachstehend. Von der Kelchmündung geht eine feine braune Röhre meist bis zur hohlen Achse des Kernhauses herab.

Stiel: stark und dick, meist über $^3/_4$" lang, holzig, obenauf, mit einem Fleischwulste umgeben.

Schale: etwas rauh, gelbgrün, später mehr gelb, mit feinen bräunlichen Punkten, ein wenig matter Röthe an der Sonnenseite und etwas Rost um Kelch und Stiel, von welchem auch sonst mehr oder weniger auf der übrigen Schale zersprengt wahrzunehmen ist. Auf Quitte erzogene Früchte zeigen diese Abzeichnungen nur um so lebhafter.

Fleisch: fein, gelblich weiß, nach Biv. schmelzend, halbbutterigt, saftvoll, gezuckert und delicat gewürzt (auch nach den Annal. butterhaftschmelzend) war auch nach den von Luc. zugefügten Bemerkungen ganz schmelzend, doch blieb es an meinen an freistehender Pyramide erzogenen Früchten rauschend, wurde kaum halbschmelzend; war auch 1859, resp. 1860 im Januar wieder ebenso, höchstens, als die Frucht innen bereits braun war, halbschmelzend. Den Geschmack aber bemerkte ich mir als „gut, schwach gewürzt, gezuckert," während Luc. dazu schrieb „ohne viel Gewürz."

Kernhaus: ist mit feinen Körnchen umgeben, doch fand ich es, wie Lucas ebenfalls, ganz ohne Kerne, in 6 Früchten auch keine deutlichen Kammern und ebensowenig Kerne, was weder im Alb. noch in den Ann. bemerklich gemacht ist.

Reife und Nutzung: sie reift nach Biv. Mitte December und hält sich nach den Annal. bis Mitte Januar. Auch in M. waren die Früchte meist den 20. Dec. reif. Wahrscheinlich wird sie aber nur an einer warmen Wand oder in geschützter Lage die an ihr in Belgien gerühmten Vorzüge erlangen, wonach sie mit der Größe einer Diel bei einer späten Reife die Güte der Regentin in sich vereinigen soll, und auf anderem Stande eine Compotfrucht bleiben.

Eigenschaften des Baumes: derselbe wächst nach Bivort ziemlich lebhaft und gibt auf Wildling eine gute Pyramide, kann aber auf Quitte nur in ausgezeichnetem Boden cultivirt werden, wie die Annalen bemerken. Größere Fruchtbarkeit fügt Biv. hinzu, sei dem Baume zur Zeit noch zu wünschen. Die Blätter sind eiförmig, nach dem Stiele zu stark verschmälert, auch öfters elliptisch, das längstgestielte Blatt selbst lanzettförmig mit auslaufender meist langer Spitze, wollig, ganzrandig, $1^1/_2$" breit, $2^1/_2$" lang, an kräftig wachsenden Bäumen ebenso, nur größer. So beschreibt sie auch Biv., doch nennt er die Form eilanzettförmig (feuilles ovales lancéolés). — Blüthenknospen zur Zeit klein, kegelförmig, sanftgespitzt, hellbraun, glatt. — Sommerzweige grünbraun, hie und da roth angelaufen, nach Biv. in der Jugend stark wollig, (wie bei allen Birnen mit wolligen Blättern, Jahn,) haselnußfarben, schmutzig weiß punktirt.

J.

No. 255. Die Rhenser Schmalzbirne. III, 3. 3. D.; V, 2 a. L.; III, 3. J.

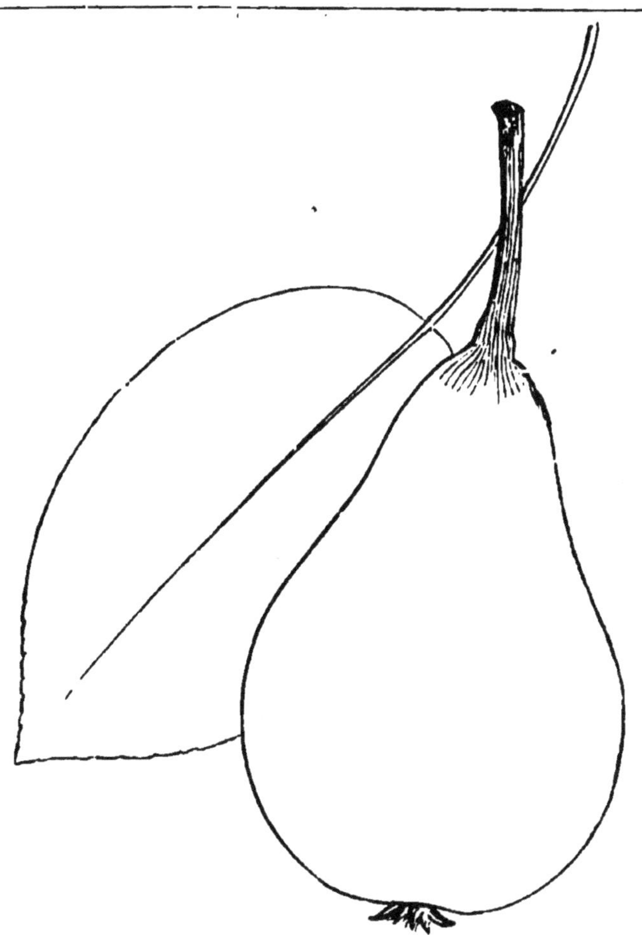

Die Rhenser Schmalzbirne. Diel. * † W.

Heimath und Vorkommen: sie stammt von Rhens am Rhein, wo der berühmte Königsstuhl ist, hat sich aber wie es scheint nicht weit über die Gärten der eigentlichen Pomologen hinaus verbreitet.

Literatur und Synonyme: Diel schilderte sie nur kurz im syst. Verz. II. Forts. S. 106 Nr. 394. — Oberd. S. 407. — Synon. sind nicht bekannt.

Gestalt: Diel beschreibt sie als birnförmig, ansehnlich groß, wohlgeformt, $2^1/_2$" breit, $3^1/_2$" lang, und wie die Abbildung zeigt, trifft damit die Frucht, wie ich sie aus Zweigen von Hr. Dr. Liegel erzog, bis auf die Größe, die sie bei mir nie erreichte, überein. Von Oberd. sah ich sie vor mehreren Jahren ebenso geformt, doch noch etwas kleiner.

Kelch: ziemlich groß, spitzblättrig, halboffen, ziemlich flach stehend.

Stiel: ziemlich stark, gelbbraun, verliert sich meist ohne Absatz in die Frucht und zeigt in der Reife etwas Runzeln, die von dem gewöhnlich auf dem Lager sich einstellenden Welken herrühren.

Schale: glatt, grüngelb oder gelb, recht besonnte Früchte auf der einen Seite hell blutroth verwaschen, mit sehr zahlreichen feinen gelbbraunen Punkten und auf einem großen Theile der Oberfläche mit ebenso gefärbtem mehr oder weniger zusammenhängenden Rost.

Fleisch: schwach gelblichweiß, körnigt, saftvoll, angenehm riechend, abknackend, von gewürzhaft süßem, fein zimmtartigen Geschmack — nach Diel — oder wie ich ihn mir anmerkte, „sehr süß, fast widrig- oder honigsüß, etwas fein müskirt."

Reife und Nutzung: die Birne reift nach Diel im Winter und hält sich oft bis in den Sommer, allein leider welkt sie meist schon im Vorwinter, so daß sie bald verbraucht werden muß. Sie ist so, Ende Nov. oder im Dec., noch ziemlich zum Rohessen brauchbar, hauptsächlich mag sie aber demjenigen, der sehr süße Compotfrüchte liebt, als Kochbirne empfohlen werden. Ihre bessere Ausbildung erlangt sie wahrscheinlich nur am Spalier. — Oberd. hält sie im Ganzen für entbehrlich, empfiehlt sie aber, wie ich selbst, noch der weiteren Beobachtung, da der Baum auch hier erst einige Früchte trug. In Süddeutschland möchte sie immerhin eine schätzbare Kochbirne abgeben.

Eigenschaften des Baumes: derselbe wächst nach den damit gefertigten Zweigen sichtbar kräftig und muß durch seine großen dunkelgrünen langgestielten Blätter sich besonders kenntlich machen. Bei Oberd. bewies er sich auch tragbar. — Die Blätter sind der Mehrzahl nach eiförmig, mehr oder weniger breit und lang, auch länger und kürzer zugespitzt, einzelne kürzere sind eirund, andere elliptisch, in schönster Form 2" breit, 3" lang, glatt, ganzrandig oder sehr verloren gezahnt, etwas wellenförmig, sonst meist flach, nur an der Spitze etwas gekrümmt. Stiel gelblichgrün, bis 2" lang. — Blüthenknospen groß, kegelförmig, sanftgespitzt, kastanienbraun. — Sommerzweige etwas stufig, nach oben hin verdickt, gelbbraun, an der Sonnenseite düster rothbraun, fein weiß punktirt.

J.

No. 256. **Baronsbirne.** III, 3. 3. Diel; XI, 1 b (a) Lucas; II, 3 Jahn.

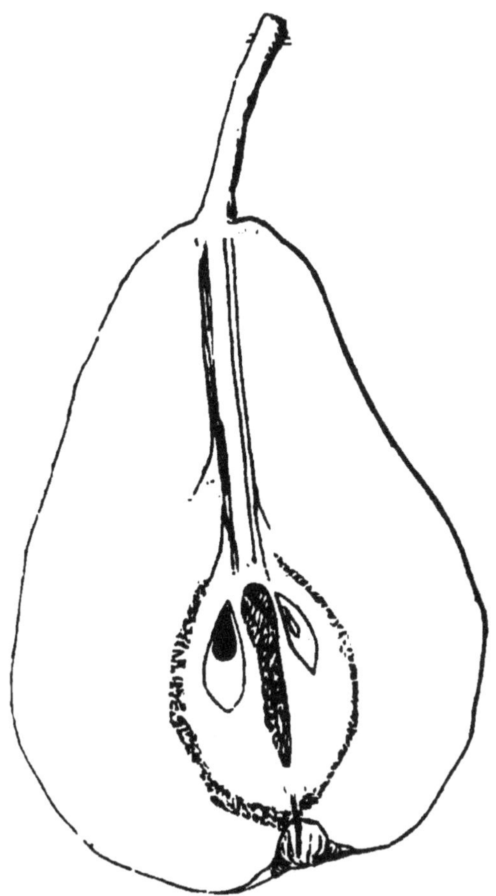

Baronsbirne. Diel (Knoop). †† W.

Heimath und Vorkommen: stammt ohne Zweifel aus Holland; Diel erhielt sie aus Gröningen und bemerkt, daß man sie zwar nicht in Knoops Pomologie, wohl aber in seinem Hovenier finde. Ist noch sehr wenig verbreitet, verdient aber häufigen Anbau.

Literatur und Synonyme: Diel XXI. S. 259 unter obigem Namen, mit dem Zusatze nach Knoop: Winter Baron Peer. Knoop hat im Hovenier sowohl eine

Sommer- als Winter-Baronsbirne, letztere als Kochfrucht. Auch Etienne hat eine Poire de Baron, welche aber eine Sommerbirne ist. Dittrich I. S. 762 nach Diel.

Gestalt: kegelförmig, häufig mehr birnförmig. Der Bauch sitzt stark nach dem Kelche hin, um den die Frucht sich stark abnehmend zurundet, und oft eine so kleine Fläche bildet, daß sie nicht aufstehen kann. Nach dem Stiel macht sie bald eine starke, bald nur sanfte Einbiegung und lange kegelförmige, oft fast nicht abgestumpfte Spitze. Gute Früchte sind $2^1/_2$" breit und $3^1/_2$" lang. Die Oberfläche der Frucht ist meistens fein beulig. Die obige Figur ist nach mittelgroßer Frucht von unbeschnittener Pyramide in Herrnhausen gezeichnet.

Kelch: klein, nach Diel kurz, hartschalig, offen, (ich fand ihn ganz geschlossen, und die schmalen zusammengebogenen Ausschnitte zwar stark aber nicht eigentlich hornartig,) sitzt in seichter Einsenkung, aus der einige Erhabenheiten über die Frucht sich hinziehen, sich einzeln gern verdrängen und die Rundung verschieben, oder die Hälfte der Frucht ungleich machen.

Stiel: lang, holzig, stark, $1^1/_4$ bis $2^1/_4$" lang, gewöhnlich zur Seite gebogen, sitzt wie eingesteckt oder geht aus der Spitze, mit Fleisch umgeben, fast hervor.

Schale: stark, hellgrün, in der Zeitigung hellgelb. Die Sonnenseite, an recht besonnten besonders, wenn die Früchte in warmen Jahren am Baume schon etwas gelblich geworden sind, ist mit einem erdartigen Roth leicht verwaschen, das zuweilen etwas Streifenartiges hat, in der Zeitigung aber verschwindet und die Sonnenseite nur goldartig macht. Punkte fein, etwas grün und an der Sonnenseite öfter fein roth umringelt. Geruch fehlt.

Das Fleisch ist etwas gelblich weiß, fein, steinfrei, saftreich, abknackend, nach Diel oft halbschmelzend, was meine Früchte nicht wurden, von etwas zimmtartigem reinen Zuckergeschmacke.

Kernhaus: klein, wenn gleich ich es nicht gerade, wie Diel, charakteristisch klein fand. Kammern zusammengedrückt, enthalten oft gar keine Kerne, die in ihrer Vollkommenheit eiförmig sind. Kelchröhre breit, geht nur etwas herab.

Reifzeit und Nutzung: zeitigt im Januar und hält sich bis in den April, darf in meiner Gegend nicht zu früh gebrochen werden, und welkte mir auf der Obstkammer etwas, wie auch Diel angibt, daß sie gegen das Frühjahr etwas welke. In Herrnhausen, wohin sie auch von Diel kam, war das Welken bei spätem Brechen unbebedeutend, vielleicht wegen kühler feuchterer Aufbewahrung, und wird sie dort als Kochbirne ganz besonders und vor andern geschätzt, wozu auch Diel sie sehr empfiehlt, der sie selbst angenehm zum rohen Genusse nennt. Gekocht ist sie roth und von gutem Geschmacke.

Der Baum wächst lebhaft, zeigt sich auch bei mir immer gesund, macht nach Diel eine etwas zerstreute Krone und ist ungemein fruchtbar. Sommertriebe mittelmäßig stark, nach oben etwas wollig, ohne Silberhäutchen, heller gelb als ledergelb, an der Sonnenseite etwas röthlich überlaufen, zahlreich und in die Augen fallend punktirt. Blatt langeiförmig, mit oft recht langer auslaufender Spitze, ungezahnt. Afterblätter fadenförmig. Blatt der Fruchtaugen herzförmig, (nach Jahn eirund, meist etwas herzförmig) unterhalb und oft auch oberhalb wenigstens noch auf der Mittelrippe meist etwas wollig, ganzrandig oder nur an der Spitze noch etwas seicht und verloren gezahnt; Augen dick, spitz, braun und weißgeschuppt, abstehend. Oberdieck.

No. 257. Die Schöne Angevine. III, (VI) 3. 3. D.; XI, 1 (2) b. L.; IV, 3. J.

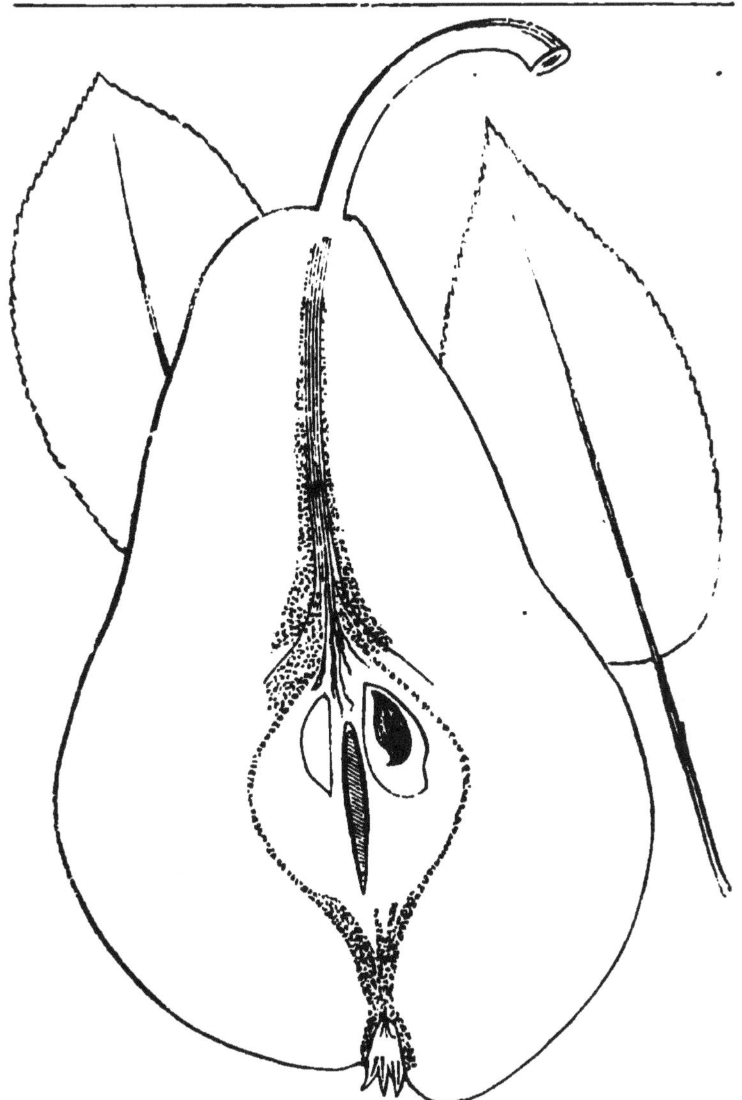

Die Schöne Angevine. Bivort (Prevost) † K. W.

Heimath und Vorkommen: Bivort und Prevost, die beide sie beschrieben, wissen über ihren Ursprung nichts Zuverläßiges.

Literatur und Synonyme: Bivort im Album I. Taf. 35: Royale d'Angleterre mit den Beinamen: Angora, Belle Angevine, Bolivar, Beauté ou Comtesse de Tervueren, Duchesse de Berry d'hiver, Grosse de Bruxelles. — Weitere Synon. der Belle Angevine, wie die Birne in Frankreich am meisten genannt wird: Duchesse de Berry (hie und da um Paris) Prevost im Rouener Büllet. S. 25, Abbé Mongein, Très grosse de Bruxelles, Lyon. Ver. — Grand Monarque und Uvedale's St. Germain haben außerdem noch Jamin und Durand, doch kömmt ersteres dem Katzenkopf und letzteres der Union Pear, Diels Bruderbirne (Diel II. S. 221) zu. Diese letztere hat nach dem Lond. Catal. noch folgende Beinamen: Uvedale's Warden, Pickering Pear, Pickerings Warden, Lent St. Germain, Germain Backer, De Tonneau, Belle de Jersey, Piper und Chambers Large, nach Emmons S. 114 auch Winter bell Pear und Pound Pear, doch ist sie wahrscheinlich, wenn auch eine ähnliche, doch wieder verschiedene Frucht. — Auch das Synon. Angora für Belle Angevine beruht nach Jamin und Durand auf Irrthum und haben sie als Angora ou de Constantinople eine andere mittelgroße Winterfrucht I. Ranges aufgezählt. — Vergl. noch Downing S. 423 (die ziemlich ähnlich der vorliegenden beschriebene Angora stammt hiernach aus der Stadt gl. N. bei Constantinopel); Dochnahl S. 148.

Gestalt: bauchig pyramidal, nach beiden Enden hin abnehmend, so beschreibt sie Bivort. Er hat sie 4¹/₄" breit und 6³/₄" hoch, länglich birnförmig, nach dem Kelche zu stark abnehmend abgebildet und gibt an, daß sie so enorm groß nur am Spaliere werde. Auch nach Anderen soll sie oft das Gewicht von 2 bis 3 Pfunden und selbst noch mehr erlangen und die größte von allen Birnen sein. — Ich selbst erzog sie an einem freistehenden Pyramidbaume nicht größer wie oben und von der gezeichneten Form oder auch ziemlich kreiselförmig und Prevost gibt an, daß sie sich oft ähnlich der Catillac baue.

Kelch: kurzblättrig, meist hornartig, halboffen, in seichter Einsenkung.

Stiel: sehr stark und lang, holzig, meist krumm, obenauf, oft ohne Absatz.

Schale: ziemlich stark, mattgrün, später mehr gelb, an der Sonnenseite zum Theil schön carmin geröthet, mit vielen bräunlichen Punkten, um Kelch und Stiel auch mehr oder weniger berostet.

Fleisch: gelblichweiß, etwas gröblich, trocken, fest und abknackend, von etwas herbem süßem, wenig gewürztem Geschmack, an der Luft bald bräunlich anlaufend.

Kernhaus: mit etwas Körnchen umgeben, Achse fast voll oder auch hohl. Fächer muschelförmig oder eirund mit meist tauben, oder wenn vollkommenen, schwärzlich-braunen mit einem kleinen Höcker versehenen Kernen.

Reife und Nutzung: Die großen Früchte halten sich nach Prevost meist nicht länger als Ende Januar, kleinere hatte ich aber selbst bis Juni, doch wird das Fleisch zuletzt ganz trocken und geschmacklos. Die Birne ist nur zum Kochen geeignet, wozu sie auch in Belgien und Frankreich nur dient. — Nach Hrn. Leper's Mittheilung, der in Gotha ein recht schönes Exemplar von 9" Länge und 1 Pfund 18 Loth Schwere ausgestellt hatte, werden solche Birnen als Schaustücke auf Tafeln mit 5—6 Frcs. und mehr bezahlt.

Eigenschaften des Baumes: derselbe wächst stark, sogar auf Quitte und ist recht fruchtbar, will aber nahrhaften Boden und eine Wand, wenn die Früchte groß und schön werden sollen. — Die Blätter sind elliptisch, oft auch fast lanzettförmig; (an jugendlichen Bäumen wie das eine oben noch zur Abbildung gelangte Blatt auch eiförmig) mit längerer oder kürzerer meist scharfer Spitze, glatt, feingesägt, etwas schiffförmig, steif und lederartig, starkaderig, dunkelgrün, meist ziemlich groß, 1³/₄" breit 3" lang. — Blüthenknospen groß, eirund, fast halbkugelig, stumpfspitz, schwarzbraun. — Sommerzweige röthlich- fast schwärzlichbraun, gegenüber düster grünbraun, sparsam fein gelblich punktirt.

Jahn.

No. 258. Die Priesterbirne. II, (III), 2. (1) 3. Diel; XII, 1 a. L.; III, 3. J.

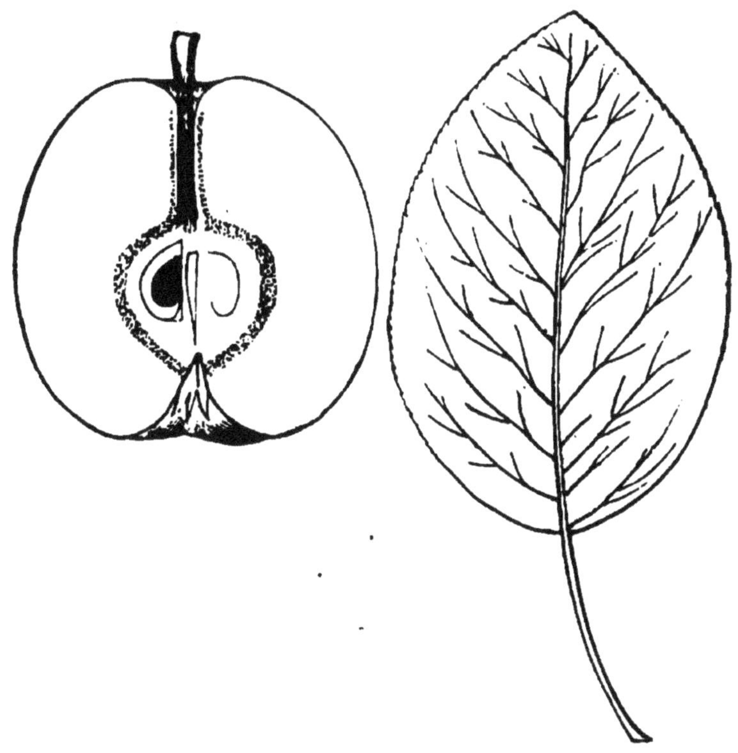

Die Priesterbirne. Duhamel (Christ). † vielleicht †† W. K.

Heimath und Vorkommen: ist wahrscheinlich französischen Ursprungs, doch auch in ihrer Heimath, wie es scheint, über die neueren Birnen etwas in Vergessenheit gekommen und wird in deutschen Gärten ebenso selten gefunden.

Literatur und Synonyme: Duhamel beschrieb sie III. S. 56: Poire de Prêtre (die Priesterbirne, d. Uebers.). Er schildert sie groß, 28''' dick, 27''' hoch, fast rund, am Kopfe und Stiele etwas breitgedrückt, fast apfelförmig. Kelch in weiter und seichter, Stiel in tiefer Höhlung. Haut ziemlich fein, fast ebenso wie die Graue Junker Hans gefärbt und weißgrau getüpfelt. Fleisch weiß, ziemlich fein, halbbrüchig, um die Kerne herum etwas steinigt, von etwas säuerlichem, nicht unangenehmen Geschmack. Reift im Hornung und hat zu dieser Jahreszeit etwas Vorzügliches. Ueber die Vegetation sagt er nichts, bildete sie auch nicht ab. Sicher ist es aber dieselbe Birne, wie ich sie im letzten Winter von Hr. Dr. Liegel als Priesterbirne mitnahm, der mir auch gütigst Blätter des Fruchtholzes später sendete. — Christ, Hdwb. S. 204: die Priesterbirne, Pfarrbirne, Poire de Prêtre, er gibt nach Manger als Synon. Caillot rosat d'hiver, Caillot rosat musqué, Caillot gris, Eau rose ronde hinzu, nennt sie aber irrig eine sehr gute Wintertafelbirne, sonst ganz nach Duhamel. Nach Cat. Lond. ist Caillot rosat d'hiver ein Synon. von De Malte, doch ist diese nicht näher geschildert. — Von Mayers Brauner Sommer-Pomeranzenbirne mit dem Synon. de Prêtre (S. 249 des Illustr. Handb.) ist die vorliegende verschieben. — Unter den neuern französischen Schriftstellern haben sie Tougard in seinem Tableau S. 76 u. Liron im 2. Theile s. Notice pom. 1857 S. 67, doch beide ganz kurz nach Duhamel. Nach Tougard ist die längere Dauer ihr Werth. — Ich finde diese Birne jedoch als Carmelite mit den Syn. Bergamotte rouge (bei Einigen, nicht bei Duhamel), Malte, de Prêtre, Caillot-rozat d'hiver, Piécourt, nachträglich noch recht gut beschrieben, auch ebenso wie oben, nur etwas abnehmend nach dem Stiele zu abgebildet, bei Decaisne I., 5. Lief.

Gestalt: rundlich, oben und unten abgeplattet, wie sie Duhamel beschreibt und wie sie oben vorliegt. Daß sie das angegebene Maaß nicht hat, darf uns nicht Wunder nehmen, wahrscheinlich erlangt sie es schon am Spaliere oder in besonders gutem Boden. Doch hat sie auch Decaisne nur etwa um $^1/_8$ größer abgebildet.

Kelch: kurz- aber spitzblättrig, halboffen, in ziemlich tiefer, schüsselförmiger Einsenkung.

Stiel: kurz oder nach Duhamel bis $^3/_4$" lang, holzig, in enger Vertiefung.

Schale: die Grundfarbe ist wahrscheinlich grün, doch ist nichts davon zu sehen, denn die ganze Frucht ist ringsum etwas rauh braungelb berostet, wie die Prinzessin Marianne (oder wie die Junker Hans, so sagt Duhamel) und weißgrau punktirt, was aber nicht immer bemerkbar ist. Ohne Röthe. Ganz so braungelb mit weißlichen Punkten hat sie auch Decaisne abgebildet.

Fleisch: weiß, gröblich, hart und brüchig, zum Rohgenuß nicht recht brauchbar, doch ist der Geschmack sehr süß und schwachzimmtartig gewürzt (von Säuerlichem ist mir gerade nichts aufgefallen). Decaisne schildert es als brüchig, leicht mürbe, roh noch genießbar, von vielen andern übertroffen, jedoch vortrefflich zu Compots.

Kernhaus: schwach hohlachsig, mit ziemlich viel Steinchen umgeben. Kammern muschelförmig, mit schwärzlichbraunen, mittelgroßen, vollkommenen Kernen.

Reife und Nutzung: die Birne reift im Februar und März, kann aber schon vom December an als Kochbirne benützt werden und ist jedenfalls gekocht sehr angenehm. Sie welkt nicht und scheint überhaupt eine lange Dauer zu besitzen. Ist demnach immer eine empfehlungswerthe Frucht.

Eigenschaften des Baumes: über denselben gibt Duhamel nichts an, auch hat mir Hr. Dr. Liegel nichts von demselben mitgetheilt. Nach Liron wächst er ziemlich lebhaft, ebenso nach Decaisne, der ihn auch als fruchtbar und zu Hochstamm passend bezeichnet. Die Blätter des Fruchtholzes, wie sie mir Hr. Dr. Liegel sandte, sind eiförmig, bisweilen eirund, mit auslaufender oft sehr kurzer Spitze, $1^3/_4$ bis 2" breit, $2^1/_4$ bis $2^3/_4$" lang, oben und unten wollig, ganzrandig oder nur vorne undeutlich gekerbt. Stiel bis $1^1/_2$" lang, ebenfalls wollig. Decaisne beschreibt die Blätter ziemlich als eben so geformt, am Rande nur schwach gekerbt, auch als ober- und unterhalb wollig, so daß auch hiernach seine Sorte von der hier vorliegenden nicht verschieden ist.

J.

No. 259. Die Glücksbirne. I, 2 (oft 1). 3. Diel; VI, 1 b. Luc.; IV, 3. Jahn.

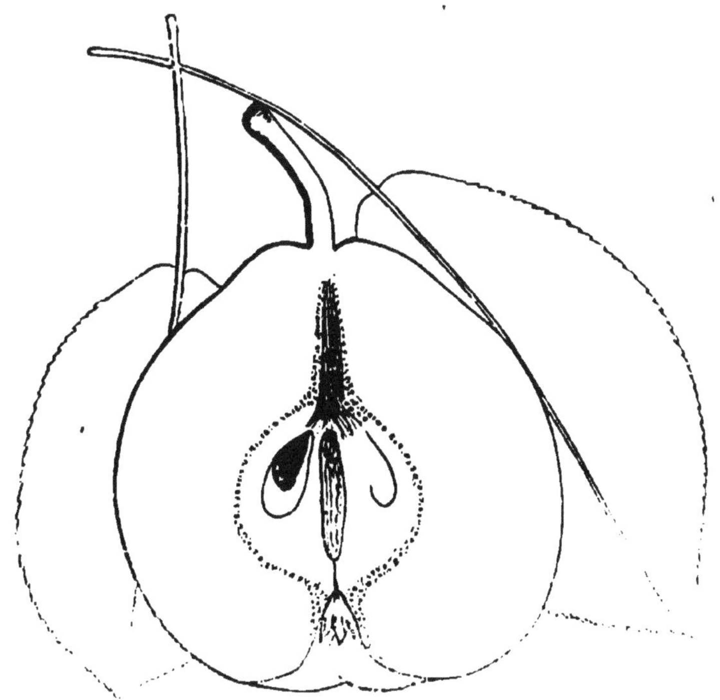

Die Glücksbirne. Liegel (Parmentier). * * ! W.

Heimath und Vorkommen: sie wurde, wie die Berlin. Verhandl. mittheilen, vom Apotheker Reumes (nach Decaisne jedoch von einem Herrn Fortuné Deremme ums Jahr 1828 schon) in einem Flecken bei Enghien aus Samen erzogen, wo sie ihr Verbreiter Parmentier fand. Man hat sie bereits auch öfters in Deutschland gepflanzt, doch nicht überall, wie selbst in Frankreich, mit Glück, weil man ihr nicht immer den richtigen Standort und den von ihr verlangten nahrhaften leichten Boden gab.

Literatur und Synonyme: Liegel beschrieb sie in s. N.O. II. S. 77 als Glücksbirne, auch Bivort im Alb. II. S. 79 als Poire Fortunée mit dem Synonyme Bergamotte Fortunée. Nach Tougard heißt sie nebenbei auch Fortunée d'Angers, und bei Andern Fortunée d'Enghien und Fort, oder Beurré de Remme (wonach dies letztere Wort also wohl richtiger als das obige Reumes ist); Decaisne hat unter den Synonymen auch noch Fortunée de Rhemos. Vergl. Berl. Verhandl. V. Heft 1 S. 19, Decaisne Lief. 4, Tougard in dessen Tableau v. 1852 S. 69 und 81, Büllet. de la Soc. centr. d'hortic. Rouen 1844 S. 94, Charles Baltet S. 40. Der Lond. Cat. gibt als Synon. noch Fortunée Belzi, Beurré d'hiver nouvelle und La Fortunée de Paris an.

Gestalt: dickbauchig, kurz abgestumpft kegelförmig, bisweilen fast rundlich kreiselförmig, oben ziemlich flach abgerundet, nach dem Stiele zu stark eingebogen mit kurzer stumpfer Spitze endigend, in der Abrundung uneben und beulig, oft auch stark stumpfrippig, groß, 2" 7''' hoch, $2^1/_2$" dick, oft ebenso hoch wie breit, so beschreibt sie Liegel. Nach meiner Formentafel kann ich die Frucht, die auch sehr oft ohne Einbiegung nach dem Stiele zu vorkommt, mit Biv. unregelmäßig rundlich, oft kreiselförmig, nach dem Stiele zu stumpfspitz nennen.

Kelch: klein, vertrocknet, mangelhaft, in enger, sehr tiefer, ungleicher Einsenkung, oft mit starken Beulen umgeben.

Stiel: mittellang, meist dick und stark, in seichter Höhle, mit einigen starken Falten umgeben.

Schale: grünlich, später dunkelgelb, doch ringsum fein und dünn bräunlich berostet oder punktirt, auch figurenrostig, doch bleibt die gelbe Grundfarbe meist noch sichtbar.

Fleisch: weiß, butterhaft, saftig, von zuckersüßem, recht angenehmen Geschmack, so schildert es Liegel. Ich notirte es als ganz schmelzend, von gewürzhaftem, erfrischenden, durch schwache feine Säure (Diel würde sagen Muskatellersäure) erhabenen Zuckergeschmack. — Selbst französische Pomologen schildern es nicht buttrig, so Baltet als fein und zart, doch festkörnig, (grain serré), weder schmelzend noch brüchig, doch delicat gewürzt, roh gut, gekocht ausgezeichnet. — Der Pariser Congreß: gut, fein, halbschmelzend. — Decaisne: gröblich von Ansehen, fest oder halbbrüchig.

Kernhaus: starkhohlachsig, mit mehlartiger Wandauskleidung, mit nur feinen Körnchen umgeben. Fächer klein, Kerne oft unvollkommen.

Reife und Nutzung: die Reife beginnt im Februar oder März, aber die Frucht hält sich auch ohne zu welken bis in den Mai. Eine ausgezeichnet gute Winter- und Frühlingsfrucht, die, wie Liegel meint, wegen ihres edlen Geschmacks noch schätzbar ist, wenn auch das Fleisch nicht ganz butterhaft würde.

Anmerkung. Bis jetzt erzog ich selbst an freistehender Pyramide nur Früchte, die mich wenig befriedigten, wie Aehnliches Oberd., Luc. und Donauer angeben. Dieselben blieben klein und unvollkommen, zersprangen auch häufig im Regen, sie welkten meist stark und wurden auch nicht schmelzend. Der Geschmack war aber angenehm und man konnte die Birne recht gut im Februar noch roh genießen. — Ich bekam jedoch 1858 die Frucht, und 1859 auch Blätter des Baumes, welcher danach die gleiche Vegetation wie der meinige hat, aus guter Cultur von Hr. Med.-Rath Dr. Loeper in Neubrandenburg in mehreren Exemplaren, in Form und Färbung ganz meiner von Papeleu erhaltnen Fortunée entsprechend und von der obengezeichneten Größe, wie sie auch das Rouener Büllet. und Bivort ähnlich, nämlich ohne Einbiegung nach dem Stiele zu abbildeten. Diese Früchte hielten sich sehr gut bis in den März, blieben saftig und wurden völlig schmelzend und entsprachen somit der Liegel'schen Beschreibung, so daß ich ganz von dieser Frucht befriedigt bin. Man muß sie nur, auch nach Biv. stets ans Spalier, nach Tougard an eine Mauer pflanzen, wenn sie gut, groß, steinfrei und nicht rissig werden soll, quod bene notandum!

Eigenschaften des Baumes: derselbe wächst schön und kräftig, sowohl auf Wildling wie auf Quitte, auch ziemlich pyramidal, und ist sehr tragbar, doch ist es, wie oben erwähnt, nicht möglich, an freistehenden Bäumen gute Früchte zu erziehen. Die Blätter sind elliptisch, $1^1/_2$ bis $1^3/_4$" breit, $2^3/_4$" lang, öfters sind sie jedoch auch noch eiförmig, meist aber dann, wie auf der Abbildung oben, nach dem Stiele zu stark (verschmälert), in vielen Blättern denen der Hardenponts Winterbutterbirne (Kronprinz Ferdinand) ähnlich, glatt, stumpf- und fein- oder auch schärfer-, oft nur in der vordern Hälfte gesägt, etwas schiffförmig, auch wellenförmig und schwach sichelförmig gekrümmt, ziemlich dunkelgrün, doch stark geadert. — Blüthenknospen etwas länglich kegelförmig, sanftgespitzt, kastanienbraun. — Sommerzweige graulich dunkelolivengrün, schmutzigweiß punktirt. — Von der ihr oftmals ähnlich sehenden Winter-Nelis ist sie durch spätere Zeitigung, stärker gelbe Färbung in der Reife und unregelmäßige beulige mehr rundliche Form, besonders aber auch durch andere Vegetation, indem die Winter-Nelis kleinere schmale lanzettförmige Blätter hat, verschieden.

J.

No. 260. Esperens Märzbirne. III, (VI.) 2. 3. Diel; XI, 1 b. Luc.; III, 3. Jahn.

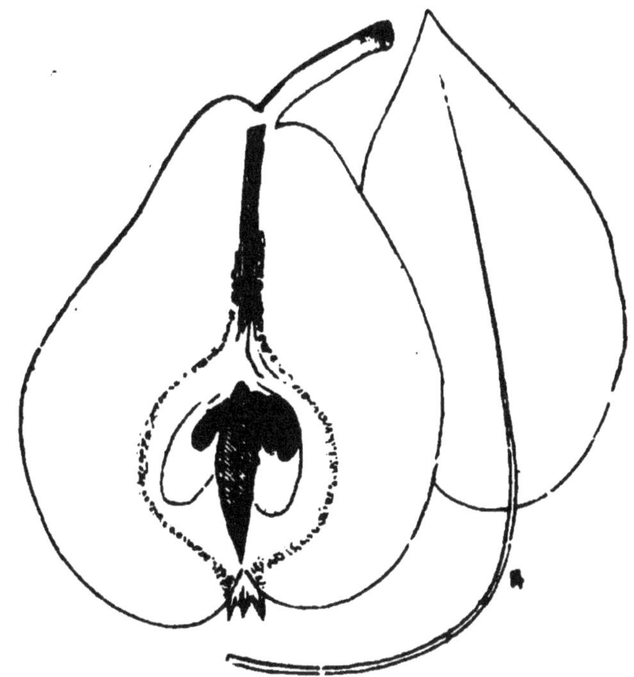

Esperens Märzbirne. Bivort (Esperen.) † K. W.

Heimath und Vorkommen: Esperen erzog sie aus Samen und benannte sie nach ihrer Reifzeit, die bei den meisten Früchten dieser Sorte in den März fällt, Cassante de Mars, für welchen Namen wir den obigen gewählt haben.

Literatur und Synonyme: Bivort beschrieb sie im Album II. S. 159. — Dochnahl im Führer II. S. 81 zählte sie unter Nr. 435 als Krachende Bergamotte auf. Sie ist nun zwar auch im Album ganz von Bergamottform abgebildet, allein Bivort gibt als ihre gewöhnliche Form die der Weißen Herbstbutterbirne (d'un Doyenné) an, und die Zeichnung oben, welche Lucas nach der ihm aus Belgien zugegangenen Frucht gemacht hat, zeigt, daß sie der Genannten wirklich recht ähnlich ist.

Gestalt: wie erwähnt, der Weißen Herbstbutterbirne ähnlich, klein oder mittelgroß, 2³/₄" hoch und fast ebenso breit, bisweilen auch ebenso breit wie hoch, und dann, wie die Abbildung in Bivort nachweist, auch Bergamottform annehmend.

Kelch: regelmäßig, offen, in schwacher rundlicher Einsenkung, die Kelchblätter sind steif, rostig-schwarz.

Stiel: kurz, $^1/_2$" lang, stark, holzig, braun, in einer kleinen und unregelmäßigen Vertiefung.

Schale: glatt, hellgrün, später goldgelb, gelbbraun gefleckt und gestreift und ebenso auf der Sonnenseite und um die Kelchwölbung herum berostet.

Fleisch: gelblichweiß, halbfein, vor der völligen Zeitigung und nach ungünstigen Sommern brüchig, in richtiger Ausbildung und Reife aber halbschmelzend, saftvoll, zuckerig, weinigt und gut gewürzt.

Kernhaus: wie oben abgebildet, die Kerne sind dick, platt, eiförmig, zugespitzt, hellbraun, im Umkreise mehr dunkelbraun.

Reife und Nutzung: die Birne reift vom December bis April, die Mehrzahl der Früchte aber im März. Weil Esperen sie als brüchigen Fleisches bezeichnet, bemerkt Bivort, so sei sie von den Liebhabern vernachläßigt worden, aber gar manche anderen Winterbirnen mit schönen Namen kämen ihr nicht gleich und sie empfehle sich besonders durch die große Fruchtbarkeit und Dauer des Baumes, und es sei wegen des letztern Umstandes der Baum auch zur freien und vermerthen Anpflanzung in die Baumstücke geeignet.

Eigenschaften des Baumes: sie sind mit dem Gesagten bereits der Hauptsache nach erörtert, das Wachsthum desselben ist lebhaft, er macht aber eine mehr runde als pyramidale Krone, indem die Zweige rechtwinkelig abstehen. Wie ich die Sorte von Papeleu habe, sind die Blätter eiförmig mit auslaufender Spitze, die oft langgezogen ist, $1^1/_2$" breit, $2^3/_4$" lang, glatt, meist ganzrandig. Ziemlich ebenso hat sie Bivort beschrieben. — Die Blüthenknospen sind nach Bivort mäßig groß, eiförmig, zugespitzt, hellbraun mit Dunkelbraun schattirt. — Die Sommerzweige lang, dünn, gerade, nach oben stark streifig, haselnußfarben, schwach und unregelmäßig röthlich punktirt. An meinem Baume sind sie grünlichbraun mit sparsamen weißlichen Punkten.

NB. Lucas hatte an den Rand der im Februar gefertigten Durchschnittszeichnung angemerkt: „Für warme Lagen! — Sonst Kochbirn" und schwerlich möchte die Frucht in dem weniger warmen deutschen Clima etwas anderes, als eine länger dauernde Winter-Kochbirne abgeben.

J.

No. 261. Die Sarasin. I, 3. 3. Diel; V, 2 b. Lucas; III, 3. Jahn.

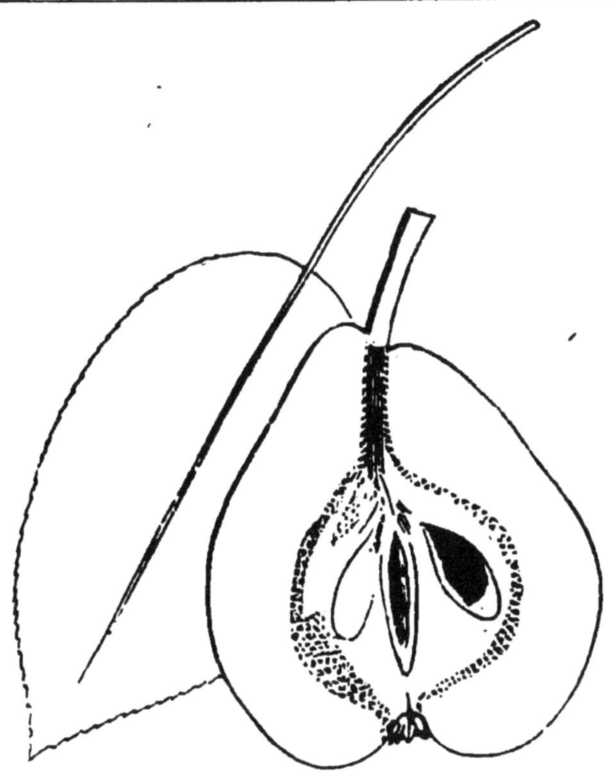

Die Sarasin. Diel (Duhamel). † K. Frühling durch d. Sommer.

Heimath und Vorkommen: stammt wahrscheinlich aus der Pariser Carthause, und hat sie Duhamel zuerst beschrieben, jedoch nicht abgebildet und auch nichts von ihrer Vegetation gesagt. Ihren Ruf verdankt sie ihrer langen Haltbarkeit (bis es wieder andere Birnen gibt, ja selbst bis zum November des andern Jahres hatte sie und aß sie Duhamel), doch bleibt sie bei uns, weil sie zu wenig auszeitigt, meist nur Kochbirne, die überdies nach hiesigen Erfahrungen stark welkt.

Literatur und Synonyme: Diel VIII. S. 92; Duhamel III. S. 96; Christ (Hdwb. S. 210 und 211) hat etwas voreilig die Sarasin der Carthause von derjenigen des Duhamel unterschieden, doch beschreibt Duhamel seine Frucht so, daß sie am Kopfe an Dicke abnehme, so daß sie nicht gut aufgestellt werden könne, wie sie auch Mayer tab. 99 (S. 306) als Sarazin, Saracenerbirne, (nebenbei eirund und nach dem Stiele zu birnförmig) abgebildet hat. Dieses Aufstellen ist aber bei der Sorte, wie sie Christ aus der Carthause erhielt, und wie er sie im T.O.G. XIV. S. 278 abgebildet hat, (in welcher Form sie ganz der oben gezeichneten Frucht gleicht) allerdings recht gut möglich. Doch abnehmend nach dem Kelche zu ist auch meine und Christs Frucht, und Duhamel, welcher hinzusetzt „und endigt sich (oben) irregulär," meint am Ende auch nur, daß sie wegen unregelmäßiger Abrundung nicht aufstehe. Ueberhaupt kömmt die Frucht nach Diel in 2 verschiedenen Formen vor, wie das Folgende lehrt. — Vgl. noch Oberd. S. 406; Dittr. I. S. 775; Luc. S. 210. — Ihre Synonyme, indem ich nur eine Birne annehme, sind also Sarasin des Chartreux, Sarasin der Carthäuser, Gros Chasserie, Poire Sarasin, Späte Sarasin (Dochnahl). — Nach dem Bülletin der Soc. in Rouen von 1839 S. 48 existirt übrigens jetzt in dortiger Gegend von Baumhändlern an der Loiret verbreitet eine andere kleine schlechte Sommerfrucht unter dem Namen Sarasin, die im August reift, brüchig und steinigt ist und schnell teigt und vor welcher gewarnt wird.

Gestalt: oft der Besten Birne ziemlich ähnlich, doch auch häufig um den Kelch abgerundet und halbkugelförmig, so daß sie alsdann auch ebenso oft aufstehen kann, nach dem Stiele zu kegelförmig, etwas abgestumpft spitz, klein, 1³/₄ bis 2" breit, und oft 2¹/₄ bis fast 2¹/₂" lang, so beschreibt sie Diel. — Ich kann sie hiernach und nach der Form meiner Frucht eiförmig oder auch kreiselförmig, nach unten kegelförmig nennen.

Kelch: oft fehlerhaft, hartschalig, seicht oder auch mehr und stark vertieft, mit etwas Erhabenheiten, die die Rundung verderben.

Stiel: ziemlich stark, bis 1" lang, obenauf wie eingesteckt, oft neben einem Fleischwulste.

Schale: etwas stark, blaß hellgrün, im Winter citronengelb, bisweilen etwas erdartig geröthet, mit Punkten, etwas Rost und schwärzlichen Rostflecken.

Fleisch: weiß, körnigt und ums Kernhaus steinigt, reif ganz schmelzend, von süßem fein gewürzhaften Geschmack. (Vgl. unten.)

Kernhaus: schwach hohlachsig (ich fand es dagegen starkhohlachsig), herzförmig, groß, Kammern eiförmig, mit vielen vollkommenen langen, spitzen, schwarzen Kernen. (Die Steinchen ums Kernhaus sind nicht zu zahlreich und auch nur fein.)

Reife und Nutzung: die Frucht zeitigt im April und Mai und hält sich in kalten Obstgewölben den ganzen Sommer hindurch; anders aufbewahrt welkt sie gerne. Wegen Haltbarkeit noch vom I. Rang. Verdient nur als eine der spätesten Birnen für die Küche Anpflanzung. So weit Diel. — Bei Oberdieck wurde sie nur in recht warmen Jahren auf Hochstamm fast halbschmelzend, bei Hörlin war sie zwar langdauernd, aber leicht welkend, bei Lucas selbst am Spaliere nur halbschmelzend, auf Hochstamm Kochbirne. Hier welkt sie gewöhnlich bis Februar stark und erreicht nie die Vollkommenheit zum Rohgenuß — weßhalb ich sie nur als Kochbirne zur Anpflanzung an eine Wand noch empfehlen kann. — Bei so vielen anderen neueren besseren ist sie aber auch zu solchem Zwecke wohl entbehrlich und hat nur als alte Duhamel'sche Sorte noch Interesse.

Eigenschaften des Baumes: derselbe wächst gut, fast pyramidal, belaubt sich licht und wird sehr fruchtbar. Die Blätter sind wie sie Diel beschreibt und auch Christ neben seiner Sarasin des Chartreux abgebildet hat, länglich eiförmig, mit auslaufender oder etwas aufgesetzter Spitze, oft auch elliptisch, 1¹/₂ bis 1³/₄" breit, bis 3" lang, glatt, regelmäßig fein gesägt, schiffförmig und schwach sichelförmig, ziemlich dunkelgrün und glänzend. Stiel sehr bleichgelb, bis 2" lang. — Blüthenknospen kegelförmig, sanftgespitzt, dunkelbraun mit hellbraun. — Sommerzweige gelblichgrün, sehr fein und undeutlich punktirt.

Anmerkung. Ich erhielt die Sorte von Oberdieck, welcher mir schrieb, daß sie noch von Diel selbst an ihn gekommen sei. — Diel bekam sie von Stein in Paris, betrachtete sie aber selbst nur als eine pomologische Merkwürdigkeit, denn, sagte er, „wer wird noch eine Sarasin speisen, wenn man im Juli schon köstliche neue Birnen hat?!"

J.

No. 262. Die Leon Leclerc von Laval. II, 2 (3). 3. D.; VI, 2 b. L.; IV, 3. J.

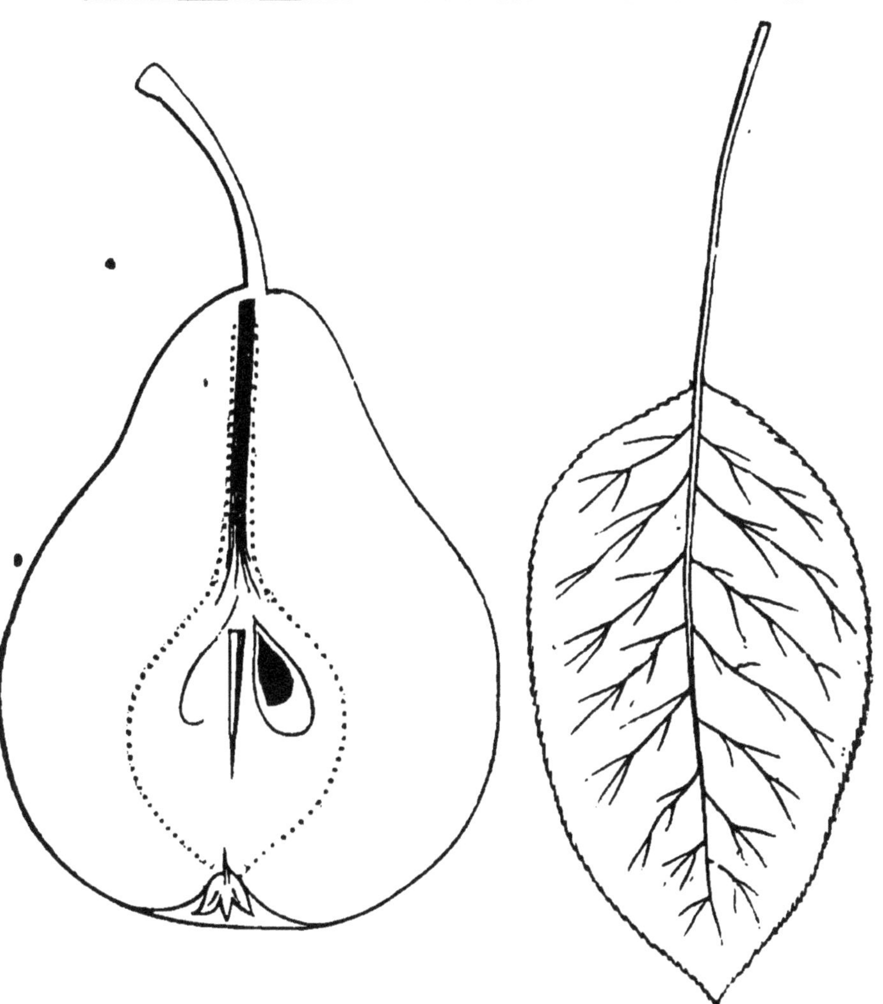

Die Leon Leclerc von Laval. Dittrich. Bivort (van Mons). * † W. K.

Heimath und Vorkommen: ein van Mons'scher Sämling aus dem Jahre 1816, von ihm als er 1825 getragen, dem früheren Mitglied der Deputirtenkammer in Frankreich Leon Leclerc aus Laval, Departem. Calvados, einem tüchtigen Pomologen gewidmet.

Literatur und Synonyme: Dittrich, III. S. 179, beschrieb sie schon als Poire Leon Leclerc de Laval nach den Ann. de Soc. de Paris Decbr. 1834, ausführlicher aber Biv. im Alb. I. neben Taf. 22. — Zu erwähnen ist, daß es noch eine andere Leon Leclerc mit dem Zusatz de Louvain gibt, ebenfalls von van Mons erzogen. Sie reift im November und wird als I. Ranges bezeichnet, während die vorliegende in den Verzeichnissen meist nur in den II. Rang gestellt ist. Auch noch einer 3. Birne gab van Mons den Namen Leon Leclerc mit dem Zusatz epineux, Bivort kannte sie aber zur Zeit selbst nicht, doch hörte er, es sei eine etwas rauhe (âpre) Winterfrucht. — Ob ihr in Catalogen das Synon. Bezy de Caën beigelegt wird, wie Dochnahl sagt, finde ich nirgends angegeben; Jamin und Duraud setzen aber hinter Leon Leclerc (bezeichnet als Frucht II. Ranges mit brüchigem Fleische, spät im Winter zeitigend, als Kochfrucht I. Ranges): Bergamotte Drouët, die demnach für identisch gehalten wird. — Auch in den Ann. de Pom. IV. S. 55 hat Biv. sie nochmals beschrieben.

Gestalt: beulig birnförmig bauchig, oder kreiselförmig birnförmig, sehr groß; so schildern sie die Ann., und sie ist hier $3^3/_4$" breit, $4^3/_4$" hoch, im Alb. $3^3/_4$" breit und $4^1/_2$" hoch, im Letztern mit auslaufender dünner Spitze, in den Ann. mehr stumpfspitz, zwischen welchen Formen meine Abbildung das Mittel hält, abgebildet.

Kelch (wie ich mir die übrigen Eigenschaften nach den hier an freistehender Pyramide erzogenen Früchten notirte): stark aber kurzblättrig, hornartig, braungelb, aufrecht, offen, in schöner seichter schüsselförmiger Einsenkung.

Stiel: obenauf oder schwachvertieft, holzig, braun, bis $1^1/_2$" lang, oft aber an kurzgebauten Früchten, wie solche ebenfalls vorkommen, nur $^1/_2$" lang.

Schale: etwas stark, glatt, trübgrün, später citronengelb, oft sonnenwärts schön carmingeröthet (was weder die Ann. noch Biv. Alb. hervorheben und wohl davon abhängt, daß die betr. Sorte die Spitze der Probe-Pyramide bildet) mit etwas feinen gelbbraunen Punkten und ebensolchem Rost, doch besonders nur um den Kelch.

Fleisch: mattweiß, ziemlich fein, auch ziemlich saftreich, rauschend, fast halbschmelzend, von recht angenehmem, weinigt gezuckerten, wenn auch schwach gewürzten Geschmack. — Nach den Ann. ist es sehr fein, zart oder halbschmelzend, nicht sehr saftreich, aber süß und gut gewürzt.

Kernhaus: nur mit feinen Körnchen umgeben, schwach hohlachsig, Kammern groß, mit wohlausgebildeten, schwarzen, mit einem kleinen Höcker versehenen Kernen.

Reife und Nutzung: die Reife erfolgt sehr spät, im April und Mai, selbst Juni, und ich selbst schrieb Obiges den 24. Mai über sie nieder; die Birne war nicht im Geringsten gewelkt. Es ist, wie sich Biv. ausdrückt, eine süperbe Spätfrucht und vielleicht eine der besten zu ihrer Zeit, besonders wenn sie in leichtem warmen Boden gebaut wird. In thonigem kalten Boden bleibt sie nur Kochfrucht (gibt aber, auch nach dem Lyon. Bericht, der sie blos zum Kochen bezeichnet, sehr gute Compots) und Biv. räth, sie da nur am Spalier zu pflanzen. Er sei überzeugt, daß diese Bevorzugung Niemanden gereuen werde, was ich unterschreiben möchte, da ich sie gerade in meinem schweren Boden, doch, wie die Vorlage zeigt, groß, schön und gut, freilich in dem günstigen warmen Jahre 1858 erzogen habe. — Die Schöne Angevine, die ich um diese Zeit auch noch hatte, ist eine weit geringere Frucht.

Eigenschaften des Baumes: derselbe wächst nach einigen jungen Bäumen, die ich gezogen habe, gut und kräftig und gedeiht auf Wildling und Quitte. Die Blätter sind elliptisch, wenn die stumpfe Spitze nach dem Stiele zu nicht wäre, würde man sie eirund nennen müssen, sie sind groß, $1^3/_4$ bis 2" breit, bis $3^1/_2$" lang, glatt, bisweilen, besonders die größeren, scharf gesägt, doch oft auch stumpfgesägt und selbst ganzrandig, dunkelgrün, doch reich geadert, meist flach. — Stiel stark, oft $2^1/_2$" lang. — Blüthenknospen kegelförmig, stumpfspitz, hellbraun. — Sommerzweige grünlichgrau, auf der Sonnenseite bräunlich geröthet, vielfach fein röthlich punktirt.

Nachschrift. Auch im Berichte der Societé van Mons in Brüssel von 1857 ist die Leon Leclerc de Laval in die Reihe der geprüften Früchte gestellt und es wird deren Anpflanzung empfohlen. J.

No. 263. **Die Bollweiler Butterbirne.** II, 2. 3. D.; VI, 2 a. Luc.; III, 3. J.

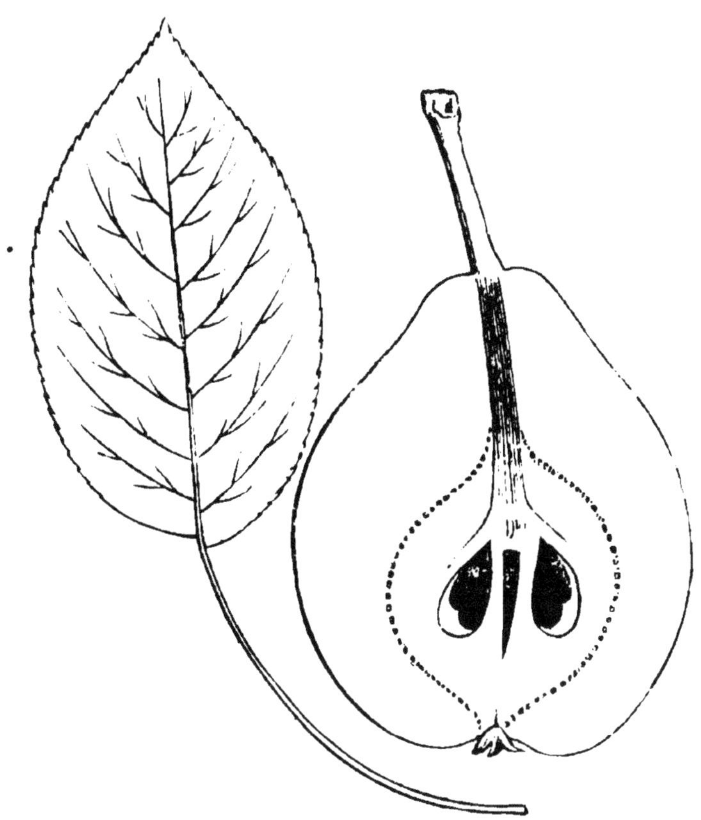

Die Bollweiler Butterbirne. Liegel (Gebr. Baumann) * † W.

Heimath und Vorkommen: stammt aus Bollweiler im Elsaß und wurde daselbst von Gebr. Baumann neu aus Samen erzogen. Ist, wie es scheint, nicht recht für das deutsche Clima geeignet.

Literatur und Synonyme: Liegel beschrieb sie in s. n. Obstl. II. S. 80. — Ihre französische Benennung ist Beurré de Bollviller.

Gestalt: kurzkegelförmig, oben flach abgerundet, nach dem Stiele zu mit einer Einbiegung bald ganz spitz, bald etwas abgestumpft auslaufend, beschreibt sie Liegel. — Nach meiner Formentafel kann ich sie wohl eirund, nach dem Stiele zu etwas birnförmig stumpfspitz nennen. Sie ist mittelgroß, 2" hoch, 1 3/4" dick.

Kelch: offen, liegt in einer sehr seichten, flachen Einsenkung.

Stiel: ziemlich lang, hat 1" 2"', ist dick und steht immer auf der Spitze in der Mitte derselben.

Schale: dick, ungenießbar, grün, auf dem Lager bei voller Reife ganz gelb, mit vielen feinen grauen Punkten; auch sind Rostflecken und Rostfiguren nicht selten.

Fleisch: weiß, saftig, schmelzend, recht angenehm süß, doch ohne besonderes Parfüm.

Kernhaus: hat eine hohle Achse, Kammern klein, mit meist vollkommenen Kernen, die ziemlich groß und langspitz sind.

Reife und Nutzung: die Reife tritt im Frühling ein und die Frucht hält sich, ohne bedeutend zu welken, bis in den Sommer. Deßhalb sehr schätzenswerth, weil an guten Spätbirnen kein Ueberfluß ist. Sie erfordert jedoch wie Liegel bemerkt, eine warme Wand, sonst bleibt sie Kochbirne, und verlangt auch spätes Pflücken und kühle Aufbewahrung, unter solchen Verhältnissen wird sie, ohne zu schrumpfen, delicat. An einer Pyramide auf Wildling im Freien werden auch bei Liegel die Früchte selten ganz schmelzend.

Eigenschaften des Baumes: derselbe wird ziemlich groß und trägt fast jährlich bedeutend. — Die Blätter eines aus Liegels Reisern erzogenen jungen Baumes sind eiförmig, doch auch öfters elliptisch und lanzettförmig, mit ziemlich langer, meist auslaufender Spitze, 1 1/2—1 3/4" breit, 2 1/4—2 3/4" lang, am Stiele oft etwas schief angesetzt, besonders die Blätter der Sommerzweige, glatt, regelmäßig und sehr scharfgesägt, schiffförmig und sichelförmig gekrümmt, auch etwas wellenförmig, dunkelgrün, starkglänzend, unten schön matt-bläulichgrün. Stiel dünn und lang, oft bis 2 1/4". — Blüthenknospen z. Z. mittelgroß, fast klein, kurzkegelförmig, stumpfgespitzt, hellbraun. — Sommerzweige dick und lang, oft stufig, dunkel olivengrün, gegenüber graubraun, stark fein odergelb punktirt, von Knospe zu Knospe etwas kantig.

NB. Hr. Apotheker Dr. Liegel hatte die Güte, die obige Zeichnung der Frucht zu liefern.

J.

Register.

Vorbemerkungen.

1) Die mit Nummern in Klammern bezeichneten, gesperrt gedruckten Sorten sind, wie bei den Aepfeln bereits erwähnt wurde, dem Namen nach festgestellte Früchte und unter der angegebenen Nummer und Seitenzahl beschrieben und abgebildet.

2) Das Zeichen = zwischen zwei Namen bedeutet, daß der erste Name mit dem zweiten synonym und dieser letztere der richtigere oder gebräuchlichere der auf der angegebenen Seite beschriebenen oder genannten Sorte ist.

3) ?= bedeutet, daß die erstgenannte Frucht mit der nachgenannten wahrscheinlich oder vielleicht identisch ist.

4) Ein Namen mit nur hinzugefügter Seitenzahl bedeutet, daß an dem betreffenden Orte von demselben Erwähnung geschah.

5) Namen, die als = mit andern bezeichnet sind ohne Angabe einer Seitenzahl, jedoch mit dem Zusatze „Decaisne, Dochnahl, Metzger u. s. w.“ finden sich nicht im Handbuch, sondern wurden nachträglich zur Vervollständigung der Synonyme mit ins Register aufgenommen.

A.

Abbe Mongein = Schöne Angevine 538.
Abondance = Liebesbirne 243.
Admiral, Etienne = Amire 397.
„ ?= Briel'sche Pomeranzenb. 397.
Admiralsbirne ?= dieselbe 397.
Aechte Bratbirne = Champagner Bratbirne 459.
Aehrenthal (No. 108) 239.
Aehrenthals grüne Herbstbutterbirne = Aehrenthal (No. 108) 239.
Ah mon Dieu = Liebesbirne 243.
Alexander Lambré, Alexandre Lambré (No. 163) 349.
Amadonte (Merlet) = Müskirte Schmeerbirne 437.
Amadotte, Amadot, Amadotte blanc = Herbst-Amadotte 437.
Amadotte, Herbst- (No. 207) 437.
„ müskirte Winter- 437.
Amalia von Brabant = Hardenponts Winterbutterbirne 170.
Amande, Poire ou Beurré Amande = Mandelbirne, engl. Sommerbutterb. 75.
Amanlis Butterbirne (No. 24) 71.
Amboise, l'Amboise (No. 157) 337.
Amboise, (Frankreich) oft = Rothe Normännische Herbstbutterbirne 337.
„ ?= Besi de Caissoy 522.
Ambrabirne, Sommer- = Gute Graue 59.
Ambrette, A. epineuse = Winterdorn 520.
„ ?= Besi de Caissoy 522.
„ ?= Roussette de Bretagne 330.
„ d'eté = Gute Graue 59.
„ „ auch = Sommer-Ambrette 255.
Ambrette, Sommer- (No. 116) 255.
„ Winter- ?= Roussette von Bretagne 330.
Ambrosia ?= Braunrothe Pomeranzenbirne 249.
Amire Joanet? = Archiduc d'eté 206.
Amydon, ou Poire d'or 500.
Ananasbirne ?= Comperette 301.
Ananas d'eté ?= dieselbe 301.
„ d'hiver = Regentin 166.
Andenken an Bouvier (No. 215) 453.
Andréane = Pastorenbirne 503.
Andréine, Belle = dieselbe 503.
Andreine, Andrine, Schöne = dieselbe 503.
Androgyne ?= Briel'sche Pomeranzenbirne 397.
Angevine, Belle = Schöne Angevine (No. 257) 537.

Angleterre de Charteux = Englische Sommerbutterbirne 76.
„ d'hiver = Winterdechantsb. 177.
Angober (Angobert) = Große Mietb. 251.
Angobert de Mantoue = Herbst-Amadotte 437.
Angoise, irrthümlich = Amboise 337.
Angoisse (Tongard und Cat. Lond.) = Winter-Christbirne 338.
„ blanche = Großer Katzenkopf 526.
Angora ?= Schöne Angevine 538.
Antoinette, Antoinette's Butterbirne (No. 122) 267.
Apothekerbirne, Carmeliter- = Herbstamadotte 437.
„ Grüne Herbst- (No. 128) 279.
„ „ „ (v. Hartwiß) = Militaer Apothekerbirne (No. 138) 292.
„ Seutins = Seutins-Birne 508.
Apothekerbirne, Sommer- (No. 22) 67.
Aqueuse, Grosse Mayers ?= Meininger Wasserbirne 257 und ?= Große gelbe Weinbirne 387.
Arbre superbe ?= Williams Christb. 410.
Archiduc Charles (Decaisne) ?= Erzherzog Carl 497.
„ d'eté = Erzherzogsbirne 205 und ?= Amire Joanet 206.
Archiduchesse d'Autriche ?= Erzherzogin 221.
„ = Erzherzogin 221.
Ardente de Printemps = hie und da Arenbergs Colmar, Prevost.
Aremberg (Diel) = Arenberg 357.
Arenberg, Arenberg (d'Arenberg) (No. 167) 357.
Arenberg parfait = dieselbe 357.
Arenbergs Colmar (No. 145) 313.
Argenson = Regentin 165.
Armenie 209.
Augustbirne, Deutsche (No. 89) 201.
Auguste = Marie Louise Duqu. 142.
Auguste von Krause = Andenken an Bouvier 453.
Augustus, St. = Diels Butterbirne 163.
August Muskat Pear = Sommerrobine 43.
Aumerbirne = Langstielerin 437.
Austbirne = Deutsche Augustbirne 202.
Aurate (No. 81) 185.
Aurore = Capiaumont 93.
„ d'eté ?= Aurate 185.
Averat, d'Averat = Sommerrobine 43.

B.

Badhams = Graue Herbstbutterbirne 99.
Banneux = Jaminette 351.
Barnets William = Will. Christb. 405.
Baron Peer, Winter = Baronsb. 536.
Baronsbirne (No. 256) 535.
Bartlett, Bartlett of Boston = Williams Christbirne 405.
Bassin = Schönste Sommerbirne 384.
Baud oder Bô de la cour ?= Hofrathsbirne 478.
Baveux, le = Russette von Bretagne 330.
Beauclerc = Sommer-Apothekerbirne, Decaisne.
Beau Present = Sparbirne 195.
„ „ d'Artois = Königsgeschenk von Neapel 160 (auch noch eine andere Birne d. N. 160).
Beauté de Tervueren = Schöne Angevine 538.
Bec d'Oie (Bec d'Oiseau) = Englische Sommerbutterbirne 76.
Bein Armudi = Wildling von Motte 125.
Belle Alliance = Holzfarbige Butterbirne 89 und = Beurré Sterkmanns, Dec.
Belle Andréane, Andréine, Adrienne = Pastorenbirne 503.
„ Angevine = Schöne Angev. 538.
„ Canaise = Napoleons-Butterb. 139.
„ Cornelia 384.
„ d'Aout = Deutsche Nationalbergamotte 389.
„ d'Austrasie = Jaminette 351.
„ de Berry = Pastorenbirne 503.
„ des bois = Holzfarbige Butterbirne, Decaisne.
„ de Bruxelles ?= Deutsche Nationalbergamotte 389 und 452.
„ de Flandres = Holzfarbige Butterbirne 89.
„ de Jersey = Uvedale's St. Germain 538.
„ de Luxembourg = Deutsche Nationalbergamotte 389.
„ epine de Limoges = Dumas Herbstdorn 515.
„ epine Dumas = dieselbe 515.
„ et Bonne = Deutsche Nationalbergamotte 87 und 389; auch = Liegels Winterbutterbirne 88 und = Colmar (Mannabirne) 168.
„ et bonne, Merlet ?= Schönste Herbstbirne 452.
„ et bonne d'Ezée (Belle et bonne des Haies) = Gute von Ezée 424.
„ fertile = Liebesbirne 243.
„ fille = Schönste Sommerbirne 384.
„ -garde (Paradenbirne) 129.
„ Heloise = Pastorenbirne 504.
„ Henriette 517.

Belle Julie = Schöne Julie 307.
„ lucrative = Williams Christb. 410.
„ Pear = Großer Katzenkopf 526; Winter bell Pear = Uvedales St. Germain 538.
„ Pucelle 384.
„ sans Pepins = Deutsche Nationalbergamotte 389.
„ Sieulle ? = Sieulle's Birne 317.
„ -verge = Orange rouge 249.
Bellissime, Bellissime d'automne = Schönste Herbstbirne 451.
„ Bellissime d'eté = Schönste Sommerbirne 383 und 452.
„ d'eté rayé = dieselbe 383.
„ Jargonelle = dieselbe 384.
„ suprême = dieselbe 384.
Benadine = Grüne Hoyerswerder 35. (Doch kömmt dies Synon. eigentlich nur der Gerdessens Welgotorfer Butterbirne zu.)
Bergaloo = Weiße Herbstbutterbirne 109.
Bergamot, Warwick = dieselbe 109.
„ Brocas = Rothe Dechantsbirne 119.
„ Ives's = dieselbe 119.
„ Scotch = Hamdens Bergamotte 390.
Bergamottbirne = Weiße Herbstbutterbirne, Metzger.
Bergamotte = St. Germain, dieselbe.
„ resp. Bergamotte. Brüsseler Herbst- = Brüsseler Herbst-Muskateller 429.
„ Crasanne = Crasanne 145.
„ „ öfters = Wildling v. Motte 125.
„ „ d'hiver = Winterdechantsb. 177.
„ Darmstädter (No. 137) 297.
„ d'Angleterre = Hamdens Bergamotte 119 und 390.
„ d'Austrasie = Jaminette 351.
„ d'automne öfters = Wildling von Motte, Decaisne.
„ de Bruxelles = Deutsche Nationalbergamotte 389.
„ de Bugi, irrig öfters = Osterbergamotte 370.
„ de Bussy = Sansac des Quint. 104.
„ d'eté (Diel) = Große Sommerbergamotte 389.
„ d'eté, Grosse (Frankreich) = Deutsche Nationalbergamotte 389.
„ d'eté (Frankreich) = Runde Mundnetzbirne 389.
de Hamden, Hampden's Bergamot ?= Große Sommerbergamotte 389.
„ „ = Bergamotte d'Angleterre 119.
„ d'hiver = oft Jaminette 351.
„ d'hiver (Diels) = Osterbergamotte 369.
Bergamotte de Hollande panachée = Frühe Schweizerbergamotte 63.
„ de Pâques = Osterbergamotte 369.
„ de Pâques (mit dem Zusatz „partim") = Poire de Pentecôte (wahrscheinl. unsere Winterdechantsbirne), Decaisne.
„ de Parthenay = Bergamotte von Parthenay 183.
„ de Paysans = Deutsche Nationalbergamotte 389.
„ de Pentecôte = Winterdechantsbirne 177.
„ de Souhait = Marie Luise 142.
„ de Toulouse = Osterbergamotte 370.
„ Deutsche National- (No. 32) 87.
„ Donauers (No. 132) 259.
„ Doppelte ? = Hellmanns Melonenbirne 153.
„ Drouët = Leon Leclerc v. Laval 548.
„ Easter = Osterbergamotte 370.
„ Eduard Sageret = Eduardsb. 235.
„ fertile = Volltragende Bergam. 81.
„ Fievée, Fievez ? = Esperen's Herrenbirne 410.
„ Fortunée = Glücksbirne 541.
„ Frühe grüne 63.
„ Fürstenzeller Winter- (No. 69) 161.
„ Gansells = Rothe Dechantsb. 119.
„ Geerards, Geerards 361.
„ „ ?= Gile ô Gile 361.
„ Gelbe Herbst- = Weiße Herbstbutterbirne, Metzger.
„ Gestreifte Sommer- = Frühe Schweizerbergamotte 63.
„ Gold- = Weiße Herbstbutterbirne Metzger.
„ Graue = Junker Hans 500.
„ Graue runde Winter- (No. 245) 513.
„ Graue = Wildling von Motte 125.
„ gris d'hiver = Graue runde Winterbergamotte 409.
„ Große Winter- = Colmar, Metzger.
„ „ Sommer- (No. 183) 389.
„ Grüne = Weiße Herbstbutterbirne, Metzger.
„ Grüne = Grüne Herbstzuckerb. 137.
„ „ = Wildling von Motte 125.
„ „ = St. Germain, Metzger.
„ „ Herbst- = Wildling v. Motte 125.
„ „ Winter- = Lange grüne Winterbirne 492.
„ „ Winter- = St. Germain 356.
„ „ „ = Virgouleuse 354.

Bergamotte, Hamdens siehe Bergamotte de Hamden.
„ Herbst= = oft Rothe Bergam. 97.
„ Herren= = Esperens Herrenb. 409.
„ Hildesheimer Winter= = Winterdechantsbirne 177.
„ Käs= = Rothe Bergamotte 97.
„ Krachende = Esperens Märzb. 543.
„ Krasanne = Crasanne 145.
„ Kurzstielige = Virguleuse 354.
„ Lange grüne = dieselbe 354.
„ Langstielige = Crasanne 145.
„ lucrative = Esperens Herrenb. 409.
„ Mavers rothe (No. 112) 247.
„ nonpareille = Rothe Bergam. 97.
„ „ = S. Germain. Metzg.
„ ordinaire = Große Sommerberg. 389.
„ Oster= (Diel) (No. 173) 369.
„ panachée = Frühe Schweizerbergamotte 63.
„ von Parthenay (No. 80) 183.
„ Pfingst= = Winterdechantsbirne 177.
„ ronde d'automne (Zink) = Rothe Bergamotte 97.
„ Rothe (No. 37) 97.
„ „ Sommer= = Mavers rothe Bergamotte 247.
„ rouge = Rothe Bergamotte 97 u. = Priesterbirne 540.
„ rouge d'éte (Zink) 97.
„ Runde 389 u. = Donauers Bergamotte 289.
„ Sagerets (Bergam. Sageret) (No. 141) 305 u. 235.
„ Schweizer= 64.
„ „ Frühe (No. 20) 63.
„ Soldat ?= Osterbergamotte 144 u. 370.
„ Sommer= = Runde Mundnetzb. 45.
„ „ Große (No. 183) 389.
„ „ = Weiße Herbstbutterbirne, Metzger.
„ „ (Henne's) = Große Sommerbergamotte 389.
„ Soulers (Metzger) ?= Osterbergamotte 370.
„ Späte = Junker Hans 500.
„ Stuttgarter = Schönlins Winterbutterbirne 371.
„ suisse hative = Frühe Schweizerbergamotte 63.
„ Summer- (Summer Bergamot) = Große Sommerbergamotte 390.
„ Sylvange = Winterdechantsb. 177.
„ „ = Poire Sylvange, eine frühe Herbstfrucht bei Decaisne.
Bergamotte tardive = Colmar 368.
„ „ (Maver) = Osterbergamotte 370.
„ Thouin = Thouin 281 auch 528.
„ Volltragende (No. 29) 81.
„ „ Sommer= = dies. 81.
„ Weiße Winter= = Weiße Herbstbutterbirne, Metzger.
„ Winter= = Crasanne 145.
„ „ (Diels) = Osterbergam. 369.
„ „ = Rothe Bergamotte 97.
„ „ = St. Germain 356.
Besi (Bezi, Bezy) de Bretagne ?= Wildling von Caissoy 521.
„ de Caissoy, Quessoy, Quescois = Wildling von Caissoy 521.
„ de Caën ?= Leon Leclerc von Laval 548.
„ de Chasserie (L'Echasserie) = Jagdbirne 339.
„ de Chaumontel = Chaumontel 173.
„ „ „ panachée 173.
„ „ „ très gros = Winterdechantsbirne 178.
„ „ Landry (Besidery Landry) = Jagdbirne 339.
„ de la Motte (Besi la Motte, Bezy Lamotte, Decaisne) = Wildling v. Motte 125.
„ de Montigny (Frankreich) = oft Runde Mundnetzbirne 431.
„ de Quessoi d'eté 330.
„ „ „ d'hiver = Russette von Bretagne 330.
„ de Virgulée = Virguleuse 354.
Beste Birne = Sommer-Eierbirne 39.
„ „ Straßburger = dieselbe. 39.
„ „ Winter= = Jagdbirne 339.
Betzelsbirne, Große = Kl. Katzenkopf. 524.
Beurré = Graue Herbstbutterbirne 99.
„ Alexandre = Kaiser Alexander 140.
„ Amande — Mandelbirne, Englische Sommerbutterbirne 75.
„ Anglaise = Engl. Sommerbutterbirne 76.
„ „ = oft Weiße Herbstbutterbirne, Cat. Lond.
„ Aurore = Capiaumonts Butterb. 93.
„ Bachelier = Poire d'Arenberg (Arenbergs Colmar? Decaisne.
„ blanc = Weiße Herbstbutterb. 109.
„ „ (Frankreich) = Runde Mundnetzbirne 390.
„ „ d'Angers = Sommerbirne von Angers 225.
„ „ d'eté = Runde Mundnetzbirne.

Beurré blanc hatif = Weiße Herbstbutterbirne, Knoop.
„ „ de Jersey = dieselbe 125.
„ „ des Capucins = Herbstamadotte 437.
„ blanke. = Weiße Herbstbutterb. 109.
„ Bonchretien = Späte Hardenpont 175.
„ Bosc (Bose) = Bosc's Flaschenbirne 122.
„ broncé (bronzé) = Regentin (166 und 327).
„ „ vrai. = Broncirte Herbstb. 327.
„ Brown (Brown Beurré) = Graue Herbstbutterbirne 99.
„ brun = Graue Dechantsbirne 135.
„ Bruneau = Crasanne, Decaisne.
„ Capiaumont (de Capiaumont) = Capiaumonts Butterbirne 93.
„ Clairgeau = Clairgeaus Butterbirne 505.
„ Colmar = Enghien 53.
„ Coloma, Beurré Coloma d'automne = Coloma's Herbstbutterbirne 443.
„ d'Albret (Dalbret?) = Butterbirne von Albret 433.
„ d'Amanlis = Amanlis Butterbirne (S. 236) 71.
„ „ panaché 72.
„ d'Ambleuse = Graue Herbstbutterbirne 99.
„ d'Amboise = oft Graue Herbstbutterbirne 99.
„ d'Angleterre = Englische Sommerbutterbirne 75.
„ d'Anjou = Winter-Meuris 360.
„ d'Anjou, d'Anjou rouge = Graue Herbstbutterbirne 99.
„ d'Apremont = Bosc's Flaschenbirne 121.
„ d'Arenberg (d'Aremberg) = Arenberg 357.
„ d'Arenberg (Frankreich) = Hardenponts Winterbutterbirne 170 u. 484.
„ d'Austerlitz = Poire de Pentecôte (Winterdechantsbirne?), Decaisne.
„ d'Austrasie = Jaminette, Decaisne.
„ de Bollviller = Bollweiler Butterbirne 549.
„ de Bordeaux = Runde Mundnetzbirne 45.
„ de Bourgogne = Holzfarbige Butterbirne 89.
„ de Cambron (Chambron) = Hardenponts Winterbutterbirne 170.
„ de Darmstadt = Darmstädter Bergamotte 297.
Beurré Destinghem = Holzfarbige Butterbirne, Decaisne.
„ Destinge = dieselbe. Ann. d. Pom. VI. 41.
„ Delbecq 434.
„ d'Elberg = Holzfarbige Butterbirne 90 und ? = Butterbirne von Albret 434.
„ d'Enghien = Enghien 53.
„ d'Esperen ? = Emil Heyst 324.
„ d'eté = Runde Mundnetzbirne 390.
„ d'Hardenpont = Hardenponts Winterbutterbirne 169 und (in Frankreich) = oft Hardenponts Leckerbissen 484.
„ d'Hardenpont de Cambron = Hardenponts Winterbutterb., Decaisne.
„ d'hiver = Späte Hardenpont 175.
„ „ = Chaumontel 173. = auch öfters Wildling von Motte, Decaisne.
„ „ des Belges = Hardenponts Winterbutterbirne 170.
„ „ de Bruxelles = Winterdechantsbirne 178.
„ d'hiver nouvelle = Hardenponts Winterbutterbirne 170 u. = Glücksbirne 541.
„ d'hiver, Petit = Wildling von Caissoy 522.
„ d'Jelles = Nina 197.
„ de Kent = Hardenponts Winterbirne, Decaisne.
„ de Malines = Winter-Nelis 528.
„ de Merode, de Merode-Westerloo = Doppelte Philippsbirne 435.
„ de Montgeron (Mongeron) = Butterbirne v. Montgeron 101 u. 421.
„ de Neige = Weiße Herbstbutterbirne, Dochnahl.
„ de Noirchain = Späte Hardenpont 175.
„ d'oré ? = Graue Dechantsb. 135.
„ d'oré = Graue Herbstbutterb. 99.
„ de Paris = Sparbirne 196.
„ de Pâques = Winterdechantsb. 178.
„ de Pâques de Lauer = dies. 177.
„ de Printemps = dieselbe 177.
„ de Rance (Rans) = Späte Hardenpont 175.
„ de Rackenghem (Racqueingheim) ? = Leckerbissen von Angers 450.
„ de Remme = Glücksbirne 541.
„ des bois = Holzfarbige Butterbirne, Decaisne.
„ de Charneuses = Köstliche von Charneu 106.

Beurré de Flandre = Späte Hardenp. 175. u. = Holzfarb. Butterb. Lond. Ver.
„ des Orphelins = Arenberg 357.
„ de Spælberg = Spölberg 486.
„ de Terweranne = Graue Herbstbutterbirne 99.
„ de Trois-Tours = Diels Butterbirne 163.
„ de Wittenberg = Enghien 53.
„ d'Yel = Diels Butterbirne 197.
„ de Yelle (Cat. Lond.) ? = Nina 197.
„ Diel = Diels Butterb. (No. 70) 163.
„ Drapiez ? = Coloma's Herbstbutterbirne 443.
„ du Roi = Graue Herbstbutterb. 99.
„ „ „ = hie und da Weiße Herbstbutterbirne Cat. Lond.
„ Duval = Hardenponts Winterbutterbirne (doch nach Baltet, Monatsschr. V. 297, irrthümlich).
„ Easter = Winterdechantsbirne 177.
„ Epine = irrthüml. Späte Hardenpont 175.
„ Foidart = Holzfarb. Butterb. 90.
„ Gens ? = Coloma's Herbstbutterbirne 443.
„ Giffard S. 378.
„ , Green = Englische lange grüne Winterbirne 167.
„ gris = Graue Herbstbutterb. 99.
„ „ rouge = dieselbe 100.
„ , Gurle's = Rothe Dechantsb. 119.
„ incomparable = Diels Butterbirne 163.
„ Kent = Hardenponts Winterbutterbirne 170.
„ Liebart = Liebart 417.
„ Lombard = Hardenponts Winterbutterbirne 170.
„ lucrative ? = Williams Christb. 410.
„ magnifique = Diels Butterb. 163.
„ Napoleon = Nap. Butterb. 139.
„ Paridans ? = Späte Hardenp. 175.
„ Picquery = Coloma's Herbstbutterbirne 443.
„ plat = Crasanne 145.
„ Rance, siehe B. de Rance.
„ romain = Römische Schmalzb. 55. (B. rom. Dec. scheint anders.)
„ rond = Weiße Herbstbutterb. Dochn.
„ rouge = Rothe Dechantsbirne 119.
„ „ d'Anjou = Graue Herbstbutterbirne 100.
„ „ de la Normandie = dies. 100.
„ Roupé (Roupp, Decaisne) = Winterdechantsbirne 178.
Beurré roux = Graue Herbstbutterb. 99.
„ royal = Diels Butterb. 163 und ? = Leckerbissen von Angers 450.
„ Sentin = Sentins Birne 508.
„ Spence = Holzfarbige Butterb. 89 und = Prinzessin Marianne 86.
„ St. Amour = dieselbe 86.
„ St. Hubert = Marie Luise Duqu. 142.
„ St. Nicolas ? = Lange weiße Dechantsbirne 107. (Vergl. St. Nicolas Peer = Grüne Herbstzuckerb.)
„ Thouin = Winter-Melis 281 u. 528.
„ van Mons = van Mons Butterbirne 494.
„ vert = Graue Herbstbutterb. 99.
„ verte = Brüsseler Zuckerbirne 113.
„ , White (Witte) = Weiße Herbstbutterbirne 109.
„ , White autumn = dieselbe 109.
Beuvriere, la ? = Große Sommerbergamotte 389 oder deutsche Nationalbergamotte 389.
Beuzard = Deutsche Nationalberg. 389.
Bevers Meißener Eierbirne = Meißener Eierbirne 391.
Bigarrade ? = Briel'sche Pomeranzenb. 397.
Birblank = Weiße Herbstbutterb. Metzg.
Birneblank = dieselbe 109.
Birne ohne Kerne = Deutsche Nationalbergamotte 88.
Bischoff Milde = Liegels Winterbutterb. 172.
Bishops Thumb, bisweilen = Russeline Cat. Lond.
Blankbirne = Weiße Herbstbutterb. Metzg.
Blankette, Kleine (No. 82) 187.
Blanquet d'automne ? = Grüne Herbstzuckerbirne 137.
Blumenbachs Butterb. (No. 60) 143.
Blumenbirne (No. 96) 215.
Blutbirne, Weiße = Haller Rothb. 427.
Bocenge, du = Orange rouge 249.
Bö de la cour ? = Heirathsbirne 478.
Böklers Butterbirne (No. 140) 303.
Böspenbirne = Damenbirne 37.
Bois Napoleon = Napoleons Schmalzbirne 151.
Boisson, de = Jaminette 352.
Bolivar = Schöne Angevine 532.
Bon Amet = Osterbergamotte 370.
Bonaparte = Napoleons Butterb. 139.
Bonchretien Barnet = Williams Christbirne 405.
„ des Amiens = Großer Katzenkopf 526.
„ d'eté = Sommerapothekerbirne 67.
„ de Rance = Späte Hardenp. 175.

Bonchretien d'hiver 526.
„ fondante = Hardenponts Winterbutterbirne 170.
„ jaune = Sommerapothekerb., Dec.
„ Napoleon = Napoleons Butterbirne 139.
„ Sieulle ?= Sieulle's Birne 317.
„ vert = Grüne Herbstapothekerb. 279.
„ Williams = Williams Christb. 406.
Bonne de Haies = Gute von Ezée 424.
„ des Zees = dieselbe 424.
„ de Malines = Winter-Nelis 527.
„ Ente = Weiße Herbstbutterbirne 110.
„ Malinoise = Winter-Nelis 528.
„ Louise = St. Germain, Metzger.
Bonne Poire, la = Grüner Sommerdorn 395.
Bon Papa = Pastorenbirne 503.
Borie, la = Virguleuse 354.
Bosc's (Bose's) Flaschenbirne (No. 49) 121.
„ frühzeitige Flaschenbirne = Prinzessin Marianne 85.
Bosch (Bosc) Peer = Holzfarbige Butterbirne 89.
Bosdurghan Armud = Sommerapothekerbirne 67.
Boter (Botter) Peer = Englische Sommerbutterbirne 76.
Bouchet (Pouchet), du = Ananas belge (? unsere Somperette) Decaisne.
Bourdon musqué = Wespenbirne 193.
Bouvier Bourgmestre = Bürgermeister Bouvier 321.
Braddicks Feldhochstamm (Braddicks Field-Standard) = Marie Luise Duqu. 141.
Brassicana, Cord. = Großer Katzenk. 526.
Bratbirne, Champagner Bratbirne (No. 218) 459.
„ Aechte = dieselbe 459.
„ à feuilles luisantes = dies. 459.
„ Deutsche = dieselbe 459.
„ Glanzlaubige = dieselbe 459.
„ Kleine gelbe 459.
Brauner (langstieliger) Sommerkönig (No. 188)
Brederode ?= Holzfarbige Butterb. 90.
Brederoo = Grüne Herbstzuckerbirne 137.
Bretagne fondante longue = Schmelzende Britanie 407.
Brillante = Holzfarbige Butterb., Dec.
Britanien, schmelzende (No. 192) 407.
„ lange schmelzende = dieselbe 407.
Brocas Bergamot = Rothe Dechantsbirne 119.
Broncirte Herbstbirne (No. 162) 327.
Bruderbirne = Junker Hans 500.
Bruderbirne (Diels) ?= Schöne Angevine 538.
Brüsseler Birne ?= Sparbirne 196.
„ „ ?= Römische Schmalzbirne 55. oder Windsorbirne 214.
„ Herbst-Muskateller (No. 203) 429.
„ Zuckerbirne (No. 45) 113.
Brule bonne = Gute Graue 59.
Brutte bonne ?= Briel'sche Pomeranzenbirne 397.
Bürgermeister Bouvier (No. 149) 321.
Bugiarda = Grüner Sommerdorn 395.
Bujaleuf (Boujaleuf) = Virguleuse 354.
Bunte Birne (Buntje Birn) (No. 121) 265.
Burchardts Arembergerin = Arenberg 115 und 358.
Butterbirne = Weiße Herbstbutterb., Metzg.
„ von Aehrenthals grüne Herbst- = Aehrenthal 239.
„ Amanli's (No. 24) 71.
„ Antoinette's (No. 122) 267.
„ Arembergs = Arenberg 358.
„ Blumenbachs (No. 60) 143.
„ Bödickers (No. 140) 303.
„ Bollweiler (No. 263) 549.
„ Broncirte Winter- 328.
„ Burchardts I. (No. 46) 115.
„ „ II. = Arenberg (115) 358.
„ Capiaumonts Herbst- = Capiaumont (No. 35) 93.
„ Clairgeaus (No. 241) 505.
„ Coloma's Herbst- (No. 210) 443.
„ „ Winter- = Winter-Nelis 527.
„ Darmstädter = Darmstädter Bergamotte (No. 137) 297.
„ Diels (No. 70) 163.
„ Dietrichs = Regentin 166 und 530.
„ Dittrichs Winter- (No. 253) 529.
„ Engl., Noisette's große = Amanlis Butterbirne 72.
„ Englische Sommer- (No. 26) 75.
„ Englische Winter- 513 u. 76.
„ Gelbe = Weiße Herbstbutterb., Metzg.
„ Graue Herbst- (No. 38) 99.
„ „ Sommer- = Gute Graue 59.
„ Grumkower (No. 62) 147.
„ Haffners (No. 130) 283.
„ Hardenponts Winter- (No. 73) 169.
„ „ späte Winterbutterbirne = Späte Hardenpont 175.
„ Hochheimer (No. 161) 345.

Butterbirne, Holländische 442.
„ Holzfarbige (No. 33) 89.
„ Humboldts = Marie Luise Duq. 142.
„ Kinder- = Verschwenderin 512.
„ Kirchberger (No. 151) 325.
„ „ frühe Winter- = dieselbe 325.
„ Lauers englische Oster- = Winterdechantsbirne 177.
„ Liebarts = Liebart 418.
„ Liegels Herbst- (No. 127) 277.
„ „ Winter- (No. 74) (88) 171.
„ Löwener ?= Comperette 301.
„ Napoleons (No. 58) 132.
„ Normännische rothe Herbst- = Graue Herbstbutterbirne 100.
„ Oberdiecks = Esperens Herrenb. 409.
„ Platte = Crasanne 145.
„ Ranzige = Späte Hardenpont 175.
„ Riesen- ?= Diels Butterbirne 163.
„ Rostfarbige = Regentin 166 u. 327.
„ Rothe (Christs u. Sickl.) ?= Graue Herbstbutterb., resp. Normännische rc. 119.
„ Rothe Herbst- = Rothe Dechantsbirne 119.
„ Rothe von Anjou = Graue Herbstbutterb. 100.
„ Rothgraue Herbst- = dieselbe 100.
„ Sentelets = Senteleis Dechantsbirne 469.
„ Schönlins Stuttgarter späte Winter- = Schönlins Winterbutterbirne (No. 174) 371.
„ Siebenburger = Deutsche Nationalbergamotte 88.
„ van Mons (No. 235) 493.
„ „ „ Frühlings- = Winterdechantsbirne 177.
„ Vergoldete = Weiße Herbstbutterbirne, Metzger.
„ „ weiße ?= Graue Dechantsbirne 135.
„ von Albret (No. 205) 433.
„ von Montgeron (No. 199) 421.
„ Weiße = Weiße Herbstbutterbirne, Metzger und Maver.
„ Weiße Herbst- (No. 43) 109.
„ „ Sommer- = Runde Mundnetzbirne 45.
„ Winter- = Chaumontel 173.
Butter-Pear = Weiße Herbstbutterb. 109.

C.

Cadillac = Catillac 526.
Cænoviana, Cordus = Junker Hans 500.
Caillot (Merlet) = Mayers rothe Bergamotte 248.
„ gris = Priesterbirne 540.
„ rosat (rozat) = Gelbgraue Rosenbirne 61.
„ „ d'eté = dieselbe 61.
„ „ d'hiver = Priesterb. 539.
„ „ musqué = dieselbe 539.
Calebasse Bosc (Bose) = Bosc's (Bose's) Flaschenbirne 121.
„ Bosc (Burchardts) = Marie Luise Duq. 142.
„ „ (Biv.) = Prinz. Marianne 122.
„ Passe Bosc = Prinz. Marianne 85.
Canelo = Sommer-Apothekerbirne 68.
Cannelle = Bosc (unsere Boscs Flaschenbirne) Decaisne.
Canning, (Canning d'hiver, Decaisne) = Winterdechantsbirne 177 u. 380.
Canning, Wahre (No. 178) 379.
Capiaumont (No. 35) 93.
Captif de St. Helene = Napoleons Butterbirne 132.
Capuziner Apothekerbirne = Herbstamadotte 437.
„ -Birnen 438.
Caraville d'Italie = Osterbergamotte 370.
Carême = dieselbe 370.
Carlisle = Weiße Herbstbutterb., Dochn.
Carmelite = Coloma's Carmeliterbirne 341 und = Priesterbirne 540.
Carmeliterbirne, Coloma's (No. 159) 341.
„ Citronenbirne = Grüne Magdal. 29.
Cartheuserin = Capiaumont 93.
Cassante de Mars = Esperens Märzbirne 543.
Cassolet, la Cassolette (No. 97) 217.
Catillac = Großer (französischer) Katzenkopf (No. 251) 525.
„ petit = Kleiner Katzenkopf 524.
Cellite Chapmanns = Regentin 166.
Certeau (Merlet) = Mayers rothe Bergamotte 248.
„ petit = Schönste Herbstbirne 451.
Chair a Dame, Chère a Dame, Chere Adame etc. = Damenbirne (No. 7) 37.
Chair de fille, Cher de fille = desgl. 37.
Chambers's Large = Uvedales St. Germain 538.
Chambrette = Virgouleuse 354.
Champagnerbirne (Mecklenburger) = Grüne fürstliche Tafelbirne 203.
Champagner Bratbirne (No. 218) 459.
„ Weinbirne = dieselbe 459.

Chancelier de Hollande = Canzler von Holland 419.
Charles d'Autriche = Erzherzog Carls Winterbirne 497.
„ „ (Frankreich) = oft Napoleons Butterbirne 139.
Charles X. (dito) = dieselbe 139.
„ Durieux = Williams Christb. 406.
„ Fredorix = Gute von Ezée 424.
Chartreuse 93 und = Großer Katzenkopf 526.
Chasserie = Jagdbirne 339.
„ gros = Sarasin 546.
Chateaubriant = Kleine Blankette 187.
Chaulis = Junker Hans 500.
Chaumontel (No. 75) 173.
Chaumontel panaché 174.
„ très gros = Winterdechantsb. 178.
Cheminette 352 = Sabine (also Jaminette?) Aug. Nap. Baumann.
Chevalier, Chevalier d'hiver (No. 232) (71) u. 487.
Chopine = Sparbirne 195.
Christbirne (Christenbirne) Sommer-Gute- (No. 22) 67.
„ Williams (No. 191) 405.
„ Winter- 526.
Ciderbirne = Champagner Bratbirne 459.
Citronatbirne = Weiße Herbstbutterbirne, Metzger.
Citron de Carmes = Grüne Magdalene 29.
„ „ „ panaché 29.
Citron de Septémbre = Weiße Herbstbutterbirne 109.
Citron musqué = Grüne Magdalene 29.
Citronenbirne, Carmeliter = dieselbe 29.
„ Große Sommer- (No. 21) 65.
„ Herbst- = Weiße Herbstbutterbirne, Metzger.
„ Würzburger Sommer- = Sommer-Eierbirne 39.
Citroni. Winter- = Virguleuse 354.
Citrouille = Großer Katzenkopf 526.
Clara = Prinzessin Marianne 86.
„ = Runde Mundnetzbirne 45.
Clairgeau de Nantes = Clairgeau's Butterbirne 505.
Clairgeau's Butterbirne (No. 241) 505.
Coeur de Boeuf = Ochsenherz 463.
Colmar, (le) Colmar, Colmart, Mannabirne (No. 172) 367.
Colmar ancien = dieselbe 368.
„ Bonnet = Runde Mundnetzb. 45.
„ d'Arenberg = Arenbergs Colmar 313.
„ Deschamps = Arenberg 357.
Colmar d'eté ? = Hardenponts frühe Colmar 51.
„ „ ? = Sieulle's Birne 317.
„ „ (Colmart d'eté) = Sommer-Eierbirne 39 u. 236.
„ „ , Decaisne, ist weder die Sommer-Eierbirne, noch die Hardenp. frühe Colmar, sondern eine unserer Augustbirne (No. 89) ähnliche Frucht.
„ d'Hardenpont = Regentin 166.
„ d'hiver = Colmar 368 und = Hardenponts Winterbutterbirne 170.
„ d'oré = Colmar 368.
„ Dornige = Regentin 165.
„ du Lot = Dumas Herbstdorn 516.
„ Hardenponts frühe (frühzeitige) (No. 14) 51.
„ Hochfeine = Regentin 165.
„ Jaminotte = Jaminette, Decaisne.
„ musqué = Comperette 301.
„ Neil ? = Burchardts Butterb. 115.
„ Nelis = Winter-Nelis 527.
„ ordinaire = Colmar 368.
„ Passe, siehe Passe-Colmar.
„ Preuls (Colmar Preul), richtiger Precels Colmar (C. Prezel) = Regentin 165.
Colmarsbirne = St. Germain, Metzger.
Colmar, Sommer- ? = Sieulle's Birne 317.
„ Souverain = Regentin 165.
Coloma d'automne = Coloma's Herbstbutterbirne 443.
„ de Printemps, Vrai = Winter-Nelis 527.
„ d'hiver = dieselbe 527.
Colomann ? = Coloma's Herbstbutterb. 444.
Coloma suprême = Liegels Winterbutterbirne 171.
Coloma's Carmeliterbirne (No. 159) 341.
„ Herbstbutterbirne (No. 210) 443.
„ köstliche Winterbirne = Liegels Winterbutterbirne 172.
„ Winterbutterbirne = Winter-Nelis (No. 252) 527.
Comice de Toulon = Pastorenbirne 504.
Comperette (No. 139) 301.
Comte de Flandre = Graf von Flandern 531.
„ de Lamy = Marie Louise nouvelle II. oder the Second 142.
Comtesse de Lunay = Runde Mundnetzbirne 45.
„ de Tervueren = Schöne Angevine 538.
Confessionsbirne, Rothe ? = Chaumontel 173.
Conseiller de la cour = Hofrathsb. 477.

Corchorus = Marie Louise, Delcourt, Decaisne (ist Marie Luise Duhamel).
Cordus Probstbirne ? = Ochsenherz 164.
Cornelia, Belle, Schöne Cornelia? = Hannoverische Jakobsbirne 189 und ? = Schönste Sommerbirne 384.
Cornelinsbirne? = Schönste Sommerb. 384.
Cornemuse Milan ronde = Damenb. 37.
Coulesoif = Runde Mundnetzbirne 390.
Courte Queue = Weiße Herbstbutterbirne Decaisne.
Crapaudine = Französische Gute Graue Sommerbirne 253.
Crasanne, Crasanne, Crésanne (No. 61) 145.
„ d'Austrasie = Jaminette 351.
„ d'automne = Crasanne 145.
„ d'eté = Rothe Bergamotte. (145) 97.
„ Getüpfelte = Wildling von Motte 125.
„ Graue = Crasanne 145.
„ Große = Wildling von Motte 125.
„ Neue (No. 221) 465.
„ Platte = Crasanne 146.
„ régénéré = Neue Crasanne 465.
„ Sommer- (Duham.) = Mayers rothe Bergamotte 242.
„ Steven (115) = Arenberg 358.
„ Surpasse (Surpasse Crasanne) = Neue Crasanne 465.
„ Verbesserte = dieselbe 466.
Cueillet (? Cueillette) de la table des Princes = Sparbirne 196.
Cueillette d'hiver = Pastorenbirne 504.
Cuisse Madame. Cuisse Madame la grosse = Sparbirne 195 u. 208.
Cuisse Madame (Miller) = Frauenschenkel 208, und (Downing) = ist Windsorbirne 213, auch = St. Germain, Metzger.
Culotte de Suisse = Schweizerhose 112.

D.

D'Albert, Poire = Amanlis Butterb. 71.
Damadote = Herbstamadotte 417.
Dame jeanne rousse ? = Winterliebesbirne 335.
Damenbirne (No. 7) 37.
Darimont, Darimont d'hiver (No. 208) 439.
Darmstädter Bergamotte (Darmst. Butterbirne) (No. 137) 297.
D'Auch = Colmar 368.
Dauphine = Lansac des Quint. 104.
Davis Williams = Williams Christb. 406.
Davy = Holzfarbige Butterbirne 89.
Deans = Weiße Herbstbutterbirne 109.
Dechant Dillen (No. 34) 91.
Dechantsbirne (Doyenné) = Weiße Herbstbutterbirne, Mayer.
„ Dillens = Dechant Dillen 91.
„ Frühe = Brüsseler Zuckerb. 113.
„ Graue (No. 56) 135.
„ Holländ. Sommer- = Runde Mundnetzbirne 45 u. = Gute Graue 59.
„ Julius- (No. 176) 375.
„ Lange weiße (No. 42) 107.
„ Liegels = Holzfarbige Butterb. 89.
„ Lothringer (No. 226) 475.
„ Neue Winter- = (No. 75) 179.
„ November = Vincent 127.
„ Rothe (No. 48) 119.
„ Senteletė (No. 223) 469.
„ Sommer- (Diel) = Runde Mundnetzbirne 59 und 45.
„ Winter- (No. 77) 177.
Decoster's Rousselet (No. 143) 309.
De Glace = Virgulense, Decaisne.
Delbert (Delbret), Poire = Amanlis Butterbirne 71.
De Lavault, auch Delavault = Williams Christbirne 405.
Delice d'Hardenpont 483.
Delices d'Angers (Delices d'Hardenpont d'Angers = Leckerbissen v. Angers 449.
„ d'Hardampon 419.
„ d'Hardenpont = Hardenponts Leckerbissen 483.
„ d'Hardenpont belge = dies. 483.
„ de Jodoigne = Jodoigner Leckerbissen 415.
„ de Lovenjoul, (Lavoyan, Lavienjan) = Köstliche von Lovenjoul (No. 225) 473.
„ des Orphelins = Arenberg 357.
De Livre = Königsgeschenk v. Neapel 160.
De France = Roberts Muskateller 377.
De France socte Belle = Französische süße Muskateller 231.
De Monsieur = Pastorenbirne 503.
De Neige = Weiße Herbstbutterb. 109.
Depot de Sillery = Cassolet 217.
Desirée = Köstliche von Charneu, Dec.
De Tonneau 538.
De tout tems = Großer Katzenkopf 526.
Deutsche Augustbirne (No. 89) 201.
„ Bratbirne = Champagner Bratb. 459.
Deux fois l'an = Zweimaltragende Birne. 209.
Diamantbirne ? = Briel'sche Pomeranzenbirne 397.
Dickstiel (Mayers)? = Enghien 53.
Diels Butterbirne (No. 70) 163.
Dillen d'automne = Dillens Herbstb. 91.

Dietrich's Butterbirne = Regentin 166 und 530.
Dittrichs Winterbutterbirne (No. 253) 529.
Docteur Lentier = Mouillebouche, Decaisne, wahrscheinl. unsere Lange Grüne Herbstbirne.
Donauers Bergamotte (No. 133) 289.
Doppeltragende Birne = Zweimaltragende Birne 209.
Doppelte Philippsbirne, Double Philippe (No. 206) 435.
Dornige Colmar = Regentin 165.
Dorothée = Diels Butterbirne 163.
„ royale = Winterdechantsb. 178.
Double fleur, Double fleur et fruit, Double flowered Pear 209.
Double Philippe = Doppelte Philippsbirne 435.
Doyen Dillen = Dechant Dillen 91.
Doyenné, le = Weiße Herbstbutterb. 109.
„ blanc = dieselbe 109 und 390.
„ „ longue = Lange weiße Dechantsbirne 107.
„ Boussoch = doppelte Philippsb. 436.
„ commun = Weiße Herbstbutterbirne, Dochnahl.
„ Crotté = Graue Dechantsbirne 135 und ?= dieselbe 472.
„ d'Austrasie = Jaminette 351 und = Lothringer Dechantsb. 475.
„ d'eté = Runde Mundnetzbirne 45 und = Juliusdechantsbirne 375.
„ d'hiver = Vincent 127 und Winterdechantsbirne 177.
„ „ ancien = Winterdechantsbirne 177.
„ „ nouveau (Cat. Lond.) = Dieselbe 178.
„ „ vrai = dieselbe 177.
„ de Juillet = Juliusdechantsb. (45) und 375.
„ de Mérode = Doppelte Philippsbirne 436.
„ d'oré = Runde Mundnetzb. 45.
„ de Pontoise (Merl.) ?= Wildling von Montigny 431.
„ de Printemps = Winterdechantsbirne 177.
„ galeux = Graue Dechantsbirne 135 und ?= dieselbe 472.
„ gris = dieselbe 135 und 472; oft auch = Wildling von Montigny 432.
„ Grote of blanke, = Weiße Herbstbutterbirne 109.
„ jaune = Graue Dechantsbirne 135 und 472.
Doyenné musqué = Runde Mundnetzb. 45. irrig auch = Wildling von Montigny 432.
„ picté = Weiße Herbstbutterb. 109.
„ régénéré = Senteleis Dechantsbirne 470.
„ Robin = Köstliche v. Charneu 105.
„ rose ?= Graue Dechantsbirne 135.
„ rouge = Rothe Dechantsbirne 119.
„ roux = Graue Dechantsbirne 135 und 472.
„ Sentelet = Sentelets Dechantsb. 469.
„ Sieulle ?= Sieulle's Birne 317, doch bei Decaisne = dieselbe.
„ white = Weiße Herbstbutterb. 109.
Dubbelte Riet Pear = Große Rietb. 251.
Du Boisson = Jaminette 352.
Du Bouchet (Pouchet) = Ananas belge (? unsere Comperette) Decaisne.
Du Curé = Pastorenbirne 50[illegible].
Duc d'Arenberg Deschamps = Arenberg 358.
„ d'Aumale? = Diels Butterb. 163.
„ de Bordeaux = Dumas Herbstdorn 515.
„ de Brabant = Köstliche von Charneu 106.
„ de Laforêt ?= Winterliebesb. 335.
„ d'Orleans ?= Hofrathsbirne 478.
Duchesse, Duchesse d'Angoulême = Herzogin v. Angoulême 155.
„ d'Angouleme panachée 156.
„ de Berry ?= Pastorenbirne 504, auch = Schöne Angevine 538 und = Weiße Herbstbutterbirne 504.
„ de Berry d'eté = Juliusdechantsbirne 504.
Duchesse de Berry d'hiver = Schöne Angevine 538.
Du Mas, Du Mas de Rochefort = Dumas Herbstdorn 515.
Dumas = Pastorenbirne 504.
Dumas Herbstdorn (No. 246) 515.
Dumont Dumortier = Napoleons-Butterbirne 139.
Du Pradel = Pastorenbirne 504.
Duquesne's Sommer-Mundnetzbirne ?= Engbleu 53.
Du Seigneur = Weiße Herbstbutterb. 109.

E.

Early Beurré = Ambrosia 249.
„ Queen = Roberts Muskateller 378.
Eau rose ronde = dieselbe 378 und = Priesterbirne 540.
Ecarlatté = Orange rouge 249.

Echasserie, Echassery = Jagdb. 339.
Eckardts-Birne = Unglücks-Birne 273.
Edle Sommerbirne (No. 5) 33.
Eduards Birne (No. 106) 235.
Eduard Sageret = dieselbe 235.
Eierbirne (Bevers) Meißener (No. 184) 391.
„ Römische = Junker Hans 500.
„ Sommer- (No. 8) S. 39.
„ Winter- = Jagdbirne S. 339.
„ Woltmanns (No. 179) 381.
Eisenbart = Graue Herbstbutterb. 99.
Ellanrioch = Hambdens Bergamotte 390.
Elsaßer Birne 79.
Emmilacour = Junker Hans, Decaisne.
Emil Heyst, Emile d'Heyst (No. 150) 323.
Emilie Bivort, Emilie Bivort (No. 224) 471.
Endegeester-Peer = Großer Katzenk. 526.
Enfant prodique = Verschwenderin 511.
Enghien (No. 15) (345 und) 53.
Englische lange grüne Winterbirne (No. 72) 167.
„ Sommerbutterbirne (No. 26) 75.
„ Winterbutterbirne 76.
English Beurré = Englische Sommerbutterbirne 76.
Epargne = Sparbirne 195.
Epine de Limoges (Belle epine de Limoges) = Dumas Herbstdorn 516.
„ Dumas (Belle epine Dumas) = derselbe 69 und 515.
„ d'eté, Epine d'eté pointée (Diel) = Punktirter Sommerdorn 69.
„ d'eté, (Duhamel) Epine d'eté verte (Diel) = Grüner Sommerdorn, Sommer-Epine 395.
„ d'eté = oft Duhamels Rosenbirne 395.
„ d'hiver, Espine Rose d'hiver = Winterdorn, Winter-Epine 519.
„ de Rochois (du Rochoir) = Dumas Herbstdorn 516.
„ ovale = Winterdorn 519.
„ Rose = Gelbgraue Rosenb. 61.
Erzherzog Carl (Sommerfrucht) = Gute Graue 59.
Erzherzog Carls Winterbirne (No. 237) 497.
Erzherzogin (No. 99) 221.
Erzherzogsbirne (No. 91) 205.
Esperens Herrnbirne (No. 193) 409.
„ Märzbirne (No. 2?0) 543.
Esperine (No. 229) 481.
Eselsbirne ?= Veldenzerbirne 496.
Etourneau = Winter-Nelis 528.
Excellentissime = Holzfarbige Butterbirne, Decaisne.
„ ?= Williams Christbirne 410.
Extra Mostbirne = Wildling von Einsiedel 461.

F.

Fäßlibirne = Königsgeschenk v. Neapel 160.
Fairest Suprême = Schönste Sommerbirne 384.
Fallenzer = Veldenzerbirne 496.
Fausareau = Deutsche National-Bergamotte 389.
Fasen Pear 335.
Faullenzerbirne = Veldenzerb. 496.
Faustbirne (Johnst.) = Großer Katzenkopf 526.
Faux Spreeuw 528.
Favori musqué = Du Bouchet (? unsere Comperette) Decaisne.
Feigenbirne, Holländische (No. 25) 73.
Fellenzerbirne = Veldenzerbirne 496.
Finois, Poire de = Englische Sommerbutterbirne 76.
Fingals = Hambdens Bergamotte 390.
Fin-or = Fremont 445.
Figue (Poire Figue) = Holländ. Feigenbirne 73.
Figue de Naples, irrig = Beurré broncé 327.
„ musquée ?= Schönste Sommerbirn 383.
Firchineß = Colmar 368.
Flaschenbirne = dieselbe 368.
„ Bosc's (Bosc's) (No. 49) 121.
„ Bosc's (Bosc's) frühe = Prinzessin Marianne 85.
„ Grüne = Holländische Feigenb. 73.
„ Kicks = Zimmtfarbige Schmalzb. 441.
Flaschenkürbisbirne 442.
Flemisch Beauty = Holzfarbige Butterbirne 89.
Fleur Pommier = Blumenbirne 215.
Fliegenbirne ?= Briel'sche Pomeranzenbirne 397.
Florushey-Peer = Großer Katzenkopf 526.
Fondante Batave = Gute Graue 59.
„ d'automne = Esperens Herrenb. 409.
„ des Carmes = Köstliche von Charneu, Decaisne.
„ de Charneuses = dieselbe 105.
„ de Charneux = dieselbe 105.
„ d'hiver = Zimmtfarbige Schmalzbirne 441.
„ de Jaffard = Arenbergs Colmar 313.

Fondante de Malines 527.
„ de Maubeuge = Bergam. Fiové 410.
„ de Mons = Regentin 166.
„ de Paris = Holzfarbige Butterb. 89.
„ de Pariselle (Paniselle) = Regentin 165.
„ des bois = Holzfarbige Butterb. 89.
„ Dubois = dieselbe 89.
„ jaune superbe = Hardenponts Winterbutterbirne 170.
„ „ d'hiver = dieselbe 170.
„ musquée (Diel, Duhamel) = Grüner Sommerdorn 319, 325 und (Diel früher) = Russeline ibid.
„ petite = Kleine Schmalzbirne 393.
Fondarabie d'eté = Aurate 185.
Forellenbirne, Forel, Forelle (No. 67) 157.
Forme de Marie Louise = Marie Luise Duqu. 141.
Fortunée = Glücksbirne 541.
„ Belzi, d'Angers, d'Enghien, de Paris, de Remme oder Rhemes = dieselbe 541.
Fourcroy = Diels Butterbirne 163.
„ = Winterdechantsbirne 178.
Franche Caneel (Flandern) = Weiße Herbstbutterbirne, Knoop.
„ Kaiserin = Grüne Magdalene 29.
„ Sœte Belle = Französische süße Muskateller 231.
Franchipanne, Franchipanne (No. 146) 315.
Franchipanne d'automne = Lansac 104.
Francois, St. = Englische Sommerbutterbirne 76.
Franc Real d'eté = Runde Mundnetzbirne 45 u. 390 (auch 514).
Franc Sureau = Orange rouge 249.
Frankfurter Birne = St. Germain, Metzg.
„ Sommer- 79.
„ Winter- = Veldenzerbirne 496.
Franzmadame = Römische Schmalzbirne 55 und 384, auch (Württemberg) = Sparbirne 196.
Franzbirne = Weiße Herbstbutterb., Dochn.
Franz Dotterbirn = dieselbe, desgl.
Französische (süße) Muskateller (Nro. 104) 231.
Franzosenbirne = Russelet von Rheims 77.
„ = Virgouleuse 354.
Frauenbirne (Christ) ?= Frauenschenkel (Diels) 208.
Frauenfleischbirne = Damenbirne 37.
Frauenschenkel = Sparbirne (No. 86) 55 und 195.
Frauenschenkel (Meiningen) (No. 92) 207.
Fremion, Fremion, (No. 211) 445.
Fremont (Etienne und Merl.) 445.
Friedrich von Preußen, Frederic de Prussé, Frederic of Prussia, (No. 126) 275.
Friedrich von Württemberg, Frederic de Württemberg = Herbstsylvester 101 und 421.
Friesebirn = Langstielerin 457.
Fusée d'eté ?= Frauenschenkel Diels 208.
Fusée, Decaisne 452.

G.

Gabriele, Schöne und Wahre schöne = Gute Graue 59.
Gaishirtle = Stuttgarter Geishirtel 47.
Gaishirtlebirn, frühe (No. 2) 27.
Gaishirtenbirne, Langstielige = Russeline 47 u. 319.
Gaishirtel, Stuttgarter = (No. 12) 47.
„ Wahre Stuttgarter = dieselbe 47.
Gambier = Regentin 166.
Gänskragen ?= Zimmtfarbige Schmalzbirne 442.
Garde Ecosse = Gile ô Gile 361.
Gebhards Birne = Weiße Herbstbutterbirne, Metzger.
Geerards Bergamotte (No. 169) 361.
Geiserbirne = Russette von Bretagne 330.
Gelbe roth und grün gestreifte Birne ?= Briel'sche Pomeranzenbirne 397.
Gelbgraue Rosenbirne (No. 19) 61.
Gelbe Sommerherrnbirne = Erzherzogsbirne 205.
Georgsbirne, große St. (No. 195)
Gestreifte Russelet (No. 118) 259.
Gewürzbirne (Landauer) ?= Veldenzerbirne 496.
Gezegende Peer, Gesegnete Birne = Roberts Muskateller 377.
„ Peer = Liebesbirne 243.
Ghislain. St. (Diel, v. Mons) = Holländische Feigenbirne 73.
Gilogile (Gile ô Gile ?, 361) = Großer Katzenkopf 526.
Girardine = Romaine ou Beurre romain, Decaisne.
Gisambert = Engl. Sommerbutterb. 76.
Glace, de = Virgouleuse, Decaisne.
Glaciere, de la = Aurore (Capiaumonts Butterbirne), Decaisne.
Glanzbirne = Großer Katzenkopf 526 u. = Virgouleuse 354.

Glasbirne = Grüne Magdalene 29 und = St. Germain. Metzger.
„ Späte = Lange grüne Herbstb. 111.
Gloire de l'Empereur = Napoleons Butterbirne 139.
Glockenbirne (Sickler) ?= Holländische Feigenbirne 73 und ?= Kleiner Katzenkopf 524.
Glockenbirne, Sächsische = Wittenberger Glockenbirne 295.
Glockenbirne, Wittenberger (No. 136) 295.
Glou Morceau = Hardenponts Winterbutterbirne 170.
Glücksbirne (No. 259) 541.
Goldbirne, Aechte 500.
„ = Aurate 186.
„ (Knoops und Liegels) 185.
„ von Bilboa, Golden Beurré of Bilboa (No. 212) 447.
Golden Beurré = Graue Herbstbutterb. 99.
Goldner Hans = Junker Hans 500.
Goldne Hansbirn (Mayer) = Aechte Goldbirne, Poire d'or ou Poire d'Amydon 500.
Gönnerische Birne (No. 103) 229.
Golu Morceau = Hardenponts Winterbutterbirne 170.
Goud Peer (Christ) ?= Aurate 186.
Gracieuse = Deutsche Nationalbergam. 88.
Gracioli, Gratioli de Roma, Graciole d'eté = Sommer-Apothekerbirne 67.
Graciole d'hiver = Diels Butterb. 163.
„ ronde, Winter = Großer Katzenkopf 526.
Graf Canal, Graf Canal von Malabella (No. 171) 365.
Graf Sternbergs Winterbutterbirne (Wintertafelbirne) = Liegels Winterbutterbirne 172.
Graf von Flandern (No. 254) 531.
Graitenbirne = Schweizer Wasserb. 455.
Grand Monarch, Gros Monarque = Großer Katzenkopf 526 und ?= Schöne Angevine 538.
Grand Muscat = Roberts Muskateller 377 ?= Schönste Sommerbirne 384.
Granbirne = Gute Graue 59 u. Haffners Butterbirne 283, auch Junker Hans 500.
„ Winter- = Junker Hans 500.
Graue Gute = Gute Graue 59.
„ „ Birne = St. Germain, Metzg.
Graue Herbstbutterbirne (No. 38) 99.
Grauer Hans = Junker Hans 500.
Graue runde Winterbergamotte (No. 245) 513.
Green Beurré = Englische lange grüne Winterbirne 167.
„ Sugar, Groene Suiker Peer = Grüne Herbstzuckerbirne 137.
Gregoire's (nicht Zephirins, s. Verbesserungen) Butterbirne = Zephirin Gregoire 343.
Gresiliere ?= Williams Christbirne 410.
Griesebirne = Langstielerin 457.
Grillau roux = Osterbergamotte 370.
Grilliere = dieselbe 370.
Grise bonne = Gute Graue 59 u. 255.
Gros Bouchretien = Sommer-Apothekerbirne, Decaisne.
„ Chasserie = Sarasin 546.
„ Gilot = Großer Katzenkopf 526.
„ Micet d'eté = Summer Frank Real (Cat. Lond.). Ist also = mit Folgender.
„ Misset d'eté = Runde Mundnetzbirne 390.
„ Muscat 236; 284.
„ „ d'eté = Sommer-Robine 43.
„ „ rond = Wespenbirne 193.
„ „ rouge = Schönste Sommerbirne 381.
„ Musqué = Roberts Muskateller 377.
„ Rateau gris = Königsgeschenk von Neapel 160.
„ Rousselet a longue queue = Liebesbirne 244.
„ Rousselet d'hiver = Veldenzerbirne 496.
„ Seigneur = Doppelte Philippsbirne 436.
„ Thomas = Großer Katzenkopf 526.
Grosse Aqueuse (Mayer) ?= Meininger Wasserbirne 257 und ?= Große gelbe Weinbirne 387.
Grosse oder Très grosse des Bruxelles = Schöne Angevine 538.
„ de Pepins = Brüsseler Herbst-Muskateller 429.
„ Marie ?= Hofrathsbirne 478.
„ Queue (Mayer) ?= Enghien 53.
„ „ Decaisne's ist wahrscheinlich auch unsere Enghien, seine Frucht ist nur stärker an der Sonnenseite gefärbt.
Große Rietbirne (No. 114) 251.
„ Sommer-Bergamotte (No. 183) 389.
„ Sommer-Citronenb. (No. 21) 65.
„ St. Georgsbirne (No. 195) 413.
„ verlängerte Birne = Pastorenb. 504.
Großer Mogul = Großer Katzenk. 526.

Grote Milan = Napoleons Butterb. 139.
„ Monarch = Großer Katzenk. 526.
„ of blanke Doyenné = Weiße Herbstbutterbirne 109.
„ Tamerlan = Großer Katzenkopf 526.
Grünbirne = Lange grüne Herbstb. 111.
Grüne Birne = St. Germain, Metzger.
Grüne (fürstliche) Tafelbirne (No. 90) 203.
„ Herbstapothekerbirne (No. 128) 279.
„ Herbstzuckerbirne (No. 57) 137.
„ Hoyerswerder (No. 6) 35.
„ Lange = St. Germain, Metzger.
„ lange Birne = Lange grüne Herbstbirne 111.
„ Magdalene, Grüne Sommer-Magdalene (No. 3) 29.
„ Pfundbirne (No. 36) 95.
Grünhülserin = Langstielerin 457.
Grumkower Butterbirne (No. 62) 147.
„ Winterbirne = dieselbe 147.
Gurle's Beurré = Rothe Dechantsb. 119.
Gurkenbirne = Holländische Feigenbirne 73.
Gute Graue (No. 18) 59.
Gute graue französische Sommerbirne 59 und 255.
Gute von Ezée (No. 200) 423.

H.

Haberbirne = Liebesbirne 243.
Haffners Butterbirne (No. 130) 283.
Haller Rothbirne (No. 202) 427.
Hammelsbirne (Hammelsack) (No. 131) 285.
Hannoversche Jakobsbirne (No. 83) 189.
Hausbirne, Goldne = Junker Hans 499.
„ Graue = dieselbe 499.
Häßliche Gute ? = Briel'sche Pomeranzenbirne 397.
Hambden's Bergamot = 389 u. 119.
Harbour de Printemps (aus Enghien) = Volltragende Bergamotte 81.
Harbeurs frühe Sommerbirne 81.
Hardenpont de Printemps = Späte Hardenpont 175, oft auch = Jaminette, Decaisne.
„ d'hiver = Hardenponts Winterbutterbirne 169.
Hardenpont, Späte (No. 76) 175.
Hardenponts frühe Colmar (No. 14) 51.
„ Leckerbissen (No. 230) 483.
„ Winterbutterbirne (No. 73) 169.
Haselbirne = Große Rietbirne 251.
Hasel (Haselbirne, Lucas, Kernobstf.) = Hessel bei Decaisne.
Hasenbirne = Crasanne 145.
Hansenbirne = Junker Hans 238.
Hativeau blanc = Runde Mundnetzb. 390.
Hazel = (Hessel) 219.
Hedwig von der Osten (No. 102) 227.
Hellmanns Melonenbirne (No. 65) 153.
Henriette Bouvier (No. 247) 517.
Henriette, Bouvier = dieselbe 517.
Henriette Edwards, Henriette von Cawenberg, Henriette van Mons 517.
Herbstamadotte (No. 207) 437.
Herbstbirne, Broncirte (No. 152.) 327.
„ Wahre Broncirte = dieselbe 327.
„ Dillens ? = Burchardts Butterb. 115.
„ Königliche ? = Briel'sche Pomeranzenbirne 397.
„ Lange grüne (No. 44) 111.
„ ohne Schale (No. 40) 103.
„ Schmelzende = Esperens Herrenbirne 409.
„ Schönste (No. 214) 451.
„ Wunderschöne = dieselbe 451.
Herbstcolema = Colemas Herbstbutterbirne 444.
Herbstdorn, Dumas (No. 246) 515.
Herbst-Jargonelle = Liebesbirne 243.
Herbstsylvester (No. 39) 101.
Herfst-Citronen-Peer = Weiße Herbstbutterbirne, Knoop.
„ Goud Peer = dieselbe Knoop.
„ Suiker-Peer = Grüne Herbstzuckerbirne 137.
Herrn-Bergamotte = Esperens Herrnb. 409.
Herrnbirne, Deutsche 249.
„ Esperens = (No. 193) 409.
„ Gelbe Sommer- = Erzherzogsb. 205.
Hermannsbirne = St. Germain 356.
„ Frühe und Grüne = dies. Metzger.
Herrmanns-Butterbirne = dieselbe Metzger.
Herzogin Caroline Amalie = Liegels Winterbutterbirne 172.
„ von Angouleme (No. 66) 155.
Hessel, Hessel, Hazel (No. 98) 219.
Hensts Zapfenbirne = Emil Heyst 324.
Hildesheimer Winter-Bergamotte = Winterdechantsbirne 177.
Hochfeine Colmar = Regentin 165.
Hochheimer Butterbirne (No. 161.) 345.
Hoe langer hoe liever = Englische Sommerbutterbirne 75.
Hoere Peer = dieselbe 75.
Hofrathsbirne (No. 227) 477.

Holländ. Feigenbirne (No. 25) 73.
Holzfarbige Butterbirne (No. 33) 89.
Honigbirne = Braunrothe Pomeranzenbirne 249.
„ Liegels (No. 189) 401.
Hopfenbirne (No. 94) 211.
„ = Holländische Feigenbirne 73.
Hoyerswerder, Grüne (No. 6) 35.
Hubard = Amanlis Butterbirne 71.

J.

Jacobibirne, Große frühe = Grüne Magdalene 29.
Jagdbirne (No. 158) 339.
Jagt-Peer = dieselbe 339.
Jakobsbirne = Kleine Blankette 187.
„ = Woltmanns Eierbirne 381.
„ Böhmische frühe 189.
„ Hannoverische (No. 83) 189.
Jaminette, (la) Jaminette (No. 164) 351.
Jargonelle de Knoop = Epargne (Sparbirne) Decaisne.
„ d'automne = Liebesbirne 243.
„ des Anglais = Sparbirne 208 und 195.
„ des Français = Schönste Sommerbirne 384.
„ Große Winter- ? = Winter-Liebesbirne 335.
„ Herbst- = Liebesbirne 243.
Jargonette = Liebesbirne 244.
Jaune charmin = St. Germain, Metzger.
Ida (Müller) (No. 30) 83.
Jeanette (Cat. Lond.) = Archiduc d'été 206.
Je länger, je lieber = Englische Sommerbutterbirne 75.
Imperatrice = Grüne Magdalene 29.
„ = Regentin 166.
„ de France = Holzfarbige Butter-
„ birne, Decaisne.
Incommunicable ? = Grüne Hoyerswerder 35.
Incomparable (Diels) ? = Gute Graue 59.
„ (Knoop) = Colmar 368.
Inconnue Lafare = St. Germain 356.
Ingentia (Cäsalpin) = Großer Katzenkopf 526.
Jodoigner Leckerbissen (No. 196) 415.
John = Junker Hans 500.
Joli-Mont, Roi Jolimont = Julius-Dechantsbirne 376.
Josephine, Josephine de France = Jaminette 351.
Josephine Imperatrice = hie und da Späte Hardenpont 352.
Iris Gregoire = Herbstsylvester, Decaisne.
Isambert le bon = Graue Herbstbutterbirne 99.
Isembart, Grauer = Graue Herbstbutterbirne 99.
„ . Großer = Dieselbe 99.
„ Rother normännischer = dieselbe 100.
Jules Bivort = Köstliche von Lovenjoul 473.
Juliusdechantsbirne (No. 176) 375.
Jungfernbirne 202.
Junkerbirne, Deutsche Junkerbirne (No. 28) 79.
Junkerbirne = Junker Hans 499.
Junker Hans (No. 238) 499.
„ „ . Gelbe, Graue, Weiße, Vergoldete dieselbe 499.
Just = Schönste Sommerbirne 384.
Ive's Bergamot = Rothe Dechantsb. 119.

K.

Kaiser Alexander (Diels) (No. 63) 149.
„ „ = oft Bosc's Flaschenb. 121.
Kaiserin = Grüne Magdalene 29.
Kaiserbirne = Crasanne 145.
„ = Königsgeschenk von Neapel 160.
„ (Oestreich.) = Weiße Herbstbutterbirne 109.
Kaiserinbirne = Holländische Feigenb. 73.
Kalmesbirne = Virgouleuse 354.
Kamper Peer = Kampervenus 333.
Kampervenus, Kampervenus (No. 155) (335) 333.
Kandelbirne = Erzherzogsbirne 206.
Kaneel-Peer = Sommer-Apothekb. 68.
Kanjuweel = dieselbe 68.
Kanzler von Holland (No. 198) 419.
Kappesbirne = Königsgeschenk von Neapel 160.
Karmannsbirne = St. Germain, Metzger.
Kartoffelbirne = Arenbergs Colmar 313.
Katzenbirne (Quint.) = Kleiner Katzenkopf 524.
Katzenkopf, Großer (französischer) (No. 251) 525.
„ Kleiner (deutscher) (No. 250) 523.
Kesselbirne = Schweitzer Wasserb. 455.
Kessoisse = Amanlis Butterbirne 71.
Kiensheimer Wegbirne 63.
Kirchbirne = Winterliebesbirne 335.
Kirchberger Butterbirne (No. 151) 325.
Kleine Blankette (No. 82) 187.
„ Muskateller (No. 1) 25.
„ Schmalzbirne (No. 185) 393.
Klevenow'sche Birne (No. 88) 199.

Klotzbirne = Crasanne 145 und = Großer Katzenkopf 526, auch = St. Germain Metzger.
Knausbirne, Pfullinger ?= Beldenzerbirne 496.
Knechtsbirne ?= dieselbe 496.
Kochbirne = Colmar 368.
Königin-Birne = Roberts Muskateller 378.
Königin der Niederlande = Chaumontel 173.
Königsbirne = Sommer-Robine 43.
Königsbirne von Neapel = Königsgeschenk von Neapel 160.
Königsgeschenk von Neapel (No. 68) 159.
König von Baiern = Regentin 165.
„ von Württemberg = Herbstsylvester 101, auch irrig = oft Butterbirne von Montgeron 101 und 421.
Körner, Theodor (No. 120) 263.
Köstliche von Charneu (No. 41) 105.
Köstliche von Lovenjoul (No. 225) 473.
Kolmer-Peer = Colmar 368.
Konge = Windsorbirn 213.
Kopertz'sche fürstliche Tafelbirne = Liegels Winterbutterbirne 171.
Kopfbirne = Champagner Bratbirne 459.
Kronbirne = Königsgeschenk v. Neapel 160.
„ Winter- = dieselbe 160.
Kronprinz Ferdinand von Oesterreich = Hardenponts Winterbutterbirne 169.
Kuhfuß (No. 105) 233.
Kugelbirne = Schweizer Wasserbirne 455.

L.

Lady Thigh (Miller) ?= Frauenschenkel (Diels) 208.
Laide bonne? = Briel'sche Pomeranzenbirne 397.
Lamas, Lamasbirne = Seckelsbirne, Aug. Nap. Baumann.
Lamotte = Wildling von Motte, Decaisne.
Landsberger Malvasier (No. 144) 311.
Lange grüne Herbstbirne (No. 44) 111.
Lange weiße Dechantsbirne (No. 42) 107.
Langstielerin (No. 217) 457.
Lansac (Duhamel) 103.
„ (Quintinye) = Herbstbirne ohne Schale 103.
Lansac = St. Germain, Metzger.
Lavault, de = Williams Christbirne 405.
Lechasserie (Leschasserie) = Jagdbirne 339.
Leche Friande, Lechefrion = Cassolet 217.
Leckerbissen Hardenponts (No. 230) 483.
Leckerbissen, Jodoigner (No. 196) 415.
„ von Angers (No. 213) 449.
Lederbirne = Junker Hans 500.
Leipziger Rettigbirne (No. 17) 57.
Lent St. Germain = Uvedales St. Germain 538.
Leon Juleró = Holzfarbige Butterb. 89.
Leon Leclerc von Laval (Leon Leclerc de Laval, No. 262) 547.
„ Leclerc de Louvain 548.
„ „ epineux 548.
Lezain, St. 503, doch = Du Curé, Prevorst, nach Bon Jardinier.
Lichefrion d'automne = Lansac des Quint. 104.
Liebart, Liabart (No. 197) 417.
Liebesbirne (No. 110) 243.
„ Rothpunktirte 243.
„ Winter- (No. 156) 335.
Liebchens-Birne, Meißener 243.
Liegels Herbstbutterbirne (No. 127) 277.
„ Honigbirne (No. 189) 401.
„ Winterbutterbirne (No. 74) 171.
Limousine = Dumas Herbstdorn 516.
Linden d'automne = Hardenponts Winterbutterbirne 170.
Livre de = Königsgeschenk von Neapel 160 (siehe auch Poire de Livre).
Löwenkopf (No. 175) 373.
„ Gelber = Löwenkopf 524 und 373.
Longueville = Hambdens Bergam. 390.
Lothringer Dechantsbirne (No. 226) 475.
Louis Dupont ?= Colomas Herbstbutterbirne 443.
Louise d'Orleans = dieselbe 443.
Lucrate ?= Williams Christbirne 410.

M.

Mabile = Napoleons Butterbirne 139.
Madote = Herbstamadotte 437.
Madame = s. Poire Madame.
Mädchensbirne Schöne 384.
Magdalene, Große = Sparbirne 195.
„ Grüne (No. 3) 29.
Mailänderin, Große grüne = Napoleons Butterbirne 139.
Malvasierbirne = Sommer-Apothekerb. 67.

Malte, de = Priesterbirne 540.
Malvasier, Landsberger (No. 144) 311.
Mandelbirne = Engl. Sommerbutterb. 75.
Mandieu = Liebesbirne 243.
Mannabirne = Colmar 367.
Marchioness Pear = Markgräfin 123.
Marechal de cour = Heirathsbirne 477.
Margarethenbirne, Grüne = Grüne Magdalene 29.
„ Säuerliche (No. 4) 31.
Marianne von Nancy, Marie Anne de Nancy (No. 222) 467.
Marie Chrétienne = Marie Luise 141.
Marie Luise (No. 59) 141.
Marie Louise de Jersey = Marie Louise Delcourt (unsere Duquesne'sche Marie Luise) Decaisne.
Marie Louise (Delcourt) = Mar. Louise v. Mons 142 (meist wird jetzt die Duquesne'sche M. Luise so genannt, so auch von (Decaisne).
„ „ de Donkelaar = Marie Louise Delcourt (also Marie Luise) Decaisne.
„ „ (Duquesne) = Marie Luise 141.
„ „ d'Uccle (Gambier) 142.
„ „ nouvelle = Marie Louise Delcourt (also Marie Luise; Decaisne.
„ „ (van Mons) = Marie Louise nova, nouvelle (Poire de Donkelaar) 142.
„ „ nouvelle II. oder the Second = Comte de Lamy 142.
Maria Stuart = Köstliche von Charneu 106.
Marion = Junker Hans, Decaisne.
Mariot = Jaminette, Decaisne.
Markbirne (No. 170) 363.
Markgräfin (No. 50) 123.
Markgräfliche Birne = dieselbe 123.
Marquise, Marquise, Marquisin = dies. 123.
Marois = Jaminette, Decaisne.
Maroit = dieselbe 351.
Marotte sucrée jaune = Regentin 166.
Marquise d'Hem = Herbstbirne ohne Schaale 103.
„ d'hiver = Markgräfin 123.
Marsepein Peer = Sommer-Apothekerbirne 67.
Marzenbratbirne = Schweitzer Wasserbirne 455.
Marzipanbirne = Franchipanne 316.
Medaille d'or = Herbstsylvester 101 auch ?= Jodoigner Leckerbissen 415.
Médan, de = Orange rouge 249.
Meister Hans = Junker Hans 500.
Meissener Liebchensbirne 243.
Melanthonsbirne ? = Römische Schmalzbirne 56.
Melonenbirne = Hellmanns Melonenbirne 153.
„ Grüne = Lange grüne Herbstb. 111.
„ Hellmanns (No. 65) 153.
„ Holländische 154.
„ Westphälische ? = Hellmanns Melonenbirne 153.
Merveille de Charneu (de Charneuses, Decaisne) = Köstliche von Charneu 105.
„ de la Nature = Winterdechantsbirne 178.
„ d'hiver = Winterdorn 519 und = Rüsklrte Schmeerbirne 437.
Messire Jean = Junker Hans 499.
„ Jean Chaulis, gris, d'ore = Junker Hans 500.
Meuris (No. 119) 261.
„ Winter- (No. 168) 359.
Michel Doyenné = Weiße Herbstbutterbirne, Metzger.
Milan blanc = Runde Mundnetzbirne, Decaisne und franz. Pomologen 390; auch öfters ?= Weiße Herbstbutterbirne u. = Große Sommerbergamotte, Dochn.
Milan de Beuvriere = Runde Mundnetzbirne 389 und = Große Sommerbergamotte 388.
Milan d'hiver = Winterdorn 520.
„ grand (Grote Milan) = Napoleons Butterbirne 139.
Milanaise Cuvelier = Winter-Nelis 528.
Miël de Waterloo = Köstliche von Charneu 106.
Millots Butterbirne = Millot von Nancy 479.
Millot von Nancy (No. 228) 479.
Minchen von Gent = Winter-Nelis 528.
Mi Sergeant = Junker Hans 500.
Mogul, Großer = Großer Katzenk. 526 u. ?= Königsgeschenk v. Neapel 160.
Monarch, Großer, Grand Monarch = Großer Katzenkopf 526.
Monarch = Windsorbirne 213.
Mons, Theodore van = Theodor von Mons 271.
Monsieur = Weiße Herbstbutterbirne, Dec.
„ allemande, de = Braune Pomeranzenbirne 249.
„ de = Orange rouge 249.
„ John = Junker Hans 500.
„ le (du) Curé = Pastorenbirne 504.
Monstrueuse des Landes = Großer Katzenkopf 526.

Mont Dieu = Liebesbirne 243.
Morfontaine = Mayers rothe Bergam. 248.
Mostbirne, Extra= = Wildling von Einsiedel. 461.
Mouillebuche, Weiße = Weiße Herbstbutterbirne, Dochnahl.
Mouillebouche (Duhamel) = Runde Mundnetzbirne 111 und = Lange grüne Herbstbirne, Decaisne.
„ d'automne = Lange grüne Herbstbirne 111.
„ d'eté = Runde Mundnetzbirne 45.
„ , Grosse = dieselbe 390.
„ nouvelle = Holzfarbige Butterbirne, Decaisne.
„ ordinaire = Lange grüne Herbstbirne 111.
„ ronde = Runde Mundnetzbirne 45.
Moye Neltje (Knoop) ? = Hannoverische Jakobsbirne 189 und ? = Schönste Sommerbirne 384.
Mückenbirne (Poire aux Mouches) 397.
Münchèn de Gand (München von Gent) = Winter-Nelis 528.
Müskirte Burdiner Birne = Wespenb. 193.
„ Pomeranzenbirne (No. 13) 49.
„ Schmeerbirne = Amadonte (Merl.) 437.
Mullebusch = Lange grüne Herbstb. 111.
„ Grüne = Wildling von Motte 125.
Mundnetzbirne, Duquesne's Sommer= ?= Enghien 53.
„ Herbst= = Lange grüne Herbstb. 112.
„ Lange grüne = dieselbe 112.
„ Runde (No. 11) 45 (und 524).
„ Runde Sommer= = dieselbe 45.
Mundnetzende Birne = Lange grüne Herbstbirne 111.
Muscadelles grosses 384.
„ rouges 384.
Muscat à la grande Queue (Merlet) ?= Russeline 319.
„ à longue Queue (Quint.) = dieselbe 319.
„ à longue Queue à Touraine (Knoop) = dieselbe 319.
„ à Queue de Chair = Weiße Herbstbutterbirne, Dochnahl.
„ d'Août = Sommer-Robine 43.
„ d'Automne = öfters Weiße Herbstbutterbirne, Cat. Lond.
„ de Nancy = Aurate 186.
„ de Villandry = Jagdbirne 339.
„ Fleur = Lange grüne Herbstb. 111.
„ , Grand = Roberts Muskateller 376 und = Schönste Sommerb. 384.
Muscat, gros 236.
„ „ hatif = Wespenbirne 193.
„ „ rond = dieselbe 193.
„ petit = Kleine Muskateller 25.
„ „ à Trochet = Strauß-Muskateller 191.
„ Robert = Roberts Muskateller 377.
„ rouge = Schönste Sommerb. 451.
„ vert = Cassolet 217.
Musk Robine (Sickler) = Roberts Muskateller 378.
Muskateller, August= = Sommer-Robine 43.
Muskateller (-Birne), Kleine 25.
„ Brüsseler Herbst= (No. 203) 429.
„ Deutsche ?= Königsgeschenk von Neapel 160.
„ Englische aus Ohio 377.
„ Französische (süße) (No. 104) 231.
„ frühe = Aurate 186.
„ Große rothe (Christ) 384.
„ Große 384.
„ Herbst= (Dittrich) = Brüsseler Herbstmuskateller 429.
„ Kleine (No. 1) 25.
„ Kleine rothe Sommer= = Aurate 185.
„ Kleine gelbe Strauß= = Straußmuskateller 191.
„ Königliche Sommer= = Sommer-Robine 43.
„ Metzger dickstielige Winter= ? = Herbstbirne ohne Schale 104.
„ Roberts (No. 177) 377.
„ Robertus = dieselbe 377.
„ Rothe = Schönste Sommerb. 384.
„ -Russelet, Kleine = Russeline 319.
„ Strauß= (No. 84) 191.
„ Troppauer (goldgelbe) (No. 181) 385.
„ Winter= = Liegels Winterbutterbirne 172.
„ Zerfließende = Grüner Sommerdorn 395.
Muskatenbirne, Rothe = Schönste Sommerbirne 383.
Musked Drone Pear = Wespenbirne 193.
„ Robine Pear = Sommer-Robine 43.

N.

Napoleonsbirne = Weiße Herbstbutterbirne, Metzger.
Napoleons Butterbirne (No. 58) 139.
„ Schmalzbirne (No. 64) 151.
Narrenbirne = Grasanne 145.

Nationalbergamotte, deutsche (No. 32) 87.
Neige, de = Weiße Herbstbutterbirne 109.
„ gris, de = Graue Dechantsbirne 135 und = Weiße Herbstbutterbirne (Doyenné) Decaisne.
Nelis d'hiver = Winter-Nelis 527.
Ne (Nec) plus Meuris = Winter-Meuris (261) 359.
Ne plus Meuris = die und da Marie Luise 360.
Neue Winterdechantsbirne (No. 78) 179.
New Autumn Pear = Lange grüne Herbstbirne 111.
Newyorker Rothbacken = Seckels Birne 117.
Newyork Red Cheek = dieselbe 117.
Nicolas Peer, St. = Grüne Herbstzuckerbirne, 137. Siehe auch Beurré St. Nicolas.
Niel 452.
Nina (No. 87) 197.
Nikitaner Apothekerbirne (No. 138) 299.
Noarschän (Noichain, Noirchain) (No. 134) 291.
Noarschän, Sommer- oder Herbst- = dieselbe 291.
Noisette's große Englische Butterbirne = Amanli's Butterbirne 72.
Norman Zimbeck = Königsgeschenk von Neapel 160.
Normännische rothe Herbstbutterbirne = Graue Herbstbutterbirne 100.
Nouvelle Boussoch = Doppelte Philippsbirne 436.
„ gagnée a Heuze = Holzfarbige Butterbirne 89.
„ Pentecôte = Neue Winter-Dechantsbirne 179.
Nutmeg = Wildling von Caissoy 522.

O.

Oberpräsident von Puttkammer = Colomas Herbstbutterbirne 444.
Ochsenberz (No. 220) 463.
October Suiker Peer = Grüne Herbstzuckerbirne 137.
Oesterling (Christs) = Veldenzerbirne, Aug. Nap. Baumann.
Oken, Oken d'hiver (No. 55) 133.
Onkel Peter, Oncle Pierre (No. 135) 293.
Onkel Peters Birne = dieselbe 293.
Onyuchina = Frauenschenkel 208.
Orange brun d'été = Braunrothe Pomeranzenbirne 249.
„ de Vienne = Wiener Pomeranzenbirne 241.
„ musqué = Müskirte Pomeranzenbirne 49.
„ Peer, Briel'sche = Briel'sche Pomeranzenbirne 397.
„ rouge = Braunrothe Pomeranzenbirne 248.
„ tulipée = Briel'sche Pomeranzenbirne 397.
Orangenbirne, Große müskirte = Müskirte Orangenbirne 49.
„ Muskateller- = dieselbe 49.
Orpheline d'Enghien = Arenberg (143) 357.
Orpoline = dieselbe 358.
Osterbergamotte (No. 173) 369.

P.

Paddington = Osterbergamotte 370 und Poire de Pentecôte (Winterdechantsbirne) Decaisne.
Pairmain d'eté petit = Kleine Blankette 187.
Pairmain (Parmain) rouge d'eté (Merl.) = Mayers rothe Bergamotte 248.
Pape, de Pape = Orange rouge 249.
Parabelle musquée = Grosse Queue Decaisne.
Paradiesbirne (No. 53) 129.
„ Rheinische 129.
„ = Virgulense 354 u. = Colmar 368.
Paradis = Virguleuse, Decaisne.
Passatutti ? = Graue Dechantsbirne 135.
Passe Colmar = Regentin 165.
„ Colmar d'Août = Hardenponts frühe Colmar 51.
„ Colmar d'Automne = bei Einigen Weiße Herbstbutterbirne, Cat. Lond.
„ Colmar gris, d'oré, nouveau, ordinaire = Regentin 166.
„ Colmar; par — Hardenpont = Hardenponts frühe Colmar 51.
„ Goemanns = Williams Christbirne 405.
Pastorale = Winterdechantsbirne 177.
„ de Louvain = dieselbe 177.
„ d'hiver = dieselbe 177.
Pastorenbirne (240) 503.
Paternoster = Clairgeau's Butterb. 505.
Pater notte = Pastorenbirne 503.
Pequiny = Großer Katzenkopf 526.
Pera Spada = Weiße Herbstbutterb. 109.
Pereus, de = Osterbergamotte 370.

Perle de Cire = Kleine Blankette 187.
Perlenförmige Birne = dieselbe 187.
Perlförmige franz. Weißbirne = Kleine Blankette 187.
Perlmott = Weiße Herbstbutterb., Metzg.
Perlmutterbirne = dieselbe, dto.
Pero rosso = Russette von Bretagne 330.
Petersbirne, Große ? = Hammelsbirne 286 und ? = Thielebirne 425.
Petersilie pear = Holzfarbige Butterbirne, Annal. der Pom. VI. 41.
Petit Beurré d'hiver = Wildling von Caissoy 322.
„ Blanquet = Kleine Blankette 187.
„ „ à Trochet (Merlet) ? = dieselbe 187.
„ Catillac = Kleiner Katzenk. 523.
„ Corteau = Schönste Herbstb. 451.
„ cinque Rousselet musqué = Russeline 319.
„ Muskat 25.
„ „ à Trochets = Straußmuskateller 191.
„ Oing (Oin) = Muskirte Schmeerbirne 437.
„ Parmain, s. Pairmain.
„ Romain = Tertolens Herbstzuckerbirne 330.
„ Rousselet = Russelet v. Rheims 77.
Petite fertile = Liebesbirne 243.
„ Madeleine, Magdeleine = Grüne Magdeleine 29.
„ Musette (Mayer) ? = Kleine Blankette 187.
„ Musquée barrois (Mayer) ? = dieselbe 187.
Pfaffenbirne = Braunrothe Pomeranzenbirne 249.
Pfalzgrafenbirne = Weiße Herbstbutterbirne, Metzger.
Pfalzgräfler, Lange ? = Zimmtfarbige Schmalzbirne 442.
Pfarrerbirne = Priesterbirne 339.
Pfingstbergamotte = Winterdechantsb. 177.
Pfingstbirne = Grasanne 145.
„ Neue = Neue Winterdechantsbirne 179.
Pfitzenmaierles-Birne = Langstielerin 457.
Pfundbirne = Großer Katzenkopf 526 u. = Königsgeschenk von Neapel, 160, auch = Kuhfuß 233. Vergl. auch 524 und 95.
„ Aarer (No. 54) 131.
„ Gemeine 95.
Pfundbirne, Grüne (No. 36) 95.
„ Nassauer = Aarer Pfundbirne 131.
„ Ustroner ? = Diels Butterbirne 163.
Philippe de Pâques = Winterdechantsbirne 178.
„ d'hiver = dieselbe 177.
„ double = Doppelte Philippsb. 435.
„ le bon = Philipp der Gute 435.
Philipp, der Gute 435.
Philippsbirne, doppelte (No. 206) 436.
Pichelbirne (Piblerbirne) (No. 239) 501.
„ Rothe 501.
Pickering Pear, Pickerings Warden = Uvedales St. Germain 538.
Piécourt = Priesterbirne 340.
Pilgerbirne = Wespenbirne 193.
Pine Pear = Weiße Herbstbutterbirne 109.
Piper = Uvedales St. Germain 538.
Poire Achalzig I. und II. = Slavonische Wasserbirne 224.
„ Adame = Damenbirne 37.
„ Amande = Mandelbirne, Englische Sommerbutterbirne 75.
„ courte Queue = Weiße Herbstbutterbirne, Knoop.
„ à Gobert = Gile ô Gile 361.
„ a la Flûte = Sparbirne, Decaisne.
„ a la Perle = Kleine Blankette 187.
„ a la Rheine = Roberts Muskateller 377.
„ Amydon 500.
„ Ananas d'eté = Comperette 301.
„ „ d'hiver = Regentin 166.
„ Andréane, Andréine = Pastorenbirne 503.
„ Anglaise = Englische Sommerbutterbirne 76 und = Winter-Dechantsbirne 177.
„ aux Mouches ? = Briel'sche Pomeranzenbirne 397.
„ au Vin (Sageret) = Sagerets Weinbirne 403.
„ Bassin = Schönste Sommerb. 384.
„ benite = Liebesbirne 243.
„ blanche = Weiße Herbstbutterbirne, Metzger.
„ Bouteille = Pastorenbirne, A. Nap. Baumann.
„ Carlisle = dieselbe, Decaisne.
„ Coloma d'Automne Bivorts ? = Coloma's Herbstbutterbirne, 444.
„ d'Albert 434 und 71.
„ d'Amande = Englische Sommerbutterbirne 76.
„ d'Ambre = Roberts Muskateller 377.
„ d'Amour = Liebesbirne 243.
„ d'Amydon, Bauh. 500.

Poire d'Angleterre = Williams Christbirne 405.
„ d'Ante = Weiße Herbstbutterbirne, Dochnahl.
„ d'Août = Deutsche Augustb. 202.
„ d'Arenberg = Arenbergs Colmar, Decaisne.
„ d'Armenie 209.
„ d'Arteloire = St. Germain 356.
„ d'Attrape 335.
„ d'Aumale = Wildling von Motte, Decaisne.
„ d'Austrasie = Jaminette, Decaisne.
„ de Baron 536.
„ de Bouchet = Runde Mundnetzbirne 45.
„ de Chartreux = Capiaumont 93.
„ de Chevalier = Junkerbirne 79.
„ de Clion = Pastorenbirne 503.
„ de Communauté = Junker Hans 500.
„ de Constantinople = Angora 538.
„ de Coq 452.
„ de Coulis = Junker Hans 500.
„ de Couvent = dieselbe 500.
„ de (du — le) Curé = Pastorenb. 503.
„ Delbert 71 und 433.
„ Delbret ibidem.
„ de Donkelaar = Marie Louise nouvelle 142.
„ d'eau rose = Gelbgraue Rosenb. 61.
„ de Finois = Englische Sommerbutterbirne 76.
„ de Forêt = Gute Graue 59.
„ de Glace = Virgouleuse 354.
„ de Honville = Sommer-Robine 43.
„ de Jasmin = Weiße Herbstbutterbirne, Dochnahl.
„ de Jesus (Große rothe Muskateller Christ) 384.
„ de Kartoffel = Arenbergs Colmar 313.
„ de Kienzheim 63.
„ de Laforée (Laforet) ?= Winterliebesbirne 335.
„ de Monsieur = Pastorenbirne 503.
„ de la Motte = Wildling von Motte, Decaisne.
„ de la Reine = Roberts Muskateller 377.
„ de Leukebeek? = Bosc's Flaschenbirne, Berliner Verbandl.
„ de Limon = Weiße Herbstbutterbirne 109.
„ de Livre = Grüne Pfundbirne 95 und = Großer Katzenkopf 526 auch = Königsgeschenk von Neapel 160.
Poire de Louvain = Grosse Queue, Decaisne.
„ de Madame s. Poire Madame.
„ de Madame de Madère = Damenbirne 37.
„ de Malte = Caillot rosat d'hiver 540.
„ de Medan = Braunrothe Pomeranzenbirne 249.
„ de Mérode = Doppelte Philippsbirne 435.
„ de Mons = Speelberg 486. (Siehe auch Poire van Mons.)
„ de Monsieur = Pastorenbirne 503 und = Braunrothe Pomeranzenbirne 249.
„ de Neige s. Neige.
„ d'Oeuf ?= Sommer-Eierbirne 39.
„ d'Or 500 u. Poire d'Or (Knoop) 185.
„ d'Or d'eté = Aurate 185.
„ d'Or hative (Merl.) ?= Aurate 185.
„ de Pape = Braunrothe Pomeranzenbirne 249.
„ de Pentecôte Decaisne's, doch wohl = Winterdechantsbirne.
„ de Persil = Holzfarbige Butterbirne, Decaisne u. Ann. d. Pom.
„ de Pézenas = Herzogin v. Angouleme, Decaisne.
„ de Poirault = Bergamotte von Parthenay 183.
„ de Prêtre ? = Braunrothe Pomeranzenbirne 249 u. = Priesterb. 539.
„ de Prince = Admiralsbirne 397 und ?= Römische Schmalzbirne 55 auch ?= Schönste Sommerbirne 384.
„ de Racqueinghelm (Rackenghem) ?= Leckerbissen von Angers 450.
„ de Rives (Merlet) = Frauenschenkel Diels 208.
„ de Roseau = Große Rietbirne 251.
„ de Seigneur = Weiße Herbstbutterbirne, Cat. Lond. u. Decaisne, auch = Braunrothe Pomeranzenb. 249.
„ de St. George = Große St. Georgsbirne 413.
„ de Table des Princes = Epargne (Sparbirne) Decaisne.
„ de Tongres 505.
„ de Tonneau = Uvedale's St. Germain 538.
„ de tout tems = Großer Katzenkopf 526.
„ de Vézenas = Herzogin von Angouleme 155.
„ des Chasseurs = 522.

Poire des Éparonais = Herzogin von Angoulême 155.
„ du Bouchet = Runde Mundnetzbirne 45.
„ du Doyen = Weiße Herbstbutterbirne, Decaisne.
„ du Pâtre = Winterdechantsb. 177.
„ Edouard = Eduards Birne 235.
„ Esperine = Esperine 481.
„ Figuo = Holländische Feigenb. 73.
„ Fortunée = Glücksbirne 541.
„ Fourcroy = Winterdechantsb. 177 und = Diels Butterbirne 163.
„ Frizous? = Schönste Herbstb. 452.
„ grosse allongee = Pastorenb. 504.
„ Guillaume = Williams Christbirne 405.
„ Legipont = Köstliche von Charneu 105.
„ l'Empereur = Napoleons Butterbirne 139.
„ Liard = Napoleons Butterb. 139.
„ Madame ?= Römische Schmalzbirne 55 und ?= Sparbirne 196, auch 452.
„ Madeleine = Grüne Magdalene 29.
„ Manne = Colmar 368.
„ Medaille = Napoleons Butterb. 139.
„ Melon = dieselbe 139 u. = Diels Butterbirne 163.
„ Melon de Knoop = Diels Butterbirne 163.
„ bon sieur = Weiße Herbstbutterbirne, Knoop.
„ Niel 452.
„ noble d'eté = Edle Sommerb. 33.
„ petit Rousselet = Russelet von Rheims 77.
„ Pomme ?= Leckerbissen von Angers 450.
„ Pomme de Terre = Arenbergs Colmar 313.
„ Romain, Decaisne = Beurré Romain, Decaisne.
„ rose = Gelbgraue Rosenbirne 61.
„ royale = Sommer-Robine 43.
„ sans peau d'automne = Herbstbirne ohne Schale 104.
„ Sarasin = Sarasin 546.
„ Seignore = Weiße Herbstbutterbirne, Knoop.
„ Seutin = Seutins Birne 507.
„ Sicile = Epargne (Sparbirne), Decaisne.
„ Sieulle = Sieulles Birne 317.
„ St. George 413.
„ St. Jean = Grüne Magdalene 29.
Poire St. Michel = Weiße Herbstbutterbirne, Knoop.
„ Sylvange = Winterdechantsb. 177.
„ Thouin, irrthümlich = Winter-Nelis 528.
„ Truité = Forellenbirne 157.
„ unique musquée = Liegels Winterbutterbirne 172.
„ Urbaniste (des Urbanistes, Dec.) = Colomas Herbstbutterbirne 443.
„ Valencia = Weiße Herbstbutterbirne, Decaisne.
„ Valentin = dieselbe, Decaisne.
„ Vaudoise = Herbstbirne ohne Schale 104.
„ van Mons = Van Mons Butterbirne 494.
Pomeranzenbirne, Braune Sommer- (Mayer) 249.
„ Braunrothe (No. 113) 249.
„ Briel'sche (No. 187) 397.
„ Gestreifte ?= Briel'sche Pomeranzenbirne 397.
„ Große müskirte = Müskirte Pomeranzenbirne 49.
„ Herbst- = Braunrothe Pomeranzenbirne 249.
„ Müskirte (No. 13) 49.
„ Wiener (No. 109) 241.
„ Winter- M Colmar 368.
Pontoise, Doyenné de (Merlet) ?= Wildling von Montigny 431.
Portugal d'eté = Cassolet 217 und ?= Admiralsbirne 397.
Postelbergerbirne = Liegels Winterbutterbirne 172.
Pound-Pear = Uvedale's St. Germain 538 und = Großer Katzenk. 526.
Pradel, du = Pastorenbirne
Precels od. Preuls Colmar = Regentin 165.
Présent d'Artois, Beau 161.
„ d'eté = Sparbirne 195.
„ de Malines = Regentin 166.
„ royal de Naples = Königsgeschenk von Neapel 160.
Prêtre, de = Priesterbirne 539.
Priesterbirne (No. 258) 539.
Prinzenbirne (Mayer) ?= Röm. Schmalzbirne 56, Prinzenbirne (Hinkert) ?= Schönste Sommerbirne 384.
„ Große Sommer- = Röm. Schmalzbirne 56.
Princesse, la = Roberts Muskateller 377.
„ Charlotte, Charlotte de Brabant 411.
„ Conquête = Prinzessin von Oranien 411.

Princesse d'Orange, the Princesse of Orange = Princessin von Oranien 411.
„ de Parma = Marie Luise 141.
Prinzessin Marianne (No. 31) 85.
Prinzessin von Oranien (No. 194) 411.
Prinzessin von Oranien = Röm. Schmalzbirne 411.
Prinzmadam (in Thüringen) = Römische Schmalzbirne 384.
Prinz von Ligne = Komperette 801.
Probstbirne (Cordus) ?= Ochsenherz 464.
Proche le Roi = Vicekönigin (No. 243) 509.
Prunai = Cassolet 217.
Pucelle Condésienne = Regentin 166.
„ de Xaintonge = Roberts Muskateller 377.
Pugillaris (Johnston) = Großer Katzenkopf 526.
Punktirter Sommerdorn (No. 23) 69.
Pyrole = Jaminette 351.
Pyrum ovatum (Bauhin.) = Sommer-Eierbirne 39.

Q.

Quenillac = Großer Katzenkopf 526.
Queen's = Roberts Muskateller 378.

R.

Rateau blanc = Löwenkopf 373 und = Großer Katzenkopf 526.
„ gris = Königsgeschenk v. Neapel 160.
Rattenschwanz = Crasanne 145.
„ französischer = dieselbe 145.
Reatebirne, la Reate = Briel'sche Pomeranzenbirne 397.
Red Beurré = Graue Herbstbutterb. 99.
„ Cheeked Seikle = Seckels Birne 117.
„ Muscadel = Schönste Sommerbirne 384.
„ Muskatelle Pear = dieselbe 384.
Regelbirne = Langstielerin 457.
Regentin (No. 71) 165.
Rehbirne, Spindelförmige = Prinzessin Marianne 86.
Reine, la = Beurré romain, Decaisne. Siehe letztere.
Reine Caroline = Enghien 53.
„ des Pays bas = Chaumontel 173.
Rettigbirne, Goldiger = Leipziger Rettigbirne 57.
„ Leipziger (No. 17) 57.
Rhabarberbirne = Junker Hans 300.
Rhenser Schmalzbirne (No. 255) 533.
Riesenbutterbirne ?= Diels Butterb. 163.
Rietbirne, Große (No. 114) 251.
„ Holländische = dieselbe 251.
Riet Peer, Dubbelte = dieselbe 251.
Ritterbirne = Leipziger Rettigbirne 57.
Roberts Keeping = Osterbergamotte 370.
Roberts Muskateller (No. 177) 377.
Robine (Miller) ?= Roberts Muskateller 378.
„ d'eté = Sommer-Robine 43.
„ musquée = dieselbe 43.
Robine, Sommer- (No. 10) 43.
Rochechouart, de = Dumas Herbstdorn 516.
Röblingsbirne, Große = Colmar 368.
Römische Schmalzbirne (No. 16) 55.
Rohrbirne = Große Rietbirne 251.
Roi d'eté = Junkerbirne 79.
„ „ gris = Brauner Sommerkönig 399.
„ de Rome (Desvaux) = Jaminette, Decaisne.
„ de Württemberg = Herbstsylvester 101 und irrig oft = Butterbirne von Montgeron 421; = ebenso hie und da Hardenponts Winterbutterbirne 170.
„ Joli-mont = Julius Dechantsb. 376.
Romaine = Beurré romain, Decaisne. Siehe diese.
Ronde Winter Graciole = Großer Katzenkopf 526.
Rood Foppen, Rood Foppen-Peer 385.
Roode of Groote Muskadel = Schönste Sommerbirne 451.
Rose Angle Early = Grüne Magdalene 29.
Rosenbirne = Hopfenbirne 212.
„ Gelbgraue (No. 19) 61.
„ Sommer- (Merlet) = Mayers rothe Bergamotte 243.
Roskammer Peer = Colmar 368.
Rothbirne, Haller (No. 202) 427.
Rothe Bergamotte (No. 37) 97.
„ Dechantsbirne (No. 48) 119.
Rougemont, Rougemont = Holländische Feigenbirne 73.
Rouse Lench, Rouse Lench (No. 79) 181.
Rousselet, le = Russelet von Rheims 77.
„ Decoster = Decosters Russelet 309
„ de Rheims (Reims) 77.
„ de Stouttgart = Stuttgarter Geisbirtel 47.
„ de Volkmarsen = Volkmarserbirne 269.

Rousselet double = Doppelte Russelet 253.
„ (le) gros 253.
„ Enfant prodique = Verschwenderin 512.
„ gros à longue Queue = Liebesbirne 244.
„ gros d'hiver = Beldenzerb. 496.
„ musquée = Russelet von Rheims 77.
„ pannaché = Gestreifte Russelet 259.
„ petit = Russelet von Rheims 77.
„ petit = hie und da in Frankreich Russeline 319.
„ Prince de Ligne = Comperette 301.
„ Satin = Brüsseler Zuckerb. 113.
„ St. Vincent = Vincent 127.
„ vert = Russeline 319.
Rousseline, la, Rousselyn Pear = Russeline 319.
Roussotte (Merlet) = Wildling v. Caissoy 522.
Roussette d'Anjou = Wildling von Caissoy 329 und 521.
„ d'Anjou, Grosse = Russette von Bretagne 330 und 521.
„ de Bretagne = Russette von Bretagne 329.
„ de Poiteau = Orange rouge 242.
Royale = Runde Mundnetzbirne 390.
„ d'Angleterre = Schöne Angevine 538.
„ d'Août = Sommer-Robine 43.
„ d'Eté = dieselbe 43.
„ musquée = dieselbe 43.
Royal Tairlon = Osterbergamotte 370.
Runde Mundnetzbirne (No. 11) 45.
Russeletbirne = Weiße Herbstbutterb., Metzg.
Russelet, Decosters (No. 143) 309.
„ Doppelte (No. 115) 253.
„ Dünnstielige Sommer- = Russeline 319.
„ französische (No. 132) 287.
„ Gestreifte (No. 118) 259.
„ Große 79.
„ „ Sommer- (Diel) 79 u. 253.
„ „ „ = Sommerkönig 399.
„ „ müskirte = Liebesbirne 243.
„ „ Winter- (Diels) = Beldenzerbirne 496.
„ Kleine Muskateller- = Russeline 319.
„ Langstielige Stuttgarter 47.
„ Stuttgarter = Stuttgarter Geisshirtel 47.
„ von Rheims (Reims) (No. 27) (259) und 77.
Rübenbirne = St. Germain, Metzger.
Russeline (No. 148) 319.
Russette aus dem Anjou = Wildling von Caissoy 521.
Russette von Bretagne (No. 153) 329.

S.

Sabine (nach Decaisne, besonders in Frankreich) = Jaminette 351.
Sabine d'été = Schönste Sommerb. 384.
Safferbirne = Große Rietbirne 251.
Safran d'été = Sommer Apothekerbirne, Decaisne.
Saftbirne, Herbst- = Lange grüne Herbstbirne 111.
Sagerets Bergamotte (No. 141) 305.
„ Weinbirne (No. 190) 403.
St. (Saint) François = Englische Sommerbutterbirne 76.
St. Germain, St. Germain (No. 166) 355.
„ „ Backer = Uvedales St. Germain 538.
„ „ blanc = (Diels) Wahre gute Luise 356 und = Herbstamadotte 437.
„ „ d'été mit dem Synon. Joli-Mont, Hoe langer, hoe liever u. Jargonelle de Provenceaux, Decaisne, ist wahrscheinlich = unsere Engl. Sommerbutterbirne.
„ „ d'hiver = St. Germain 356.
„ „ d'oré, gris, jaune, vert = dieselbe 356.
„ „ Frühe, auch „Grüne" = dies., Metzg.
„ „ New, Sweet = St. Germain Prince 356.
„ „ Prince = 356.
„ „ panaché = Gestreifte St. Germain 356.
„ „ Merlet = Merlets frühe St. Germain = Gute Luise Diels 356.
„ „ Uvedales ? = Schöne Angevine 538 u. = St. Germain, Decaisne.
„ Ghislain (Diel, van Mons) = Holländische Feigenbirne 73.
„ Jacobs Peer = Kleine Blankette 187.
„ Jean, Jeanette (Cat. Lond.) = Archiduc d'été 206.
„ Jean = Grüne Magdalene 29.
„ „ musquée gros = Roberts Muskateller 378.
„ Laurent = Schönste Sommerbirne 384.
„ Leonard = Virguleuse 354.
„ Lezain 503, doch = Du Curé, Prevorst, nach Bon Jardinier.

St. Michel, auch St. Michel blanc Dechnabl = Weiße Herbstbutterbirne 109.
„ Michel d'eté = Julius Dechantsbirne 376.
„ „ gris — Graue Dechantsb. 135.
„ Nicolas Peer = Grüne Herbstzuckerbirne 137.
„ Samson = Sparbirne 195.
Salis = Williams Christbirne 405.
Salisbury = Prinzessin Marianne 85.
Salzburger Birne 402.
Samsonsbirne = Sparbirne 196.
Sans Pepins = Deutsche National-Bergamotte 389.
Sarasin der Carthäuser, Sarasin des Chartreux 545.
Sarasin (Duhamels) (No. 261) 545.
„ Sommerfrucht 546.
„ Späte 546.
Sarazenerbirne = Sarasin 545.
Satin = Lansac des Quint. 104.
„ vert = Grüner Sommerdorn 395.
Säuerliche Margarethenbirne (No. 4) 31.
Saurüssel = Sommer-Eierbirne 39.
Savoureuse, la = Markbirne 363.
Schafbeutelsbirne = St. Germain, Metzg.
Schatzbirne = Sparbirne 196.
Schilfbirne = Große Rietbirne 251.
Schinkenbirne = Hardenponts Winterbutterbirne 170.
Schlechte Anjouer, Schlechte von Anjou = Briel'sche Pomeranzenbirne 397.
Schlegelbirne = Großer Katzenkopf 526.
Schmackhafte = Markbirne 363.
Schmalzbirne = Grüne fürstliche Tafelbirne 203 u. = Lange grüne Herbstbirne 111, auch = Weiße Herbstbutterbirne, Metzger.
„ Französische = Dumas Herbstdorn 516.
„ Gelbe Winter- = Zimmtf. Schmalzbirne 441.
„ Kleine (No. 185) 393.
„ Napoleons (No. 64) 151.
„ Rhenser (No. 255) 533.
„ Römische (No. 16) 55 auch 384.
„ Winter- = Weiße Herbstbutterbirne, Metzger.
„ Zimmtfarbige (No. 209) 441.
Schmeckerin = Lange grüne Herbstbirne 111.
Schmelz. Britannien (No. 192) 407.
Schnabelbirne = Kleine Blankette 187.
Schöne Andreane, Schöne Andreine = Pastorenbirne 503.
„ Angevine (No. 257) 537.
Schöne Cornelia 189 und 384.
„ Gabriele, Wahre Schöne Gabriele = Gute Graue 59.
„ Julie (No. 142) 307.
„ Mädchensbirne 384.
„ und Gute = Deutsche Nationalbergamotte 87.
„ von Brüssel 88.
Schönlins Birne = Köstliche von Charneu 371.
„ Winterbutterbirne (No. 174) 371.
Schönste Herbstbirne (No. 214) 451.
„ Sommerbirne (No. 180) 383.
„ vom Sommer = Schönste Sommerbirne 383.
Schone Vrouw = Englische Sommerbutterbirne 75.
Schulbirne (No. 111) 245.
Schwabenbirne = Kleiner Katzenkopf 524.
Schweighäuser Birne = St. Germain, Metzger.
Schweizerbergamotte, Frühe (No. 20) 63.
Schweizer-Birne = Schweizer-Wasserbirne 455.
Schweizerhose (No. 44, b.) 112.
Scotch Bergamot = Hambdens Bergamotte 390.
Seckels Birne (No. 47) 117.
„ Birne, Sickels Birne, Rothbackigte Sickelsbirne 117.
Seigneur (Jard. fruit.) = Epargne (Sparbirne) Decaisne.
„ de = Orange rouge 249.
„ d'hiver = Winterdechantsbirne 177.
„ du = Weiße Herbstbutterbirne 109.
„ d'Esperen, Seigneur d'Esperen = Esperens Herrenbirne 409.
Senteleis Dechantsbirne, Sentelet (No. 223) 469.
Sept en gueule = Kleine Muskateller 25.
Serrurier d'automne ? = Colomas Herbstbutterbirne 443.
Seutins Birne, Seutin (No. 242) 507.
Severiana (Plin.) = Großer Katzenkopf 526.
Shakspeare = Seckels Birne 117.
Sicile = Sparbirne, Decaisne.
Siebenburger Butterbirne = Deutsche Nationalbergamotte 88.
Sieulle's Birne (No. 147) 317.
Simon Bouviers Birne = Andenken an Bouvier 453.
Sinclair = Volltragende Bergamotte 81.
Slavonische Wasserbirne (No. 100) 223.

Small Winter Beurré = Wildling von Caissey 522.
Snow Pear = Weiße Herbstbutterb. 109.
Soldat = Poire de Pentecôte, Decaisne.
Soldatenbirne = Blumenbachs Butterbirne 144.
Soldat Laboureur = dieselbe 143 und in Frankreich oft = Arenberg 143.
Sommer-Ambrabirne = Gute Graue 59.
„ -Ambrette (No. 116) 255.
„ Apothekerbirne (No. 22) 67.
Sommerbirne, Edle (No. 5) 33.
„ Frühe volltragende englische = dieselbe 33.
„ Gestreifte schönste = Schönste Sommerbirne 383.
„ Gute graue Französische 59 u. 255.
„ Königliche = Sommer-Robine 43.
„ Schönste (No. 180) 383.
„ von Angers (No. 101) 225.
Sommer-Citronenb., Große (No. 21) 65.
Sommerdorn, Grüner (No. 186) 395.
„ Punktirter (No. 23) 69.
Sommer-Eierbirne (No. 8) 39.
„ -Epine = Grüner Sommerdorn 395.
„ -Frankfurter 79.
„ -König = Junkerbirne 79.
„ -König, Brauner (langstieliger) (No. 188) 399.
„ -Robine (No. 10) 43.
„ -Wunderschöne = Schönste Sommerbirne 384.
Souvenir de Simon Bouvier = Andenken an Bouvier 453.
Souverain d'hiver = Regentin 165.
Souveraine, la = dieselbe 165.
Späte Hardenpont (No. 76) 175.
Spalierbirne = Weiße Herbstbutterbirne, Metzger.
Sparbirne (No. 86) 195, auch 55 und 207.
Spence = Prinzessin Marianne 86. Siehe auch Beurré Spence = Holzfarbige Butterbirne 89.
Spindelbirne, Sommer- ? = Frauenschenkel Diels 203.
Spoelberg, Spoelberg, de Spoelberg (No. 231) 485.
Spreeuw = Winter-Nelis 528 und = Holzfarbige Butterbirne 89.
„ ové, Faux Spreeuw 528.
Spulerbirne = Junker Hans 500.
Stabrenbirne (Etourneau) = Winter-Nelis 528.
Staunton = Rothe Dechantsbirne 119.
Steincolmar = St. Germain, Metzger.
Stieglitzbirne = Hopfenbirne 212.
Stolz der Franzosen = Russelet v. Rheims 78.
Storchschnäbler ? = Zimmtfarbige Schmalzbirne 442.
Straßburger Beste Birne = Sommer-Eierbirne 39.
Straßburger Birne = Sommer-Apothekerbirne 67.
Straußmuskateller (No. 84) 191.
Stuttgarter Geisbirtel (No. 12) 47.
Sublime Gamotte = Weiße Herbstbutterbirne, Decaisne.
Sucré Romain = Römische Schmalzb. 55.
„ vert (verd), le Sucré = Grüne Herbstzuckerbirne, 137.
Suiker Kandy Peer = Sommer-Apothekerbirne 67.
„ Peer, Herfst- oder October- = Grüne Herbstzuckerbirne 137.
„ „ van Tertolen = Tertolens Herbstzuckerbirne 331.
„ „ van Tolisduyn ? = dies. 331.
Summer Bell = Windsorbirne 213.
„ Bergamot Pear = Große Sommerbergamotte 389.
„ Rose = Gelbgraue Rosenbirne 61.
Suprême = Schönste Sommerbirne 383 und 452.
„ Coloma = Liegels Winterbutterbirne 171.
Surpasse Crasanne = Neue Crasanne 465.
„ Meuris = Meuris 261.
Sylvange d'hiver = Winterdechantsbirne 177.
Sylvester, Herbst- (oder Winter-) (No. 39) 101.
Sylvestre d'automne ou d'hiver = Herbstsylvester 101.
Syrische Birne (Virgil und Martial) = Mayers rothe Bergamotte 248.

T.

Tafelbirne (Württemb.) = Röm. Schmalzbirne 55. und (Hannover u. Württemberg) = Erzherzogsbirne 205. auch = St. Germain, Metzger.
„ fürstliche (Meiningen) = Römische Schmalzbirne 55. und = Grüne (fürstliche) Tafelbirne 203 auch 384.
„ Grüne (fürstliche) Tafelbirne (No. 90) 203.
„ Koverts'sche fürstliche = Liegels Winterbutterbirne 171.
„ Türkheimer (Dürkheimer) = Erzherzogsbirne 205.

Tarde en rapport ?= Coloma's Herbstbutterbirne 444.
„ Ribaut = Cassolet 217.
Tarentinische Birne (Cato, Columella und Plinius) ?= Rothe Bergamotte 218.
Terrenauvaise = Wildling von Caissoy 522.
Terling = Osterbergamotte 370.
Tertolens Herbstzuckerbirne (No. 154) 331.
Tete de Chat = Großer Katzenkopf 526.
Teton de Venus = derselbe 526.
Theilbirne ?= Hammelsbirne 285 u. ?= Thielebirne 425.
Thelyphonia (Cord.) ?= Großer Katzenkopf 526.
Theodore (Dittrich) (No. 9) 41.
Theodor Körner (No. 120) 263.
Theodor van Mons, Theodore van Mons (No. 124) 271, auch 41.
Thielebirne (No. 201) 425.
Thiessoise = Amanli's Butterbirne 71.
Thouin (No. 129) 281.
Tollsdunns grüne Herbstzuckerbirne ?= Tertolens Herbstzuckerbirne 331.
Triumph von Jodoigne, Triomphe de Jodoigne (No. 182) 347.
Trompetenbirne = Mecklenburger Champagner Birne 203.
Trouvé de Montigny = Wildling von Montigny 432.
Truité = Forellenbirne 157.
Tulpenbirne = Briel'sche Pomeranzenbirne 397.
Türkenbirne = Sommer-Apothekerbirne 68.
Turriana, Turraniana (Columella) = Großer Katzenkopf 526.
Tyrraniana (Plin.) = derselbe 526.
Tysjes Peer = Englische Sommerbutterbirne 75.

U.

Union, the Union Pear ?= Schöne Angevine 538, auch = Uvedales St. Germain 538.
Unglücksbirne (No. 125) 273.
Unknown of the Fare = St. Germain 356.
Urbaniste (des Urbanistes, Decaisne) = Coloma's Herbstbutterbirne 443.
„ Seedling ?= dieselbe 113.
Ustroner Pfundbirne ?= Diels Butterbirne 164.
Uvedales St. Germain ?= Schöne Angevine 538 und nach Decaisne = St. Germain 538.
Uvedales Warden = Uvedales St. Germain 538.

V.

Valencia = Weiße Herbstbutterbirne 109.
Vanassche, Vanassche (No. 233) 489.
Vannassche, Vanach, Van Asche und wahrscheinlich auch Van Asteche = dieselbe 489.
Van Mons Butterbirne (No. 235) 493.
Veldenzerbirne (No. 236) 495.
Venise, de = Osterbergamotte 370.
Vergaline musquée ?= Coloma's Herbstbutterbirne 444.
Verlaine d'eté = Holzfarbige Butterb. 89.
Vermillon = Schönste Herbstbirne 451.
„ d'automne = Schönste Herbstb. 452.
„ d'Espagne = Herbstsylvester 101 und = Butterbirne von Montgeron 422.
„ d'eté = Schönste Sommerbirne 384.
Verschwenderin (No. 244) 511.
Verte dans Pomme = Brüsseler Zuckerbirne 113.
„ dupereux = Osterbergamotte 370.
„ longue = Lange grüne Herbstbirne 111, irrig auch = St. Germain, Metzger.
„ „ d'automne = Lange grüne Herbstbirne, Decaisne.
„ „ de St. Germain = St. Germain, Metzger.
„ „ d'hiver = Lange grüne Winterbirne 491 u. bei Quint. = Jagdbirne 491.
„ „ Suisse ou panachée = Schweizerhose 112.
Vezierbirne 335.
Vicar of Wackfield (Winkfield) = Pastorenbirne 504.
Vicekönigin (No. 243) 509.
Vicomte de Spoelberg = Spölberg 486.
Villaine d'Anjou ?= Briel'sche Pomeranzenbirne 397.
Villandréo = Grosse Queue, Decaisne, (wahrscheinlich unsere Engbien).
Vincent (No. 32) 127.
Virgalieu, Virgaloo = Weiße Herbstbutterbirne 109.
Virgoulée = Virgouleuse 353.
Virgoulette = dieselbe, Decaisne.
Virgouleuse, la Virgouleuse (No. 165) 353.
Virgule = dieselbe, Decaisne.
Volkmarserbirne (No. 123) 269.

Volltragende Bergamotte (No. 29) 81.
Voltmer'sche Birne = Volkmarserbirne 262.
Vrai beurré broncé = Broncirte Herbstbirne 327.
„ Coloma de Printemps = Winter-Nelis 527.
Vroege Suikery = Aurate 185.

W.

Wadelbirne, Christ? = Frauenschenkel (Diels) 208.
Wälsche Birne = Sparbirne 244.
Wässerling 79.
Waldbirne = St. Germain, Metzger.
Waldenser Peer = Herbstbirne ohne Schale 103.
Wahre broncirte Herbstbirne = Broncirte Herbstbirne 327.
Wahrer Canning (No. 178) 379.
Wahre Luise = St. Germain, Metzger.
Warwick Bergamot = Weiße Herbstbutterbirne 109.
Wasserbirne = Lange grüne Herbstbirne 111 u. = Schweitzer Wasserb. 455.
„ Frühe ? = Meininger Wasserb. 257.
„ Große (Mayers) ? = dieselbe 257 u. ? = Große gelbe Weinbirne 387.
„ Herbst- = Lange grüne Herbstb. 111.
„ Meininger (No. 117) 257.
„ Schweitzer (No. 216) 455.
„ Slavonische (No. 100) 223.
„ Späte = Schweitzer Wasserbirne 455.
Weeler Berkshire = Williams Christbirne 406.
Weiberfterben, Cordus ? = Großer Katzenkopf 526.
Weinbirne, Große gelbe (No. 182) 387.
„ Jagerets (No. 190) 403.
Weingifterin = Schweitzer Wasserbirne 455.
Weinhuberin = Liegels Winterbutterb. 171.
Weißbirne = Weiße Herbstbutterb., Metzg.
„ Deutsche langstielige ? = Grüne Magdalene 29.
„ Perlförmige französische = Kleine Blankette 187.
Weiße Herbstbutterbirne (No. 43) 109.
Wespenbirne = Damenbirne 37.
Wespenbirne, Diels u. Duhamels (No. 85) 193.
Westrumb (so schreibe man) (No. 107) 237.
Wildling, Guter = Briel'sche Pomeranzenbirne 397.
Wildling von Caissoy (No. 249) 520.
„ von Chassery (Eschasserie, Lechasserie) = Jagdbirne 339.
„ von Chaumontel = Chaumontel 173.
„ von Einsiedel (No. 219) 461.
„ von Montigny (No. 204) 431.
„ von Motte (No. 51) 125.
Wilhelmine = Amanli's Butterbirne 71.
„ = Chevalier 487.
William musquée ? = Williams Christbirne 406.
„ Prince (Williams Early Downing?) 406.
Williams Christbirne (No. 191) 405.
Williams Pear = dieselbe 405.
Windsorbirne (No. 95) 213.
Windsor Pear (Miller) 208.
„ „ ? = Römische Schmalzbirne (214) 55.
Winter Baron Peer = Baronsb. 535.
Winter Bell Pear = Uvedales St. Germain 538.
Winter-Beste Birne = Jagdbirne 339.
Winterbirne = Kleiner Katzenkopf 524 u. St. Germain. Metzger.
„ Dornigte = Winterdorn 520.
„ Englische lange grüne (No. 72) 167.
„ Erzherzog Carls (No. 237) 497.
„ Grumkower (No. 62) 147.
„ Lange grüne (No. 234) 491 (u. 498).
„ „ „ = bisweilen Lange Grüne Herbstbirne 111 und 491.
„ Meissener lange grüne = Lange grüne Winterbirne 491.
„ Sächsische lange grüne = dieselbe (112) 491.
Winter-Citroni = Virgulense 354.
Winterdechantsbirne (No. 77) 177.
Winterdorn (No. 248) 519.
Winter-Eierbirne = Jagdbirne 339.
„ -Frankfurter = Veldenzerbirne 236.
„ -Gute Christbirne = St. Germain, Metzger und 526.
„ -huberin = Liegels Winterbutterbirne 171.
„ -Kronbirne = Königsgeschenk von Neapel 160.
Winter-Liebesbirne (No. 156) 335.
„ -longe = St. Germain, Metzger.
„ -Meuris (No. 168) 359.
„ -Nelis (No. 252) 527.
„ -Perlemutterbirne = St. Germain, Metzger.
Winter long green Pear = Jagdb. 339.
„ Poplin = Wildling von Caissoy 522.

Winter Thom Pear = Winterdorn 519.
„ Verte longue Pear = Jagdb. 339.
„ Windsor (Down.) 213.
Wittenberger Glockenbirne (No. 136) 295.
Woltmanns Eierbirne (No. 179) 331.
Würzbirne = Braunrothe Pomeranzenbirne 249.

X.

Xaintonger Birne = Briel'sche Pomeranzenbirne 397.

Y.

Yat oder Yutte = Gute Graue 59.
Yelle, Yel, de 197. Siehe auch Beurré de Yel S. 197.
Ybout Peer = Großer Katzenkopf 526.

Z.

Zapfenbirne, Hevsts = Emil Hevst 324.
Zellische Birne, Zellensia (Bauhin) = Kleiner Katzenkopf 524 und 526.
Zephirins Bergamotte = Zephirin Louis 344.
Zephirin Gregoire, Zephirin Gregoire (No. 160) 343.
Zoon-Peer = Englische Sommerbutterbirne 76.
Zuckeratenbirne = Sommer-Apothekerb. 67.
„ Sommer- = Russeline 319.
Zuckerbirne = Braunrothe Pomeranzenbirne 249 und = Hopfenbirne 212, auch = Roberts Muskateller 377.
„ Brüsseler (No. 45) 113.
„ Grüne = Grüne Herbstzuckerbirne 137.
„ „ Hoyerswerder (No. 6) 35.
„ Lange Sommer- 202.
„ Späte = Junker Hans 500.
„ Tertolens Herbst- (No. 154) 331.
„ Winter- = Colmar 368.
Zweimal blühende und zweimal tragende Birne = Zweimal tragende Birne 209.
Zweimaltragende Birne (No. 93) 209.
Zweiträchtige = dieselbe 209.
Zwiebelbirne = Rothe Bergamotte 97.

Berichtigungen und Zusätze.

Man lese oder setze:

S. 68 Z. 16 „auch riecht die Birne." — S. 75 Z. 1 von unten „Hoe langer hoe liver." — S. 85 Z. 4 von unten „neubenannt." — S. 89 Z. 3 von unten „Spreeuw." — S. 90 Z. 6 von unten „Brown Beurré." — S. 104 Z. 3 „Marquise d'Hem" und „Poire Vaudoise." — Daselbst Z. 8 „Meyer." — S. 110 Z. 21 „Bonne Ente." — S. 113 Z. 1 und 2 „Brüsseler." — S. 119 Z. 10 „Ives's" statt „Joe's." — Daselbst Z. 13 „Hampdens." — S. 142 Z. 1 „nach von Flotow." — Daselbst Z. 8 „Marie Louise nova II oder the Second." — S. 144 Z. 2 von unten „die" (anstatt Die). — S. 152 Z. 21 „mochte." — S. 153 Z. 5 „Keyßner." — S. 155 Z. 4 „Baumschulbesitzer." — S. 157 Z. 12 nach Formen „baut sich je nach ihrer verschiedenen Länge bald kegel- bald kreiselförmig, oft auch wie oben birnförmig." — S. 166 Z. 5 „Dietrichs." — S. 170 Z. 1 „Arenberg." — S. 171 letzte Z. „Koperts'sche." — S. 175 Z. 4 von unten „Beurré des Flandres." — S. 178 Z. 5 „Pâques." — S. 187 Z. 12 „Merlets" (statt „dessen"). — Daselbst Z. 14 „S. 240" (statt S. 238). — S. 217 Z. 10 „Synonym." — 218 Z. 6 nach „fein" ein Comma. — S. 220 Z. 1 „schüsselförmig." — S. 230 Z. 5 von unten desselben statt derselben. — S. 237 Z. 1 und 2 „Westrumb." — Daselbst Z. 4 Serie II. No. 987. — S. 243 Z. 5 „Poire." — S. 248 Z. 12 nach Cato ein Comma. — S. 296 Z. 23 „angibt" statt „annimmt." — S. 319 Z. 12 „musqué." — S. 334 Z. 19 von unten nach „Kernhaus" ein Comma. — S. 337 Z. 6 „Beurré gris und Beurré gris rouge." — Daselbst Z. 1 von unten „denn dieses, resp. Angoisse ist." — S. 339 Z. 5 „Leschasserie" statt „Lechaserie." — S. 343 Z. 8 „Gregoire's Butterbirne" statt „Jerbirins Butterbirne." — S. 344 Z. 3 (dornige)." — S. 346 Z. 10 von unten: „zur Zeit" statt „zu Zeiten." — S. 358 Z. 3 von unten „nach einer von Liegel." — S. 368 Z. 9 „Zirchinek." — S. 370 Z. 19 „eingesenkt" und Z. 21 „eingesteckt." — S. 371 Z. 6 „Herr" statt „Herrn" — S. 373 Z. 4 von unten „Rudolphi." — S. 415 Z. 6 von unten „birnförmig-kreiselförmig." — S. 422 Z. 11 „dune jolie forme." — S. 436 Z. 23 von unten streiche man das Z.